西 外 文 化 与 文 论

Cultural Studies and
Literary Theory

第 **44** 辑

中国中外文艺理论学会

四川大学中文系

汉语言文学研究所

主办

四川大学出版社

项目策划：黄蕴婷
责任编辑：黄蕴婷
责任校对：罗永平　毛张琳
封面设计：墨创文化
责任印制：王　炜

图书在版编目（CIP）数据

中外文化与文论 . 44 / 曹顺庆主编 . — 成都：四
川大学出版社，2020.4
　　ISBN 978-7-5690-3729-6

　　Ⅰ . ①中… Ⅱ . ①曹… Ⅲ . ①文化研究－世界－文集
②文学理论－文集 Ⅳ . ① G112-53 ② I0-53

中国版本图书馆 CIP 数据核字（2020）第 060141 号

书名　中外文化与文论（44）
Zhongwai Wenhua Yu Wenlun (44)

主　　编	曹顺庆
出　　版	四川大学出版社
地　　址	成都市一环路南一段 24 号（610065）
发　　行	四川大学出版社
书　　号	ISBN 978-7-5690-3729-6
印前制作	四川胜翔数码印务设计有限公司
印　　刷	郫县犀浦印刷厂
成品尺寸	165mm×240mm
印　　张	28.5
字　　数	542 千字
版　　次	2020 年 5 月第 1 版
印　　次	2020 年 5 月第 1 次印刷
定　　价	116.00 元

扫码加入读者圈

◆ 读者邮购本书，请与本社发行科联系。
电话：(028)85408408/(028)85401670/
(028)86408023　邮政编码：610065
◆ 本社图书如有印装质量问题，请寄回出版社调换。
◆ 网址：http://press.scu.edu.cn

四川大学出版社
微信公众号

卷首语

　　本专辑为"西方新马克思主义文论与空间理论重要文献翻译和研究",是四川大学阎嘉教授于 2015 年获批立项的国家社科基金重大项目"西方新马克思主义文论与空间理论重要文献翻译和研究"(项目编号:15ZDB085)课题组的阶段性成果。

　　人文学科研究领域内的空间问题是当代西方理论界关注的焦点之一,其意涵丰富,所涉广泛,具有鲜明的理论特色和实践价值。伴随回归经典马克思主义,重启马克思和恩格斯思想之社会活力的要求,以戴维·哈维为代表的新马克思主义者高举回归经典马克思主义的旗帜,以空间问题为理论突破口和脉络,重新坚持"政治－经济批判"的立场,关注资本主义社会在后现代时代的经济、政治和文化问题,并产生了丰硕的理论成果。有鉴于此,课题组希望以西方当代社会转型为背景,以当代新马克思主义空间理论为核心研究对象,揭示空间问题与西方当代文学研究范式转型之间的内在关联,完成对当代新马克思主义及其文学批评的价值重估和批判性反思,为马克思主义文艺理论的中国化、当代化提供借鉴,推动马克思主义文艺批评实践的进步和繁荣。

　　本专辑的作者大多为"西方新马克思主义文论与空间理论重要文献翻译和研究"的课题组成员,其中一些学者已经就新马克思主义空间理论中的某些重要问题展开了富有创见的讨论。作为对已有研究的拓展与深化,本专辑所收录的论文主要围绕如下六个专题展开:

　　第一个专题是"西方新马克思主义文论与空间理论重要理论创新",试图以新马克思主义空间理论中的重要思想家和重要理论命题为出发点,深入分析新马克思主义空间理论的理论框架和核心命题,以及在具体的发展、实践中所体现出的理论突破和观念创新。阎嘉对"空间修复"这一哈维理论中的原创性命题加以深入解析,阐明其理论渊源和内在意蕴,展现其在全球化语境下的独特政治－美学功效。同时，他还以"远洋太古里"这一成都的新商业地标为例，对空间修复理论在当代空间实践中的阐释力加以检验。李健聚焦"浪荡子"这一20世纪空间哲学的发轫点之一，钩沉其在历史语境中的生成方式，在巴黎城市空间中的辩证演绎，并展现其在"审美现代性"和"启蒙现代性"之张力关系中的特殊位置。刘进和罗姗以"巴黎城市空间的解构/重构"为中心，揭示本雅明和哈维这两位空间思想家在历史意识、叙事方式、文化立场等向度的差异和分歧。孟锴着眼于哈维地理学研究的科学纲领视角，展现哈维是如何从这一视角出发，对空间和时间加以重新界定，进而将辩证的历史－地理唯物主义建构为人文地理学的方法论范式。王周迅以"历史感断裂""迪士尼化"和"地域趋同"这三个关键概念为依托，考察哈维对城市空间的理论架构，对全球化背景下资本运作逻辑的深度反思。张黎黎从空间批评的视域出发，对雨果的经典之作《九三年》加以重释，揭示小说中独特的空间设置和空间意蕴。闫小芹对空间批评在当代中国学界的接受状况加以梳理和反思。

第二个专题是"西方新马克思主义文论与空间理论重要文献翻译与整理"，由四篇译文组成。该专题遴选西方新马克思主义空间理论中的一些重要文献加以梳理和译介，以期对当代中国的空间研究有所推进。王齐飞的译文《戴维·哈维：马克思主义、资本主义和地理想象》（诺埃尔·卡斯特里著）介绍了哈维对地理学的特殊关切，对马克思主义的坚持与改造，以及哈维著作所带来的深广影响，从而致力于完整呈现哈维的思想体系。高然的译文《戴维·哈维与辩证的时空》（埃里克·谢波德著）旨在对哈维的空间观加以全面介绍，并试图揭示隐含其中的"另类的地理学想象"。王碧海的译文《空间修复、时间修复和空间－时间修复》（鲍勃·杰索普著）紧扣"空间修复"这一哈维空间理论中的标签式概念，探讨哈维关于资本主义体制下时间和空间问题的一系列独到见解。肖达娜的译文《重塑地理学》是哈维接受《新左派评论》编辑的一次访谈。在访谈中，哈维回顾了自己的成长历程和学术之路，并就一系列与自己的空间思想休戚相关的问题做出了解答。

第三个专题是"西方新马克思主义文论与空间理论关键词研究"，试图在充分占有文献的基础上，归纳、提炼、概括新马克思主义空间思想家笔下最具理论价值和现实意义的重要概念，以期对西方新马克思主义空间思想的主要特征和最基本发展趋向有所把握。毛娟对当代空间批评的诸多关键词进行了分类阐释，力图从宏观和微观、整体和具体的层面勾勒出相对完整的研究图景。叶家春聚焦于空间思想家格雷戈里的关键词"地理学想象"，并以19世纪欧洲人的旅行书写为例，揭示地理学想象在跨文化交往中的复杂意涵。张昕对"地缘批评"这一人文地理学的核心命题加以解读，展现其对一种

"可能性世界"的建构，以及对文学空间之本体特征的凸显。李赛乔和庞弘关注"空间规训"这一福柯空间思想中的关键概念，阐明其思想内涵、主导特征、典范形态，并从"主体性"和"技术性"两个向度出发，展望抵抗空间规训的可能路径。雷绍湖从"超空间""认知的测绘""空间乌托邦"三个关键词出发，勾勒詹姆逊空间思想的总体面貌。余佳对"诱惑空间"这一鲍德里亚后期思想中的关键概念加以解析，梳理其在鲍氏思想中的发展和演变，并展现蕴含其中的批判性意义。

　　第四个专题是"西方新马克思主义空间理论视域下的当代艺术问题研究"，以"历史－地理唯物主义""时空压缩""空间生产"等命题为基点，对当代艺术中形形色色的空间问题加以开掘。胡奕颢从泛类型虚构电影文本的同一性、"异托邦"的新异刺激、"超空间"的身体规训等问题出发，就电影空间置换的审美内涵加以开掘。杨轲轲从空间视角出发，通过对"远洋太古里"和《地球最后的夜晚》的话语分析，试图发现中国艺术在全球化和现代化背景下的独特空间话语。郑格以电影中的九龙城寨形象为焦点，阐明其文化符号意义，探讨蕴含其中的独特"家园"情结。高然以《倾斜的弧》《越战纪念碑》等公共艺术品为个案，讨论当代艺术中的城市权利问题。在他看来，当代艺术在实质上是一种差异性的空间生产，其中蕴藏着应对当下种种社会问题的变革潜力。钟平丹援引"时空压缩"等空间理论资源，考察黄梅调电影中空间生产和审美体验的关系。陈杉和李黎鹤以清代瑶族十殿图为研究对象，对瑶人虚构的地狱空间与图像特征进行探讨。

　　第五个专题是"空间理论视域下的审美体验研究"，关注在"空间转向"的背景下，当代人在审美感受方面所出现的种种转换与新变。谭文旗就卡斯特的经典命题"流动空间"加以研究，一方面阐明流动空间的特征，另一方面又试图挖掘流动空间所独有的审美意蕴，如无时间的体验、异域世界、真实的虚拟文化等。庞弘探讨赛博空间与主体批判理性的复杂关联。他提出，批判理性是主体之间基于理性思辨而形成的交往状态，而赛博空间恰恰造成了批判理性精神的委顿与缺失。吕东以列斐伏尔的空间三元辩证法为出发点，解析早期尼采的悲剧形而上学思想。由此提出，早期尼采的哲学批判并没有陷入后现代的虚无主义深渊，而是希望以感性审美来拯救被理性所掏空的现代性。王晋聚焦于艺术批评家约翰·伯格的空间思想，重点讨论伯格对现代人生存空间的不平衡状态的揭示，以及对一个具有解放潜质的审美空间的构建。刘聪借鉴哈维的"绝对空间""相对空间"与"相关空间"理论，探究朗西埃"美学－政治学"中"感性的分配"概念所包含的空间问题。李长生从真理、事件、主体、艺术、哲学等问题域切入，试图揭示巴迪欧和朗西埃这两位激进左翼思想家在美学理念上的分歧。

第六个专题是"比较与翻译"，收录了曹顺庆等学者的比较文学变异学论文及成蕾等人的翻译研究论文。

以上六个专题内容丰富，它们形成了一个多元复调的生动场域，试图全方位呈现西方新马克思主义空间理论的总体面貌和发展轨迹。我们期待在不久的将来能继续就上述议题展开讨论，也欢迎更多学界同仁参与讨论，在对话与争鸣中书写更令人心潮澎湃的思想篇章。

感谢课题组成员长期以来的潜心钻研，并向本专辑提供最新的论文和译稿（尤其要感谢的，是那些第一时间高质量完成论文和译稿的课题组成员）。感谢四川大学文学与新闻学院和《中外文化与文论》主编曹顺庆教授专门为本课题设置"西方新马克思主义文论与空间理论重要文献翻译和研究"专辑，使课题组的研究成果有机会在这个学术平台上得到集体展示。

"西方新马克思主义文论与空间理论重要文献翻译和研究"课题组
2019 年 12 月

目　录

专题三　西方新马克思主义文论与空间理论关键词研究

专题四　西方新马克思主义空间理论视域下的当代艺术问题研究

专题五　空间理论视域下的审美体验研究

专题六　比较与翻译

专题一　西方新马克思主义文论与空间理论重要理论创新

"空间修复"与后现代城市空间设计*

阎　嘉

摘　要："空间修复"是美国新马克思主义理论家戴维·哈维首创的一个概念。他用这个概念来解释资本主义以及资本在全球地理上的扩张，其宗旨是为了解决资本的过度积累在资本主义制度内部造成的经济危机。在哈维看来，全球化就是资本主义长期和无止境地寻求空间修复以解决其危机趋势的当代说辞。对"空间修复"理论的政治经济学逻辑在多大程度上适合于解释后现代城市空间重构中的美学表达，哈维自己在《后现代的状况》等著作中做出了示范。本文力图沿着相关理路来考察中国成都"远洋太古里"城市空间重构的美学逻辑。

关键词：戴维·哈维　空间修复　后现代城市空间　成都"远洋太古里"

一、"空间修复"：概念的提出及其意涵

按照英国兰卡斯特大学社会学教授鲍勃·杰索普（Bob Jessop，1946—　）的说法，"空间修复"（the spatial fix）属于戴维·哈维自己的"品牌"概念，即原创性概念。杰索普认为，这个概念的含义松散而笼统，最早出现在哈维于 1981 年撰写的《空间修复：黑格尔、冯·杜能和马克思》（*The Spatial Fix: Hegel, von Thünen*

＊　本文系国家社科基金重大项目"西方新马克思主义文论与空间理论重要文献翻译和研究"（15ZDB085）的阶段性成果。

and Marx）一文中。哈维在这篇文章里写道：

> 马克思虽然非常清楚政治和经济事件潜在的统一性以及资本主义的全球动态，但却排除了把外贸、地理扩张等问题整合到理论基础中去具体思考空间修复，仅仅把它们当作不必添加任何新东西的复杂问题。在关于"殖民化"那一章里，他再三谋求关闭黑格尔留下的可能性的大门……马克思几乎没有描述空间修复的动机，只是把资本主义的诸种矛盾猛烈地抛到世界舞台之上。他在《资本论》中的最大关注和贡献在于揭示资本主义内在辩证法的本质。[①]

从哈维的这段论述可以看出，他认为马克思主义经典作家在揭示资本主义社会的资本运动的奥秘和实质时，并没有明确提出和论述过"空间修复"的问题，也没有结合资本主义扩大世界市场的地理扩张运动来思考"空间修复"问题。据此可以说，哈维首创的"空间修复"概念，是他作为新马克思主义旗手为马克思主义理论做出的独特贡献之一。哈维努力结合自己的地理学专业知识，力图把地理学关注的空间问题整合到马克思主义理论之中，在经典马克思理论之后进一步揭示后现代资本的全球运动和扩张之谜。在 1981 年首次提出"空间修复"的概念之后，哈维在自己的《〈资本论〉的限度》(1982)、《都市体验》(1989)、《后现代的状况》(1989)、《正义、自然与差异地理学》(1996)、《希望的空间》(2000)等一系列著述中从不同角度论述过与"空间修复"相关的理论问题。从某种意义上说，"空间修复"这一概念在哈维的新马克思主义理论中占有非常重要的核心地位。

不过，哈维本人专门论述"空间修复"这一概念之意涵的最重要文献，是他发表于 2001 年的《全球化与"空间修复"》一文。[②] 虽然这篇文章并不长，但哈维却以"全球化"为资本主义在当代发展的语境来正面阐释"空间修复"的核心意涵，或者说，他把"空间修复"与"全球化"作为两个相互关联的重要概念来进行论述。因此，我们可以把《全球化与"空间修复"》这篇文章看成哈维本人对"空间修复"做出的最为全面的论述。概括地说，文中谈到了三个要点：首先是提出"空间修复"概念的理论动机和意图；其次是"空间修复"概念的含义；再次是通过研究"空间修复"的各种情况而得出的结论。以下我们依次来看哈维论述这三个问题的核心观点。

---

① 参见 Bob Jessop, "Spatial Fixes, Temporal Fixes, and Spatio-Temporal Fixes", in Noel Castree & Derek Gregory, eds., *David Harvey: A Critical Reader*. Oxford: Blackwell, 2006, p. 146.

② 参见 David Harvey, "Globalization and the 'Spatial Fix'", *Geographische Revue*, 3.2 (2001): pp. 23–30.

关于在马克思主义理论传统的框架中提出"空间修复"概念的动机和意图的问题，哈维说道：

> 然而，对于像我这样的地理学家来说，空间的生产、再生产和重组始终都是理解资本主义政治经济学的核心。对我们来说，全球化的当代形式只不过是又一轮资本主义的空间生产和重构。它要求通过运输和通讯技术的又一轮创新，进一步减少距离的阻隔（马克思所说的"通过时间消灭空间"这一资本主义发展的基本法则）。因此，它需要在整个地球表面对资本活动进行地理上的重构（例如在一个地方去工业化，却在另一个地方重新工业化），造成地理上不平衡发展的新形式，重新校准乃至重新集中全球力量（更加重视太平洋地区和新兴工业化国家），以及改变资本主义秩序的地理规模……我们可以说，当代的全球化是这些以地理范围为基础的特殊过程的产物。因此，问题不在于全球化如何影响了地理学，而在于空间生产和重组的这些独特地理过程如何创造了当代全球化的具体条件。
>
> 在我自己的研究中，我主要用"空间修复"的理论来解释全球化……①

可见，哈维将自己的理论意图表达得非常清楚："空间修复"的概念是为解释全球化提出来的，而资本主义则用全球化来解决过度积累以及资本在全球运动所造成的地理发展不平衡的问题；理解全球化问题的基点是理解空间生产和空间重组的地理扩张过程，而不是相反。从资本运动到地理扩张引起的变化，再到全球化，哈维的这一思考逻辑非常清晰地体现了他将自己的地理专业知识与马克思主义政治经济学批判精神结合起来的特色。这一特色实际上也是当代西方新马克思主义理论最主要的理论贡献。

接下来，就"空间修复"概念的意涵而言，哈维在文章中指出，"修复"一词在英语里有多种含义，其中最主要的含义有两个：一个含义是"固定"或者"限制"，尤其是固定或限制于空间中的某个点之上，如修建大型的基础设施或公共建筑，其结果表现为凝聚在空间中一个固定点之上。"修复"的另一个含义是"解决"困难或问题，从而使事物恢复正常运作。与"修复"的第一个含义有关联的是与空间中固定点同时被固定下来的大量资本，及其背后的资本运动和运动性；与"修复"的第二个含义相关的是隐含着的"解决问题"的欲望及其暂时满足。在哈维看来，"修复"的任何解决办法都只可能

---

① David Harvey, "Globalization and the 'Spatial Fix'", *Geographische Revue*, 3.2 (2001).

是问题和矛盾的暂时缓解，而不是一劳永逸的一揽子彻底解决。因此，哈维在文中实际上谈到了两种意义上的"空间修复"：一种是通过"空间生产"和"空间重构"展开的"修复"（如资本从资本主义的第一世界向亚太和拉丁美洲等不发达或欠发达地区扩张）；另一种则是将大量过度积累的资本固定和捆绑在某些大型基础设施之上（如高速公路、大型机场、铁路和城镇化等）。这两种意义上的"空间修复"相互供给，共同催生出资本积累的象征形式，并且经常碰撞出激烈的资本过度积累的矛盾。当"空间修复"的这些意涵共同聚焦于哈维始终坚持批判资本主义以及资本扩张的贪婪欲望之时，他非常明确地道出了"空间修复"的核心意涵之所在：

> 我主要是在最后一个意义上（作者按：指通过"修复"来解决矛盾和问题）首先使用"空间修复"这个词语来描述资本主义无法满足的冲动，即要通过地理扩张和地理重构来解决其内部危机的趋势……我们可以说，资本主义沉迷于地理扩张，如同它沉迷于技术变革和通过经济增长而无止境地扩张一样。全球化就是资本主义长期和无止境地寻求空间修复以解决其危机趋势的当代说辞。①

最后，哈维在《全球化与"空间修复"》一文里就研究"空间修复"与全球化关系的意义得出了三个结论性的看法：

> 这些研究的主要结果表明：（a）如果不进行地理扩张（并不断寻求解决其难题的"空间修复"），资本主义就无法生存；（b）运输和通信技术的重大创新是实现这种扩张的必要条件（因此，资本主义在技术上的发展重点有助于加速商品、人员、信息和观念在空间中的流动，并逐步减少空间障碍）；（c）资本主义地理扩张的模式主要取决于它寻求的是市场、新的劳动力、资源（原材料），还是投资于利益攸关的新生产设施的新机会。②

综观哈维提出的"空间修复"概念的要点，我们可以看到："空间修复"意义上的"空间"，紧密关联着技术变革（尤其是交通运输和通信技术的重大革新）、经济增长、地理扩张（包括消除地理阻隔、空间改造和重构）、人口流动和劳动力的新市场等一系列重要的人类活动，它们也是如今的全球化最重要的内容。所有这些活动的根源，乃在于资本寻求不断增殖和扩张的欲望与本性。从哈维对"空间修复"概念的正面论述中，我们可以清晰地看出，

① David Harvey, "Globalization and the 'Spatial Fix'", *Geographische Revue*, 3.2 (2001).

② David Harvey, "Globalization and the 'Spatial Fix'", *Geographische Revue*, 3.2 (2001).

他将地理学概念与对资本主义的政治-经济批判结合起来，创造性地赋予地理空间以马克思主义的政治经济学的意涵，这无疑是他的新马克思主义对马克思主义理论传统做出的重要贡献。

二、空间修复：从政治经济批判到美学批判

不过，若从文艺理论专业出发，我们所要关心的问题是：新马克思主义的"空间修复"概念，在多大程度上可以从政治经济学批判和社会批判，延伸到对空间感受和空间表达的美学批判？这两者之间存在着怎样的内在逻辑联系？哈维在《全球化与"空间修复"》一文的最后说过这样一段话："最后，我要再次强调地理学立场在理解当代全球化进程中的价值。在文学（通俗文学和学术文章）中，我们经常发现一些场所被描绘成所谓全球化的某种虚无缥缈进程的受害者或胜利者。理由充分的历史-地理唯物主义告诉我们，全球化是在资本主义基础上空间生产的这些独特过程的产物。"① 在这里，哈维显然间接地表达了对当代文学中关于全球化的描述的不满，认为它们大多曲解了全球化的实质，并对全球化进程进行了与真实情况不甚相符的表现。我以为，哈维的这种不满首先针对的是西方世界的文学表达对于全球化的曲解；其次，哈维的不满并不能说明他反对对于"全球化"和"空间修复"问题的艺术表达和美学批判。

实际上，我们在哈维的其他一些著作中可以看到他对艺术表达和美学批判问题的强烈关注，尽管他并不是专业的文艺理论和美学学者。例如，哈维在《后现代的状况》一书中提到并分析过大量建筑、摄影、绘画、文学、电影等艺术作品的例证，以此来说明从现代性向后现代性转变过程中出现的审美表现和文化变迁的显著症候，鲜明地体现了他将马克思主义的政治经济学批判与美学批判结合起来的理论特色。

就本文讨论的话题而言，我将集中关注城市空间改造和重构方面的建筑设计问题。哈维在《后现代的状况》里列举和分析了很多美国的城市空间改造和重构的个案，尤其是他曾经居住过并对其有深刻了解的约翰·霍普金斯大学所在的巴尔的摩市的城市空间改造和重构。他在对比现代主义与后现代主义城市设计的特点时说："鉴于现代主义者把空间看成为了各种社会目的而塑造出来的因而始终从属一种社会规划的建构，后现代主义者便把空间看成某种独立自主的东西，要根据各种美学目的和原理来塑造，它们与任何重

---

① David Harvey，"Globalization and the 'Spatial Fix'"，*Geographische Revue*，3. 2 (2001).

要的社会目标都没有必然的关系，或许也避开了达到永恒和其本身作为一种目标的'无关利害的'美。"①哈维的这种对比显然揭示了后现代城市空间的塑造所遵循的美学逻辑，即表面上关注舒适、轻松、休闲、视觉感受、空间的异质性等，运用各种新技术和新视觉语言进行拼贴与组合，明显忽视和掩盖了空间修复的政治经济学逻辑。城市建筑设计的这种看似炫目的外表，使我们难以从后现代城市空间设计中把握资本为了克服过度积累，通过投资于大型公共建筑和设施，以暂时缓解资本积累的内在矛盾而一再进行空间修复的真实动机。

更进一步看，哈维通过对美国城市空间改造和重构的美学分析与批判，得出了关于后现代建筑设计之特征的概括性结论："虚构、分裂、拼贴和折中主义，全部都弥漫着一种短暂和混乱感，它们或许就是支配着今天的建筑和城市设计实践的主题。显然，它们与其他很多领域里的实践和思想有着很多共同之处，如艺术、文学、社会理论、心理学和哲学。"②哈维为此列举的城市设计的典型例子包括巴尔的摩湾区重叠拼贴的建筑群（尤其是那个引人瞩目的庞大的模仿地中海山顶村庄的建筑与现代主义的公共住宅、作为历史遗迹的种子仓库的拼贴组合），旧金山的渔人码头，新奥尔良的比萨饼店等，并对这些例子进行了详细分析。按照哈维的分析，这样的建筑设计成了吸引资本投资的热点，很少考虑到城市穷人、无家可归者、医疗保健和教育设施，实际上变成了"一种表演性的建筑，及其表面炫目的感觉和暂时参与的愉悦，展示和短暂的感觉，'享乐'感，都是这种规划的成功所必不可少的"③。在哈维看来，后现代城市设计的这种状况也体现了他所说的资本主义美学表达的危机，即美学战胜了伦理学，形象支配了叙事，短暂性和碎片化取代了连续性与永恒真理。

如果说《后现代的状况》对城市空间设计的分析更多地着眼于"时空压缩"给人们内心带来的分裂感，以及通过与现代主义艺术的对比来谈论审美体验和美学表达的新变化，尚未将空间修复的逻辑与美学表现和批判的逻辑紧密结合起来的话，那么，哈维在《作为关键词的空间》一文中则从不同空间及其关系与政治经济学的交错影响的矩阵关系角度，体现了自觉地和有意

---

① 戴维·哈维：《后现代的状况：对文化变迁之缘起的探究》，阎嘉译，商务印书馆，2003年，第92—93页。

② 戴维·哈维：《后现代的状况：对文化变迁之缘起的探究》，阎嘉译，商务印书馆，2003年，第132页。

③ 戴维·哈维：《后现代的状况：对文化变迁之缘起的探究》，阎嘉译，商务印书馆，2003年，第123—124页。

识地将城市空间改造与重构的美学原则同"空间修复"的资本逻辑（尤其是马克思《资本论》中的价值理论）结合起来的努力。虽然他这么做有可能招致建筑和艺术设计专业圈子内的某些非议，但这恰恰是哈维作为当今新马克思主义理论的代表性人物及其理论的标志性特征，其研究结果为我们思考空间问题提供了富有启发性的路径。

哈维在《作为关键词的空间》一文里从空间的物质性、关系性、相关性、表现性、审美、价值、资本等诸多角度组成的"矩阵"，谈到了空间问题及其在艺术表现中的复杂性。其中最值得我们注意的是，他在文章中力图通过对空间感受与表达之复杂性的分析，将马克思主义的政治经济学批判原则与美学表现的原则结合起来。我们可以把这种尝试看成从"空间修复"（特别是投资于某个固定场所的资本聚集及其关系）的政治经济学逻辑，向着空间重构的美学表达逻辑的延伸与拓展。或者说，这种尝试是一种跨越不同学科边界的努力，力图在一种立体综合的视野中透过空间问题的不同维度及其美学表达来对其中体现的资本逻辑进行深度剖析。为此，哈维以美国纽约曼哈顿的"世贸大厦遗址"的重建为例做了如下分析：

> 在重新设计曼哈顿著名的"世贸大厦遗址"时，应当采取怎样的空间和时空原则？从物质上可以重建的是一种绝对空间，为此目的，必须进行工程计算（根据牛顿力学形成的）和建筑设计。有很多关于遗址的挡土墙和承载能力的讨论。空间一旦变成某种人工物质制品，可能会经受关于它的审美判断，对它的概念化和体验也会变得很重要（康德会赞成）。问题在于，安排物质空间要造成一种情感上的效果，同时要使某些期待（商业上的、情感上的和美学上的）与空间如何被经历相配合。曾经建构起来的对空间的体验，也许要由各种表现性的形式（如指南和计划）来调节，它们有助于我们解释重建遗址所设计的含义。但是，与求助于其他时空框架得来的洞见相比，只在绝对空间这个方面辩证地活动，并不怎么值得。资本主义的开发者们敏锐地意识到了遗址的相对位置，根据交换关系的逻辑来判断其商业开发的前景。它相对于华尔街的掌控功能的中心性和邻近性，是很重要的属性，如果在重建过程中能够改善交通道路的话，那么情况就会好得多，因为这只会使土地和资产增值。对开发者来说，遗址不仅仅存在于相对的时空之中：遗址的改建提供了改变相对时空的前景，这将提高绝对空间的商业价值（例如，通过改善去机场的道路）。时间视野会受到考虑分期偿还率、利率和折扣率的支

配，它们都要用于构筑的环境中的固定资本投资。①

我们可以看到，在哈维的这段分析中汇聚了很多来自不同专业角度的词语，诸如绝对空间、工程计算、力学、建筑设计、遗址、人工制品、审美判断、概念化、体验、情感效果、商业、商业价值、美学、相对时空、资产增值、折扣率、固定资本投资等。如果我们将这些术语和概念按照其所属学科领域来归类，则可以分为政治经济学（商业、商业价值、资产增值、折扣率、固定资本投资），地理学（空间、时空、绝对空间、相对时空），美学（遗址、设计、人工制品、审美判断、概念化、体验、情感效果、美学），工程－物理学（工程计算、力学、建筑设计）这四组。哈维强调，这个矩阵中的每个要素都与其他要素在紧密关联中构成复杂的网状关系。就建筑作为一种审美表达的方式所建构的"绝对空间"而言，绝对的物理空间汇聚或者隐含着社会的、历史的、生产的诸种关系，从而以物质的固定形式体现出来。在这种网状关系里，既不是美学压倒政治经济学、地理学、工程－物理学，也不是政治经济学、地理学或工程－物理学取代美学。毋宁说，建筑的审美形式应当以艺术的语言和方式折射出深广的历史内容和社会内容，而审美价值本身一旦离开历史和社会的维度，就仅仅剩下了空洞无物的物质符号。

我们可以看到，哈维作为坚持马克思主义理论传统的学者，在把他的"历史－地理唯物主义"框架中的核心概念"空间修复"从政治经济学领域延伸到美学分析和批判领域时，并没有试图以政治经济学分析和批判来取代美学分析，也没有把美学分析和批判变成一种纯粹的政治经济学分析和批判。与此同时，哈维又始终在美学分析和批判中坚持马克思主义的立场，而这个立足点一直都是他考察所有美学问题和文化问题的原点。正如他在文章中所说：

　　我们会看出，马克思的理论在以一种特殊的方式起作用。纺织工人通过在绝对空间和时间里所进行的具体劳动，使价值（如作为一种相关决定因素的抽象劳动）体现在布匹之中。由于世界市场的状况变得很糟，在那种特殊的绝对空间和时间里进行的这种活动变得毫无价值，纺织工人被迫放弃织布，工厂沉寂下来，这时，价值关系的客观力量就显现了出来。虽然所有这一切看起来都很明显，但不承认马克思理论中不同时空框架之间所具有的相互影响，经常都会造成概念上的混淆。例如，对所谓"全球与地方关系"的很多讨论，由于无法理解所涉及的不同的时

---

① 戴维·哈维：《作为关键词的空间》，阎嘉译，载高建平主编，《外国美学》（第22辑），江苏教育出版社，2014年，第143—144页。

空性，已经变成了一种概念上的混乱状态。①

由此看来，哈维所分析的美国后现代建筑设计在概念混乱的状态中迷失在了碎片化的表演性之中：在构筑物质性的绝对空间时运用各种精巧的设计语言（形体、线条、色彩、质料、拼贴、切割、组合），夸大和突显了视觉感官的炫目性感受，由此丧失了空间感受与表达的历史纵深感和社会关系意涵的深度，在形象膨胀和拟象的幻觉之中觉察不到"空间修复"的短暂性和资本运作之固有逻辑的无休止性。所有这些，正是哈维所说的后现代艺术表达出的"美学危机"的典型症候。

三、成都"远洋太古里"：后现代城市建筑设计的炫目表演

在接下来的篇幅里，我将转而讨论位于成都市中心、号称当代商业地标的"远洋太古里"，考察它作为后现代城市空间改造和重构所遵循的美学逻辑及其感受效应，从中管窥其示范效应和发展趋势，因为"远洋太古里"已经成了成都这座"来了就不想离开的城市"最新和最值得炫耀的标签之一。

"远洋太古里"这座后现代街区紧邻成都本土古老的传统商业街区春熙路，由远洋地产（在香港上市的中资公司）和太古地产（港资）联合开发，由我国香港地区（the Oval Partnership）和大陆（中国建筑西南设计研究院有限公司），以及英国（MAKE Architects）联合设计，占地超过 10 万平方米，于 2014 年起分阶段开业，到目前为止已基本成型。② 在这些信息里，我们已经感受到了全球化的国际资本和国内资本的联合力量。按照哈维关于空间改造、重构和"空间修复"的理论，我们主要关注"远洋太古里"空间改造和建筑设计的美学逻辑及其效果。就这种城市空间改造和重构的美学效果而言，为了给人某种特殊的感性印象，还是让我们先来描述一下"远洋太古里"在视觉感受上的突出特点。

处于"远洋太古里"地块核心位置的是虽然看似位于整个地块边缘，实际上却处于真正中心的千年佛教古寺大慈寺。据称，大慈寺兴于魏晋，盛于唐宋，有超过 1600 年的历史。它是玄奘受戒之地和西行取经的起点，寺名由唐玄宗御笔亲题，也是禅茶诞生之地，一度延绵十里占据了半个成都城。③ 如今，大慈寺经过多番修整，处在了城市空间重构的中心位置。倘若置身于大

---

① 戴维·哈维：《作为关键词的空间》，阎嘉译，载高建平主编，《外国美学》（第 22 辑），江苏教育出版社，2014 年，第 148 页。

② 参见 https://baike.baidu.com/item/成都远洋太古里/13016951.

③ 参见 http://sc.ifeng.com/a/20180323/6455435_O.shtml.

慈寺内的任一空旷位置，由近及远望去，一定会产生一种强烈的压迫感——整个地块上的建筑由远及近恰似一口大锅，而大慈寺正好处于这口锅的底部。离寺庙最近的周边地带便是号称成都地标的由钢架和玻璃这种后现代建筑惯常使用的物质材料搭建的休闲购物街区，将大慈寺包裹在中央。两层的钢与玻璃结构之上有一圈空中走廊，可以俯瞰低处的大慈寺。沿着空中走廊到休闲购物街区最南端，有一座硕大的全透明玻璃建筑——"苹果"专卖店，我的朋友、加拿大著名空间问题研究学者罗伯将它戏称为"新寺庙"，它与处在街区北端的大慈寺正好在一条南北纵贯线上。在这个购物街区里，汇聚了在全球化浪潮中来自欧美资本主义国家的各种一线、二线、三线奢侈品牌，包括古驰、卡地亚、爱马仕、范思哲、欧米茄、蔻依、巴尔曼、阿迪达斯、耐克以及米其林星级餐厅鼎泰丰、蓝蛙等奢华餐饮店。在紧紧围绕大慈寺的低密度、开放式街区之外，则环绕着 IFS、"银石""金融汇"等众多数十层高的钢架玻璃高楼，在那些高楼里同样有着路易·威登、迪奥、伊夫·圣罗兰、普拉达等高中端世界知名奢侈消费品。这样，在不到一平方千米的地块上形成了三个圈层：最中心也最低矮的圈层是大慈寺，第二圈层是休闲购物街区，第三圈层则是数十层的高楼。因此，身处大慈寺这个锅形底部或者山谷底部，自然会有一种视觉上和心理上的压迫感。

　　再回过头来看处于街区北端的皇家佛教古寺大慈寺，与处于街区南端的"新寺庙"——"苹果"专卖店。一个物质空间是由中国传统的青色石板、砖块和暗红色木头构筑而成的，除了威严的镀金佛像之外，那里始终弥漫着善男信女烧香拜佛的虔诚气息；另一个物质空间则是由后现代建筑宽大的钢架和玻璃构筑而成，给人既坚固又轻巧、通透的视觉感受，其中聚集着追新逐异的各色青年男女的焦躁情绪。刹那之间，目睹两个新旧"寺庙"的反差，确有转眼跨越千百年时间和空间，不知今夕身在何处的眩晕感。再看环绕大慈寺围墙外的高档、奢华、炫目的钢架和玻璃店铺中几乎可以从外面一览无余的奢侈商品陈列、美味佳肴勾引欲望的色香气味，而俯瞰寺庙，围墙之内则有为数众多的虔信者们排着长队领取几元钱一份的斋饭。旧寺庙之外是充满强力消费符号的奢侈品世界，旧寺庙之内则是企图在另一个世界获得心灵安顿的信徒们在祈愿。

　　休闲购物街区的商铺和周边环境的设计堪称精致、精巧、细腻、炫目、令人愉悦，把媒材、物性、视觉语言、技巧、技术、灯光、色彩发挥到了极致：烟雾轻抚的宁静水池，随着音乐节奏喷射的人工喷泉，密密麻麻缠绕着行道树闪烁的冷光源灯光，全球顶级平面设计师设计的大幅海报，在时下商业广告常见的欧美硬朗男女之中不时夹杂着成为新时尚的韩国宋仲基类型的

"欧巴"和宋慧乔类型的美女，而每幢玻璃房子门口都站着面带公式化微笑的本地美女帅哥，当然更有刺激人们消费欲望的各种时髦奢侈品。置身于太古里休闲购物街区中，似乎有恍若置身巴黎"老佛爷"金碧辉煌的穹顶下的满足，抑或有漫步于巴黎香榭丽舍大街时的陶醉。

在成都"远洋太古里"这个后现代新城市空间里，即便在其中闲逛一天却不购买一分钱的商品，也会获得极大的视觉愉悦和内心满足。

哈维曾经说，所谓全球化，完全可以在每个人的早餐桌上看到：那里有来自世界各地的面粉、果酱、水果、食糖、牛奶等食物，这表明全球化已经渗透到了每个人的日常生活之中。① 哈维的这种描述，在"远洋太古里"所呈现的声、光、色、香、拟象、膨胀的形象与幻觉面前，看来有必要得到修正和更新。哈维也曾经说，后现代建筑空间的碎片化拼贴表明了后现代美学表达的危机；但他若置身于大慈寺内的茶馆里一边喝着禅茶，听着佛教音乐，看着拈花微笑的佛像，一边探视、浏览五光十色的钢架玻璃房子和其中来自世界各地的诱人奢侈品时，他是否会重新修正他对"全球化"与"空间修复"之关系的看法？

有一点是肯定的：将古老的佛教与令人炫目的商品和消费符号拼接在一起，已经大大超越了哈维在《后现代的状况》里描述的巴尔的摩湾区重叠拼贴的建筑群、旧金山的渔人码头、新奥尔良的比萨饼店等美国的后现代建筑，为他所称的"表演性建筑"增添了创新性的亮点——不仅让人愉悦、陶醉、目眩、心旌摇荡，更把佛教、川西民俗、西洋奢侈品及其符号、西洋商业文化、后现代艺术的拼贴手法、最新的技术手段这些异质性的、完全不在同一种文化逻辑和美学逻辑链条上的东西，强行杂糅在一块面积并不算大的凝固的物理街区之中。因此，强行杂糅和拼贴组合，或许就是成都"远洋太古里"创新的内在美学逻辑。

这种美学逻辑似乎也与成都本地人喜欢"打望"（四川方言，指看热闹、看稀奇）的民间传统极为吻合。这让我想起了自己多年前在一篇文章里写过的如下一段话：

> ……都市理念的变化，必将带来的另一个显著效果，就是城市中心地带成为视觉消费的理想对象，无论是远望，还是近看，都可以获得视觉消费的审美满足。视觉消费，可以而且应当成为一种新的和时尚的审美方式。四川人喜欢"打望"，不仅爱打望时尚和美女，也可以打望各色

---

① 参见戴维·哈维：《追忆与冀望（1）》，阎嘉译，载周宪、陶东风主编，《文化研究》（第21辑），社会科学文献出版社，2015年，第47—60页。

建筑空间的组合，打望大型超市中令人欲买不能的商品，餐馆中令人馋涎欲滴的饮食，五彩流光的迷人夜色。"马赛克"式的时空组合，古代与现代、本土与外来文化的拼接，既可以让人凭借视觉去消费传统文化和人文地理的深厚积淀，也可以让人消费各种时尚的展示：从日常消费品，到时髦的时装、高档商品、汽车和新的消费理念。[1]

在我书写这段文字之时，全球化的浪潮还刚开始拍打中国遥远内地开放程度并不算高的西南一隅，而如今全球化显得颇为声势浩大并且悄然扎实推进。我们追赶全球化的速度和效率超乎所有人的想象。

与此同时，我们确实需要冷静思考，包括思考哈维关于全球化和"空间修复"的理论。政治经济学者会去思考资本运作和扩张的问题，那是他们的本行。文艺理论学者关注的则是美学和艺术问题，这需要透过碎片化的形象和幻觉，透过极具表演性的后现代钢架结构和玻璃，去反思消失在其中或者被强行杂糅淹没了的是什么？我们在耀眼炫目的视觉语言和空间艺术语言中，如何去寻找纵深的历史感和深刻的社会生活内涵？面对视觉拟象强大的感官吸引力，我们如何去把握历史与现实演变的真实轨迹？空间叙事和语法令人眼花缭乱的技巧，如何消解了历史与传统的连续性？这些问题或许应当由文艺理论学者来反思和解答。

后现代城市空间改造和重构的物质性空间，从来都不是单纯的物质材料的堆砌和拼贴组合。其建构者本身理应明确意识到物质性空间实际上融合了建构者自身的生活体验和感悟，在物质性建构中折射了主观的"物感"意识和各种社会关系的表现性，包含着建构者自己对于地理空间的物质性特征的独特感知和体验，以及对依托于物质性特征的特殊历史、人文传统和文化意蕴的深入挖掘、提炼和思索，并将艺术的意义世界有机地与对独特地理空间的物质性特征的体验融合起来。直白地说，空间改造和重构的目的不仅仅指向资本运作的逻辑、实用的社会功利目的、炫技性的艺术表演，更要指向空间的整体性意义表达和文化价值取向。我不久前在一篇谈论文学与地理空间、地域性和地方性的文章中说过这样的话：

然而，我们必须留意的是，地方性与全球性的依存关系，固然说明了资本的全球性扩张造成了任何地方都不可避免地被裹挟到全球化的漩涡中，但这种关系在另一方面造成的结果也不可忽视：一个结果是在资本扩张的全球化进程中，同样不可避免地会造成不同地区和地方发展的

---

[1]　阎嘉：《城市之"芯"：多元文化和时尚的组合空间》，《成都商报》，2005 年 4 月 19 日。

不平衡，造成地理、政治、经济方面的差异所带来的不公平和非正义，如在地理上的偏远和地域局限、长期被殖民等因素所造成的不公平；另一个结果则是文化与艺术上的地方性与全球性的关系，它们毕竟不能简单地与政治经济方面的地方性与全球性的关系划等号。文化与艺术上的地方性与全球性关系的特殊性在于，不同地方的文化和艺术自身传统的延续，不大可能完全被资本和异质性的文化与艺术所同化，至少不可能在短时间内被他者所同化。在很多情况下，地方文化与全球文化甚至会形成既互补、又对抗的张力性关系，如某些以族群、社群、利益共同体为依托的文化和艺术传统，经常都会有意识地以各种方式来彰显自身传统的独特性，以此来抗拒异质性文化和艺术传统的侵蚀。就此而言，资本的力量有时也会遭遇鞭长莫及的窘况。①

我以为，上述观点在我们思考全球化、空间修复和后现代城市空间设计问题时依然具有参考价值。同时，我也非常清楚，平民百姓置身于成都"远洋太古里"自然会迷失在它的繁花似锦和纸醉金迷之中，为此开心愉悦，而作为读书人的我们，却总想撩开那些繁华的面纱与炫技表演，试图去追问其意义和价值之所宗。

作者简介：

阎嘉，四川大学文学与新闻学院教授，博士生导师，主要从事西方文论、文艺美学以及文化批评研究。

---

① 阎嘉：《四川文学与地理空间、地域性和地方性问题》，载朱寿桐、白浩主编，《大西南文学论坛》（第2辑），中国文联出版社，2017年，第121页。

"浪荡子"：现代性的隐喻及其空间体验*

李　健

摘　要："浪荡子"作为一个现代性的产物，事实上也是理解现代性的一种隐喻方式。立足于美学及艺术史维度，这一都市文化形象所蕴含的空间观念可以被看作 20 世纪空间理论转向的起始点之一。以 19 世纪巴黎的城市现代性前史为依据，浪荡子作为一种置身于历史整体语境之中的辩证意象，通过对城市空间的特殊体验方式，不仅成为审美现代性与启蒙现代性之间张力关系的典型代表，而且将现代性神话的本质深刻地揭示了出来。与此同时，19 世纪以来的文学艺术在空间观念层面与古典模式的差异及其内在动因，亦可由此概念得到必要的说明。

关键词：浪荡子　现代性　波德莱尔　现代主义　城市空间

由时间模式向空间模式的转向，被认为是西方社会由现代向后现代转型的重要表征之一，并直接激发了 20 世纪后半叶西方学界对空间问题的讨论热情。简言之，由于列斐伏尔、福柯等思想家在空间理论上的贡献，学界开始普遍关注现代性进程中出现的空间转向问题。此后，包括社会批判理论、后结构主义、后殖民理论等在内的各种学术流派，都将空间作为一个关键性概念予以剖析。值得注意的是，在对这一问题的讨论过程中，现代艺术始终是一个受到高度关注的领域。一方面，就空间理论史而言，艺术实践的现代转型所蕴含的特定空间意识，不仅很早就被敏锐的理论家注意到，而且始终是探讨 20 世纪空间观念变迁的重要依据之一。另一方面，就艺术实践史而言，空间观念的变迁至少自 19 世纪就已伴随现代性进程

---

　　* 本文系国家社科基金重大项目"西方新马克思主义文论与空间理论重要文献翻译和研究"（15ZDB085）以及国家社科基金一般项目"20 世纪艺术哲学语境中的空间思想研究"（16BZX117）的阶段性成果。

开始了。本文即以"本质上是现代性产物"① 的"浪荡子"（flâneur）为中心，对这一现代性前史的空间观念进行了美学及艺术史维度的反思。作为一种理解现代性的隐喻方式，这一概念提供了关于空间转向问题的诸多历史线索，这对于我们在现时代更深入地探讨空间理论无疑是大有裨益的。

一

众所周知，从齐美尔、本雅明到列斐伏尔、福柯，再到哈维、索亚等人，都将包括文学、绘画、建筑等在内的各种艺术形式作为阐述空间思想的有效例证。的确，无论波德莱尔关于巴黎的文学想象、圣埃利亚关于"未来主义城市"的动力主义狂想，抑或科比西埃对"明天城市"的理性主义布展，都充满有关理想空间的特有乌托邦情怀。印象主义之后的视觉艺术对空间形式的激进表达，更是贯穿整个西方现当代艺术史的一条基本线索。艺术史家、美学家、批评家对这些艺术现象的理论分析，既是构成西方空间问题现代谱系的重要组成部分，同时也是直接反映 20 世纪艺术哲学观念变迁的基本依据。可以说，基于美学理论及艺术史视野对空间问题的反思，既为我们理解西方现代性进程的历史脉络提供了一个独特视角，也是把握现当代艺术实践与理论发展轨迹的一条特有路径。

历史地看，自本雅明对"19 世纪的首都"巴黎展开现代性前史研究以来，巴黎作为"现代性的历史母体已成为一种共识"："根据这一概念，巴黎首先产生了一种全新的情感和城市体验，并在现代主义艺术和文学中找到了它的特色表达。"② 正是在这一母体之中，滋生出"浪荡子"这一经波德莱尔重点描述，并由本雅明予以深度阐释的文化概念。以巴黎为代表，西方自 19 世纪以来都市生活的社会转型，可谓理解空间理论滥觞的重要参照系。浪荡子作为一个充分体现了现代性新变的都市文化形象，无疑是其中至关重要的核心概念之一。波德莱尔对现代性的界定至今发人深省，而他以画家居伊为原型对浪荡子形象的描述和剖析，更为前者形塑了一个可供微观审视的类型学意义上的典型意象。本雅明对波德莱尔这一典型意象的重新发现，不仅与其力图在一个更具微观社会学意味的批判立场上揭示现代性危机的理论诉求息息相关，而且反映出二者在话语实践层面共存的敏锐度和敏感度。正如有学者

---

① Chris Jenks, "Watching Your Step: The History and Practice of the Flâneur", in Chris Jenks, ed. , *Visual Culture*, London New York: Routledge, 1995, p. 146.

② Mary Gluck, "Reimagining the Flâneur: The Hero of the Novel in Lukacs, Bakhtin, and Girard", *Modernism/Modernity*, 13 (1), 2006, p. 747.

所强调的，浪荡子作为一种神话学的理想类型，在话语中比在日常生活中更为常见。① 立足于此，无论现代性进程以城市为基点的社会空间生产，还是现代主义文化在艺术表达层面的激进空间体验，以及随之引发的一系列现实和理论问题，皆可由此见出端倪。

确切地说，浪荡子作为一个与 19 世纪的巴黎存在特定时空关联的历史人物，是与都市生活的发展直接相关的。这一概念自 19 世纪初出现之后，经由数次政权更迭——尤其是奥斯曼在第二帝国时期对巴黎城区进行的大规模"创造性的破坏"，至"逐渐从 19 世纪晚期的文化舞台上消失"② ——与现代性进程中不断变迁的城市景观及其所引发的空间体验和身份重构息息相关。如齐美尔所言，"都会生活以都市人中增长的知觉与观察以及理智优势为基础。对都市现象的反应使器官变得麻木不仁，毫无个性"③。人类的精神生活随着城市发展而发生了根本性的变化。身处城市景观中的个体，一方面开始具有区别于古典时期的身份属性，另一方面也在不断改变着自己对于这个世界的认知方式和体验方式。它深刻地印证了本雅明在《机械复制时代的艺术作品》中的观点："在漫长的历史阶段中，人类感知方式随整个人类生存方式的变化而变化。人类感知的组织形态，它赖以完成的手段不仅由自然来决定，而且也由历史环境来决定。"④

更重要的是，面对这一由城市景观所表征的现代性境遇，浪荡子不仅作为一个历史人物以"漫游"（flânerie）的方式进行了空间维度的近距离体验，而且通过观看、收藏和记录成为波德莱尔笔下那个"具有意识的万花筒"，并因此揭示了"一种新的观察和感知方式"⑤。正如巴克－莫尔斯所揭示的，浪荡子的研究对象便是现代性本身。区别于那些将自己关在房间里进行反思的学者，他漫游在大街上——尤其是本雅明所特别关注的拱廊街里，以一种"看的辩证法"，观察并"研究"穿梭的人群。⑥ 在波德莱尔那里，万花筒的意

---

① Rob Shields, "Fancy Footwork: Walter Benjamin's Notes on Flânerie", in Keith Tester, ed. , *The Flâneur*. London & New York: Routledge, 2015, p. 67.

② Mary Gluck, "Reimagining the Flâneur: The Hero of the Novel in Lukacs, Bakhtin, and Girard", *Modernism/Modernity*, 13（1），2006, p. 755.

③ 齐奥尔格·西美尔：《大都会与精神生活》，载《时尚的哲学》，费勇、吴蕈译，文化艺术出版社，2001 年，第 187 页。

④ 瓦尔特·本雅明：《机械复制时代的艺术作品》，载汉娜·阿伦特编，《启迪：本雅明文选》，张旭东、王斑译，生活·读书·新知三联书店，2008 年，第 237 页。

⑤ Marit Grøtta, *Baudelaire's Media Aesthetics*: *The Gaze of the Flâneur and 19th-Century Media*. New York: Bloomsbury, 2015, p. 167.

⑥ See Susan Buck-Morss, *The Dialectics of Seeing*: *Walter Benjamin and the Arcades Project*. Cambridge & London: The MIT Press, 1989, p. 304.

象对于浪荡子是至关重要的。所谓万花筒，意味着它"每转动一次，不计其数的活动颗粒便重新组成一幅新的图像，而之前的图像则转瞬即逝"①。很显然，这正是对波德莱尔关于现代性即"过渡、短暂、偶然"的一种生动的隐喻式表达。浪荡子由此不再只是历史中曾经不断出现在巴黎街头的那个无所事事的漫游者，而成为一个足以表征并揭示现代性进程诸多议程的关键意象："作为一种面向外部感知视角的代表，他既是现代性的产物，也是现代性图景的生产者。对这种现代性的对象和痴迷的敏感，使之成为他那个时代的一个意义重大的万花筒。"② 在此意义上，我们的确应当意识到，"漫游不只是一种文化身份，更是一种特殊的文本与视觉实践"③。而浪荡子本身，则需要被理解为一种置身于历史整体语境之中的辩证意象，用以不断揭示现代性的神话。

二

浪荡子由历史人物转化为一种极具话语批判力量的辩证意象，使得这一概念呈现出迷人的复杂性。一方面，无论波德莱尔还是本雅明，都在社会类型层面将其指向更多元的城市生活本身。浪荡子因此化身为专栏作家、风俗画家、小报记者、古董收藏家、考古学家、私家侦探、拾荒者乃至赌徒和妓女。正是在他们身上，城市空间中那些稍纵即逝、支离破碎却深刻反映现代性境遇的生活图景被逐一揭示出来。但另一方面，究其根本，这一概念又有其话语实践层面的明确指向性。作为任何一种社会类型都无法完全匹配的辩证意象，他具有更集中、鲜明的时代印记和精神诉求。这一点，尤其可以在浪荡子与一系列相关义化形象的比较中有所休现。

有一种观点认为，本雅明所阐发的浪荡子，在很大程度上是齐美尔"陌生人"（the stranger）的翻版。④ 毋庸置疑，齐美尔关于都市精神生活的讨论是本雅明的浪荡子概念得以展开的重要理论源泉之一。在前者看来，城市生活的发展，滋生出"陌生人"这一有别于传统社会的新身份。"他被固定在一个特定空间群体内，或者在一个它的界限与空间界限大致相近的群体内。但

---

① 安格利卡·威尔曼：《散步——一种诗意的逗留》，陈虹嫣译，华东师范大学出版社，2008年，第144页。

② Anke Gleber, *The Art of Taking a Walk: Flânerie, Literature, and Film in Weimar Culture*. New Jersey: Princeton University Press, 1998, p.41.

③ 玛丽·格拉克：《流行的波希米亚——十九世纪巴黎的现代主义与都市文化》，罗靓译，安徽教育出版社，2009年，第101页。

④ Rob Shields, "Fancy Footwork: Walter Benjamin's Notes on Flânerie", in Keith Tester, ed., *The Flâneur*. London & New York: Routledge, 2015, p.55.

他在群体内的地位要由这样的事实决定：他从一开始就不属于这个群体，他将一些不可能从群体本身滋生的质素引进了这个群体。"① 作为一个相对于"人群"的异质化形象，他实际上反映了这样一种现代性状况："城市生活产生了一种新的体验，这种体验逐渐成为现代社会的特征——人群的体验。"② 但是与浪荡子不同，"人群"这一形象上并没有浪荡子显著的自我觉醒意识。在很大程度上，这种意识正是波德莱尔认为"浪荡作风是英雄主义在颓废之中的最后一次闪光"③ 的根源所在。用波德莱尔的话说：

> 这些人被称作雅士、不相信派、漂亮哥儿、花花公子或浪荡子，他们同出一源，都具有同一种反对和造反的特点，都代表着人类骄傲中所包含的最优秀成分，代表着今日之人所罕有的那种反对和清除平庸的需要。④

这里需要特别指出的是，尽管浪荡子与花花公子（dandy）之间的历史关联一再被人指出，但两者之间仍然存在本质差异。后者作为"上流社会的贵族绅士形象"⑤，既与古典时代的精神气度存在千丝万缕的联系，又与城市空间缺乏必然的共生关系。就其对城市生活的"观察"来看，确如黛博拉·帕森斯所言，两者之间的一个重要区别便在于，前者是在观察，而后者则是为了展示自己而观察。⑥ 浪荡子作为一个隐姓埋名的"人群中的人"，在城市空间中的观察既是隐匿的，又具有一种将现代城市景观转换为视觉图像和文本的自觉意识和能力。弗朗茨·埃塞尔（Franz Hessel）作为本雅明重点关注的同时代作家之一，便颇具代表性。正是通过一种浪荡子式的观察与书写，他不仅将城市转换为一种可供阅读的文本，而且促使读者"体验到一种当下的、意味深远的文本隐喻，这种隐喻从一开始就帮助我们形塑了现代性的观念"⑦。

---

① 齐奥尔格·西美尔：《陌生人》，载《时尚的哲学》，费勇、吴菁译，文化艺术出版社，2001年，第110页。

② Marit Grøtta, *Baudelaire's Media Aesthetics：The Gaze of the Flâneur and 19th-Century Media*. New York：Bloomsbury, 2015, p.5.

③ 波德莱尔：《1846年的沙龙：波德莱尔美学论文选》，郭宏安译，广西师范大学出版社，2002年，第439页。

④ 波德莱尔：《1846年的沙龙：波德莱尔美学论文选》，郭宏安译，广西师范大学出版社，2002年，第438页。

⑤ David Frisby, "The Flâneur in Social Theory", in Keith Tester, ed., *The Flâneur*. London & New York：Routledge, 2015, p.86.

⑥ Deborah L. Parsons, *Streetwalking the Metropolis：Women, the City, and Modernity*. New York：Oxford University Press, 2000, p.20.

⑦ Anke Gleber, *The Art of Taking a Walk：Flânerie, Literature, and Film in Weimar Culture*. New Jersey：Princeton University Press, 1998, p.66.

与之相比，法语中另一个更古老的术语"badaud"，尽管亦有四处游荡之意，则被"用来意指与浪荡子同时出现的另一种城市类型"，它所包含的"无聊的好奇心、容易受骗、头脑简单、愚蠢无知"属性，① 与浪荡子形成了一种可彼此参照的对应关系。一言以蔽之，浪荡子作为一个特定时空语境下的现代性产物，以其自反性特征对现代性进程予以了隐喻式的揭示。

　　从社会类型的角度来看，能够充分体现浪荡子这一现代性的自反性特征的群体，毫无疑问是以艺术界为典型代表的。这也是对有关浪荡子的讨论，艺术始终如影随形的原因所在。一方面，19 世纪以来巴尔扎克、波德莱尔、爱伦·坡、印象派画家、超现实主义者等，都被纳入这一概念的讨论之中。另一方面，他们通过作品所创造出来的丰富艺术形象，也是构成浪荡子意象的重要来源之一。立足于美学与艺术史维度，浪荡子所扮演的角色及其所表征的空间观念变迁，同样非常值得关注。

　　众所周知，浪荡子作为一个现代性概念得到关注，首先得益于波德莱尔的创造性阐释。而他对现代性的深度体验，在很大程度上是通过对艺术家及其作品的敏锐剖析呈现出来的。与其对现代性的理解相辅相成，他认为："构成美的一种成分是永恒的、不变的，其多少极难加以确定；另一种成分是相对的、暂时的，可以说它是时代、风尚、道德、情欲，或是其中一种，或是兼容并蓄。"② "现代生活的画家"所要捕捉并在作品中呈现的便是那相对的、暂时的美。这也是他选择居伊作为浪荡子典型的基本尺度。如其在《现代生活的画家》一文的最后所言："他到处寻找现实生活的短暂的、瞬间的美，寻找读者允许我们称之为现代性的特点。他常常是古怪的、狂暴的、过分的，但他总是充满诗意的，他知道如何把生命之酒的苦涩或醉人的滋味凝聚在他的画中。"③ 事实上，如果说波德莱尔笔下的浪荡子以"现代主义病菌的传播者"姿态而成为英雄④，那么他自己同样以对现实令人不安的描绘，而在相当程度上成为"印象派绘画的灵感来源"⑤。参照哈维在《巴黎城记：现代性之

---

① Zoë Thompson, "Erasing the Traces, Tracing Erasures: Cultural Memory and Belonging in Newcastle/Gateshead", in Anca M. Pusca, ed., *Walter Benjamin and the Aesthetics of Change*. London: Palgrave Macmillan, 2010, p. 78.

② 波德莱尔：《1846 年的沙龙：波德莱尔美学论文选》，郭宏安译，广西师范大学出版社，2002 年，第 416 页。

③ 波德莱尔：《1846 年的沙龙：波德莱尔美学论文选》，郭宏安译，广西师范大学出版社，2002 年，第 450 页。

④ Zygmunt Bauman, "Desert Spectacular", in Keith Tester, ed., *The Flâneur*. London & New York: Routledge, 2015, pp. 155−156.

⑤ Bruce Mazlish, "The Flâneur, from Spectator to Representation", in Keith Tester, ed., *The Flâneur*. London & New York: Routledge, 2015, p. 55.

都的诞生》中的观点，以 1848 年为界线，巴黎的现代性进程经历了关键性的转折和危机。如其所言：

> 毫不偶然的是，第一次伟大的现代主义文化突进于 1848 年之后出现在巴黎。马奈的画笔开始分解传统的绘画空间并改变其构架，探索光线和色彩的分解；诗歌和波德莱尔的思考力图超越短暂和狭隘的地方政治，寻求永恒的意义；福楼拜的小说及其独特的空间和时间叙事结构与冷冰冰的孤僻语言并驾齐驱；所有这些都是彻底突破这样一些文化情绪的征兆：反映了在一个不稳定的、迅速扩张的空间范围的世界里对于空间和场所、现在、过去和未来之意义的深刻追问。[①]

在这一追问过程中，浪荡子赖以生存的城市空间不断发生着动荡性的变迁，尤其是奥斯曼自 19 世纪中叶开始对巴黎城区大规模的拆迁改造，极大地改变了前者得以在拱廊街生存、穿梭、观察的空间形式。但其精神内核及其空间体验方式并没有走向终结，而是在竭力追踪现代性新变的艺术家及其作品中得到了更具自主性的彰显。就此而言，乔纳森·克拉里在《观察者的技术》中对 19 世纪的视觉与现代性问题所展开的深入剖析，恰好可以做一个互涉性的参照。在他看来，"古典模式的视觉在 19 世纪初期产生断裂，其规模并不单单只是影像与艺术作品的外观，或是再现成规之系统的改变，相反地，此一断裂与整个知识的重组不可分割，也不可忽略那些以各种方式改变人类主体的创造、认知与欲望能力的社会实践"[②]。换句话说，西方视觉艺术古典模式的终结既始自 19 世纪初期，又与社会实践的深刻变迁直接相关。归根结底，"现代性发轫之时，也是古典视觉模型连同其所稳定之再现空间崩解的时刻"[③]。浪荡子作为一种辩证意象的历史与理论意义，亦可借此得到更具艺术史视角的反思。基于这一视角，可以在波德莱尔及本雅明的理论视野之上，更确切地说："浪荡子不仅是一个历史人物，而且是现代艺术家独特视角的一个批判性隐喻。"[④]

---

① 戴维·哈维：《后现代的状况：对文化变迁之缘起的探究》，阎嘉译，商务印书馆，2003 年，第 328 页。

② 乔纳森·克拉里：《观察者的技术：论 19 世纪的视觉与现代性》，蔡佩君译，华东师范大学出版社，2017 年，第 6 页。

③ 乔纳森·克拉里：《观察者的技术：论 19 世纪的视觉与现代性》，蔡佩君译，华东师范大学出版社，2017 年，第 40 页。

④ Deborah L. Parsons, *Streetwalking the Metropolis：Women，the City，and Modernity*. New York：Oxford University Press，2000，p. 5.

三

具体到现代性的神话，最为人所知的批判性话语，莫过于以霍克海默与阿多诺为代表的批判理论对启蒙现代性的深刻揭示。正如格雷姆·吉洛赫在《神话与大都会：本雅明与城市》一书中所概括的那样：

> 对于本雅明、霍克海默和阿多诺而言，现代性，这个被认为是启蒙和进步的时代，只不过是神话的卓越时代。人类对无所不能的自然之力、对难以克制的欲望和命运的服从，已经被逆转了。现代社会的神话特征源于人类对自然贪婪而疯狂的剥削，并最终导致了一个人对另一个人的宰制。启蒙运动并没有带来理性政体，它只是带来了新的痛苦和压迫形式。不变的苦难被历史即进步的意识形态所掩盖。现代社会宣称自己摆脱了神话的重负，却越来越深陷其中。现代性是伪装成文明高度的野蛮。①

需要特别指出的是，相对于霍克海默和阿多诺对此所提供的一种"持续不断的悲观评估"，本雅明则"努力寻找现代社会中存在的积极时刻"。② 在一定程度上，浪荡子便是这种努力在话语范式转换层面的一种直接体现。作为一种"批判性隐喻"，浪荡子尤其在艺术和美学维度提供了综合考察现代性的另一条路径：在启蒙现代性之外，始终存在着另一种可以被称为审美现代性的文化力量。它出自现代性发轫之初，并与前者构成了一种如影随形的对抗性关系。事实上，这种现代性的二元叙事结构，已成为现代性研究中的常规视角之一。卡林内斯库在《现代性的五副面孔》中认为，审美现代性是一个包含三重辩证对立的危机概念："对立于传统；对立于资产阶级文明（及其理性、功利、进步理想）的现代性；对立于它自身，因为它把自己设想为一种新的传统或权威。"③ 这其中第二重辩证对立，也即启蒙现代性与审美现代性的张力关系，对于理解作为现代性隐喻的浪荡子概念可谓至关重要。

回到 19 世纪巴黎的现代性进程，其中便蕴含着可与之相对应的两种城市现代性概念：其一是动态城市体验的现代性，它以稍纵即逝的印象为特征，

---

① Graeme Gilloch, *Myth and Metropolis：Walter Benjamin and the City*. Cambridge：Polity Press，1996，p. 174.

② Graeme Gilloch, *Myth and Metropolis：Walter Benjamin and the City*. Cambridge：Polity Press，1996，p. 174.

③ 马泰·卡林内斯库：《现代性的五副面孔》，顾爱彬、李瑞华译，商务印书馆，2002 年，第 16—17 页。

与商业魅惑及"城市如画"的理念相联系，并由此形成了一种与"漫游"（flâneurie）息息相关的独特的视觉文化；其二则是与奥斯曼主政巴黎时期强调理性秩序与纪念碑式街景的城市规划相关的现代性。这是一种以理性的、统一的、有序的空间为特征的城市现代性。① 很显然，浪荡子所表征的无疑是前一种现代性。而这一意象自 19 世纪初开始出现于巴黎的城市空间表达之中，也隐含着这样一个现代性的悖反性事实："产生浪荡子的现代性氛围，是由一种彼此关联但又相互矛盾现象的悖论所形成的：城市的匿名性和疯狂的理性，造就了它最主观、绝对缓慢和反功能的视界之一。"② 浪荡子对现代城市万花筒式的碎片化体验，对以速度感为特征的社会发展连续性及进步观的反抗，构成了其现代性隐喻的核心内容。确切地说："城市经验的碎片性和破碎性，是对只强调连续性和进步的表现形式和历史实践的谎言的揭示。"③ 因此，浪荡子在现代城市的空间体验，在根本上是一种去总体性的现代性体验，代表着一种针对启蒙现代性的颠覆性立场。

由此再聚焦于现代主义艺术在 19 世纪滋生并发展的轨迹，可以认为：现代性概念不可避免地与一种视觉危机交织在一起，对于负责描绘现代生活的轮廓和鲜明特征的艺术家和作家而言，至关重要的问题之一便是如何通过一种在根本上区别于古典形态的视觉范式，将现代性的本质特征揭示出来。仅就波德莱尔来说，与其说他所界定和运用的现代性是一个特定的历史时期，不如说是一种前所未有的变革和颠覆性的体验。④ 在这个意义上，他为印象派及其后的现代艺术家所提供的现代性路径，对于理解后者的艺术表达和空间形式无疑是决定性的。确如阿兰·斯威伍德所概括的那样：

　　波德莱尔的现代性从现代城市生活的独特面貌之中，锻造出一种与新的体验和感受方式相适应的新的审美观念。在这里，现代性没有终极目的，也没有人类追求的理想、目标和宗旨。在此意义上，波德莱尔的现代性是反启蒙的，与启蒙运动者对历史必然进步和理性自治的信念背道而驰。正因为如此，福柯将波德莱尔的现代性作为批判启蒙思想遗产（尤其是哈贝马斯、法兰克福学派以及所有历史主义和马克思主义的集大

---

① See H. Hazel Hahn, *Scenes of Parisian Modernity*: *Culture and Consumption in the Nineteenth Century*. London: Palgrave Macmillan, 2009, pp. 46—51.

② Anke Gleber, *The Art of Taking a Walk*: *Flânerie*, *Literature*, *and Film in Weimar Culture*. New Jersey: Princeton University Press, 1998, p. 28.

③ Graeme Gilloch, *Myth and Metropolis*: *Walter Benjamin and the City*. Cambridge: Polity Press, 1996, p. 173.

④ Mary Gluck, "Reimagining the Flâneur: The Hero of the Novel in Lukacs, Bakhtin, and Girard", *Modernism/Modernity*, 13 (1), 2006, pp. 748—749.

成者）的武器。①

对于浪荡子来说，城市空间的碎片化体验本身便是对这种现代性的深刻把握。据此至少需要区分两种面对城市的体验和观看模式："首先是地图绘制者的全景空中视角，它令城市清晰可见；其次是行人对地面空间的感知，只能通过步行的修辞来理解。"② 这也是米歇尔·德塞托在《日常生活实践》中重点阐述的核心议题之一。根据 20 世纪城市规划者的设想，城市分为两个截然相反的极端：柯布西耶现代主义的几何有序城市，和简·雅各布斯提出的后现代主义、非正式、灵活的城市。前者遵循望远镜所观察到的全幅景观，后者遵循万花筒所观察到的碎片式图景。③ 撇开对现代主义的界定所隐含的悖论结构不谈——其背后所包含的辩证逻辑可以在现代性的第三重辩证对立关系那里得到更进一步的说明，两者对城市景观的观看和体验显然是非常不同的。

基于后一种观看模式，我们可以更深刻地体会这样一种关于城市空间的理解：城市不只是指某一特定地方的一组建筑，在激进的意义上，根本就没有城市这种东西。所谓城市，总是由特定历史和地理制度、生产和再生产的社会关系、政府的实践、形式和传播媒介等相互作用而产生的空间。④ 就此而言，要想真正把握城市的脉络，体验城市空间的真实内涵，离不开浪荡子这一特殊的城市体验方式，否则的确很难准确把握现代性的关键面向。正如人们普遍认为的，"现代性作为 19 世纪的一种现象，是城市的产物"⑤。这也是整个 19 世纪，在文学艺术中城市主题的作品层出不穷的原因所在。用琳达·诺克林（Linda Nochlin）的话说，"近代城市的形象在 19 世纪大多数文学家（无论重要或次要的文学家）的作品里都扮演了主要角色"⑥。狄更斯曾用两种方式来描述其对维多利亚时代伦敦的万花筒的想象。为此他塑造了两种截然

---

① Alan Swingewood, *Cultural Theory and the Problem of Modernity*. New York: Macmillan Education, 1998, p. 142.

② Estelle Murail, "Re-envisioning Dickens' City: London Through the Eyes of the Flâneur and Asmodeus", in Estelle Murail & Sara Thornton, eds. , *Dickens and the Virtual City: Urban Perception and the Production of Social Space*. London: Palgrave Macmillan, 2017, p. 57.

③ Deborah L. Parsons, *Streetwalking the Metropolis: Women, the City, and Modernity*. New York: Oxford University Press, 2000, p. 8.

④ See James Donald, "Metropolis: The City as Text", in Robert Bocock & Kenneth Thompson eds. , *Social and Cultural Forms of Modernity*. Cambridge: Polity Press, 1992, p. 422.

⑤ Griselda Pollock, *Vision and Difference: Feminism, Femininity and the Histories of Art*. London & New York: Routledge, 2008, p. 93.

⑥ 琳达·诺克林：《现代生活的英雄：论现实主义》，刁筱华译，广西师范大学出版社，2005年，第 187 页。

相反的文学人物，体现了理解城市的不同方式。其一是浪荡子，他作为一个悠闲但又警觉的城市生活观察者，通过在街巷近距离的漫游，将其特有的现代性体验传达出来。其二则是阿斯莫德斯（Asmodeus）的全景凝视，他以一个无所不知的叙述者的视角来看待伦敦。① 采用何种方式观察和理解城市，以一种特别的空间体验视角将人们区别开来。

　　就其现实性而言，19 世纪的城市面貌相较于传统社会发生了极大的变化。人们的生活方式也随之改变。"到 19 世纪后半期，生活上悠闲、富裕的人们开始将目光转向户外活动。随着铁路的建成，夏日来临，富裕阶层就去海边的避暑胜地度假。而在普通市民阶层更广为流行的是周日去巴黎的郊外划船、散步或野餐。这种轻松愉快的休闲生活，逐渐成为绘画的主题并频繁地出现在绘画作品之中。"② 不难看出，这恰恰是 19 世纪后半叶印象派画家所热衷于描绘的日常生活场景，这种场景显然是一种全景式的阿斯莫德斯眼光难以捕捉的。就其与传统艺术的对比来看，这种来自生活本身的变迁生动地说明：古典模式的没落并非现代社会"颓废"的结果，而是新美学观浮现的标志。这一新美学观"潜存于我们的情感"且与当代都市生活的特殊状况息息相关。③ 与此同时，浪荡子所表征的对现代城市空间的特有体验方式，又集中反映在艺术家的生活及作品之中。他在城市街道中的漫游，因此既与缺乏任何"特殊视角或存在方式"的"路人"拉开了距离④，更使之成为拒绝启蒙现代性以理性的名义支配一切的中坚力量。

作者简介：

李健，南京大学艺术学院副教授，主要从事美学和现当代艺术理论研究。

---

① See Estelle Murail, "Re-envisioning Dickens' City: London Through the Eyes of the Flâneur and Asmodeus", in Estelle Murail & Sara Thornton, eds. , *Dickens and the Virtual City: Urban Perception and the Production of Social Space*. Palgrave Macmillan, 2017, p. 58.

② 彭永茂：《现代生活的代言人——从时尚元素看印象派绘画》，《艺术工作》，2018 年第 6 期。

③ 玛丽·格拉克：《流行的波希米亚——十九世纪巴黎的现代主义与都市文化》，罗靓译，安徽教育出版社，2009 年，第 104 页。

④ Rachel Bowlby, *Carried Away: The Invention of Modern Shopping*. New York: Columbia University Press, 2001, p. 54.

巴黎梦幻的解构与巴黎空间的重构
——论本雅明、哈维笔下的巴黎*

刘　进　罗　姗

　　摘　要：在现代性的大背景下，空间消灭时间，城市空间作为新的问题凸显出来。本雅明和哈维对巴黎空间的解构与重构反映了两人对马克思主义理论不同程度上的继承与改造：本雅明坚持断裂的历史观，哈维则坚持螺旋式发展的历史观；本雅明通过微观叙事反映总体性结构，哈维则通过宏大叙事囊括具体过程；本雅明坚持温和的文化革命立场，哈维则坚持激进的政治经济批判立场。但是，本雅明和哈维都利用马克思主义理论批判资本主义世界，将都市革命寄托于未来，这体现了西方知识分子从资本主义内部实现对资本主义的抵制的立场。

　　关键词：本雅明　哈维　巴黎　现代性

　　自启蒙运动以来，进步的历史观就在西方占据主导地位。然而巴黎公社的失败、两次世界大战的爆发等，使一大批知识分子开始思考时间化的历史所带来的灾难。本雅明、萨特和阿尔都塞等都试图瓦解过去的时间，创造时间的新形式，以达到资本主义世界的救赎。本雅明更是突破性地把时间从一个基督教末世论的概念转变为现代概念："把时间世俗化为了空间"，并在"巴黎拱廊街计划"中开启了对空间问题的研究。[①] "拱廊街计划"以巴黎城市空间为切入点，探寻资本主义现代性都市的人文发展递变。继本雅明之后，空间问题逐步凸显出来，空间不再是时间的附属品，而是实现批判与救赎当代资本主义世界的中心。在这个过程中，西方马克思主义者成为"空间转向"的重要力量，而哈维更是其中的代表人物。他的

---

　　* 本文系国家社科基金重大项目"西方新马克思主义文论与空间理论重要文献翻译和研究"（15ZDB085）的阶段性成果。

　　① 彼得·奥斯本：《时间的政治：现代性与先锋》，王志宏译，商务印书馆，2004年，第33页。

著述《巴黎城记：现代性之都的诞生》（以下简称《巴黎城记》）也以巴黎空间为研究对象，却在经济与空间的相互作用中挖掘资本主义都市生产和发展的逻辑。诚如迈克·克朗所言："如果我们把 19 世纪的巴黎作为研究的开端，我们可以看到我们是如何展示城市生活感觉之变化的。变化的中心就是'现代性'这个概念……"① 本雅明和哈维对巴黎空间的关注打开了批判资本主义现代性的窗口。两人对巴黎空间的研究不仅使巴黎都市褪去其神秘色彩，还揭示了资本主义现代性都市产生与发展的内在面目，对当代都市的发展与新时期资本主义革命产生了重要意义。

一、历史唯物主义与现代性的结合

本雅明和哈维都是利用马克思主义的基本方法和基本观点阐释与改造世界的西方马克思主义者。在巴黎空间这一问题上，尽管两人都用历史唯物主义的方法武装自己，以实现对资本主义世界的阐释与批判，但两人对马克思的历史观有不同程度的改造。

本雅明认为，在神学枯萎的时代背景下，"历史唯物主义"的木偶丧失了助力，难当救赎之大任。"历史唯物主义者只有在作为单子的历史主体中把握这一主体。在这个结构中，他把历史时间的悬置视为一种拯救的标记。"② 也就是说，本雅明批判进步历史观，否定进步概念存在于时间连续的连续性中，主张在历史时间悬置的此时此刻寻求救赎。本雅明用"空间的在场性"顶替"时间的在场性"，③ 在时间的缝隙中借助梦的记忆和个人经验，以碎片化的意象接近历史的整体结构。本雅明的"拱廊街计划"由众多碎片化的意象构成，如浪荡子、拱廊、博览会、西洋景等。透过这些具体的历史碎片，本雅明不仅展现了 19 世纪巴黎的整体风貌，还在其中承载了资本主义都市的救赎理想。正如彼得·奥斯本所说："在总体化了的短暂的自足中，每一个意象都反映了尚待完成的整体的结构；因此，每一个意象都在它内部承载了救赎的前景。"④ 由此可见，本雅明"碎片化接近总体"的研究方法与马克思历史唯物主义方法论在一定程度上实现了融合：二者都试图从具体出发，使历史的经

---

① 迈克·克朗：《文化地理学》，杨淑华等译，南京大学出版社，2005 年，第 67 页。

② 阿伦特编：《启迪：本雅明文选》，张旭东等译，生活·读书·新知三联书店，2008 年，第 275 页。

③ 阿伦特编：《启迪：本雅明文选》，张旭东等译，生活·读书·新知三联书店，2008 年，第 14 页。

④ 彼得·奥斯本：《时间的政治：现代性与先锋》，王志宏译，商务印书馆，2004 年，第 206 页。

验与唯物主义世界观相融合，以实现资本主义世界的救赎。但不同于马克思的是，本雅明"碎片化接近总体"的研究方法建立在断裂历史观的基础上，不再追求历史进步论，而谋求在历史悬置的瞬间实现救赎。换言之，本雅明主张现代性的救赎必须回到现代的此时此刻中，即回到不断变化的过去与仍然不确定的未来之间的永恒过渡阶段。然而，该阶段稍纵即逝。于是，资本主义现代性的救赎将沦为一种永久性的过渡，解放的可能性就被扼杀了。本雅明对资本主义世界的批判与救赎最终滑向历史虚无主义，革命成为一种乌托邦式的幻想。

有学者对本雅明"碎片化接近总体"的研究方法表示怀疑。阿多诺曾断言作为整体的拱廊街计划几乎不可能被重建。戴维·弗里斯比也附和道："本雅明《拱廊街计划》的作品不过是一部超现实主义的拼贴碎片的集锦。"[①] 从这个意义上说，本雅明的"拱廊街计划"不可能被重建，事实上，它也没有被重建。虽然本雅明呕心沥血打造的巴黎城市研究计划并未完成，但为后世学者留下了巨大的开拓空间。

后现代语境下的哈维避开本雅明研究缺陷，努力向经典马克思主义理论靠拢，回归马克思主义认识世界与改造世界的传统。马克思主义唯物史观要求对资本主义的认识既要有"对资本现代化过程的破坏性的一面的充满真知灼见的分析"，又要有"对于解放的可能性的肯定"。[②] 哈维《巴黎城记》反映了马克思主义唯物史观，这主要表现在两个方面。首先，哈维认为现代性是一种具有内在断裂和分裂的过程，该过程永无止境。1848 年的巴黎发生了断裂，这一年成为具有"创造性的破坏"的重大时刻，许多事物从过去中孕育出来，又创造了新的未来。哈维借巴尔扎克的描述回顾了 1830—1848 年间的巴黎，他认为此时的巴黎是表述性的，是现代性的神话，研究者需要揭开覆盖在巴黎之上的现代性神话，挖掘潜藏在资本主义现代性都市发展中的萌芽，为 1848 以后的现代性都市实践奠定基础。其次，哈维认为在现代性语境下，事物都是昙花一现的，这使得人们对历史连续性难以保持任何感受。他主张使时间空间化，以空间形式反映历史变化进程。在他看来，空间形式是一种容纳社会过程的事物，社会过程融于空间形式。因此，在解构巴尔扎克对巴黎空间的论述时，他不断将社会过程具体化，通过空间形式的变化反映巴黎都市的发展历程。再次，哈维以螺旋上升的方式演绎空间生产的过程。从空间关系开始，行经"分配（信贷、租金、租税）、生产和劳动场、再生产（劳

---

① 戴维·弗斯比：《现代性的碎片》，卢晖临等译，商务印书馆，2003 年，第 253 页。
② 彼得·奥斯本：《时间的政治：现代性与先锋》，王志宏译，商务印书馆，2004 年，第 19 页。

动力、阶级与共同体关系）以及意识形成"① 等，递进式地展现巴黎历史地理的生产变迁。巴黎空间不再是静止的、刻板的、非辩证的、僵死的空间标本，而是运动的、灵活的、辩证的、有生命的活物。

可见，哈维的唯物史观不仅坚持现代性是断裂的，于断裂处窥见新世界的诞生，还坚持事物是螺旋式上升发展的，更重要的是坚持抽象理论与具体实践相结合，在空间形式中寄托革命理想。由此，哈维对资本主义世界的解放不再沉迷于乌托邦幻想，而转向有益于历史实践的进程。相较于本雅明，哈维对马克思历史唯物主义观的继承更彻底。

二、微观叙事与宏大叙事

佩里·安德森曾毫不留情地批判法兰克福学派偏离了马克思由哲学转向政治经济学研究改造世界的道路。法兰克福学派的理论目标是马克思的思想，却致力于恢复黑格尔研究。面对现代性的救赎，本雅明表现出背离经典马克思主义宏大叙事，回归黑格尔"概念性总体性"② 的倾向。如哈维所言："马克思主义传统中的一位复杂的思想家本雅明，努力使拼贴与蒙太奇的观念臻于完善，以便尽力把握住经济、政治和文化之间多层次的与片段的联系，却并不放弃资本主义之实践的总体性立场。"③ 言下之意，本雅明从主观经验出发，既不放弃个人经验与政治、经济等宏大叙事的联系，又不放弃将理论作用于实践的理想。

本雅明以都市亲历者的身份去审视巴黎空间，把19世纪的巴黎看作静态的空间标本，"只有空间，只有外部，只有流动，只有漫游者，只有体验，也就是说，只有现象，只有碎片，既不将现象，也不将碎片纳入到政治经济的宰制逻辑中……"④ 简言之，一方面，本雅明受制于自身的现代性空间体验，如拱廊街、博览会、居室等，企图通过这些空间窥探资本主义现代性都市的内在面目。但是，重感官机器的体验并没有洞察到隐匿在现代性都市发展中的政治经济生产逻辑，却流于文化表象，忽略资本主义生产的实质。另一方面，本雅明的巴黎空间是以美学的面貌出现的，却滑向一种僵死的、静止的、

---

① 戴维·哈维：《巴黎城记：现代性之都的诞生》，黄煜文译，广西师范大学出版社，2010年，第115页。

② 仰海峰：《后现代语境与马克思哲学总体性概念的再思考》，《现代哲学》，2004年第4期。

③ 戴维·哈维：《后现代的状况：对文化变迁之源起的探究》，阎嘉译，商务印书馆，2003年，第73页。

④ 戴维·哈维：《巴黎城记：现代性之都的诞生》，黄煜文译，广西师范大学出版社，2010年，序言第8页。

短暂的存在。本雅明如收藏家般从废墟堆中选取珍奇物象，加以组合，创造出物质迷宫般的巴黎空间。从这个意义上说，本雅明洞察到了资本主义所酝酿的现代性物征，洞察到了物象是实现救赎与解放的现实因素。但是，建立在个人的主观意识与虚幻的商品物象基础上的革命，必然只能走向审美乌托邦。除此之外，虽然本雅明有意要把个人偶然经历放入社会历史发展的必然进程中加以勾勒，但其结果却背道而驰。本雅明通过微观叙事反映总体性结构的意图失败了。如詹姆逊所言："左派的论者显然期望在当前的社会变化中抽取一些整体性地变动规律加以阐释，以求最终能确立一套全面的阐释'系统'。可这种分析方法本身却是深具反讽意味的，因为论者提出的系统愈全面、逻辑愈完整、视野愈广阔，读者再吸收其理论框架时往往愈显得不知所措。"① 詹姆逊的批评肯定了以本雅明为代表的左派学者微观叙事的出发点和落脚点，却也指出了左派学者忽略微观叙事难以把握宏大结构的问题，以致形成了零散的内容。于是，理论在被人们接受时，不但无法激起社会革命的动力，甚至也不能激发批判社会时所需的批判力，导致批判或者革命幻灭。

进入多元异质的后现代社会，人们逐渐从理性的控制与总体性的崇拜中苏醒过来，伊格尔顿、利奥塔等主流学者摒弃宏大叙事，甚至把后现代简单定义为对元叙事的怀疑。不过，戴维·哈维持有不同的看法，他认为即使在后现代的语境下也应该传承马克思主义的总体性宏大叙事。哈维借助于马克思主义的宏大叙事理论，还原了19世纪资本主义现代性都市构建的历史语境，直抵历史的深邃核心。

首先，哈维坚持从马克思主义经济学出发分析巴黎空间。他认为当下空间成为第一问题，空间支配着一切，权力也要让位于空间："资本主义国家的主要任务之一就是要把权力置于资产阶级所控制的各种空间之中，使各种对立运动具有最大可能支配的那些空间变得不受它们支配。"② 从这个意义上说，新巴黎是空间生产的结果，巴黎空间在资本的逻辑宰制中不断生产与再生产。但是，资本逻辑也存在着致命的缺陷，足以酝酿革命，摧毁梦境。由于资本的逻辑生产和形塑着一切，巴黎的政治空间很快隐匿于资本空间，资本形成的阶级划分导致了各阶层间相互倾轧与剥削、反抗与斗争。国家成为一个极不稳定的存在，社会充满了不安定的气息，家庭也举步维艰，这一切最终在巴黎公社运动中爆发出来。其次，哈维坚持用马克思主义整体与部分的辩证

---

① 詹姆逊：《晚期资本主义的文化逻辑》，陈清侨等译，生活·读书·新知三联书店，1997年，第431页。

② 戴维·哈维：《后现代的状况：对文化变迁之源起的探究》，阎嘉译，商务印书馆，2003年，第296页。

关系来构建巴黎空间。哈维表明："我将在整体与部分之间采取折中途径，试着从一连串交错而连锁的主题（只要少了一个环节就无法恰当理解）来理解第二帝国巴黎历史——地理的转变，并且在追求相互关系的同时还要避免陷入乏味的重复当中。"① 也就是说，哈维在塑造巴黎空间时，一方面力求塑造社会内部的各个部分，使每个部分发挥作用，以维护社会存在和总体结构，另一方面又重视社会整体的架构，在社会整体的变化中反映社会内部关系的转换。哈维通过再现巴黎地理空间生产与再生产的过程，挖掘出构成巴黎社会转变的驱动力量，使现代性都市以清晰、完整、真实的面貌呈现出来。

总之，本雅明采用微观叙事反映总体性结构的方法来构造现代性之都，而哈维采用宏大叙事囊括具体过程的方法来构造现代性之都。两人所用的方法虽然不同，但都坚持马克思主义的总体性思想。不过，哈维向经典马克思主义的回归更彻底：哈维坚持马克思主义的宏大叙事，保持激进的革命立场，从而在根本上动摇资本主义的统治，使革命与解放成为可能，而不是乌托邦幻想。哈维指出："在这个危急时刻，人们应当自愿回到马克思的启蒙著作中，并从中获得一定的指导。"②

三、文化批判与政治经济学批判

本雅明和哈维都运用马克思主义理论对资本主义现代性都市进行批判，但本雅明站在精英知识分子的立场上侧重于文化批判，而哈维由工人出身走向学院知识分子的经历决定了他的批判更激进——侧重于政治经济学批判。两人对资本主义世界不同层面的批判呈现出他们在革命中不同的风貌：温和的文化革命者与激进的政治经济革命者。

在法兰克福学派时期，马克思主义理论与群众革命实践接连受挫，精英知识分子陷入政治上的孤立和对环境的无望，不得不转向资本主义社会内部的文化结构，从梦幻般的资本主义文化中寻找革命潜能。本雅明的"巴黎拱廊街计划"把19世纪的巴黎视为梦幻之都，并从其内部充满的各种幻境中发掘被隐藏的革命性。

巴黎历史幻境由市场幻觉、居室幻境以及文明幻境等构成，并通过建筑和时尚等外在形式表现出来。首先，本雅明从巴黎拱廊街窥探到市场幻境。

① 戴维·哈维：《巴黎城记：现代性之都的诞生》，黄煜文译，广西师范大学出版社，2010年，第112页。

② David Harvey, "History versus Theory: A Commentary on Marx's Method in Capital", *Historical Materialism*，2012，Vol. 3，p. 684.

市场幻境是商品拜物教的朝圣之地。本雅明的商品拜物教指商品的使用价值已经贬值，而形式价值不断上升，商品用更形式化的方式——时尚来包装自己，由此形成了等级消费。于是，时尚成为集体的梦幻世界。其次，封闭的居室也被本雅明置于梦的迷宫中。相对于使私人空间和公共空间相互渗透的拓展式拱廊，居室本是使私人领域与公共领域分离的内部世界，但是包装居室的各种"面具"却直接指向梦幻世界。人们生活在梦幻里，像干涸的昆虫一般在商品的蛛网中挣扎，却遭遇反噬，走向更深的自我异化和自我摧毁。居室幻境所营造的虚假"安全"使家成为一个充斥着许多不安定因素，随时都会毁灭的场所。再次，本雅明将奥斯曼巴黎改建视为整个文明幻境最明显的表现。奥斯曼对巴黎的改造集中体现为修建整齐划一的林荫大道和纪念碑式的建筑，它们似乎象征着资本主义光辉的永垂不朽。但他真正关心的不是梦幻世界的不朽，而是梦与觉醒时刻之间的关系。在本雅明看来，资本主义文化所营构出来的胜境变幻无常、转瞬即逝，巴黎成为一个极不安定的存在。"光韵"的消失，使梦幻世界满腹残骸，甚至在巴黎公社社员焚毁巴黎之前，巴黎就已经是废墟了。本雅明把奥斯曼改建放在最后一节，旨在揭示现代性都市的梦幻性或者说乌托邦性：革命终会消失于资本主义的文化幻境中，因此，"只有通过对文化领域的严格分析，才能释放资本主义所蕴涵的巨大的乌托邦能量并使之服务于作为一个集体研究者的任务"①。

　　与本雅明的文化批判不同，哈维认为在后现代语境中，"资本已经成为一种高度流变而且非常具有创新性的体系"②。无论我们接受与否，它都创造了当下我们所生活的世界。因此，哈维主张回归马克思主义政治经济学批判，深入挖掘资本主义社会内部的根本矛盾，以达到批判理论对革命实践的指导。他从经济基础出发，不仅把资本的生产视为现代性都市诞生的源头，还把资本视为历史上永久性的革命力量。在《巴黎城记》中，哈维窥探到巴黎空间生产的辩证法，还原了巴黎生产的历史语境。在经济上，哈维将奥斯曼巴黎改建归功于金融、信贷、土地等资本的融合，在资本的生产下巴黎出现新的空间构架。不仅如此，在资本与技术的双重驱使下，时空压缩得以实现，空间再次被征服。资本的生产与再生产无限循环，配置着巴黎城市的改造与发展。在政治上，巴黎的政治空间很快隐匿于资本空间之中，资本配置成为权力斗争的中心。在文化上，资本造成的都市空间区隔与空间疆界模糊，导致

---

① 郭军，曹雷雨：《论瓦尔特·本雅明：现代性、寓言和语言的种子》，吉林人民出版社，2003年，第174页。

② 哈维，费舍尔：《哈维访谈录：反思革命》，田王晋健译，载周宪、陶东风主编，《文化研究》（第21辑），社会科学文献出版社，2014年，第64页。

了身份与认同、群体区隔、空间归属等问题，巴黎人民生活在紧张、焦虑、恐惧与不安之中，最终酝酿成一场声势浩大的巴黎公社运动。因此，革命的发生不是偶然的，而是资本主义生产方式的必然结果。哈维从巴黎空间的生产出发，揭露了资本主义生产方式的弊端以及城市革命爆发的必然性。哈维站在马克思主义革命立场上深入剖析巴黎空间，表现了其向经典马克思主义回归的倾向：对资本主义生产本质进行批判，以求在根本上动摇资本主义制度，最终实现后现代主义语境下资本主义城市的救赎与解放。

总之，以本雅明为代表的西方马克思主义者的文化批评造成了理论与实践的分离，消解了革命激情，使革命沦为一种审美乌托邦，这表现出了在两次世界大战中生存下来的精英知识分子的悲观主义革命情绪；以哈维为代表的新西方马克思主义者则表现出了在后现代语境下学院知识分子的激进主义革命情绪，他们试图将理论与革命理想相结合，恢复经典马克思主义从根本上动摇资本主义制度的做法，为革命的发生创造可能。虽然目前哈维并没有明确的理论表明怎样才能创建一个革命联盟，但他深谙当下要创建的革命联盟"必须比传统的无产阶级革命概念更加广泛，更加庞大"[1]，并且坚信我们应该为之而努力。由此可见，新马克思主义在批判继承西方马克思主义的基础上，致力于革命的实现，试图把革命由纯粹理论的问题扭转为与现实相结合的问题。

本雅明和哈维对巴黎城市空间的探索为人们研究资本主义都市革命打开了新的视角，从前革命发生的历史性必然转变为空间性必然，对空间的支配成为权力争夺的中心和革命发生的源头。但是，空间与现代性的结合，使资本主义城市革命淹没于断裂和分裂的现代性之中，绝无止境。因此，本雅明和哈维从本质上都将资本主义都市的救赎寄托于未来。无论是本雅明还是哈维，仍然跳不出西方左派知识分子对资本主义展开批判的基本模式，即从资本主义内部实施抵制与批判。进而，他们的空间批判依旧是西方马克思主义知识分子通过学术研究和批判参与现实政治的方式与途径。

作者简介：

刘进，西华师范大学文学院教授，硕士生导师，主要从事西方文论与美学研究。

罗姗，西华师范大学文学院硕士研究生。

---

① 哈维，费舍尔：《哈维访谈录：反思革命》，田王晋健译，载周宪、陶东风主编，《文化研究》(第 21 辑)，社会科学文献出版社，2014 年，第 68 页。

从科学研究纲领视角分析戴维·哈维的地理学思想*

孟 锴

　　摘 要：半个世纪以来，人文地理学学科内部因为过度分化和理论化不足，而面临着局部化和庸俗化的危险。为化解这个危险，戴维·哈维进行了一系列理论努力。从科学研究纲领的视角分析，哈维对地理学的研究对象即空间和时间进行了再定义，将辩证的历史地理唯物主义作为地理学根本的方法论原则，在实质上建立起了一个科学研究纲领的理论硬核。与此同时，哈维创新了一系列地理学中间概念和命题，从而为这个纲领提供了具有正反向启发的坚韧有力的外围保护地带。这样，戴维·哈维的地理学理论完成了科学研究纲领要求的基本理论构成，为分散的人文地理学派别建立起一个统一而富有弹性的地理学一般理论，或者说一个新的理论框架。

　　关键词：戴维·哈维 科学研究纲领 辩证的历史地理唯物主义 空间和时间 中层理论

一、引言

　　20 世纪中期以来，地理学经历了数度革命与转向，对此，约翰斯顿曾有过总结和概括："有三种不同的关于人文地理学学科性质的概念，每一种都有各自的世界观、各自的关于知识的属性和获得知识的手段的信仰……"① 然而，时至今日，论争的学派和方向更加多样和复杂。这种状况一方面无疑体现了地理学的繁荣，而另一方面，学科内部的这种持续的冲突与紧张，无法避免因过度分化而导致的共识缺乏、知识局部化和更加狭窄的专业化，以及由学科系统性研

---

　　* 本文系国家社科基金重大项目"西方新马克思主义文论与空间理论重要文献翻译和研究"（15ZDB085）的阶段性成果。

　　① 约翰斯顿：《地理学与地理学家》，唐晓峰、李平等译，商务印书馆，2015 年，第 57 页。

究不足造成的理论庸俗化风险。① 因此，如何建立起更具有学术深度的地理学解释并促成更大范围的学科共识，成为一些富有责任感的地理学家努力的方向。

这其中最具影响的地理学家之一是戴维·哈维。尽管在哈维的学术生涯中，传统的马克思理论和思想研究占据很大比重，但是，哈维重建地理学的初心始终未改。② 首先，作为从事地理学研究迄今已有半个世纪之久的当代地理学家，哈维亲身经历了地理学的各种变迁，对于各种发展中的理论及其不足十分了解；其次，他对于身处其中的时代变化非常敏感；最后，他在理论探索道路上与马克思主义的相遇，使得他逐步形成了辩证的历史地理唯物主义的系统思想。哈维再造地理学事业的成果，分散地体现在他自 20 世纪 70 年代直至 21 世纪的重要论文和著作中，为破解地理学分化和理论化不足的知识困境，促进地理学理论和方法论的革新，提供了非常具有潜力的武器。然而，尽管众多学者，包括哈维本人也承认他"建立了一种新的一般理论"框架③，但是对于哈维这一成果的全面理解和评价仍嫌不足，其对地理学巨大的促进可能性尚没有彻底地发挥出来。地理学人无疑需要做更多的工作。鉴于此，笔者尝试从英国哲学家伊姆雷·拉卡托斯的科学研究纲领理论（SRP）视角，对哈维的地理学思想进行一个初步的系统分析。

二、科学研究纲领理论的主要内容及其优越性

科学研究纲领理论是英国哲学家伊姆雷·拉卡托斯于 20 世纪 70 年代提出的。它的出现，是基于对波普尔和库恩两个范式不足的批判和对二者合理因素的吸取。波普尔富有逻辑实证主义色彩的批判理性主义强调苛刻的经验证伪，使得一些尚不成熟但富有潜力的理论丧失了成长的机会。对此，拉卡托斯认为，经验对理论的判定不是即时性的，任何理论系列都可以通过修改和调整变得能够经受事实的考验。而对于库恩科学革命走向社会心理主义的倾向，拉卡托斯又认为这就陷入非理性和相对主义，不能为理论选择提供客观的标准。于是拉卡托斯在批判性地吸取上述两人思想的基础上，提出了科学研究纲领理论，建立起当代西方重要的科学哲学方法论派别。根据拉卡托

---

① 蔡运龙：《〈理论地理学〉评价》，《地理学报》，2015 年第 12 期。

② David Harvey, "On the History and Present Condition of Geography: an Historical Materialist Manifesto", *The Professional Geographer*, 36.1, 1984, pp. 1—11.

③ David Harvey, "Reinventing Geography [Interviewer: Perry Anderson]", *New Left Review*, August, 94, 2000.

斯的科学研究纲领理论，科学的理论由以下四部分组成：（1）硬核，即理论的基本假设，它是核心、坚韧和不容反驳的；（2）保护带，它是纲领的可进行批判的外围部分，通常包括一些辅助假设或一系列概念命题，以硬核为基础，可以调整和修改，从而保护硬核的绝对安全性；（3）反面启示法，这是一种方法论上的禁止性规定，要求辅助性假设和命题可以接受批判，通过不断改进和调整变得更加符合经验事实，从而不伤及硬核的安全；（4）正面启示法，即理论正面、积极、稳妥地沿着既定方向建构和发展。①

　　科学研究纲领理论一经提出，就因其所具有的优越性而成为诸多理论建构和评价的方法论基础。它反对理论独断主义，彰显理论的包容性②；它从真实的、科学的历史出发，反对唯理性主义；它也反对退回纯粹的心理主义，主张各种纲领必须拥有坚实的内核，作为可进行客观评价的标准；它同时重视各种新老纲领在"对事实的预见性"这一公平的平台上展开竞争。

三、对哈维地理学思想的纲领性分析

　　科学研究纲领理论为我们分析哈维的地理学思想提供了很好的研究视角。如果我们把哈维意欲再造的地理学视为新的研究纲领，那么作为这一新纲领基础和核心的硬核，有两个方面：其一是对地理学研究对象，即空间与时间的再定义；其二是将辩证的历史地理唯物主义作为地理学最根本的方法论原则。围绕这一硬核，哈维建立了地理学视野中关于经济、知识、价值、政治、文化之关系的概念和命题作为外围地带，它们同时承担了正反启示法的作用，维护了硬核的坚实地位，也由此使得地理学具有了超越现有知识框架的包容视野和现实关切。

（一）硬核之一：通过对时间、空间及其关系的再定义重建地理学核心概念

　　空间和时间无疑是人类经验的基本维度，也是地理学研究的对象和学科的核心概念，对其不同的理解（以及对于空间范畴内其他概念，如地方、情境、场所、位置、地域等的理解），成为地理学学派分野的关键标志。传统地理学的例外论思想将区域置于一种隔离了时空逻辑的非理性状态，舍费尔将这种过于依赖描述和综合，而缺乏抽象与理性分析的方法称为"反科学的历

---

　　① 伊姆雷·拉卡托斯：《科学研究纲领方法论》，兰征译，上海译文出版社，1986年，第69—70页。

　　② 伊姆雷·拉卡托斯：《科学研究纲领方法论》，兰征译，上海译文出版社，1986年，第97页。

史主义"①。其后兴起的"数量革命"运动，将地理学带入了空间科学的新时代，但作为"地球表层的空间维度"，人们使用物理学的、数学的方法对空间加以抽象、系统化和计算，历史的维度被悬置，空间成为凝固的、纯粹物质的存在，既没有了在时间中的流动性，也缺乏物质属性之外的社会文化意涵。尽管哈维在《地理学中的解释》一书中对其方法论进行了高度哲学化的提升和概括，但是哈维本人却因为对于空间科学局限性的不满而最终从中跳出。此后，以关注人、社会和文化的学派的崛起为标志，地理学进入人本主义的新时代。② 人本主义基于个人体验（感知、态度、价值观）解释地方意义的研究思路，将地理学从枯燥、冰冷的实证主义营地带向了具有充满情感与象征意味的时空合一的"生活世界"，却忽略了社会结构这一客观事实，观念论学者以心理的、浪漫的形式呈现的，往往是难以达成共识的每一个人的时空。此后，各种"后－"主义思潮纷至沓来，在消解乃至抛弃启蒙运动以来的各种宏大主题和确定性之后，也因为丧失了思想的传统而陷入理论缺乏支撑的状态，"后－"主义的地理时空往往是碎片化的时空，是去历史、去逻辑的拼贴时空。

地理学显然需要重构关于时空的新话语，既作为共同理解的理论基点，又可以"恰当地表达各种竞争着的权利和主张"③。在完成《地理学中的解释》之后，戴维·哈维致力于寻找一个开放的框架。如果我们把他一步步走向成熟的辩证的历史地理唯物主义作为科学研究纲领硬核的一个支点，那么这个纲领的另一个支点，就是时间和空间。或者说，哈维通过为时间和空间这一对地理学关键概念赋予新的意义，构建起了一个具有超越性和包容性的地理学新内核。

自从提出"空间的性质是什么？"④ 的新问题，哈维从马克思主义这一丰富深邃的思想资源入手，为各种孤立的、缺失的和静止的空间和时间概念寻找了一条出路。不是简单地对时空的传统加以综合，也不是简单地从空间走向时间，或者以空间的理论取代时间，而是以一种辩证的方法，在社会过程中寻找时空的逻辑。在《社会正义与城市》一书中，哈维将社会过程引入"地理学的想象力"，从而朝向一种社会空间的哲学⑤；通过把城市、空间、景

---

① F. K. Schaefer, "Exceptionalism in Geography: A Methodological Examination", *Annals of the Association of American Geographers*, 43, 1953, pp. 226−249.

② 约翰斯顿：《哲学与人文地理学》，蔡运龙、江涛译，商务印书馆，2010年，第87−156页。

③ David Harvey, "On the History and Present Condition of Geography: an Historical Materialist Manifesto", *The Professional Geographer*, 36.1, 1984, p. 5.

④ David Harvey, *Social Justice and the City*. Oxford: Blackwell, 1973, pp. 10−11.

⑤ David Harvey, *Social Justice and the City*. Oxford: Blackwell, 1973, p. 27.

观这些地理学问题历史化，从而把地理学纳入对包含多重内在冲突的当代社会进程的分析。

揭示空间生产的机制无疑是哈维空间概念分析的关键脉络。哈维专注于在社会经济构建过程中仍然起着主导作用的资本主义，分析资本积累的空间动力机制及其危机，并对资本积累变迁所产生的各种新的经济、政治和文化现象，做了基于时空性的积极回应。在哈维本人颇为看重的专著《〈资本论〉的限度》（*The Limits to Capital*）中，他将资本循环的时序状态与生产、交换、流通、消费的空间结构的生产联系在一起，做了出色的分析，填补了马克思主义缺失的地理维度，并成为对当代社会分析具有冲击力的理论焦点。①地理学共同议题无疑是哈维所看重的，哈维将当代的空间生产划分为三个基本过程：城市空间生产、全球空间生产和自然空间生产。从城市化、全球化到后现代，再到环境，都是他新的时空分析所着力之处。资本积累永不停歇的贪婪本质决定了不平衡的地理发展，也决定了它会通过各种空间修复和时间修复的方式制造新的平衡与不平衡。这一论断是哈维空间分析的重要成果，也构成他的诸多外围理论的重要根基。根据这一分析，要达到资本积累的目的，无论是通过改善交通和通信技术，还是通过人才与技术的集聚，抑或是通过破坏性创造或者掠夺性积累，全凭逐利的资本的策略性选择。在城市的、全球的以及环境的维度上，上演着永不停息的资本逻辑，生产和再生产资本主义的时空结果。

哈维的时空话语极具结构性，但并不缺乏对微观层面的关注。在《后现代的状况》一书中，哈维通过探讨对时间和空间的体验以及时空压缩，将地理学的意义延伸至文化和日常生活。②哈维探讨了作为晚期资本主义文化逻辑（詹姆逊语）的后现代主义，他从对空间和时间的体验的角度，揭示了资本主义的时空压缩如何塑造并重塑生活于其中的人的内心时空感知和想象，以及如何通过解释和行动不断建构后现代的文化。在《城市经验》一书中，哈维致力于分析日常生活的意识结构，他说："从这一经验（日常生活的意识结构）的复杂性和混乱性中，我们才能建立起对于时空间意义的基本理解。"③

如果说哈维的时空概念包含两个维度，那么其中一个就在于揭示社会过程的时空性后果，另一个则是进行多维度的时空分析。哈维的后一种关注分

---

① 胡大平：《大卫·哈维：资本主义的病理学家》，《江苏第二师范学院学报》，2014 年第 7 期。

② 戴维·哈维：《后现代的状况：对文化变迁之缘起的探究》，阎嘉译，商务印书馆，2013 年，第 251—263 页。

③ David Harvey, *The Urban Experience*. Baltimore：John Hopkins University Press, 1989, p. 230.

散在他的多部论著中，尤其体现在《纪念碑与神话》① 一文、《作为关键词的空间》② 一文，以及《正义、自然和差异地理学》③ 一书中。哈维提出了一种理解空间的三重区分方式：作为"物"的绝对空间，作为对象之间一种关系的相对空间，作为时空内在化过程结果的相关空间。哈维说，空间本身既不是绝对的、相对的，也不是相关的，但它可以依据境况成为其中一种，或者同时成为全部三种。④ 为了能够更全面地包含各种空间性理解，在《作为关键词的空间》一文中，哈维将他的空间三重区分与作为他的空间思想重要来源的列斐弗尔的空间三重划分——物理空间（空间实践，自然的空间）、空间表征（精神的空间）和表征空间（日常生活的空间）——相结合，形成了一个 3×3 的矩阵，这个矩阵包容了总体的与特殊的、具体的与抽象的、运动的和不变的等各种空间可能，为地理学提供了一个开放的分析框架。在这个框架之下，空间和时间"是偶然的并包含在过程之中……包含在物理、生物和社会等不同过程之中"⑤，流动的过程和关系建构了它们的时空。因此，即使面对各种分裂的时空观，哈维仍然乐观地认为："意义的一般性、含混性和多层次性是一种有利条件。"⑥ 哈维新的时空概念暗含着某种根本性的统一性（或者内在化的过程），如果我们能够正确地理解它，这种统一性将能揭示社会的、政治的和空间的实践长期以来的内在联系。

（二）硬核之二：辩证的历史地理唯物主义作为哲学基础和方法论原则

地理学话语重建的必要性被哈维视为危机，视为地理学的一个紧迫的智识责任。然而，要实现怎样的统一性以及怎样实现这个统一性，则是地理学方法论原则重建的关键内容。

经过漫长的理论探索，哈维最终在《正义、自然和差异地理学》这部哲学和方法论之作中，对"作为辩证过程的历史地理唯物主义"做出了明确的、

---

① David Harvey, "Monument and Myth", *Annals of the Association of American Geographers*, 69. 3, pp. 362−381.

② 戴维·哈维：《作为关键词的空间》，阎嘉译，载高建平主编，《外国美学》（第 22 辑），江苏教育出版社，2014 年，第 140−153 页。

③ 戴维·哈维：《正义、自然和差异地理学》，胡大平译，上海人民出版社，2015 年，第 7−11，235−237 页。

④ 戴维·哈维：《作为关键词的空间》，阎嘉译，载高建平主编，《外国美学》（第 22 辑），江苏教育出版社，2014 年，第 145 页。

⑤ 戴维·哈维：《正义、自然和差异地理学》，胡大平译，上海人民出版社，2015 年，第 62 页。

⑥ 戴维·哈维：《正义、自然和差异地理学》，胡大平译，上海人民出版社，2015 年，第 237 页。

精彩的分析，为地理学构建了扎实的哲学基础和方法论原则。

早在发表于 1984 年的《论地理学的历史和现状：历史唯物主义宣言》一文中，哈维就把地理学放进社会的历史性、科学的严谨性和诚实性，以及基于社会替代政治的人民性中加以考察，从中可以看到哈维新纲领的努力方向。① 哈维关注地理学知识的统一，他认为地理学界"对于使人们分化的事情了解很多，但并不了解我们的共性"②，这种共性自然区别于僵化的总体论思想和简单的同一性。哈维说知识的统一性是社会建构的而非给予的，这种统一性"不是从一致方面而是从进化过程方面来理解的，在这个进化过程中，竞争、差异、协作、分散和扩散、客观世界的改造以及时空秩序的安排等多个方面都发挥了作用"③。地理学"共同的参照框架和理论认识……可以恰当地表达各种竞争着的权利和主张"④。

哈维通过两个方面的努力使得这种统一变得现实而富有弹性。一方面，在抽象的哲学和经验层面的研究之间，无疑存在着难以逾越的知识联通的鸿沟，哈维建立起一系列的中层理论，既承载着稳定的基本理论内涵，又与社会过程乃至心理层面的生动的时空经验融为一体，其中"不平衡发展"是最关键的命题之一，它连接起空间修复、剥夺性积累、新自由主义和城市权利这些更加靠近经验现实的社会过程的概念。

另一方面，更为重要的是，要让从普遍性到特殊性、从日常生活到社会系统，以及从资本积累到社会公正的各种地理性问题获得共同话语之下的连贯性理解，要反对那些孤立的因果链以及无数孤立的且有时是矛盾的假设。无疑，哈维需要另外一种努力，那就是为地理学寻找一种类元理论的支撑，进行更多哲学层面的思考。哈维在牛津时，曾加入一项探讨当地汽车厂关闭导致工人运动的研究，哈维把它看作工人运动的地方性与全球性发生矛盾的经典案例数次加以引用，在《正义、自然和差异地理学》中，哈维把它放到第一章⑤，作为对于普遍性和特殊性之关系这一地理学统一性难题的隐喻，从而开启了形而上的分析和表达。在同一本书的第十二章，哈维对第一章的问题进行了总结性回应：

> 绝对不能回避普遍性，那些试图这样做的人最终只能是掩盖而不是

---

① 大卫·哈维：《希望的空间》，胡大平译，南京大学出版社，2008 年，第 230 页。
② 大卫·哈维：《希望的空间》，胡大平译，南京大学出版社，2008 年，第 230—231 页。
③ 大卫·哈维：《希望的空间》，胡大平译，南京大学出版社，2008 年，第 225—230 页。
④ David Harvey, "On the History and Present Condition of Geography: an Historical Materialist Manifesto", *The Professional Geographer*, 36. 1, 1984, pp. 1—11.
⑤ 戴维·哈维：《正义、自然和差异地理学》，胡大平译，上海人民出版社，2015 年，第 21 页。

消灭这一条件。但是，普遍性必须以它与特殊性的辩证关系来解释。它们互相定义，从而使普遍性标准总是易于通过差异的特殊性进行协商。此外，必须把普遍性看作一个具有细微差别的构造，它镶嵌在完全不同的时空规模上运行的过程中。它因此使这些规模间的矛盾内在化，从而确保永远不会有某个无法还原的原则。①

这番论述将地理学统一性指向了辩证唯物主义思想方法及其在理论与实践的互动过程中最终实现的可能性。在《正义、自然和差异地理学》这本哲学与方法论之作中，哈维全面论述了作为辩证过程的历史地理唯物主义，明确地将之作为对"公正的地理差异的公正的生产"这一地理学中心使命的分析框架（也作为对"不平衡发展"的理论回应）。在这个框架之下，哈维将世界归结为相互关系的"过程"（或者说"流"），而不是孤立的"物"，从而在反思与实践的互动过程中，消弭心和物、思想和行动、意识和物质之间的各种笛卡儿式二分。这种基于具体的历史地理条件的辩证方法，处理了总体性、特殊性、运动和不变性的有机联系，维持了其框架内包容其他形式理论框架的前景，使"原有框架的整体性仅受最小损失"②。哈维的努力在地理学界得到了热烈的响应，以对地理学思想史进行思辨式研究而著称的当代地理学家理查德·皮特称："比较起来，唯一的能够用综合的、动态的方式处理诸如人口－资源关系等问题的方法，一定是建立在马克思辩证唯物主义基础之上的。"③

为了更好地使用辩证的历史地理唯物主义原则改造地理学话语，哈维在《正义、自然和差异地理学》一书中专门针对"话语"进行了辩证分析，将话语作为一种权力的本质放在社会生活的六个环节中加以揭示，从而为地理学话语重构提供了语言分析层面的指导原则。

（三）一系列概念和命题：外围地带和正、反向启示法

哈维理论中有大量的中间概念和命题，如不平衡发展、空间修复、剥夺性积累、新自由主义、新帝国主义、城市权利等，无不以不平衡发展为最关键命题之一，它们经受各种批评、修正与发展，作为正向与反向启发法，成

---

① 戴维·哈维：《正义、自然和差异地理学》，胡大平译，上海人民出版社，2015年，第417页。
② 戴维·哈维：《正义、自然和差异地理学》，胡大平译，上海人民出版社，2015年，第10页。
③ 理查德·皮特：《现代地理学思想》，周尚意等译，商务印书馆，2013年，第85页。

为保障硬核不可否定性的强大外围。鉴于对上述概念和命题已存在众多共识①，本文不再赘述，而是尝试分析哈维理论中极为重要的内容：价值、承诺与实践，以及由此形成的几组命题。本文认为，坚持价值与事实的统一、知识承诺与政治承诺的统一、知识实践与物质实践的统一，是哈维地理学新纲领的重要外围命题，也是捍卫理论纲领极为重要的正向启示法。

第一，对于《地理学中的解释》之后的戴维·哈维来说，"证实"与"证伪"已难以对现实的社会问题做出有效的回应。价值观问题早就埋伏在哈维的地理学思考之中，在《地理学中的解释》一书中，哈维说："不论我们可能做出怎样合乎逻辑的辩论，有一点是清楚的，即我们可以辩论到终了的唯一根据，是信念的根据。"② 但整本书毕竟是围绕地理学实证主义方法论议题展开的。此后，波澜壮阔的社会运动和时代变迁引起了众多具有人文思想的地理学者的思想震荡，他们变得越来越担忧缺乏社会相关性的地理学的学科走向，这无疑也成为敦促哈维走向社会理论的关键因素之一。但哈维与马克思主义的相遇并非偶然，马克思主义作为一种规范性理论，其所具有的鲜明的立场以及对社会现实的强大解释力和批判性吸引着哈维，从《社会正义与城市》开始，"社会公正"问题不仅作为一个重要价值议题，也成为哈维每一部地理学论著提出假说、承担使命的关键考虑。

在《社会正义与城市》中，哈维直陈对于价值与事实或者主体与客体相分离的批判，以新问题——"不同的人类实践创造和使用了怎样不同的空间概念？"取代了"空间是什么？"这一老问题。③ 在《论地理学的历史和现状：历史唯物主义宣言》一文中，哈维呼吁："我们必须创造人民的地理学，它……要反映大众的利益和要求。"④ 在《社会正义与城市》中，哈维把公正定义为"以公正的方式达致公正的分配"⑤，即实质及程序都必须公正。在《正义、自然和差异地理学》中，哈维又将这一思想表述为"公正的地理差异的公正生产"⑥。哈维致力于揭露和批判资本主义的空间非正义，指出受资本积累支配的资本主义的空间生产和再生产，其结果和过程都是非正义的。从

---

① 蔡运龙等：《马克思主义地理学及其中国化："跨国、跨界、跨代"知识行动》，《地理研究》，2016 年第 7 期。

② 大卫·哈维：《地理学中的解释》，高泳源、刘立华、蔡运龙译，商务印书馆，2012 年，第 10—11 页。

③ David Harvey, *Social Justice and the City*. Oxford：Blackwell, 1973, p. 13.

④ David Harvey, "On the History and Present Condition of Geography：an Historical Materialist Manifesto", *The Professional Geographer*, 36. 1, 1984, pp. 1—11.

⑤ David Harvey, *Social Justice and the City*. Oxford：Blackwell, 1973, p. 98.

⑥ 戴维·哈维：《正义、自然和差异地理学》，胡大平译，上海人民出版社，2015 年，第 6 页。

《资本的城市化》到《全球资本主义的空间》，再到《新帝国主义》和《新自由主义简史》，在哈维的众多论文和专著中，一以贯之的这一前提成为每一个假说和问题来源的根基。如果真像 Ira Katznelson 所说的那样，哈维在《社会正义与城市》一书中还显出某种程度的"在'科学性'和马克思主义的'批判性'之间的不够老练的摇摆"①，那么，在经历过《〈资本论〉的限度》的锤炼之后，伴随着哈维基于马克思主义政治经济学立场对资本循环全过程进行的考察和分析，价值与事实的融合，或者说批判性与科学性的统一，已成为哈维研究的成熟特色。哈维说："如果我最终集中于作为中心点的'社会正义'这个价值……我也确信这是反资本主义斗争能够坚持的最好的评价阵地。"② 面对价值评判标准的难题，在《正义、自然和差异地理学》这本充满辩证法精神的书中，哈维进一步阐释了价值问题在现实生活具体过程中的辩证运用，他说："在我看来，用对'评价过程'的理解来代替一些僵化的价值观念，可以解决某些难题……"③ 无疑，哈维的科学的批判性也为"当前中国地理学界亟待加强的批判精神"提供了一条"实施的途径"。④

第二，价值与事实的统一无疑为地理学走向社会关切打开了大门，而知识承诺与政治承诺的统一，则使地理学朝行动主义迈出了坚实的一步。马克思曾经在《关于费尔巴哈的提纲》一书中指出"哲学家只是用不同的方式解释世界，但问题在于改变世界"。哈维也没有止步于对资本主义空间逻辑的解释和批判，在《希望的空间》一书中，哈维把"一幅不包含乌托邦的世界地图甚至都不值得一瞥"作为第三部分的起始。他进一步在两个方面实践他的政治承诺。一方面，通过地理学知识实践，积极构建资本主义的替代方案，或者说朝向一种解放政治的乌托邦理论。在《希望的空间》一书，哈维回顾了各种社会乌托邦传统，提出了一种辩证的时空乌托邦理想，他认为"未来肯定不是以某种幻想的乌托邦形式来建构，而是通过现在状态中我们所拥有的原料的切实转换来构建"⑤。在谈到建筑这一话题时，哈维说："辩证乌托邦理想的建筑必须立足于现存的和已经实现的偶然母体……"⑥ 这说明哈维的乌托邦不是基于某种虚妄的普遍主义，也不与社会世界的物质存在相背离，体

① David Harvey, *Social Justice and the City*. Oxford: Blackwell, 1973, p. 4.
② 戴维·哈维：《正义、自然和差异地理学》，胡大平译，上海人民出版社，2015 年，第 13 页。
③ 戴维·哈维：《正义、自然和差异地理学》，胡大平译，上海人民出版社，2015 年，第 12 页。
④ 叶超、蔡运龙：《地理学思想变革的案例剖析：哈维的学术转型》，《地理学报》，2012 年第 1 期。
⑤ David Harvey, "On the History and Present Condition of Geography: an Historical Materialist Manifesto", *The Professional Geographer*, 36.1, 1984, pp. 1−11.
⑥ 大卫·哈维：《希望的空间》，胡大平译，南京大学出版社，2008 年，第 226 页。

现了哈维在从知识上构建乌托邦时所具有的辩证的现实精神。另一方面，在《正义、自然和差异地理学》一书的"可能的城市世界"一章中，哈维则呼吁培育一种行动主义的全球反资本主义的力量，他说："必须把社会主义理解成一种政治规划，一种有关社会如何运行的替代性视野……必须创造组织、制度、学说、计划、形式化的结构以及诸如此类的东西。"① 在《资本社会的 17 个矛盾》这本新作中，哈维分析了资本主义的 17 个最根本的矛盾，并以"政治实践构想"为题，提出了可作为解放政治实践方向的 17 条建议②，这可视作哈维以知识承诺服务于政治承诺的最新总结。

第三，辩证的历史地理唯物主义的实践品格深刻地体现在哈维的地理学纲领之中。知识实践构成作为一名学者的哈维的重要实践维度。哈维将地理学理论作为社会实践过程所需要的地理性知识总结；哈维对城市化、后现代主义、新帝国主义、新自由主义等地理学议题进行了科学的解释和批判的分析，形成一种具有实践性的地理学话语；根据哈维提出的辩证法思想，世界处于一个变动不息的过程之中，任何要素和物都是在过程和关系中获得意义和理解的。这意味着，任何事物都在具体的实践中得以生成的，包括各种概念和理论以及其他制度化的知识结构，也是在知识实践中被支持或破坏的：一个抽象假说要在实践的过程中经受检验；一个问题的提出和解答，要在实践的过程中发现和完成；甚至对一种价值，也不能僵化地理解，而往往要在实践的过程中将之转化为对"评价过程"的理解。当然，地理学共享的理解也必定是在地理学知识互动甚至斗争的实践过程中逐渐建构起来的。

与此同时，哈维将辩证的历史地理唯物主义运用于实践，以指引进行社会改造、实现社会公正的地理学学科使命。当然，辩证唯物主义议题的根本任务不仅在于解释世界，还在于改造世界，因此，除了知识实践，哈维更加重视物质实践，并将之作为唯一的充满意义的社会变迁的要点。③ 哈维认为，通过物质实践创造出来的空间性，成为社会关系、权力结构和话语实践得以展开的物质框架，因此，他积极关注全球范围内的社会物质实践，也常常以参与在场的行动主义角色，加入当代的社会运动。

哈维通过设身处地地参与城市社会运动，从运动中，从直接的物质实践中获得经验和进一步思考的力量。在约翰斯·霍普金斯大学就职期间，哈维

---

①　戴维·哈维：《正义、自然和差异地理学》，胡大平译，上海人民出版社，2015 年，第 495 页。

②　大卫·哈维：《资本社会的 17 个矛盾》，许瑞宋译，中信出版社，2016 年，第 327 页。

③　戴维·哈维：《正义、自然和差异地理学》，胡大平译，上海人民出版社，2015 年，第 106 页。

通过对巴尔的摩的社会调研，"试图用一种改良主义和参与式的方式来处理这些城市问题"①。在牛津时期，哈维"卷入一个探讨该市罗孚汽车厂命运的研究计划"，在激烈的论争中，哈维始终坚持了"把各种力量广泛地联合起来，及支持工厂工人，长久地坚持社会主义事业"的政治主张。② 在纽约，哈维不顾年迈生病，来到"占领华尔街"的现场，为运动发出了"谁的街道？谁的城市？"的呐喊，并将"城市如何以更符合社会公正和经济健康的方式重建？"以及"城市如何成为反对资本主义的堡垒？"的现实议题推向公共政治思考。

这样，从拉卡托斯科学研究纲领的视角看，戴维·哈维的地理学理论完成了科学纲领要求的基本理论构成（四个部分），为分散的人文地理学派别建立起了一个统一而富有弹性的一般理论，或者说，一个新的理论框架。

四、余论

最近十余年来，全球资本主义陷入难以摆脱的周期性危机，马克思主义思想受到了更多的关注。戴维·哈维的理论作为马克思主义当代论述的重要代表，正在社会科学领域引起广泛的关注（哈维是当今社会科学领域文献被引最多的学者之一）。而作为一名地理学家，哈维的马克思主义的辩证唯物主义阐释也始终与地理学的学科发展密不可分，这使得哈维的地理学思想与全球范围内的社会现实更紧密地联系在一起。伴随着中国在经济上加入全球体系以及在全球范围影响力的增强，哈维对中国问题的分析以及与中国学者的互动明显增加，最近几年他甚至多次到访中国。哈维并没有将中国作为他所批判的资本主义系统的一个"例外"，但这并不影响我们从他建构的作为辩证过程的历史地理唯物主义中汲取力量，作为可供当代中国的人文地理学以及社会科学领域众多学科和中国社会主义道路实践可资借鉴的宝贵精神财富。③

作者简介：
孟锴，商务印书馆编辑。

---

① 斯图尔特·艾特肯，吉尔·瓦伦丁：《人文地理学方法》，柴彦威、周尚意等译，商务印书馆，2016 年，第 190 页。

② 戴维·哈维：《正义、自然和差异地理学》，胡大平译，上海人民出版社，2015 年，第 21、24 页。

③ 大卫·哈维：《新自由主义简史》，王钦译，上海译文出版社，2016 年，第 124－158 页；大卫·哈维：《叛逆的城市》，叶齐茂、倪晓晖译，商务印书馆，2016 年，第 59－67 页；姜宇：《大卫·哈维答中国记者问：中国特殊吗？》，澎湃新闻网，2016 年 6 月 8 日。

戴维·哈维城市空间理论的架构*

王周迅

摘　要：在戴维·哈维的城市空间理论中，历史感断裂、迪士尼化、地域趋同是三个重要的关键词。以这三者为依托，考察城市景观中已经发生或正在发生的变化，将会使现象背后的资本逻辑显现出来。追求复合增长，且要克服内在矛盾的逻辑，促使资本不断创造出新的匮乏，并引发空间中的创造性破坏。在此过程中，原有的历史感、特殊的地方性都被整合进商品化的逻辑，并随着文化、美学价值的建设与重建最终消弭。城市空间重组既是永不停歇的，同时也在每一次重组中将利益集中到少数人手里，因而后现代语境中的阶级划分虽不明显但却是更深刻的。

关键词：戴维·哈维　城市空间　资本逻辑

戴维·哈维的城市空间理论自译介到国内后，引起了相当大的反响，尤其是在"空间转向"的语境下，各类文章中"空间理论"的出现频率愈来愈高。国内的相关研究（除经济领域外）大致可分为四种：着眼于空间理论本身，[①] 讨论空间理论与马克思主义，[②] 空间理论和文艺批评，[③] 空间理论在具体分析中的应用[④]。可以看出，哈维的城市空间理论的解释力已经得到了广泛的认可。

回到理论产生的原初背景，不难发现，促使哈维构思城市空间理论的诸种现实情形，与周遭（已经或正在发生）的变化有着紧密

---

* 本文系国家社科基金重大项目"西方新马克思主义文论与空间理论重要文献翻译和研究"（15ZDB085）的阶段性成果。

① 如胡大平：《地理学想象力和空间生产的知识——空间转向之理论和政治意味》，《天津社会科学》，2014 年第 4 期。

② 如张一兵：《哈维与当代马克思主义》，《学习与探索》，2018 年第 8 期。

③ 如阎嘉：《空间体验与艺术表达：以历史-地理唯物主义为视角》，《文艺理论研究》，2016 年第 2 期。

④ 如乔以钢：《论当代女性文学批评的空间概念》，《文艺理论研究》，2008 年第 4 期。

的联系。更值得一提的是，中国的城市化进程是哈维一直密切关注的对象，甚至可以说在一定程度上直接启发了后者的写作。①

在此种情形下，我们有必要对哈维的理论进行整体上的梳理和把握。勾画其基本的理论样态，一方面可为理解、研究工作提供参照；另一方面也是确认其新马克思主义理论家身份的题中应有之义。

本文的主要写作思路是，以"历史感断裂""迪士尼化""地域趋同"这三个关键词为引子，通过关联它们所代表的各类城市发展现状，剖析关键词背后的资本逻辑，再循着这种逻辑反思诸种资本行为，从而廓清哈维城市空间理论的架构。

一、关键词及其意涵

三个关键词中，"历史感断裂"指的是："城市、地区在面对灵活积累的全部流动性和短暂性时，很难维护任何意义上的历史连续性。传统现在经常受到被当做商品和在市场上销售的保护。寻根在最坏的情况下以被当做一种形象、一种幻象或东拼西凑的杂烩来生产和销售而告终。"② 这直接引发"事物在时间秩序上向内崩溃，后现代主义以零散、拼贴的方式掠取历史"③，概括而言："各种价值和信念中的历史连续感不断丧失"④，城市空间中的人们实际上处于无根状态。

与"历史感断裂"相关的"迪士尼化"则是在指涉这样的事实："按照迪士尼的标准来设计自己的城市，城市化的进程实际上和市场化、商品化之间高度重合，文化产品在本质上与商品并没有区别。"⑤ 也即是说，作为城市重要组成的文化已经和商业建立起了紧密的关联，进而造成"作为公共空间的城市，实际上已经成为了一个由货币共同体和全部商品化所组成的景观"⑥。

---

① 中国的发展状况在哈维的著作中时常出现，如《新自由主义简史》一书的第五章就专门论述了中国的现代化进程。

② 戴维·哈维：《后现代的状况：对文化变迁这缘起的探究》，阎嘉译，商务印书馆，2003 年，第 380 页。

③ 戴维·哈维：《后现代的状况：对文化变迁这缘起的探究》，阎嘉译，商务印书馆，2003 年，第 77 页。

④ 戴维·哈维：《后现代的状况：对文化变迁这缘起的探究》，阎嘉译，商务印书馆，2003 年，第 79 页。

⑤ David Harvey, *Rebel Cities*：*From the Right to the City to the Urban Revolution*. Brooklyn, NY：Verso，2012，pp. 92—93.

⑥ David Harvey, *Justice*, *Nature and the Geography of Difference*. Cambridge, MA：Blackwell Publisher，1996，p. 317.

迪士尼无疑是人造景观的一大杰作，哈维则在此赋予了它更多的象征意义。

在此二者基础上，"地域趋同"意味着"在资本地理扩张的过程中，各地域中原本特殊的自然及人文景观逐渐被消解。地域建设与货币、商品、资本和交换上的普遍主义之间密切相关"①，这些现象的变化具有极为深远的影响——"现代化、资本积累和空间整合的过程将对地域特殊的文化身份标记造成破坏"②，城市不可避免地朝着相似的方向发展。文明的繁荣固然与城市密不可分，但这些城市又是高度相仿的，这在一定程度上意味着繁荣是有其隐患的。

在哈维的城市空间理论中，这三个关键词并非零散、孤立的，而是相互间存在着紧密的关联。而将关键词置于理论的全景中时，各部分在逻辑、组织和内在秩序上的种种关联就渐渐浮现于视野内。此外，关键词中所蕴含的理论及其产生的背景也值得注意：奠基于坚实的现状上的理论之先决条件，在赋予理论充分的合法性之外，还同时言说着理论的充足解释力。换言之，这一理论是其来有自的，且在它的来源中便已经带出了理论解释的有效性。

二、城市空间的物质变更

具体到实际分析中，城市在哈维看来不仅是一种景观，更是"复合的和交互式网络"。其中"城市常常用大量想象的和真实的、计划的和实际的建筑、地理、市民和公共的关系以一种非一体化的和实际的方式把完全不同的社会行动、过程和关系联系起来。城市使经济和信息流、权力网络、位移形式、管理、政治组织，个人间的、熟悉的和家庭之外的社会关系，以及空间和位置的美学/经济组织整合在一起，从而创造暂时但又不断变化的人造环境或背景"③。换言之，城市是各种联系的聚合，且还在不断创造出各种新的联系。这是我们讨论城市空间，尤其是哈维意义上的城市空间理论所不能忽视的重要前提。

论及在城市空间中所感受到的"历史感的断裂"，其中最引人注目的同时也是最直接的自然是作为城市景观重要组成的各种建筑。在后现代的城市规划中，建筑完全脱离了现代主义式的严肃，而常以表演性的面貌出现。其表

---

①　David Harvey, *Justice*, *Nature and the Geography of Difference*. Cambridge, MA: Blackwell Publisher, 1996, pp. 314—315.

②　David Harvey, *Justice*, *Nature and the Geography of Difference*. Cambridge, MA: Blackwell Publisher, 1996, p. 305.

③　Elizabeth Grosz, "*Bodies-Cities*" *Sexuality and Space*. Princeton, NJ: Princeton Architectural Press, 1996, pp. 242—243.

面炫目的感觉和暂时参与的愉悦都表明："享乐"是其最为直接的目的。① 值得一提的是，城市的这种发展态势并非影响有限的小范围案例，而已经极富"传染性"地在全球范围内蔓延开来，呈现为大势所趋。

在都市更新进程中，各个城市和地方都极为关心创造一种高品质的形象，② 其具体操作方式包括但不限于通过折中地混杂各种风格、援引历史，以及装饰品和外表的多样化。③ 且随着"时间消灭空间"④ 的情形不断发生，空间障碍的消失更加剧了各地竞争，在城市治理上，"企业主义的抬头"⑤ 就是一个典型的信号。因此，一旦某一城市有了设计创新或（"新"的）投资方式来建成文化或消费中心，其他城市就会纷纷效仿，在外部竞争形成的强压下，各地的城市只能疲于奔命，因而造成了生活方式、文化形式、产品服务乃至体制和政治体系的迅速更新换代。⑥ 表现在城市景观上，则是更注重部分设计而不是整体规划，追求短暂、易变的时尚风格而不是持续稳定的审美价值，追求表象与虚构而不是实际功能，使得媒介超越信息，图像超越本质。⑦ 那么，在还未轮到历史成为"时尚"的下一个宠儿时，被割裂、曲解和遗忘就是它无法避免的遭遇。更进一步说，即使"历史"身上的某些属性被发掘成为时尚的构成元素，最终所能剩下的也是"人为的没有深度"⑧，即紧紧盯住外观、表面和瞬间冲击力的消耗品，而丝毫没有随着时间推移的持久力量。

当然，仅从表象上看，博物馆文化⑨的日益繁荣和20世纪70年代初期起迅速增长的"遗产工业"似乎是对历史的一种复归与传承。但在它们与后现代主义联系起来后，双方共谋创造的也不过是介于我们的生活与历史之间的一块肤浅的屏幕。这屏幕可能还不至于使历史看起来面目全非，但透过屏幕而显示出的历史和本原的真实相比依然有很大的距离。"历史变成了一种当代的创造，更

---

① 戴维·哈维：《后现代的状况：对文化变迁这缘起的探究》，阎嘉译，商务印书馆，2003年，第123-124页。

② 戴维·哈维：《后现代的状况：对文化变迁这缘起的探究》，阎嘉译，商务印书馆，2003年，第125页。

③ 戴维·哈维：《后现代的状况：对文化变迁这缘起的探究》，阎嘉译，商务印书馆，2003年，第126页。

④ 戴维·哈维理论中的重要概念，其内涵是：资本通过技术、通信等手段，克服资本在空间流动上的障碍，最终结果是人类的生存环境越来越像是"地球村"。

⑤ David Harvey, *The Ways of the World*. London: Profile Books, 2016, pp. 190-191.

⑥ David Harvey, *The Ways of the World*. London: Profile Books, 2016, p. 195.

⑦ David Harvey, *The Ways of the World*. London: Profile Books, 2016, pp. 195-196.

⑧ 戴维·哈维：《后现代的状况：对文化变迁这缘起的探究》，阎嘉译，商务印书馆，2003年，第81页。

⑨ 国内的情况参见中国产业信息网发布的《中国博物馆行业发展趋势及市场前景预测》。

多的是古装戏和重新演出"①，在其中，历史实际上已经被当作"对于相同事件的一种无止境的储存，能够立刻重新被得到，并一遍又一遍地进行消费"②，这种与资本利益挂钩的状况固然值得叹息，但也恰恰是它的可被消费性，使得后现代主义并未对历史赶尽杀绝——在普遍迪士尼化的空间中为其保留一席之地。

与之相关，地方作为具有历史意义的空间，提供了代与代之间的连续性和同一性。不可否认，"数百年来，地理特色给人们提供了一种不可缺少的记忆之柱，其历史的道德意义正依赖于此"③。地方之于历史的承继，不仅是物质载体，更是情感依托。那么，在这一情感依托正不断被毁坏的状况下，人情冷漠、消极抑郁、暴躁焦虑等社会病症普遍出现也就不足为奇了。"希望与记忆之间存在着联系，没有记忆的人不可能期待什么"④，这种悲观论调或许有些言过其实，但无家可归的状态于个人而言也确实算不上是幸事，对群体来说更是一项亟待解决的难题。

众所周知，"地方"形象是在信仰、价值、理想和宗派等同质性意象中建构起来的，具有强大的集体记忆性和空间排他性。故它不仅是独一无二的，甚至还能够在世界范围内的比较中获得宝贵的标出性（这对群体特殊性来说尤其重要）。而"不断变化的生产、消费、信息流和交互的物质实践，加之资本主义发展进程中空间关系与时间范围内的彻底重组"⑤，都强有力地威胁着地方的实际生存能力。地方的这种艰难处境，由于其和人们生存之间的紧密关切，已经引起了有识之士的重视，并促使他们不断寻找对策。自启蒙运动以降，有关地方特殊性的作品便开始不断涌现，"对地方（特殊）品质的再现成为一种工具，揭示另一种美学来代替永不停息的商品和货币之空间流的美学"⑥。正是在这一语境中，根据想象的共同体来重建地方的热潮得到前赴后继的追逐变得再自然不过，包括建设地方原有的标识，或者锻造想象中的群体象征物，为防御资本的侵蚀不断进行物质和社会实践。这些措施中最为核心的要点是"重新唤醒地方

①　Robert Hewison, *The Heritage Industry: Britain in a Climate of Decline*. London: Methuen, 1987, p. 135.

②　Brandon Taylor, *Modernism, Postmodernism, Realism: Critical Perspective for Art*. Winchester: Winchester School of Art Press, 1987, pp. 104−105.

③　David Harvey, *Justice, Nature and the Geography of Difference*. Cambridge, MA: Blackwell Publisher, 1996, p. 305.

④　Mary Gordon, "My Mother is Speaking from the Desert", *The New York Times Magazine*, 47, Mar, 1995.

⑤　David Harvey, *Justice, Nature and the Geography of Difference*. Cambridge, MA: Blackwell Publisher, 1996, pp. 323−324.

⑥　David Harvey, *Justice, Nature and the Geography of Difference*. Cambridge, MA: Blackwell Publisher, 1996, p. 302.

感受以及对故乡旧土的美好感觉"①。随着对原生的"地方"认同的加深与向往的建立,将会有更多的人(至少从精神上)致力于保护、再建地方唯一性。

令人遗憾的是,现实情况却并不尽如人意,或者说在执行"地方"重塑的过程中已经发生了彻底的颠覆。其中,"对消费景观进行投资、出售地方形象、争夺对文化和象征资本的定义、恢复具有消费吸引力的地方传统等,建设和城市规划领域中的多数后现代生产都是围绕着出售地方(形象)进行的,进而被当作不断深化的商业文化的重要部分,结果是那些试图标榜自己(特殊性)的地方最终却创造了一种连续的、同质性的复制品"②。与其说"地方"形象是那些与其息息相关的人们所需要关心和保护的对象,不如说是又一个值得资本投入的利好项目。而在资本很大程度上已经能够实现自由流动的语境下,我们将不得不接受"迪士尼化"这一结果,且很难阻止地域趋同的最终发生。地方作为"产生重要话语的空间"③,其任何变化都不能简单地被视作孤立的;地方是象征性的,它可以经由"信仰、价值、想象和社会实践而在话语网络中表现出自身的力量和社会意义"④,并将广泛涉及个体的身份确证、群体的价值导向,乃至社会的长久命运等重要议题。

还需要注意的是,城市空间作为一个"人造环境",并非只有人为建构这一属性,它是一个极为复杂的复合商品,"由无数不同的要素组成,每一个要素都是在不同条件下、依据不同规则被生产出来的,作为与生产、交换、消费的集聚过程相关的整体来起作用"⑤,其中任一要素的变化都会牵动其他要素随之变化。历史感的断裂、迪士尼化的进程也并未止步于局部的景观,它们展现出强烈的排他性:以一种不容置喙的姿态逐步驱逐其他景观。且这种城市空间的重组似乎还不满足于在某一特定区域中的施展,现实中的情形不仅有前文所提及的城市间的效仿这种被动的意味,还带有强制性的暴力色彩。

为了维持与"先进"的城市景观间的同步,"生存空间原有的差异也在逐渐消退,包括城市中的贫民窟、边缘的乡村,随着拆迁工作的进行,大量公

① David Harvey, *Justice, Nature and the Geography of Difference*. Cambridge, MA: Blackwell Publisher, 1996, p. 302.

② David Harvey, *Justice, Nature and the Geography of Difference*. Cambridge, MA: Blackwell Publisher, 1996, p. 298.

③ Geoffrey Lilburne, *A Sense of Place: A Christian Theology of the Land*. Nashville, TN: Abingdon Press, 1989, p. 26.

④ David Harvey, *Justice, Nature and the Geography of Difference*. Cambridge, MA: Blackwell Publisher, 1996, p. 306.

⑤ David Harvey, *The Urbanization of Capital: Studies in the History and Theory of Capitalist Urbanization*. Baltimore, MD: The Johns Hopkins University Press, 1985, p. 15.

寓楼的开发，原本清晰的划分已经变得模糊"①。资本使城市和乡村的联系更加紧密，赋予其共同的文化，并在它们之间培育出更为亲密的交流，其结果就是"资本的地理生产了一种模糊联系的景观"②。在可以预见的未来，真正意义上的田园风光将所剩无几，除了被城市所吞噬的以外，目所能及处最令人欣慰的景观恐怕也仍是资本精心运作的"再造田园"（或者是与城市景观样貌不同但却同质的另一种资本景观）。也即是说，城市空间不仅在内部进行整合，而且还在不断蚕食外部的边界。这就将地域趋同的境遇直接加诸原本完全相异的众多非城市空间，且在此过程中一并夺取本属于它们的珍贵历史。

三、资本的内在逻辑

集中到城市的具体变更上，资本活动的地理景观充满了矛盾与紧张，在面对各种各样的技术和经济压力时，这一景观永远处于不稳定的状态："竞争与垄断、集中与分散、固定与变动、动力与惰性，以及各种不同范围的经济活动之间的紧张状态，无一例外地都产生于资产的无限积累在时间与空间的分子化过程中。而且，这些紧张状态被牢牢地固定在资本普遍的扩张逻辑中，即由无限积累和永不休止地获取利润占据主导地位的逻辑。"③ 资本的活动处处体现着（有时是隐蔽的）这一逻辑。在被誉为"当代《资本论》"④ 的《资本社会的 17 个矛盾》中，戴维·哈维进一步指出："资本总是追求增长，而且必须是复合增长。"⑤ 换言之，零增长的资本主义经济体就是一个排他性矛盾，根本就不可能也不允许出现。零增长实际上意味着资本的危机，而在全球经济已经逐步连为整体的现实下，资本时刻保有紧密的联系。一荣俱荣，一损俱损，零增长则毋庸置疑是任何类型的资本都不愿意看到的结果。⑥

---

① David Harvey, *Rebel Cities: From the Right to the City to the Urban Revolution*. Brooklyn, NY: Verso, 2012, p. 19.

② David Harvey, *Justice, Nature and the Geography of Difference*. Cambridge, MA: Blackwell Publisher, 1996, p. 232.

③ David Harvey, *The New Imperialism*. New York City, NY: Oxford University Press, 2003, p. 101.

④ 张一兵等：《照亮世界的马克思：张一兵与齐泽克、哈维、奈格里等学者的对话》，上海人民出版社，2018 年，第 51 页。

⑤ David Harvey, *Seventeen Contradictions and the End of Capitalism*. New York City, NY: Oxford University Press, 2014, p. 222.

⑥ 多次经济危机告诉我们，在地区间的经济已建立起普遍联系的情况下，低迷的发展状态一旦出现，极有可能会扩散开来，甚至在其他地区以更严重的面貌出现。即便不是大型经济体，一旦落入危机，也会对全球经济造成不可估量的损失。

那么，如果资本要获得利润，社会劳动的总产出就必须扩大，否则便不可能有资本增长。若要满足资本以复合增长的方式无止境地积累和扩张下去，"过去40年来地球上惊人的物质变化，必须以双倍甚至是3倍的速度发生"①，联系到资本运行的实际状况——为了克服空间障碍，用时间消灭空间，被创造出来的空间结构自身却成了进一步积累的障碍："资本以地理景观的形式表现自身，这种地理景观是按自己的形象创造的，是作为提高渐进的资本积累的使用价值创造出来的。由此产生的地理景观是资本主义以往发展至高无上的荣耀。但同时这一景观又表现了死劳动力对活劳动力的控制，也正因为如此，它以一套特定的自然约束抑制了积累进程。"② 这些限制只能慢慢地消除，除非交换价值的实际贬值被冻结在这些物质资产的创造中。马克思在对（与资本积累相关的）固定资本进行全面分析后，揭示出其中的一个主要矛盾："固定资本作为使用价值来发挥作用，需要转换成具有特定属性的实物资产。在这个有形使用价值中被冻结的交换价值只有通过这样一种方式才能得到补偿，即使用价值在其生命周期中充分运用。"③ 而当其中使用价值的充分实现仍无法满足资本实现增长的需要时，为了冲破对积累的束缚这一阻碍，资本能够实现且正在不断进行的补救措施是：寻求空间修复，通过新的空间生产来摆脱积累的阻碍。那么，日新月异的城市面貌则不仅是经济繁荣的表现，更是维持这种繁荣的必要条件。

资本积累最大的阻碍，也是资本危机最典型的特征——接踵而至的资本盈余（以商品、货币或生产能力的形式）和劳动力盈余，并且，没有任何明显的方式可以将它们在盈利的基础上集合起来完成一些对社会有益的工作。"要想避免资本盈余贬值，必须寻求新的盈利方式来吸收这些盈余，地理扩张和空间重组则是资本所能做出的最好选择"④，然而，资本越是为其内在矛盾拼命寻求空间修复，通过空间生产来克服空间束缚的张力就越大。过度积累越多，随之而来的地域性扩张就越快，地理景观转换的步伐也就越迅速。其真正的原因是"那些景观包含有待实现的死劳动（资本），所以部分增长的资本需要被摧毁掉，以便为新的生产、交换和消费的地理构型创造条件。资本

① David Harvey, *Seventeen Contradictions and the End of Capitalism*. New York City, NY: Oxford University Press, 2014, p. 232.

② David Harvey, *The Urbanization of Capital: Studies in the History and Theory of Capitalist Urbanization*. Baltimore, MD: The Johns Hopkins University Press, 1985, p. 25.

③ David Harvey, *The Urbanization of Capital: Studies in the History and Theory of Capitalist Urbanization*. Baltimore, MD: The Johns Hopkins University Press, 1985, p. 24.

④ David Harvey, *The New Imperialism*. New York City, NY: Oxford University Press, 2003, p. 88.

为了存活，需要不断自我毁灭”①，在此我们迎来了马克思基本主张中的地理纬度，即"资本主义势不可挡地努力实现的普遍性遭遇了自身的障碍"②。毫不令人惊异的是，"资本的每一次危机之前都有大量的资本流到人造环境的长期投资中"③，这俨然成为提高生产率，从而实现快速资本积累的救命稻草。

此外，资本的增长中除了有共同的诉求外，相互间的激烈竞争更是不容忽视的重要规律。对资本而言，相对优势的获取是其安身立命的保障，也是其力量进一步壮大的依仗。在任何景观中，"相对优势会永无休止地随着经济发展过程中的众多因素而历史地发生变化"④，当资本循环在其范围内为形成物质和社会空间创造必要的剩余和充足条件时，就会触发历史条件的转变，即"从景观被外在于资本积累逻辑的力量生产出来，向景观被整合到这样一种资本积累逻辑之中转变"⑤，为求在不停的流变中始终占有优势，并进而借此获得超额利润，资本在景观建造中就不能以逸待劳。

在实际建造过程中，由于建筑环境具有生产周期、资金周转时间长等特征，城市化对吸收过度资本积累有着至关重要的作用。且城市化还具有"空间创造和空间垄断等空间特殊性来成为积累过程中不可分割的组成部分，而且也是由创造这些流动所发生的具体空间和场所来推动积累。且正是由于这种活动是长期的，这些活动对价值和剩余价值生产有着极其重要的作用"⑥。这就解释了城市对乡村的无情吞噬，非如此不能为资本提供绝佳的扩张机会。而事实上，这种景观的建造，首要目的其实就是"把剩余资本进行时间和地理上的某种混合性的置换，使之变成物质和社会基础设施生产，从而能吸收资本和劳动力剩余"⑦，并在此过程中帮助资本实现复合增长。

更为重要的是，资本在已经实现城市化的空间里，也没有停下自己的脚步。我们可以认为历史感的断裂和迪士尼化是一种审美意义上的价值取向，

①　David Harvey, *The Urbanization of Capital: Studies in the History and Theory of Capitalist Urbanization*. Baltimore, MD: The Johns Hopkins University Press, 1985, p. 61.

②　David Harvey, *The Urbanization of Capital: Studies in the History and Theory of Capitalist Urbanization*. Baltimore, MD: The Johns Hopkins University Press, 1985, p. 61.

③　David Harvey, *The Urbanization of Capital: Studies in the History and Theory of Capitalist Urbanization*. Baltimore, MD: The Johns Hopkins University Press, 1985, p. 20.

④　Karl Marx, *Theories of Surplus Value Harvey*. Part 2. London: Lawrence and Wishart, 1969, p. 312.

⑤　David Harvey, *The Urbanization of Capital: Studies in the History and Theory of Capitalist Urbanization*. Baltimore, MD: The Johns Hopkins University Press, 1985, pp. 195-196.

⑥　David Harvey, *The Ways of the World*. London: Profile Books, 2016, p. 372.

⑦　David Harvey, *The Urbanization of Capital: Studies in the History and Theory of Capitalist Urbanization*. Baltimore, MD: The Johns Hopkins University Press, 1985, p. 196.

并希冀这种情况在未来得到扭转。但资本为实现复合增长，便注定将会"根本改变最终消费的性质、形态、类型和质量"[①]。那么，历史被有目的地割裂成块，与各类时尚的片段一起创造出新的需求，形成新的趋势，就已经在这种逻辑中被天然写定了。这也正是迪士尼化的内涵，即空间的一切部件都要与商品化保持同步，从而成为资本增殖的地理建构。资本永远试图在一段时间内"在一个地方建立起一种景观来便利其行为；而在另一段时间，资本主义又不得不将这一地理景观破坏，并在另一个地方建立一种完全不同的地理景观，以此适应其追求资本无限积累的永恒渴望"[②]。这一逻辑广泛地存在于资本涉足的各个角落，且伴随着时间消灭空间的不懈努力（资本流动的空间障碍也不复存在），资本的视野中各地域的景观总是朝着某个共同的方向塑造自身，以至于地域趋同的态势已经在所难免。

四、追求复利的资本行为

由资本内在逻辑引导而不断创造出的景观，不仅能够为实现复合增长提供帮助，还有着关键的意识形态作用。哈维敏锐地指出：

> 城市本身正被当作一件艺术品那样建造，其中充满精彩的建筑和彼此竞争的意义标志。"宇宙的主人"如今在全球金融中心闪亮的摩天大楼里宫殿般的办公室工作，住在高楼大厦的豪宅里，这些建筑与传统工厂般较老旧的工业建筑形成鲜明对比。消费主义的壮丽宫殿，以及不断被创造出来的后现代都市奇观，与无序扩张的市郊住宅区和设有门禁的小区形成鲜明对比，后者又与廉价公寓、劳动阶级和移民的小区，以及世界各地许多城市中大量的自建房屋形成鲜明对比。[③]

城市不仅是资本彰显自身强大实力的手段，而且也成了判断文明发达程度的标准，乃至成为人类最崇高抱负的最积极证明。而城市何以赢得如此之高的赞誉？这个问题本身就是值得我们反思的。毕竟打造出城市这等超然的地位后，资本将获得远超预期的（且是长久可持续的）收益，且这收益并非是所有人共享的，它真正服务的往往只是少数特殊的人。

---

① David Harvey, *Seventeen Contradictions and the End of Capitalism*. New York City, NY: Oxford University Press, 2014, p. 235.

② David Harvey, *The New Imperialism*. New York City, NY: Oxford University Press, 2003, p. 101.

③ David Harvey, *Seventeen Contradictions and the End of Capitalism*. New York City, NY: Oxford University Press, 2014, p. 160.

在此基础上，手握资本的统治精英们还（时常是固执地）支持向各色国际潮流开辟文化领地。哈维认为，他们"自恋式地探索自我、性、身份成为城市文化的主题：受城市强势文化机构推动的艺术自由和艺术破格实际上引向了文化的新自由主义化"①。新自由主义修辞凭借其对个性自由的强调，有力地将"自由至上主义、身份政治、多元主义、自恋的消费主义从想夺取国家权力来追求社会正义的社会力量中分离出来"②。这一主张所造成的后果正如我们所看到的那样：统治阶级借助资本做出的符号行为，不仅使自己加倍收获了利润，同时还进一步巩固了自身的既得利益与地位。在这片欣欣向荣的景象中，我们甚至很难看出明显的阶级对立，后现代语境下的阶级利益总是不胜其烦地披着公平正义的外衣。

资本的诸种诡计和诉求通过"创造性破坏"引发了反反复复的城市重建，而其过程并不像结果所呈现的那么美好，"由于穷人、弱势群体和在政治权利上被边缘化的那些人总是首当其冲且受到最严重的影响，所以城市重建基本上总是具有阶级性的。新的城市是在旧城市的残骸上建立起来的，因而需要暴力的参与"③。例如房地产开发——特别是在大型城市内部和城市（进一步扩张所必须要突破）的边界，对资本而言就是一种屡试不爽的有力手段，不仅能实现空间重组，同时还成功将大量财富积聚到少数人手里。相比之下，"由于农民并不拥有土地，他们很容易就一无所有，土地转而为城市牟利所用，导致劳动者在农村无计谋生，被迫离开土地加入劳动力市场"④。对于此种情形，戴维·哈维提示我们，"社会不平等恰恰是新自由主义存在的理由"⑤。这一说法更为尖锐的表述是：社会不平等正是资本充分发展的必然结果，因而也是不可阻挡的。

资本主义的地理景观，显然是由各种不同利益塑造出来的，因而个人和群体在试图替自己界定空间和位置时，必须注意到资本发展的总体过程一直处于不断追求积累的运动中。当然，"资本对它剥削的群体的需求必须有某种

---

① David Harvey, *A Brief History of Neoliberalism*. New York City, NY: Oxford University Press, 2005, p. 47.

② David Harvey, *A Brief History of Neoliberalism*. New York City, NY: Oxford University Press, 2005, p. 41.

③ David Harvey, *Rebel Cities: From the Right to the City to the Urban Revolution*. Brooklyn, NY: Verso, 2012, p. 16.

④ David Harvey, *A Brief History of Neoliberalism*. New York City, NY: Oxford University Press, 2005, p. 146.

⑤ David Harvey, *A Brief History of Neoliberalism*. New York City, NY: Oxford University Press, 2005, p. 98.

程度的敏感，即使它没有，社会和阶级斗争也必将迫使资本向批评者妥协，并抑制资本一些比较疯狂的野心"①。即在这样的背景下，最受资本欢迎的且是其一直致力于建构的，便是周遭不断发生的迪士尼化。在普遍商业化的环境中，历史的承继在非必要的情况下自然只能以片段、短暂的形象出现，而即使是在看似庄重、严肃的场合，表面上无关利益的景观实际上也不曾逃出资本锱铢必较的设计。

如前所述，"新的区域分工、新的资源复合体，以及作为资本积累动态空间的新地区，此三者都提供了产生利润、吸收剩余资本和劳动力的新机会"②，其对资本的重要性无需赘述。值得注意的是资本何以实现这一计划。众所周知，各地不同的区域价值体系背后往往有独特的文化习俗和特殊的偏好做支撑，"本地居民往往对当地文化习俗极为认同和推崇，即便并未在表面上形成强大的民族主义情绪"③。正是在这些地方，资本对价值的定义将与本地文化发生冲突，通过慢慢渗透进伦理、宗教、文化或种族遗产等传统价值观念的方式取而代之。虽然我们不愿承认，但正如新自由主义者们所鼓吹的那样，资本对价值观念的侵蚀是相当可怕的，例如"性、文化、历史、遗产的商品化；自然的商品化，将其作为奇观异景或休憩之所"④，即便是在著作或艺术中的"创造力、本真性、独特性上也可以攫取垄断性租金，这些均相当于对那些事实上从未被作为商品生产出来的事物进行明码标价"⑤。一个随处可见的例证便是："艺术节和文化节等也变成了投资活动的重点，各种展览和展会成为城市活力的重要表现，并由此获得吸引重要消费人群的机会。"⑥ 足以见得，迪士尼化是资本从未变更也不曾退让的永恒追求，将一切都商品化的真正所指是将本处于资本外部的各类存在物全部整合进资本内在的逻辑之中。"虽然奇观、影像、信息和知识在消费性质上异于物质商品的消费，但所有这

---

① David Harvey, *Seventeen Contradictions and the End of Capitalism*. New York City, NY: Oxford University Press, 2014, p. 159.

② David Harvey, *Seventeen Contradictions and the End of Capitalism*. New York City, NY: Oxford University Press, 2014, p. 152.

③ David Harvey, *Marx, Capital, and the Madness of Economic Reason*. New York City, NY: Oxford University Press, 2017, pp. 164−165.

④ David Harvey, *A Brief History of Neoliberalism*. New York City, NY: Oxford University Press, 2005, p. 166.

⑤ David Harvey, "The Art of Rent: Globalization, Monopoly and the Commodification of Culture", *Socialist Register*, 105, July, 2002.

⑥ David Harvey, *The Ways of the World*. London: Profile Books, 2016, p. 187.

些另类形式，均受制于资本力求承受必要的永久复合增长的挣扎。"① 资本并未采用简单、生硬的贩卖手段应对这种挣扎，而是以一种相当奇妙的形式与它们结合起来，在利益面前展现出令人惊叹的创造力。

在这样的逻辑中，受竞争压力驱使，资本则需要一直缩短生产过程、市场周转时间，以及消费品的寿命。随着时间消灭空间进程的加速，地理距离造成的摩擦和障碍正在不断被削减，因而"资本的空间性和时间性也成为社会秩序中一种变动而又固定的特性，资本创造出它自己的空间和时间，以及它自身独特的性质"②。对于景观而言，空间方位或空间位置是一个根本的而非附带的属性，其中某一特定要素的有用性还取决于它与其他要素的关系，因此，景观必须被看作一种具有地理秩序的、复杂的、复合的商品。"这样一种商品的生产、维护、更新和转化，以及秩序的建立都必须在时间和空间中得到协调，以便让整个复合的商品得以具备恰当的格局。"③ 资本与景观的关系在这一格局中最重要的规律是：不断"围绕新的交通和通信系统、基础设施、新的生产和消费中心及风格、新的劳动力聚集，以及改进了的社会基础，对地方的地理构型进行重塑"④，这也正是我们最常见到的空间重组的情况。在重组过程中，地理景观上的变动自然是最为瞩目的，也是其中最重要的组成部分，但这并不同时意味着那些在规模较小的、似乎微不足道的消费品上发生的变化就不应引起我们的重视。实际上，资本有系统地缩减消费品寿命与在景观上的创造性破坏之间并无二致。

资本有系统地缩短消费品的寿命，手段包括"生产不耐用的商品，强力推动商品按计划报废，快速创造新产品线，动员时尚和广告的力量，强调新的有价值、旧的很寒酸。近百年来，资本一直在动用这些手段，其过程造成巨大的浪费。但这一趋势已经加速，过去 40 年来明显地操控和传播大众消费习惯，尤其是在较为发达⑤的经济体中"⑥。简而言之，资本正在不断制造出新的需求，并同时通过各种手段建构出与之相适应的群体消费理念。迪士尼

---

① David Harvey, *Seventeen Contradictions and the End of Capitalism*. New York City, NY: Oxford University Press, 2014, p. 238.

② David Harvey, *Seventeen Contradictions and the End of Capitalism*. New York City, NY: Oxford University Press, 2014, p. 99.

③ David Harvey, *The Limits to Capital*. London, New York: Verso, 2006, pp. 233—234.

④ David Harvey, *Justice, Nature and the Geography of Difference*. Cambridge, MA: Blackwell Publisher, 1996, p. 296.

⑤ 近年来，中国和印度等国家的中产阶层的消费主义变化也相当显著。参见《新中产精神消费升级报告 2018 年》，《艾瑞咨询系列研究报告》，2018 年第 7 期。

⑥ David Harvey, *Seventeen Contradictions and the End of Capitalism*. New York City, NY: Oxford University Press, 2014, p. 236.

化远不是城市空间发展的尽头，而仅仅只能称得上过程中的一个环节。从资本的内在逻辑出发，"新形式的匮乏必须在丰盛的中心不断复制出来"①。相应的，围绕作为资本形式循环的价值所派生出的"广泛的政治、文化与美学价值建设和重建之间的关系"② 也是不容忽视的。对创造"心仪"的城市来说，二者缺一不可，且价值层面的重建所具有的深远影响是难以估量的，可作为参考的是：历史和地方持续地被整合进资本逻辑后，最终将丧失它们最本真层面上的意义。

五、结语

对于城市和生活，亚里士多德早已意识到："自由与美好生活如影随形，而美好的生活是积极的生活，如同所有自然事物，永远都在求新。"③ 求新是人类得以进步的内在推动力，也是文明史上一条清晰可循的脉络。在这一过程中我们充分发挥自身的潜能，并寻求向前的突破，但"如果没有见识过异化和它内含矛盾的可能性"④，那么真正的美好生活也就无从谈起。"城邦的长成出于人类'生活'的发展，而其实际的存在却是为了'美好的生活'"⑤，在当代语境中，与资本纠缠不清的城市，如若不能摆脱资本追求复合增长的逻辑整合，那么其自身便已是一个异化（且会不断加剧）的产物，遑论为生存其中的人们提供美好生活所需的保障。

我们所认可和推崇的，当然不会是一个只有少数人获利、拥有美好生活的城市，而是在最广泛意义上的人们都能共同享有美好生活的空间。那么，面对和想象中相去甚远的城市现状，找出其症结所在，则是真正有价值的理论的职责。这也是哈维主张要重读《资本论》，并在其众多著作中孜孜不倦地分析资本的一个重要动因。

作者简介：
王周迅，四川大学文学与新闻学院硕士研究生。

---

① Andre Gorz, *Critique of Economic Reason*. London：Verso，1989，p. 114.

② David Harvey, *Marx，Capital，and the Madness of Economic Reason*. New York City, NY：Oxford University Press，2017，p. 49.

③ 亚里士多德：《尼各马可伦理学》，廖申白译，商务印书馆，2003 年，第 302—303 页。

④ David Harvey, *Seventeen Contradictions and the End of Capitalism*. New York City, NY：Oxford University Press，2014，p. 215.

⑤ 亚里士多德：《政治学》，吴寿彭译，商务印书馆，1965 年，第 7 页。

《九三年》的空间意蕴[*]

张黎黎

　　摘　要：本文以《九三年》为中心，讨论雨果小说的空间设置及其象征意涵。"克莱莫尔号""巴黎街景和国民公会""拉图尔格"作为雨果在小说中着力描绘和构置的空间类型，塑造了法国大革命的历史形象，暗示着叙事者对事件的评判，象征着历史变动时刻世界非理性的喧嚣与残酷，昭示了现代内部的悲剧性张力。人道主义，这一被革命者视为肤浅的普遍价值，在这样的空间中也获得了更为沉重和深厚的历史内涵。

　　关键词：雨果　空间叙事　《九三年》

绪论：革命景观

　　雨果在《九三年》中塑造的大革命是一个冷酷的正义巨人，无论是丹东、罗伯斯庇尔还是朗德纳克或是郭万，都是这历史巨人躯体内互相粘连又撕咬的一部分。"九三"一度成为恐怖的代名词。"这个词大众是用一个数字来表达的：93。对下等阶层来说，93年是荒年；对中等阶层来说是最重刑的；对上层阶层来说则是断头台。"①这场被雨果认为是"截肢术"的革命彻底改变了法国历史甚至欧洲历史。《九三年》正是对这一历史革命景观的想象建构。小说以故事空间场景串联起整个叙事，从空间叙事角度再读《九三年》，不仅能从雨果想象性的空间叙事中再现法国大革命景观，也能从另外的角度去接近雨果的叙事精神。

　　"空间转向"早已成为我们理解文学与文化现象的新视域。列斐伏尔认为，空间不应只是一个抽象的地理学意义上的名词。他提出

　　* 本文系国家社科基金重大项目"西方新马克思主义文论与空间理论重要文献翻译和研究"（15ZDB085）的阶段性成果。

　　① 雨果：《雨果文集》（第20卷），张容译，柳鸣九主编，河北教育出版社，1998年，第5页。

了"再现空间"（representational spaces）这一概念，认为"再现空间，体现为复杂的象征符号，有时被编码，有时并没有，且与社会生活的秘密或底层相联系，比如艺术（艺术可能最终被定义为空间的符码，而不是再现空间的符码）"①。再现空间关涉想象与符号，它倾向于一种连贯的非文字化的符号象征系统。换言之，再现空间的符号系统是象征性的、形象化的。此外，再现空间不仅可以再现权力，它自身的空间关系也体现出对权力的抵抗。

福柯认为："我们身处同时性的时代，处在一个并置的年代，这是远近的年代、比肩的年代、星罗散布的年代。我确信，我们处在这么一刻，其中由时间发展出来的世界经验，远少于联系着不同点与点之间的混乱网络所形成的世界经验。或许我们可以说：特定意识形态的冲突，推动了当前时间之虔诚继承者与被空间决定之居民的两极化对峙。"② 福柯将时间与空间并置，时间经验与空间经验带给个体感知的变化在数字媒体时代会变得更加剧烈。

戴维·哈维从资本生产方式的改变这一角度重新审视资本主义，认为后现代的资本生产方式不再是"福特式"，而转为更加灵活的积累式。哈维用"时空压缩"来描述这种灵活的生产方式带来的个体时空体验的变化。"变化着的对时间和空间的体验，至少部分地构成了向后现代主义的文化实践与哲学话语的冲击性转折的基础。"③ 哈维以地理学的学识背景，借助"空间"这一关键词，重新审视资本主义生产方式，进而思考后现代语境下的文化变迁。"哈维的看法从空间表达方面道出了艺术创作的一个重要方面，即艺术创作中对空间的处理和呈现，与艺术家所要传达的真理和价值观有关；艺术作为人类表达意义的一种特殊方式，始终都会把真理与价值观当成意义的重要内容。"④ 此外，哈维以一种总体式的空间理论重新审视巴黎，让巴黎这座城市不再只是一个客观对象。"巴黎的空间性逐渐被理解为辩证的、建构的以及相因而生的，而非被动的或仅仅是反射性的。"⑤ 通过巴黎的城市改造，我们可以重新理解法国现代性，或者也可以说，法国现代性正是通过巴黎的城市改造得到了形象化的呈现。在对巴黎的城市改造进行考察之后，哈维指出："巴

① Henri Lefevere, *The Production of Space*, Donald Nicholson-Smith, trans. Oxford, Cambridge, Massachusetts: Blackwell, 1991, p. 33.

② 福柯：《不同空间的正文与上下文》，载包亚明主编，《后现代与地理学的政治》，上海教育出版社，2001年，第18页。

③ 戴维·哈维：《后现代的状况：对文化变迁之缘起的探究》，阎嘉译，商务印书馆，2003年，第248页。

④ 阎嘉：《空间体验与艺术表达：以历史—地理唯物主义为视角》，《文艺理论研究》，2016年第2期。

⑤ David Harvey, *Paris*, *Capital of Modernity*. New York: Routledge, 2003, p. 40.

黎的生态学与巴黎居民的人格乃是彼此的镜像。"① 换言之，哈维认为，只有在这种彼此的观照中才有可能认知对象。要理解法国，首先得理解巴黎这座城市本身。

文学本就是关于人的一种想象性书写，是讲述故事的行动。讲故事，离不开舞台，舞台即是空间。西摩·查特曼在《故事与话语》中提出了"故事空间"（story-space）与"话语空间"（discourse-space）的概念。查特曼认为，在我们区分故事时间与话语时间之前，首先需要区分故事空间与话语空间。"故事空间包含存在物，正如故事时间包含事件一样。但事件不是空间，虽然它们出现在空间中，能够执行或是受事件影响的实体才是空间。"② 在查特曼看来，话语空间更多涉及的是叙述者的讲述或写作环境，而故事空间离不开存在物，这存在物就在于人物的塑造。查特曼对故事空间与话语空间的区分，为我们解读文本提供了新的视角。

本文试图融合哈维与查特曼的空间观念来分析《九三年》中的空间意象及其意蕴，以小说故事发生的三个主要地点展开空间叙事的分析。第一部分与小说《在海上》《在巴黎》分析千疮百孔的军舰"克莱莫尔号"，第二部分与《在旺达》对应，分析巴黎街景与国民公会，第三部分分析拉图尔格与郭万城堡。正如已有论者指出，"小说家们不仅仅把空间看作故事发生的地点和叙事必不可少的场景，而是利用空间来表现时间，利用空间来安排小说的结构，甚至利用空间来推动整个叙事进程"③。本文旨在说明，小说中的空间叙事不应只被当作人物行动出场的背景，而是参与了小说叙事的整体行动，人物的性格、命运、情感都在空间叙事中得到阐释。借由空间叙事，雨果所构想的法国革命景观得到更为形象化的呈现，历史在空间叙事中得以复现。

一、失控的大炮与千疮百孔的军舰

"克莱莫尔号"是一艘伪装成货船的军舰，由于一名船员的疏忽，导致本应固定在船舰上的一门大炮从炮队里脱开，造成船体的巨大破坏和人员的伤亡。故事描述这失控的大炮犹如巨大的怪兽："可是这个庞然大物凭着一种从来没有听说过的无边法力，同时向四面八方撞击，那些木条在它异常猛烈的撞击下也发出咯拉咯拉的响声。即使把一颗铅弹放在瓶子里晃动，碰撞得也

① David Harvey, *Paris*, *Capital of Modernity*. New York：Routledge, 2003, p. 43.

② Chatman, *Story and Discourse*：*Narrative Structure in Fiction and Film*. Ithaca：Cornell University Press, 1978, p. 96.

③ 龙迪勇：《空间叙事学》，生活·读书·新知三联书店，2015 年，第 40 页。

不会这么疯狂，这么迅猛。四个轮子在死人身上碾来碾去，把他们切开，撕裂，扯碎。五具尸体分成二十段在炮舱里滚来滚去，五个人头仿佛在大声叫唤，汇成小河似的鲜血随着船身的左右晃动在船板上弯弯曲曲地流淌。"①

被大炮撞得千疮百孔的"克莱莫尔号"军舰，这一空间极具隐喻意义。失控的大炮无情地将船员辗得四分五裂，这显然是对战争的描述。"战争"，看似毫无生命，但摧毁之力却难以估量。故事中无论是蓝党还是白党都试图以巨大的破坏力来取得胜利。"绝不宽大"成为公社的口号，"绝不饶恕"则成为亲王们的口号。口号背后隐藏的是对暴力的推崇，是要以极致的暴力消灭对方。雨果借故事中一位女酒保的话，直言对法国大革命的看法。"给蓝党的人喝，也给白党的人喝，尽管我是一个蓝党，而且是一个忠诚的蓝党，但是我把酒给所有的人喝。受伤的人都会觉得口渴。人死的时候就没有意见分歧了。垂死的人应该互相握手。打仗真傻！"② 这段人物独白式的语言事实上可以看作雨果的自我陈述，他超出狭隘的政治派别，坚持人道主义思想。"我不是站在一个党派一边，我是站在一个原则这边。党派是树叶，树叶会落的。原则是根，根是固定的。树叶有声但什么也不做。根是沉默的，但包揽了一切。"③ 雨果以形象化比喻阐释其政治观点，显然，对雨果而言，这个根是基于人道主义的。"打仗真傻！"这近乎儿童般的语言折射出的是雨果对人性的关切，对战争出乎本能的抗拒。

被失控的大炮撞得千疮百孔的"克莱莫尔号"就像大革命后的法国。需要说明的是，这并非表示"克莱莫尔号"就是法国的象征，而是在与失控大炮相遇的场域之下，我们可将其理解成是对大革命后法国的隐喻。大革命就如一把利刃，将法国分开。它分裂的不仅是历史，还有生活在彼时的具体的每个人的内心。革命的道德律令是如此严厉，个体的内心只能有一种声音。那些来不及或不愿意把分裂的灵魂统一起来的人，其归宿只能是断头台。曾经热烈拥抱革命的罗兰夫人因难以割舍对旧制度的留恋，被国民公会处死；丹东试图用个人的力量拉住已经发狂的革命，结局是头颅落地。小说中，马拉说："断头台是个处女，我们睡在她的身上，却无法叫她生儿育女。"④ 大革命以自身的逻辑支配着体现它意志的人们。"国民公会表现出一种意志，那是全体的意志而不是任何个人的意志。这种意志是一种思想，一种无法遏制的

① 雨果：《九三年》，叶尊译，上海译文出版社，2011年，第36页。
② 雨果：《九三年》，叶尊译，上海译文出版社，2011年，第15页。
③ 雨果：《雨果文集》（第20卷），张容译，柳鸣九主编，河北教育出版社，1998年，第41页。
④ 雨果：《九三年》，叶尊译，上海译文出版社，2011年，第142页。

庞大的思想，它在阴暗的天空高处呼啸，我们把它称作革命。"① 马拉和丹东都是革命之手，历史之道具。"就好像这个法国是一匹革命的马，它需要马厩。"② 雨果试图暗示：无论是谁都无法超越历史派定的角色，革命的马车按自己的意志狂奔，犹如"克莱莫尔号"上失控的大炮，除非历史自己筋疲力尽，否则无人能阻拦。虽然"克莱莫尔号"上失控的大炮最终被制服，但雨果写道："人胜利了，不过也可以说大炮也胜利了。"③ 在这场惨烈的革命斗争中，无所谓真正的赢家。"潮落潮涨，犹如用一架铁刨，/每次都把艄柱和艉柱的一层剥掉，/只见这神秘畸形的机器/的脊柱在狂涛怒浪中挣扎搏击。/这艘船在水下漂移，宛如黝黑的幽灵。"④ 雨果这首描述被遗弃在海中的军舰的诗，可帮助我们构想被撞得千疮百孔的"克莱莫尔号"的形象。这看似坚固的外表早已遭受巨大的撞击，难以继续航行。雨果以空间化的意象来表达他对革命的认知，即革命意味着暴动。"当革命从理论过渡到实践的时候，通常是以暴动开始的。暴动是革命的法律要采取的第一种暴力形式，是新的利益、新的思想、新的需要堵塞住了陈旧的政治大厦过于狭窄的门。所有的人都想同时进入所有的社会享受。所以革命总是以撞开门开始的。"⑤ 雨果将革命暴动的本质加以形象化、空间化，一方面认为革命的发生不得不依靠暴力形式，另一方面认为不能以"革命"或"正义"之名囊括所有的暴动形式，雨果始终站在他的人道主义立场来思考革命。

因此作为雨果精神代言人的郭万也试图用自己的肉身去阻止革命的马车，可是他的躯体毕竟太娇弱了。没有人能跨越这个鸿沟到对岸去与对手握手言和，唯有断头台砍下的头颅可以与作为敌人的亲人和朋友实现和解，即使是以实现大革命自身价值目标的名义。《九三年》里郭万的命运只是大革命制造的众多传奇之一——曾经情同手足的兄弟、父子、师生、同窗突然成为互相厮杀的对手。这未必老套，剧变时期的历史总是盛产传奇。

---

① 雨果：《九三年》，叶尊译，上海译文出版社，2011年，第180页。
② 雨果：《雨果文集》（第20卷），张容译，柳鸣九主编，河北教育出版社，1998年，第504页。
③ 雨果：《九三年》，叶尊译，上海译文出版社，2011年，第40页。
④ 雨果：《雨果文集》（第3卷），吕永真译，柳鸣九主编，河北教育出版社，1998年，第650—651页。
⑤ 雨果：《雨果文集》（第20卷），张容译，柳鸣九主编，河北教育出版社，1998年，第13页。

二、巴黎街景和国民公会

"景观，甚至城市本身，皆是都市生活的基本要素，其政治方面长久以来在正当性与社会控制的建构上扮演着重要的角色。"[1] 法国，尤其是巴黎，长久以来成为我们探讨革命、启蒙、自由这些话语绕不开的景观。"巴黎要为文明负责。巴黎接受这个责任。至死不渝。巴黎生病，整个世界都头痛。"[2] 巴黎这一城市在 18 世纪末到 19 世纪呈现出的革命景观，构成整个人类文明进化史上一个重要的截面。巴黎街景，是我们在探讨法国大革命时不得不正视的一个关键景观。《九三年》不仅描绘了大革命时期的巴黎街景，还描绘了国民公会的布局。通过这样的空间叙事，雨果向我们展现了这场声势浩大的革命景观。

革命是群众的嘉年华，是以狂欢节的形式出现的复仇正剧。

巴赫金以为，在狂欢节的仪式里，节日内在的游戏法则消解了原来等级分明的身份差异。"与官方节日相对立，狂欢节仿佛是庆贺暂时摆脱占统治地位的真理和现有的制度，庆贺暂时取消一切等级关系、特权、规范和禁令。"[3] 贵族和贫民在无身份差异的游戏中融为一体，占社会大多数的平民成为游戏的主人，可以尽情地戏弄被木偶化的贵族和领主，宣泄在日常化的等级社会里积累起来的不满和怨恨。

所以在革命后的巴黎，"在市郊波尔舍龙村和朗波诺酒店里，有些人怪里怪气地穿着白色宽袖法衣，佩着襟带，骑在披着祭袍的驴子上，叫人把酒店里的酒倒在大教堂的圣器里给他们喝"[4]。法袍是教士们显示自己身份、权力和威严的外衣，但是在大革命后的巴黎变成驴子的外套。倘若在 1788 年，这驴子的主人肯定要被关到教会的监狱里为自己的冒失受惩罚。大教堂用来进行各种神圣仪式的圣器，已经超越自身的物理性质而成为不可冒犯和亵渎的对象，它们分享了主的荣耀和人们对于主的敬畏。容器因禁忌而神圣，但大革命颠覆了圣器的神话。如今，它们成为无套裤汉们用来满足口腹之欲的工具。他们无需在喝酒前洗净自己的双手，以前只能远远观望和膜拜的对象成为他们可以用粗鄙的肉身碰触的容器。杯子的物理属性回归，原来凝结在它上面的神圣随风而去。无套裤汉们在享用圣器中的酒的时候想必有因亵渎圣

---

① David Harvey, *Paris, Capital of Modernity*. New York：Routledge, 2003, p. 205.
② 雨果：《雨果文集》(第 20 卷)，张容译，柳鸣九主编，河北教育出版社，1998 年，第 40 页。
③ 巴赫金：《巴赫金全集》(第 6 卷)，白春仁、晓河译，河北教育出版社，1998 年，第 11 页。
④ 雨果：《九三年》，叶尊译，上海译文出版社，2011 年，第 107 页。

物而产生的无限快意。上层社会的贵族们要么逃亡，要么转化为革命者，要么被送上断头台，他们的夫人也流落街头，干起了她们曾经鄙夷的体力活。"这个在摊子上缝补袜子的女人是一位伯爵夫人；那个女裁缝是一位侯爵夫人"①，原来的秩序瓦解了，颠覆旧世界是革命的首要目标。革命的群众像潮水一般涌过巴黎，风卷残云之后的巴黎一片狼藉。"巴黎似乎到处都在搬家。古玩店里堆满了王冠、主教冠、镶金的木质节杖、百合花徽等王族府邸里的遗物。君主制度正在被彻底摧毁。旧货店里挂着一件件廉价出售的无袖长袍和紧袖法衣。"② 正如雨果诗中所描绘的："当他们口渴，必须畅饮许多鲜血，/战争便为他们供应；他们饥饿时，/必须把许多民族吞吃。/他们终于/得到报应！啊，天意！吃人者也被吃掉！/'国王们多么味美啊！'地下的蚯蚓说道。"③ 曾经居于高位的国王竟为最卑贱的蚯蚓所食，血的代价必然还得鲜血来还。此刻，世界终于被拉平！

革命是流血的嘉年华，是不公平的社会的疮口的迸裂。

大革命前的启蒙运动为这种在等级化社会里集聚的怨恨提供了正当性，革命则为怨恨的洪水提供了奔涌的渠道。那些巴黎市郊的农民和城市街头的无套裤汉涌入王宫、教堂和上层社会的俱乐部、贵族们的城堡，在平日聆听训导的广场安装断头台。"可是我呢，却始终活在世上，我代表年代久远的人类的苦难，已经活了六千岁了。"④ 大革命后期的领袖马拉如此描述自己在历史中的位置。这个六千年的人类是哪个人类，是复仇的人类，抑或满怀怨恨的该隐？坐在华美的马车上的贵族傲慢的头颅和他城堡地牢里垂死的囚犯，怎能不使人心生怨愤？因此，传统世界的权力结构和等级制度被推翻时，人们是如此迫不及待地与之划清界限，在"自由、平等、博爱"的口号下进入一个新世界。

这个新世界由革命生产自身的符号构成。符号革新运动从巴黎的公共广场到巴黎市民的日常娱乐中展开。在巴黎的公共场所，"到处都可以看见富兰克林、卢梭、布鲁图还有马拉的半身像"⑤。即使是那些来不及拆掉的国王塑像，人们也给他戴上象征革命的红帽子。巴黎的贫民显现出从来没有的对日常事物进行命名的热情，他们把旧时代的遗迹全改成革命的象征性符号，将

① 雨果：《九三年》，叶尊译，上海译文出版社，2011年，第108页。
② 雨果：《九三年》，叶尊译，上海译文出版社，2011年，第107页。
③ 雨果：《雨果文集》（第3卷），吕永真译，柳鸣九主编，河北教育出版社，1998年，第448页。
④ 雨果：《九三年》，叶尊译，上海译文出版社，2011年，第145页。
⑤ 雨果：《九三年》，叶尊译，上海译文出版社，2011年，第107-108页。

以路易十三时期的名相黎塞留命名的街道改名为"法律街",将圣安托万区改名为"光荣区";人们玩的纸牌也充满了革命气息,"天才"代替了原来的"国王","自由"代替了原来的"王后","平等"代替了"侍臣","法律"代替了"爱司";那些跟在装载死囚车后面的人把自己对断头台上的死刑的观赏称作"去望红色弥散";舞会上男女之间不再互称"男伴""女士",而是"公民""女公民";甚至"在父亲的鼻烟壶上你可能会看到一句口号:'为国家而死,无上光荣',在母亲的梳妆镜上,你会发现另一句口号:'我们情同手足,祖国永存'"①。革命的符号在人们的日常生活中流行,在十字街头,在国民公会的会议大厅里,在父亲的烟斗上,在母亲的梳妆镜边。朱学勤以为这是一幅"极其宏伟的社会改造图景"②之一部分。它用微观的生活空间的革命化来重塑人们的自我意识与时间意识,重构个体对国家关系的体认,这是意识形态对人的询唤。这一重构是以新旧截然对立的激进方式进行的,它是如此严厉,以致没有人能够在中间调和。

《九三年》里,国民公会近乎朴素到贫穷的装饰风格自然遭到保王党的嘲弄。"柱子是用木桶板搭的,穹顶是用条板拼的,浮雕是用油灰糊的,柱顶盘是枞木做的,雕像是石膏的,大理石是画成的,墙壁是帆布的。可是就在这个临时的场所,法兰西完成了不朽的事业。"③国民公会临时场所建构的粗糙、简陋,显现出国民公会内部构成的各部分难以形成一个稳固的同盟,看似已经形成的组织结构,内里其实相当脆弱。大革命期间,王朝的几次复辟就印证了这一点。

不久,国民公会搬到杜伊勒里宫,改名为国民宫。更换的不只是名字,还有整体的建筑结构与风格,增添的粗笨屋架让人辨识不出建筑原先的面目。国民公会有两种会议,一种是在白天,一种是在晚上。采光的不足让人即使在白天也有"笼罩在夜色里的感觉"。"夜晚本来黑沉沉的,光线又这么朦朦胧胧,灯光下的会议显得非常阴森。大家彼此都看不清楚,只见大厅的两头和左右两边,一张张模糊不清的面孔在相互对骂。"④这里,雨果有意突出国民公会建筑里光线的黯淡。法国大革命是在高举"理性"这面大旗的启蒙思潮之下在政治领域展开的一场争夺权力的斗争。创世之初,上帝说要有光,于是就有了光。"光"这一词本身就隐含着启示之意。"在古希腊罗马时代,智力就是自然之光(lumen naturale),有了卓见(a luminous idea),也就是

---

① 朱学勤:《道德理想国的覆灭》,上海三联书店,1996年,第224页。
② 朱学勤:《道德理想国的覆灭》,上海三联书店,1996年,第224页。
③ 雨果:《九三年》,叶尊译,上海译文出版社,2011年,第159—160页。
④ 雨果:《九三年》,叶尊译,上海译文出版社,2011年,第164页。

看到了光。在很多语言中，'视力（vision）'都可引申为'理解'。我们会说理性之'光'和'明'晰的思维。"①"光"的消退甚至是消失，表征出国民公会在所谓理性之名下展开的公共领域讨论的荒诞与可笑。这里，雨果借国民公会建筑本身解构了国民公会以理性之名参与权力斗争的合法性。

除了建筑采光的不足，雨果描述"整个会场充满杀气，粗犷而整齐。犷悍之中合乎规矩，这也有点像整个革命"②。无形的革命思想经有形的建筑风格得以具体显现，"充满杀气"这是带给个体心灵最为直观的冲击。大革命狂风暴雨式地席卷整个法国，"粗犷而整齐"，不再作个别的考量，只需以有效整齐的方式消灭对手就好。

正如雨果所说："撇开政治激情不说，光就建筑而言，这个大厅也使人不寒而栗。"③"不寒而栗"就是法国大革命带给个体的直观的恐怖感。"也就是人民的迫切需要释放了恐怖，并将大革命引向毁灭。"④换言之，断头台为法国大革命开启了新生命，却也斩断了其生命，以恐怖开始的大革命也因恐怖而终结。

三、拉图尔格与郭万城堡

拉图尔格是故事中民众对郭万家族城堡的称呼，事实上在拉图尔格的旁边即桥上，还有一个小堡，即郭万城堡。在雨果笔下，空间不仅是政治性的也是人性的分野。雨果将两个风格迥异的建筑空间并置，也就是将两种相对抗的价值系统相并置，因为"以历史性的或者自然性的因素为出发点，人们对空间进行了政治性的加工、塑造。空间是政治性的、意识形态性的。它是一种完全充斥着意识形态的表现"⑤。换言之，空间不是简单的物理存在，对其结构的设计与布局，对某些功能的强调或弱化，都与价值系统相关。正如文本所述："这两座建筑物，一座粗犷，一座娴雅，说它们互相亲近，还不如说它们互相冲突。"⑥冲突的不只是两座建筑的风格，而是隐藏在风格与功能之下的价值系统。在风格上被标识为"粗犷"的是郭万城堡，而"娴雅"的则是拉图尔格。然风格迥异的两座建筑却同属于共同的家族，郭万与朗德纳

① 杜威·德拉埃斯马：《记忆的隐喻——心灵的观念史》，乔修峰译，花城出版社，2009年，第119页。

② 雨果：《九三年》，叶尊译，上海译文出版社，2011年，第165页。

③ 雨果：《九三年》，叶尊译，上海译文出版社，2011年，第165页。

④ 汉娜·阿伦特：《论革命》，陈周旺译，译林出版社，2007年，第49页。

⑤ 亨利·列斐伏尔：《空间与政治》，李春译，上海人民出版社，2015年，第37页。

⑥ 雨果：《九三年》，叶尊译，上海译文出版社，2011年，第257页。

克都在这个家族的谱系之下。换言之，两座建筑都立于"家"这个名之下。这两个相互对抗的价值系统拥有一个共同交汇的点，这个点我们称为"家庭"。恰恰是这个被称为"家庭"的点，成了郭万行动的十字路口，"各种互不相容的真理都上这儿来交锋辩论，人类的三种最崇高的观念：人道、家庭、祖国在这儿相互逼视"①。家何以构成郭万行动延宕的动因呢？因为作为物理空间存在的家，不只是一个建筑实体，还是他身体的一部分、灵魂的一部分。在雨果看来，"所有试图摧毁家庭的社会理论都是错误的，而且是无法实行的。除非在摧毁后再建立家庭，社会是可以解决的，家庭则不行。只有自然法则能够进入家庭的构成。……家庭是社会的晶体"②。换言之，在雨果的世界中，家庭是构成社会的基石，一旦这基石被抽离，附着于其上的建筑只能崩塌。

巴什拉说："家宅是一种强大的融合力量，把人的思想、回忆和梦融合在一起。在这一融合中，联系的原则是梦想。过去、现在和未来给家宅不同的活力，这些活力常常相互干涉，有时相互对抗，有时相互刺激。在人的一生中，家宅总是排除偶然性，增加连续性。没有家宅，人就成了流离失所的存在。家宅在自然的风暴中保卫着人。它既是身体又是灵魂。它是人类最早的世界。"③ 家这一建筑实体的呈现犹如一部打开的放映机，曾经发生在个体身上的故事、片段由此连缀在一起，构成一串记忆的符号。记忆在此空间中获得温度与色彩，而空间也是构成记忆的一个维度。"这座城堡集中了郭万家族的家庭回忆，他自己就出生在这儿。在他童年的时候，这片古老的围墙曾经保护过他，可是曲折的人生命运却使他在成年之后来攻打它。难道他对这所宅第毫无敬意硬要把它化为灰烬吗？也许郭万自己的摇篮还放在图书室上面仓房的某个角落里。有些事情想起来令人激动。"④ 郭万此刻感到心潮起伏，因为感性直观的建筑空间激活了他的记忆。那些实在的每一块砖头、每一扇窗户、每一道房门，都镌刻着他的童年记忆。这高耸的围墙，曾以隔绝的姿态为他划出属于他的空间，为他提供安全与保护，也让他隔离于这高墙之外的风景。"人只有在回忆的条件下才能理解和接受不朽"⑤，只有在回忆中，他才能成为自己，认识自己。

正如巴赫金所言："在城堡（及其周围）中空间和时间的因素、特征相互有机地融合，这一时空体在历史上的强大作用，决定了这个时空体在历史小

---

① 雨果：《九三年》，叶尊译，上海译文出版社，2011年，第371页。

② 雨果：《雨果文集》（第20卷），张容译，柳鸣九主编，河北教育出版社，1998年，第9页。

③ 加斯东·巴什拉：《空间诗学》，张逸婧译，上海译文出版社，2009年，第5页。

④ 雨果：《九三年》，叶尊译，上海译文出版社，2011年，第267—268页。

⑤ 雨果：《雨果文集》（第20卷），张容译，柳鸣九主编，河北教育出版社，1998年，第524页。

说发展的不同阶段具有积极的描绘力。"① 城堡这一空间充塞了时间，时间也借由城堡获得形象的呈现，空间的时间化、时间的空间化，在城堡这一建筑空间中交汇。郭万城堡不仅是郭万回忆的契机，也是他整个行动发生转变的关键点。郭万城堡这一特定的空间不仅与故事情节发展紧密相连，还深化了郭万这一人物的性格与命运。雨果对两座城堡空间的描述各有侧重。这样的叙事策略显然不仅仅是为了故事的发展或是为人物的行动设置背景，还是为了让人物、事件获得深层次的解释。

拉图尔格，"这并不是充满活力的拉图尔格，而是死气沉沉的拉图尔格。一座布满裂缝、尽是窟窿、伤痕累累、坍塌倾圮的拉图尔格。废墟是建筑物的幽灵，正如鬼魂是人的幽灵。再也找不到比拉图尔格更阴惨的景象了"②。呈现在眼前的拉图尔格，如幽灵，如鬼魅，如深渊。这是被人弃绝的空间，也是被人遗忘的空间。它是孤独的，也是可怖的。"一座建筑代表一种教义，一架机器代表一种观念。拉图尔格是过去时代的不幸的产物：这种产物在巴黎称作巴士底狱，在英国称作伦敦塔，在德国称作施皮尔堡，在西班牙称作埃斯居里亚宫，在莫斯科称作克里姆林宫，在罗马称作圣天使城堡。"③ 对雨果而言，拉图尔格就是另一个巴士底狱，是人类罪恶的表征。拉图尔格这一空间，在雨果的想象中被简化为一种教义，一种只关涉罪恶的空间，一种等同于政治制度的空间。"拉图尔格就是君主制度，断头台就是大革命。"④ 这里，复杂性的空间被抽离为只具唯一性的对象。为了突出拉图尔格的罪恶，就得放大这个空间结构中的阴暗面，雨果寻找到的这一空间中的阴暗面，即是垂直结构中的最底层——地牢。

拉图尔格的地牢分为两层，上层的地牢还能见到车轮印，这是酷刑车裂遗留下的痕迹。"那儿有两个车轮，又大又坚固，一直碰到两边的墙壁和上面的拱形屋顶。在每个轮子上各绑上受刑者的一条胳膊和一条腿，随后驱动两个轮子向相反的方向转动，受刑者就被撕裂了。这得需要很大的力量，因此车轮擦过的石墙上碾出了两道车轮印子。"⑤ 车裂这种酷刑，是对完整身体的一点点的撕裂，它符合福柯对酷刑的定义，因为车裂能够制造"最精细剧烈的痛苦"⑥。当人身处这样的空间中，遗留下的一道道车辙仿佛还回荡着受刑

---

①　巴赫金：《巴赫金全集》（第3卷），白春仁、晓河译，河北教育出版社，1998年，第447页。

②　雨果：《九三年》，叶尊译，上海译文出版社，2011年，第250—252页。

③　雨果：《九三年》，叶尊译，上海译文出版社，2011年，第403页。

④　雨果：《九三年》，叶尊译，上海译文出版社，2011年，第403页。

⑤　雨果：《九三年》，叶尊译，上海译文出版社，2011年，第254页。

⑥　米歇尔·福柯：《规训与惩罚》，刘北成、杨远婴译，生活·读书·新知三联书店，2003年，第36—37页。

者撕心裂肺的呼喊声。我们可结合雨果诗歌《断头台》的片段来丰富小说文本对地牢的想象。"还有它那辆可怕的两轮车,/默默的车轮在泥泞留下车痕,/它一经过,里面便有鲜血装满。/人群说:好啊!因为人类已失去理性。/盲从一切的人们把这辆车紧跟,/甚至这条车辙,这是他们的习性。"① 雨果不止一次参观过监狱与地牢,他将这些经历融入对城堡地牢的想象。雨果描述他走进监狱时的感受:"最初印象是阴沉感和压抑感,呼吸受到压迫,光线变得黑暗,有种令人厌恶、令人恶心的东西混杂着凄惨和忧郁。监狱有种特殊的气味和特有的昏暗光线。空气在这里已不再是空气,光线在这里已不再是光线。铁条对空气和光线这两样自由的、神圣的东西具有某种权力。"② 就是这人造的地穴,人造的牢笼,拥有吞噬自由的能力。在此空间中,任何试图穿透进来的光都不得不弯曲、变形,直至符合铁条的规范。即使是可自由呼吸的空气,似乎经铁条的过滤也变了味。铁条竟拥有如此强的魔力,不仅可以吞噬有形的肉体,甚至也不放过无形之物。

如果说这样的空间可以被称为地牢的话,那么在其之下的空间就是坟墓。《九三年》如此描述:"这个房间下面还有一个房间。那才是真正的地牢。入口不是一扇门,而是一个洞。受刑者被剥得精光,胳肢窝底下系着根绳子,从上层牢房的石板地面中间开的一个气窗吊到下层牢房去。假如他还能活下去,就从这个洞口把食物扔给他。"③ 在此空间中,人与外部唯一的通道仅是一个洞口,这是一个无底的深渊,一个盛满罪恶的空间。拉图尔格地牢构造独特,上下地牢之间的洞成为连接彼此的通道。这个洞既是下层地牢获取食物的通道,也是上层地牢获得空气的通道;这个洞让上层地牢的人获得苟延残喘的机会,却让下层地牢的人被冻死。"挖在底层大厅下面的这个下层牢房与其说是一个房间,还不如说是一口井。地下有水,满房间吹着一股阴冷的风。这股冷风使下层的囚犯冻死,使上层的囚犯活下去。"④ 空间的上下结构关系,自然将囚犯的等级与命运也区分为不同的层次。"没有什么比饥饿更真实;/人们进行实验的地狱,/就是永远不让面包进入口中"⑤,这地牢不就是人间地狱吗?那高悬在囚犯头顶的洞口不就是一块永远都吃不到嘴里的面包

---

① 雨果:《雨果文集》(第3卷),吕永真译,柳鸣九主编,河北教育出版社,1998年,第430—431页。

② 雨果:《雨果文集》(第20卷),张容译,柳鸣九主编,河北教育出版社,1998年,第159—160页。

③ 雨果:《九三年》,叶尊译,上海译文出版社,2011年,第254页。

④ 雨果:《九三年》,叶尊译,上海译文出版社,2011年,第254页。

⑤ 雨果:《雨果文集》(第3卷),吕永真译,柳鸣九主编,河北教育出版社,1998年,第434页。

吗？这就是拉图尔格！

雨果将本是复杂多样的拉图尔格压缩为地牢这一单一性空间，从而让拉图尔格自然成为一种教义、一种罪恶。于是在小说的结尾，才会有同样代表罪恶的断头台与它遥相呼应。"拉图尔格在这个可怕的幽灵面前，莫名其妙地感到惊慌失措，简直可以说是感到害怕。这个花岗岩的庞然大物既威严又卑鄙，而那块吊着三角形东西的木板却更凶恶。衰落的权威惧怕新生的权威。罪恶的历史打量着正义的历史。过去的暴力在和现在的暴力对比。"① 建筑石材本身的特性构成时间上的对比：拉图尔格是花岗岩，拥有上千年的历史；断头台木制的三角板，还不足以构成历史。然而，就是这样一个不足以构成历史的幽灵让拉图尔格这个庞然大物恐惧且惊慌失措。断头台可以造成深深的恐怖和永久的恐惧感，黑暗是它最喜欢的颜色，那一点红斑是它每次畅饮鲜血之后的微笑。"幽暗的苍穹深处，/黑暗越来越浓，如一堵墙森然可怕，/断头台这座凄厉可憎的支架/隐没于黑暗，变得一片黑暗……"② 这就是大革命时期的断头台，于是才能有"断头台就是大革命"这样的判断句。因此，"断头台是拉图尔格犯下的累累罪行的复仇者。'衰亡的无上权力与新生的无上权力都令人畏惧。罪恶的历史在观看伸张正义的历史。旧日的暴力在与今日的暴力作较量'。"③ 暴力只是改换了一副面孔而已，面孔的背后仍有一个相同的名字——恐怖。郭万，雨果的代言人，正是试图去抵抗这种暴力的人，虽然他最终失败了。

作为郭万身体、灵魂一部分的郭万城堡，在空间结构上也显现出不同。这是一座具有芒萨尔风格的建筑，是更适合居住的城堡。"有一条长廊作为入口，被称作守卫室；守卫室位于底层和二层之间，上面是一个图书室，图书室上面是一个仓房。一个个长长的窗户，上面嵌着小块的波希米亚玻璃；窗和窗之间都有壁柱，墙上还有圆形雕饰。一共三层，底层放着犁和火枪，二层是书，顶层储存着一袋袋的燕麦。这一切有点儿原始，但是却充满了贵族气派。"④ 郭万城堡的空间结构里唯独没有地牢。"所有的堡垒都有地牢。"⑤ 既然所有的堡垒都应有地牢，那郭万城堡还能算堡垒吗？显然，郭万城堡中地牢的缺失，让它拥有了独特性，这被去掉的罪恶空间正如同郭万思想里对

---

① 雨果：《九三年》，叶尊译，上海译文出版社，2011年，第405页。
② 雨果：《雨果文集》（第3卷），吕永真译，柳鸣九主编，河北教育出版社，1998年，第431页。
③ 刘文瑾：《现代悲剧与救赎》，浙江大学出版社，2018年，第5页。
④ 雨果：《九三年》，叶尊译，上海译文出版社，2011年，第256页。
⑤ 雨果：《九三年》，叶尊译，上海译文出版社，2011年，第253页。

恶的清除。根据巴什拉的观点，家宅在抵御外部侵袭的过程中，实现了人性化的转变。"面对敌意，针对风暴和飓风的动物性形式，家宅的保护和抵抗价值转化为人性价值。家宅具备了人体的生理和道德能量。"① 家宅的保护构成个人行动的盔甲，让人免于受伤，这是构成个人对家宅无限回忆的重要原因。郭万城堡垂直性空间结构的功能也主要体现为保护与抵抗。此外，雨果在描述郭万城堡第二层与第三层空间时，都有意地突出光线的充足。郭万城堡整体风格呈现为"粗犷"，它虽少了拉图尔格的威严，却更贴近人的日常生活。它原始，又不失贵族气派，这城堡正是郭万形象化的表征。

郭万城堡排斥城堡的阴暗面，也就是拒绝罪恶。然而，它终究难以抵挡大革命的火热浪潮，犹如郭万本人。郭万成为自己要保卫的平等自由的共和国的囚犯。郭万的死乃是形而上的死，具体的肉身演绎着抽象的原则，而原则的对立无法调和。为了保护平等和自由，必须处死放走仇视平等和自由的敌人的"通敌者"。这"通敌"不是出卖情报或是卖身求荣，而是博爱。对"通敌者"的处决是博爱与平等发生冲突的结果，这是正义与正义的冲突，是现代正义结构的内在冲突。所以郭万之死还可理解为"现代之死"。

结　语

《九三年》作为雨果最后出版的长篇小说，凝聚了他对整个法国大革命历史的反思与深省。"我们无法重新体验那些已经消失的绵延。我们只能思考它们，在抽象的、被剥夺了一切厚度的单线条时间中思考它们。是凭借空间，是在空间之中，我们才找到了经过很长的时间而凝结下来的绵延所形成的美丽化石。"② 雨果正是经由空间叙事为我们复现出法国大革命的独特景观。在回忆与想象中，我们完成了一次与历史的对话。在这宏大的革命景观中，我们看到了郭万努力在仇恨的血腥中实践宽恕，在战场上为博爱留出存续的空间。此空间回荡着因饥寒而啼号的弱者假革命的教士西穆尔丹们之口喊出的正义之声，乃《新约》中的仁恕之声撞在时间之壁上的回响。无爱即无恕，能恕因有爱，这就是雨果《九三年》想要传递的声音。

作者简介：
张黎黎，四川大学道教与宗教文化研究所博士研究生，主要从事美学研究。

---

① 加斯东·巴什拉：《空间诗学》，张逸婧译，上海译文出版社，2009 年，第 48 页。
② 加斯东·巴什拉：《空间诗学》，张逸婧译，上海译文出版社，2009 年，第 8 页。

西方空间批评在中国的接受现状及反思[*]

闫小芹

摘　要: "空间批评"作为西方空间转向视域下文学研究范式的当代转型,在拓宽文学研究的理论视野,促进文学批评观念的更新等方面意义重大。空间批评自登陆中国以来,在理论建构、批评实践和文化研究方面都取得了一定的成绩,但问题也隐匿其中,如原创性阐释不足、文学本位的退场及本土建构的困境等。因此,如何实现空间批评的跨语境阐释力与有效性,建构空间批评的中国话语,仍是值得持续关注的问题。

关键词: 空间批评　本土化　接受　反思

20 世纪 60 年代以来,西方新马克思主义空间理论在后现代语境中逐渐演变为哲学和人文学科知识话语的显性表征。列斐伏尔、戴维·哈维、爱德华·索亚等学者对马克思主义空间话语的批判性阐释和反思构成了空间批评谱系的重要阵地,在与社会学、地理学、文学等的跨学科互释中创造了 20 世纪后半叶乃至 21 世纪的理论景观。21 世纪以来空间理论在中国学界同样引起了广泛热议,然而却很少有学者以"本土化"为视点审视其在我国的接受现状并反思其中存在的问题。事实上,这关系到如何实现空间批评的跨语境阐释力与有效性问题,也就是关系到如何构建本土空间批评的理论品格问题。

* 本文系国家社科基金重大项目"西方新马克思主义文论与空间理论重要文献翻译和研究"(15ZDB085)的阶段性成果。

一、"空间批评"：空间转向视域下文学研究范式的当代转型

根据列斐伏尔三元辩证法的空间分类即空间实践（spatial practice）、空间表征（representation of space）以及表征空间（space of representation）①来看，空间贯穿于人类历史演进、社会构成、生存发展及精神活动的整个过程，其重要性不言而喻。尤其是 20 世纪后半叶以降，随着现代科学技术的巨大发展和资本主义在全球范围内的急遽扩张，人类创造、拓展空间的能力得到了空前提高，社会空间实践经历着日新月异的变化。都市化空间、全球化空间、超空间以及赛博空间等各类空间形式的出现不仅改变和重构着人的活动方式，给人们带来了全新的时空体验，一系列迫切需要解决的空间问题或者说空间危机也更加严峻地摆在了人们面前。因此，福柯声称"从各方面看，我确信，我们时代的焦虑与空间有着根本的关系，比之与时间的关系更甚"②。爱德华·索亚也不无忧虑地表示："在今天，遮挡我们视线以致辨识不清诸种结果的，是空间而不是时间；表现最能发人深思而诡谲多变的理论世界的，是'地理学的创造'，而不是'历史的创造'。"③ 后现代语境下的时空体验以及空间危机使得人们不得不重新审视和修正过去的空间观念，以至于空间再也无法隐匿在历史叙述的背后，从而引发了一股反思空间认识论、强化空间化思维以及恢复空间阐释力的强大思潮，以列斐伏尔、福柯、戴维·哈维、爱德华·索亚等为代表的学者合力促成了西方知识学界引人瞩目的"空间转向"。

与哲学历史领域中的空间观相应，文学研究长期以来也多囿于历史学叙事的理论思维，存在着重时间而轻空间的倾向。作品中故事发生的背景、情节展开的先后顺序，叙事的逻辑与节奏等都被认为属于时间范畴。亚里士多德的《诗学》在论述悲剧六要素时，虽然包括了"情景"（spectacle）这一涉及舞台空间表演的要素，但显然时间线索中呈现的情节才是亚里士多德论述

---

① 根据戴维·哈维对列斐伏尔三种空间概念的解读，"空间实践"意指体验的空间，以及容易受到身体触觉和感觉影响的知觉空间，"空间表征"意指设想和呈现出来的空间，"表征空间"意指经历过的、被合并到我们日复一日生活之中的感觉、想象、情感和意义的空间。据此，笔者将其对应于物质体验性空间、观念建构性空间以及主体存在性空间。参见哈维：《作为关键词的空间》，阎嘉译，《外国美学》，2014 年第 22 辑。

② 米歇尔·福柯：《不同空间的正文与上下文》，陈志梧译，参见包亚明主编，《后现代与地理学的政治》，上海教育出版社，2001 年，第 20 页。

③ 爱德华·W. 苏贾：《后现代地理学——重申批判社会理论中的空间》，王文斌译，商务印书馆，2004 年。

的重点。莎士比亚在《皆大欢喜》第二幕第七场中的著名诗句——"全世界是一个舞台，所有的男男女女不过是一些演员；他们都有下场的时候，也都有上场的时候。一个人的一生中扮演着好几个角色，他的表演可以分为七个时期"① 是极富意味的，它"有力地说明了在西方现代性历史中盛行的一些关于空间与空间性的占支配地位的设想。空间被看成是一个空空荡荡的容器，其内部了无趣味，里面上演着历史与人类情欲的真实戏剧"②。莱辛在《拉奥孔》中对诗和绘画做了时间和空间上的划分，他认为诗是时间的艺术，而画是空间的艺术。对于文学研究而言，他明确抬高了时间在诗歌中的重要作用，因为"在时间中先后承续的符号也就只宜于表现那些全体或部分本来也是在时间中先后承续的事物"③。而柏格森对于"时间流"的重视和对空间的贬低漠视则在很大程度上影响了意识流小说的创作和研究等。

事实上，文学（文化）作为反思空间的一个重要阵地，毫无例外会"再现"社会空间的巨变和转型，投影出物质世界的变迁，同时试图穿透、表现空间中的主体的精神世界。正如迈克·克朗（Mike Crang）所强调的，"文学作品不是一面反映世界的镜子，而是这些复杂意义的一部分"④。菲利普·韦格纳（Philip E. Wegner）也曾在《空间批评：批评的地理、空间、场所和文本性》一文中表示，全球化空间重组作为文学理论重视空间研究的直接动因，必将促使人们关注文学与空间之间的关系，"对全球化的历史空间维度的关注，同样会改变我们对文学史和当代文化实践的思考"⑤。他认为"空间本身既是一种'产物'，是由不同范围的社会进程与人类干预形成的，又是一种'力量'，它要反过来影响、指引和限定人类在世界上的行为与方式的各种可能性"⑥。这就是说，空间作为一种积极介入现实社会的因素，对文学（文化）研究必然产生极大影响，韦格纳将空间理论与文学理论交叉融合而产生的文学批评方法称为"空间批评"。殖民和后殖民批评、性别批评、通俗文化和风格研究都可以纳入空间批评的范畴，拓宽了研究的视野。由此可见，列斐伏尔、哈维等人引领的空间转向已逐渐渗入文学（文化）研究，在文学研究的

---

① 莎士比亚：《莎士比亚全集》（卷3），朱生豪译，人民文学出版社，1978年，第139页。
② 菲利普·韦格纳：《空间批评：批评的地理、空间、场所与文本性》，程世波译，载阎嘉主编，《文学理论精粹读本》，中国人民大学出版社，2006年，第135页。
③ 莱辛：《拉奥孔》，朱光潜译，人民文学出版社，1984年，第82页。
④ 迈克·克朗：《文化地理学》，杨淑华、宋慧敏译，南京大学出版社，2003年，第72页。
⑤ 菲利普·韦格纳：《空间批评：批评的地理、空间、场所与文本性》，程世波译，载阎嘉主编，《文学理论精粹读本》，中国人民大学出版社，2006年，第147页。
⑥ 菲利普·韦格纳：《空间批评：批评的地理、空间、场所与文本性》，程世波译，载阎嘉主编，《文学理论精粹读本》，中国人民大学出版社，2006年，第137页。

空间化理论探索中构成一种双向阐释的形态，使得文学文本与地理、历史、社会和文化之间的界限被打破，促成了文学（文化）观念的更新，并呈现出知识范式转型的崭新面貌。

值得说明的是，早在空间转向之前，文学内部的空间研究本身就是促成这一话语范式转型的有机组成部分，比如瓦尔特·本雅明、雷蒙德·威廉斯、加斯东·巴什拉（Gaston Bachelard）等人的空间观念。本雅明对巴黎拱廊街的寓言式空间批评，表达了他对巴黎现代性的思考；英国文化批评家雷蒙德·威廉斯立足于英国的乡村和城市错综复杂的地理变迁，勾勒了英国不同时期的文学景观；法国文艺理论家莫里斯·布朗肖（Maurice Blanchot）对文学空间和人的生存空间意蕴关系有着独到的见解；巴什拉对日常生活空间意象的诗学意味的阐释，对文学和文化空间分析极富启示意义；俄国文艺理论家巴赫金在其"时空体"理论中，把时间和空间看作共融互通的整体，二者互为呈现的方式，同时对空间的重要作用加以强调；英国文化批评家迈克·克朗更是在广泛的"文化"意义上强调了文化和地理以及空间的互动关系。这些研究的出发点和落脚点虽然有所区别，但是都从根本上强调了空间与文学（文化）之间的紧密联系，而不是割裂彼此，或者将其简单地理解为一种机械的、被动的呈现或决定关系，这就在一定程度上促成了"空间转向"和文学（文化）研究的有机结合。

总的来说，随着当代社会对空间问题的广泛关注，空间化思维作为一种新型方法论，对文学和文化研究领域影响巨大，呈现出了多元性、灵活性和复杂性等多重特征。当然，正如索亚所强调的那样，对空间维度的强调和恢复并不意味着对时间或者历史维度的全盘否定，而是为了获得空间与时间的阐释平衡。对于文学或文化研究来说，这有助于为复杂多变的文学和文化现象提供新的理论支撑，摆脱传统理论视域的单一性和局限性。首先，文学和文化研究的空间转向作为一种跨学科的话语，改变了文学与地理学、社会学等学科的隔绝关系，学科之间不再是呈现平行发展的态势，而是互相交织、融合，构成良性的互动，为文艺理论建构和文学批评实践打开了新的思路。正如迈克·克朗所强调的那样，空间不仅为文学创作提供地理方式或格局安排，同样，文学创作也或多或少地揭示了地理空间的结构。① 其次，文化研究中的"空间转向"使得长期被忽略的、具有不同价值属性的边缘群体重新获得了学术研究的关注，那些备受压抑、排斥、歧视以及遭遇了不公正待遇的空间论域，如少数族裔空间、同性恋文化空间以及性别政治空间等都逐渐成

---

① 迈克·克朗：《文化地理学》，杨淑华、宋慧敏译，南京大学出版社，2003 年，第 62 页。

为空间研究关注的焦点。民族、宗教、性别或种族冲突等多维文化蕴涵主宰着空间要素，促使文学和文化研究将关注的焦点转向边缘群体、少数族群等，改变了以前宏大叙事中的以普适性理论遮蔽"他者"的研究方法，空间的文化属性不仅使得边缘或少数族群能够通过建构空间获得建构自我身份的权力，也使得批评主体以鲜明的身份特征取得了介入文化空间的切入点和立足点。

二、空间批评在中国的接受背景及现状归纳

西方空间理论进入中国始于 20 世纪 80 年代后期的台湾学界，以夏铸九、王志弘为代表的台湾城乡建设以及都市规划学者在其主编的《空间的文化形式与社会理论读本》中率先译介了福柯、列斐伏尔等人的著作，其中选译的文章主要是为建筑、地景建筑与城市规划等提供理论分析工具。在大陆学界，空间理论的译介和研究直到 21 世纪以后才取得突破性进展。

这些进展归结起来，一是和空间理论在西方尤其是英语世界的发展有关。列斐伏尔和福柯虽然是空间理论的"话语开创者"，但碍于其法语写作者的身份，最初影响力并未越出法德等欧陆国家。1991 年列斐伏尔《空间的生产》英译本出版发行，加之哈维、索亚等学者的再阐发和重构，空间理论在英语世界才迎来其传播发展的重要转折点。中国学界由于语言、视野等因素的限制，引介则更为滞后。二是和新世纪中国空间实践的巨大发展有关。1978 年中国实行改革开放政策以来紧随世界步伐，在世纪之交全面卷入城市化、全球化、信息化浪潮之中，空间格局遭遇了整体变迁。在原有物质空间结构不断被改变、新的空间形式不断被形塑的同时，社会文化问题的凸显则从根本上影响了人们的日常生活，并加深了人们在空间巨变中的焦虑和失落。面对中国空间实践日新月异的客观现实，伴随而生的文学（文化）实践日益溢出以往理论可供阐释的边界，空间批评所持的基本立场及宏阔的阐释维度正好为我们理解当代社会文化的种种表征提供了新的视野。三是和新世纪中国文论建构的内在需求有关。自鸦片战争西方的坚船利炮强行撞开中国的大门以后，百年来中国文论的建设和发展就是在本土资源与西方话语的交织中逐步推进的。从某种意义上来说，单靠我国古代的传统资源和自身经验难以解决所有的理论和实践难题。因此，在新世纪中国学界对全盘西化和文化民族主义争论的罅隙中，恰当地引进西方资源并将其整合进中国本土的文化事实和经验，同样是新世纪中国文论建设的必由之路。

外来理论在异质文化语境中的传播和影响往往从译介开始，而译介本身又是十分重要的接受过程和方式，它是译介者基于所处语境的内在需求主动

选择的结果。不仅译介的成果会直接影响研究的深度和广度，译介过程中跨语言的改造和误读，也会直接影响学界对理论的接受和理解。通过检视 21 世纪之前的相关译介工作可以发现，这一时期空间理论的译介还仅限于地理学^①等相关学科中，文学（文化）研究领域的关注还相对较少。^②但一个可喜的趋势也在此过程中酝酿，即"空间"作为一个意蕴广泛的概念日益突破狭隘的学科界限，逐步渗透文学（文化）研究领域。随着新世纪的到来，空间理论的译介也进入黄金阶段。包亚明主编的"都市与文化"丛书，周宪、许钧主编的"现代性研究译丛"，张一兵主编的"当代学术棱镜译丛"，罗岗主编的《帝国、都市与现代性》，汪民安、陈永国等人主编的《城市文化读本》等大量涉及空间理论著作，这对中国学界关注空间问题起到了积极的推动作用。在这波翻译热潮之后，译介工作持续进行，进入补充深化阶段，主要体现在戴维·哈维著作的持续翻译中。同时，列斐伏尔的《空间与政治》（李春译，2008 年）、《马克思的社会学》（谢永康译，2013 年）也得以翻译出版。但遗憾的是，列斐伏尔的重要著作《空间的生产》至今仍无完整中译本。译介工作的陆续展开，开拓了我国学者的理论视野，并推动着学界对空间问题展开深入思考，使之逐渐成为审视很多文学艺术和文化问题的基本理论视域。

　　一是在理论建构方面，空间批评作为对"历史决定论"的反拨，有效地证明了在当下全新的文学生产和文化分析中仅靠时间叙事的单薄和无力。空间视角的引入有助于颠覆我国传统人文学科研究中的历史性垄断地位，更新传统文艺理论研究中固有的思维模式，改变我国新时期理论批评话语的内在结构。对此，国内学者着力对空间转向中的各种源发性概念和思想进行深入研究，以从根本上透视空间理论的多重面相及其与文学艺术之间的关联。陆扬在《空间理论和文学空间》一文中指出"文学与空间理论的关系不复是先者再现后者，文学自身不可能置身局外，指点江山，反之文本必然投身于空间之中，本身成为多元开放的空间经验的一个有机部分。要之，文学与空间

---

　　① 1990 年蔡运龙率先翻译了哈维的文章《论地理学的历史和现状：一个历史唯物主义宣言》，并在《地理学的实证主义方法论——评〈地理学的解释〉》（1990 年）一文中对哈维的成名作《地理学中的解释》在地理学研究中的贡献给予了充分的肯定，这部著作的中译本也在 1996 年由商务印书馆出版发行。

　　② 1999 年，蒋孔阳、朱立元主编的《西方美学通史》（第七卷）中设置了《空间理论的成熟和日常生活实践》一节，文中不仅从一般意义上介绍了福柯作为空间理论引领者的作用，更是用了较长的篇幅挖掘了列斐伏尔的都市空间分析，法国哲学家米歇尔·德·赛托（Michel de Certeau）在《日常生活实践》中对都市空间中普通人的行为方式及其政治、文化意义的考察，以及意大利文化批评家翁贝托·艾柯（Umberto Eco）文化观察和批判中的空间维度，极具启发意义。这些可以算是文论界对空间理论的最早引介。

就不是互不相干的两种知识秩序，所谓先者高扬现象，后者注重事实，相反毋宁说它们都是文本铸造的社会空间的生产和再生产"①。这其实是积极将社会空间语境与文学进行关联，对深化文学空间研究具有重要意义。阎嘉作为国内文艺理论界哈维著作最为重要的译介者和阐释者，在其发表的一系列文章如《后现代语境中的西方新马克思主义理论——兼评戴维·哈维的后现代理论》②、《戴维·哈维"历史－地理唯物主义"的理论框架与内涵》③ 中，通过考察哈维的"历史－地理唯物主义"及"时空压缩"等概念，指出其不同于其他新马克思主义者的地方在于坚持马克思主义的唯物主义的研究路向，从政治－经济批判的思路着手分析文学文化等问题。这是从回归经典马克思主义的分析路径指出了哈维研究的重要意义，值得学术界深刻反思。在《现代性的文学体验与大都市的空间改造——读戴维·哈维的〈巴黎，现代性之都〉》④ 一文中折射出的重要问题，即现代性文学体验与大都市的空间改造之间的内在关联，其实也就是空间化的物质改造过程给人们带来的情感体验的变化和冲击。刘进的《20 世纪中后期以来的西方空间理论与文学观念》《论空间批评》⑤ 等文从空间理论的谱系，"空间批评"形成的背景、理论基础及特点几个方面强调了文学对现实空间的参与性、并置性等。吴庆军的《当代空间批评评析》⑥ 着重揭示了空间批评所蕴含的社会、文化及后现代等几重属性，进而言及文空间的多重意义。马汉广的《福柯的异托邦思想与后现代文学的空间艺术》⑦ 不仅对福柯的"异托邦"概念进行了进行了回归和总结，更是将其与后现代文学结合起来指出，福柯所说的异托邦并不代表历史感的消失，而是历史之维在这种异托邦中以空间艺术的形式表现出来。黄继刚的《空间的迷误与反思——爱德华·索雅的空间思想研究》⑧ 一书试图通过对索亚空间思想的阐发，来为重新思考现代性和后现代性提供新的切入点，并从索亚的文化视角来为我们当前的审美现象提供一个可供借鉴的视野和方法论，

---

① 陆扬：《空间理论和文学空间》，《外国文学研究》，2004 年第 4 期。

② 阎嘉：《后现代语境中的西方新马克思主义理论——兼评戴维·哈维的后现代理论》，《西南师范大学学报》，2005 年第 1 期。

③ 阎嘉：《戴维·哈维"历史－地理唯物主义"的理论框架与内涵》，《文化研究》，2015 年第 3 期。

④ 阎嘉：《现代性的文学体验与大都市的空间改造——读戴维·哈维的〈巴黎，现代性之都〉》，《江西社会科学》，2007 年第 8 期。

⑤ 刘进：《论空间批评》，《人文地理》，2007 年第 2 期。

⑥ 吴庆军：《当代空间批评评析》，《世界文学评论》，2007 年第 2 期。

⑦ 马汉广：《福柯的异托邦思想与后现代文学的空间艺术》，《文艺理论研究》，2011 年第 6 期。

⑧ 黄继刚：《空间的迷误与反思——爱德华·索雅的空间思想研究》，武汉大学出版社，2016 年。

从文化政治、空间叙事等角度进行了深入的阐释分析。这些尝试是值得肯定的。

二是在批评实践方面，运用空间分析方法切入具体文学文本的解读和理论思考，再现复杂现实世界的意义之网，为重塑文学批评观念开拓了多种可能性，为解决当下批评视野相对狭窄的困境提供了一条新的路径。文化地理学认为："在文学作品中，社会价值和意识形态是借助包含意识形态因素的地理因素来发挥影响的。"① 因此，通过空间视角重新审视文学作品中的地理、环境、景观等物质表征，并通过深入挖掘空间意象再现的作家的文化立场、审美趣味、叙事策略，以重现文学想象和文学记忆，无疑具有重要的意义。谢纳的《空间生产与文化表征：空间转向视域中的文学研究》② 以西方空间批评为基础理论，以中国现当代小说为文本研究对象，运用文化研究的方法，考察文学与空间表征之间的互动阐释关系，揭示中国现代性的空间生产与空间重组所蕴含的政治文化意义，建立空间与文艺理论建构之间的密切关联，颇具开拓创新的意义。苏州大学李静的博士学位论文《"空间转向"中的当代中国小说研究》③ 以 20 世纪 90 年代以来中国具有明显空间意识的小说文本作为研究对象，运用西方空间理论，着重探讨中国特色的消费文化语境及其对文学空间生产的渗透，并试图透过当代小说在地理、文化以及社会层面的空间意象来解读文学文本所蕴含的空间符码与其他空间想象之间错综复杂的关系，为我们重新解读 90 年代以后的中国当代小说提供了一个新颖的视角。南开大学蔡晓惠的博士学位论文《美国华人文学中的空间形式与身份认同》④，摒弃传统身份认同研究中的后殖民、性别等切入角度，试图运用空间理论为美国华人文学研究打开新的维度，这样的尝试同样值得肯定。周小娟的《〈简·爱〉空间策略分析》⑤、王秀杰的《从空间视角解读〈宠儿〉中黑人群体建构》⑥、许克琪的《空间视角下〈雪〉中的人物身份研究》⑦ 等文都试图挖掘空间理论的文本批评潜力，并在解读过程中彰显文学文本的空间表征及其文化政治学意义。除了文学研究，其他艺术样态如建筑、美术、电影等的研究也在空间批评实践中获得了新的阐释维度和理论视野。限于篇幅，此处

① 迈克·克朗：《文化地理学》，杨淑华、宋慧敏译，南京大学出版社，2003 年，第 60 页。
② 谢纳：《空间生产与文化表征：空间转向视域中的文学研究》，中国人民大学出版社，2010 年。
③ 李静：《"空间转向"中的当代中国小说研究》，苏州大学博士学位论文，2013 年。
④ 蔡晓惠：《美国华人文学中的空间形式与身份认同》，南开大学博士学位论文，2014 年。
⑤ 周小娟：《〈简·爱〉空间策略分析》，《北京航空航天大学学报》，2011 年第 6 期。
⑥ 王秀杰：《从空间视角解读〈宠儿〉中黑人群体建构》，《东北大学学报》，2012 年第 4 期。
⑦ 许克琪：《空间视角下〈雪〉中的人物身份研究》，《当代外国文学》，2018 年第 4 期。

不详细展开。

三是在文化研究方面，随着"空间"概念被置于一种广阔的知识生产场域之中，空间理论和文化叙事的合流使得空间和文化的内涵都不断扩张和延展，以其灵活、开放、多元的方式展开对当下文化空间的分析和探究，为我们理解当下中国文化转型的复杂现实提供了新的参照点。"文化地理学认为，如何识别和理解空间、地方和自然相互隐含的方式，以及不公正、不平等和不均衡的权力关系的构成方式，如何建立分析并重新说明这些关系的方式，都是值得研究的问题。"① 这即是强调了空间对于当代社会权力机制的形塑作用，性别、种族、阶级等问题都成了其中无法绕开的重要支点。另外，大众文化、消费文化都在与空间的交织和融合中，表现出了新的话语形态。在《消费文化与城市空间的生产》一文中，包亚明通过对"新天地系列"在上海、杭州、重庆等地的复制和扩张，揭示了空间生产在消费主义社会的新型表现形态。同时他认为："消费主义的空间使用逻辑在巧妙地利用地方性元素的同时，正在瓦解和颠覆社会生活的多样性和地方性的文化传统，并有力地推动了精英阶层的消费文化观念，以及对于空间生产的控制。"② 也就是说，在消费主义语境中的空间改造行为，的确符合全球化的大时代背景，同时也将历史性资源的开掘与地域性知识的重建联系在了一起。但是如何在新与旧、全球与地方的博弈中保留民族文化与记忆，是中国在城市化空间改造过程中面临的重大难题。另外，在《全球化、地域性与都市文化研究——以上海为例》③《消费空间与购物的意义》④ 等文中，包亚明结合都市空间理论与中国的文化空间，尤其是上海、香港等具有后现代意味的中国城市，做了独特的理解和解读，表现出一定的中国问题意识。汪民安在《都市与精神分裂症》⑤《空间生产的政治经济学》⑥《家庭的空间政治》⑦ 等文中，从文化研究视角透视了空间对都市精神的塑造以及其中所蕴含的权力、阶级以及性别政治等主题。"居住空间的差异，最能昭示社会的阶层差异。空间从来没有像今天这样如此地成为社会等级的记号，它从来没有像今天这样显著地刻录社会不均等

---

① 凯·安德森等主编：《文化地理学手册》，李蕾蕾、张景秋译，商务印书馆，2009 年，第 10 页。

② 包亚明：《消费文化与城市空间的生产》，《学术月刊》，2006 年第 5 期。

③ 包亚明：《全球化、地域性与都市文化研究——以上海为例》，《郑州大学学报》，2002 年第 1 期。

④ 包亚明：《消费空间与购物的意义》，《马克思主义与现实》，2008 年第 1 期。

⑤ 汪民安：《都市与精神分裂症》，《文艺评论》，1996 年第 3 期。

⑥ 汪民安：《空间生产的政治经济学》，《国外理论动态》，2006 年第 1 期。

⑦ 汪民安：《家庭的空间政治》，《东方艺术》，2007 年第 2 期。

伤痕。不同的阶层，一定会占据着不同的空间，这些差异性的空间本身，反过来又再生产着这种阶层差异。""室内的空间权力配置是对社会空间权力配置的呼应，是对它的再生产。"① 在他看来，都市、家庭空间形式对于阶级的塑造、权力的划分、性别的压制是无处不在且无可逃匿的，它塑造了当下都市精神分裂症的新形式。李陀主编的《上海酒吧：空间、消费与想象》② 力图从文化研究的角度出发，借助上海酒吧这一特定的文化空间研究上海消费主义的文化经验和历史，理解在现代性、全球性话语中的上海空间的流变。这对于我们研究都市文化和微型文化空间是有极大裨益的。另外，还有马春花的《房间、酒吧与街道——由空间符码看 90 年代末期以来女性文学的变化》③、刘岩的《双城记：空间、时间和性别角力下的北京和上海》④ 等文章都是试图运用空间理论来讨论空间背后的性别、种族等问题，并有意识地与中国文学和文化体验中的空间问题相联系，这对建构我国的空间批评无疑具有重要的意义和价值。

通过上述部分研究成果的展示，我们看到空间理论对中国当代的文化思维模式进行了无声的改写，构成了学术界知识话语范式的转型。这突出地表现为不同学科知识资源的合力对我国当下文学研究中的理论视野、思维模式、批评观念、阐释角度的调整和突破，以及文学与其他文化场域的互涉共融，从而使得空间批评已然成为中国学界知识生产和话语实践的重要论域，为新世纪文论建构注入了新的活力。

三、空间批评在新世纪中国文论建构中的问题

"西学东渐"的历史大背景是导致中国文学观念和文论话语转型的重要生成语境，这是毫无疑问的。救亡图存的五四时期和反思求变的改革开放时期作为西方文论进入中国的两个最为重要的节点，从根本上改变和颠覆了中国古典文论中政教中心论和审美中心论的文化价值取向。尤其是在"文化大革命"结束以后，沉闷和禁锢已久的文艺界如饥似渴地引进大量西方文论，在西方文论雁行式涌入的壮观景色中，中国文艺理论界用短暂的时间走过了西

---

① 汪民安：《家庭的空间政治》，《东方艺术》，2007 年第 2 期。

② 李陀：《上海酒吧：空间、消费与想象》，江苏人民出版社，2001 年。

③ 马春花：《房间、酒吧与街道——由空间符码看 90 年代末期以来女性文学的变化》，《山东师范大学学报》，2006 年第 2 期。

④ 刘岩：《双城记：空间、时间和性别角力下的北京和上海》，《中国比较文学》，2010 年第 3 期。

方文学批评近百年的路程。在历史境遇中看待这一现象，其对当时致力于寻求文论话语转型的中国学界来说无疑是有积极意义和价值的。然而，在这股热情过去以后，学界也在亦步亦趋、盲目照搬和术语堆砌的乱象中逐步展开了质疑和反思，这就是在西方"影响的焦虑"中保持和塑造自我文论话语的理论诉求。那么，透过空间批评的中国之旅，在这片看似繁盛的"理论景观"背后是否有值得我们不断回望和反思的问题呢？

第一，立足于知识生产，如何实现从知识引介到原创性阐释模式的转化，是空间批评中国化的首要难题。作为一个非常重要的"拿来理论"，空间批评使 21 世纪中国文论充分融入了"理论的全球化"过程，但经过理论旅行、话语应用和知识传播后，学界某些研究仍然停留于普适性资源再现层面，而未能深入空间批评的肌理和内在谱系，从而导致理论知识重复生产的问题。若对相关成果进行仔细研读与甄别，围绕空间理论中的相关概念、术语以及思想生吞活剥、生搬硬套、凌空蹈虚甚至抄袭式转述的现象并不鲜见，这在译介之初相对集中。更有甚者，在研究中剥离了原有语境所隐含的复杂的政治、经济、意识形态、文化和社会心理等内容，平面移入导致缺乏深度，以读解压抑理论原创性的发挥，在一定程度上可能造成空间理论在中国的"假象繁荣"。与 20 世纪 90 年代引起讨论热潮的大众文化、后现代主义争论等相比，空间理论引入时间晚近，尚未得到充分的阐释和认知，这是必然的。而且，作为一种知识展开的主流方案，"事实性知识"的引介在开阔学界的理论视野、促进知识话语的生产等方面自有其正面、积极的意义。然而，这并不能完全解释现有研究中尚存的知识贩卖以及重复研究等现象。如何经过原创性的深度阐释，将这种知识挪移提升到学理层面的符码转换，进而观照进本土经验和事实，这是值得深思的。这既依赖于西学资源的不断阐释、中西文化交流的不断加强，同时更依赖于知识生产者深入中西文化异质性的社会语境，在与国际接轨的急迫需求中寻找到中国文论自我发展的出发点和落脚点。

第二，立足于文学本质，处理学科互涉、理论跨界与文学本位的问题，关系着空间理论在文学研究领域中的阐释力及生命力。学科互涉、理论跨界、成果互鉴本是当代西方文论创新的内在动力之一，但外部研究强势侵入文学内部，喧宾夺主，则背离了文艺理论建构的初衷和根本目的。张江在《强制阐释论》一文中认为当代西方文论存在的根本缺陷即"强制阐释"："背离文本话语，消解文学能指，以前在立场和模式，对文本和文学作符合论者主观意图和结论的阐释。"① 其基本特征之一就是"场外征用"，即"依据文学场外

---

① 张江：《强制阐释论》，《文学评论》，2014 年第 6 期。

征用理论，对文本和文学做了非文本和非文学的强制阐释"①。这的确指出了当代西方文论建设的尴尬处境：文学理论自我生长和创新能力不足，只能征借其他学科理论以重新唤醒文学理论建构的活力。尤其是 20 世纪后半叶，解构主义以其颠覆和反叛的姿态消解了逻各斯中心主义和一切本质后，文学研究也在多元文化诉求中逐渐偏离了自身。跨学科的思维模式和范式方法对当今文论建构的重要意义不言而喻，只是如何将"强制阐释"转变为"合理阐释"，在多元吸纳的同时保持文学研究的独立性，这是值得思考和关注的问题。西方空间理论同样历经了从哲学思想、社会生活再到文艺批评的杂糅过程，在与哲学、地理学、社会学、政治学、文学等学科的互动场域中构建起一座理论大厦。空间理论论域在国内学术界敞开，秉承文化研究的开放性、灵活性、实践性和政治性等特征，不断与其他学科及文化主题互动融合，因此，文学研究自然无法完全固守自己的传统领域，从而溢出文学性和审美性的边界。在空间理论跨界的复杂性和多元性中处理好文学本位的问题，而不是让其他知识话语压制文学的出场，这是文学空间研究的初衷和归宿。

　　第三，立足于中西视野的差异，处理中国当下空间批评中的西方资源和本土话语之间的关系，关系着空间批评在中国未来的发展态势。事实上，在中国当下的空间批评话语中，除了来自西方新马克思主义的理论资源，文学地理学作为本土学者致力于建构的一个学科和理论形态同样备受关注。这是两条大致平行但偶有交集的理论进路，具有不同的研究视野和方法路径。文学地理学学者主要立足于挖掘中国传统资源作为理论建构的根基，并以实证路线作为基本研究方法，侧重于研究文学与地理环境的关系，比如文学区域之间的相似性和差异性，地理环境对文学家、文学流派、读者接受的影响、文学家构建的空间意象及意义等。文学地理学在国内学术界的确极富发展潜力，许多学者致力于强调其中国性、本土性的主观意图也是值得肯定的。例如杨义就曾提出"重绘中国文学地图"②，曾大兴也在其著作中一再强调："文学地理学是由中国学者倡导建立的。"③ 但其面临的问题和困境也较为明显，比如理论建树的薄弱、研究方法的滞后、批评视野的狭隘等。需要指出的是，建构中国话语的方式并不是重回古代，空间批评的突围也不是将其限定在"地理"的封闭性和有限性中，对西方空间资源的整合与借鉴就显得重要而迫切。在西方空间转向视域下形成的地理批评已在部分文学地理学学者的观照

---

① 张江：《关于场外征用的概念解释》，《清华大学学报》，2015 年第 2 期。
② 杨义：《重绘中国文学地图》，《文学评论》，2005 年第 3 期。
③ 曾大兴：《文学地理学概论》，商务印书馆，2012 年，第 28 页。

视域之下，这是扩大研究视野的一种有益的尝试。① 同时，部分西方空间批评学者虽表现出极强的理论建构意图及宏阔视野，但对中国语境、本土文学经验却关注不足，有为理论而理论、理论脱离实践的倾向，这对空间理论在中国的持续发展也是极为不利的。因此，在合力促成中国当代空间批评转型的道路上，具备中西视野的学者需要加强交流，相互借鉴，实现理论建构和批评实践的有机结合，从而为突破中国当代文论建构的困境找到合理路径。

通过对西方空间批评在中国的接受现状归纳及反思总结，我们看到，西方空间批评在中国虽然取得了一些成绩，却未必已经实现在中国的真正"转向"。无论是理论建构中的生吞活剥，还是在批评实践中的嫁接移植，都在一定程度上彰显了空间话语跨语境旅行的问题和困境。这就有赖于国内学术界以更加开放的姿态和包容的视野，在认真消化西方资源的基础上，运用中国的言说方式和学术规则，并结合中国本土语境和文学经验加以创造性吸收和融合，进而实现西方话语的有机转化，这是我们引介和研究西方文论的根本出发点，也是最终目的。否则，我们只能在对时髦理论的追逐中沉浸于知识的过度生产而忽略其实践价值，以致某些西方理论在我国昙花一现的命运再次出现。

作者简介：

闫小芹，四川大学文学与新闻学院博士研究生，主要从事西方文学理论和美学研究。

---

① 可参见梅新林、颜红菲等学者的相关文章。

专题二 西方新马克思主义文论与空间理论重要文献翻译与整理

戴维·哈维：马克思主义、资本主义和地理想象

〔英〕诺埃尔·卡斯特里 著

王齐飞 译

　　在仍旧在世的马克思主义地理学家之中，戴维·哈维可以说是最伟大的那一位了。他所建成的知识大厦宏伟壮丽，在 1968 年之后的马克思主义者中鲜有人能望其项背，当然，在他的本职学科——地理学中亦如是。自具有开创性意义的《社会正义与城市》一书于 1973 年出版以来①，他撰写了一系列著作，在进行马克思主义研究的领域中，这些著作在一致性、主题范围和包容性方面都是独一无二的。他的作品（除去几本非马克思主义作品）包括十本独立创作的书籍、两部编辑作品以及一百多篇文章。其中一部分著作经过多次翻译，把哈维的学术思想传播到英语世界之外的其他国家。② 这些有益的贡献都证明了他作为一位思想家的独创性。我们许多人一生中都很乐于写一些东西，而 80 岁高龄的戴维·哈维仍有著作问世，这些著作拥有广泛的读者（至少在学术界是这样），诸如最近出版的《新帝国主义》《新自由主义简史》以及《寰宇主义与自由地理》。③如果哈维今后不再出版著作，那么这些著作会成为举足轻重的经典。但是，哈维并没有放慢脚步，接下来几年可能会有更多著作问世。因此，目前还不能就哈维的贡献做出全面的评价，原因很简单：他

---

① David Harvey, *Social Justice and the City* (Edward Arnold, 1973).
② 哈维的很多著作曾在各类学术期刊上发表。
③ 前两本书分别于 2003 年、2005 年由牛津大学出版社出版，第三本书于 2007 年由哥伦比亚大学出版社出版。

的贡献仍在继续。①

即便如此，迄今为止，我们对他富有地理学意味的马克思主义的评价也只是简短而概括的。② 最近出版的《戴维·哈维：批评读本》弥补了这一缺失，但也只是在一定程度上，因为其中的文章只关注哈维作品的某一方面，而不是将其作为一个整体来观照。通常，那些崇拜哈维的人（以及诋毁他的人）会从他的这一部或者那一部作品中挪用特定的问题、概念和新词，用于他们自己的作品。马克思主义阵营内外的评论人士远没有那么熟练地（或只是不那么愿意）去对哈维出版的作品进行全面看待和总体解读。其结果就是，在过去三十多年里，我们对哈维的思想及政治规划的理解是零散而片面的。③

这篇文章主要写给两类读者，一类是对哈维以及他独特的马克思主义思想知之甚少的人，另一类是对哈维的一些作品很熟悉，但对他的全部作品不太了解的人。这篇文章可以和《新左派评论》编辑的访谈、哈维最近的一篇自传以及前面提到的《戴维·哈维：批评读本》④ 一起阅读，一定会有所收获。通过五个部分的陈述，我旨在将哈维的作品牢牢根植在其创作和接受的语境之中。在我看来，尽管哈维本人才华横溢，并且他的作品对资本主义世界的过去、现在和未来都长久适用，但他的许多作品都与它的时代脱节。我认为，这种不协调和相关性的结合只是表面上矛盾。

戴维·哈维：生物地理学

1935 年年底，哈维出生于英国肯特郡一个名为吉林厄姆的小镇，他是家中次子，父母是工薪阶层，在大萧条的十年间勉强维持生计。哈维是在第二次世界大战期间成长起来的。在哈维看来，他很自律，这遗传自他的父亲；他对教育很重视，认为教育是一种自我提升的手段，这继承自他的母亲；他还承袭了他祖母独立的思想（以及她对于社会主义的情怀）。⑤ 哈维在公立学

---

① 哈维除了出版了大量著作，他还是一位不知疲倦的演讲者，即便是现在，他每年都有在美国和海外举办讲座的计划。

② 参见 Derek Gregory, "Troubling Geographies", in Noel Castree & Derek Gregory, eds., *David Harvey: A Critical Reader* (Blackwell, 2006), pp. 1 – 25.

③ 对于哈维这一代马克思主义者来说，出现这种情况并不奇怪。特里·伊格尔顿对于文学和文化理论方面的重要著作和突出贡献，近来才开始有人进行全面评估。同样的，对于弗雷德里克·詹姆逊作品的关注也不多。

④ "Reinventing Geography", *New Left Review*, No. 4 (2000), pp. 75 – 97, reprinted in David Harvey, *Spaces of Capital* (Edinburgh University Press, 2001), pp. 3 – 24.

⑤ Harvey, "Memories and Desires", p. 155.

校接受教育，20 世纪 50 年代，哈维在剑桥大学攻读地理学。当时，剑桥大学的地理学是英国大学地理学的典型代表，非常强调描述区域和国家之间的差异，注重生物物理学，并讨论人类——德雷克·格雷戈里（Derek Gregory）将其称为"在时空中有独特意义的那群人"的相关问题。① 遵循这种"例外主义"的传统，哈维完成了关于肯特郡中部（他的家乡）水果种植的本科论文，他的博士论文则与该地啤酒花的种植有关。

对于当今最重要的一位马克思主义理论家而言，如果说这些经历似乎不太可能成为学术的源头，那么 20 世纪 60 年代的经历显然并没有让他离自己最终的学术目标更进一步。1962 年完成博士学位不久，哈维便成了布里斯托尔大学的地理学讲师。在那儿，他的思想经历了巨变。在剑桥大学（也包括牛津大学），地理学此前一度作为一门描述性和综合性很强的学科来得以教授，有别于那些"建立定律的科学"。然而，在 20 世纪 60 年代，牛津、剑桥的毕业生理查德·乔利（Richard Chorley）、彼得·哈格特（Peter Haggett）和哈维等人一道，成功地将地理学变成了一门"空间科学"。对于这三位少壮派以及其他支持者来说，本体论的假设是，这个世界有许多空间秩序；认识论和方法论的假设是，这个秩序可以按照科学的规则被合理地揭示；学科假设是，"新地理学"能够描述、解释甚至预测多样的空间模式。哈维《地理学中的解释》② 一书具有里程碑式的意义，该书的出版标志着当时地理学界关注的中心议题——"图态研究"的消亡。这是第一次尝试，全面规定了人类和自然地理学家"客观地"审视空间秩序所必需的方法论步骤（广义实证主义）。正如哈维在《新左派评论》的访谈中所说：

> 在已建立的地理学说里，人们认为地理研究所产生的知识不同于任何其他类型的知识。你无法概括它，不能把它系统化，没有地理学的规律……或者可以诉诸的原则。我就要和这种地理学的观念做斗争。③

还是在这次访谈中，佩里·安德森（Perry Anderson）断言："从《地理学中的解释》一书来看，人们永远想不到，作者会变成一名坚定的激进分子。"④ 哈维承认这一点，并指出，在 20 世纪 60 年代，他是一名"费边进步主义者"，非常重视计划、效率和理性，认为这是改善最不幸者命运的一种手段。这在很大程度上符合威尔逊时代的乐观主义。当时工党承诺要实现英国

---

① Gregory, "Troubling Geographies", p. 4.
② David Harvey, *Explanation in Geography* (Arnold, 1969).
③ Harvey, "Reinventing Geography", p. 4.
④ *Ibid*., p. 5.

及其阶级制度的现代化，但《地理学中的解释》一书里冷静的理性与该书出版时的社会骚动大相径庭。哈维回忆道："我全神贯注地撰写这本书，甚至没有注意到我身边许多事物都在分崩离析。1968 年 5 月，我把自己的'大作'交给了出版商，却发现政治大环境的变化让我深感不安。"①

1969 年，哈维来到巴尔的摩的约翰·霍普金斯大学，他越来越敏锐地意识到，自己的学术研究和日益动荡的世界之间存在着鸿沟。他进入了地理和环境工程系，该系将社会和环境科学家聚集在一起，解决水污染和城市烟雾等问题。巴尔的摩对哈维的影响具有两重性。哈维发现自己在一所全是精英的私立大学里工作，而这所大学却位于一个极度贫困并且种族分裂的城市之中。1968 年，这里的黑人民众还爆发了反抗运动。此外，他还遇见了学校里热衷阅读马克思著作的学生和年轻教师。哈维的成果便是撰写了这部令人兴奋且具有自发批判性的书——《社会正义与城市》。为了解释并解决城市问题，全书分为两部分：第一部分（"自由主义的构想"）包括基于福利国家传统的左翼思想和政治的相关文章；第二部分（"社会主义的构想"）则和改良派的观点分道扬镳，文章热情洋溢地揭示了马克思主义城市理论的解释性和批判性。

可以肯定的是，哈维最初对接触马克思主义是迟疑不定的。在《社会正义与城市》的导论中，他几乎是带着歉意，声称自己是"类似马克思主义者"②，事情很快发生了变化。将马克思主义与卡尔·波兰尼（Karl Polanyi）和让·皮亚杰（Jean Piaget）的著作结合起来的笨拙尝试，很快让位于更加"纯粹"的接触：并非是整个马克思主义的传统，而是马克思的具体著作。哈维回忆说：

> 《社会正义与城市》让我意识到，我并没有理解马克思，我需要彻底弄明白，我试着在没有太多帮助的情况下做到这一点。我的目标是让理论帮助我理解城市问题……如果不解决固定资本的问题，我就无法做到这一点，当时还没有人对固定资本的问题进行过系统论述。③

整个 20 世纪 70 年代，哈维仔细阅读了大量马克思的著作，主要集中在他晚期的政治经济学著作上，而非早期的哲学著作。《〈资本论〉的限度》（下文简称《限度》）的出版就是他这一时期努力的成果。哈维始终认为这是他最

---

① *Ibid.*, p. 5.

② Harvey, *Social Justice and the City*, p. 17.

③ Harvey, "Reinventing Geography", p. 10.

满意的一部理论作品。《限度》过去是，现在仍是一部极具独创性的权威著作。[①] 该书出版于 1982 年，是对马克思业已"成熟"的著作的重构和延伸。书中，哈维将空间作为一种"难以消除的因素"[②] 融入了马克思的危机理论，纠正了历史主义对时间的过度强调。《限度》的书名有两重含义：它不仅涉及马克思晚期著作在分析上的局限性，同样指出了资本主义作为一种生活方式的局限。从这两个角度，哈维都证明了地理学在其中的核心地位。城镇和城市区域的生产、空间被划分成国家单元、交通网的建设，所有这些在哈维看来都是资本积累矛盾动态的关键。而资本主义的革命性品质被系统化地揭示了出来，它并非被束之高阁，没有实际的意义，而是存在于一幅躁动不安的人类图景之中，既高度分化，又紧密融合。

不过还是有两点让人失望。第一点是，20 世纪 60 年代末的革命热情——在哈维转向马克思主义的过程中发挥了重要作用——在 10 年后消失了。《限度》的出版正值西方左派（当时仍是主流）即将遭受新保守主义和新自由主义政客的一系列重大打击之时。第二点是，哈维作为"地理学家"的身份几乎可以肯定地解释为什么这本书"既没有为读者广泛阅读……也没有对什么人产生影响，除了那些对地理学和城市问题特别感兴趣的人以外"[③]。由于学科的偏见和内向性，英语国家的马克思主义者在整个 20 世纪 80 年代都很少或者根本没有关注哈维的作品。

即便是这样，哈维仍旧致力于经典马克思主义的研究。即便说《限度》是一条没有计划的迂回之路，它仍旧是哈维重返城市问题的前提，这个问题首先提出是在《社会正义与城市》一书中。1985 年，哈维同时出版了两本书：《资本的城市化》《意识与城市经验》。[④] 这两本书的准备工作可以追溯到 20 世纪 70 年代以及哈维在巴黎休假的那段时间。《资本的城市化》一书和《限度》一样是本理论著作，站在"制度整合（瓦解）"的角度来谈问题。不同在于，《限度》旨在全面地探讨地理层面的问题，《资本的城市化》则采取了较窄的视野，目的是让人们了解城市在资本主义社会再生产之中所起的作用。相比之下，《意识与城市经验》采用了"社会整合（分化）"的视角，即从资本主义城市中居住者的角度来谈问题。这本书不像《资本的城市化》和《限度》那么理论化且有力度，里面有两篇基于历史实证的文章，其中有一篇长文，探讨了巴黎公社时期的城市革命者。这两本书共同勾勒出了一个有条理的马

---

① David Harvey, *The Limits to Capital* (Blackwell, 1982).

② 这是佩里·安德森使用过的术语。

③ Harvey, "Memories and Desires", p. 176.

④ 两本书均由布莱克威尔（Blackwell）出版社出版。

克思主义框架，让我们可以全面地理解城市生活，并且提出了迟到已久的观点（该观点除了曼纽尔·卡斯特尔以外还没有人提到过）：城市中不仅存在资本主义特有的创造性破坏，还存在阶级权力和反抗的实践活动，城市并不只是偶然形成的地理形态得以展现的地方。

1987 年，当时玛格丽特·撒切尔（Margaret Thatcher）正在领导第三届保守党政府，哈维回到了英国，在牛津大学地理系工作。① 如果说他之前的著作十分具有建设性——试图扩大马克思主义政治经济学的阐释范围，那么他在牛津大学的重要成就则是一部更具批判性的著作——《后现代的状况》，其言辞之激烈，可以说一石激起千层浪，让哈维在地理学和城市研究之外声名鹊起，在这两个领域里，他早已享有盛誉。② 20 世纪 80 年代末，英语世界的马克思主义危机已经很严重了。同时出现的还有以"后"为前缀的表述，这似乎标志着思想、文化、经济和政治领域"新时代"的到来。哈维凭借自己作为马克思主义者积累的近 20 年的专业知识，做出了如特里·伊格尔顿（在书的封底）所说的"全面批判"。《后现代的状况》认为，"后现代主义"只不过是西方持续的经济危机在文化和思想上的产物。哈维回忆说："《状况》是我撰写过的最轻松的一本书。"③ 本质上说它是一篇长文，呈现出了一个十分引人注目的框架，将经济与文化、文学与建筑、时间与空间、本地与全球、城市和通信等明显独立的问题联系了起来。这个轻松的论点尽管缺乏严谨性，但可读性还是很强的，书中的这种二元结构表明了马克思主义并非像利奥塔在他所著的《后现代的状况》一书中所说的那样已经黯淡无光，而是具有持久的解释力。④ 尽管阿列克斯·卡利尼科斯（Alex Callinicos）、特里·伊格尔顿（Terry Eagleton）和弗雷德里克·詹姆逊（Fredric Jameson）等人都对后现代主义发表过类似的激烈批评，但是当我们涉及相关话题时，哈维的作品仍旧是马克思主义者撰写的著作中阅读最广、引用最多的作品。

1993 年哈维离开牛津大学，返回约翰·霍普金斯大学。尽管他之前撰写的著作，为理解许多世界上正在发生的事提供了知识资源，涉及西方经济持续衰退、美国的债务、地理发展不均衡的新模式、城市基础设施中的投机性投资以及"后现代转向""弹性积累"等许多问题，然而，他所珍视的马克思主义在学界内外仍被认为已经过时。此外，20 世纪 80 年代末苏联和东欧发生的重大事件进一步助长了反马克思主义的气焰。也许是判断上出现了失误，

---

① 我第一次接触哈维和他的马克思主义是我在牛津读大学二年级的时候。这种影响是深远的。

② David Harvey, *The Condition of Postmodernity* (Blackwell，1989).

③ Harvey, "Reinventing Geography", p. 13.

④ J. −F. Lyotard, *The Postmodern Condition* (Manchester University Press，1979).

哈维的回应是撰写了一本书——《正义、自然和差异地理学》，这本书可以说野心勃勃地（至少在批评他的人眼中是这样）证明，他无法容忍用非马克思主义的方式去了解世界。尽管书中的内容很有分寸，而且不容易引起争议，但这本书过去是，现在仍旧是哈维在思想上和政治上最为出格的书。① 这本90年代的作品，有理论，也有哲学思辨，意在对马克思主义进行辩护，主要讲了三点：首先，它试图规劝左派人士，社会和地理的差异不能抽象地从资本主义，特别是阶级政治中去理解；其次，它试图将环境问题引入马克思主义的分析，作为之前空间理论，特别是城市理论的补充；最后，这本书所构想的正义理论，将社会和环境问题、地方和全球承诺以及差异和共性问题联系了起来。这本书仍旧是哈维最具"概括性"的著作，哈维说："尽管有这样那样的错误，这本书仍旧是我最深刻的地理学著作之一。"② 然而其他人并不这么认为。

《正义、自然和差异地理学》一书，是戴维·哈维在身体严重不适的那段时间完成的。他进行了心脏搭桥手术才恢复了健康。近几年他撰写了几本书，避开了他在20世纪90年代的那种宏大的哲学观念，对我们的历史－地理的情况进行了令人信服的分析。与此同时，沃索出版社（Verso）两次再版了哈维的《限度》一书，爱丁堡大学出版社（Edinburgh University Press）则出版了一本名为《资本的空间》（*Space of Capital*）的精选集。③ 哈维始终相信马克思主义分析的力量，这似乎很让人奇怪，因为这样的分析对于全世界的左翼思想来说已经显得微不足道。然而这些年来他一直持有谨慎而乐观的态度。早在1989年，哈维就曾说过，"资本主义一直处于前社会主义的状态，现在几乎没人会去考虑后社会主义过渡那样大胆的事情"。④ 然而，仅仅过去十年，情况就发生了巨大的变化，这都是因为铺天盖地的资本主义全球化，而资本主义本应标志着历史的终结（有可能也是地理的终结）。严重的经济危机（如1997至1998年的亚洲经济危机）、"反恐战争"、中国史诗般的工业化进程、对"自由市场"恶化的各种形式的抗议，以及近来发生的具有重大历史意义的事件——对于哈维来说，所有这一切都和资本积累所固有的区域性流动有关。这就是为什么在《希望的空间》一书中，他呼吁对智力和意志要保持乐

---

① David Harvey, *Justice*, *Nature and the Geography of Difference* (Blackwell, 1996).

② Harvey, "Memories and Desires", p. 186.

③ 《限度》分别于1999年和2006年再版，哈维重新作序。《资本的空间》于2001年由爱丁堡大学出版社出版。

④ 该观点出现在戴维·哈维的著作《城市经验》中，该书收集了哈维与城市问题相关的论文。

观，利用现阶段存在的一切可能去让资本主义成为过去式。① 从那时起，这种乐观主义便在他的作品中鲜活了起来。

我在导言提到的最近出版的三本书，都试图给读者一个框架，使他们了解当今世界发生的看似不相干的事件。每本书都系统地探讨了社会变革的可能性。《新帝国主义》是左翼知识分子关于这个主题所撰写的几本书之一，将地缘经济和地缘政治、阶级斗争和新社会运动的斗争联系在一起，对美国霸权的衰落进行了全面的分析。《新自由主义简史》则考察了自 20 世纪 70 年代初以来自由市场主义者的计划，审视了这个计划的瓦解，如卡尔·波兰尼所说，这是"双重运动"的结果。最后，《寰宇主义与自由地理》对提供有限自由的市场进行了极具讽刺的批判，该书还为一个能够形成差异权（right of difference）的、真正人道的世界制定了纲领，那时，资本主义已经消失。在这三本书中，哈维都直接引用了他那本最为"基础性的著作"② ——《限度》——只不过他使用了一种相对灵活的方式：尊重历史和地理的偶然性，坚持能够一直支撑它的逻辑。

评价这三本著作的影响还为时过早，但是有一点是肯定的：从《后现代的状况》开始，和学术生涯早期相比，哈维有了更加广泛的读者群体。今天，作为纽约城市大学人类学的杰出教授，他已经是世界上在世的最著名的马克思主义者之一。③ 他属于格雷戈里·埃利奥特（Gregory Elliott）所说的"不妥协的左派"，仍然坚信资本主义是 21 世纪人类尊严和幸福的最大威胁。④ 现在，和过去一样，哈维希望可以"创造一个更加美好的世界，我们活在其中，并非没有冲突，但却要有合理、平等的生存机会，要有对于我们（地理和社会）差异的强烈尊重，还要有对我们共同点的深刻理解"⑤。

戴维·哈维的马克思主义：专一性与持续性

前面我对哈维的学术生涯进行了粗略的梳理，接下来我将对哈维的马克思主义及其特征从整体上进行一下总结。这些特征在我看来有 11 点，它们并

---

① David Harvey, *Spaces of Hope*（Edinburgh University Press，2000）.

② David Harvey, "Retrospect on The Limits to Capital", *Antipode*, Vol. 36, No. 3（2004），pp. 544—549.

③ 哈维于 2000 年离开约翰·霍普金斯大学，一方面是由于该校正在重组地理系，另一方面是由于纽约城市大学对他的吸引力。

④ Gregory Elliott, *Perry Anderson：The Merciless Laboratory of History*（University of Minnesota Press，1998），p. 243. Elliott adapts the term from Anderson.

⑤ Harvey, "Memories and Desires", p. 151.

没有一个特定的顺序。第一，哈维是一位经典马克思主义者，为什么这么说呢？对于一些人来说，马克思主义的经典著作除了包括马克思和恩格斯的独立著作、合著之外，还包括列宁、卢森伯格和托洛茨基的作品。然而，哈维主要参考的始终是一位作者，而不是几位：具体地说，就是已故的马克思。《资本论》《政治经济学批判大纲》以及《剩余价值理论》一直是马克思的指导性著作。哈维最近曾说："我的写作很大程度上都是在马克思（经典著作）的指导下完成的，很少涉及其他马克思主义的传统。"① 因此，哈维的著作可以看作对马克思在 19 世纪对于资本主义的剖析所进行的直接的现代转化。他刻意回避卢卡奇、葛兰西、阿尔都塞等主要后经典时期人物的作品。第二，哈维对于马克思"成熟"著作的强烈偏好让他被定义为一位政治经济学家，而不是马克思主义哲学家。他的大部分著作，除了《正义、自然和差异地理学》之外，都以经济问题为中心。这一点在《限度》一书中表现得最为明显，但即便像《后现代的状况》这种有很强介入性的作品——书中他探讨了诸如艺术和电影等上层建筑的问题——也是基于对于资本积累基础性的关注。可以这么说，哈维的"经济学"概念十分宽泛，可以追溯到 20 世纪 70 年代他第一次接触马克思主义理论的时候。对于他来说，资本的积累是一个不会停止的过程：这种流动是通过各种有形的和象征性的事物来实现的，比如劳动者、工厂、建筑和通信系统。从《社会正义与城市》以来，他就明确了这一点，当时他引用了一位他最喜欢的马克思主义思想阐释者——伯特尔·奥尔曼（Bertell Ollman）的观点，主张"现实概念是所有内在相关部分的总和"②。

第三点，从哈维的观点来看，这意味着他是一位全面的思想家，而不是经济决定论者。《正义、自然和差异地理学》的第二章有力地证实了这一点。这一点的不同寻常之处，在于哈维通常避免对自己的做法进行纲领性的声明。书中，他认为资本主义不仅仅是一个狭义上的"经济学"概念，一旦时机合适，它便会渗透人类（和环境）存在的每一个角落。这种关系上的敏感性与那种更具分析性的思维方式（在社会科学中很常见）形成了对比，后者试图从相关性上识别抽象的部分。他杰出的著作很好地证明了这种敏感性。

哈维作品的第四个最明显的特点，是他对地理学问题的深入探索。如哈维所说，马克思基本忽视或者淡化了存在的地理维度。《正义、自然和差异地理学》之前，哈维对于地理－资本主义关系的探索主要集中在物理意义上的

① Harvey, "Retrospect", p. 544.

② Harvey, *Social Justice and the City*, p. 288.

空间（如建筑环境的构建、城市和地域的构成、交通和通信网络的构建以及大城市的兴衰）。尽管如此，哈维却从来没有忽视空间的象征性和表达性的维度（他关于巴黎的长文以及其他文章就是最好的例证）。到了20世纪90年代初期，哈维的研究已经超越了空间问题，去探索资本主义影响下的环境变化。对于哈维来说，这两个问题是硬币的两面。这意味着在哈维的"历史－地理唯物主义"中，"地理"一词有两个维度，尽管他最著名的是对前者（空间问题）的分析。无论在哪个维度，哈维都试图将解释－诊断性问题同规范性问题（如正义）以及社会能动性（阶级斗争及相与之相关的斗争）方面的问题联系起来。

　　第五点，哈维最喜欢用理论作为他的工具，让人们看到资本主义的时间、空间和环境波动。在《地理学中的解释》一书的最后一页（接触马克思主义之前），他发出响亮的口号："你们会通过我们的理论来了解我们。"① 从那之后他就一直贯彻着这个原则，尽管他很少解释什么是"理论"，以及为什么理论对于他来说如此重要。《意识与城市经验》一书收集了他发表过的关于资本主义城市的文章，在该书的序言中，他用地图进行了比喻。他说："理论为我们提供了认知的地图，让我们能够在复杂多变的世界中找到出路。"② 同样的，在《限度》一书的后记中，他坚持认为："目标……就是创建理解的框架，它是一套精心设计的概念工具，可以用它来把握社会变革这一复杂动态中最为重要的关系。"③ 我们可以进一步说明这一点。正如我在其他地方所说，仔细分析哈维的著作可以发现，理论对于他来说有三个关键的作用。④ 第一，也是最明显的一点，理论可以让他看到森林里的树木，发现噪音中的信号。第二，理论可以让虚拟的东西现出原形，让不可见的东西变得可见。像马克思 样，哈维一直致力于探究"潜在的事实"，而不仅仅是"表面的现象"。第三，哈维之所以十分重视理论问题，是因为理论可以揭示出混在差异之中或伪装成差异（社会和地理方面的）的共性。

　　这一点引出了我下面要说的，关于哈维马克思主义的第六个最典型的特征。没人指责哈维，说他是理论家，说他脱离现实世界去追求纯粹概念化的东西。尽管哈维并不是实证主义研究者（他的两篇关于巴黎的文章被证明是例外），但一直以来他都可以把他的理论性论述和当下发生的事实联系在一

---

① Harvey, *Explanation in Geography*, p. 486.

② David Harvey, *The Urban Experience* (Blackwell, 1989), p. 2.

③ Harvey, *The Limits to Capital*, pp. 450－451.

④ Noel Castree, "The Detour of Critical Theory", in Castree & Gregory, eds. , *David Harvey*, pp. 247－269.

起。这让他在《新帝国主义》之前的著作有一种很接地气的感觉（《正义、自然和差异地理学》再次成了例外）。自 2003 之后发表的作品，在证据和轶事的使用上甚至更加贴近现实，这恰恰是因为这些著作就是要从理论上对我们当前的形势进行分析。

第七点，与此相关，哈维显然十分强调知识改变世界的能力，而不仅仅是简单地表述这个世界。在《社会正义与城市》中，他强调："询问概念、范畴的'真''假'都是无关紧要的；我们要问的是，是什么产生了它们，它们又可以为我们提供什么。"[①] 从那时起，他便坚持将所有形式的知识——特别是霸权主义的知识——完全纳入它们所描述、解释或评价的世界的建构之中。事实上，如果他没有这样的想法，他就不可能在过去的 30 多年中有意识地传播马克思主义，让这个知识体系最终在英语国家的学术界获得认可，这恰恰是哈维和他的同伴（如 E·P·汤姆森和鲍勃·杰索普）共同努力的结果。

第八点，这个问题与一个观念相联系，它像红线一样贯穿哈维几乎所有著作中。在《革命的和反革命的理论与贫民区形成的问题》这篇在《社会正义与城市》一书中最具代表性的文章里，哈维指出，马克思对政治经济的批判是革命性的。之所以这么说，是因为他认识到马克思主义理论是一个危机理论。事实上，关于危机的概念，以及对于文明与野蛮之间微妙界线的结论，后来让《限度》生动了起来。20 多年来，哈维一直坚持认为：资本主义的内部矛盾总是可以在适当的条件下为革命性的变革提供可能。这一点在《新帝国主义》和《新自由主义简史》的最后几页中表现得很明显，哈维在书中探讨了未来世界各种不同的情景。当客观的历史环境和地理环境长期处在不利的境地时，继续致力于革命理论似乎是鲁莽的。然而，从 20 世纪 90 年代末开始，世界对新自由主义普遍的反对使哈维有勇气相信，根本性的社会变革可能不再是一场白日梦。正如他早已认识到的那样，真正的挑战在于塑造出一个支持变革的跨国群体，让这场变革更进一步，而不是受到压制。

关于哈维的马克思主义，我的第九点其实已经暗含在前面的八个观点中了。尽管时过境迁，但哈维的思想可以说是一以贯之。和他这一代的其他人不同，哈维并没有转变成后马克思主义者或者反马克思主义者。如前文所述，他一直和马克思后期作品的精神与内容保持着密切联系。他主要引用的还是马克思的著作，只会偶尔引用亨利·列斐伏尔（Henri Lefebvre）、伯特尔·奥尔曼（Bertell Ollman）、法国调节学派（French regulation school）的学者和乔瓦尼·阿里吉（Giovanni Arrighi）等人的著作。当然，这并不意味着他

---

① Harvey，*Social Justice and the City*，p. 298.

的作品是静态的。相反，他独特的方法是，从马克思关于扩张资本再生产的权威理解出发，来"深化和强化"马克思主义理论，让它能够深入迄今为止仍然很难理解的领域之中。①

哈维对于马克思政治经济学概念上的创新是有机进行的，可以说，这些创新是历史唯物主义缺失的"真实肢体"，而不是"假肢"。哈维所用的典型方法是辩证法，他用这种方法拓展了马克思后期作品的范围。我的倒数第二点是说，哈维从本质上来讲是一位辩证的思想家。本体论方面，他认为资本主义是一种矛盾的体系，将人们的生活领域（环境、家庭、社区）用对立的逻辑加以限制。② 认识论方面，他（从《限度》开始）认为马克思主义的分析必须"用世界上发生的社会运动来对自身进行反思"③。这意味着，哈维的作品必须以非线性的方式进行阅读。只有在书籍或文章的末尾，开头和中间分析的完整意义才能显现出来。④

哈维的马克思主义的最后一个特点是它具有明显的学术性。1945 年以来，几乎没有一位英语国家的马克思主义者没有在大学里工作过，哈维利用教授职位给他带来的学术自由创作了大量的作品，这些作品层次很高，并不是写给普通读者或者那些活动家的。哈维有时被人轻蔑地称作"终身激进分子"。在他的学术生涯中，他作品的最大受众（几乎可以确定仍然）是学者和大学生。我将在第四部分的末尾对哈维的贡献做进一步的评价。

戴维·哈维的成就：一份清单

列举戴维·哈维在学术方面的成就并不难。学术话语中，现在很多耳熟能详的术语都是哈维带给我们的，诸如"空间修复""空间生产""城市化进程""时空压缩"，以及近来提出的"掠夺性积累"。下面我要准确地叙述一下。《社会正义与城市》和他在 20 世纪 80 年代中期出版的两本关于城市的著作，率先开创了马克思主义的城市政治经济学，并因此为读者所熟知。《局限》一书表明了为什么对建成环境（空间）的创造性破坏是资本主义必然而非偶然的特征，这一点仍旧无人超越。《意识与城市经验》（比麦克·戴维斯

---

①　Harvey, *The Urban Experience*, p. 16.

②　在哈维《正义、自然和差异地理学》一书的第二章对此有详细论述。

③　Randy Martin, *On Your Marx* (University of Minnesota Press, 2002) p. xxi.

④　Noel Castree, "Birds, Mice and Geography", *Transactions of the Institute of British Geographers*, Vol. 21, No. 2 (1996), pp. 342—362.

《布满贫民窟的星球》早了 20 年①）很好地说明了城市化为什么深刻地改变了阶级斗争的状况。《后现代的状况》仍旧是对于后现代主义政治和经济方面的权威批判，是一部以经济基础－上层建筑关系为出发点的著作。总的来说，哈维在 20 世纪 90 年代之前的著作，在结构和能动性的层面上强调了"地域－全球的辩证关系"，这一术语在成为"全球化"的普遍注脚之前就已经存在了。《正义、自然和差异地理学》一书全面论述了这个观点，书中这位马克思主义者首次提出了地理（不仅是社会）差异权的概念。这本书有些观点现在看来已经摇摇欲坠，但多年以来仍然是这位马克思主义者最为雄心勃勃的学术论述。从某些方面来看，这本书写得十分勇敢，但是并不流行，因为它被公开宣称是"元理论"，几乎"涵盖了一切"。尽管有人反对，但这一点并不能忽视。最后，《希望的空间》和《新帝国主义》为我们提供了强大的工具来思考当今阶级斗争的地理格局，现在新的社会运动似乎已经超越了工人运动，进而（至少有可能）参与世界历史。"掠夺性积累"和区域问题的观点则很有可能在不久的将来引起左翼关于全球化和抵抗问题的讨论。

　　这份清单很难完全体现哈维的成就，同时也无法有效地传达出他作品的有机统一——这种统一反映的是资本主义的总体行为，而不是他自己在认知上的超越。此外，我还漏掉了一些东西，因为和其他主题相比，哈维对一些主题的论述相对简短，例如他对资本主义与自然之关系的阐释，对于地域规模的评论，以及他在《希望的空间》中对于乌托邦的论述。综上所述，我认为，作为一名马克思主义者和地理学家，哈维最伟大的学术成就有三点。首先，他展示了地理问题——固定资本、生产和消费的区域划分、城市群等等——是如何成为以及为何成为理论问题的。这些问题并不是实证主义者专属的。也就是说，地理现象在最初产生这些现象的基本过程中具有建构性的作用。这里的"过程"（资本积累）和"结果"（空间形式）之间没有区别，因为后者是前者不可或缺的一部分，它一旦存在，就可能会影响相关过程后续的运转。因此，对于哈维来说，这种具体的形式是过程所假定的，通过这个形式，过程得以完成，因此，这一系列的过程就成为将现实统一起来的要素。这个见解十分深刻，因为正如哈维反复强调的，"把空间……地点、场所和环境引入一个力量十分强大但没有空间维度存在的社会中，（现有的）理论构成经常会十分尴尬地将新理论的中心命题弱化掉"②。过去，人们认为地理学科应该经验性地反映一个国家的经济、社会和政治进程，在将地理学科从

---

① Verso，2006.

② Harvey，*The Urbanisation of Capital*，p. xi.

这种刻板印象中拯救出来的过程中，哈维已经说明了如何避免这种弱化的情况发生。①

其次，与此相关，哈维证明了空间并不是（这里他引用了福柯的著名论断）"死的、固定的、非辩证的、静止的领域"②。哈维的作品著作清楚地说明了为什么空间是一个动态的过程，而不是僵化的事物，同时也避免了人类地理学家所说的那种"空间拜物教"（将空间看作一种本身具有内在力量的事物）。这在很大程度上与他的世界观一致：从确定的"整体"中抽象出来的"部分"是没有任何意义的。在这一点上，哈维所做的工作并不是独一无二的，亨利·列斐伏尔以及（马克思主义阵营外的）爱德华·索亚（Edward Soja）都做出了重要的贡献。他们两人的作品常常带有哲学意味，而哈维的作品在空间问题上更加具体可感、更接地气。这一重要贡献应该放在最近十年左右人文学科和社会科学领域发生的"空间转向"的语境下来看待。地理学家尼尔·史密斯（Neil Smith）和辛迪·卡茨（Cindi Katz）很久之前便指出：非地理学家经常用十分隐喻的方式来使用"空间""地域""景观"和"位置"等术语，让具体所指的事物变得晦涩难懂。③ 相比之下，哈维的作品对什么是空间、空间为什么重要有着更清楚的认识。

最后，无论是在人类能动性还是资本再生产的层面，哈维都提供了一种超越本地-全球、个别-一般、特殊-普遍二分法的表达。从关于肯特郡啤酒花产业的博士论文开始，哈维一直以来十分着迷于地理差异，这种差异表现在人与地方丰富的特殊性上。然而，正如这位马克思主义者在他所有著作中都表现出来的那样，我们可以对那些独特的地形进行一般性的观察。具体来说，哈维认为，总会有一些"标志性的地理现象"或典型的模式，和资本主义的过去、现在和（可能存在的）未来有关，其中包括国家之中城市区域的发展和衰落以及复杂的交通网络，去"用时间消灭空间"。这些标志性的地理现象将"结构"与"能动性"统一了起来，因为这些现象既是阶级参与者、国家和公司的媒介，也是这些事物所造成的结果。通过物质的动脉，资本流

---

① 尽管如此，关于空间的性质和作用，仍存在很大争议。我在自己的文章《从对立的空间到参与的空间》中谈到哈维作品中和这些争议相关的问题。另外，涉及这些争议的作品还有：安德鲁·布朗、史蒂夫·弗利特伍德和约翰·米切尔·罗伯茨合编的《马克思主义与批判现实主义》（第 187－214 页），爱德华·索亚的《后现代地理学》，德雷克·格雷戈里的《地理学想象》，以及朵琳·玛茜的《论空间》。

② Michel Foucault, "Questions on Geography", in Colin Gordon, ed., *Power/Knowledge: Selected Interviews and Other Writings* (Pantheon, 1980), p. 70.

③ Cindi Katz & Neil Smith, "Grounding Metaphor: Towards a Spatialized Politics", in Michael Keith & Steve Pile, eds., *Place and the Politics of Identity* (Routledge, 1993), pp. 67－83.

入固定却多变的实体之中，一边塑造又一边破坏着地方和人。

　　毫无疑问，会有其他的评论者，他们列举的成就和我列举的不同。一定程度上是因为哈维的著作涉及了很多主题，不同的作者可以从中汲取不同的东西。在这些作者中，有许多人是哈维的崇拜者，当然也不乏反对他、批评他的人。接下来我会探讨那些针对哈维的批评，然后评价他的著作在相关领域中产生的影响。

戴维·哈维的著作：论争与批评

　　哈维的著作多年来招致许多非议，这些非议主要来自非政治经济学家。在我看来，这是因为在政治经济学作为学术左派的中心议题而遭受挑战的这段时间，哈维只是学术地理学之外的一个"名字"而已。哈维超出自己本职学科，发表自己的观点，认为地理学和政治经济学有着紧密联系，那时，"文化""身份"和"差异"等问题已经成为热门话题。批评他的人主要不是马克思主义者，从广义上来说，甚至也不是政治经济学家。

　　早期批评哈维的主要是那些人文地理学家，他们深受现象学、存在主义和关于人类能动性更加具体的方法（如符号互动论）的影响。这些20世纪70年代末的批评者指责哈维，说他是一个结构主义者，迷恋于"积累的逻辑"，而对于那些让我们成为会思考、会感觉、会行动的人的问题，则并不怎么关心。这样的批评没什么特别的：在英语世界中，社会学、历史学和人类学的结构马克思主义者几乎在同一时间说着同样的话。特别之处在于，人们坚持认为，要理解人文地理学中的人，需要仔细观察地点、位置和区域。对于人文地理学家来说，后面这一点构成了我们的主体性和能动性，而不仅仅是简单开展的行动。[①] 哈维自己也承认，他的著作《限度》几乎没有提供任何方法去理解"现实"中人类的经验、情感和能动性等问题。《意识与城市经验》以及《希望的空间》中有几篇文章改变了这种状况，但问题是，这两本书是否足以应对先前提出的批评？我个人的观点是：不能。不管这两本书有别的优点，但它们都没有提供任何办法去弄清人们是如何定义地理的。奇怪的是，哈维选择忽略安东尼·吉登斯（Anthony Giddens）在20世纪80年代提出的十分丰富的结构化理论，以及皮埃尔·布尔迪厄（Pierre Bourdieu）在实践逻辑方面撰写的著作。同样奇怪的是，尽管其论述和本专业领域的研究十分接

---

　　① David Ley & James Duncan, "Structural Marxiam and Human Geography: A Critical Perspective", *Annals of the Association of American Geographers*, Vol. 72, No. 1 (1982), pp. 30—59.

近，但哈维还是有意避免了地理学家经常做的细致工作，即关于结构－能动性问题的分析。在这个问题中，基于空间存在的丰富特征同空间创造和空间跨越的结构性力量联系了起来。① 最后，当涉及理解客观－主观决定性因素的不同方面时，哈维的作品在概念上和经验上就显得很单薄。他更适合描写抽象的力量，而不是在不同空间的人的具体行为。

20 世纪 90 年代初，西方社会科学和人文学科发生了转向，第二轮和第三轮对哈维的批评随之而来。这些批评一方面与哈维的设想有关，在他看来，这个世界尽管复杂，却是有秩序的；另一方面的批评和他在认识上的确定性与不谦逊有关。这两种指责都是在《后现代的状况》一书出版之后提出来的。这本书将"后现代性"这个新话题连同与之相关的多样性、差异性、无序和分裂判断为资本积累的危机在意识形态中的产物。尽管哈维并没有完全忽略他在"后现代主义"这个总体术语下整合的现象，但是他仍然将这些现象的出现视为一种疾病，更准确地说，是一剂反革命的药物，目的是治疗西方资本主义的各种弊病。某些倡导后现代思想与实践的左翼人士很快对哈维进行了谴责。女性主义文化批评家罗莎琳·多伊奇（Rosalyn Deutsche）和米根·莫里斯（Meegan Morris）指出，哈维的问题在于他总是抱有一名男性所特有的冲动，对任何情况都要做"全面分析"，对于差异性在政治方面的发展形式却视而不见，这种差异性对于阶级认同和阶级政治来说是不可或缺的。② 这两位批评家认为，哈维恰恰是在不断重复着"元理论"的错误，长期以来把西方学术界其他形式的左翼思想和政治观点排挤了出去。哈维发表在期刊 *Antipode* 上的文章一定程度上回应了这些批评，《正义、自然和差异地理学》一书中有更充分的阐述。然而，如梅丽莎·赖特（Melissa Wright）和辛迪·卡茨近来指出的那样，哈维仍然是一位马克思主义者，而不是马克思女性主义者，也不是后马克思主义者。③ 换句话说，哈维的作品除了在修辞层面外，并不十分擅长把握"多元决定"。④

---

① Derek Gregory's *Regional Transformation and Industrial Revolution* (Macmillian, 1982) and Allan Pred's *Place*, *Practice and Structure* (Cambridge University Press, 1987).

② Rosalyn Deutsche, "Boy's Town", *Society and Space*, Vol. 9, No. 1 (1991), pp. 5－30; Meghan Morris, "The Man in the Mirror", *Theory*, *Culture & Society*, Vol. 9, No. 1 (1992), pp. 253－279.

③ Melissa Wright, "Differences that Matter", in Castree & Gregory, eds., *David Harvey*, pp. 80－101; Cindi Katz, "Messing with 'the Project'", in Castree & Gregory, eds., *David Harvey*, pp. 234－246.

④ 这个事实表现为，哈维至少不像他的学生理查德·沃克那样，他从来没有花太多时间去研究"批判现实主义哲学"中复杂的因果关系、路径依赖和不确定性，并将其作为理论和方法。同样的，哈维也没有利用生命科学中的新概念，虽然这些新概念目前受到很多科学家的欢迎。

最后，对哈维作品的批评，在于他无法容忍改良主义，也不愿意看到资本主义世界中太多积极的东西。哈维的马克思主义，其中一个特点就是它一直是激进的。如我前面提到的，哈维和他同时期的其他马克思主义者不一样，他从来没有妥协，也没有动摇过。他几乎没有写过任何实质性的内容去阐述资本主义制度内部发生的进步性的变化，他似乎对资本流通（生产、分配、销售、消费）的所有"时刻"和各种"循环"都表现得不屑一顾。与之形成鲜明对比的，是那些努力在资本主义框架内寻求社会正义的政治经济学家（如阿历克·诺夫），那些认为消费不只是商品拜物教行为的文化理论家，还有那些认为非市场的交易形式具有进步可能的"替代经济"的分析家。人们去批评哈维没有做的事，而不是专注于他已经做了的事，这看上去对哈维不公平。但在我看来，他作品中的这些空白总归是有问题的，因为它们将资本主义及其引发的地理现象简单地视为需要克服的问题。之所以会这样，可能是因为哈维并不愿意向后经典马克思主义学习，也不愿意向后马克思主义学习。

如我前面提到的，尽管有一些反对的声音，但是哈维作品并没有受到来自其他马克思主义者或者那些激进的政治经济学家们太多的批评。一个原因在于，这些人的数量比二三十年前要少。另一个原因，我在前面也提到过，在于哈维是地理学家，这些人很大程度上忽略了他（至少之前是这样），他们还会选择引用哈维的一些想法和新词（如"空间修复"）来支撑他们的观点。

戴维·哈维的影响：地理学家、马克思主义者、社会主义者

在前面两个部分，我罗列了哈维的学术成就，表述了反对者的意见，这是一回事，列举哈维著作的积极影响又是另一回事。我们可以将这种影响和哈维试图影响的两个群体联系起来，和哈维对更广阔世界批判性的评论联系起来。单就引用率这一粗略的衡量标准来看，哈维对他的本职学科——地理学的影响很大（对城市研究影响更广）。整个 20 世纪 70 年代，他为马克思主义地理学加入了空间的维度，这基于他过去作为"空间科学家"的声誉，基于他 1969 年后作品的纯粹原创性。可以肯定的是，哈维的学术之路并不孤单，诸如他在约翰·霍普金斯大学的第一批学生，像理查德·沃克（Richard Walker）和尼尔·史密斯（Neil Smith），作为先行者，他们的学术生涯都很成功。即便是到了 80 年代中期，哈维的成就仍意味着其他地理学家可以进行"马克思主义转向"而不用担心来自他人在专业上的偏见。他们所进行的研究一度成为许多英美地理学家的重要课题。当然，20 年过去了，情况发生了很

大的变化。和英语世界的很多其他学科一样，学术上的人文地理学现在显然是后马克思主义和非马克思主义的。90 年代兴起的很多"后学"和"文化转向"取代了地理学、马克思主义以及其他学科对政治经济学的研究。哈维在《希望的空间》一书的导言中表达了自己的惋惜，他认为当今的社会科学存在大量认知上的问题。新自由主义现在大行其道，本应让马克思主义理论发挥更大的作用，但马克思主义对于当代的学者和学生来说显然已经过时了。因此，哈维发现，在学术界许多有名望的马克思主义者中，自己的位置很奇怪：他大名鼎鼎，然而追随他的人却越来越少。

哈维是马克思主义地理学家，同样也是地理马克思主义者。然而，总的来说，他对马克思主义学术界的影响还是难以衡量。如前文所说，哈维觉得在过去（不一定是现在），自己的影响微乎其微。谈到自己搬到牛津的那段经历，哈维回忆说："《限度》以及其他研究城市化的作品……已然消逝了，尽管受人尊重，却并没有获得巨大成功，它们似乎已经石沉大海。"但即便哈维说得没错，仍可以肯定的是，哈维《后现代的状况》一书极具话题性和原创性，传达了更多的内容，让他在马克思主义阵营之中的影响越来越大。可这种影响终归是有限的。当哈维还在继续坚持经典马克思主义的时候，英语世界的马克思主义学界却变得越来越多样，越来越分化。比如，整个 20 世纪 80 年代，分析学派的马克思主义蓬勃发展；由斯蒂芬·雷斯尼克（Stephen Resnick）和理查德·沃尔夫（Richard Wolff）所倡导的"多元决定论"的马克思主义同样发展很快；很多人受到伊曼努尔·沃勒斯坦（Immanuel Wallerstein）的世界系统理论影响，研究规模不断壮大；同时，越来越多的研究将马克思主义定位在罗伊·巴斯卡尔（Roy Bhaskar）和罗姆·哈尔（Rom Harre）的批判现实主义哲学中。从这个角度来看，和哈维一个阵营的同伴屈指可数。在英语世界的马克思主义内部，他的作品最容易和罗伯特·布伦纳（Robert Brenner）、乔瓦尼·阿里吉（Giovanni Arrighi）、莫伊什·波斯通（Moishe Postone）、詹姆斯·奥康纳（James O'Connor）和鲍勃·杰索普（Bob Jessop）相提并论，尽管这些人并不都像哈维那样十分强调地理问题。虽然哈维十分支持经典马克思主义，但现在这样的马克思主义者数量并不多，这个主张也没有吸引太多当代的左翼学者。地理学者这个群体的情况同样如此，哈维在马克思主义阵营中的受众越来越少，这一点着实令人惋惜。另外，现在这种情况下，经典马克思主义阵营里几乎没有人直接参与哈维的

作品，尽管有些人引用了他的著作。鲍勃·杰索普明显是个例外。①　一种观点
认为，学科上的偏见也许能解释这种情况：毕竟，一个"地理学家"对全球
政治经济方面的重大问题能说出些什么呢？

　　最后，我要谈谈哈维的社会主义与他试图去理解、改善的世界之间的关
系。20世纪80年代末，我们生活在南希·弗雷泽（Nancy Fraser）所说的
"后社会主义"时期，她认为，"我们真的无法看清关于进步性变革的历史可
能"②。这与哈维第一次转向马克思主义的那个时期形成了鲜明对比。佩里·
安德森对后经典马克思主义进行了独特的审视，他指出，"工人运动已经来到
了新的阶段，它结束了长期以来理论和实践相分离的阶级停滞。我们已经能
够看到这个新阶段的到来"。随后他充满自信地预言，"在马克思主义理论和
群众实践之间的革命性循环再次展开，现在这种可能性越来越大了"。他进一
步预言，在马克思主义思想内部，与经济和政治相关的经典主题会再次回归。
他认为，这次回归将超越对现存资本主义的分析，让我们具体地思考马克思
主义批评所隐含的过程和目标，帮助我们找到实现社会主义民主的可靠办法。

　　人们不能批评安德森，说他的预言是错的。《社会正义与城市》的后半部
分，无论是在基调上还是在内容上都清楚地表明，1968年之后那令人激动的
几年中可能会发生深远的社会变革，对此，哈维的态度同样十分乐观。然而，
从20世纪70年代中期开始，伴随全面爆发的经济危机，工人运动和左翼政
党在全球范围内接二连三地失败，这必然会让理论和实践之间产生隔阂。哈
维决心建立一套"革命理论"，对地理问题给予适当关注，这并不是他的错，
但这让他的作品缺乏群众基础——这个事实总结对于整整一代包括哈维在内
的英语世界的马克思主义者来说，同样适用。其实，即便哈维并不是一个学
者，即便他用一种更加民粹主义的笔触同反对派进行直接的接触，他所剖析
的资本主义制度还是能展现出一种强大的能力，能够抵挡住强烈的反对。

　　我曾说过，哈维在《希望的空间》以及别的地方都抱着谨慎乐观的态度，
这种情况可能正在发生改变。如果真是这样，那么马克思主义知识分子们就
需要着手解决安德森所说的"策略匮乏"的问题：他们缺乏深刻而确切的观
念，去思考如何以及凭借什么来结束资本主义民主。③　哈维的作品就是一个典
型，其中大部分的思考都是抽象的、推测性的，至多只是为思考资本主义的
终结提供了粗略的办法。即便事实并非如此，哈维沉浸在大学的圈子里，这

　　①　Bob Jessop, "Spatial Fixes, Temporal Fixes and Spatio-temporal Fixes", in Castree & Gregory, eds., *David Harvey*, pp. 142−166.

　　②　Nancy Fraser, *Justice Interruptus* (Routledge, 1997), p. 1.

　　③　Anderson, *Arguments Within English Marxism*, p. 28.

还是让他没有办法成为像列宁、卢森伯格和托洛茨基那样的鼓动者和组织者。我要重申，这不是针对哈维一人。他那一代的英语世界的马克思主义者，由于学者的职业关系，把自己置身于政治实践之外。① 这就是他们付出的代价：他们了解了这个世界，却从未占据有利的位置去改变它；只有涉及一些局部的、改良主义的变革时，我们才能看到他们的身影。②

结　语

当时，这位剑桥大学的本科生——戴维·哈维，这个来自吉林厄姆的、工人阶级出身的男孩，曾在那里用自己唯一的武器——智慧，进行着阶级斗争。③ 50 年过去了，他仍然充满热情和活力地挥舞着那件武器。他用数十年的脑力劳动创作了许多令人钦羡的作品。在我看来，那些作品是继马克思时代之后发表的最为出色的马克思主义学术著作。这并不是说哈维的作品无可挑剔。很多人批评他，更多左翼学者觉得他和其他所有马克思主义者一样，生活在过去。④ 如果说在这篇文章中，我对哈维的批评十分有限，那么最简单的原因就是，我十分敬仰哈维。当"马克思主义危机"在整个英语学术界蔓延开来的时候，他的作品为我的作品奠定了基础，同时也让我和许多人文地理学家产生了分歧。

尽管如此，我们必须认识到，哈维的著作有一种挽歌般的品质。这点我在前面已经提到过。哈维的政治经济学的一大优点是，它具有一种不受时间影响的永恒特性。他对理论（抽象概念）十分钟爱，他的作品致力于表现空间、时间和环境是如何在资本主义过去、现在和未来的运动规律中发挥核心作用的。尽管哈维写过关于巴黎的实证性作品，还出版了一些关于 21 世纪地缘经济学和地缘政治学的著作，但他还是像安德森在评价歌德时所说，是"平静的奥林匹亚"⑤。哈维的作品总是从高处来看问题（哈维曾经将理论家获得的观点比作在纽约世贸大楼上看到的东西）⑥，只要资本主义存在，哈维的

---

① Noel Castree, "Geography's New Public Intellectuals?", *Antipode*, Vol. 38, No. 2 (2006), pp. 396—412.

② 我加上了修饰语，因为哈维同当地其他积极分子一起，进行了一场成功的运动，在巴尔的摩建立起了最低生活工资制度。哈维在《希望的空间》中对此有过叙述。

③ Harvey, "Memories and Desires", p. 162.

④ 大多数文章收录在卡斯特里和格雷戈里合编的《戴维·哈维：批评读本》中，这些文章对哈维有批评也有赞赏，同时也包含了过去发表的对于哈维著作的评论。

⑤ Perry Anderson, *A Zone of Engagement* (Verso, 1992), p. 73.

⑥ The "Introduction" in Harvey, *The Urban Experience*.

著作就是有意义的。然而，恰恰是哈维与现实世界之间的距离——他致力于剖析宏观的东西，而不是历史地理学中的细节——造成了他在马克思主义相关问题上的局限。在他写作的很长一段时间里，他选择不去创造精确的方法，来解释为什么资本主义能够存在这么久，为什么反对资本主义总是以失败告终，为什么马克思主义总是作为一种对立的思想被限制在大学之中。站在瞭望塔上，哈维必须把复兴马克思主义的任务留给别人来完成，让马克思主义真正成为一套能够实现革命性变革的战略性基础话语。

作者简介：

诺埃尔·卡斯特里（Noel Castree），英国地理学家，英国曼彻斯特大学教授，主要研究资本主义与环境的关系，尤其偏重干马克思主义理论。

译者简介：

王齐飞，四川大学文学与新闻学院文艺学博士研究生。

戴维·哈维与辩证的时空

〔美〕埃里克·谢泼德　著
高　然　译

　　空间对地理学家来说仍然是最后的疆域，戴维·哈维（David Harvey）也不例外。自地理学家在 20 世纪 60 年代转向为这一学科寻找一个理论基础以来，一个持续存在的问题是，在地理学术研究中产生了哪些特有的理论问题。地理学的其他特征有时也会被提及，比如它对自然－社会关系的综合处理或它对地图的关注（Rediscovering Geography Committee，1997）。然而，空间对于理解社会和自然是否重要，以及如何重要的问题，仍然是这一学科认同的核心。

　　空间问题也始终是哈维著作中最重要的组成部分，要对他学术研究中的这方面做任何评价都非常棘手。幸运的是，有六本书，每一本都标志着他思想演变的关键时刻并包含了对空间和时间的大量论述，可以用来作为这篇诠释的文本：《地理学中的解释》（*Explanation in Geography*）、《社会正义与城市》（*Social Justice and the City*）、《〈资本论〉的限度》（*The Limits to Capital*）、《后现代的状况》（*The Condition of Postmodernity*）、《正义、自然和差异地理学》（*Justice, Nature and the Geography of Difference*）和《希望的空间》（*Spaces of Hope*）（Harvey，1969a；1973a；1982a；1989b；1996a；2000a）。这些书包含或重申了许多他对时空的理论化，合在一起，为空间是否重要这一问题提供了一个响亮的肯定答复。

　　年轻时期和成熟时期的哈维之间有很大差异，以 1973 年前后为节点，在他从布里斯托尔移居巴尔的摩（参见 Barnes，2006）的同时，他的哲学基础从逻辑经验主义转变为马克思主义。我将讨论在他对空间和时间的思考中，比变化更多的一致性：对空间和时间的共同关注，建构论和关系性的时空解读，对时空是如何被体验、感知和想象的注重，以及对古典西方哲学的深深植根。我也将回顾他对空间的学术研究带来的冲击。虽然这已经广泛地影响了学科之外的领域，在整个批判性的人文科学中塑造了对空间越来越多的兴趣，但其他地理学家似乎对此并不那么感兴趣："奇怪的是，我再也没有收到多少地理系的邀请了。"（Harvey，1998a：725）这种不对称的处境，我认为既反映了学科政治与他的引文策略的相交，也反映了批判社会理论中后马克思主义哲学影响的兴起。

最后，我将评价哈维对资本主义下的空间的概念化：这是他自 1982 年以来的政治经济学著作的一个持久的关注点和落脚点。在认同他对空间和时间的关系的辩证性处理方法的同时，我将讨论，在某些特定方面，他并没有把他所提倡的辩证的张力坚持到底。我认为，对资本主义的空间性的仔细关注揭示了哈维在必要时赋予马克思价值法则（Marx's law of value）以特权的倾向，并且在他的论点中，时空压缩（time-space compression）忽略了相对位置（relative location）的重要性。这为跨越哈维与后结构主义批评者之间出现的鸿沟带来了可能性。

谱　系

逻辑经验主义

《地理学中的解释》（Harvey，1969a）是该学科对逻辑经验主义的经典阐释，在书中，哈维强调了三个空间主题：将时空观念根植于人类对世界的体验之中，摒弃绝对主义的空间观念以及发展空间的形式分析语言。在他的分析中，人类对空间和时间的概念不仅依赖于个人经验，还依赖于对空间的想象和文化衍生的表征。基于这些考虑，他提出地理学家必须拒绝空间和时间的绝对主义概念，即认为它们是由外部条件所固定的观点。他追随"空间科学"的其他支持者，拒绝接受如康德、赫特纳（Hettner）、洪堡（Humboldt）和哈茨霍恩（Hartshorne）的古典地理学中把空间作为一个容器的观点；也拒绝牛顿的立场上的空间和时间构成一个外生的坐标网格，并"独立于所有的物质"的观点（Harvey，1969a：207）。他主张一种相对（relative）的概念，即空间是一种"世界上的位置属性"（Harvey，1969a：195），并追求其作为空间分析语言的几何学的独特含义。欧几里得几何学（Euclidean geometry）由于依赖于直角时空坐标的笛卡尔网格（Cartesian grid），无法捕捉人类对空间和时间概念的复杂性和多样性，但也有很多可供替代的非欧几里得几何学。他认为，一个关键的挑战是在不同的几何学之间发展由不同的经验和空间概念所隐含的转变。

逻辑经验主义空间科学曾因其方法论上的个人主义和空间拜物教（spatial fetishism）而受到社会文化理论家的广泛批判，但这些问题从未困扰过哈维的逻辑经验主义。在《地理学中的解释》，以及在哲学上同源的《社会正义与城市》的前部分章节中，他强调了空间概念是如何被社会过程塑造的（"文化变化往往涉及空间概念的变化"）（Harvey，1969a：194）。他利用卡西尔（Cassirer）阐释了将经验划分为有机的（由生物学塑造）、感性的（个人和文化）和象征性的（在我们的想象中）三个部分（Harvey，1973a）。距离并不是牛顿意味上的度量，而是"只能用过程和活动来度量"（Harvey，1969a：210）。他（借由爱因斯坦）指出，"活动和物体本身定义了影响的领域"（Harvey，1969a：209），并引入了莱布尼兹（Leibniz）认为空间"只是一个关系的系统"（Harvey，1969a：196）的关系性概念。在《社会正义与城市》一书中，他不仅强调了社会过程如何塑造空间，更强调了建筑师和规划师如何寻求以空间的形式来塑造社会行为。通过强调社会过程和空间形式是相互关联的，他预示了后来被称为社会建构主义（social constructionist）的空间观，这是自20世纪80年代中期以来地理理论的一个经久不衰的比喻词（参见Gregory and Urry，1985）。他还预示了激进地理学家对经济地理学中的空间拜物教的晚期评论，指出区位理论家（location theorists）没有意识到他们对于外源性的、无界的、同质的空间的单一关注导致了他们的"均衡规格"（specification of equilibrium）（Harvey，1973a：48）。

马克思主义政治经济学

《社会正义与城市》的后半部分开始详细阐释一种对空间的马克思主义处理方法，用马克思的地租理论探讨马克思主义与空间概念之间的关系。他指出，垄断租金采用了绝对的（absolute）或容器性的概念，因为垄断所有权意味着对空间的绝对控制。差别租金和绝对租金与相对空间（relative space）有关，因为它们取决于连接不同经济活动领域的社会空间关系。相关空间（relational space）可以用来理解租金价值的总体测定："租金是在所有地点、所有生产领域的关系上决定的，未来的预期也包括在内……任何一块土地的价值'包含'了所有其他土地的价值……以及对未来土地的期望"（Harvey，1973a：186）。简而言之，"城市空间不是绝对的，不是相对的，也不是相关的，而是三者的结合"（Harvey，1973a：184）。

从这一观点来看，相对空间，即位置之间的相对距离，应该与莱布尼兹的关系空间区分开来，后者是连接所有其他位置的"关系系统"的单一度量。

有趣的是，空间科学也做了这种正式的区分，在未探索哲学含义的情况下，用一个距离矩阵（matrix of distances）来描述相对位置并用地理位势（geographic potential）来描述关系位置（Sheppard，1979）。正如哈维所指出的，在用关系性的方法处理空间时"有一个重要的意义，即空间中的一个点'包含'了所有其他的点（例如，在人口统计学或零售潜力分析中就是如此……）"（Harvey，1973a：168）。

他转向亨利·列斐伏尔（Henri Lefebvre）以寻求一种空间的社会建构的马克思主义理论化，强调了列斐伏尔用创造空间（created space）取代有效空间（effective space）作为地理学组织的首要原则的论点（Harvey，1973a：309），以及他的双环线模型（生产投资和环境建设的环线）将空间生产放在了资本主义动态的中心。然而，哈维对列斐伏尔更广泛的主张［后来被爱德华·索亚（Edward Soja）在 1989 年和 2000 年的著作中所采纳］仍持怀疑态度，即空间的形成（也就是城市主义）现在主导着经济的过程（工业社会）："这个假设在这一点上还不能得到证实。"（Harvey，1973a：311）

《〈资本论〉的限度》包含了哈维对资本主义下时空的最持久、最连贯的经济分析（Harvey，1982a）。他围绕三次"分割"（cuts）展开对危机的分析，从传统的马克思主义危机理论开始，通过对时间和空间的关注逐步使其复杂化。他的"第一次分割"强调了资本主义所特有的过度积累和货币贬值的周期性动态。在这种情况下，资本家通过付给工人比他们对生产所贡献的（劳动力）价值低的工资而获得利润。此外，资本家削减了他们的劳动力，因为他们试图通过引进更节省劳动力的技术来提高生产率，以求在竞争中胜出。这加速了积累，因为更多的产品进入了市场，但工薪家庭用于购买这些商品的钱却更少了。这种过度积累的趋势迟早会导致现实的危机（产品不能售出，这意味着投资无法用利润收回）。正如马克思所说，价值规律的运行往往会降低（价值）利润率，导致经济重组：企业倒闭，机器和设备被遗弃。① 这种固定资本的贬值最终抵消了之前的生产所需的过度积累，以启动新一轮的繁荣和萧条的周期。

哈维危机理论中的"第二次分割"考察时间性的修复（temporal fix）能在多大程度上缓解生产所需时间对积累造成的阻碍（在列斐伏尔的双环线模型的基础上，哈维增加了金融资本作为第三个环线）（Harvey，1978a）。大规模生产需要筹集大量资金，用于购买大量的固定设备，而这些设备可能多年

---

① 根据价值法则，在完整的资本主义竞争下，随着投资从较低利润机会流向更高利润机会，整个经济体的（就劳动价值而言的）利润率将趋于平衡。

都不会带来回报。金融和信贷是为大宗采购筹集必要资本的重要机构，也是处理从投资到回报之间多变且往往滞后很长时间的重要机构。金融市场缓解了资本从低利润领域流向更高利润领域的压力，为过度积累和价值贬值之间的周期循环消除了障碍。虚拟资本（如衍生品）进一步增加了投资者的选择权和灵活性。从所有这些方面来看，金融信贷体系有望暂时解决资本主义的危机。然而哈维指出这是一个虚假的迹象。通过宽松的资本流动，金融市场加速了积累和技术变革，也加速了淘汰旧设备的速度。旧的建筑和设备成为积累的障碍，因为新技术的出现会在它们的经济价值被摊还之前就取代它们。虚拟资本的价值完全建立在投资者的信心之上，容易遭受投机性繁荣和萧条的剧烈冲击。繁荣和萧条的周期只是暂时被转移，因为时间性的修复可以缓解价值法则的运行（从而也就缓解了"第一次分割"的危机）。

通过空间修复（spatial fixes）来处理危机的可能性是哈维的"第三次分割"的主题。他指出了四种空间修复。首先，土地市场通过引导对土地的投资达到"最高和最好"（即差异租金最大化）的运用，帮助重新配置建筑环境（built environments），使其更加灵活。因此，土地市场调节空间，就像金融市场调节时间一样。其次，生产地点（资本投资之地）和消费地点（这些投资产生利润之地）之间的地理分隔造成了不确定性，减缓了资本的积累：发展流通技术以加速商品和资本的流动，可以减轻这种利润变现的空间阻碍。再次，资本主义的全球扩散为海外投资创造了新的市场，从而缓解了国内的积累问题。最后，形成了有利于地方资本积累的土地治理结构，对管控体制的理论、工业区和地方企业主义（local entrepreneurialism）的研究随后对这一主题进行了检验。哈维再次指出，任何形式的空间修复充其量只是暂时的改善。各种机制为资本在空间上的流动提供了便利，加速了资本主义的流动和扩散，并为地域积累战略提供了担保，这些机制只会促进资本积累和竞争，从而让价值法则更加自由地运作。经济再一次回到了"第一次分割"危机理论中繁荣与萧条的动态。

哈维在《〈资本论〉的限度》中对马克思主义的空间化强调了空间是如何由资本主义产生出来，而又同时塑造了资本主义本身的（参见 Soja，1980）。如上所述，资本主义创造了建筑环境和交通通信基础设施，以促进资本积累。然而，哈维还展示了空间和地方如何对利润率产生积极影响，从而影响资本主义的动态。例如，尽管李嘉图（Ricardo）和冯·杜能（von Thünen）将租金概念化为利润和资本积累的耗竭，但是在马克思的理论中租金可以增加并从而形成利润。更广泛来看，资本主义产生的空间生产力是临时性的：对于资本主义的某一阶段来说是非常理想的建筑环境和流通系统，在后一个时代可能成为阻碍资本积累的主导力量。其结果是，资本积累从一个地方流向另一个地方，形成了他所谓的地理不平衡发展（geographical uneven development）或空间经济重组（spatial economic restructuring）的循环。简而言之，与第一代区位理论家关于空间重要性的论点相平行［Harvey，1999a（1982a）：xxvi］，资本主义新兴的空间组织塑造了它的经济轨迹。

　　辩证的阐述

　　尽管《〈资本论〉的限度》提供了一个关于资本主义空间动态的基础性论点，但哈维并不满足于就此止步。他提出了四个主要的阐述：空间和时间的非经济的方面，当代全球化背景下地方、空间和规模重要性的变化，对关系性空间/时间的辩证论述，以及另类地理学想象（alternative geographical imaginations）。

非经济的方面

　　以下三个议题构成了他在非经济方面的分析的核心：感知体验、美学、自然。[①] 他援引列斐伏尔，将空间的体验、感知和想象分别等同于列斐伏尔的空间实践（spatial practice）、空间表征（representation of space）和表征空间（space of representation）（Harvey，1986b：220−221）。然而这并不能令人信服。这里存在混淆，因为列斐伏尔提供了一个不同的分类，他将空间实践等同于感知，将空间表征等同于概念的空间，将表征空间等同于经验的空间（生活空间）和想象的空间［Lefebvre，1991（1974）：38−40］。[②] 此外，哈维本人似乎也不太信服。哈维在对资本积累和资本转移的循环过程进行理论化时，着重借鉴了列斐伏尔的理论，却很少运用列斐伏尔那些有点令人困惑的（至少在英语中是这样）"空间表征"和"表征空间"的划分（这不同于其他马克思主义空间理论家，如尼尔·史密斯和爱德华·索亚）（参见 Gregory，1993）。[③] 与列斐伏尔的另一条思想路径相似，哈维转向了身体，质问"时空的产生与身体的产生是如何不可分割地联系在一起的"（Harvey，1996a：276）。资本主义的空间动态在这里发挥着核心作用，但空间和时间的建构也

---

　　① 我在这里不讨论自然。参见布劳恩（Braun，2006）。
　　② 同时参见索亚（Soja，1996）。
　　③ 需要注意的是，没有单一的对空间的马克思主义理论化，尽管这一领域的轮廓尚未得到充分描绘。哈维密集地借鉴了马克思在《资本论》和《政治经济学批判》中的理论，但其他理论家有不同的理解。

反映了人类在物质生存的日常斗争中所遭遇的空间和时间的形式，并以文化的形式嵌入"语言、信仰体系等诸如此类"之中（Harvey，1996a：211）。

　　哈维转向了美学，在一定程度上是因为它是另类地理学想象的一种潜在资源。他认为美学理论与社会理论是辩证的：社会理论更注重时间和变化，而美学理论则将时间空间化——寻求在混乱的流变中表达不变的真理（Harvey，1989b：205）。他赞同海德格尔对空间与地方（place）的区分。资本主义下的空间被不断重塑，是变化和形为（Becoming）的领域，而地方则是关于存在（Being）和美学的——海德格尔将其称为"存在的真实场所"（Harvey，1996a：299）。哈维指出，基于地方的美学优先考虑空间性。"存在（Being）充满了空间记忆，并超越了形成（Becoming）……倘若……被追忆的时间……始终是对体验过的场所和空间的记忆，那么……时间（必须让位给）空间，成为社会表现的根本材料。"（Harvey，1989b：218）然而，这种将时间空间化从而创造永恒真理的美学观点，却引发了一系列问题。我无法在这里详细说明，但是如果要举个例子的话：很难用这些术语去设想音乐。①

　　哈维认为，基于地方的审美感受在地缘政治中扮演着重要的角色，因为审美判断是基于地方的社会行动的强大动力，并且能够表达不同的地理学想象。这种政治的审美化必须作为资本主义条件下地缘政治的非经济方面来被认真对待。然而，尽管它可能会带来积极的选择，能增强边缘社区的自主权利（Escobar，2001），但哈维担心的是基于地方的想象的保守狭隘观念。从地区分裂主义运动，到让海德格尔着迷的国家社会主义（national socialism），再到目前试图将美国保守价值观全球化的尝试，"地缘政治的审美化……对不受约束的社会进步学说提出了深刻的问题……在世界经济中的不同空间之间引发地理冲突"（Harvey，1989b）。在哈维看来，海德格尔迎合激进的特殊主义（particularism），是因为他"拒绝任何超越［本地的（local）］直接经验世界的道德责任感"（Harvey，1996a：314）。

全球化，地方，空间，规模和价值

　　这些担忧与哈维对当代全球化进程中地方、空间和规模的重要性变化的分析接轨。他认为，时空的商品化、时空压缩以及流动资本控制空间的能力，一起向以地方为基础的社会运动发难，这些运动不管基于什么形式，都在与作为特殊主义的资本主义进行殊死一战，并总要面对被金钱的力量消解而妥

---

　　①　我很感谢德雷克·格雷戈里提出了这个例子。

协的危险。哈维叙述了时间和空间是如何在资本主义下变得商品化（参见 Harvey，1985a：第一章）：时钟时间（clock time）的出现，能更精确地测量它的精密计时器（chronometer）的出现，以及通过地籍（cadastral）和绘制地形图对空间和资源进行编目并将其私有化。他指出，作为"全球化资本主义"（《后现代的状况》）的一个鲜明当代特征，这种商品化导致了时空压缩，这继而是马克思所分析的"用时间消灭空间"倾向的结果（Harvey，1985a）："用时间消灭空间，就是将商品从一个地方移动到另一个地方所花费的时间降到最低"［Marx，1983（1857—1858）：445］。①

通过对经济逻辑的总结，《〈资本论〉的限度》中的第二个空间修复（见上文）需要消除与运输和流通有关的所有空间成本，以尽量减少资本周转的时间障碍。哈维认为，全球化大大降低了这些成本，促进了时空压缩。这使得全球经济中相对位置对资本积累的重要性降低，并使得区域特征变得更为重要。随着流通成本相对于其他成本的下降，一个地点是否比另一个地点更容易到达就不那么重要了。例如，选择一个新的组装电脑设施的地点，不是依据接近市场或资源的机会（即相对地点），而是依据条件的不同，例如劳动力成本和技能、税收或管制环境。这些地方之间的差异并非给定的，而是通过不平衡的资本投资、劳动力的地理差异、生产活动的空间隔离和由空间指定的社会差异（往往是隔离的）的兴起而产生的。它们变得越来越重要，而相对位置的重要性越来越低（《正义、自然和差异地理学》），这催生了一种地方政治，在这种政治中各个城市和地区激烈竞争，为地理上的流动资本提供有吸引力的区域条件。在这种地方企业主义的影响下，全球各地越来越多的地方被卷入直接竞争中，基于地方的跨阶级联盟相对于阶级斗争来说变得更加重要——这说明空间是如何使标准的马克思主义原则复杂化了（Harvey，1989c；Leitner，1990）。

随着相对位置不再被认为是至关重要的，哈维在《希望的空间》中转向根据规模（scale）去建立不平衡发展的概念。他明确地根据在 20 世纪 90 年代建立规模生产理论的地理文献（Delaney and Leitner，1997；Marston，2000），远离了他早期关于不平衡发展的表述，即如其他的马克思主义的从属地和欠发达理论一样，从核心区域是如何剥削外围区域这一视角出发去建立理论。相反，"总的概念……需要融合不断变化的规模和地理差异的生产"

---

① 马克思德语原文为：die Vernichtung des Raums durch die Zeit, d. h. die Zeit, die Bewegung von einem Ort zum anderen kostet, auf ein Minimum zu reduzieren. 本文作者将马克思这段德语翻译为：The annihilation of space through time, i. e. reducing to a minimum the time it costs for movement from one place to another. 中文据本文作者的英译翻译而成。——中译者注

（Harvey，2000a：79），因为资本会跨越到任何能带来更多利润的具有新兴地域差异的地方。一家"全球本地化"（glocal）的公司利用其全球能力来优选其设施必须设在哪里：在全球范围内为生产过程的每一个环节挑选具备恰当区域条件的地点，并恫吓当地政府为资本提供更有利的条件。随着世界的缩小，各地以邻为壑（beggar-thy-rival）的竞争加剧，各地的工作条件也在恶化。

哈维坚持认为，这种对时间和空间的重新定义是政治性的：尽管经常以"客观事实的全部力量"来运转，但它们仍在不断挣扎中（Harvey，1996a：211）。他认为，从本质上讲，资本控制着空间，而工人们努力控制着地方。随着人员流动时间的加快和空间壁垒的打破，资本主义的动态在不断加速并缩小这个世界，而无产阶级却通过对工作日提出争辩和寻求统治地位来对抗这些进程。尽管因为对建筑环境和当地劳动力的沉没投资（sunk investments），资本总是在一定程度上受制于地方，然而，其更大的地理流动性使其在争夺空间和地方方面更具有优势。因此，尽管地方激进主义（local activism）持续存在，资本对空间的控制最终超过了工人对地方政治的控制。时空压缩加剧了这种斗争的不平等，因为静止的地方要通过改善"商业环境"来吸引投资，从而争取越来越多的流动资本的关注。

最后，哈维指出，商品化和时空压缩促成了货币作为评估时空价值的主要方式的出现。他认为时空和价值总是紧密相关的："信息的流通和对事物的论述的建构……彼时彼地（then and there），就像此时此地（here and now）一样，成为……至关重要的……在时空关系的建构（和）人与物的价值构成中，无论如何人与物都被拜物化（fetishized）了。"（Harvey，1996a：221）的确（正如《社会正义与城市》中关于租金的讨论），"价值是一种社会建构的时空关系"（Harvey，1996a：287）。在资本主义制度下，金钱成为一种价值形态，它既塑造了商品化的时空，也被商品化的时空塑造。这意味着，当基于地方的运动在寻求一种另类地理学想象时，它们也重新思考与之同步的价值、时间和金钱。但它们面临着"一个似乎无法改变的悖论……运动必须面对价值问题……以及与其自身再生产相适应的必要的空间和时间组织。在这样做的过程中，它们必然会向金钱的消解力量敞开大门"（Harvey，1996a：238）。

辩证的时空

　　哈维在《正义、自然和差异地理学》中为空间和（相对较少的）时间的关系性概念提供了一个完整的辩证基础。由于在其他辩证家中难寻先例，他转向莱布尼兹和怀特海（Whitehead），因为这两位哲学家都提供了与哈维自《〈资本论〉的限度》以来所青睐的关系性辩证法相一致的空间解释。对于莱布尼兹来说，空间和时间"除了它们'里面的'事物之外什么都不是"，并且"它们的存在归功于事物之间的秩序关系"（Rescher，1979：84，转引自Harvey，1996a：251）。对于怀特海来说，空间只是处于其中之物的相互作用的表现。莱布尼兹的宗教唯心主义和怀特海的经验主义倾向都不是理想的对话者，但哈维把他们思想中的关键概念纳入了他自己的辩证思考。第一是时间和空间的不可分割性。第二是怀特海的"永久性"概念，哈维认为这等同于辩证地解释了看似固定的物体如何凝结成一个关系不断变化的世界。这些都被应用于空间和地方分析："在某个地方发生的事情不能在支撑起那个地方的空间关系之外被理解，正如空间关系不能独立于特定地方发生的事情而被理解一样。"（Harvey，1996a：316）在资本主义条件下，地方是在资本循环流动中被永久建立起来的：内部异质性的（internally heterogeneous）、辩证的和动态的结构（参见 Massey，1991b）。

　　第三个关键概念是多重空间性的可能性，它基于两种意义。一方面，不同位置的主体在同一个"宇宙"上发展出不同的时空视角，或时空性（spatio-temporalities）。这就要考虑到情境知识（situated knowledge），同时提出了一个问题，即如何将不同的时空性带入彼此的对话。莱布尼兹将对世界的定位理解之间的潜在共同点称为"可共存的世界"（compossible worlds），而怀特海将其称为"同步性"（congredience）——"多个进程如何一起流动，以构建起一个单一而一致的、连贯的、多层面的时空系统"（Harvey，1996a：260）。另一方面，是莱布尼兹的"可能的世界"（possible worlds）概念：想象与我们所处的资本主义世界截然不同的可能性。这两者都是哈维最近关注的核心问题，即如何获得与资本主义相关的商品化时空想象的另类替代品。

另类地理学想象

　　另类地理学想象的主题在哈维的著作中变得越来越重要，并最终以《希望的空间》中的论文达到顶点（Harvey，2000a）。他接受了另一种可能的关于世界的观点。与他自己常常对大规模社会变革的悲观情绪相反，他对空间进行了更具前瞻性、更抱有希望的思考。其核心是对乌托邦思想之下的时空假设进行分析，发现将空间和时间分开对待的问题倾向（涉及他在《后现代的状况》中对美学和地理学想象进行分析时的一个问题，如上文所述，然而他没有抓住这个机会进行反思性批判）。他指出，空间形式的乌托邦设想了一个理想的世界，对隔离的可能性和一个固定的最终乌托邦状态抱有不切实际的信念，并且不愿意承认从零开始构造这种乌托邦所涉及的社会工程的专制主义性质（authoritarian nature）。相比之下，他指出，概念化的乌托邦作为一种时间过程（temporal process），必须建立在真实的地方和制度的基础上，而这些地方和制度不可避免的稳固性（fixities）必然塑造和制约了乌托邦的动力。作为替代，他提出了一种"乌托邦辩证法"（utopian dialectics），阐明了空间和时间的维度，这些维度在空间形式的乌托邦（utopias of spatial form）和过程的乌托邦（utopias of process）中是分离的。他认为这是一种将乌托邦思想锚定在当前地理环境的具体可能性中的方式，虽然同时也面临着权威和封闭的问题。哈维认为，辩证法可以把乌托邦思想带回现实，使人们更难以把乌托邦思想斥为不切实际的，也更难以将其视为对政治动员的背离。"我们的任务是整合一个时空的……辩证乌托邦主义——它因指向不同的轨迹而植根于我们当前的可能性中。"（Harvey，2000a 196）

然而，他对目前的契机却并不乐观。为了让另类地理学想象去挑战资本主义世界的"主导叙事"（master-narratives，Harvey，1996a：286），即金钱将时空联系在一起并形成一个相冲突而又连贯的系统，就必须克服激进的地方特殊主义。他指出，资本主义通过对空间的掌控，将不同的地方（以及它们特定的基于地域限制的审美政治）对立起来。这一论点引发了他对当前批判社会理论中强调差异性的怀疑。在他看来，要想在全球范围内成功构建资本主义的另类替代品，就必须在各种各样的特殊主义世界中找到一致。

> 在一个表现性具有高度差异的世界中，揭示制图学上的相似性和统一性越来越成为时代的关键问题……空间的关系性概念使时空社会建构的多样性得以可能，同时坚持不同的过程可能是相关联的，因此，这些过程所产生的抵抗性的时空秩序（orderings）和时空制图法（cartographies）在某种程度上也是相互内部关联的。（Harvey，1996a：290）

马克思对此提出了设想。海德格尔强调的是直接经验的力量，即地方的力量，然而马克思则超越了这一点，建构了一个"物种存在"（species being）的概念，使集体行动成为可能。

一如既往，哈维指出空间/地方（space/place）和普遍/特殊（universal/particular）并非是二元对立的，而是辩证相关对立的，并贯穿现代性始终（《后现代的状况》）。"我们未来的地方（places）由我们自己创造。但是，如果不在地方、空间和环境中以各种方式去斗争，我们将难以达成……重新审视历史地理差异的产生的能力，是解放未来地方构建可能性的关键预备步骤"（Harvey，1996a：326）。实际上，他认为这意味着放弃一个先锋党（a vanguard party）的列宁主义策略，因为其没有考虑到地理发展的不平衡如何将被政治运动视为基础的社会身份复杂化了。由于身份、议程和想象是由地理和社会的位置所塑造的，进步运动必须超越传统的劳工问题，学会以时常相矛盾的方式同步运作于多种地理的规模（Harvey，2000a）。

影　响

戴维·哈维对概念化空间的研究轨迹包含了四个持久的主题，它们超越了他从逻辑经验主义到马克思主义的哲学转变。首先，他坚持空间是相对构建的，是社会和生物物理过程的重要组成部分。在用更为完善的关系性辩证（relational and dialectical）概念取代相对性（relative）概念的同时，他的空间哲学的精神并没有改变。如此，哈维预见了 20 世纪 80 年代认为空间是一种社会构建而非笛卡尔网格的观点（Soja，1980；Peet，1981；Smith，1981；Gregory and Urry，1985；Sheppard，1990）。

其次，哈维寻求将时间和空间结合起来去处理。有时，他把自己局限于研究两者之间的相似之处，包括《地理学中的解释》的结构，也包括关于资本主义如何重塑时空（《后现代的状况》）。但更重要的是他替换掉时空的二元对立的努力，这可以追溯到《地理学中的解释》，并以《正义、自然与差异地理学》最为重要。这使他有别于人文学科中绝大多数把时间与空间分离开来的空间理论家（参见 Massey，1999b；May and Thrift，2001）。《正义、自然与差异地理学》的核心部分是迄今为止对时空、社会和自然最为明确的辩证的分析（Harvey，1998a），哈维有理由为此感到自豪。

再次，哈维指出在概念化空间时，需要谨慎关注经验和文化。他对此的理论构成从《地理学中的解释》的个人主义关注（尽管他认识到了"文化"也会塑造经验）转向《希望的空间》中身体与社会结构的关系性辩证法。与其他马克思主义空间理论家相比，他较少把注意力放在列斐伏尔的空间实践、空间表征和表征空间三部曲上。通过挑战方法论上对个人主义的理性选择以及他认为在后结构主义者处理身体课题时的类似问题，他采用了一种关系性的叙述，即在身体与社会（特别是政治经济）的交叉点上产生出明显客观而高度分化的个人空间。① 他还关注到地理学想象——规划师、建筑师、资本家和活动家是如何塑造空间的。不管怎样，他坚持将表现和想象与资本主义的空间动态"串联"（wiring）起来（Gregory，1995：411）。

最后，哈维根据经典的西方哲学来校准他的论点。莱布尼兹的反牛顿空间哲学仍然是关键，海德格尔作为对比出现。康德、亨佩尔（Hempel）、卡西尔、福柯和怀特海只是众多配角中的一些。相比之下，除了他自己重要的门生以外，他很少关注地理学家关于空间的写作。

哈维的时空理论构建产生了巨大影响，塑造了整个人文学科对空间的思考。正是这一点以及他对资本主义的研究，吸引了广泛的追随者。然而，一种奇怪的不对称现象出现了。随着他作为空间理论家的声誉在地理学之外得到加强，他作为社会理论家的贡献在地理学科中却遭受了越来越多的严审。部分原因可能是，他不愿明确地借鉴地理学中的广泛的社会空间理论，这与其他地理学家引用他的频率形成了鲜明对比。这使得他的作品更容易被跨学科的读者所接受，他们不需要为了阅读哈维而去熟悉地理学文献，这或许也激发了更广泛的地理学兴趣。但它在其发源地却制造了紧张的氛围，其中一些不过是源于私人嫉妒和困扰我们所有人的敏感。但同时，通过在无意识中塑造出"这就是空间地理学研究的全部内容"这样一种印象，哈维对空间理论化研究的兴起与否产生了实际的影响。

举个最近的例子，通过在《希望的空间》一书中将注意力转向规模，哈维认识到地理学家开创了规模产生的理论，但在将注意力集中于史密斯、斯温格多夫（Swyngedouw）和希律（Herod）的谱系时，他忽略了各种有趣的研究，这些研究较少关注资本主义的空间动态，而更关注政治、话语和性别如何塑造规模（参见 Delaney and Leitner，1997；Kelly，1999；Marston，2000）。颇为独特的女性主义空间理论也被撇在了一边，这些理论尤其考察了矛盾空间、全球地方感、非资本主义空间和绘图学的可能性（Deutsche，1991；Rose，1993；Massey，1994；Gibson-Graham，1996；Katz，2001）。

不断增加的在地理学文献（Saunders and Williams，1986；Katz，1998；McDowell，1998b；Jones，1999）中对哈维的批评性评价很少涉及他的空间理论化。当然，正如上面所提到的，在这一点上各方观点确实存在分歧。即便

---

① 列斐伏尔也对身体进行了详细的讨论，但较少关注身体如何直接与经济过程相联系。

在地理政治经济学中，安德鲁·塞耶（Andrew Sayer，2000）对空间也有不同的看法，他看待空间的方式没有明确的辩证性，对空间能否被理论化也持怀疑态度（Castree，2002：205）。然而，至今还没有人对哈维的辩证时空进行持续的批判。相反，他（和塞耶）却因为过于关注商品生产、阶级和辩证法，而没有给予差异性和行动者网络（actor-networks）应有的重视，而受到了很多批评。他还因为对女权主义的洞见缺乏关注而受到抨击。这些可以再次部分地归结为学术界的日常竞争，在学术界，攻击著名观点的创造者可以开启一段职业生涯（这是哈维早年就已熟知的策略）；同时，他自己在回应批评时偶尔的放纵也使情况变得更糟。然而，还是有一些实质性的问题存在。

哈维的资本主义下的空间理论是他在经济、自然和差异等问题上的核心立场。回想一下，哈维在《〈资本论〉的限度》中分析道，对资本主义矛盾动态的时空修复不能凌驾于价值法则之上。因此，时空的辩证法与马克思所确立的资本主义的辩证法是不可分割的。正如我在前文所指出的，哈维对身份政治、环境和其他非阶级社会运动的有效性所抱有的怀疑态度，便根源于这种分析。然而，即便是在马克思主义的经济地理学中，他的分析也可能受到质疑，但这也暗示，哈维和他的社会理论批评者之间的分歧可能比表面上看起来更容易弥合。

评　价

哈维的资本主义下的空间理论仍然植根于这样一个论点，即空间和时间的修复不能把资本主义从马克思的价值法则（《〈资本论〉的限度》）所表达的矛盾中转移出来。这个在 20 多年前就提出的论点，在之后的研究中也没有得到过根本性的修正。例如，空间和自然的价值是《正义、自然与差异地理学》中持续性的主题，在书中他指出价值本身就是空间性的：是一个资本主义的关系性的和商品化的时空的产物。如上所述，这一点首先在《社会正义与城市》中被提出，预示了《〈资本论〉的限度》对其如何在资本主义之下运作所做的详尽阐释。《正义、自然与差异地理学》虽然没有一个对价值的清晰的明确理论，但其论点和《〈资本论〉的限度》相呼应：在资本主义条件下，论述上的和物质上的空间交互（spatial interactions）一直与空间如何获取意义有关，并逐渐被瓦解为交换价值（exchange-value）。基于此，回到《〈资本论〉的限度》去评价哈维对资本主义下时空的辩证阐述似乎是合适的。①

---

①　这借鉴了谢泼德（Sheppard，2004）的更详细的讨论。

《〈资本论〉的限度》的核心是价值法则（Harvey，1999a：142）[①]。其第一个含义与一种经济范围内的保证积累率（warranted rate of accumulation，由经济中剩余价值的平均比率决定）联系起来，这种积累速度如果保持下去，将使所有利润（奢侈消费净额）都再投资于资本积累，使经济得以通过扩大再生产而无休止地进行自我再生产（Harvey，1999a：159-160）。然而，哈维追随马克思，拒绝了萨伊定律（Say's Law）。萨伊定律指出，供给（supply）创造了需求（demand），从而为古典政治经济学中这种动态平衡的维持提供了一种机制。相反，资本家提高利润的策略往往会导致意想不到的后果：降低整体经济的盈利能力（利润率下降理论），导致过度积累的循环和他的"第一个削减"危机理论中的资本贬值（devalorization）。简而言之，在价值定律下，由保证积累率给出的动态均衡是不稳定的（Harvey，1999a：176）。时空修复可以克服时间与空间的协调问题，但它们会促进竞争，最终强化价值规律和经济不稳定性。

价值法则的第二个含义是：积累动力（accumulation dynamics）成为经济的驱动力。哈维甚至拒绝阶级斗争作为其中任何决定性的角色（Harvey，1999a：55-56），尽管，有趣的是，他接受了阶级斗争作为租金均衡分配的决定性因素（Harvey，1999a：362）。对此，许多分析人士将哈维称为"资本逻辑"（capital logic）马克思主义者，即认为资本积累的逻辑是资本主义的驱动力。

哈维发现，辩证的时空并不迫使我们去质疑马克思关于价值、积累、危机和阶级斗争的核心主张。然而，他并未基于资本主义的时空是如何由不断发展的运输和流通行业以及基础设施建设所共同产生的这一问题做密切分析，这些行业的发展是为了克服时空的协调问题，同时也会对积累动态产生影响。一项详细描述这些关系的研究证实了哈维的分析的许多方面（Sheppard and Barnes，1990），包括资本主义的不稳定性、作为空间关系的价值、空间和时间的构成作用、资本家为自己创造的意外后果，以及地方同盟使阶级冲突复杂化的方式。地理学的价值和交换价值的确是资本主义的关系性空间的一种表达——甚至延伸到《社会正义与城市》中的形式主义直觉，即关系性空间、地理学潜力和价值地理学是等价的（Sheppard，1987）。尽管如此，哈维分析的其他方面实际上仍可能存在问题。

首先，哈维对价值规律的依赖迫使他将劳动价值（labour-value）作为分析的基础。他最初的宣称（Harvey，1982a：4）——交换价值和劳动价值是

[①]　见前文对"价值法则"的注释。

"关系性的范畴，并且两者都不······能被视为一个不可变的构建块"——并不适用于他的分析中的关键点，即劳动价值成为资本主义动态的一个充分而独立的决定性因素。相反，在我们的分析中，这两者确实存在着辩证关系：劳动价值和交换价值都不能作为分析资本主义空间经济的基础。

其次，保证积累率不是一个外生的参照点，这个参照点可以追溯到过度积累和资本贬值。保证积累率会随着技术变革而改变，随着空间重组而改变，以及最为重要的，随着影响实际工资率的社会力量而改变——这些力量并不是由经济决定的。

最后，确实存在萨伊定律得以成立的条件，即未来的需求与当前的供应相匹配。对于任何给定的保证积累率，都可以构建出一种社会分工，使产出与未来的需求相匹配，从而使无限的长期积累成为可能（参见《资本论》第二卷）。[①] 这意味着过度积累并不是不可避免的，虽然资本家最周密的计划也确实常常误入歧途。正如哈维所指出的，这条增长的道路并不稳定，但原因并不像他所给出的"价值规律驱动的过度积累"这么简单。任何技术变革、地域结构调整，或有组织的劳工或资本家成功地提高其盈余份额，都有可能破坏未来需求与当前供应之间的平衡。这意味着，诸如在空间和时间上展开的社会和政治斗争，可以对资本主义动态产生重大而独立的影响。

对空间所扮演的构建角色的详细考察因此导致了对资本主义危机的更为复杂的叙述，在这种叙述中，劳动价值、价值规律和保证积累率所起的决定性作用都没有哈维在《〈资本论〉的限度》的关键点上所认为的那么大。资本主义是一个不稳定且容易发生危机的体系。资本主义的空间性只能加剧这些复杂性和矛盾：资本家的新方案会导致各种意想不到的后果，资本主义的动态依赖于阶级斗争，空间使阶级身份认同变得极其复杂。哈维在对价值规律的讨论中所描述的不稳定性对我们理解资本主义至关重要，但我们不能得出结论，说它们比阶级，甚至空间更具根本性。简而言之，哈维对于空间重要性的论述可以走得比他所承认的更远。空间不仅迫使我们重新思考资本主义的驱动力，也迫使我们重新思考马克思的基本支点——价值理论（value theory）的角色。巴恩斯（Barnes，1996）就的确把这作为他阐释经济地理学中文化转向的出发点。[②]

哈维的时空压缩理论非常重要，因为它为其提供了对这一批评的潜在回击。时空压缩意味着相对位置正变得不如地点与地点之间的差异性那么重要，

---

① 这种"社会性必要"劳动分工并不是由劳动价值决定的［与（Rubin，1973）中的观点相反］。
② 虽然我不会像巴恩斯那样沿着这条道路走得那么远，但我同意这种对价值理论的批判为他的分析的可能性创造了条件。

这意味着上述批评所依据的流通地理位置差异的重要性正在减弱。时空压缩对于马克思从具体劳动到抽象劳动的理论抽象以及由此产生的劳动价值，似乎也是必不可少的。反之，在相对位置的持续性显著差异下，劳动价值通常会随着空间的不同而变化，因此抽象出一个普遍的劳动价值是不可能的（Sheppard and Barnes，1990；Webber，1996）。这对共同的阶级利益（更不用说身份认同）能够超越空间差异的说辞之成立造成了极大的困难。

　　然而，我们应该警惕表面意义上的时空压缩。虽然很少有人会否认世界正变得越来越小，但这并不意味着相对位置不再重要了，或者，同样的，地方和规模能被当成当代资本主义的空间性的充分隐喻（sufficient metaphors）。为了总结出一个更广泛的论点（Sheppard，2002），有很多证据表明，这种绝对变化（absolute changes）掩盖了持久的相对差异（relative differences）。正如所有社会成员实际工资的绝对增长能与贫富相对不平等的加剧很好地共存一样，跨越空间的流通成本的绝对下降（absolute decrease），可能伴随着全球经济中相对可达性（relative accessibility）或位置性（positionality）差异的持续扩大。例如，细想一下全球电信网络是怎样仍然绕开了南半球（global South）的大部分地区，正如从殖民主义时期以来轮船、铁路、电报和公路系统所做过的那样。即使是美国庞大的电信基础设施，也增加了城市之间以及城市内部贫富群体之间的相对位置差异。正如霍米·巴巴（Homi Bhabha，1992：88）曾打趣道："1492年的全球性视角和1992年一样，都是在权力的范围之内。地球为占有它的人而缩小；对于流离失所的人和无家可归的人，对于移民或难民来说，没有什么距离比跨越国界或边境的那几英尺更令人畏惧的了。"

　　当表现在传统地图上时，全球化已经深刻地改变了相对位置的地形图。它越来越类似于虫洞、根茎、网络、分形和褶皱。遥远的地方通过航空旅行、互联网与共同的兴趣、身份和消费标准，被无缝地连接成一个散布于全球各地的全球性精英空间。南半球可能就在隔壁，处于不健康的社会和生物、物理环境中，但却与工作、有意义的娱乐和社交网络脱节。当南半球过于影响精英阶层的日常生活时，防御体系就会被建立起来以控制进出：从闭路电视和封闭式社区，到"三振出局"法（three-strikes-and-you're-out law），再到全球性反恐。[①]

　　哈维当然很清楚这些过程，但他还没有分析出这些过程对他的资本主义

---

　　① 这里我没有使用南/北半球（global South/North）来描述不同的世界区域，但是要指出埃斯特瓦（Esteva）和普拉卡什（Prakash）所称的"三分之一"世界和"三分之二"世界，它们在全球经济中占据着截然不同的地位（Esteva and Prakash，1992；Mohanty，2003；Sheppard and Nagar，2004）。

下的空间理论的影响。事实上，他对发达资本主义国家地理边界之外的南半球关注有限。即使在《新帝国主义》中，哈维（Harvey，2003b）也很少关注中东或后殖民世界其他地区的具体发展。他的"剥夺性积累"（accumulation by dispossession）概念很好地描述了旧式殖民主义与当代帝国之间的连续性，但其空间性并没有被打开。在我看来，他最近对地方和规模主导着不平衡的地理发展（《希望的空间》）的强调有待检验。这种对空间的容器式视角，就像嵌套在更大区域内的有界领土一样，存在忽视跨空间连接性（connectivity）的持续影响的危险。尽管其具有流动且不断变化的具体地理位置，但连接性仍然（重新）造成了地理（以及社会文化）位置上的明显不平等，并暗中破坏了世界大多数人口的可能性的条件（conditions of possibility）。

弥合分歧？

这样的评价是作为一个被认同的知识框架的内部批评而提出的。这与现有的外部批评形成了对比：后结构主义认为哈维未能正确把握社会理论的文化转向。然而，我认为，这种内部批评为弥合哈维和他的外部批评者之间的鸿沟提供了一定的基础——目前鸿沟双方都在以同样激烈的态度对峙着。为了说明这何以可能，我考察了吉布森－格雷厄姆（Gibson-Graham，1996）的研究。和哈维一样，吉布森－格雷厄姆关注阶级，并试图将空间理论化。[①] 她也赞同哈维对乐观主义的希望："我们希望促进理智的反悲观主义，以此作为一个重振意愿的条件。"（Gibson-Graham，1996：237）"无法找到'一个理智的乐观主义'，现已成为进步政治最严重的障碍之一。"（Harvey，2000a：17）虽然吉布森－格雷厄姆在后结构时代的地理和经济分析者中颇具影响力，但哈维却对她持怀疑态度。尽管吉布森－格雷厄姆和哈维有共同的愿景，但他们对如何实现这一愿景做出了截然不同的分析。

吉布森－格雷厄姆（Gibson-Graham，1996，2003）认为，有许多被忽视的非资本主义空间存于当代资本主义之中，认识到这一点，能为批判理论家提供一个支点，使他们得以设想和发展真正的另类替代方案。[②] 他们从家庭（household）开始，将其分析扩展到所有非基于商品生产的经济活动。通过借鉴后结构女性主义，他们试图打破将这些空间视为资本主义的边缘和次要

---

①　我同意哈维的观点，即空间是差异性的一个来源，而他的批评者们大多不愿意承认这一点（Harvey，1998a；1999e）。吉布森－格雷厄姆没有犯这个错误。

②　因为吉布森－格雷厄姆对空间的处理是粗略的，这种讨论与其说是分析性的不如说是提示性的。

空间的二元对立视角。在他们看来，这种实践意识和地方参与提供了"微观政治"（micropolitics），这是想象另类替代方案和改变资本主义想法所不可缺少的。这种地方实践社区之间和内部的差异性，不应该被升华为一个普遍的规划，而是必须得到尊重和建立。"当被表达出和被听到时，这些多重的……视角帮助每个人对他们面临的问题做出更客观、更全面的审视。"（Young，1998：41）

与此相反，哈维认为，基于地方的替代实践活动总是有被资本家对商品化时空的掌控和金钱的溶解能力所击垮的危险。价值在他的分析中的核心性意味着，资本主义条件下空间抽象的非商品化部分（参见 Hayden，1982；Poovey，1995）以及诸如家庭中的非货币经济活动，几乎没有获得自主权。他寻求通过理论批判来激发另类替代性想象，而非激发替代性地方实践。他认为，要运用好地方的想象，就必须克服地方的特殊主义，跨越规模（jump scale），去识别和建立一个基于可能的共同利益的共同身份认同。

如果资本主义关系性空间理论意味着劳动价值能不被赋予其在哈维分析中所占的特权地位，那么吉布森－格雷厄姆和哈维之间的二元对立就能开始消解。这促使哈维及其支持者为差异性中除阶级和空间之外的其他方面腾出更多空间，也为金钱之外的其他价值时空语域（spatio-temporal registers）腾出更多空间。这创造了更多空间以使另类替代实践得到认可。这也促使吉布森－格雷厄姆及其支持者对全球资本掌控商品化时空所带来的困难做出现实的评估，以便地方主动权能孕育出可持续的替代性方案，进而保证乐观的态度。当然，也必须让一种知识生产的伦理参与进来，使不同的观点有平等的发言权，并有机会批判性地结合起来（Longino，2002）。在当代学术界，知识生产的速度之快，以及对声誉和产能的重视，阻碍了即便在象牙塔内对这种激进的民主的追求，也就阻碍了我们基于此宣扬的它对整个社会的价值。不管怎样，一个资本主义下的空间理论为哈维和他的批评者提供了本体论的空间，这是一个起点。

致谢：我要感谢特雷弗·巴恩斯（Trevor Barnes）、诺埃尔·卡斯特里（Noel Castree）、德雷克·格雷戈里（Derek Gregory）和艾丽卡·舍恩伯格（Erica Schoenberger）对此文的早期草稿所提的意见。

参考文献：

Barnes, T.（1996）. *Logics of Dislocation：Models，Metaphors，and Meanings of Economic Space*. New York：Guilford Press.

Barnes, T. (2006). Between Deduction and Dialectics: David Harvey on Knowledge, in Castree, N and Gregory, D (eds.). *David Harvey: A Critical Reader*. Oxford: Blackwell.

Bhabha, H. (1992). Double Visions, *Artforum*, January, 85—89.

Braun, B. (2006). Towards a New Earth and a New Humanity: Nature, Ontology, Politics, in Castree, N and Gregory, D (eds.), *David Harvey: A Critical Reader*. Oxford: Blackwell.

Castree, N. (2002). From Spaces of Antagonism to Spaces of Engagement, in A. Brown, S. Fleetwood and J. M. Roberts (eds.), *Critical Realism and Marxism*. London: Routledge, 187—214.

Delaney, D. and Leitner, H. (1997). The Political Construction of Scale, *Political Geography*, 16, 2: 93—97.

Escobar, A. (2001). Culture Sits in Places: Reflections on Globalism and Subaltern Strategies of Localization, *Political Geography*, 20, 2: 139—174.

Esteva, G. and Prakash, M. S. (1992). Grassroots Resistance to Sustainable Development: Lessons from the Banks of the Narmada, *Ecologist*, 22: 45—51.

Gibson-Graham, J. K. (1996), *The End of Capitalism (As We Know It)*. Oxford: Blackwell.

Gregory, D. (1994), *Geographical Imaginations*. New York: Blackwell.

Gregory, D. and Urry, J. (eds.) (1985), *Social Relations and Spatial Structures*. London: Methuen.

Harvey, D. (1969a). *Explanation in Geography*. London: Edward Arnold and New York: St Martin's Press.

Harvey, D. (1973a). *Social Justice and the City*. London: Edward Arnold and Baltimore; MD: Johns Hopkins University Press.

Harvey, D. (1978a). The Urban Process under Capitalism: A Framework for Analysis, *International Journal of Urban and Regional Research* 2. Reprinted in M. Dear and A. Scott (eds.), *Urbanization and Planning in Capitalist Society*. London: Methuen, (1981c).

Harvey, D. (1982a). *The Limits to Capital*. Oxford: Blackwell and Chicago, IL: University of Chicago Press; reissued with a new introduction, London: Verso, (1999a).

Harvey, D. (1985b). *The Urbanization of Capital*. Oxford: Blackwell and Baltimore, MD: Johns Hopkins University Press.

Harvey, D. (1989a). *The Urban Experience*. Oxford: Blackwell and Baltimore, MD: Johns Hopkins University Press.

Harvey, D. (1989b). *The Condition of Postmodernity*. Cambridge, MA and Oxford: Blackwell.

Harvey, D. (1989c). From Managerialism to Entrepreneurialism: The Transformation in

Urban Governance in Late Capitalism, *Geografiska Annaler* 71B: 3—17.

Harvey, D. (1996a). *Justice, Nature and the Geography of Difference*. Oxford: Blackwell.

Harvey, D. (1998a). The Humboldt Connection, *Annals of the Association of American Geographers*, 88: 723—730.

Harvey, D. (1999e). On Fatal Flaws and Fatal Distractions, *Progress in Human Geography*, 23, 4: 557—566.

Harvey, D. (2000a). *Spaces of Hope*. Edinburgh: Edinburgh University Press and Berkeley: CA: University of California Press.

Harvey, D. (2003b). *The New Imperialism*. Oxford: Oxford University Press.

Hayden, D. (1982). *The Grand Domestic Revolution*. Cambridge, MA: MIT Press.

Jones, A. (1999). Dialectics and Difference: Against Harvey's Dialectical "Post-Marxism", *Progress in Human Geography*, 23, 4: 529—555.

Katz, C. (1998). Political and Intellectual Passions: Engagements with David Harvey's *Justice, Nature and the Geography of Difference*, *Annals of the Association of American Geographers*, 88, 4: 706—707.

Katz, C. (2001a). On the Grounds of Globalization: A Topography for Feminist Political Engagement, *Signs: Journal of Women in Culture and Society*, 26, 4: 1213—1234.

Kelly, P. F. (1999). The Geographies and Politics of Globalization, *Progress in Human Geography*, 23, 3: 379—400.

Lefebvre, H. (1991 [1974]). *The Production of Space*, D. Nicholson-Smith (trans.). Oxford: Blackwell.

Leitner, H. (1990). Cities in Pursuit of Economic Growth, *Political Geography Quarterly*, 9, 2: 146—170.

Longino, H. (2002). *The Fate of Knowledge*. Princeton, NJ: Princeton University Press.

Marston, S. (2000). The Social Construction of Scale. *Progress in Human Geography*, 24, 2: 219—242.

Marx, K. (1983 [1857—8]). Grundrisse der Kritik der Politischen Ökonomie, in Institut für Marxismus-Leninismus beim Zentralkommittee der SED (ed.) *Karl* Marx, *Friedrich Engels: Werke*. Berlin: Dietz Verlag, 47—768.

Massey, D. (1991b). A Global Sense of Place, *Marxism Today*, 24—29.

Massey, D. (1994). *Space, Place and Gender*. Minneapolis, MN: University of Minnesota Press.

Massey, D. (1999). Space-time, "Science" and the Relationship between Physical and Human Geography, *Transactions of the Institute of British Geographers* 24, 3: 261—276.

May, J. and Thrift, N. (eds.) (2001). *Timespace: Geographies of Temporality*. London: Routledge.

McDowell, L. (ed.) (1998). *Special Issue: Justice, Nature and the Politics of*

Difference. *Antipode* 30，1：1—55.

Mohanty，C. T. （2003）. "Under Western Eyes" Revisited：Solidarity Through Anti-capitalist Struggles，in *Feminism without Borders：Decolonizing Theory，Practicing Solidarity*. Durham，NC：Duke University Press，221—251.

Peet，R. （1981）. Spatial Dialectics and Marxist Geography，*Progress in Human Geography*，5：105—110.

Poovey，M. （1995）. The Production of Abstract Space，in *Making a Social Body：British Cultural Formation*，1830—1860. Chicago，IL：University of Chicago Press，76—92.

Rediscovering Geography Committee （1997）. *Rediscovering Geography：New Relevance for Science and Society*. Washington，DC：National Academy Press.

Rescher，N. （1979）. *Leibniz：An Introduction to His Philosophy*. Totawa，NJ：Opus.

Rose，G. （1993）. *Feminism and Geography：The Limits of Geographical Knowledge*. Minneapolis，MI：University of Minnesota Press.

Rubin，I. （1973 [1928]）. *Essays on Marx's Theory of Value*，M. Samardzija and F. Perlman （trans.）. Montreal：Black Rose.

Saunders，P. and Williams，P. （1986）. The New Conservatism：Some Thoughts on Recent and Future Developments in Urban Studies，*Environment and Planning D：Society and Space*，4：393—399.

Sayer，A. （2000）. *Realism and Social Science*. Thousand Oaks，CA：Sage.

Sheppard，E. （1979）. Geographic Potentials. *Annals of the Association of American Geographers*，69，4：438—447.

Sheppard，E. （1987）. A Marxian Model of the Geography of Production and Transportation in Urban and Regional Systems，in C. Bertuglia，G. Leonardi，S. Occelli et al. （eds.），*Urban Systems：Contemporary Approaches to Modelling*. London：Croom Helm，189 —250.

Sheppard，E. （1990）. Modeling the Capitalist Space Economy：Bringing Society and Space Back，*Economic Geography*，66：201—228.

Sheppard，E. （2002）. The Spaces and Times of Globalization：Place，Scale，Networks，and Positionality，*Economic Geography*，78，3：307—330.

Sheppard，E. （2004）. The Spatiality of *The Limits to Capital*，*Antipode*，36，3：470—479.

Sheppard，E. and Barnes，T. J. （1990）. *The Capitalist Space Economy：Geographical Analysis after Ricardo，Marx and Sraffa*. London：Unwin Hyman.

Sheppard，E. and Nagar，R. （2004）. From East-West to North-South，*Antipode*，36，4：557—563.

Smith，N. （1981）. Degeneracy in Theory and Practice：Spatial Interactionism and Radical Eclecticism，*Progress in Human Geography*，5：111—118.

Soja，E. （1980）. The Socio-spatial Dialectic，*Annals of the Association of American Geographers*，70，3：207—225.

Soja，E. （1996）. *Thirdspace*：*Journeys to Los Angeles and Other Real-and-imagined Places*. Oxford：Blackwell.

Webber，M. （1996）. Profitability and Growth in Multiregional Systems：Theory and a Model，*Economic Geography*，72，3：335－352.

Young，I. M. （1998）. Harvey's Complaint with Race and Gender Struggles：A Critical Response. *Antipode*，30，1：36－42.

作者简介：

埃里克·谢泼德（Eric Sheppard），美国地理学家，洛杉矶加州大学（UCLA）经济地理学教授。

译者简介：

高然，四川大学文学与新闻学院博士研究生，英国曼彻斯特大学联合培养博士生，主要从事当代艺术与空间理论研究。

空间修复、时间修复和空间-时间修复

〔英〕鲍勃·杰索普　著

王碧海　译

探究这些属于主要思想家的研究核心又普遍认为是他们擅长领域的问题是特别富有成效的。因此,我的文章回顾了哈维对资本主义的空间性(spatialities)、时间性(temporalities)和对资本主义社会形态的关注。哈维因强调空间对一个发展充分的历史唯物主义的重要性而声名鹊起。如果用一个词语来表示,一定是"空间修复"(spatial fix)。他还揭示了资本主义如何依靠时间政治经济学(political economy of time),并探讨了现代社会和后现代社会中时空压缩(time-space compression)动力学。最近,他引入了"空间-时间修复"(spatio-temporal fix)这一词来解读资本帝国主义动力学,以及它在资本家与权力的领土逻辑之间互动的基础作用。这些兴趣反映在他对互相联系、前后连续但又重叠的空间修复、时间修复和空间-时间修复的评述中。每一种修复都以它自己的方式来延迟和(或)转移资本主义固有的危机倾向。但这些修复只有随后通过加剧这些危机倾向以及危机后果才能实现。我这篇文章肯定了哈维对这些问题的主要贡献,但也表明它们具有严重的本体论、认识论、方法论和实质性的局限性。这篇文章还提出了一个可能更富有成效的空间-时间修复的解读。这依旧与他的方法是一致的,并且确实受到他的方法的启发。

哈维关于方法论、辩证法和内部关系的理论

哈维对空间修复的研究工作显然根植于他对土地使用模式、区位动力学、空间形式、空间正义和城市化的长期兴趣,并根植于他

后来对马克思的方法和理论以及资本主义动力学的持续研究。① 但他也受到一个更深层次的本体论和方法论研究计划的启发，即"用空间（和'与自然的关系'）重建理论，并将空间作为基本要素明确地融入其中"②。这个研究计划在一定程度上符合他纠正传统辩证法中时间凌驾于空间之上的特权的心愿。对此，哈维认为"摆脱黑格尔和马克思的目的论，通过诉诸空间性的特殊性（网络、层次、连接）最可能实现"③。此后，更进一步的证据表明，尽管新古典经济学在遭遇空间问题时崩塌，这些经济学却是马克思政治经济学的批判的基础。④ 这既适用于马克思对社会生活中的位置和空间的普遍本体论的重视，也适用于马克思对不同性质的劳动形式可能发生联系或脱节的根本重视。这些劳动在不同的地点和时间进行，并作为抽象劳动融合进流动资本。最后，无论哈维的智力动机是什么，他对空间和地方的兴趣都反映出他受雷蒙德·威廉姆斯启发的政治实践观，即根植于地方动员，但与更广泛的社会运动联系在一起的"激进特殊主义"。⑤

　　鉴于他接受了地理学家的训练，他对城市的探索、他的智力和政治研究计划都激发了他自身对空间的兴趣；他对时间修复的兴趣更多地归功于他对马克思政治经济学批判的了解，归功于他自己对金融资本自治化趋势日益深入的认识。因此，他对积累的空间−时间性的主要贡献根植于马克思在 1857 年的《大纲》，也就是《政治经济学批判大纲》和《资本论》中提出的辩证方法。哈维运用这种方法来重新定义和阐述关键的经济范畴和危机机制，并揭示它们内在的时空特性。他对历史地理唯物主义（historical-geographical materialism）的更广泛的贡献进一步根植于对辩证法、内部关系本体论，以及具有不同空间−时间性（spatio-temporalities）的社会关系的同步性（congredience）和组合性（compossibilities）的更广泛理解。⑥ 这种双重方法，得益于马克思的政治经济学和内部关系理论，促成了他对三种类型修复

---

　　① David Harvey, *Spaces of Capital: Towards a Critical Geography*. Edinburgh: Edinburgh University Press; New York: Routledge, 2001, pp. 8−10.

　　② David Harvey, *Justice, Nature and the Geography of Difference*. Oxford: Blackwell, 1996, p. 9.

　　③ David Harvey, *Justice, Nature and the Geography of Difference*. Oxford: Blackwell, 1996, p. 109.

　　④ 我把这一论点归功于我与德雷克·格雷戈里在 2003 年 11 月 26 日的个人交流。他和诺埃尔·卡斯特里也提供了其他精彩的评论。

　　⑤ 此观点可以参看戴维·哈维的《后现代的状况》《正义、自然和差异地理学》和《希望的空间》三本书。

　　⑥ David Harvey, *Social Justice and the City*. London and Baltimore: Edward Arnold, 1973, pp. 285−301.

的解释。

哈维评论道，"马克思选择了永远不制定辩证法的任何原则……理解他的方法的唯一方法是追随他的实践"①。在此基础上，哈维精辟地总结了马克思的总体方法。这涉及从抽象到具体的运动，即某一特定现象（如一般商品与实际工资）的日益具体化。它还涉及从简单到复杂的运动，即引入特定现象的更深层面（例如，一般资本与国家间代表各自国家资本控制新市场的竞争）。因此，概念从来不会只引入一次，而是不断发展、扩展和完善。事实上，"由于我们一开始不可能有这样的理解，所以我们被迫在不确切知道它们的意思的情况下使用这些概念"②。哈维建立在利润率下降趋势基础之上的"第一次分割"（the first-cut）危机理论相对简单，主要指一般资本。第二次分割和第三次分割（the second and third-cut）理论变得更加具体和复杂。在这一背景下，哈维对马克思主义分析具体化（*concretization*）的关键贡献在于他对"社会必要的周转时间"的探索；在复杂性（*complexification*）方面，他关注金融资本和资本积累的内在空间性。然而，理论永远无法完成。因此，概念和论证的一致性和解释力总是与从抽象－简单到具体－复杂的螺旋运动中的特定阶段相关。因此，我们不应该仅仅因为这一运动是不完整的而批评一种理论方法——这一点也与哈维的研究工作有关。但我们可能批评它，因为早期概念提出的方法阻碍了后来的生产发展。

哈维将自己的方法描述为"以特定方式处理总体性、特殊性、运动性和固定性的一种辩证的、历史的、地理的和唯物主义的理论，坚持在这种理论框架内接受许多其他形式的理论化的可能性，而有时对原初理论的完整性损害很小"③。同样，他否认有兴趣发展资本主义国家理论，他把自己的任务描述为：

> 构建在资本主义条件下，可以解释国家职能（地方的、区域的、国家和超国家的）的重要性和演变、不均衡的地理发展、区域间不平等、帝国主义、城市化进程和形式等的空间关系和地理发展的一般理论。

> 只有这样，我们才能理解领土配置和阶级联盟是如何塑造和重塑的，领土在经济、政治和军事力量上是如何失去或获得的，内部国家自治（包括向社会主义过渡）的外部限制，或者国家权力一旦建立，它自身是

---

① David Harvey, *Justice*, *Nature and the Geography of Difference*. Oxford: Blackwell, 1996, p. 48.

② David Harvey, *The Limits to Capital*. Oxford and Chicago: Blackwell, 1982, pp. 1—2.

③ David Harvey, *Justice*, *Nature and the Geography of Difference*. Oxford: Blackwell, 1996, p. 9.

如何成为自由畅通的资本积累的障碍，或者成为进行阶级斗争或帝国主义间斗争的战略中心的。①

这两段引文都表明哈维认识到纯粹价值理论分析的局限性，以及探索资本主义社会内部关系整体性的必要性。但是这种关系涉及什么呢？

哈维的回答提出了各种主张，还特别强调过程和关系优先于事物和结构，内部矛盾的重要性，外部边界和内部关系的重要性，空间、时间和时空的多样性；部分和整体的相互构成，关系分析中因果关系的可逆性，异质性和矛盾中变革过程中的基础以及所有系统变革的普遍性。这些原则也适用于辩证探究本身，他写道，辩证探究本身是一个自反的、自我强化过程，必须探索各种可能的世界，还有各种实际存在的世界。②

虽然在发现过程中试探性地使用内部关系本体论没有什么害处，但是如果它以一种通用的方法来呈现，并且以牺牲对特定领域的具体因果机制和动力学细致关注为代价，危险就出现了。哈维在他对资本主义批判的价值理论维度的分析中避免了这种风险。因此，尽管他声称《资本论》采用了基于内部关系的辩证方法，但他也对马克思的方法做了更具体的阐述。他认为马克思建立自身越来越具体的论证样式，以构建高度分化、内部矛盾化的资本积累的本质；马克思使用这些越来越具体的样式作为解释手段，却从未完成分析。③ 同样的精神贯穿在哈维在《〈资本论〉的限度》的话语中。

> 试图将金融（时间性的）和地理（称之为全球性和空间性的）方面整合到马克思总体论证的框架内。它试图以整体的方式而不是分段的方式来实现这一点。它提供了基础理论之间的系统联结……以及这些以不均衡的地理发展和金融行动为调解基础的力量表达。④

在这些方面，哈维的方法与最近对马克思的批判现实主义的解读非常相似。但是，当哈维转向资本关系的超经济方面时，他倾向于回到一种更为普遍的内部关系本体论，这种本体论对具体因果机制的关注不足，追求更具体又复杂的分析，并把资本流通和更广泛的社会形态联系起来。

---

① David Harvey, *Spaces of Capital: Towards a Critical Geography*. Edinburgh: Edinburgh University Press; New York: Routledge, 2001, pp. 326—327.

② David Harvey, *Justice, Nature and the Geography of Difference*. Oxford: Blackwell, 1996, pp. 49—56.《社会正义与城市》包括一个不充分，但大体相似的内部关系描述。参看1973年版的《社会正义与城市》第287—296页。

③ David Harvey, *Justice, Nature and the Geography of Difference*. Oxford: Blackwell, 1996, pp. 62—67.

④ David Harvey, *The Limits to Capital*. London: Verso, 1999, Introduction, p. xix.

哈维的空间修复理论

哈维"标志性"（trademark）"空间修复"（spatial fix）的概念是松散和异质的。这是一个笼统的术语，指的是许多不同形式的空间重组和地理扩张，这些形式，至少在一段时间内，有助于管理积累过程中内在的危机倾向。哈维首先在一篇关于黑格尔、冯·杜能和马克思的文章中详细讨论了"空间修复"（spatial fix）。令人好奇的是，他的研究通常被认为是坚实建立在马克思著作基础上的，后来他强调了后者的空间基础。哈维的文章认为，马克思把他对资本主义的批判置于"非空间模式"（aspatial mould）中，并将资本积累层面的经济（以市场为调节的，以权力为导向的）和政治（以地域为基础的，以权力为导向的）割裂开来。① 哈维在这里并不宣称马克思忽视了空间或经济与政治之间的有机联系——仅仅是因为马克思并不认为它们在理论上恰当，政治上相关，不需要突显它们。因此，他写道：

> 马克思虽然非常清楚地意识到政治和经济事务的内在统一性以及资本主义的全球动力学，但不具体考虑空间修复，原因是将外贸、地理扩张等问题纳入理论，只不过是让问题复杂化，没必要增加任何新的东西。他一次又一次地在关于"殖民"一章中寻求关闭黑格尔可能留下的大门……马克思几乎没有动力再去把空间修复（spatial fix）描绘成其他什么事物，只是把空间修复描述为资本主义矛盾投射在世界舞台上的暴力。他在《资本论》的最关心的，贡献最大的是揭开资本主义内在辩证法（*inner dialectic*）的本质。②

因此，马克思的资本积累理论"在很大程度上是用纯粹的时间术语来阐述的"③，而忽略了"资本关系的外部转变"。后来马克思主义者（例如布哈林、列宁、卢森堡）在探索资本主义帝国主义的历史地理时，重新联系了经济和政治。哈维遵循了后来的传统，当然，他长期以来一直强调资本主义导

---

① David Harvey, *Spaces of Capital：Towards a Critical Geography*. Edinburgh：Edinburgh University Press；New York：Routledge，2001，p. 308.

② David Harvey, *Spaces of Capital：Towards a Critical Geography*. Edinburgh：Edinburgh University Press；New York：Routledge，2001，p. 308.

③ 不清楚这一主张是否应从目的和（或）金融的角度来解读，即关于资本主义不可避免的未来和（或）描述信贷在为积累提供时间修复方面的作用。

致暴力和战争的倾向。① 最近，哈维强调了熟悉的单个流动资本的全球化逻辑和不明确又不充分的国家领土化逻辑之间的区分、互相交织和潜在的矛盾。全球化逻辑出现在连续的空间和时间之中，而领土化逻辑倾向于按照居住在一个相对固定的边界内的定义来想象集体利益（见下文）。② 这两种逻辑在当前美国霸权所奉行的战略中得到最贴切的阐述（尽管仍然相互矛盾），因为其全球经济扩张推动了军事力量、政治和"软"意识形态能力的相应扩张，以支持和保护其经济利益。③

哈维发展了两个分析上不同但重叠的空间修复视角，每一个都有自己的内部复杂性。这些观点对应着两种不同类型的解决方案：一种是更多字面意义的修复，指的是资本物理形态的持久固化；另一种是更多隐喻含义的"修复"，指的是基于空间重组和（或）空间战略，临时或暂时解决资本主义中危机倾向的方案。④ 哈维有时暗示，这些术语也对应两种类型的资本主义变革：内部和外部。后一种术语来源于黑格尔，但哈维并没有明确地或统一地定义它。下面我将分别解释这些术语为：（1）在以某种结构连贯性为特征的某一具体的领土空间或经济区域内的资本主义的内部变革；（2）通过将剩余资本或劳动力出口到其产生的空间或区域边界以外而实现的变革。虽然帝国主义的研究往往把这个空间当作一个国家范围的空间，但这种小范围空间没有理由获得特权。因此，哈维还认为，结构一致性（structured coherence）是区域空间的一个关键特征（见下文）。

空间修复在内部变革中的作用与资本的扩大再生产紧密相关。哈维强调对固定、非流动资本进行长期投资的普遍需要，以促进其他资本的流动性，并探讨这些投资如何影响区位动力学。他从"运输和通信可能性与定位决策之间的界面"开始。⑤ 这反映了马克思的主张，即资本主义的生产力包括通过运输和通信方面的投资和创新来克服空间障碍的能力。这与扩大再生产息息相关，因为资本的增长势在必行，导致市场扩张，因此需要加强特定区域内

① David Harvey, *Spaces of Capital：Towards a Critical Geography*. Edinburgh：Edinburgh University Press；New York：Routledge，2001，pp. 309－310.

② David Harvey, *The New Imperialism*. Oxford：Oxford University Press，2003，pp. 27－32.

③ David Harvey, *The New Imperialism*. Oxford：Oxford University Press，2003，pp. 34－36.

④ 虽然哈维在探索新帝国主义时首次发现了这种双重含义（参看 2003 年版《新帝国主义》原著第 115 页），这隐含在他 1981 年关于空间修复的讨论中，该讨论受到黑格尔、冯·杜能和马克思以及后来几部著作的启发。

⑤ David Harvey, *Spaces of Capital：Towards a Critical Geography*. Edinburgh：Edinburgh University Press；New York：Routledge，2001，p. 328.

或区域外的运输和通信联系。① 这些对策缩短了产业资本的周转时间,加快了商业资本和金融资本的流通。除了基础设施以时间消灭空间（*annihilating space by time*）和扩大市场方面的正常作用外,哈维还谈到了它们在一般生产条件下通过固定投资争取时间（*buying time through fixed investments*）的作用。他特别指出如何通过吸收当前剩余资本、提高未来生产力和盈利能力的那些投资在短期至中期内扭转危机趋势。这涉及两种意义的"修复"。因为这些不仅仅是典型的长期投资,而且提供了通过市场扩张摆脱危机的潜在机会。当生产力升级、相对剩余价值增加,或有效需求增长时,这些投资能够事后（*ex post*）确认。哈维还描述了第二个瞬间,即作为时间转移（temporal displacement）的内部空间修复（并且,偶尔作为时间的修复）的"逃离"（escape）时刻。因为它涉及长期耐用的物质和社会基础设施（例如运输和通信网络,以及教育和研究）,这些基础设施需要很多年才能通过它们所支持的生产活动使它们的价值回归流通。②

哈维认为,这些通过内部变革来解决资本矛盾的努力,反映了资本在任何特定时刻以及随时间推移的"固定性"和"流动性"之间的内在紧张关系。这种紧张在固定资本本身（例如固定机场和可移动的飞机之间的相互预设）、流通资本（原材料、半成品、制成品和流动货币资本）以及固定资本和流通资本（例如商业中心和商品流动）之间的关系中是显而易见的。它也随着时间的推移而展开。因为"资本必须建造一个固定空间或'景观'（a fixed space or 'landscape'）,才能在其历史的某一时刻发挥这个空间的作用,只是在后来某个时间点上不得不破坏这个空间（使投资于此空间的大部分资本贬值）,以便为新的'空间修复'（为新空间和新领地的新积累开放）让路"③。当然,物质和社会的基础设施的创新促进了连续几轮的空间修复;但其具体形式因资本是否寻求空间修复以克服生产过剩（新市场）、减少过剩人口、获取新材料、处理局部过度积累（新的投资机会）等而变化。此外,在基础设施的生产和维护中固定资本和劳动力（无论是由国家或私人资本承担）只有在剩余资本"沿着空间路径,并在与地理模式和此类承诺期限一致的时间段内流动"时才起作用。④ 总的来说,这意味着"资本主义内部矛盾存在一种非

① Karl Marx, *Capital*, vol. 1. London: Lawrence and Wishart, 1970, pp. 351—364.

② David Harvey, *The Condition of Postmodernity*. Cambridge, MA and Oxford: Blackwell, 1989, pp. 182—183. 这个观点表明,要么"空间修复"的概念是混乱的,要么所有解决资本主义危机倾向方案固有的空间-时间性是混乱的。

③ David Harvey, "Globalization and the Spatial Fix". *Geographische Revue*, 2 (2001), p. 25.

④ David Harvey, *Spaces of Capital: Towards a Critical Geography*. Edinburgh: Edinburgh University Press; New York: Routledge, 2001, p. 332.

长期的'空间修复'"①。

这一论点使哈维能够将马克思历史的和列宁地理的积累解释联系起来。资本外部（*outer*）变革中空间修复的作用据说在马克思的"非空间"分析中被忽略了。②哈维认为，这种外部修复，尽管是暂时的，在解决资本和劳动力过度积累的趋势中确实起到积极的作用。当资本和劳动力不能再以平均利润率（或者更糟糕的是，任何利润）的水平再投资于其原初领域或空间时，过度积累就会产生。这导致"资本贬值（*devalution*），如货币（通过通货膨胀），商品（通过市场供过于求和价格下跌），生产能力（通过闲置或利用不足的工厂和设备、物质基础设施等，最终导致破产），以及威胁到劳动力贬值（通过劳动者实际生活水平下降）"③。将剩余货币资本、剩余商品和（或）剩余劳动力输出到它们来源的空间之外，使资本至少在一段时间内避开了贬值的威胁。因此，"空间修复"的必要性源自"资本主义通过地理扩张和地理重组来解决内部危机趋势的贪得无厌的驱动力"④。

一个空间修复只能是暂时的。通过剩余资本在其他地方进行营利性再投资的方式来寻找摆脱资本主义的矛盾和危机倾向的行为，通常会传播这些矛盾和危机倾向，并因此随后加剧它们。这适用于所有四种外部化矛盾的模式：（1）发展资本主义世界其他地方的外部市场，以应对消费不足；（2）与非资本主义社会进行贸易以扩大市场；（3）出口剩余资本以建立新的生产设施；（4）让农民、工匠、自营职业者甚至一些资本家失去对各自生产方式的控制而扩大无产阶级。每种解决方案都在平衡国内外资本和劳动力的流动方面产生了自己独特的问题，这反过来又从地方到帝国主义链条再到世界市场，在区域和空间布局中（regional and spatial configurations）产生了长期难以克服的不稳定。⑤

---

① David Harvey, *Spaces of Capital*：*Towards a Critical Geography*. Edinburgh：Edinburgh University Press；New York：Routledge，2001，p. 307.

② 鉴于马克思在《政治经济学批判大纲》和《资本论》中大量关于空间、位置和范围的参考文献，这是让这种批评有意义的唯一解读。

③ David Harvey, *Spaces of Capital*：*Towards a Critical Geography*. Edinburgh：Edinburgh University Press；New York：Routledge，2001，p. 300.

④ David Harvey, "Globalization and the Spatial Fix", *Geographische Revue*，2（2001），p. 24.

⑤ David Harvey, *Spaces of Capital*：*Towards a Critical Geography*. Edinburgh：Edinburgh University Press；New York：Routledge，2001，pp. 304—306.

时间修复

把单词从概念中区分出来很重要。因此，尽管哈维很少使用"时间修复"（temporal fix）这个短语，但它的概念隐含在他对资本主义危机的第二次分割理论（second-cut theory）和他对危机的时间转移的反复思考中。这个短语的缺失可能是因为哈维在早期的研究中忽略了时间的重要性。他认为：

> 抽象地看，空间……拥有比时间更复杂和更特殊的特性。在空间中，可以递转场域，向不同的方向移动，而时间只是简单地流逝，而且不可逆。空间的度量也不那么容易标准化。在空间上移动的时间或成本并不一定是相互匹配的，两者对简单的物理距离都有不同的度量标准。与此相比，计时器和日历极其简单。地理空间始终是具体和特殊的领域。在马克思资本主义积累理论的普遍性和抽象性确定的背景下，能否建构一种具体而独特的理论？这是要解决的根本问题。①

这个陈述仅考虑时间的度量。似乎意味着时间在计时表和日历被发明之前更复杂。如果是这样，现代空间－时间或者说空间－时间性（space-time or spatio-temporality）的复杂性和异质性，是由于一个世界标准时间（*universal time*）内的特殊空间的过度限定所产生的。然而，这不符合哈维后来的时间的测量和控制是社会权力的来源的认识②，也不符合哈维在后来的研究中揭示的许多具体而复杂的时间性。这些研究讨论了不同的周转时间、国际货币市场的时空性、环境转换的长期计划、信贷在管理不均衡发展方面的作用，以及资本主义为了摆脱危机，"在截然不同的过程建立'同步性'（congredience）或'组合性'（compossibility）机制中引发的问题"③。他论述自然时间、环境时间、个人生活世界的日常顺序、货币化关系（monetized relations）的合理化时间的异质化问题，还论述了更普遍的社会建设和关于时代和时间性的争论等问题。此外，虽然哈维曾强调有必要引入空间以弥补辩证法中时间优先带来的不足之处，但后来他宣称：

---

① David Harvey, *Spaces of Capital*: *Towards a Critical Geography*. Edinburgh: Edinburgh University Press; New York: Routledge, 2001, p. 327.

② David Harvey, *The Condition of Postmodernity*. Cambridge, MA and Oxford: Blackwell, 1989, p. 226, p. 252.

③ David Harvey, *Justice*, *Nature and the Geography of Difference*. Oxford: Blackwell, 1996, p. 286.

马克思把时间置于空间之上优先考虑并不一定是错误的。毕竟，从事资本流通的人的目的和目标必须是掌握剩余劳动力时间，并在必要的周转时间内将其转化为利润。因此，从资本流通的角度看，空间最初只是一种不便，是一个有待克服的障碍。①

《〈资本论〉的限度》一书对作为资本积累中关键时刻的时间和时间性（time and temporality）的再发现进行了广泛的阐述。事实上，它的主要贡献之一是社会必要周转时间的概念，以及它与社会必要劳动时间同时发挥的核心作用。这与马克思对"时间经济"（economy of time）中资本积累的基础研究和他通过对时间范畴高度原创性的发展来探究其动力是一一对应的。也就是说，当社会必要周转时间超越社会必要劳动时间时，哈维倾向于在《〈资本论〉的限度》和其他地方将时间问题与金融积累和信贷积累方面的问题等同起来，将地理问题与全球和空间方面的问题等同起来。② 这就解释了他对信贷和金融如何提供一个时间方案（temporal solution）来解决资本危机倾向的兴趣。这也解释了他如何在有较长酝酿周期和时间周转期的投资的基础上，从时间角度来分析空间修复。至于"时间修复"本身，哈维的"第二次分割"（second-cut）危机理论揭示了信贷体系如何才能获得短期的、临时的、矛盾的、最终为了资本积累而加剧了危机的"时间修复"（temporal fix）。通过不均衡的发展和不同的周转时间联结，通过股票市场和证券化，通过对私人和（或）国家信贷创造的长期投资有效性的虚假证实（pseudo-validation），并且与资本主义的外部变革、货币资本、商品或劳动力的出口相联系，以弥补其在其他地方的不足，这种情况就发生了。③ 然而，"诉诸信贷系统同时使领土对这些既能刺激也能破坏资本主义发展的投机资金和虚拟资本流动的反应变得脆弱，甚至像近年来一样，对脆弱的领土实施野蛮的贬值"④。

在哈维对"时间修复"的分析另一个重要的意义是把单词从概念中区分出来。最近对原始积累的兴趣使他将其重命名为"剥夺性积累"（accumulation of dispossession），即暗示一种来寻找对危机四伏的资本主义的时间修复的新方法；一个从资本帝国主义最新阶段时间修复的优先权角度，以及从金融资本对工业资本的优先权角度而言的新周期化基础。这种特殊的修复中的时间问

---

① David Harvey, *Spaces of Capital：Towards a Critical Geography*. Edinburgh：Edinburgh University Press；New York：Routledge, 2001, p. 327.

② David Harvey, *The Limits to Capital*. London：Verso, 1999, Introduction, p. xix.

③ David Harvey, *The New Imperialism*. Oxford：Oxford University Press, 2003, p. 98—99.

④ David Harvey, "New Imperialism：Accumulation by Dispossession", *Socialist Register*, 2004 (2003), p. 67.

题可以在多年来建立起来的"公共场所"中资源彻底地被侵用的地方清楚看到，或者在某一特定资源的经济开发速度超过其自然更新速度或环境吸收能力的地方清晰看到。类似的过程也存在于公用事业的私有化、集体消费，以及为了立刻获利而侵占职业或公共养老金、侵占有拨款资助的未来福利的行为中。尽管哈维提到了这种由私人资本家发起和（或）由政府资助的剥夺形式，但他并没有在时间修复范畴内考虑它们。然而，这可能是一条富有成效的调查路线。

关于空间-时间修复

哈维的许多兴趣集中在他最近关于新帝国主义的著作中。这引入了"空间-时间修复"（spatio-temporal fixes）的概念，以探讨资本帝国主义的形式和周期，并解释其最近以来的新保守主义阶段的总体逻辑。然而，哈维虽然直到最近才明确地阐释空间-时间修复，但他长期以来一直强调当代资本主义空间-时间特性（spatio-temporalities）的重要性、复杂性和异质性①，时空疏离的动力学（dynamics of time-space distantiation），尤其是早期以相当机械的方式研究的时空压缩动力学（dynamics of time-space compression），以及"空间-时间的终极统一性和多样性"②。哈维宣称，所有这一切都需要我们"确定了从一种空间-时间特性到另一种空间-时间特性的解释和变革模式，同时特别关注事物的调解作用"③。

哈维在撰写关于《新帝国主义》时指出，空间-时间修复是"通过时间延迟和地域扩张来解决资本主义危机的一种隐喻"，涉及吸收现有资本和剩余劳动力的许多不同方式。他声称，基本的概念极其简单：

> 某一特定领土内的过度积累意味着劳动力过剩（失业率上升）和资
> 本盈余（被登记为市场上没有损失就无法处置的过剩商品，被登记为缺
> 乏生产和盈利投资的渠道的闲置生产能力和/或货币资本过剩）。这种盈

①　David Harvey, *Justice*, *Nature and the Geography of Difference*. Oxford: Blackwell, 1996, pp. 243—247.

②　David Harvey, *Justice*, *Nature and the Geography of Difference*. Oxford: Blackwell, 1996, p. 218. 在《新帝国主义》中，哈维甚至声称，"从 20 多年前开始，我就提出了一种'空间修复'（更准确地说是空间-时间修复）理论，来解决资本积累中容易发生危机的内部矛盾"（参看 2003 年版原著第 87 页）。这种长期关注空间-时间修复的主张是双刃剑，因为它让他随后理论论点的新颖性降到最低点。

③　David Harvey, *Justice*, *Nature and the Geography of Difference*. Oxford: Blackwell, 1996, p. 233. 马克思写道："资本不是一种物，而是一种以物为媒介的人和人之间的社会关系。"

余可以通过以下方式吸收：（1）通过推迟目前过剩的资本价值重新进入未来流通领域的长期资本项目或社会支出（如教育和研究）的时间移置来吸收，（2）通过开放新市场、新的生产能力和新的资源、社会和其他地方的劳动力可能性而实现空间移置来吸收，（3）通过（1）和（2）的一些组合来实现。当我们专注于嵌入已构建环境中的独立型的固定资本时，类型（1）和类型（2）的组合尤其重要。①

这段话把哈维早期著作中的时间主题和空间修复方面的主题结合起来了。它没有引入一种明确的第三类型修复，这种修复包含的内容超过其他两个部分的总和。这部新著的新要点是关注空间－时间的长期周期和当前每一群吸纳出口资本的人被迫依次把资本出口给另一群人的动力学。

因此，哈维现在研究了国际空间－时间修复，提供了帝国主义的三重周期理论，凸显了美国资本主义不断变化的结构和动力学，并探讨了保证美国霸权最后两个阶段得以延续下去的机制——从基于生产资本优先的战后某种"嵌入式自由主义"（embedded liberalism）到基于新自由主义金融资本优先，以剥夺实现一轮又一轮原始积累为特点，并且普遍好战的开放帝国主义。② 而且，和他早期的著作一样，他总结说："这样的地域扩张、重组和重建往往会威胁到固定于地方但尚未实现的价值。大量固定于地方的资本会延缓在其他地方对空间修复的寻找。"③

空间－时间修复，区域结构一致性和国家规模

正如哈维没有使用"时间修复"这个词，但依旧在他的第二次分割（second-cut）理论中引入了这个概念一样，他早期的著作发展了一个隐含的空间－时间修复的概念，其内容比时间修复和空间修复的内容总和还多。这一点在他使用"结构一致性"（structured coherence）概念时最为明显。而菲利普·艾达洛（Philippe Aydalot）在 1976 年也采用过这个概念。哈维介绍这一概念如下：

有一些过程在起作用……也就把将其内部生产和消费、供应和需求

---

① David Harvey, "New Imperialism: Accumulation by Dispossession", *Socialist Register*, 2004 (2003): p. 64.

② David Harvey, *The New Imperialism*. Oxford: Oxford University Press, 2003, p. 46, p. 124.

③ David Harvey, "New Imperialism: Accumulation by Dispossession", *Socialist Register*, 2004 (2003): p. 66.

（商品和劳动力）、生产和实现、阶级斗争和积累、文化和生活方式都连接在一起的区域空间（regional space）定义为某种在生产力和社会关系整体之中的结构一致性（structured coherence）。①

哈维对这种接壤区域空间提出了四个可能的基础：第一，资本可以流通的空间。流通成本和流通时间没有超过与特定的社会必要周转时间相关的盈利潜在要求；第二，可以每天轮换劳动力的空间——通勤路程被成本开支和每天的劳动时间限定；第三，正式领土，其内部地方的、区域的或民族的国家可以专门为创造一致性和凝聚力而制定经济和超经济政策；第四，地方或区域文化赋予意义和身份属性的非正式领土。② 他补充说，这种结构一致性为防御性的区域阶级联盟提供了基础，在一片领土内松散的联结，通常通过国家组织起来。这些联盟的出现是为了捍卫区域价值和一致性，并通过提供有利于进一步积累的新的经济和超经济条件来提升这些价值和一致性。尽管如此，由于潜在的危机倾向，由于寻找新的空间修复时边界范围日益扩大，由于资本主义重组的持续逻辑，由于阶级和派系分裂一触即发的特性，区域阶级联盟注定是不稳定的。③ 哈维总结道："面对如此强大的力量，任何一种区域结构一致性的持续存在都令人惊讶。"④

哈维还详细阐述了国家在塑造结构一致性和区域联盟方面的核心作用。他把这归结为国家对领土和领土完整的特殊关注，归结为它把相对稳定的边界外加于其他松散和不稳定的地理边缘的能力，归结为它广泛的金融和监管权力，以及它通过各种政府和治理机制塑造区域阶级联盟的权威性。因此，国家积极促进和维持资本主义动力学产生的区域结构一致性，使其具有政治和经济特征。⑤ 但这种能力也与区域统治阶级联盟的崛起、巩固和战略能力密切相关。⑥ 这意味着，结构一致性来自政治和文化进程，也来自经济动力学——这一点在《新帝国主义》中得到了明确的体现。⑦

---

① David Harvey, *Spaces of Capital：Towards a Critical Geography*. Edinburgh：Edinburgh University Press；New York：Routledge, 2001, p. 329.

② David Harvey, *Spaces of Capital：Towards a Critical Geography*. Edinburgh：Edinburgh University Press；New York：Routledge, 2001, pp. 328－329.

③ David Harvey, *Spaces of Capital：Towards a Critical Geography*. Edinburgh：Edinburgh University Press；New York：Routledge, 2001, pp. 329－330, pp. 336－339.

④ David Harvey, *Spaces of Capital：Towards a Critical Geography*. Edinburgh：Edinburgh University Press；New York：Routledge, 2001, p. 330.

⑤ David Harvey, *Spaces of Capital：Towards a Critical Geography*. Edinburgh：Edinburgh University Press；New York：Routledge, 2001, p. 334.

⑥ David Harvey, *The New Imperialism*. Oxford：Oxford University Press, 2003, p. 105.

⑦ David Harvey, *The New Imperialism*. Oxford：Oxford University Press, 2003, pp. 102－103.

虽然这种解释集中于地区规模，但哈维在其他地方考察了国家规模和民族国家。他认为，国家和资本一样，是一种社会关系，其在历史上出现是为了避免一个社会分裂成不可调和的阶级对立。然后，他发展了一种资本家类型国家的形式决定理论（form-determined theory），总结了在资本主义内部和服务资本主义的国家独特的职能，强调了自由资产阶级民主的矛盾和局限性，并解释了统治阶级尽可能通过霸权来进行统治的偏好。这些想法在《〈资本论〉的限度》中再次出现，但哈维认识到：对资本主义再生产至关重要的制度（如中央银行）和那些与再生产劳动者和劳动力有关的机构是分离的；如果要复制整个社会，国家机构必须实现某种统一。这就提出了关于从生产转移到控制国家机器及其政策的政治和意识形态阶级斗争的问题。①

在这种背景下，哈维优先考虑的是国家规模，而不是地区规模。同样的优先权在后来又出现了："采取行动、决定社会生态项目和调节其非预期后果的政治权力也必须在一定的规模上受到限制（在当代世界中，过去一百年中形成的大多数民族国家保持着特权地位，尽管它们没有产生必要的政治－意识形态意义）。"② 然而，国家规模为什么如此重要尚不清楚。正如哈维自己指出的，"如果没有一个任何事物都可以简化的基本的单位，那么检查过程的选择规模就变得既关键又成问题。人类活动的时间和空间规模也一直在变化这一事实加剧了这一困难……资本积累、商品交换等活动中产生的规模的定义也有不稳定性"③。由于注意到这个问题，哈维促使我们考虑其他空间－时间空修复的方法。

权力的资本逻辑和领土逻辑

哈维在《新帝国主义》一书中逐步扩展了空间、时间和时空修复的研究，并重申了他关于区域（和地区性）的结构一致性的观点，他还尝试在熟悉的"资本主义的权力逻辑"（capitalist logic of power）和"权力的领土逻辑"（territorial logic of power）交织的基础上，发展出一种崭新的资本主义帝国主义理论。然而，不同于他从抽象的、简单的系统活动到具体的、复杂的系统活动来分析资本主义的资本积累逻辑，他对领土逻辑的分析在一般跨历史

---

① David Harvey, *The Limits to Capital*. Oxford and Chicago: Blackwell, 1982, p. 449.

② David Harvey, *Justice, Nature and the Geography of Difference*. Oxford: Blackwell, 1996, p. 204.

③ David Harvey, *Justice, Nature and the Geography of Difference*. Oxford: Blackwell, 1996, p. 203.

的陈述和关于特殊联结的陈述之间进行转换。因此，哈维对政治权力的领土化以及国家和帝国的普遍政治做了一些简单又特别的概括。目前为止，他明确指出在资本主义国家框架外的领土逻辑的鲜明特点，它们关注国家管理者和政治家的自身利益、国家建设和管理的特殊风格、政治阶级斗争中力量平衡的具体凝聚、对战略地缘政治资源（如石油）的竞争，或麦金德式的控制欧亚中心地带的斗争。① 在实践中，他聚焦于资本主义国家内部（国内）和外部（国家间）层面上过于确定的领土逻辑（和战略），实际上，在分析这些资本家的权力逻辑时，他认为这些国家是理所当然的。② 此外，尽管哈维确实顺便提及资本主义社会国家历史发展中的路径依赖效应③，但是他没有提到这些政治轨迹与普通资本主义国家的职能管理能力之间的重重关系。取而代之的是，他直接转向详细陈述历史上具体资本家的相对重要性和在资本帝国主义特殊时期、特殊阶段中普遍的领土逻辑。这意味着，他对领土逻辑的解释已经被资本逻辑过度限制，而不是在以资本逻辑进行阐述之前，用纯粹的地缘政治术语展开。

哈维论述的基本步骤可以重构如下：

第一，"权力"（本文分析中未定义的原始术语）可通过领土逻辑和（或）资本逻辑来累积。这些逻辑可以描述为明晰的、交叉的、交织的、相关的、相互依赖的、内部相关的、辩证相关的、主要的或次要的彼此关系、互补的、相互制约的、相互挫败的、矛盾的、对立的，甚至是以潜在的灾难性结果互相加剧的。④

第二，鉴于国家首先是建立在以固定领土为导向的政治、外交和军事权力的领土逻辑基础上，资本主义首先是建立在经济权力的空间逻辑基础上，这种权力跨过和穿越连续的空间和时间。

第三，每个逻辑都产生一些一定包含在另一个逻辑里的矛盾。当矛盾在相互调整和互相作用的持续过程中从一种逻辑转移到另一种逻辑时，就导致螺旋式运动。这些在不平衡的地理发展、地缘政治斗争和帝国主义政治的不同形式和动力学中反映出来。

第四，帝国主义指的是国家间的关系，并且一旦资本积累的逻辑支配了

---

① David Harvey, *The New Imperialism*. Oxford：Oxford University Press，2003，pp. 19－20，p. 124，pp. 23－25，p. 27，p. 42，p. 44，p. 85，p. 124，pp. 183－189，p. 198，p. 209.

② David Harvey, *The New Imperialism*. Oxford：Oxford University Press，2003，p. 93.

③ David Harvey, *The New Imperialism*. Oxford：Oxford University Press，2003，pp. 91－92，pp. 183－184.

④ David Harvey, *The New Imperialism*. Oxford：Oxford University Press，2003，p. 27，p. 29.

经济组织，帝国主义就获得了明确的资本家形式。对哈维来说，资本帝国主义可以通过"援引双重辩证法来理解，首先是权力的领土逻辑和权力的资本逻辑，其次是资本主义国家的内部和外部关系"①。

第五，资本帝国主义有不同的形式，这取决于权力资本逻辑或权力领土逻辑在控制领土的战略政治与在一个空间和时间内资本积累的分子过程的辩证融合中的相对优先地位。② 假定"国家和帝国的战略引导政治经济过程，国家和帝国总是出于资本主义动机运作"是错误的③，相反，这些逻辑之间有潜在的紧张、分离、矛盾甚至对立。如果领土逻辑阻碍资本逻辑，就有经济危机的风险；如果资本主义逻辑破坏了领土逻辑，就有政治危机的风险。④

表1详细地展示了分析清晰但对比鲜明的权力的逻辑，它尽可能地把《新帝国主义》一书中形形色色的、分散的评论系统化。

表1　权力的资本逻辑和领土逻辑

	权力的资本逻辑	权力的领土逻辑
主要参与者	流动的、潜在短期的私人资本在开放的、动态空间的积累领域运作。	不同规模的以领土为界的永久国家捍卫/扩大领土边界。
主要逻辑	资本流动的地缘经济学、新兴的空间垄断和新经济规模生产具有不可避免的政治影响（例如，区域经济力量节点作为统治阶级寻求区域和帝国主义扩张的基础）。区域利益可以控制领土国家。	国家和帝国领土战略的地缘政治对领土的累积控制具有不可避免的经济影响（例如军事工业实体的增长、获得资源的机会、危机期间的保护主义、促进自由贸易）。政治利益优先可能导致"失败"或"流氓"国家。
核心特征	经济力量以网络化、分子方式跨越连续空间和时间而流动。跨地域整合是垄断性空间战略的结果。流动和空间－时间修复忽略边界。	政治－军事力量捍卫和扩大分段的领土控制，以推进国家自身的利益。它涉及国家层面的战略决策和战略需要，并与领土边界挂钩。

①　David Harvey, *The New Imperialism*. Oxford: Oxford University Press, 2003, pp. 183－184.

②　David Harvey, *The New Imperialism*. Oxford: Oxford University Press, 2003, p. 26.

③　David Harvey, *The New Imperialism*. Oxford: Oxford University Press, 2003, p. 29.

④　David Harvey, *The New Imperialism*. Oxford: Oxford University Press, 2003, p. 140.

续表

	权力的资本逻辑	权力的领土逻辑
主要逻辑中的空间/领土作用	资本逻辑利用不平衡的地理条件，根植于空间交换关系但溢出领土界限的"不对称"。分子化过程溢出区域和国家边界，国家必须设法管控分子化流动。	领土逻辑以增加一个领土的财富和福利为导向，而牺牲另一个领土的财富和福利。它可能涉及国家以下各州、地区集团等，可能导致以领土为基础的全球霸主的崛起。如果领土逻辑被推到极限，帝国就有过度扩张的危险。
二级逻辑	资本逻辑最好通过确保资本流通关键外部条件的领土国家来推进。资本主义国家将其政策制定为以建立经济、法律、政治、社会需求利润为导向和以市场调节手段的资本主义为导向。后者还需要国家（尤其是领土霸权）的体制建设能力。国家领土行动也为私人资本开放了新的投资领域。	政治军事力量取决于创造财富和资源、强大的税收基础和军事实力的经济。因此，国家通过管理自己的经济来最大限度获得资金、提高生产能力和军事实力。它利用胁迫、外交和政治手段来促进经济利益，这也符合国家的领土利益。一个领土霸主管理资本逻辑以维持其权力。
相互依赖性	各国维护私营企业国内外的利益。优先支持资本逻辑。如果做不到就会削弱国家财富和权力，并最终恶化形成"失败"国家。	各个国家为自己的政治利益掌控区域动力。他们试图在自己的边界内控制空间和时间上资本积累的分子化过程。
转变模式	经济逻辑是私密的、扩散的、分子化的、难以预先控制的。	政治逻辑是公开的，允许不同的观点辩论，并以目标为导向的。
危机	这是通过与剩余资本逻辑相联系的新的时空修复来解决的。这涉及更复杂的固定性和运动性的联结，加强了资本积累的空间逻辑和资本流动（即转换）在吸收危机中的关键作用。	这是通过地区间和国家间的冲突来解决的——经济和军事对抗助长了局部和区域的资本贬值和资本破坏。持续的领土扩张可能导致帝国的过度扩张。
帝国主义	（新）自由主义帝国主义是建立在自由贸易的基础上的——国家权力被用来保证（或抵制）自由贸易条件，包括采用知识产权。	新保守主义帝国主义的目标是巩固等级制度下的世界政治秩序，确保美国剩余资本出口，并且通过剥夺来进一步累积。

尽管留下重重疑惑，哈维还是浓墨重彩地论述了划分为三个时期的帝国主义，在大部分论述中提到这些对立的权力逻辑。他认为两次世界大战之间这些权力逻辑的对立相悖导致了这一时期出现的经济和政治灾难，他在对新自由主义和新保守主义帝国主义的对立逻辑的分析中更透彻地探讨了权力逻辑，并最频繁地使用权力逻辑解释作为全球计划的美国帝国主义最新阶段中

的内部矛盾。① 他还指出，从战略角度可以清楚看到，这些权力的逻辑作为帝国主义和次帝国主义的战略要素，作为次霸权国家和反霸权国家抵御帝国主义的战略要素，以及作为区域性阶级、中产阶级以及工人阶级抵御掠夺性资本的战术要素。② 他在这里做了特别有趣的评论：美国按照资本逻辑，把欧盟作为潜在霸权集团来努力削弱它；美国又按照领土逻辑，把欧盟当作潜在的"欧洲堡垒"，把北约作为一个明确的工具来行使美国控制下的军事（领土）权力。③

　　总的来说，哈维最近将权力的领土逻辑整合到他对资本主义的分析中的尝试仍然不成熟，而且大体属于前期理论阶段。这两种逻辑的不对称发展使他在理论和实证分析中都优先考虑资本主义的权力逻辑。事实上，他明确指出资本帝国主义通常与这种资本主义逻辑的优先权联系在一起，但没有解释为什么会这样。因此，他优先考虑资本的长期逻辑——国家管理者、次要资本和（或）下属阶层进行进攻性或是防御性的尝试来促进相对自治的领土逻辑，都不同程度地造成"失败"或"流氓"国家，导致帝国或次帝国集团内部的潜在经济灾难和经济边缘化。这违背了哈维自己的愿望，即"对实际情况的具体分析……保持这种辩证关系的两方面同时运动，不要陷入一种纯粹政治的或以经济为主的论证模式"④。如果他把他对空间、时间和空间－时间修复的价值理论兴趣与对领土修复的更具体、更复杂的国家理论兴趣结合起来，也许这个愿望就能实现。通过将资本逻辑的运作范围限制在明确的界限内，这种领土修复可以让权力的领土逻辑限制资本逻辑生态化倾向的主导地位，因此限制资本主义世界市场的充分实现。⑤

另外一种方法

　　可以从三个方面批判哈维对资本主义时间性和空间性的分析方法。首先，当他注意到它们同时运行时，多年以来，他将时间和空间修复区分对待，或者以一种叠加的方式而不是互动的方式连接它们。这在《〈资本论〉的限度》里表现得特别清晰，不是出现先后的顺序问题。因为这两种修复方法提出来

---

① David Harvey, *The New Imperialism*. Oxford: Oxford University Press, 2003, pp. 42—74.

② David Harvey, *The New Imperialism*. Oxford: Oxford University Press, 2003, pp. 82—83, pp. 185—186, pp. 188—189, p. 202.

③ David Harvey, *The New Imperialism*. Oxford: Oxford University Press, 2003, pp. 82—83.

④ David Harvey, *The New Imperialism*. Oxford: Oxford University Press, 2003, p. 30.

⑤ Bob Jessop, *The Future of the Capitalist State*. Cambridge: Polity Press, 2002, pp. 24—28.

都是为了解决不同倾向的危机。而且，据说空间修复可以转移和推迟时间修复所产生的矛盾，而时间修复似乎对转移或推迟空间修复所引发的矛盾没有任何作用。① 最好是分析这两种修复的空间－时间复杂性。因为信贷机制在空间和时间上都是不可分割的，所以信用机制和源于国家资金和国际货币紧张关系的特定空间流通联系在一起。此外，正如哈维所指出的，固定资本和流动资金之间的区别既涉及时间问题，也涉及功能问题。这些修复中空间性和时间性的相互包含在他最近的研究中表现得更加清晰。

其次，哈维对扩大再生产中的空间修复的描述只关注一个资本相互关联的经济矛盾。这涉及生产资本的交替"存在模式"，即在价值评估过程中具体时间和具体地点的资产的实际存量和运动中的抽象价值（特别是可用于再投资的已实现利润）。② 尽管哈维提及两种存在模式的时间问题，但他找到的解决方案是空间方案。正如我们所见，它涉及资本循环中固定性和流动性的辩证关系。长期基础设施投资（对地方关系、领土组织和相互联系的地方的投资）的局部地理景观被生产出来只是为了后面破坏它，然后重建，以适应新的资本积累动力学。③ 这低估了其他经济矛盾的重要性，每个矛盾都有其自身的空间－时间方面的问题和相关的困境。④ 当资本从一个地方、空间或部门转移到另一个地方、空间或部门，按照哈维的解释，空间修复在危机管理和危机转移中的作用更为重要。一个统一的空间－时间修复必须反映资本空间－时间矛盾中所有方面的问题，包括扩大再生产的"正常"时期和或多或少被延长的危急时刻。

最后，哈维对时间和空间修复的分析主要是价值理论。对经济范畴的解释局限性几乎没有明确的关注，尽管他强调"内部关系"，资本关系的超经济层面通常只出现在他更广泛和更具体的历史分析中（例如，在巴黎的连续的空间和/或时间修复）和/或以相对特殊的方式出现。因此，哈维对阐明经济和超经济的兴趣的最明显例子出现在他对结构一致性（尤其是在城市化背景下）、国家的形式和功能以及帝国主义的分析中。像马克思一样，他强调：资本的经济规律在历史上是具体的，通过阶级斗争来调节；为确保资本积累的条件，国家至关重要；阶级意识和阶级行动的发展很成问题。但是马克思也认为资本主义生产方式既是政治的，也是经济的。这可以从马克思的《理论

---

① 这个观点在从第一次分割到第二次分割运动的危机理论中有所说明。

② 鉴于马克思主义分析的持续、螺旋式发展，这本身并没有问题：空间框架的非价值方面可以稍后整合。

③ David Harvey, "Globalization in Question". *Rethinking Marxism*, 8. 4 (1996), p. 6.

④ Bob Jessop, *The Future of the Capitalist State*. Cambridge：Polity Press, 2002, pp. 19－22.

的进一步发展》(*Die Weiterentwicklung der Theorie*)① 中看出，该文承诺对国家政治经济学进行批判，重点是"捐税体现着表现在经济上的国家存在"②；从他的意图来看，《资本论》应该包括一卷关于国家的书。那么，经济法肯定不是非政治或者反政治的，而是总是具有政治深刻性的。

这并不令人惊奇。因为如果不包括现代政治的鲜明形式和资本主义国家类型，就不能充分确定资本主义生产方式的基本类别——商品、货币、交换、工资、资本。特别是：国家的基本经济形式（税收、国家货币、国家信贷、国家支出等）也是法律政治形式；国家在资本的经济形式和组织资本循环中具有决定性作用，包括生产和信贷③；国家自身的经济活动是在政治优先的情况下进行的，即在一个阶级分层的社会中保持社会凝聚力的重要性。这为历史唯物主义的资本主义批判引入了一个不可避免的政治维度。当然，这不仅适用于单个国家，也适用于国家之间。简而言之，"政治"是每一个资本主义经济的内在需要，没有它，资本主义经济就不能表现为一个封闭的和自我复制的系统。此外，根据《〈资本论〉的限度》，一旦"正常的"原始积累的边界在19世纪末关闭，当"正常的"、市场调节的和以利润为导向的竞争变得毫无效果时，国家间的战争就成为原始积累的一种新形式，成为货币贬值的最终手段。④

要理解作为经济和超经济联结体的资本关系的政治特征，我们必须问：为什么单靠市场力量不能复制资本主义？答案在于模糊但对立的资本主义本质的三个方面。第一，资本天生就缺乏按照自我扩张的商品化逻辑完全通过价值形式来完成自我复制的能力。这与土地、货币，尤其是作为商品的劳动力的虚拟特性有关，还和资本积累依赖各种非商品形式的社会关系有关。第二，更具体地说，这些问题被资本关系固有的结构性矛盾和战略困境加剧，也被不断变化的联结方式和表现形式加剧。第三，通过时间修复、空间修复、空间-时间修复的可变组合，以及有助于稳定（尽管是暂时的）资本循环和更广泛的社会形态的制度化妥协，来管理和控制这些矛盾和困境时，冲突就发生了。

---

① Karl Marx，"Die Weiterentwicklung der Theorie"，*Marx-Engels Collected Works*，vol. 20. London：Lawrence and Wishart.

② 此句在《马克思恩格斯全集》（第四卷），人民出版社，1972年，第342页。——译者注

③ David Harvey，*The Limits to Capital*. Oxford and Chicago：Blackwell，1982，pp. 281–282, pp. 306–312, p. 321.

④ David Harvey，*The Limits to Capital*. Oxford and Chicago：Blackwell，1982，p. 445. 哈维现在写道，原始积累，改名为"剥夺积累"，是资本主义的一个永久但具有必然性的特征。参看2003年版《新帝国主义》。

简而言之,从长远来看,没有单一的最佳方法来规范资本积累。相反,随着不同的资本积累机制、监管模式和相关妥协机制的制度化,各种次优解决方案应运而生。这部分地弥补了纯资本关系的不完整性,并通过其经济要素和超经济要素之间的连接赋予其特定的动力。这允许对空间-时间修复做另一种解读。空间-时间修复,最多是部分地或者暂时地,通过建立空间和时间界限来解决资本主义固有的矛盾,在这样的界限内,一种相对持久的"结构一致性"模式得到安全保护。空间-时间修复还通过把一些用于保护这种一致性的成本转移到这些空间和时间界限之外来解决资本主义固有的矛盾。这种空间-时间修复转移和推迟了特定经济空间和/或政治领域内部以及这些空间之外的矛盾。它还涉及来自特定修复中的赢家和输家的内部和外部区分,这与来自特定修复中的社会和空间不平衡利益分配紧密相关,也与不均衡发展紧密相关。对这种空间-时间修复的充分解释必须考虑它们的超经济性以及它们的价值理论维度。如果没有前者,空间-时间修复的分析将退化为对资本逻辑的重新定义和主要的经济分析;如果没有后者,它将退化为"软"的经济和政治社会学。哈维给了我们许多有用的概念来抵制后一种诱惑——见证他对时空压缩的价值理论和新兴后福特主义中灵活积累的洞见。[①] 但是,他也没有像研究经济维度的问题那样,在相同抽象程度上探索资本主义的超经济维度的情况,而且不能令人信服地说明它们如何属于资本主义社会基本的内部关系。哈维在《后现代的状况》中有意介绍过一些对监管方法有贡献的人,他们尝试完成这些任务——尽管常常以放弃价值理论问题为代价而且有时总体结果令人失望,这可能解释了为什么哈维没有进一步继续介绍他们。简而言之,和发展马克思批判现实主义著作中更具层次性和不对称的本体论(more stratified and asymmetrical ontologies)相比,对内部关系的陈词滥调和重复累赘的强调,和/或一种对普通的机构联系(institutional linkages)的关注,往往存在严重的局限。哈维也没有提及不同阶段的各种空间-时间修复形式、各种资本积累形式、它们与制度化阶级妥协的各种联系以及各种监管模式。因为,虽然他给出了许多资本主义不同阶段的空间和时间修复的例子,但他并没有看到不同的标准尺度或时间视野在特定的资本主义时期或帝国主义形式中或多或少是重要的。

这并不排除今后哈维将这些问题纳入其研究的可能性。事实上,他已经暗示了更广泛和深入地理解空间-时间修复的要素。因此,他讨论了发生积

---

① David Harvey, *The Condition of Postmodernity*. Cambridge, MA and Oxford: Blackwell, 1989, pp. 121—197.

累的具体"时间－空间框架"的重要性。① 他指出"第三次分割"（third-cut）危机理论假设了相对封闭、自给自足的地区与其外部更开放空间同时共存，为危机管理或危机转移提供了机会，能在有限的范围内把这些空间变成危机管理和转移的"附属物"（appendages）。② 在《〈资本论〉的限度》重印版的介绍中，他指出：

> 危机不存在于资本主义本身创造的时空矩阵之外。危机是阶级关系空间－时间形式的重新配置（通过充满压力的各种调整方式），危机是资本主义内部阶级矛盾在一些绝对的和长期不变空间和时间内的具体表现。③

这些矩阵中的相关空间因素包括基于地方的社会关系、已建环境、土地市场、城乡分工、城市等级制度、区位政策、政治权力的领土化以及管理不均衡地理发展的努力。哈维还提到了时间方面，如固定资本和消费基金、日常生活节奏（包括家庭领域、个人和集体消费）、社会再生产和阶级斗争的动力学。由此产生的时空框架（或者用我的话来说，空间－时间修复）不可避免地既是政治性的也是经济性的，在转移、推迟和化解危机趋势和矛盾方面发挥着关键作用。它们也是选择性策略，即在这些时空边界内的一些阶级、小部分社会阶层或其他社会力量被边缘化、排斥或受到胁迫。在这些界限之外，积累的过程更加混乱无序，缺乏结构一致性，并且随着具体的资本（或其国家）寻求将外部空间转化为有用的附属物，资本积累过程被证明更具破坏性和剥削性。整体的资本积累过程取决于世界市场中不同解决方案的互补性（或非互补性），以及由此产生的不均衡的地理（和时间）发展在多大程度上引起越来越多的反对和抵制。④

结　语

文章探讨了哈维关于时间和空间、时间和空间修复、空间－时间修复和结构一致性的论点。这些是他对马克思主义的方法及其在资本积累中的应用的丰富阐述的组成部分，在他对以下问题的精辟分析中发挥了关键作用：（1）

---

① David Harvey, *The Limits to Capital*. Oxford and Chicago：Blackwell，1982，p. 236.

② David Harvey, *The Limits to Capital*. Oxford and Chicago：Blackwell，1982，p. 427.

③ David Harvey, *The Limits to Capital*. Oxford and Chicago：Blackwell，1999，Introduction，p. xiv.

④ David Harvey, *The Limits to Capital*. Oxford and Chicago：Blackwell，1982，p. 427.

货币形式及其各种矛盾；（2）信用形式、资本积累的时间修复和金融危机；
（3）资本寻求通过地域扩张、不均衡的地域发展和转向新投资来解决危机，
随之而来的资本积累局部的、临时的空间修复；（4）危机倾向之间的联系，
一般资本和单个资本之间的冲突，阶级斗争和竞争。尽管如此，他在这些问
题上的工作仍然受到对资本关系的片面的、价值理论的分析的限制，以至于
经常忽视了其超经济层面的问题。此外，在超越纯粹价值理论分析的地方，
从整体上考虑，马克思主义内部关系的普通本体论和对各种社会形态中资本
家本质的重视，都强烈影响了他的研究工作。这意味着哈维对作为社会关系
的资本的"决定性外部"（constitutive outside）（所有为了确保资本扩大再生
产所必需的超经济和经济条件而产生的问题）缺乏系统化的构想，并且对挑
战当今社会形态中自我价值统治地位的社会化模式也缺乏系统化的构想。《新
帝国主义》确实包含了对"决定性外部"颇有讽刺意味的注脚[1]，也提供了一
些关于作为社会化替代模式的权力的领土逻辑的前理论（pre-theoretical）看
法。但是，哈维没有系统地发展这些看法。我认为，对空间－时间修复的另
一种解释，以及引进资本逻辑生态优势（ecological dominance）发展倾向的
观点，有助于纠正他片面强调资本主义的价值理论分析，有助于纠正他对资
本主义社会形态中固有的不完整性和其他社会化模式的忽视，也有助于改正
他未能解释为什么这种资本逻辑在某些历史条件下依然盛行的错误。然而，
正如细心的读者会注意到的那样，我对空间－时间修复比较的解释偏爱拓展
和补充了哈维的解释，并且，我认为，我的解释至今都和哈维的解释在总体
发展路线上是一致的。

作者简介：

鲍勃·杰索普（Bob Jessop），英国兰卡斯特大学社会学系教授，主要从事国家理论、
政治社会学、马克思主义政治经济学和资本主义危机等研究，在国家理论、国家权力、资
本主义国家和政治经济学等领域有诸多成就。

译者简介：

王碧海，四川大学文学与新闻学院博士研究生，北部湾大学国际教育与外国语学院
讲师。

---

[1]　David Harvey，*The New Imperialism*. Oxford：Oxford University Press，2003，p. 141.

重塑地理学
——接受《新左派评论》编辑的一次访谈 *

肖达娜

　　访者（以下简称为"访"）：战后，马克思主义研究的代表性领域集中在历史方面，您却独辟蹊径、自成一家。您是怎样成为一名地理学家的？

　　戴维·哈维（以下简称为"哈维"）：这个问题的答案看似平凡却自有深意。小时候，我不止一次决定离家出走，去探索世界，但每次尝试都让我感觉不适，败兴而归。最后，我决定在想象中驰骋，至少我的想象世界自由而开阔。因为我有一本邮册，里面收集的所有国家的邮票上都印有英国君主的头像，在我眼里，仿佛这些国家都"属于"我们，"属于"我。那时，我们住在吉林厄姆。我父亲是查塔姆造船厂的领班，骨子里有着深厚的海军传统。战争期间，我们每年都会在船坞里的驱逐舰上喝茶，公海和这个国家的传奇色彩给我留下了深刻的印象。我最初的抱负就是加入海军。因此，即使在1946—1947年战争刚刚结束时那段极为阴郁的日子里，我也仍用想象装扮着整个帝国世界。去体验它、描绘它，这成为我童年最大的乐趣。后来，在十多岁时，我骑车周游了北肯特郡，对当地的地质、农业及风景都有了较深的了解，我也着实乐享其中。所以，地理学其实一直吸引着我并令我心驰神往。上学时我也对文学深深着迷。后来，我进入了剑桥大学，这对于像我这样背景的男生来说颇不寻常。在剑桥，我选择了地理而非文学，部分是因为我的一位曾在剑桥接受过培训的老师明确告诉我，如果你在剑桥学习英语语言文学，更多的时候是在学习理论而不是文学作品。我觉得我完全可以自己领悟文学之美，不需要由利维斯（F. R. Leavis，英国文学批评家）来告诉我该怎么做。所以，我最终选择了地理。当然，我也

---

　　* 本文2000年8月首次发表于《新左派评论》。

从未停止过对历史和文学的热爱。

剑桥大学的地理学派规模庞大、历史悠久，为当时英国地理学科的发展奠定了基础。我在剑桥继续攻读了博士学位，研究 19 世纪肯特郡的历史地理，主要关于啤酒花的种植。实际上，我的第一篇论文就与酿造相关，发表在惠特布雷德（Whitbread）啤酒酿造厂的内部杂志上。作为一名研究生，我的文章与约翰·阿洛特（John Arlott）的一篇文章并列发表，我还因此获得了 10 英镑的报酬。

访：1969 年出版的《地理学中的解释》是您的第一本书，以一种雄心勃勃的姿态充满自信地介入了这一学科。但它似乎出自一种非常具体的实证主义模式——一种纯粹盎格鲁-撒克逊式的参考标准，丝毫没有受到法国和德国地理学传统的影响？

哈维：我将《地理学中的解释》主要探寻的问题视为这门学科的核心。一直以来，地理知识不成体系，人们十分看重所谓的"例外主义"。既定学说认为，地理探索得来的知识与其他任何学科的知识都不一样。因为没有地理法，没有你能诉诸的一般性原则，所以你无法一概而论，用系统化的眼光去看待它。你所能做的就是全身心投入研究，比如斯里兰卡的干燥地带就需要耗尽你的一生去探索和学习。我坚持认为，我们需要以更系统的方式来理解地理知识，并想通过这种坚持来与旧的观念做斗争。当时，对我而言，实证主义的哲学传统是信手拈来——在 20 世纪 60 年代卡尔纳普（Carnap）的影响下，实证主义仍然与科学保持强烈一致。这就是为什么我如此认真地对待亨佩尔（Hempel）或波普尔（Popper）。我认为应该可以利用他们的科学哲学来支持构建更加统一的地理学知识体系。这一时期，学科内部出现了一场强有力的运动，将调查的统计技术和新的定量方法引入了这一学科。所以我当时的计划就是将这场计量革命从哲学层面加以发展。

访：当这些内部变化发生时，学科的外部又扮演着怎样的角色呢？从历史上看，地理学在法国或德国的知识文化体系中所占的地位似乎比在英国更为显著——它与一些重大的公共议题关系更为密切。维达尔·白兰士（Vidal de la Blache）与年鉴学派之间的界限愈发模糊，这显然涉及民族团结的问题；德国冯·杜能（von Thünen）的工业化学说；豪斯霍费尔（Haushofer）关于帝国扩张的地缘政治学战略。爱德华七世时代的麦金德也发表了学说，但这不是我们讨论的重点。那么，我们应该如何定位战后的英国地理学科呢？

哈维：到 20 世纪 60 年代，战后的英国地理学科与区域规划和城市规划的联系，比其他任何地方都更加紧密。那时，大英帝国的整个历史都陷入了尴尬境地，人们不再认为地理可以或应该起到任何全球性的作用，更别提塑造地缘政治战略了。在这种背景下，人们转而重视实用主义，试图重建地理知识体系，将其作为英国的一种行政规划工具。这样一来，这门学科就显得极具实用价值了。当时的形势是，打个比方，如果你在研究前面加上"城市"这个词，没有人会认为这项研究是该领域的中心。城市历史本质上相当边缘化，城市经济学、城市政治学也是如此。然而，城市地理学却是该学科中多个领域的真正中心。同样，从物理方面看，当时的环境管理往往是指以特定的方式来处理当地资源。所以，在英国，公众对地理的关注——我认为是相当强烈的——主要体现在这三个特定的领域。它并没有像布罗代尔（Braudel）或我们在法国传统里看到的那样，以更宏大的思想体系向外投射。您要知道，对于我们当中许多对这门学科持有政治抱负的人来说，"理性规划"在 60 年代并不是一个负面词汇。正是在哈罗德·威尔逊（Harold Wilson）大谈"技术的白热化"（white heat of technology）的时候，区域和城市规划的效率即将成为改善整个人口社会状况的杠杆。

访：然而，《地理学中的解释》这本书的一个显著特点是没有任何政治方面的注释。书中丝毫未提及这类问题，读起来就是一本纯粹的科学论著，绝对看不出作者可能会变成一个坚定的激进分子。

哈维：我当时的政治主张更接近于费边式的进步主义（Fabian progressivism），这就是为什么我热衷于计划、效率和理性等理念。我读过像奥斯卡·兰格（Oskar Lange）一类经济学家们的著作，他们也在思考这些问题。所以，在我看来，合理科学地处理地理问题与有效地将规划应用于政治问题之间并不存在什么冲突。但我当时太过专注于该书的写作，以至于完全没有注意到周围的形势已濒临崩溃。1968 年 5 月，我把我的心血之作交给了出版商，结果却发现自己被政治大环境的变化搞得非常尴尬。到那时，我对威尔逊主张的社会主义幻想就彻底破灭了。与此同时，我在美国找到了一份工作。在我到达巴尔的摩的时候，已经是这个城市随马丁·路德·金（Martin Luther King）遇刺而被大面积烧毁的一年之后。在美国，反战运动和民权运动的星星之火正成燎原之势，而我却在那种形势下写了这本中立的大部头，显得格外的不合时宜。因此，我意识到我必须重新思考很多我在 20 世纪 60 年代认为理所当然的事情。

访：是什么原因让您来到美国？

哈维：当时，美国大学正在扩充地理学系。因为英国地理学科建设的经验远远强于美国，所以有相当多的英国地理学家来填补美国大学中的新职位。我曾多次在美国做学术访问教师教授过这一学科，因此，当约翰·霍普金斯大学（Johns Hopkins）向我提供一份教职时，我认为这是一个很好的机会。

我所就职的部门将地理学和环境工程学跨学科地结合了起来，旨在将一群分别来自社会科学和自然科学的人聚在一起，以多学科融合的方式来解决环境问题。我是第一批进入这个新项目的人之一。对我而言，这真是一个大场面。特别是在最初几年中，我学到了很多不同的东西，比如工程师的思维方式、政治进程以及经济问题等。最重要的是，我并没有感受到任何来自地理学科的限制。

访：当时的政治气氛如何？

哈维：霍普金斯大学其实整体氛围极其保守，但它悠久的历史也孕育了一些特立独行的人物。比如刚到那里的时候，欧文·拉铁摩尔（Owen Lattimore）就非常吸引我，他的《中国的亚洲内陆边疆》是一本好书。他在霍普金斯大学工作多年，后来受到麦卡锡主义（McCarthyism）的迫害。我曾多次与那里的人们谈论他的遭遇，还亲自去见了他本人。最后，我找到了威特福格尔（Karl Wittfogel），也就是当时指控他的人，让他解释为何如此猛烈地攻击拉铁摩尔。所以，你可以看出，我总是对大学和城市的政治史着迷。这一直是一个规模较小的、传统的校园。但正因为如此，即使是少数意志坚定的激进分子也能掀起波澜。在 20 世纪 70 年代初，这里曾爆发过意非凡的反战运动，大学周围也掀起过民权运动。巴尔的摩这个城市本身从一开始就非常吸引我，这是一个做实证研究的好地方。我很快就参与了有关住房项目歧视的相关研究，从那时起，我的很多思考就是以这座城市为背景展开的。

访：作为一个美国城市，巴尔的摩有何与众不同之处？

哈维：在许多方面，它象征着美国资本主义下城市塑造的过程，为当代城市主义提供了一个实验室样本。当然，它也有自己的独特之处。北美很少有像巴尔的摩这种权力结构如此简明的城市。1900 年以后，大型工业企业大多迁出了城市，控制权留给了财富集聚在房地产和银行业的精英阶层。今天，公司的总部都不设在巴尔的摩，该市通常被称为南部最大的种植园，因为它的运营方式很像是由几个主要金融机构经营的种植园。事实上，从社会结构看，这个城市一半偏北方，一半偏南方。虽然三分之二的人口是非裔美国人，但是他们的武装水平远不及费城、纽约和芝加哥的黑人。种族关系在模式上更加的南方化。市长可以是非裔美国人，但他们在很大程度上依赖金融关系，四周被白人居住的郊区所包围，而这些白人却不想与这座城市有任何瓜葛。从文化上看，这座城市是美国人不良嗜好的主要中心之一。约翰·沃特斯（John Waters）的电影中呈现出的就是经典的巴尔的摩，你在其他任何地方都无法想象这个城市所特有的文化氛围。从建筑风格来说，无论这座城市试图建点什么，总会有些不和谐的因素出现。但就像一位建筑师用错误的角度建造了一座房子，许多年后，人们会说："这结构不是非常有趣吗？"人们最终会爱上它。我曾想为这座城市写一本书，并将其命名为《巴尔的摩：怪癖之城》。

访：您的第二本书，出版于 1973 年的《社会正义与城市》（*Social Justice and the City*），分为三个部分："自由主义阐释""马克思主义阐释"及"综述"。您是否从一开始就深思熟虑，决定按着这个顺序来追溯自身思想的演变，或者它们只是在您写作过程中一种自然的呈现？

哈维：这本书中的写作顺序与其说是事先计划，不如说是偶然形成的。当我开始写这本书时，我仍然会称自己为费边社会主义者，但这个标签在美国的语境中没有多大意义。没有人会明白这是什么意思。在美国，我那时会被称为"持证的自由主义者"。我沿着这些路线出发，结果发现它们不起作用了。于是我求助于马克思主义，看看是否能产生更好的结果。所以，从一种方法到另一种方法的转变并非有所预谋，一切纯属偶然。

访：但从 1971 年开始，您参加了一个研究马克思《资本论》的读书会，那时您才刚到巴尔的摩不久。您最近把这段经历描述为您个人发展中一个决定性的时刻。请问您是这个组织的主要发起者吗？

哈维：不是。这个组织是由一群想读《资本论》的研究生发起的，迪克·沃克（Dick Walker）就是其中之一。我只是协助组织这个项目的教员。那时我并不是马克思主义者，对马克思知之甚少。总之，当时英语世界中关于马克思主义的文学作品并不多，除了多布（Dobb）、斯威兹（Sweezy）和巴兰（Baran）等的作品以外，其他的就所剩无几了。后来，引入了一些法文和德文文本，还成立了企鹅马克思图书馆，其中《政治经济学批判大纲》的出版是我们前进中重要的一步。总之，读书会是一次极棒的经历，但我并非处于指导者的位置上。作为一个整体，我们相互扶持，摸索前行，这使得读书更加意义非凡。

访：在《社会正义与城市》的结尾处，您解释说，您在完成这本书的剩余部分后读到了亨利·列斐伏尔（Henri Lefebvre）关于都市主义的著作，并深入其中发现一些惊人的结论。在这一时期，您对法国人关于空间的思考了解多少？回顾过去，人们可能会说，在法国马克思主义中，有两条截然不同的思路与您息息相关：伊夫·拉考斯特（Yves Lacoste）和他在希罗多德（Herodote）的同僚们的历史地理学，以及列斐伏尔的当代城市理论。后者出于对超现实主义的迷恋，将城市看作日常生活中意想不到的景观。

哈维：实际上法国还存在另一条思想主线，从制度上看远比另外两条思路重要，它与共产党紧密相关，最著名的代表人物是皮埃尔·乔治（Pierre

Georges）。这个群体在大学体系中权力很大，甚至在很大程度上掌控着任命权。他们认为地理和政治之间没有明显的关联。他们主要关注的是人类社会赖以生存的广袤大地，以及生产力发展对其带来的种种改变。在他们眼里，列斐伏尔算不上是地理学家，而乔治则在这门学科中处于绝对的中心，一切皆以他的观点为参照。

访：对于列斐伏尔的观点，您的见解相当独到，在后来的作品中也反复出现。一方面，您对他的激进主义表示认同，对他作品中批判式的乌托邦控诉大加赞赏；另一方面，您又指出了与现实主义取得平衡的必要性。这种力求平衡的思想成为您作品中的一种惯用模式——想象上的驰骋与经验上的限制共存。比如在《后现代的状况》（The Condition of Postmodernity）中"灵活积累"这一概念，又如您在近期作品中对生态末日论（ecological apocalyptics）所做的反应，都体现出一种热情参与和冷静思考的不寻常的组合。

哈维：写作《社会正义与城市》的过程让我获益匪浅，其中一点可以用马克思的名言来概括：真理是由争论确立的。理论的创新往往来自不同思想的摩擦与碰撞。在这种碰撞中，你万万不可完全放弃自己的出发点，因为思想的火花产自新旧观点的摩擦。总之，书中的自由主义构想并没有完全消失，在随后的议题中它依然占据一席之地。当我读到马克思的著作，我非常清楚那是对政治经济学的批判。马克思从不认为史密斯（Smith）和李嘉图（Ricardo）的话是一派胡言，他非常尊重他们的观点。但他也在变革的过程中将他们的概念与黑格尔或傅立叶（Fourier）的概念进行了对比。这一直是我所坚持的原则：列斐伏尔可能有一些伟大的想法，调节学派（Regulationists）也发展出来很多有趣的概念，这些观点都应当得到尊重。但是你不应该放弃自己的立场。你应该尝试将不同模块进行摩擦整合并思考：在这种新的知识结构中，能否产生出新的观点？

访：这门学科对《社会正义与城市》的接受度如何？20世纪70年代初知识分子普遍转向左翼，是否有人愿意真心倾听并表示赞同？

哈维：在美国，围绕由马萨诸塞州伍斯特克拉克大学出版的期刊《对极》（Antipode），地理学内部已经出现了一场激进运动。克拉克大学是美国地理学科的传统名校之一，而这一期刊的创刊人强烈反对帝国主义，痛恨地理历史上与西方殖民主义之间的任何纠葛。这份杂志对美国的国家会议形成了强大的干预，并组建了一个名为"社会主义地理学家"的团队。英国的多琳·梅西（Doreen Massey）等人就是类似运动的代表人物。所以，我想说，20世纪70年代初，在地理学界的年轻人中爆发了一场范围极广的运动来探索这个特殊的维度。《社会正义与城市》正是记录这一时刻的文本之一，随着时间的推移，它逐渐成为一个参照标准。同时，它也被学科之外的人阅读——特别是一些城市社会学家和政治学家。当然，激进的经济学家也对城市问题感兴趣，它们已成为美国的核心政治问题。所以，在这样的背景下，这本书的接受度是比较高的。

访：大概九年后，《〈资本论〉的限度》（*The Limits to Capital*）于 1982 年出版了。这是一本经济理论方面的重要作品，相对于您之前的作品来说是一个极大的飞跃。这样的转变背后有着怎样的故事呢？

哈维：我有在剑桥大学学习新古典经济学和规划理论的经历。对于任何一个地理学家来说，冯·杜能的区位理论从一开始就是非常重要的参考。当然，在写作《地理学中的解释》时，我本来就沉浸在对数学理性的实证主义讨论之中。所以，当我读到像森岛（Morishima）和德赛（Desai）这样的马克思主义经济学家的著作时，很快就理解了周遭所发生的事情。森岛的著作和斯威齐（Sweezy）的《资本主义发展论》（*Theory of Capitalist Development*）都给予我很大的启发。但说实话，对我写作《〈资本论〉的限度》帮助最大的还是马克思的作品。在写完《社会正义与城市》之后，我意识到自己并没有真正理解马克思，而这一点必须加以纠正。但当时我无法从他处获得很多帮助，只能独自前行。我的目标是努力让这一理论帮助我理解城市问题，而如果不解决固定资本的问题，我就无法做到这一点。那时，这一问题并未引起学界的重视，学界对其讨论甚少。正如我从巴尔的摩了解到的，金融资本是房地产市场的根本问题。如果我仅仅停留在这本书的第一部分，我所写的东西就与当时众多对马克思理论的探讨没什么区别。在接下来的内容中，我研究了固定资本形成的时间性及它与资金流动和金融资本之间的关系，以及它们之间的空间维度，这才使得这本书不同寻常。但这确实很难，写《〈资本论〉的限度》几乎让我发疯——我花了十年中的大部分时间去完成它，并尽力让它变得通俗易懂。这本书奠定了我此后所做种种研究的基础。这是我最喜欢的一本著作，但讽刺的是，它可能也是读者最少的一本。

访：当时反响如何？《新左派评论》肯定没有给予关注，但是其他左派群体呢？

哈维：我真的想不出任何自称马克思主义经济学家的人认真对待过这本书。我一直觉得行会精神很奇怪，因为它与马克思的行事方式差距太大了。当然，肯定也有一些客观原因导致这种差距。关于斯拉法（Sraffa）和马克思价值观的争论仍在继续，我认为这阻挠了很多人对马克思资本主义发展理论的学习与研究，还有其他版本的危机理论——比如吉姆·奥康纳（Jim

O'Connor）或约翰·威克斯（John Weeks）。《〈资本论〉的限度》的结尾可以被看作对帝国主义内部战争的预言，但也很容易被人们忽略。关于这本书唯一真正的争论来自迈克尔·勒博维茨（Michael Lebowitz）在《每月评论》（*Monthly Review*）上对它的抨击。总的来说，它似乎没有引起什么轰动。

访：但您有很好的同盟。毕竟，马克思收到的关于《资本论》的回应极少，以至于他不得不以笔名自己撰写一篇对《资本论》的评论。回想起来，其实令人惊讶的是，您的危机理论在很大程度上预言了两位马克思主义者的后期著作——他们也都不是经济学家：历史学家罗伯特·布伦纳（Robert Brenner）和社会学家乔瓦尼·阿里吉（Giovanni Arrighi）。在他们两个看来，空间成为解释的中心范畴，实际上在您的书之前，这在马克思主义传统中是找不到的。《社会主义文摘》（*The Register*）更具经验性，对战后国家的经济和全球扩张的长期周期进行了详细跟踪，但其框架和许多关键结论基本上是相似的。您的描述提供了这一系列解释的范式，它对资本抵御或解决危机倾向的方式进行了三方面的分析——结构修复、空间修复和时间修复，阐述得异常清晰。

哈维：回想起来，您可能会说它是一个预言性的文本。但我希望创作的是一个可以有所发展的作品。我惊讶地发现，事实并非如我所愿，它就被搁置在那里，表现相当平淡。当然，它也在一些激进的地理学家，或许还有社会学家中流动，但并没有发挥出我预期的作用。所以今天，举个例子，我也许会将危机也纳入考虑范围之内，并将其与世界系统理论相摩擦。事实上，这很可能就是我明年要做的课题。

访：要让别人真正理解并接受您的做法，更深层的障碍还是在于马克思主义者们对地理惯有的态度。他们把地理当作一种自然的偶然性——地壳的任意移动或种种意外及其对物质生活造成的不同后果，都是偶然现象。历史唯物主义的主要命题是一种独立于任何空间位置的演绎结构，空间位置在这些命题中是无关紧要的。有趣的是，您在《〈资本论〉的限度》一书中讲到的危机理论，从某种意义上说是尊重这种传统的——它发展出一种非常清晰的演绎结构。但您却把空间作为一个不可消除的元素纳入危机理论的结构之中，这是一种全新的做法。地理上无差异的资本被用于自然历史领域——当然，其代表的形式仍然抽象，符合演绎论证的要求。两相结合，旨在打破传统的预期。

哈维：一开始，我的初衷是从《〈资本论〉的限度》中跳脱出来，从历史的角度来探讨城市化。但这个课题太庞大了，所以我最终把它缩写成了 1985 年出版的两卷随笔：《意识与城市体验》 （*Consciousness and the Urban*

Experience）和《资本的城市化》（*The Urbanization of Capital*）。其中的一些材料早于《〈资本论〉的限度》一书本身。1976年至1977年，我在巴黎待了一年，目的是学习借鉴法国关于马克思主义的讨论成果。当时我还在绞尽脑汁地写《〈资本论〉的限度》，进展并不如意。说实话，我发现巴黎的知识分子有点傲慢，对来自北美的人都不太友善。几年后，当爱德华·汤普森（Edward Thompson）对阿尔都塞（Althusser）发起声势浩大的批评攻击时，我不由生出些许同情。与此相对，卡斯特尔（Castells）并没有插足这场众所周知的闹剧，和其他城市社会学家一样，他非常热情，乐于助人，所以我并没有浪费时间。但事实上，我对巴黎这个城市越来越感兴趣，探索它比纠结于再生产方案有趣得多。也正是出于对这个城市的迷恋，才有了我1978年发表在《圣心报》（*Sacre-Coeur*）和《公社报》（*the Commune*）上的那篇文章。然后我又回到了《第二帝国的巴黎》（*Paris of the Second Empire*），这是一个精彩的题材，也是两卷中篇幅较长的一篇文章的主题。真正让我感兴趣的是：《〈资本论〉的限度》在实际情况中能发挥多大的理论工具性的作用？

访：《第二帝国的巴黎》这篇散文本可以作为一部短篇著作出版。值得一提的是，其中涌现出众多的文学题材，这在您之前的作品中极为少见。现在，它们倾泻而出，如瀑布般穿行于字里行间：巴尔扎克、狄更斯、福楼拜、哈代、左拉、詹姆斯。您是否一直压抑着自己文学性的一面，又或者是在某种意义上开拓了一种新的视野呢？

哈维：我一直喜欢读文学作品，但却从未想过将其运用在自己的写作当中。然而，一旦我开始了这样的尝试，便发现诗歌或小说可以引燃无数历史性的观点。自从我做出这种转变以来，很多新的想法泉涌而至。当然，这和我当时在学术界的地位也有一定的关系：那时我相当的安全，没必要将自己局限在某一个狭窄的专业领域之中——反正我也没有做出多大成就。但我确实感到了一种解放，在经历了艰难的《〈资本论〉的限度》一书之后，我刻意打破了对专业的限制，更不用说文本本身给我带来的乐趣了。

访：这种变化好像也在为《后现代的状况》的全景式写作风格铺路。大概在20世纪80年代中期，有关后现代主义的讨论开始流行起来，您也敏锐地察觉到这点并受到影响。但究竟是什么促成了您创作该主题的综合性著作的想法呢？

哈维：我的第一反应是有些不耐烦。突然间，所有这些关于后现代主义的讨论都被认为是理解世界的方式，取代或淹没了资本主义。于是我想：我已经写了《〈资本论〉的限度》；我对《第二帝国的巴黎》也做了很多研究；我对现代主义的起源有一定的了解，对城市化也有一定的把握；而城市化在新的格局中又占了很大的比重。那么，为什么不坐下来，写出我自己的看法呢？结果，这竟然是我写过的最简单的书之一。我只花了大约一年的时间来写作，文思泉涌，根本没有焦虑或困扰。当然，我一进入状态就变得愈发的深思熟虑。我没有试图去否认某些后现代想法的正确性，相反，我发现这一概念指明了许多我们应该密切关注的事态发展。但这并不意味着我就完全臣服并附和于当时围绕后现代话题的所有肆意炒作和夸张言论。

访：这本书巧妙地将跨领域的学科兴趣结合在了一起。首先，其逻辑缜密，从最严格意义上的城市开始，讨论了巴尔的摩的重建。它提出了两个基本观点来反对将后现代主义作为"克服"建筑现代主义弊端的最佳手段而不加批判地大肆宣扬和鼓吹。当时的标准论点融合了雅各布斯（Jacobs）和詹克斯（Jencks）的观点：现代主义破坏了我们的城市，因为它对理性规划有着非人性的信仰，而且它在规划设计上保持着毫无情感的整体主义。相比之下，后现代主义尊重城市自发性和复杂性的价值观，解放建筑风格，让建筑呈现出多样性。您的观点却取代了这两种说法，您指出：导致如此多丑陋建筑的原因并不是对规划原则的过度遵从，而是规划者屈从于市场需求，而市场需求继续在后现代条件下严格地划分城市，与在现代条件下并无二致。然而，形式风格的进一步多样化已经作为技术创新的一个功能，与任何一种美学上的解放一样，允许采用各种新的材料和形状。

哈维：没错，我认为重要的是要展现出新的连续的一致性，即所谓的建筑幻想的繁荣期可能带来的一系列单调感，以及许多后现代主义舞台效果的天真——也就是您常发现的他们努力追求的社区的拟像。但我也想说清楚，要理解这些风格为何如此强大，就需要关注实体经济的潜在变化。这带我走进了法国调节学派最著名的理论领域。自 20 世纪 70 年代初的经济衰退以来，资本与劳动力、资本与资本之间的关系体系发生了哪些变化？例如，基于临时劳动力市场，我们讨论的"灵活积累"新制度达到了何种程度？这是我们周围城市结构变化的物质基础吗？调节学派把重点放在工资合同的转变和劳动过程的重组上，在我看来，这是完全正确的。在这一点上，人们可以走得更远，但不能认为资本主义本身从根本上发生了转变。他们提出，一种历史制度——福特主义（Fordism），已经让位给另一种制度，即灵活的积累制度，认为后者实际上取代了前者。但从经验上看，并没有出现这种大规模变革的佐证——"灵活积累"可能在局部或暂时占据主导地位，但将其确定为系统性的转变还为时过早。福特主义显然遍布于广泛的工业领域，尽管它也不是一成不变的。在巴尔的摩，伯利恒钢铁公司（Bethlehem Steel）过去雇用了三万名工人，现在生产同样数量的钢材，工人却不足五千人。由此可见，福特主义行业的就业结构跟以往不同了。这种大面积的裁员举措，以及临时合同在非福特主义部门的蔓延，为身份的流动性和不安全感创造了一些社会条件，而这些特征就是所谓的后现代性。但这只是片面之词。因为创造利润、获取剩余价值的方式有很多，只要方法行得通，你就会发现相应的实践不断增多，这就可能导致"灵活积累"的趋势。但这一过程也存在一些关键性的限制。试想一下，如果每个人都是临时工，这对社会凝聚力意味着什么，对城市生活或公民安全又会造成什么样的后果？事实上，我们已经不难看到，即使是部分地朝这个趋势运动，也会产生具有破坏性的影响。在资本主义作为社会秩序的情况下，普遍的变革将会使其稳定性陷入严重的困境和危机。

访：资本－劳动力是这种情况；那么资本－资本的关系又如何呢？

哈维：我们看到的是国家权力的极度不对称。民族国家仍然是劳动力的绝对基本监管者。认为在全球化时代民族国家的权威中心地位正遭到消解的想法是愚蠢的。事实上，民族国家比以往更注重为投资创造一个良好的商业环境，这意味着以各种目的明确的新方法来精确控制和抑制劳工运动：比如减少社会工资、微调移民流，等等。国家在资本－劳动力关系领域表现得非常活跃。但当我们谈到资本之间的关系时，情况就大不相同了。在资本与资本的关系里，由于全球金融流动超出了任何严格的国家监管范围，国家真正失去了监管分配或竞争机制的权力。《后现代的状况》一书的主要论点之一就是：资本主义在 20 世纪 70 年代的转折点出现的真正异常的特征，并不是劳动力市场的整体灵活性，而是来自物质生产环节前所未有的货币资本自治权——金融膨胀，这是后现代经验和代表的另一个基础。作为当代存在的无形的基础，货币的普遍性和波动性是该书讨论的关键主题。

访：是的，援引席琳（Céline）的说法——信贷人生。从程序上看，《后现代的状况》实际上非常符合萨特（Sartre）对马克思主义复兴的观点。他将复兴的任务定义为：必须把对客观结构的分析与对主观经验的恢复以及表现结合起来，形成一个有机整体。这对您当时所做的努力也是一个很好的概括。您认为这本书最重要的结论是什么？

哈维：《后现代的状况》是我出版的最成功的作品——它吸引的读者比其他所有作品加起来还要多。当公众被一本书触动，不同的读者往往会从书中读到不同的东西。对我自己来说，这本书最具创新性的部分是它的结论——在这一章，我探索了后现代体验在人们的生活方式、想象、时间和空间上的意义。我在最后几章主要以不同的方式对"时空压缩"这个主题进行了思考，我认为这就是本书实验性的点睛之笔。

访：《后现代的状况》出版于 1989 年。在此两年之前，您从巴尔的摩搬到了牛津。是什么促使您回到英国的？

哈维：当时我觉得自己在巴尔的摩白忙活。所以，当有人向我提供牛津大学的麦金德教授职位时，我立即加入其中，很想知道那会是怎样一种不同的体验。我在牛津大学待了六年，但在那期间我还一直在霍普金斯大学教书。从这方面来说，我的职业生涯与大多数学者相比是比较保守的——我一直都忠实于自己待过的地方。在牛津，人们对我的态度就像我是刚从剑桥来到这里一样，哪怕我 1960 年就离开那里了——就好像在回到我的自然栖息地牛津剑桥之前，经过的 27 年都只是在殖民地的候车室一样，这种态度简直让我崩溃。我确实深受英国文化的影响，直到今天，我仍然觉得这种文化非常强大。当我回到以前曾骑车来回的肯特郡乡村时，我仍然对那里所有的车道了如指掌。所以，从这个意义上说，我的确是牢牢地扎根在当地的泥土中的。这些初衷是我永远不想否认的，而且它们也鼓励着我探索其他空间。

访：那大学或城市呢，它们对您有何影响？

哈维：从专业的角度上说，多年来我第一次发现自己进入了一个传统的地理学系，这对我来说极其有用。它刷新了我对该学科的认识，让我明白地理学家是如何看待自己的思考方式的。委婉地说，牛津的变化不是很快。在那里工作有愉快的一面，但还有更多消极的方面。总体而言，物质环境不错，但社会环境——尤其是大学生活，其实挺糟糕的。当然，你很快就会意识到牛津大学的职位带来的世俗优势。我从某个跨大西洋部门里的古怪知识分子，摇身一变成了一个受人尊敬的人物，很多意想不到的大门都向我开启。我第一次真正意识到阶级的存在，还是在 20 世纪 50 年代去剑桥的时候。在牛津，我又想起了阶级观念在英国的意义。当然，把牛津当成一个城市，就又是另外一回事了。在巴尔的摩的那些年，我一直努力与当地政治保持一定的联系：我们买下了一座旧图书馆，把它变成了一个社区活动中心，参加了租金控制运动，也做了一些试图引发激进举措的努力。在我看来，把我的理论工作和当地的实践活动联系起来是非常重要的。当我来到牛津时，这里正举行着抵制考利罗孚工厂（Rover Plant in Cowley）的运动，为我在巴尔的摩的努力提供了一种自然的延伸。由于个人原因，我不能像在巴尔的摩那样活跃，但这个运动提供了与有形社会冲突的同种关联，这和在巴尔的摩时并无区别。运动还引发了一些非常有趣的政治讨论——记录在特里萨·海特尔（Teresa Hayter）和我共同创作的《工厂与城市》（*The Factory and the City*）一书中——这可谓一次非常迷人的体验。不久之后，我读了雷蒙德·威廉斯（Raymond Williams）的小说《第二代》（*Second Generation*），惊讶于他对考利的实际情况如此精确的描写。因此，《正义、自然与差异地理学》（*Justice*,

Nature and the Geography of Difference）一书中最早的一篇文章，成为对他小说的一种折射。

访：您和威廉斯之间是不是有很多相似之处？威廉斯的语气总是很平静，但毫不妥协。他的立场一贯是激进的，但也始终是现实的。他的作品模糊了学科边界，跨越了许多知识的界限，创造了新的研究类型，却不带任何炫耀和浮夸。在这些方面，您的作品与其有很多相似之处。您如何定义自己和他的关系呢？

哈维：虽然我早就熟知威廉斯的作品，但却从未见过他本人。在我教授"城市研究"课程的时候，《乡村与城市》（*The Country and the City*）是我选用的基础教材。在霍普金斯大学，我总是对他怀有强烈的钦佩之情。尽管威廉斯对语言和话语的论述可媲美任何一位巴黎理论家，而且往往还要更加睿智，但他并未得到过学术上的同等认可。当然，到了牛津大学后，我又重新以更大的劲头投入他的作品中去。威廉斯曾对自己作为一名学生来到剑桥的感受做过描述，几乎与我自己在那里的经历完全吻合。后来他还有一本极具影响力的小说，故事背景就设定在我现在工作的牛津，那本小说把社会和空间主题交织在一起。所以我确实感觉到与他之间有一种很深的渊源。

访：在《正义、自然与差异地理学》一书中，您似乎对参考文献和其他方面做了更改。海德格尔（Heidegger）和怀特海（Whitehead）变得比亨佩尔（Hempel）和卡尔纳普更为重要。这种广泛的文本收集的主要目的是什么呢？

哈维：这绝对称得上我写过的最不连贯的一本书。凝聚力的缺乏或许也有其优点，毕竟还是要为其他可能性留有一线余地。我真正想做的是用一些非常基本的地理概念——空间、地点、时间、环境，来证明它们对于任何一种历史唯物主义的世界观都是至关重要的。换句话说，我们必须考虑历史-地理唯物主义（historical-geographical materialism），我们需要有一些辩证法的概念。我在最后三章举例说明了可能出现的结果。地理问题在任何唯物史观中都是存在的，它们必须存在，但却从来没有被系统地加以处理。我想从这方面进行努力，我可能做得不够成功，但至少我进行了尝试。

访：这本书中的一条主线是对激进生态学的批判性参与，它达到了一种典型的平衡。您在左翼问题上提出了对环境灾难论的警告。我们是否应该将其视为与此前的马克思主义经济学"崩溃论"（Zusammenbruch theories）同等水平的作品呢？

哈维：约翰·贝拉米·福斯特（John Bellamy Foster，美国俄勒冈大学社会学教授，当代生态马克思主义的领军人物）在《每月评论》（*Monthly*

Review)上对此发表了一段相当精彩的辩论,明确地把问题摆到了桌面上。我非常赞同许多与环境相关的观点。但我在工程系工作的经历,加上这种经验带来的推崇务实解决方案的观念,让我对末日预言持谨慎态度,即使这些预言是由科学家本人提出的。我花了很多时间试图说服工程师,告诉他们应该相信知识,包括相信自己的技术独创性都是由社会构建的。但当我和人文学科的人争论时,我发现自己不得不向他们指出,当污水处理系统不起作用时,你不会给后现代主义者打电话,你只会打电话找工程师——巧的是,我所在的部门在污水处理方面非常有创意。可以说我是处在两种文化的交界处。关于《正义、自然与差异地理学》的辩证法这一章,其目的是想向工程师和科学家们解释,这个谜可能是关于什么的。所以它更倾向于自然过程而不是哲学范畴。如果我在人文学科中教授辩证法,我肯定会提到黑格尔;但在与工程师交谈时,提怀特海、博姆(Bohm)或乐翁亭(Lewontin)就更说得过去——科学家毕竟还是对科学活动更加熟悉。与我们所熟知的文学哲学的辩证论证相比,这便提供了一个截然不同的视角。

访:这本书中的另外一条主线就是我们在书名中看到的正义理念。在马克思主义传统中,这并不是一个容易被接受的概念。从历史上来看,诚然,正如巴林顿·摩尔(Barrington Moore)以及其他人所示,尽管不公正感在文化上是一个变量,但在社会起义中一直扮演着非常重要的杠杆角色。然而,这好像并不需要任何权利或者正义理论为之进行呐喊。当今,许多人为之努力,但获得真正意义上成功的却寥寥无几。马克思继边沁(Bentham)之后,正在逐渐丧失其哲学基础。为什么您认为应该推翻这些反对意见?

哈维:马克思反对社会正义理念,因为他认为这种理念企图使用纯粹的分配方案来解决在生产方式中的问题。在资本主义之内的收入重新分配只能是治标不治本——解决办法就是转变生产方式。这一过程中存在着非常强大的阻力。但仔细想来,我越发震撼于马克思所写的其他一些文字——比如他在《政治经济学批判大纲》导论中的著名论断:生产、交换、分配以及消费都是一个有机整体中的所有元素,每一个元素都与其他元素在整体上发生关联。在我看来,要想谈论这些不同的所有元素,就需要设计一些正义的概念——当然,你也可以在生产方式中转变分配效应。我并不是想否认我们的根本目标正是这种转变,但是你如果将它困囿于此,而没有细心留意这在消费、分配以及交换的世界中意味着什么,那么就错失了某种政治驱动力。所以,我认为有必要重新引入正义这一理念,但并不是以改变生产方式的根本目标为代价。当然,还有一个事实,社会民主主义的一些成就——在斯堪的纳维亚(Scandinavia)通常被称为分配型的社会主义,是不应该遭到轻视的。

它们有其局限性，但也取得了真正的收益。最后，有一个全面战术性的理由让左派得以重拾正义与权力的理念，我在我的新书《希望的空间》（*Spaces of Hope*）中也谈及了这点。如果说今天全世界的资产阶级自己的意识形态中有一个中心矛盾的话，那它一定存在于权利话语之中。回顾 1948 年联合国《世界人权宣言》（*Declaration of Rights*）中的第 21—24 条，我对劳工权利部分印象非常深刻。您可以试想：如果慎重地对待这些问题，而不是在全球几乎每一个资本主义国家公然地加以侵犯，今天我们将会生活在怎样的世界里？如果马克思主义者放弃权利的理念，那么他们将会失去撬动矛盾的力量。

访：传统的马克思主义者可能会说：但恰恰，实践是检验真理的唯一标准。你应该对这些社会权利了如指掌，它们就摆在那里，被人们郑重其事地宣告了 50 年，但又起到了多少作用呢？权利作为一种观念从本质上具有可塑性——任何人都可以创造权利，直到使自己满意为止。它们真正代表的是利益，而且正是这些利益的相对力量人为地决定了"建设"的主导地位。毕竟，时至今日，在获取自由言论权利之后，得到最普遍公认的人权是什么？那就是拥有私有财产的权利。每个人都可以靠自己的才能来赚取利益，将他们的劳动成果传给下一代而不被他人干涉，这些都成了不可剥夺的权利。那么，为什么我们应该臆想健康权或就业权会将他们打倒呢？从这个意义上看，尽管充满了自相矛盾的陈词滥调，而且结构空泛，但难道这不就是言论权吗？

哈维：不，它并不空泛，它的内容很充实。但其中是什么呢？大体上是当时马克思所反对的那些资产阶级的权利观念。我建议我们可以用另一些东西来丰富它，比如社会主义者的权利观念。一个政治计划需要将一系列的目标结合起来，以便能够打败它的反对者。权利潜在的动态感知提供了这样的机会，正因为敌人不能从它一直得以依赖的领域退让出来。如果一个组织，像国际特赦一样为政治权利与公民权利做了大量的工作，并以同样的坚持追求经济权利，那么今天的地球将会是另外一番景象。所以，我认为马克思主义传统致力于使用权利语言进行对话是非常重要的，这才能在权利语言中赢得核心政治言论。今天，在全世界，社会动荡几乎总是自然而然地诉诸某些权利观念。

访：在您的新书《希望的空间》的第一篇文章《一代人制造的差异》中，您将 20 世纪 70 年代早期《资本论》读书会的情况与今天的读书会进行对比。您评论说，它需要费一番功夫将抽象类别的生产方式理论与日常现实世界联系起来。一方面，如您所言，在日常现实世界之外，随着反帝国主义者的斗争与革命运动在世界各地打响，列宁的言论，而不是马克思的言论主导了历史舞台。另一方面，至 20 世纪 90 年代，革命的余波所剩无几，甚至已经荡然无存。但是每天早晨报纸的头条，当企业并购或者股票价格占据新闻主流，读起来却也像是直接引用《剩余价值理论》。在文章末尾，您回顾了当代的情景，批评过度使用葛兰西（Gramsci）的格言——引自罗曼·罗兰（Romain Rolland）："意志上的乐观主义，理智上的悲观主义"，赞同并支持智者坚定的乐观主义。文章结论顺理成章，整体上非常自然。这为您接下来的叙述做了有趣的铺垫。因为它暗示的是整个且席卷了世界三分之一地区的共产主义的经历，但几乎没有出现在您的视野——好像您既不是反共产主义者，也不是共产主义者，却自己发展出一种兼具活力及创造性的马克思主义，避开了这场巨大的闹剧。如果苏联的解体及希望的破灭是导致左派知识分子悲观主义的主要原因，那么，您并未受到太大影响是完全符合逻辑的。但是它也牵出一个问题，您是如何从心理上避开这个即将出现的巨大障碍的呢？

哈维：部分原因在于当时的具体情况。我没有苏联地理学方面的知识背景。虽然我对中国很感兴趣，却从未参与过与之相关的任何活动。但如果存在某种意义上的偶然性，那便是由我个性上的偏好所造成的。马克思是我的支柱，他的著作是对资本主义的批判。另一种选择正是出自那些批判，而非他处。所以，我总是喜欢尝试运用这些批评，比如在巴尔的摩，或者牛津，或是我正好在的任何一个地方。这可能促成了我思想上的地方主义观念。一方面，我创造了一个通论；但是另一方面，我又需要从这些自创理论中感受某种归属感。马克思主义通常被认为主要与苏联或者中国有关，而我想说的是它其实是与资本主义有关。资本主义在美国非常盛行，我们必须对其优先考虑。因此，这样做的一种效果就是使我免受共产主义实践在苏联失败的影响。但是我也必须承认这对我的工作是一种真正的限制。因为我的所有地理兴趣，仍然以欧洲为中心，集中在大都会地区。我还没有更多地探索世界其他地方。

访：在最近的文章中，您多次转向进化论的话题，以一种带有同情的批判精神投入爱德华·威尔逊（E. O. Wilson）的作品，与之前您对他关于左派的言论的回应大不相同。曾被卡尔纳普吸引的人有可能也会受到他的"科学大一统"观念的吸引，尽管您表示保留自己的意见。但如您所言，正是威尔逊对每个物种基因配置的强调，使人类有机会对其进化过程进行一系列伟大的反思，为所有的物种留下了一座充斥着能量与力量的宝库——竞争、适应、合作、环境转变、时空顺序，每个社会都从中发展出一种独特的组合。您认为资本主义需要所有这些要素，尤其是它自己的合作形式，而您把一种特定的竞争模式置于首位。但是，如果竞争作为人类一种与生俱来的天性永远无法被消除，那么它与其他物种之间的关系就不可能一成不变。因此，社会主义被认为是最好的人类基本技能的重组。在重组中，它的各组成要素间将取得更好的平衡。这是对在其领域中主张社会生物学做出的惊人的回应。但是现行体系的坚定拥护者又会回击道：是的，但是不管生态位如何，正如自然界中适者生存的法则一样，资本主义之所以在社会中胜出，正是得益于其竞争优势。竞争本身就是这个体系的绝对中心，为其提供创新的动力。任何将竞争驱动力进行相对化处理或将其降级为另外一种组合等替代性选择都无法承受这种动力。您可能会试图为社会主义而动员呼吁，但是您会把它作为一种更为复杂的框架下的原则来屈从。然而我们不屈从于它——那就是我们不可战胜的力量。对于这种异议，您的看法是什么呢？

哈维：但是您屈从了啊！您的确在各种领域中屈从于竞争。事实上，如果没有设立控制、指导及限制竞争的规章制度，资本主义的历史将不堪设想。没有国家权力来执行财产和合同法，更不用说运输和通信，现代市场就无法开始运作。下次您飞往伦敦或纽约时，想象一下所有飞行员突然遵循竞争原则的景象：他们都试图第一个着陆，并争抢最好的登机口。资本家会喜欢那样的想法吗？绝对不会。仔细观察现代经济的运行方式，您会看到竞争在其中真正发挥支配作用的领域非常有限。再细想一下所有关于"灵活累积"的讨论，您会发现，其中很多都是围绕产品线以及利基市场的多元化为中心展开的。如果没有多元化，资本主义的历史将会是怎样的？但实际上，多元化背后的动力是对竞争的逃避。在很多时候，寻求专业化市场是逃避压力的一种方式。事实上，写一部资本主义的历史，探索它对我概述的基本技能的六要素中每一个的利用，追溯不同时期使它们结合在一起并付诸实践的变化方式，将会是非常有趣的。对威尔逊怀有本能的敌意并不局限于左翼，但其作用并不明显。生物学的进步教会了我们很多有关人类构造的知识，包括我们大脑的物理结构，未来还会告诉我们更多。我不明白为何一个人可以是一个唯物主义者，却又不认真对待这一切。因此，从社会生物学的角度出发，我重拾初衷，相信不同概念之间摩擦生热的效应与价值，让威尔逊与马克思的思想进行对话。当然，他们的思想肯定存在明显的差异，但也有令人惊讶的共通之处。所以，我们将这两位伟大思想家的思想进行碰撞。不是说我的做法就完全正确，但我认为讨论是非常必要的。《希望的空间》第四部分——"有关多元替代方案的对话"就主要谈论了这个问题，我们就应该以那种精神来着手处理问题。我所发现的是问题，而不是解决方案。

访：对于目前资本体系的前景，您有什么看法？《〈资本论〉的限度》对其危机机制（与固定资本集团僵化有关的过度积累）及其典型解决方案（贬值、信贷扩张、空间重组）提出了一般性的理论。《后现代的状况》研究了它们在 20 世纪七八十年代出现的方式。我们现在处于哪个阶段呢？在您的框架范围内，对于当前的局面以及相反的迹象，好像有两种可能的解读，或许第三种解读也即将浮出水面。第一种解读以《后现代的状况》中您的观察作为出发点，即贬值不是以典型的崩盘形式发生，而是在其范围内缓慢渐进而不引起危机动荡的情况下发生，通过净化系统的方式来清除过剩资本是最有效的。一种观点认为，您在伯利恒钢铁公司案例中所引用的那种积累方式的转变，难道不是自从 20 世纪 70 年代经济持续低迷以来，在连续不断的裁员和转行风波中潜在发生着的事吗？最后，随着经济复苏、物价稳定、高科技投资的激增以及生产力的提高，在 90 年代中期释放出一种新的活力，给这个体系赋予了新的生命。另一种观点同样与您的框架结构相兼容，认为这并不是一种潜在的情况。相反，我们已经看到信贷系统的激增释放出资产膨胀的巨浪。换句话说，就是虚拟资本失控的增长。股市泡沫破灭势必导致市场的大幅度调整，将我们重新打回并未真正得到解决的过度积累的现实中。此外，还有第三种看法，这种看法把关注的重点放在苏联共产主义在东欧以及俄罗斯的实践失败，以及中国对外贸易与投资的开放。这些发展带来一个问题：用您的话来说，在其潜在运营领域中突然的、巨大的扩张，这不正是资本主义在谋取利润的过程中所进行的一种大规模的"空间修复"吗？这还只是早期阶段。迄今为止，美国与中国的贸易仍然存在相当大的逆差，但是我们也正在见证世界贸易组织（WTO）建立新秩序，且这一秩序在 21 世纪有望与布雷顿森林体系（Bretton Woods System）齐名，而正是在该体系中，资本主义首次将其边境向全球范围拓展。以上是三种不同的脚本，但都可以从您的作品中找到原型。您对它们的相对可行性有初步判断吗？

哈维：我不认为可以在这些解释中简单地做出选择。它们都是稳定的、持续贬值的过程——裁员、重组以及外包，同时也是空间转换的过程，沿袭传统上与帝国主义相联系的路线，都是真实的情况。但是如果没有今天虚拟资本的惊人力量，这些大规模的重组是不可能发生的。货币贬值或者地缘扩张的每一个主要阶段都受到金融机构作用的影响。其中，金融机构的作用又累积为虚拟资本的一种全新的动力。当然，这样的资本并非凭空臆想而来。在一定程度上，它为生产设施带来有益的转型。在货币循环的整个过程中，货币被转换成商品，然后再转换成本金与利润。资本通过这种形式的转变从虚拟成为真实。但是，要做到这一点，只有预期是不行的，最后还需要由社会来构建。社会必须让人们相信财富，比如共同基金、养老金、对冲基金等将会继续无限地增长。确保这些期望值是一项由国家掌控的霸权主义的工作，需要依靠媒体来加以传播。上次世界危机中两位伟大的理论家——葛兰西

（Gramsci）和凯恩斯（Keynes）对此理解相当深刻，他们的著作极具启发性。当然，也可能存在阻碍货币贬值或抵制地理合并的客观过程，但该体系也特别容易受到虚拟资本失控增长的主观不确定性的影响。凯恩斯就受到这一问题的困扰：如何维持投资者的充沛精力？为了维持对该体系的信心，一场巨大的意识形态的战斗势在必行。在该体系中，国家的活动——我们只需要想想 20 世纪 90 年代美联储的角色——是至关重要的。齐泽克（Žižek）就以非经济的方式对此做了相当精到的论述。因此，这三种解释并不相互排斥：在重启霸权主义的迹象之下，它们需要被放在一起。这个体系曾经受住了 1998 至 1999 年来自东亚金融危机的冲击，以及一家总部位于纽约的对冲基金——负债数十亿的长期资本管理公司破产倒台的冲击。但是，每一次它都几乎耗尽全力，谁也不知道它还能持续多久。

虽然在阶级斗争中，资本主义的适应性是它的主要武器之一，但我们也不能低估其持续产生的广泛的对抗力量。这种对抗往往是碎片式的、高度本地化的，且目的与方法千差万别、变幻不定。我们不得不想方设法帮助动员和组织这种实际的和潜在的反对力量，使它成为一种全球性的力量，并在国际市场上占有一席之地。西雅图就是很好的例子。我们需要在理论层面上找到一种方法，能够在差异中发掘共性，进而发展出一种具有真正向心力的集体主义政治，而且这种政治对当今世界不可或缺的独特性相当敏感，特别是在地理差异方面。那是我的主要希望之一。

译者简介：
　肖达娜，四川大学道教与宗教文化研究所博士研究生，四川师范大学国际教育学院副教授。

专题三 西方新马克思主义文论与空间理论关键词研究

当代西方空间批评关键词研究述评*

毛 娟

摘 要：当代西方空间批评是 20 世纪"空间转向"在文学艺术批评领域的话语实践，由此带来了在学术思想的言说方式、阐释方式上的诸多变革，成为跨越人文、地理、政治和社会学等多学科的研究焦点，成为人文学科的重要研究视角。本文主要对空间批评的诸多关键词进行分类阐释，力图从宏观和微观、整体和具体层面勾勒出相对完整的研究图景，突出空间批评的问题意识和空间视角的语境化。在理论不断增殖的现状下，建构"文论－空间"的思考模式，刷新对文艺理论和批评的理解，尝试应用社会实践和理论纵深共享的空间理论知识体系。同时，将空间理论所蕴含的空间观念、空间意识和思维方法与中国文化实践相结合，突破传统地域文化研究的局限，理解我们自身社会文化中的空间问题，努力实现空间批评的"在地化"，使其服务于本土理论的创新和发展。

关键词：当代西方 空间批评 关键词

20 世纪后半叶以来，西方学界经历了"空间转向"，空间批评是这一转向在文学艺术批评领域的话语实践：以新的空间观念为基础，创生文学研究批判功能新形态；研究空间如何通过自身意义系统的衍生表达意识形态、宗教信仰、民族关系、生态伦理等多维意义。

---

* 本文系国家社科基金重大项目"西方新马克思主义文论与空间理论重要文献翻译和研究"（15ZDB085）以及国家社科基金一般项目"当代西方空间批评关键词及其影响研究"（18BWW005）的阶段性成果。

作为 21 世纪西方最前沿的批评理论之一，它在学术思想的言说方式和阐释方式上产生诸多变革，成为跨越人文、地理、政治和社会学等多学科的研究焦点，生产出空间与网络、政治学、性别、后殖民等一系列新话题，成为人文学科的重要研究视角和新诗学的关键词。多位学者从后现代美学、当代政治、全球化、消费与经济等视点重新思考空间、时间和社会存在的辩证关系，拓展了文学空间研究的角度，加深了其深度。空间批评认为，文学在根本上是一种空间生产，文学与文学之外的世界之间的关系发生了根本变革。它探究文学作品空间蕴含的社会文化要素，还原作家的空间建构过程及其意义，为认识当代社会提供了一种途径和思维方式。

目前国内学者对国外空间理论做了不少译介工作，对空间理论家的研究也日渐丰富。但对当代西方空间批评的整体研究，尤其是对关键词的系统归纳和深度阐释还相对零散、薄弱。批评术语的发展是动态的，它不断与社会文化变迁发生互动。"关键词"是当代西方空间批评中最具代表性的概念或理论范畴，是批评家的试验场域和践行方式，以直观、具体的方式，为我们提供窥探理论的"入口"，揭示它们的生成语境、演变图景和理论价值。本文通过对这些关键词的整体把握和深度阐释，分析概念的内涵与意义，及其对当代中国文学研究的影响。

目前，国外空间批评理论产生了大量丰富的研究成果，主要体现在三个方面。

（1）社会关系与空间生产及其理论延伸：列斐伏尔使社会空间生产与社会关系互动成为西方空间理论的主体论域之一；福柯的"异质空间"本质上是一种"差异性空间"；索亚的"第三空间"成为历史、社会维度之外的第三种思考维度；卡斯特尔关注网络空间、信息社会变迁的总体空间表征，讨论技术背景下人们的空间感受在空间政治规约下的嬗变；戴维·哈维则深入阐释空间理论的核心诉求"空间正义"等。安德烈斯·泽莱尼兹、罗伯·希尔兹、安迪·麦利菲尔德、古内沃德纳和基普菲尔等继续对这一领域的空间理论做了延伸与拓展。

（2）文学空间批评：杰姆逊指出日常生活的文化经验已更多地受到空间维度的影响，体现出"文论－空间"研究的可能性；哈维的"地理－历史唯物主义"和"时空压缩"理论重新解释新语境下人们对时空的审美体验，通过不同艺术形态的具体表达来理解空间，透视资本主义社会背后的政治经济关系。西方文学批评界借助分析文艺作品的空间表达，发展出跨学科的"地理批评"，理论阵地是期刊《地理批评与文学空间研究》，其中贝特朗·韦斯特法尔阐明了地理批评的核心观念；罗伯特·塔利将"地理批评"称为"文学图绘";加斯东·巴什拉借助文艺作品中的实体空间来建立"空间诗学"范畴;弗兰科·莫莱蒂则对小说空间进行了三重维度分析等。这些研究说明西方文学批评的空间转向是历史性的、多路径的。

(3)城市空间与批评问题:包括城市设计、城市生态学、城市政治学、城市经济学等。城市化进程及其产生的社会问题一直是资本主义诞生以来的重要论域,在后现代多元文化与全球化语境下进入更广泛的文化研究领域。城市空间问题不仅关涉发达资本主义国家的过去与未来,也能从其中审视第三世界国家的文化样态。这是一个新兴的、社会意义明显的研究视域。西方学者一直在做有价值的深入研究。

国内这方面的研究成果主要集中在两个方面,并提供了有相当价值的文献资源。

(1)空间理论的选择性译介:国外重要空间理论研究成果经过"空间旅行"进入中国。大陆学者包亚明、阎嘉、胡大平、陆扬、刘怀玉、汪民安、王文斌等,台湾学者夏铸九、王志弘等积极参与译介工作,诸如"现代性译丛""当代学术棱镜译丛""都市文化研究译丛""后现代性与都市研究"等,翻译介绍了大量空间理论文献,让空间问题成为中国学界关注的热点话题和研究焦点。

(2)对后现代空间理论的评述研究:中国大陆经历社会转型和全新时空体验,并进入文学艺术领域和批评家的关注视野。学者们在译介工作的基础上,以"空间"为切入点,从文化批评、城市空间、消费社会、身体话语、性别种族、意识形态、空间哲学等方面展开某一方面的专人或专题研究。现有成果大多集中于列斐伏尔、杰姆逊、雷蒙德·威廉斯、戴维·哈维、卡斯特尔、爱德华·索亚等后现代空间理论或文学空间叙事。

因此,研究者较少对当代西方空间批评关键词及其在中国的影响做系统的、宏观层面的归纳与阐述;较少地把理论思考同本土经验和本土问题结合起来阐释。所以,我们需要利用现有译介和研究成果,融汇文学批评与空间理论,从宏观和微观、整体和具体层面进行归纳分析,呈现出相对完整的研究图景,突出空间的问题意识和空间视角的语境化。空间理论具有较强社会实践意义。在理论不断增殖的现状下,建构"文论-空间"的思考模式,刷新对文艺理论和批评的理解,尝试应用社会实践和理论纵深共享的空间理论知识体系。同时,需要将空间理论所蕴含的空间观念、空间意识和思维方法与中国文化实践相结合,突破传统地域文化研究的局限,理解我们自身社会文化中的空间问题,努力实现空间批评的"在地化",使其服务于本土理论的创新和发展。

第一，空间批评基础概念与范畴研究。这是当代西方空间批评中最具代表性、本源性、开创性的关键概念与重要范畴，它们支撑并维系着空间批评的不断演进，使其具有浓厚历史底蕴、深刻思想根源和不断生长的可能性，并最终衍生出难以穷尽的当下形态。

（1）马克思主义维度：列斐伏尔空间理论标志着马克思主义研究的空间转向，他提出了"空间的生产""空间实践""空间表征""空间政治""社会主义空间"等空间概念，将空间置于全球化、资本、权力、意识形态等复杂因素的张力中，构建物理空间、精神空间和社会空间的统一，并彰显多重意义。戴维·哈维创造性地将地理学和"时间－空间"问题纳入马克思主义理论体系，提出在全球范围产生持续而深远影响的"历史－地理唯物主义"，以及"时空压缩""空间修复""地方与全球的辩证法""空间正义""资本的城市化""反叛的城市"和"绝对空间、相对空间、相关空间"构成的"空间矩阵"等一系列引人注目的关键词，挖掘地理空间背后的物质生产与创造性活动的特性与力量，建构阐释现代与后现代审美体验的不同时空框架。索亚的"第三空间"实现了对传统空间观二元割裂的超越，展现出主体与客体、抽象与具象、真实与虚构、可知与不可知、重复与差异、精神与肉体等交错杂糅的"复调"状态，具有开放性和创造性。

（2）后现代维度：在资本主义全球性扩张中，空间从时间中解放出来，具有主导地位。后现代空间呈现出当下语境特有的"关系性"形态。鲍德里亚指出城市空间的超空间特性；杰姆逊用"超空间"来描述"后现代空间"；福柯揭示空间的权力生产及现代人生存境况之秘密，其"异托邦""另类空间""空间规训"等是蕴含历史维度的空间概念，展现出强烈的批判意识。

（3）符号学维度：空间理论利用符号学方法，揭示充满意义的社会空间所隐蔽的各种权力、知识对当代社会的控制。卡西尔的"感官空间""知觉空间"和"象征空间"，苏珊·朗格的"真实空间"和"虚幻空间"，布尔迪厄的"空间区隔"，吉登斯的"时空分延"，德波的"景观社会"等，从不同角度阐释了空间的符号意义，让"空间"成为理解、分析和批判当代社会最重要的维度。

第二，文学－文化批评实践中的关键词研究，探讨从鲜活文本经验中生长出来的关键词。对"文本"的具体解读是空间批评的生动演绎和生命力所在。

（1）文学地理维度：迈克·克朗以"文学地理景观"为题，以"地区感"为切入点探讨文学空间内涵以及文学如何运用各种方式对现代性空间进行意义编码重组，从而揭示其文化政治内涵和社会历史意义。弗兰克·莫莱蒂是

"地图制造者"，他认为地理形塑文学结构、叙事和风格，在文学内部形成"乡村空间""城镇空间"和"国家空间"，这三重空间是多元开放和互文性建构的。

（2）空间叙事：巴赫金提出"时空体"，将空间观念植入注重时间性的叙事传统中，把文学审美确认为时空中的整体性存在。约瑟夫·弗兰克的"空间形式"和"空间并置"等关键词，确立了叙事空间，将研究指向语言的空间形式、故事的物理空间和读者的心理空间三个维度。西摩·查特曼通过区分"故事空间"和"话语空间"，说明视角与聚焦在文本空间研究中的关键性，这些对建构空间叙事理论起到决定性作用。

（3）身体与情感体验：庞蒂通过"身体空间""客观空间""知觉空间"等论证"空间也是一种身体感知"。布朗肖提出在作为内部空间而存在的文学与作为外部空间而存在的个体精神世界、生命体验之间建立紧密关系。威廉斯创造了"情感结构"，即人在日常生活中所获取并凝聚的经验、意义与价值观的"集合体"，用以描述时代变迁引发的文学、艺术、文化实践中空间观念的改变和现代人具有冲击性的时空体验。本雅明提炼的"文学蒙太奇"等概念，打破传统线性、同质化的思维方式，呈现出现代都市碎片化、偶然性、稍纵即逝的情感体验和对都市空间的新理解。巴什拉则通过分析家宅、抽屉等意象，探讨空间意象的现象学意义，强调心灵的主观性体验和文化原型在认识世界中的重要性。

（4）当代社会批判维度：杰姆逊提出"认知测绘"，在空间逻辑和审美体验之间搭建桥梁，审视个体在后现代空间中的位置，对资本主义全球扩张保持批判意识。哈维挖掘出如"创造性破坏"等一系列极具思想深度的概念，揭示从废墟中孕育新生的社会文化状态与现代性相伴而生的独特精神面貌。布尔迪厄的"文学场"则表明文学空间（场）的生产构成多元异质性的空间（场），该场域由各种权力因素合力而成，使文本空间充满"互文性"。这些观点带来当代文学批评思路的深刻转变。

第三，空间批评关键词的突破与创新研究。当代西方空间批评处在不断生长的动态演变中。理论家从各自立场和视域出发，主动发掘、援引、化用重要理论资源，将其与当代问题结合，形成一系列具有批判性和时代气息的理论术语和概念范畴。大致涉及以下六方面。

（1）空间与性别：空间理论传达着关乎人类身体权力的隐喻，揭示两性在社会结构中的地位，可以重新解释性别关系并探究人性。其中"空间女性主义批评"展现出尤为强烈的冲击力，思考家庭、制度、文化、精神性空间对女性气质的"编码"，以及潜藏其中的文化、政治、经济等深层动因，重构女性的空间定位。

（2）空间与后殖民："后殖民"是充满含混张力的概念，它与空间地理学结合，以"第三空间"激励人们以不同方式思考边缘空间的文化意义，旨在突破种族、性别和阶级的二元对立，尊重由文化差异造成的多样性，重获审视的眼界。"第三空间"理论从空间维度架构超越殖民和后殖民的路径。

（3）空间与文化身份：从文化身份角度介入城市空间，解读城市空间隐喻和空间实体的辩证关系。这种空间既存在于特定群体对文化身份的表达和想象中，也存在于都市空间的重新整合和再创造之中。迈克·克朗和菲利普·韦格勒等强调空间的文化定位，提出"他者空间"等概念来探究空间的身份属性和不同民族文化赋予空间的意义，极大地丰富了空间批评的理论构成和批评思路。

（4）"虚拟空间"与"流动空间"：空间理论与电子媒介文化批判的结合。"虚拟空间"展现出对当代视觉文化的批判性解读。在全球化背景下，"流动空间"产生，网络空间孕育出"真实的虚拟文化"，它们革命性地改变了人们对空间的固有认知，并对真实生活世界产生全方位的塑造、影响和改变。

（5）空间与心理学：空间批评研究的内在深化。巴什拉揭示空间意象的心理学意义；萨克探究空间特性与情感的关系；城市研究赋予城市空间以身体和心理意义；心理空间理论更指出，心理空间是研究语言的关键，心理空间的关联与投射展现出空间的并置性、层级性与互动性。

（6）空间与记忆："空间"是文化与原始思维、亲属、两性、社会等研究的重要切入点，是记忆传承的载体之一：记忆可以凸显空间的性质与功能，重塑空间意义；空间则以不同形式承载并叙述个人和集体记忆，是民族和国家身份认同的基础。

第四，空间批评关键词的中国化及"在地化"研究。中国文学批评的空间性研究成为近年的批评热点。空间批评与主体认同、族群性别、身份政治、空间权力等结合，成为知识分子介入社会，关注人类生存价值诉求在文学研究上的路径。这一部分的关键词展现出空间理论在中国化进程中生成的重要范畴。瞬息万变的中国经验和中国问题，开掘、提炼并塑造了具有学理性和当代意识的关键词。比如，周宪教授及其团队以转型时期中国社会光怪陆离的都市景观为考察对象，建构了具有启示性和开创意义的关键概念。周宪提出城市发展的"几何性"与"有机性"，前者用于表现直观具体、能被物理量度的层面，后者侧重描述都市在历史性发展中累积沉淀的文化底蕴和精神品格。殷曼楟分析博物馆等公共艺术机构，提出"空间萌化"这一颇具创见的理论命题。庞弘从空间、权力与资本关系入手，提出"弱者胜"这一转型时期空间分配中值得玩味的核心概念。此外，在对空间思想的阐发中，阎嘉教授提出的"马赛克主义"提供了可借鉴的思路。这一概念说明后现代社会不仅造成了游移、流动、分裂的时空体验，也直接作用于当代学术话语的生产，产生了不同的文化生态和精神性版图。在当代文学批评的总体格局中，不存在主导性的理论思潮或批评走向，各种观点学说如同马赛克拼图一般，既相互独立，又彼此对话，形成富有活力的独特景观。这种理论尝试为当下文学批评走向带来新的参照。它们不仅体现出学理价值，也能对当代中国空间问题的实际状况做出一定程度的合理解释。中国传统和中国语境是我们进行研究的现实基础。我们需要将西方理论资源与当代中国现实经验，尤其是当前空间生产和城市变迁相对接，有效理解当代社会种种文化现象与精神症候，促进"空间-文论"思考维度的"在地化"，推动空间批评在中国语境中的创造性转化，最终总结出能够体现中国空间问题与文学艺术批评相融合的，富有穿透力和阐释有效性的关键词群，带来中西概念之间的良性互动与对话。

总之，空间批评为我们阐释世界提供了一种可能性。我们对这些关键词的思考强调"语境"，也呈现出空间思维方式。上述关键词体现出空间批评的广延性、当下性和跨越性。这些内容相互指涉，构成相对完整的关键词图景，展现出研究的基本面貌和主导趋向，揭示当代中国学界对空间批评的创造性思考。一方面，对当代西方空间批评关键词做全景式归纳，将其与具体文学艺术和文化批评实践结合，重点分析把握主要特征和发展趋势，以文本检验批评的有效性，使关键词的内涵不断延伸和拓展。另一方面，立足中国语境和本土问题，以关键词为枢纽，在空间批评与中国当代文艺批评之间建构互文性关联，提炼出契合中国语境、具有穿透力的关键词，突出空间批评的"在地化"研究。

作者简介：

毛娟，四川师范大学文学院教授，博士生导师，主要从事西方文论与美学研究。

人文地理学视域下的文学空间批评关键词：地理学想象[*]

叶家春

摘　要："地理学想象"是人文地理学家德雷克·格雷戈里以探究人文地理学和社会批判理论的关系为出发点而建构的思想框架，它以知识—权力—空间性为核心主线，关注文化研究和文学理论在地理学领域的发展轨迹。格氏的地理学想象建立在哈维的城市研究和萨义德的后殖民文学批评基础上，他把地理视作一种话语，并在重释经典文学作品和解读旅行写作的过程中，为文学空间批评开辟新的视域。地理学想象的知识建构和论证理路，为人文地理学和文学理论的交叉融合提供了新的可能。

关键词：德雷克·格雷戈里　地理学想象　旅行写作文学空间批评

20 世纪后半叶人文社科领域中的空间转向为文学研究打开了新论域，空间和地理作为积极因素重新介入文学理论建构和文学批评。诸多地理学家和社会学家的空间理论和文学理论融合，为文学研究注入新的血液。德雷克·格雷戈里（Derek Gregory）的"地理学想象"（geographical imagination）就是其中之一。作为一个人文地理学家，格雷戈里非常关注种族、性别、阶级等文化议题在地理学中的铭刻方式，并积极地探索人文地理和社会批判理论的对话交流。这种理论旨趣让他发现了人文地理学和批判社会理论研究视野的交融，他采用理论并置与交叉的方式创造了自己的核心概念框架——地理学想象。在《地理学想象》（1994）一书中，格雷戈里探讨了社会理论与空间、空间与景观之间的关系，分析了人文社会科学中地理和空间的理论化过程。格雷戈里认为地理学的阅读应该同时作为

　* 本文系国家社科基金重大项目"西方新马克思主义文论与空间理论重要文献翻译和研究"（15ZDB085）的阶段性成果。

"一门学科和一种话语（discourse）"①。他将这种话语置于当代社会理论的结构之中，以理解社会生活在各个地方、空间和景观中的嵌入方式。"《地理学想象》用当代人文社会学科的大量'话语'将原有单数的'地理学想象'（geographical imagination）阐述为复数的'地理学想象'（geographical imaginations），并视其为'人类的主题'。"② 地理学想象既是对当代社会理论的批判，也是对理解社会生活及其内在空间性的奠基性贡献。同时，格雷戈里在论证过程中重新解读了后殖民文学经典文本，分析了欧洲游客的旅行写作映射的权力和空间性的复杂关系，不仅从地理的角度肯定了旅行文本作为对帝国主义文学的补充的文化价值，也拓宽了文学空间批评的文类范畴。

一、地理学想象

"地理学想象"这个概念并非格雷戈里首创。事实上，自 20 世纪 60 年代以来，"地理学想象的各种形式和意义已经作为一种展望、体验和重塑世界的方式，在地理学科内外成为多种知识和交流的有力组成部分"③。地理学想象具有重新构建一个更大的概念领域，将物质和心理世界紧密结合的能力。格雷戈里认为，地理学想象是"对地球和空间、景观和自然、地球生命的构成和行为的意义的敏感性，因此，地理学想象绝不是地理学科的专有自留地"④。这个定义表明他的关注点在于人和空间的交互影响，并且强调了地理学想象的跨学科性。格雷戈里的理论建构受到戴维·哈维（David Harvey）在《社会正义与城市》（1973）中提出"地理学想象"以及爱德华·萨义德（Edward Said）在《东方学》（1978）中提出"想象地理"（imaginative geography）的影响。因此，要全面理解格雷戈里的"地理学想象"，厘清这个概念和其他相关术语的联系和区别就很有必要。

哈维的《社会正义与城市》是 1968 年席卷全世界的社会激进思潮在地理学领域的产物，也是他的转型之作。20 世纪六七十年代的社会运动触发了人们对许多问题的关注，例如身份政治、城市权利、差异权利和社会正义等，并波及了许多学科的研究议题，地理学也不例外。《社会正义与城市》代表着

---

① Derek Gregory, *Geographical Imagination*. Cambridge, MA & Oxford UK: Black well, 1994, p. 11.

② 阙维民：《论地理学构想的哲学体系》，《地理研究》，2010 年第 11 期。

③ Stephen Daniels, "Geographical imagination", *Transactions of the Institute of British Geographers*, 2011, p. 182.

④ Derek Gregory, "Geographical Imagination", in Johnston R. J., Gregory D., Pratt G., et. al. eds., *The Dictionary of Human Geography*, 5th Edition. Malden, MA: Blackwell, 2009, p. 282.

哈维对空间问题研究的关注点从传统地理学转向城市空间以及与之相关的公平正义问题。他在书中把"地理学想象"描述为：

> （这种想象力）使个人能够认识到空间和地点在他自己的传记中的作用、与他周围的空间的关系，并认识到个人之间和组织之间的转换如何受到分隔他们的空间的影响。它允许他认识到他和他的邻居、他的领土之间，或者使用街头帮派的语言，他的"跑马场"之间存在的关系。这使他能够判断在其他地方（其他人的"跑马场"上）发生的事件的相关性——判断越南、泰国和老挝的共产主义游行在他现在的任何地方是否与他无关。它还允许他创造性地塑造和使用空间，并欣赏他人创造的空间形式的意义。这种"空间意识"或"地理想象"在许多学科中都体现出来了，建筑师、艺术家、设计师、城市规划师、地理学家、人类学家、历史学家等都拥有它。①

哈维的地理学想象包含了以下几个要点：第一，认识空间/地理环境对人的影响；第二，认识个人和生活环境的关系；第三，判断在其他地区（局部）发生的事件与自己所在地（全球）的关系；第四，人可以创造性地改造和利用空间；第五，欣赏并评价他人创造空间形式的意义；第六，"地理学想象"已经在很多学科中有所体现，而不是地理学的专属。这六个方面反映了哈维远离空间科学的实证主义转而强调空间与人的关系，而不是将其限制在地理学科中的研究方向，从而推动了社会批判理论在人文地理学中的交叉和渗透。

哈维的地理学想象让人们认识到个体和周围地理/空间环境的关系，这可以说是从空间维度对赖特·米尔斯（Wright Mills）的"社会学想象"② 的一种补充。哈维始终认为在城市背景下应该将二者结合："我们必须将社会行为与城市呈现某种地理、某种空间形式的方式联系起来。我们必须认识到，一旦形成特定的空间形式，它往往会制度化，并在某些方面决定社会过程的未来发展。首先，我们需要制定概念，使我们能够协调和整合战略，以处理社会过程的复杂性和空间形式的要素。"③ 所以，在《时空之间——关于地理学

---

① David Harvey, *Social Justice and the City*. Athens：The University of Georgia Press，1973，p. 24.

② "社会学想象"由美国社会学家赖特·米尔斯在他的《社会学想象力》（1959）中提出，其含义是一种有助于人们使用信息和发展理性的心态，以便对世界上正在发生的事情及其内部可能发生的事情进行清晰的总结的能力。社会学想象使其拥有者能够从内在生活的意义和各种个体的外部事业中理解更大的历史场景。

③ David Harvey, *Social Justice and the City*. Athens：The University of Georgia Press，1973，p. 27.

想象的反思》一文中，哈维从六个方面论述了地理学的时空观建构问题。其次，值得一提的是，哈维通过对都市文学作品的分析探讨了时空之维的文化与政治回应，并且以建筑师的空间设计为例讨论了与地理学相关的美学问题。在《后现代的状况》（1989）一书中，他用摄影、建筑、电影等艺术文本讨论了时空压缩语境下的现代空间体验和审美变化；在《巴黎，现代性之都》（2003）中，他通过解读巴尔扎克、波德莱尔、福楼拜等作家的文学作品，分析了城市空间变化背后的社会关系以及这些变化对人的空间想象和审美认知的影响。最后，他担心并呼吁应该建立这样一种地理学："我们应该走得更远，培养一种深刻的关于察觉社会过程在政治争论中如何被赋予美学形式（而且学到如何辨别潜伏其中的所有危险）的意识，我们应该能够在时空的历史地理学的某种感觉里，围绕一个融合了环境、空间和社会的方案，创造一种新的语言——甚至新的学科。"① 这就是"地理学想象"。十年后，格雷戈里的《地理学想象》可以算是对哈维这种期望的回应了。

萨义德对格雷戈里的理论建构同样产生了重要影响。用格雷戈里的话来说，"萨义德是地理学想象必不可少的、罕见的评论家之一"②。地理是萨义德的著作中反复出现的主题，并且他一直提醒读者留意文化权力和地理/空间之间的共谋关系。在诸如《东方学》（1978）、《文化与帝国主义》（1994）等著作中，萨义德直接开启了他所谓的"从地理的角度探索历史经验"③ 的旅程。在《东方学》中，萨义德最早提出"想象地理"概念。他在书中展示了想象地理如何根据个人或群体的随意区分来表示不同的空间和空间类型的方法。正如他所说："将自己熟悉的地方称为'我们的'，将'我们的'地方之外不熟悉的地方称为'他们的'，这一具有普遍性的做法所进行的地域区分可能完全是任意的……只要'我们'在自己的头脑中做出这一区分就足够了；在此过程中，'他们'自然而然地变成'他们'，他们的领土以及他们的大脑都因而被认定为与'我们的'不一样。"④ 萨义德还追溯了这种"想象地理"思想的来源，认为东方和西方的区分在《伊利亚特》的时代就已经很清晰。萨义德通过分析雅典戏剧欧里庇得斯（Euripides）的《酒神的女祭司》（*The Bacchae*）论证了东方和西方被区别对待的事实。在剧本里，亚洲通过欧洲的

① 戴维·哈维：《时空之间：关于地理学想象的反思》，朱美华译，《都市文化研究》，2008 年第 5 辑。

② Derek Gregory, "Imaginative Geographies", *Progress in Human Geography*, Vol. 19, No. 4, 1995, p. 447.

③ 爱德华·萨义德：《文化与帝国主义》，李琨译，生活·读书·新知三联书店，2016 年，第 7 页。

④ 爱德华·萨义德：《东方学》，王宇根译，生活·读书·新知三联书店，2007 年，第 67-68 页。

想象说话并且由于欧洲的想象才得以表述。萨义德进一步表明，这种区别将继续成为欧洲的想象地理的基本主题。"首先，两个大陆被分开。欧洲是强大的，有自我表达能力的；亚洲是战败的，遥远的……其次，人们总是用东方来隐指危险。理性被东方的偏激和过度所削弱，那些具有神秘的吸引力的东西与自认为正常的价值相左。"①

萨义德并没有在《东方学》里对"想象地理"概念做出明确概括或总结，其思想散落在他对欧美作家想象的东方形象的批判里。格雷戈里在《人文字典》中把它定义为："表述一种对其他地方的人民、风景、文化和'自然'的一种表征，它表达了作者的欲望、幻想和恐惧以及表征者与他者之间的权力网络。"② 这个定义传达了几层意思：（1）想象地理划分了"我们"和"他者"，是"我们"在想象"他者"；（2）想象地理不是完全虚构的，也不是完全真实的，它体现了一种话语体系，"我们"对"他者"的人文地理风貌抱有幻想和恐惧，"我们"根据片面的了解做出对"他者"不完整的理解；（3）想象地理产生了一种权力关系，"我们"通过观看"他者"，而在经济、政治和文化上建立起一种权力网络，以支配"他者"，让其符合"我们"的想象。而这种"想象地理"随着各种文学作品和历史学著作的强化，不断地在东方和西方的读者头脑中得到确认。欧洲开始将东方设定为一个固定的形象和场所：这是一个封闭的领域，是欧洲的一个戏剧舞台。这些一半是想象一半是事实的知识图景进入弥尔顿、马洛、莎士比亚、塞万提斯等主要作家的创作中，使其作品的意象、观念和人物变得更加鲜明。并且，萨义德指出："被视为纯学术性的欧洲东方学研究有很大一部分内容是将意识形态神话投入实际的应用。"③ 在历史的沉淀中，《东方学》中东方的戏剧形式和学术形象走上了合谋的道路。前赴后继的西方学者运用西方视角的优越感把东方丰富的文化资源抓在手中，并且系统地将其放置到西方人面前。

格雷戈里的地理学想象以知识—权力—空间性为核心主线。对他来说，地理作为一种了解世界的方式，是西方权力-知识体系的重要组成部分。在殖民主义的鼎盛时期，地缘政治在世界大部分地区成为霸权的一种有力手段，且无论所涉及的制图师是否知道，制图实践都经常服务于帝国主义计划。因

---

① 爱德华·萨义德：《东方学》，王宇根译，生活·读书·新知三联书店，2007年，第71—72页。
② Derek Gregory, "Imaginative Geography", in Johnston R. J., Gregory D., Pratt G., et. al., eds., *The Dictionary of Human Geography*, 5th Edition. Malden, MA: Blackwell, 2009, p.369.
③ 爱德华·萨义德：《东方学》，王宇根译，生活·读书·新知三联书店，2007年，第81页。

此，殖民地作为一种世界性的展览（world-as-exhibition）① 使西方的统治合法化，并同时宣称了非西方"自卑"的平行含义。西方的空间概念是殖民地想象中的重要组成部分：空间划分并融入西方理解框架的方式在身份、自我和他者之间划出了界线。在西方对东方的"发现"之旅中，西方一直以一种欧洲中心的科学态度，即把事物视为一个被观察的客体，来审视东方。这就是地理学想象的知识层面：欧洲中心主义的起源。正如蒂莫西·米切尔（Timothy Mitchell）所言："将世界设置为图片，并在观众面前作为展示对象进行安排，让他们观看、调查和体验。"② 在现代性走向霸权的过程中，这种观点对于实证主义的空间概念来说是默认的，它赋予观察者理性的、无所不知的上帝视角，从而使观察者具备了至高无上的权力。这个神秘的存在缺乏具体的社会背景，也越来越值得怀疑，这也形成了格雷戈里标榜"世界展览"的特定认识论立场的基础。格雷戈里坚持认为，"世界展览"相当于众多视觉政体（scopic regimes）中的一个，是西方观众对如图片的非西方世界的一种地理/空间想象，这个过程隐含着以欧洲为中心的知识与权力的融合，这即为地理学想象的权力和空间性层面。现代性的视觉中心主义不仅缺乏客观性，而且也是相当不完整的，并且往往与特定的权力、利益联系在一起。因此，作为展览的世界只是现代和现代主义的世界形象，而不是包含一些所有人都知道的"真实存在"的肖像，是一个非常适合而非巧合的社会生活和空间商品化的历史过程。

格雷戈里还从性别研究、文化理论和种族研究的角度，采用解构、话语和文本分析的路径重新阅读和审视地理学科的历史。他探讨了在构建身份和主体立场使殖民主义征用和统治合法化方面主流的和西方的塑造和想象世界的方式。他重读了殖民小说中的空间描写，并将自然环境和殖民地的人文环境联系起来；他还分析了欧洲游客在19世纪到埃及旅行的日记、回忆录、通信等文本，从这些文字中论证地理学想象和性别、父权、物质性、异质性的复杂星丛联系。格雷戈里的地理学视角拓展和丰富了萨义德的想象地理，并形成自己的知识—权力—空间性思想框架。作为他的思想核心主线，这三者紧密相连，互为条件，并通过"世界展览"串联起来，而权力和知识交织的地理学/空间性正是格雷戈里的地理学想象区别于其他人文地理学家或者文化

---

① "世界展览"是帝莫西·米切尔在他的《殖民化埃及》（1988）中使用的术语，用于指代本雅明把世界博览会描述为"作为图片的世界"（the world as picture）。米切尔认为"世界展览"体现了知识和权力的汇集。

② Timothy Mitchell，"The World as Exhibition"，*Comparative Studies in Society and History* 31，1989，p. 217.

批评家思想的最显著标志。

　　格雷戈里的地理学想象揭示了欧洲中心主义所暗示的认识论根源，它和现代地理的发展密切相关。在对人文地理和社会批判理论的联系的深入探讨中，他从地理为其他知识提供基础性解释的合法性层面上审视地理和权力合谋的本质。而知识、权力、空间性三者的关系在 19 世纪殖民秩序形成时即交织在一起，现在仍然继续塑造当代地理学科和人们看待世界的方式。事实上，正如索亚的《后现代地理》和哈维的《后现代的状况》一样，格雷戈里的《地理学想象》也是地理学界对 20 世纪 60 年代以来的社会激进思潮的回应。后现代地理作为一种政治想象，在理论层面上保持了后现代的批判性，"它同样是作为一种立场（position）的后现代主义风格的内核。立场本身就被视为空间的隐喻表达，在后现代主义地理学中，立场被还原为实际的空间结构，通过性别、种族等等他者认同得以定义"①。地理学想象从地理学出发来考量社会批判理论中的权力议题。格雷戈里对这些议题的关注，使得他的理论超越地理学科的界线。他结合哈维从地理学内部讨论社会问题并把地理学想象和社会批判理论联系的思路，以及萨义德的想象地理直接面对地理和帝国主义文化共谋的批判思想，从元地理学批判来讨论知识传播和权力分配的不平衡状况。他深究与地理和权力表征紧密相连的文学文化批判，融合人文地理学和文学理论的研究视野，从而建立了更宏大的理论框架。

二、作为话语的地理：地理学想象的文学观

　　格雷戈里把地理视作一种话语，在他看来："我更愿意把地理视作一种话语而非一门学科，这种扩展意义上的地理学不再局限于任何一个学科，甚至不限于学院的专业词汇；它通过整个社会实践而旅行，并与权力和知识的分布相关。"② 格雷戈里的地理是众多人文学科的基础，它和知识权力的分布有着隐而不显的联系。从文学研究来看，将地理视作话语引入文学批评，弥补了地理/空间在权力的形成过程的缺场，这正是其地理学想象的文学观。话语作为一种批评方式，最早由福柯在其早期作品《知识考古学》（1972）中提出。福柯认为："话语是由一组符号序列构成的，它们被加以陈述，被确定为特定的存在方式。"③ 因此，话语指涉的不只是内容，它是说话主体产生权力

---

　　①　胡大平：《"空间转向"与社会理论的激进化》，《学习与探索》，2012 年第 5 期。

　　②　Derek Gregory, *Geographical Imagination*. Cambridge, MA; Oxford, UK: Blackwell, 1994, p. 11.

　　③　Michel Foucault, *The Archaeology of Knowledge*. London: Routledge, 2002, p. 121.

关系的媒介。他的这一思想轨迹在文学理论和人文学科中被广泛采用。文学理论由此展开的话语转向使得文学研究转向外部因素，重视文学的他律性；文学理论不再是自足的纯粹知识系统，"它也是一个充满了意识形态和权力－知识共生的领域，也是一个斗争的战场"①。在文学理论和文学批评的发展史中，地理一直被认为是一种客观、中立的学科，而没有被纳入批判的视野。地理和空间一直被当作文学创作的背景，欧洲中心主义也因为其文学和文化的领先地位而遮蔽了地理原因，甚至是和地域紧密相关的后殖民主义，也没有从地理的角度质疑过它的合理性。格雷戈里的地理学想象揭示了欧洲中心主义中隐藏的现代空间秩序和地理学知识和某种权力话语之间的勾连，他也在重新解读后殖民文学作品的过程中论证了自己的观点。

格雷戈里通过分析后殖民文学经典作品中的空间环境以及身外殖民地的欧洲人的心理反应，来体现这种欧洲中心主义在不经意间传达出的优越感和对"他者"与"他地"的刻板印象。

> 当现代文化的承载者——"文明"冒险进入其他自然的时候会有什么样的遭遇呢？在一个名为《进步前哨》的短篇小说中，约瑟夫·康拉德提供了一个典型的答案。他的主角是一家贸易公司的两名代理人："他们在一个大房间里像盲人一样生活，只知道与他们接触的东西（而且都是不完整的），但却看不到事物的总体方面。"河流、森林、所有大地上在悸动的生命，都像一个巨大的空场。即使灿烂的阳光也没有透露出任何可理解的东西。事物在他们的眼前以一种无关紧要和漫无目的的方式出现和消失。这条河似乎从无处出现并流向无处。它流过虚空。"盲人""无法看到事物的总体方面"，外界自然在两个人看来都是"一个巨大的空场"，一个"虚空"。这是最奇特的自然，一个没有空间的自然，河流可能无处可来，流向无处。②

康拉德的《进步前哨》是关于两名白人与自己熟悉的社会环境断裂，企图在远离帝国中心的边缘地区寻求解脱的故事。他的小说几乎都和发现新大陆有关，并充斥着文明与原始的对立和冲突。格雷戈里借用康拉德的描写，回答了欧洲人初到殖民世界的心理活动：就连"客观、中立"的自然都变得不可理解，流动的自然环境都是空洞无序的。之所以有这样的反应，是因为他们对殖民地的固有认识，他们的前理解（prior understanding）极大地影响

---

① 周宪：《文学理论：从语言到话语》，《文艺研究》，2008年第11期。

② Derek Gregory, "Power, Knowledge and Geography: The Hettner Lecture in Human Geography", *Geographische Zeitschrift*, 86. *Jahrg*, H. 2, 1998, p. 89.

了在和"他者"真正相遇时的判断。在康拉德的其他作品，包括著名的《黑暗的心》中，这种主题再次出现，白人永远代表"优雅"和"理智"，黑人/当地人则是"混乱""不可理解"的。格雷戈里认为，康拉德在这些段落中重新设计了"文化"和"自然"之间的对立，并把它作为与殖民文化与当地原始文化之间的对立的呼应。①

格雷戈里还比较了福斯特在《印度之行》中对同一地点（钱德拉波尔市）的描写。同一座城市，作者站在不同的观察点，看到的却是截然不同的景象：被"隔离出"的欧洲人生活的空间是一座花园之城，当地人聚居的地方则混乱、污浊。格雷戈里指出：

> 这两种观点是后来殖民地想象中的共同主题：他们建造了三个景点/地点。首先，他们设置了两个自然展览，两个大卫·阿诺德描述为"热带性"的极端矛盾概念的完全不同的图像。一个是堕落、悲惨和腐烂的热带自然形象——一种排泄物性质的场景；另一个是异质的热带自然形象，充满喜悦和欲望的前景——一种丰富的自然。其次，这些观点使福斯特能够将殖民文化融入热带自然。从城市内部看，钱德拉波尔市是一种令人生畏、毁灭的赘肉的一部分。从没有（当地居民），即在本土城市和民用车站之间严格建立的距离来看，城市可以重新组合作为丰富的自然的一部分。再次，从一种风景转向另一种风景，建立了殖民者的文化和被殖民的文化之间的对立……这就是说，民用车站不属于热带自然而不是其景观的一部分。②

福斯特的《印度之行》从很多英国人和印度人的接触中展现了印度社会以及当地人思维的混乱和神秘。福斯特用大量篇幅来描述自然环境，这些描述对英国人和印度人的性格起到了很大的烘托作用。英国人的出场总是和秩序、理性相关，而印度人则总是混沌、神秘。格雷戈里用两个典型的后殖民文本分析了欧洲人和殖民地的不同空间蕴含的权力关系，这些文学作品对"他地"人文景观的描绘是欧洲人了解世界的另一扇窗口，它们不仅是作者的欧洲中心主义的体现，也代表了当时欧洲人对殖民世界普遍持有的"想象地理"。对于没有到过现场的读者而言，他们的想象被这些作品加强和深化。隐藏于这些文字中的优越感，是权力和知识的交织产生的综合结果。

---

① Derek Gregory, "Power, Knowledge and Geography: The Hettner Lecture in Human Geography", *Geographische Zeitschrift*, 86. *Jahrg*, H. 2, 1998, p. 89.

② Derek Gregory, "Power, Knowledge and Geography: The Hettner Lecture in Human Geography", *Geographische Zeitschrift*, 86. *Jahrg*, H. 2, 1998, p. 89.

事实上，从中世纪的诗歌和戏剧到 19 世纪中期的很多现实主义文学作品，比如莎士比亚的《威尼斯商人》、笛福的《鲁宾逊漂流记》、狄更斯的《远大前程》、萨克雷的《名利场》以及夏洛特·勃朗特的《简·爱》等，都将欧洲和东方形象的截然对立默认为理所当然的现象。而在 19 世纪后期出现的一些专门以帝国主义为主题的文学作品中，更是有具体的人物性格刻画和环境描写来凸显的这种根深蒂固的帝国主义世界观。格雷戈里的地理学想象把地理作为一种话语，以地理大发现为起点来审视这种不对等的理论根基。在和批判社会理论的对话过程中，他的理论落脚点是"授权"（authorization），"它试图通过提出一系列关于主体性和权力知识运作的问题来让关于职位的特权、作者和权威、代表和权利这一维度的议题更明确"[1]。从地理学的角度揭橥欧洲中心主义背后隐藏的知识阴谋也是当今全世界关注阶级、种族、性别二元对立及其成因的一种努力。而谁有话语权、谁的声音被忽视，也正是文学和文化批评要解决的问题。

三、文学空间批评的新视野：旅行写作的地理学想象

伴随着欧洲主权向自己以外世界的延伸，海上航道和铁路陆续开通，很多欧洲人有机会到殖民地旅行并将见闻记录下来。他们的旅行写作构成了帝国主义知识生产的重要组成部分。格雷戈里通过分析 19 世纪的欧洲游客在埃及的旅行写作阐释了地理学想象的性别差异。他在《书与灯：埃及的想象地理，1849—1850》一书中，对比了英国维多利亚时期女性战地护士——弗洛伦斯·南丁格尔（Florence Nightingale）和法国男性作家——居斯塔夫·福楼拜（Gustave Flaubert）在 1849 年到 1890 年间到埃及旅行的想象地理。二人到埃及的时间和旅行路线几乎相同，但是，从他们在旅行中的日记、书信以及自传式回忆录来看，他们眼中的埃及却呈现出截然不同的风貌。

南丁格尔觉得埃及一切的景色都是与自然不同的，即使《一千零一夜》描绘的点缀着宝石的花园都不再奇妙和夸张。这种"不自然"的自然，马上引发了她心里的不适，她甚至觉得整个埃及都是"没有颜色的"，"没有任何东西是可以与欧洲相比较的"[2]。在格雷戈里看来，这种心理变化是因为"这个埃及不仅与她在颜色和构图方面所知的任何'自然'不同，而且与熟悉的、

① Derek Gregory, *Geographical Imagination*. Cambridge, MA; Oxford, UK; Blackwell, 1994, p. 105.

② Derek Gregory, "Between the Book and the Lamp: Imaginative Geographies of Egypt, 1849–50", *Transactions of the Institute of British Geographers*, Vol. 20, No. 1, 1995, p. 35.

不断变化的欧洲风景形成鲜明对比的是，埃及的自然似乎已经石化和从本质上恶化了"①。南丁格尔的挫折感并不在于她的描述语言不足，而是她观察的物体给她的震惊：埃及的风景。对她来说，这是一个颠倒的世界，是欧洲有序的基督教世界的倒置：一个魔鬼在国外的"圣经景观"。从格雷戈里对南丁格尔的旅行写作的分析来看，埃及和欧洲截然不同的自然风景给她的视觉冲击已经影响了她对埃及人的看法。她对自然环境的"否定"也连带着对当地人的"否定"，她甚至把他们看成动物，"生活在'洞穴'和'巢穴'中，像'豺狼'一样咆哮、像'蜥蜴'一样攀爬……是'不自然的自然'中的一员"②。格雷戈里认为："南丁格尔的信件中有一种特殊的力量，就是将本土人隐喻地转化为野兽和爬行动物，将她假定给他们的身份和'非自然的自然'联系到一起，以及这种'死亡的自然'和一个维多利亚旅行者在埃及的旅行著作中常见的'灭绝幻想'之间的选择性相似性。"③ 这种联系暗示着一种想要抹掉眼前一切的冲动。南丁格尔自己也承认："在埃及，只有这样一种过去，没有现在，至于未来，你只能想到消亡。"④

福楼拜笔下的埃及却是"五光十色"的。当他在棕榈树下漫步时，"凝视着遥远山脉的紫红色、尼罗河的蓝色、天空的深蓝色和植被的青翠绿色，尽管没有任何动静，也能把这个场景想象成一个彩绘的乡村，一个专门为我们（人类）制作的巨大舞台"⑤。福楼拜不仅在这些风景中欢欣鼓舞，还融入这些风景。格雷戈里总结道："福楼拜的描述往往具有极强的物理性，能够传达变化和交叉的感觉弧，其中视觉几乎逐渐消失成声音，并且在物理上重新组合场景并再次回归。"⑥ 他分析了福楼拜登上金字塔看日出时的信件，福楼拜首先描述了一个引人注目的静态形象，但静止的场景被初升的太阳突然切断，其画面构成被推向动态：即使是树木也似乎会旋转到天空中。南丁格尔对埃及的无色感到震惊，但在福楼拜眼里，埃及的天空和陆地都有波浪般的色彩，

① Derek Gregory, "Between the Book and the Lamp: Imaginative Geographies of Egypt, 1849—50", *Transactions of the Institute of British Geographers*, Vol. 20, No. 1, 1995, p. 35.

② Derek Gregory, "Between the Book and the Lamp: Imaginative Geographies of Egypt, 1849—50", *Transactions of the Institute of British Geographers*, Vol. 20, No. 1, 1995, p. 36.

③ Derek Gregory, "Between the Book and the Lamp: Imaginative Geographies of Egypt, 1849—50", *Transactions of the Institute of British Geographers*, Vol. 20, No. 1. 1995, p. 36.

④ Anthony Sattin, *Letters from Egypt: a Journey on the Nile* 1849 — 1850. New York: Weidenfeld and Nicolson, 1987, p. 74.

⑤ Antoine Youssef Naaman, *Les lettres d'Egypte de Gustave Flaubert*. Paris: Nizet, 1965, p. 246.

⑥ Derek Gregory, "Between the Book and the Lamp: Imaginative Geographies of Egypt, 1849—50", *Transactions of the Institute of British Geographers*, Vol. 20, No. 1, 1995, p. 42.

并且这种颜色有一种动态的力量。福楼拜对埃及的城市和居民感到非常好奇，他对他们的描叙是一种彻底的"感官"释放，甚至很多自然风景也被性别化。沙漠和历史古迹都是流动的、阴柔的和五颜六色的，而无论这些图像是如何造成的，它们与南丁格尔对埃及的描述都有很大的不同：她的景观是坚硬的、有棱角的、无色的，她本人与它们保持着严苛的距离。除了这些对东方的"女性化"的描写，福楼拜也记录了欧洲秩序对埃及地理的"污染"与干预，展示了一个欧洲男性主体的期望。

南丁格尔和福楼拜记录的对景观、空间和人物的感受之间的差异，阐明了东方主义作为一个权力、知识和空间性的星丛式的复杂和碎片的形成，以及它与父权制、性别和殖民主义的纠葛。两位旅行者拥有同样的资产阶级背景和19世纪欧洲的文化承载，二者年龄相近且都出身上流社会，对于埃及，他们必然有一些共同的假设和回应。但他们之间也存在显著的差异，在格雷戈里看来，这些"物理上的区别有助于突出他们不同的主体位置和构成他们行为自由程度的不同。特别的是，福楼拜和南丁格尔不同的性别，这直接关系到东方主义与其他话语形式的交叉点，在那些关键的领域内……阶级、'种族'、性别和性属强化、交叉或相互矛盾"①。这也是格雷戈里要表明的立场，地理学想象关注地理学和社会批判理论的互动，"不是在傲慢、侵略和征服的情绪下，而是以谦卑、理解和关怀的精神从一个体系到另一个体系"②，这种地理"需要严格关注许多不同历史之间的接合点和裂缝：作为现在的历史（或历史地理）进行的与过去和现在之间的多层次对话"③。

旅行写作曾因为其文体的杂糅性与内容的庞杂性而被严肃的学术研究忽略，相关的正式探讨直到20世纪80年代才出现。学界对此研究兴趣的复苏来自两方面：一是后殖民主义研究的兴起，各种旅行游记为帝国主义提供了另一种佐证材料；二是女性主义理论的发展。作为一种写作形态，旅行写作引发了一些文学基本问题的讨论。颇具挑战意味的是，文学批评将通过旅行文学直接面对权力、知识和身份问题，因为"数量庞大、种类繁杂的跨国旅行写作，记录了欧洲500年来对于'非我族类'的发现、观察、解释、描绘、再现与征服，反映了欧洲与他者相遇的历史经验，提供了重新思考欧洲历史

---

① Derek Gregory, "Between the Book and the Lamp: Imaginative Geographies of Egypt, 1849—50", *Transactions of the Institute of British Geographers*, Vol. 20, No. 1, 1995, p. 31.

② Derek Gregory, *Geographical Imagination*. Cambridge, MA; Oxford, UK: Blackwell, 1994, p. 416.

③ Derek Gregory, *Geographical Imagination*. Cambridge, MA; Oxford, UK: Blackwell, 1994, p. 416.

及其世界观念和民族意识的另一种维度"①。旅行写作因此成为帝国主义文学
的有力补充，它的文化价值也重获肯定。从地理学的角度解读旅行写作具有
非凡的意义："他们（地理学家）对地方、空间和景观问题的敏感性，能够对
旅行写作、移民以及地理、文学批评、文化研究和历史等相关领域的交叉研
究做出独特贡献，能提供来自该领域的主要作家的重要见解，以及对国际旅
行写作的批判性调查。"② 格雷戈里对南丁格尔和福楼拜的旅行写作的对比分
析就是从地理学切入文学批评的例证。在此过程中，格雷戈里展现了不同于
传统文学批评的研究路径，并揭示了这些文字中铭刻的权力在不同空间中的
施展。同时，对旅行写作的文本分析也弥补了文学批评，尤其是帝国主义文
学在文本的体裁和形式上对诗歌、小说等传统文本的依赖，是对文学文本解
读手法上的创新和文学体裁的拓展。"地理学想象"在文学研究上的运用也为
地理学理论和文学理论的交叉融合提供了一种可能性。

结　语

　　空间的复苏使得很多地理学家的思想观点被运用到文学批评，同时，文
学批评也转向地理学的论域，地理学想象被引入文化地理学就是很好的说明。
在此语境下，地理学大量征用文学文本和艺术文本，以拓宽自身的批评视野
和批判论域。以哈维和格雷戈里为首的地理学家带动的空间理论在文学分析
上的运用以及地理学对文学艺术理论的关注和对话，使得文学地理批评作为
一种活跃的跨学科流派在西方兴起。③ 值得一提的是，地理批评是在地理学领
域率先发生，之后才在文学中兴起的，这是在空间转向的大浪潮下，文学对
空间理论渗透的积极回应。格雷戈里的地理学想象对文学和地理学研究视野
的交叉融合，以及他自己通过分析具体的文学文本来论证理论的研究路径，
为打破文学与地理学的藩篱树立了榜样。

作者简介：
　　叶家春，四川大学文学与新闻学院博士研究生，电子科技大学成都学院文理系讲师，
主要从事西方文论研究。

---

① 陈晓兰：《旅行写作、帝国叙述、异域再现》，《中国比较文学》，2016 年第 1 期。
② James Duncan, Gregory Derek, "Writes of Passage", in James Duncan and Derek Gregory,
eds. , *Writes of Passage：Reading Travel Writing*, 1999, p. i.
③ 地理批评的代表人物是法国学者贝尔唐·维斯法尔（Bertrand Westphal），"地理批评"概念
最早出现于他的《走向文本的地理批评》（1999）一书中。

文学表现的空间本位
——"地缘批评"析疑*

张　昕

　　摘　要："地缘批评"发端于法国，发展成熟于大西洋彼岸，其理论图示主要在三个互证的方面呈现。其一，地缘批评是文学批评对于空间转向的应激反应，并尝试完整构建有关文学的空间表现的文论体系。其二，以文本的现实空间映射为基础，地缘批评规划了阅读想象的可能区域。其三，在空间多面属性的总体观照下，地缘批评的方法论建构突出了文学空间的本体特征。全球化时代，人们的空间感扩张到世界的层次。在时间等价的情况下，个体经验范畴内的空间想象得以成倍增长，旧有的时间线索因而消弭在形态多变的空间组合中。本于经典马克思主义政治经济学分析的底色，哈维以地理学方法进入空间的历史维度审视社会文化现状。时空压缩的特殊现实经由地理学想象的辩证唯物主义方法重新确立了人们观察和感知世界的客观视角，也将繁复的后现代状况有效地容纳于马克思主义思想体系中。作为后现代愿景中多变、反复的现实镜像，融合诸辩证范畴的文学势必加入这一考量：涉及文学的空间表现，当作者从时间的串联讲述者变为时空变化的编织者，而阅读以自身现实的空间感知为基础，空间发挥其媒介作用勾画出一个"可能的世界"。在这样的辩证关系中，文学空间重组了真实的表现形式，以语言为本体创造的可拆卸的空间网格勾连起人们的空间想象。
　　关键词：地缘批评　哈维　空间　文学表现　想象

　　回顾《范畴论》，"数量、性质、关系、地点、时间……"①，亚里士多德坐标系一样的认知划分体现了哲学诞生之初明确的体物特

---

　　* 本文系国家社科基金重大项目"西方新马克思主义文论与空间理论重要文献翻译和研究"（15ZDB085）的阶段性成果。

　　① 亚里士多德：《范畴篇　解释篇》，方书春译，商务印书馆，1986年，第11页。

征。这种从意识的可感范围内类化诸现象的做法，正是爱智慧的古希腊人的生活注脚："他们也许成功创造了真正的科学，但在何谓纯粹的知识（authentic knowledge）这一标准上，他们并未达成一致。"[①] 当纷杂的表征体系和顽固的政治属性俘获当代社会，所谓"后现代"效应时而生，人们重新将认识世界提上了理论日程。为区别空间的实体性质和想象特征，考虑其社会语境及人文联系，在"实践"联动"关系"的视角下，空间理论家们多选择将空间概念进行这样的类型划分：直接呈现在我们视野范围内物质性空间；成像于物质世界的人们精神世界的想象空间；表现在意识活动中、整合现实时间线索的"空间实践"。由于空间本身物质性和精神性的交融，亚里士多德的"认知坐标"散落在空间抛物线的不同位置，显现出独特的时空关系。这一时空关系可以用不同角度的概念来定位，"第三空间"就是一种将空间的概念常态化、理论化的尝试。作为列斐伏尔城市研究的继承人及其三元论证（trialectics）的重新阐释者，索亚将分散的地理空间、想象空间纳入同一种理论形态中，即"活动的第三作为活动的另一个"（thirding-as-Othering）[②]。他强调的变动特征属于"另外一系列选择"（an-Other set of choices）[③]，是"真实与想象合并的场所"（real-and-imagined places）[④]，因而"所有都凝聚在第三空间中"[⑤]。以其对"差异""他者性"的独特关注，后殖民主义的代表人物霍米·巴巴成为"第三空间"的文学代言。[⑥]

有关文学空间的讨论，诸如巴什拉（Gaston Bachelard）以个体感受计入建筑美学的"空间诗学"（poetic of space），布朗肖（Maurice Blanchot）以"无限对话"（infinite conversation）的文本结构限定文学空间，以及莫莱第（Franco Morreti）包含文学史观念的文学地图，不一而足。法国学者贝特朗·韦斯特法尔（Bertrand Westphal）首次为作品、文本的独特空间体系冠以"地缘批评"（Geocriticism）的名称。在前文对空间理论基本样态的提纯过程中，对于文学研究，我们可以发现两点应用的可能：（1）空间的物质性层面，文学作品中涉及的地点、场所、城市等对可感空间的描绘，一则什克洛夫斯基"陌生化"的修正思维，一则伯格森"记忆机制"（machanism of

① Jacques Brunschwig & G. E. R Lloyd, trans. & eds., *Greek Pursuit of Knowledge*. Cambridge, MA: Belknap Press of Harvard University Press, 2003, p. 18.

② Edward Soja, *Thirdspace*. Malden, MA: Blackwell, 1996, p. 5.

③ Edward Soja, *Thirdspace*. Malden, MA: Blackwell, p. 5.

④ Edward Soja, *Thirdspace*. Malden, MA: Blackwell, p. 6.

⑤ Edward Soja, *Thirdspace*. Malden, MA: Blackwell, p. 58.

⑥ Edward Soja, *Thirdspace*. Malden, MA: Blackwell, p. 139.

memory)的能动所指;① (2)空间的精神性层面,借助文字对空间表征的雕琢,在读者的深度参与下,文学作品表现出的对空间本身及其延展的想象。第一个层面在经典模仿论的框架之内,第二个层面则可以视为新的读者论角度,且带有模糊的精神分析学特征。这种两分法显然无法满足文学研究深入空间理论视域的需要,本于空间理论深层的语境特征,如同列斐伏尔的空间三分法、索亚"第三空间"的论调,我们同样需要在基本性质之外为地缘批评本身提供一个他者。在韦斯特法尔看来,这个他者意味着文本世界中真实和虚构的互动:"真实和虚构的区分是极小的,并且我们有理由追问什么仍然是传统的'真实'。"② 这样看来,在空间分析的运作中,虚构的能量在于其脱离真实却无限接近真实,我们可以结合自身生活来获得真实,可以通过阅读实践来体验真实。这种语境和实践的综合,确立了文学作品的空间属性:处于真实和虚构之间的第三维度。因此,与哈维历史-地理唯物主义体系内的空间观念相应,地缘批评的目的在于探讨和细化文学作品中虚构范畴和真实范畴之内空间范畴的渗入。当空间的整体意指遭遇文学文本,表露真实与幻想的同构关系时,文学表现中空间的本体地位就浮现出来,在具体文学研究领域内进行的地理学想象(geographical imagination)将成为可能。

一、地缘批评:实践与方法

地缘批评与文学批评的方法论体系得到了大西洋彼岸的罗伯特·塔利(Robert Tally)等人的响应。韦斯特法尔试图描绘一种兼容现实和想象的空间实体,塔利则从作品整体入手语境化地考察文学的空间表现。两者的不同似乎勾勒出欧洲大陆和北美地区人文研究的不同倾向,而可以明确的是,我们能够从两种不同侧重的批评实践中多角度理解空间问题的文学理论价值。

(一)文学的制图效应

综合看待塔利在《地缘批评》序言、《空间性》(*Spatiality*)、《地点过敏症》(*Topophrenia*)中的阐述,其观念主要有三个层次:文本中的世界呈现和文学研究空间转向的实际语境,精神与空间的互证关系,文学作品的制图效应。

---

① See Bergson Henri, *Matter and Memory*, N. M. Paul and W. S. Palmer, trans. New York: Zone, 1991, pp. 67—68.

② Bertrand Westphal, *Geocriticism: Real and Fictional Spaces*, Robert Tally, trans. New York: Palgrave Macmillan, 2011, p. 89.

有关地缘批评的理论规划和实际操作，与韦斯特法尔相比，塔利称，"我对地缘批评的认识更为宽泛"①。这里的宽泛意味着对地理学方法、社会学关联，以及空间理论之于其他文化理论的影响：

> 空间诗学或空间生产，与权利的空间分析和对性别－空间的考察，在我看来关联紧密……地缘批评或者说空间批评理论，因此被理解为包含美学和政治学，作为一系列跨学科方法的元素构成，以获取对决定我们当下、后现代、世界中不断变化的空间关系的全面而入微（nuanced）的理解。地缘批评的图景（mapping）和空间分析与其他领域的研究框架紧密相连，同时保证足够的可塑性，加入并未在传统地理学研究领域的设想中获得恰当地位的例子，比如文学本身。②

在这里，塔利的理论蓝图专注于一般空间理论的整体形态，以文学研究的空间表现为基础，尝试获得文学角度的对世界面貌的理解和阐释。

哈维认为，"空间从来都不是孤立自在的'物自体'，也不能仅仅从不同空间之间的关系来理解它"，理解空间问题，首先需要认清空间的物质性特征与人类活动的接榫处，"……看似凝固的物质空间，实际上内化或者体现了人类活动的各种事件、事物与过程。凝固在物质空间中的外在过程、事件、事物等等，恰恰是'空间'产生意义的根源"③。在塔利看来，文学空间的意义产生于文本对世界的空间关系的描画中，"所有写作都参与了某种形式的制图，因为即便最实际的地图也难以真正描绘空间，正如文学，在复杂的一串想象关联中试图了解空间"④。福柯的制图学（cartography）更倾向于"权利地图"，哈维则认为制图学与知识生产密切相关，这就引出了系统空间理论的关键作用⑤，"……文学制图如何出现又如何构成来以与众不同的方式认识世界"⑥。"文学制图"包含文本叙事和阅读想象两个相关过程，"……为生产这种对一个世界的表现的拼贴（即叙事本身），叙述者也创造或发现了呈现在世界中的叙事。对读者来说，这种叙事使一种世界的形象（image）成为可能，

①　Robert Tally. *Spatiality*，London & New York：Routledge，2013，p. 113.

②　See Robert Tally. *Spatiality*，London & New York：Routledge，2013，pp. 113－114.

③　参见阎嘉：《不同时空框架与审美体验：以戴维·哈维的理论为例》，《文艺理论研究》，2011年第 6 期。

④　Westpha Betrandl. *Geocriticism：Real and Fictional Spaces*，New York：Palgrave Macmillan，2011，Tally，preface XI.

⑤　See Jeremy W. Crampton. "Maps，Race and Foucault：Eugenics and Territorialization Following World War I"，in Jeremy W. Crampton and Stuart Elden eds. ，*Space*，*Knowledge and Power*：*Foucault And Geography*. New York：Routledge，2016，pp. 223－224.

⑥　Robert Tally. *Spatiality*，London & New York：Routledge，2013，p. 3.

如同地图的绘制，在一个叙事过程中呈现的文学制图变为未来探索、狂想曲、叙事的一部分，或者未来的叙事地图的一部分"①。可见，文学制图首先在文学对世界的呈现的空间描绘中生成，其次在文本叙事走向和阅读体验的协作下完成绘制。这就涉及文学表达重要的人文语境，即有关阅读想象的问题。

韦斯特法尔所谓"可读的城市"（readable city）的规则在于"城市因为其与戏仿的文本和形象的融合变得可读，文本或形象的排列由地图产生"②。塔利进一步发展了这种以想象缝合真实的理念。他认为，"在阅读中，场所的精神性来自作者的文学制图，读者借此为现实世界附加想象的面貌……叙事地图的读者利用参考系来帮助理解文本及其表现的空间和世界"③。文本为空间提供了展开想象的精神性特征，与日常空间体验相关，指向带有幻想特质的文化内核，因而"'空间转向'……受到一种被解释为后现代的新的美学感受性（aesthetic sensibility）的帮助"④。就想象本身的意指而言，其行为必然与时间发生联系："想象的短暂特征与肇事逃逸（遭遇即离开，hit-and-run）的手法十分契合……由于依靠被感知的客体的存在，感受包含一定数量的时间控制。"⑤ 参照杜夫海纳对遗迹的审美经验分析，短暂的想象通过感觉拓展了时间的走向，使时间凝聚在空间当中。"（遗迹）的威望既来自遥远年代的诱惑，又来自它在经受和克服时间时它说明时间那种能力。星体和岩石并非真正具有时间性……是固定的基准点，从这些基准出发，理解力可以一件一件地把客观的时间复原。"⑥ 综合来看，想象的时间征候本于感受对象的客观存在，如同人们对遗迹的观感，外在客观存在的空间特征封存且空间化了时间，也就是哈维对时间和空间关系性的看法。⑦ 在后现代社会模糊的时间链条中，空间容纳时间维度，并相应置换了时间的决定地位。短暂持续的想象在文本空间的表现中得以不断生成并拓展，同时在过程中开始了空间的图绘。这就是本于基本的社会文化语境而为地缘批评提供的制图效应，这种效应位于人们精神与空间的联动状态中。

---

　① Robert Tally, *Spatiality*. London & New York：Routledge，2013，p. 49.

　② Bertrand Westphal, *Geocriticism：Real and Fictional Spaces*，Robert Tally，trans. New York：Palgrave Macmillan，2011，p. 116.

　③ Bertrand Westphal, *Geocriticism：Real and Fictional Spaces*，Robert Tally，trans. New York：Palgrave Macmillan，2011，p. 85.

　④ Robert Tally. *Spatiality*. London & New York：Routledge，2013，p. 3.

　⑤ Susan L. Feagin. "Some Pleasures of Imagination"，*The Journal of Aesthetics and Art Criticism*，Vol. 43，No. 1，1984，p. 26.

　⑥ 杜夫海纳：《审美经验现象学》，韩树站译，文化艺术出版社，1996 年，第 196－197 页。

　⑦ 参见阎嘉：《不同时空框架与审美体验：以戴维·哈维的理论为例》，《文艺理论研究》，2011 年第 6 期。

（二）三元方法的输出

将塔利的实践思路概念化，文本的空间表现及特定的文学制图必然与三个问题有关：文本中的多重空间，文学文本中的文化文本，虚构与真实的互现。比较言之，这三者在韦氏地缘批评方法论的构建中呈现为三元：时空性、指涉性和越界性。

时间无疑内蕴在作品中，而当空间以特殊的组合方式渗透并供给叙事时，在具体的文本操作上，所谓的"时空性"（spatiotemporality）也就具备了标尺作用。基于时间，标尺向空间维度靠拢，在历史叙述中逐步让位于空间，重新搭建了时空坐标系。于是，韦斯特法尔将文化地理学方法引入文学空间理论以完善其形态，以实例结合"时空压缩"理论，最终令哈格斯特兰德（Torsten Hägerstrand）和巴赫金"对话"。① 这便桥接了时间－地理学（time geography）和时空体（chronotope）之间不同的学科畛域，文本的空间表现首先呈现出时空性，其感知效果指向直观的空间感受，阅读世界则关涉对时空关系的社会文化解读。②

在当代的文学创作潮流中，文学选择无视真实和想象的界限，地缘批评将这种对应关系的基质视为现象界和对现象的表现，提取出可能的世界（possible worlds）的一种融合特征。③ 指涉空间和虚构空间之间存在"门槛"（threshold），而非"界限"（border）："门槛预设了自由穿梭，不像能够被封闭的界限。"④ 因此，这种重置世界的过程是开放且异质的（heterogeneous），往往通过文本中新的世界秩序的搭建，达到超现实（metareal）的层次。⑤ 就此而言，地缘批评的指涉性（referentiality）内涵了索亚"真实并想象"的空间寓言。在其操作内，开放性是表现空间的烙印，城市因此是可以阅读的。在无意识的空间想象中，文本表现空间的同时也重新组织了人们感知经验中的空间实体：阅读空间，如狄更斯的伦敦，巴尔扎克的巴黎；感受异质空间

---

① See Bertrand Westphal, *Geocriticism: Real and Fictional Spaces*, Robert Tally, trans. New York: Palgrave Macmillan, 2011, pp. 29－30.

② See Torsten Hägerstraand, "What about People in Regional Science?", *Regional Science* Vol. 24, No. 1, 1970; see also Michail Bachtin, *The Dialogic Imagination*, Michael Holquist, ed. & trans. Austin: University of Texas Press, 2000, pp. 85－86.

③ See Bertrand Westphal, *Geocriticism: Real and Fictional Spaces*, Robert Tally, trans. New York: Palgrave Macmillan, 2011, p. 5, p. 73.

④ Bertrand Westphal, *Geocriticism: Real and Fictional Spaces*, Robert Tally, trans. New York: Palgrave Macmillan, 2011, p. 98.

⑤ See Bertrand Westphal, *Geocriticism: Real and Fictional Spaces*, Robert Tally, trans. New York: Palgrave Macmillan, 2011, pp. 98－99.

的超越性，如摩尔的乌托邦，福克纳的约克纳帕塔法（Yoknapatawpha）。

在时空性、指涉性的空间意指及文本创造当中，我们看到地缘批评的文学图绘的基本面貌：蕴藏于现实空间中，具有特定文化意义的精神性；表现在文学空间中，依靠视点和感受力的配合，凸显艺术效果的空间性。这样来看，文学理论的空间批评就涉及空间在文学表现中的本体地位，那么在空间哲学视域内，韦斯特法尔地缘批评方法中的越界性（transgressivity）便能够清晰浮现。

如果将文本中心的趋势视为经典形成的动态过程中的一个环节，"当被延续的时间足够长（指经典），'文本'逐渐变为'文学'的边缘因子"①，那么一定的文学系统内，文本只是无数模型的一种，其功能性与其他模型的接续和变化发生互动。在"越界性"的意指之内，文学的空间表现正是模型之一，它有着多重性（multiplicity）的变动征候。有关多重性的复杂症候，在"千层高原"的压迫中，德勒兹认为存在一种"平滑空间"，以调节机制化的"网格空间"生硬的空间排列和布置。② 与德勒兹找寻平衡点的做法相当，越界性意在以空间为平衡点，说明异质空间变化之中的联系，不同空间模型之间的越界是必然的。空间本身可以连通文化、社会，可以融合感官、视点，从这些基本点出发，文学的空间表现打通了想象与真实的不同畛域，探索新的"可能的世界"。由此入手，文学理论的"空间转向"并不孤立，从地缘批评的内部建设和外部所指来看，它是既往文论的梳理和重新整理，其与社会文化的密切的关系表现在文本分析的过程中，完成"……复杂的图绘，针对那些此世界或彼世界（worldly and otherworldly）的空间"③。在客观现实和主观意识的动态关联中，从空间保持的媒介作用考虑，该过程的方向在哈维的历史－地理唯物主义框架的提议之内表露出一种地理学想象。

二、空间作为媒介：想象的功能

经过讨论地缘批评的实践观念和方法论征候，我们可以发现文学空间的三元视点之间的互动和联系，作为文学空间的分析手段，其空间理论意指带

---

① Itamar Even-Zohar, *Polysystem Studies*, Durham, NC: Duke University Press, 1990, p. 18, notes 5.

② See Gilles Deleuze and Felix Guattari, *A Thousand Plateau*: *Capitalism and Schizophrenia*, Brian Massumi, trans. Minneapolis and London: University of Minnesota Press, 1987, pp. 478－483.

③ Bertrand Westphal, *Geocriticism*: *Real and Fictional Spaces*, Robert Tally, trans. New York: Palgrave Macmillan, 2011, Tally's preface, p. XII.

有明显的古典三分法（trichotomy）特征。本于空间凝聚时间维度的特性，空间自身的变动和发展从观察者/阅读者的多重感受中汲取能量，而受个体经验左右的动态视点则反复打散和重建文学的空间表现。越界性事关空间之间的联结和背离，是时空性和指涉性的意义中介。因此，我们有必要讨论人文学科视域内三分法的历史，尝试深入审视空间理论特殊的辩证话语。

（一）三分传统之内的空间媒介

在韦斯特法尔眼中，空间问题有其固有的质地——"一种对超自然的思辨和一种对创造的反思"①。以这一认识为基础，空间本体的哲学意味进入文学研究领域，而对空间本体的思考离不开哲学系统内对空间问题的界定。出于对哲学二元传统的质疑，列斐伏尔延续了黑格尔、马克思式的"凭借对立（oppositions）和对立的系统来定义可理解物（the intelligible）"②，选择以三分法展开他的空间生产理论。他申明，空间概念本身存在一种三元的辩证关系，"……三种要素而非两个。两种要素的关联最终归于对立、对照或对抗（oppositions，contrasts or antagonisms）。它们由重要的效果定位：回音、反响、镜像效果"③。反映在空间的相关定位及其社会文化联系中，感知的（the perceived）、设想的（the conceived）和鲜活的（the lived）可视为空间的三元要素。④ 这种辩证的三分法内含空间的物质性和精神性两个层面，并且在对立之间添加了交集，索亚"第三空间"即是列斐伏尔论调的具象版本。在列斐伏尔看来，认识空间可以等同于认识世界，空间是理解资本主义发展的新状况，照亮其社会文化矛盾的重要媒介。回顾三分法传统可知，这种认知方式其实一直存在于人们对外在世界和事物秩序、存在本体和自我认识的识解当中。

古典时代晚期，普罗迪诺（Plotinus）提出了新柏拉图主义的核心观念，即有关世界基质（Hypostasis）的三元：太一（the one）、智力（the

---

① See Bertrand Westphal, *Geocriticism: Real and Fictional Spaces*, Robert Tally, trans. New York: Palgrave Macmillan, 2011, p. 2.

② Henri Lefebvre, *The Production of Space*, Donald Nicholson-Smith, trans. Oxford: Blackwell, 1991, p. 39.

③ Henri Lefebvre, *The Production of Space*, Donald Nicholson-Smith, trans. Oxford: Blackwell 1991, p. 39.

④ See Henri Lefebvre, *The Production of Space*, Donald Nicholson-Smith, trans. Oxford: Blackwell, 1991, p. 39.

intellect)、灵魂（the soul）。① 排除这一线索中"放射"的必要性，普罗迪诺的观念影响到基督教神学思想家对其基本教义的解释，即从尼西亚会议到君士坦丁堡会议开始逐步确立的"三位一体"（trinity）的信仰核心。这说明在认识和理解世界的过程中，在哲学和神学的共识系统内，因其相互联系、相互证明的联动，对外在世界的三元认知能够较好地迎合人们生活的既定传统和环境。及至中世纪中期，针对生发三元认知的人类意识，对西方哲学传统影响深远的阿奎那（Thomas Aquinas）正式引入了有关认识能力的三分法。他指出，"人的理智是有潜力的"，理智并不是一个"空白的书写板"，而是"动态的书写板"，理智接收信息的同时也会开始行动。② "动态"的书写表现为人类认知的三个层次的转换：认识（apprehension）、理性（reason）和判断（judgment）。③ 在这里，我们看到德国古典哲学托马斯主义的线索，康德三大批判中的"判断力"就起到勾连理性和实践的认知作用。不同于康德，黑格尔的知识论范畴对人类认知现象的理解，可以归结为三个环节：普遍、特殊、个别。④ 整体来看，三元划分的发展理路始终包含一个辩证的认知过程："智力"是太一和灵魂之间交流的通路，理性是由认识达成判断的桥梁；黑格尔哲学则表现出对人的认识本身和知识生产的关注。空间感直接来源于人们的客观感受，对空间的深入理解必然要经历这样一个辩证的思路。列斐伏尔认为，空间生产应该在"逻辑－数学"空间（logico-mathematical space）和社会空间的"实践－感觉"（practic-sense）空间的联合中产生意义，即建筑等空间实体和生活实践中的空间感的内在碰撞，也就是所谓"对立的系统"。⑤ 因此，在黑格尔式三分的"具体的普遍性"（concrete universal）的意义之内，空间呈现为特殊、一般、个别三种形态，也就是抽象化的"感知的"（the perceived）、"设想的"（the conceived）和"鲜活的"（the lived）。这里，空间成为进行认识活动的理论媒介，作为看待世界的工具，空间在物质性和精神性的共同包裹下，彰显了其思考的辩证特性。

在列斐伏尔系统的空间生产之前，福柯曾提出"异托邦"（Heterotopia）以指代源自人们精神世界的空间范畴。从词源角度看，前文提到的"异质空间"的异质在于产生"源头"（-genous）的不同，而"异托邦"则是"地点"

① See Plotinus, *Ennead*, 6.1－5, Arthur H. Armstrong, trans. Cambridge, MA, London: Harvard University Press, 2006, p. 10.

② See Robert Sokolowski, *Phenomenology of the Human Person*, New York: CUP, 2008, p. 291.

③ See Aquinas, *Summa Theologica*. Public Domain, p. 376, p. 391, p. 495.

④ 参见黑格尔：《逻辑学》（下卷），杨一之译，商务印书馆，1982 年，第 266 页。

⑤ See Henri Lefebvre, *The Production of Space*, Donald Nicholson-Smith, trans. Oxford: Blackwell, 1991, p. 15.

(-topos) 的不同。与福柯的拓扑学表达相关，"异托邦"的介质特征明显①，是"没有场所 (placeless) 的场所"②，是乌托邦的对立面：精神病院截断了时间，城市公墓延续了时间，博物馆汇聚了时间。③ 对时间性的观照说明异托邦对指定文化现象的诠释仍然可以融合在历史－权利话语的社会认知体系中。相比之下，越界性内含的异质空间，其落点在想象和真实共通的空间本体，并辩证看待其间的关联和分裂。因此，塔利《空间性》一书以福柯所谓"空间的时代"（epoch of space）为药引④，说明福柯式的语境研究符合他对地缘批评所涉话题的判断。对比来看，作为韦斯特法尔理论的重要来源，如巴迪欧所言，德勒兹本质上是一个柏拉图主义者。⑤ 他反复描述的"多重性"以及重新整理的"内在性"，实际标明了"存在的单义和名目的多重"（univocity of being and multiplicity of names）。⑥ 从这一角度来理解对空间本体地位的强调，地缘批评即以"空间"之名确立了现实世界和虚构世界的本体论关联。

上述讨论表明，空间问题同时具备哲学上的调和意义与文化上的实践所指，其功效在各社会文化要素内在关系中表现出来。在文学批评视域内，为实现这一功效，我们需要更为明确的对认知体验的观察。

（二）想象的空间编码

我们已知，空间想象的实际表现——韦斯特法尔"阅读城市"的内涵、塔利"文学制图"的意指，都处于文本空间和阅读想象的互释当中。若要关注想象的概念，发掘空间理论的生活实践价值，我们就可以从想象的认知和实践两个角度来解读其内在特征和外在表现。

1. 想象的层次

首先，涉及想象的认知层。在德勒兹同样看重的斯宾诺莎那里，我们可以发现他对想象概念本身的重视和分析。黑格尔首次将斯宾诺莎的想象概念与哲学反思联系起来，在其精神现象学的认知图示中，"斯宾诺莎的想象概

---

① Jeremy W. Crampton, "Maps, Race and Foucault: Eugenics and Territorialization Following World War I", *Space, Knowledge and Power: Foucault And Geography*, pp. 223−224.

② Michel Foucault, "Of Other Spaces", Jay Miskowiec, trans. *Diacritics*, 16 (1), 1986, p. 24.

③ See Michel Foucault, "Of Other Spaces", Jay Miskowiec, trans. *Diacritics*, 16 (1), 1986, pp. 24−27.

④ See Robert Tally, "Spatiality", Jay Miskowiec, trans. *Diacritics*, 16 (1), 1986, p. 12.

⑤ See Alain Badiou, *Deleuze: Clamor of Being*, Louise Burchill, trans. Minneapolis: University of Minnesota Press, 2000, p. 11.

⑥ See Alain Badiou, *Deleuze: Clamor of Being*, Louise Burchill, trans. Minneapolis: University of Minnesota Press, 2000, pp. 23−28.

念……一种与现有的突出事物（existing singular things）相关的思维模式但缺乏概念性——是主观的，一种已知主题的活动"①。他提及主观特征，即有关想象的感知作用和地位："……这些都指向了想象力的惊人力量，对人而言远超感觉和记忆。"② 想象的力量因其明显的主观性而容易导致两种对立效果，"……受影响和主动性（being active）共同发展……没有目的论推动事物向前，一个复杂的想象过程既是理性的必要条件，同时也是对理性的强大阻碍"③。关于主题的前置，与理智的地位相当，斯宾诺莎将想象视为灵魂（the soul）的功能之一："……想象可以由灵魂的构成来简单决定。"④ 想象看似对立的双面特征，并不缺乏积极的功用，在斯宾诺莎看来，想象的内心成像与理性相连，"……正如理智做出它的说明，相信它伴随所有事物中理智的苏醒，将它产生的图像和文字连接到一起并使之互联，所以如果没有想象，我们就几乎什么都不能够认识"⑤。并且，想象阻碍理性还表现为我们自身的放松，因为想象的展开是主动积极的过程，"一人越是主动，则消极越少"，因此，"社会生活是理性生活想象性的等价物，并且是理性生活的准备阶段"⑥。按照这一理路来整体地看待想象的概念及其延展，则其能动体现出两面性。想象在内表现为惊人的"制图"力量，在外则抗衡并协调理性，表现为特殊的、辩证的实践特征。

其次，涉及想象的实践层。以地理学方法进入社会学研究来体察资本主义社会对空间秩序的辖制和排列的做法，哈维称之为"地理学想象"，意在细分人们的日常空间经验，在想象的意涵之内达成空间表现与社会实践的辩证统一。这一观念借鉴了米尔斯的"社会学想象"（sociological imagination）⑦。米尔斯认识到想象既具体又抽象的两面性，试图反拨既往社会学研究"抽象化的经验主义"⑧，认为研究不应局限于对经济体制、文化要素的描述，而应该进行社会问题的跨学科研究，"针对任一和全部的，以人为历史行为者

---

① Rodolphe Gasché, *The Tain of the Mirror*. Cambridge, MA & London: Harvard University Press, 1986, p. 26.

② Eugene Garver, *Spinoza and the Cunning of Imagination*. Chicago: UCP, 2018, p. 103.

③ Eugene Garver, *Spinoza and the Cunning of Imagination*. Chicago: UCP, 2018, p. 105.

④ Spinoza, *Letters*, *Spinoza Complete Works*, Samuel Shirley, trans. Indianapolis and Cambridge: Hackett Publishing Company, 2002, p. 803.

⑤ Spinoza, *Letters*, *Spinoza Complete Works*, Samuel Shirley, trans. Indianapolis and Cambridge: Hackett Publishing Company, 2002, p. 803.

⑥ Eugene Garver, *Spinoza and the Cunning of Imagination*. Chicago: UCP, 2018, p. 105.

⑦ See David Harvey, *Social Justice and the City*. Athens: University of Georgia Press, 2009, pp. 23—24.

⑧ See Wright Mills, *The Sociological Imagination*. London, New York: Oxford University Press, 1967, pp. 50—51.

（actor）的恰当研究"①。以人本身为落点，首先意味着提升个体经验及感知的理论位置。哈维认为，"建筑师、艺术家、设计者"等都会使用地理学想象（spatial consciousness）来进行空间组合，然而，"它（地理学想象）本身分析性传统十分不足，它的方法论研究方法依赖纯粹的直觉。空间意识在现今西方文化中的主要位置仍然落足于造型艺术当中"②。那么，我们需要引入地理学方法使想象的实践模型更为科学和系统。地理学想象的实践意义指向内含空间特质的社会关系，"这一模式使个体能够在其经历（biography）中辨别空间和场所的社会角色，去联系他自身周围的空间，以及辨别个体之间、组织之间的事务（transactions）如何受分隔他们的空间的影响"。由是来看，地理学想象涉及日常经验的发生和积累："它允许我们判断发生在其他场所（在其他人的'领地'）的事件之间的联系……也允许他（个体）创造性地加工和利用空间并且欣赏由他人创造的空间形式的意义。"③ 通过关注个体单位的"地理学想象"可能完成的对空间单位的实践操作，哈维冀望能够将资本主义社会运行的内在结构细节化地呈现出来。

　　哈维的追随者德雷克·格雷戈里（Derek Gregory）将"地理学想象"与杰姆逊的"认知绘图"（cognitive mapping）并列，认为两者同样是对后现代社会时空关系的辩证对待。认知绘图的实践观念受到城市规划师戴维·林奇（David Lynch）的启发④，杰姆逊采纳林奇的城市规划理念，目的在于敞开"政治无意识"的实践范畴。在林奇那里，地理学想象的实践效果更加具体。他认为，人们经验中的城市地图存在四种标识物：路线（paths）、边缘（edges）、节点（nodes）和地标（landmarks）。⑤ 作为"投影空间"（projection space），⑥由这些关键元素串联的环境的图像（the image of the environment）直接影响城市的易读性（legibility）。对此，林奇进行了"涂鸦地图"（sketch maps）的试验。通过个案分析，作为日常经验的空间成像——尽管这些地图方向、比例都不准确——"但是顺序通常是正确的……"⑦ 案例中的涂鸦表现出人们基本的城市空间体验，在基础的空间想象层面与"阅读城市"的理念达成了

① Wright Mills, *The Sociological Imagination*. London, New York: Oxford University Press, 1967, p. 134.

② David Harvey, *Social Justice and the City*. Athens: University of Georgia Press, 2009, p. 24.

③ See David Harvey, *Social Justice and the City*. Athens: University of Georgia Press, 2009, p. 24.

④ See Frederic Jameson, *Postmodernism, or, the Cultural Logic of late Capitalism*. London: Verso, 1991, p. 51.

⑤ See Kevin Lynch, *The Image of the City*. Massachusetts: MIT Press, 1960, pp. 41-42.

⑥ 参见戴维·哈维：《作为关键词的空间》，阎嘉译，《外国美学》，2014 年第 22 辑。

⑦ Kevin Lynch, *The Image of the City*. Massachusetts: MIT Press, 1960, p. 87.

一致。文学作品的空间表现也有着依照自身叙述安排的空间顺序，人们无法通过文学描写直观地辨别方向、大小，但可以在头脑中构建与之相近且符合自身既有经验的空间顺序。

林奇的考察方法到试验结果，均指向一种内蕴丰富实践意义的"地理学想象"，将想象的主观性和客观价值微妙地联结在城市空间的认知当中。综合哈维的理念和林奇的实践，从社会文化的认知到日常生活的实践，最终观照文学作品空间表现，其间，我们都要经历地理学想象的意义编码和绘制地图的实践解码。

2. 文学批评与空间想象

在地理学想象的意指范畴内，格雷戈里提议引入文学表现手法进行地理学研究。这并非重回"描述的地理学"，而是践行"地理学作为一种写作"。[①]哈维声称自己受到狄更斯、左拉等作家的写实倾向影响，也对当代作家品钦（Thomas Pynchon）数学家一样"乏味的科学描述"（dry-as-dust science）有所偏爱。[②] 在格雷戈里看来，这些作家对哈维的影响"超过了城市经验的唤起（evocation）而向他们应用的表现模式转变"[③]。在明确的跨学科取向之外，这种地理与文学的交织，"写作地理"或者"地理学诗学"的提议都说明空间问题的重要地位，空间本身多面的属性能够弥合跨学科研究中科学与艺术之间的差异。[④]

地理学与文学的互释主要在列斐伏尔"表征空间"（space of representation）概念中实现。对待文学艺术的空间表现，哈维相信，"……那些作品最终都在绝对空间和时间中有着普通平凡的存在"[⑤]。对待空间表现的艺术手法，他认为，"同样一种物质空间，用怎样的符号、代码和创造性的想象来表达，一方面会呈现出不同的美学效果，另一方面也与艺术家的才能、审美趣味、艺术技巧等等相关"[⑥]。那么，对文学来说，物质空间进入文学空间，现实与虚构的思辨关系驱动文本与想象的联动，最终完成文本世界的地理学想象。

① D. Gregory, "Areal Differentiation and Post-Modern Human Geography", in D. Gregory and R. Walford. , eds. *Horizons in Human Geography*. London：Palgrave, 1989, p. 91.

② See D. Gregory, "Areal Differentiation and Post-Modern Human Geography", in D. Gregory and R. Walford. , eds. *Horizons in Human Geography*. London：Palgrave, 1989, p. 90－91；See also Harvey, *Consciousness and the Urban Experience*. Oxford：Basil Blackwell, 1985, pp. xv－xvi.

③ D. Gregory, "Areal Differentiation and Post-Modern Human Geography", in D. Gregory and R. Walford. , eds. *Horizons in Human Geography*. London：Palgrave, 1989, p. 91.

④ See D. Gregory, "Areal Differentiation and Post-Modern Human Geography", in D. Gregory and R. Walford. , eds. *Horizons in Human Geography*. London：Palgrave, 1989, p. 91.

⑤ 参见戴维·哈维：《作为关键词的空间》，阎嘉译，《外国美学》，2014 年第 22 辑。

⑥ 阎嘉：《戴维·哈维的地理学与空间想象的维度》，《四川师范大学学报》，2013 年第 6 期。

　　进入文本世界，首先意味着现实空间作为参照物的选择和变换，这关系到文学传统中的模仿。再来看亚里士多德，经过"可然或必然的原则"构建的悲剧世界旨在描述"可能发生的事"①，同样的，人们通过由日常经验积累的空间感知完成对文学空间表现的想象，也依照可然律或必然律步入了可能性的世界。由此出发，我们在阅读过程中不断更新来源于现实生活的参考系，应对可能性的世界，或者说世界的可能性。这一代码重置的过程内含了人们认识世界的基本方式。在马尔克斯笔下，"……马孔多标识物品的需要来自新的'去区域化'的参考束（参考编码），它和吉卜赛人的到来同时发生。正如马孔多居民必须学习使用新的参考编码"②。虚构的马孔多镇正是一个需要解码的文本空间，解码的过程在接合现实的空间想象中达成。

　　列斐伏尔认为，"像所有社会实践一样，空间实践在其被概念化之前就已存在"③。在文学表现的契约内，人们逃脱了社会实践的观念辖制，空间想象同样闯入现实世界。对地缘批评来说，"城市是一本书"④。我们在阅读的同时想象着由可能性铸就的独特空间：阅读乔伊斯，读者会去寻找都柏林中布鲁姆的痕迹；阅读柯南·道尔，读者会去伦敦寻找福尔摩斯的贝克街。"这种去向空间中某个地方的朝圣之旅（像跟随佩雷克或雷佐里）或者某个只在文本中存在的地方（像柯南·道尔或乔伊斯的书迷）再一次说明作家是城市的作者，场所的造物主（demiurge）。"⑤ 在这样的由阅读空间引发的空间实践中，文本藏匿了现实和虚构的界限，真实经历了空间想象的重新编码，因此，在"对人性空间的感知中，互文性的比重是可观的"⑥。

　　空间本体多角度传递了想象与实践的关系性，经过空间编码的文本表现体系反过来也会影响现实中空间表征（representation of space）。⑦ 这样来看，在写作或阅读的过程中，我们日常的空间感知经过想象编码无限接近也无限偏离真

---

　　① 亚里士多德：《诗学》，陈中梅译注，商务印书馆，1996年，第60页。

　　② Emily D. Hicks, *Border Writing: The Multidimensional Text*. Minneapolis: University of Minnesota Press, 1991, p. 10.

　　③ Henri Lefebvre, *The Production of Space*, Donald Nicholson-Smith, trans. Oxford: Blackwell, 1991, p. 34.

　　④ Bertrand Westphal, *Geocriticism: Real and Fictional Spaces*, Robert Tally, trans. New York: Palgrave Macmillan, 2011, p. 149.

　　⑤ Bertrand Westphal, *Geocriticism: Real and Fictional Spaces*, Robert Tally, trans. New York: Palgrave Macmillan, 2011, p. 150.

　　⑥ Bertrand Westphal, *Geocriticism: Real and Fictional Spaces*, Robert Tally, trans. New York: Palgrave Macmillan, 2011, p. 150.

　　⑦ See Henri Lefebvre, *The Production of Space*, Donald Nicholson-Smith, trans. Oxford: Blackwell, 1991, pp. 41—52.

实。考虑到这一黑格尔式的悖论最终实现辩证统一的可能性，我们需要时空性和指涉性来把握文本中的空间表现，同时需要以此表现为媒，发现想象过程的纽结点，其具象在文本空间表现为三元链条的运转，其机制则为在能动的阅读过程中，经验中的空间感与文学编码的空间想象合作成为认知实践的中转。

三、空间的语言本体

诚如哈维所言，20 世纪初发生了"语言学方面引人注目的转变"，索绪尔语言学和其他颠覆性思潮一并启发了人们对现代性传统的怀疑。① 所指和能指的龃龉，或历时和共时的消长，实际将传统思辨哲学引入了一个视文本为"他者"的世界，如德里达、利奥塔，甚至巴尔特的做法。此时，反思的价值不在于发现先验的构成或打磨理念的棱镜，而是"意义"面临"表现"的斗争。然而，当能指和所指的运转链条从达成意义或消解意义的形态进入一种持续变化、反复充值的新生语境中，文本符号的思辨显然无法满足人们对具体文化语境的思考，如后殖民主义、女性主义等研究范式对单一话语体系的挑战。关于逃离文本表现的迷宫，维特根斯坦认为，语言的具体应用"将语言和世界交缠在一起，并询问说话人以及他们的目的和动机——在高度具象的境遇中他们为什么说出他们所说的"，因而对照来看，"索绪尔着手创建一门科学；维特根斯坦尝试在语言中理解我们的生活"②，这就启发了塞尔托，其观点成为日常哲学的起点。福柯最初提出"异托邦"，即纠结于语言表现与现实的关系，这一最初的构想来源于博尔赫斯对威尔金斯（James Wilkins）"世界语"的批判。③ 博尔赫斯提出，"理论上，设想这样一种语言并非不可能——每一物事的名称可以指代其命运、过去和未来的所有细节"④，这就意味着关注能指符号背后总体的所指系统，即文化形态。博尔赫斯的创作没有选择疏离意义，而是探索文本整体能够转换的现实，如时空迷宫、永恒空间、世界镜像等复现主题。⑤ 对语言表达的内在价值，他的看法更是借他者之口表

① 参见戴维·哈维：《后现代的状况：对文化变迁之缘起的探究》，阎嘉译，商务印书馆，2003年，第 42 页。
② See Toril Moi, *Revolution of the Ordinary: Literary Studies after Wittgenstein, Austin, and Cavell*. Chicago: The University of Chicago Press, 2018, p. 115.
③ See Michel Foucault, *The Order of Things*. London: Routledge, 1970, pp. xvi–xvii.
④ See Jorge Luis Borges, "The Analytical Language of John Wilkins", in *Other Inquisitions: 1937—1952*, Ruth Simms, trans. Austin: University of Texas Press, 1964, p. 104.
⑤ See Edwin Williamson, ed., *The Cambridge Companion to Jorge Luis Borges*. Cambridge: CUP, 2013, pp. 23–24; pp. 180–181.

述出来：特隆人"认为玄学（metafísica）是幻想文学的一个分支"①。文学与哲学、科学交错的异质空间中，帕威尔和麦克海尔的文学本体论观念能够在博尔赫斯的创作中定位虚构的真理。这一真理可以在两个侧面得到观照。其一，语言组织日常真实。针对我们处于真实世界中的感受，"这是一个起源于思想和行动的世界，并且由其保持真实"②，正是语言使这一感受转化为现实的状态，"语言使共同的经验客观化并在语言共同体（linguistic community）中使之可行，从而成为知识的集体储备的基础和工具"③。麦克海尔甚至将这种语言应用角度的真实认知称为"真实作为一种公共小说（集体假想，collective fiction）"④。其二，语言整理生活片段。针对我们对文化形态的整体理解，"如同诸多其他真实的所指（真实的品目），其转化最终变为'文化集合中正式的实物'（official realia in the cultural repertoire），一种传统的真实音素（realeme）逐渐保有越来越少的表现功能和越来越多的形式化的组织功能，比如那些破坏单调、让我们转向生命中的'生活片段'"⑤。真实音素即多元系统中保持自身特性的文化要素，其具体形态正是特定文本中潜藏的日常和真实的切面。语言指向实践，包含日常和真实的维度，如列斐伏尔的社会空间结构，那么，当文学进入其中，参与空间的生产，空间表现本身的价值则将转换为文学本体的文化意义。这样的意义事关我们基本的生存语境，是已消解的文本意义重新聚合的向心力。

　　语言使用的日常抑或文学表现的真实转换，共同对抗的是所谓"表现的危机"。地理学在向深度的文化研究发展的过程中遭遇到格雷戈里所认为的任一种科学都遭遇的"表现的危机"，因而地理学需要在语言表现本身找到新的出口，尝试"地理学诗学"，哈维对后现代时空的分析正是这种努力的例证。⑥正是从地理科学入手，哈维全面分析资本主义商品经济，在其与物理空间、

―――――――――――

　　① 博尔赫斯：《特隆、乌克巴尔、奥比斯·特蒂乌斯》，《博尔赫斯全集》（小说卷），王永年、陈泉译，浙江文艺出版社，2006 年，第 79—80 页。另见：Borges, *Ficciones*; *El aleph*; *El informe de Brodie*. Caracas: Biblioteca Ayacucho, 2006, p. 11.

　　② Peter L. Berger and T. Luckmann, *The Social Construction of Reality: A Treatise in the Sociology of Knowledge*. London: Penguin Books, 1991, p. 33.

　　③ Peter L. Berger and T. Luckmann, *The Social Construction of Reality: A Treatise in the Sociology of Knowledge*. London: Penguin Books, 1991, p. 85.

　　④ See Brian Mchale, *Postmodernist Fiction*. London, New York: Routledge, p. 37.

　　⑤ See Itamar Even-Zohar, *Polysystem Studies*. Durham, NC: Duke University Press, p. 210. 关于 "Realeme"："real"（真实）加后缀"-eme"，意为特别的声音或一组声音；依据"phoneme"（音素、音位）造词。

　　⑥ See D. Gregory, "Areal Differentiation and Post-Modern Human Geography", in D. Gregory and R. Walford., eds. *Horizons in Human Geography*, London: Palgrave, 1989, p. 91.

社会空间的相应形态中阐发变化中的资本结构，在其与文化生产、艺术表征的对位模式中讨论空间变式的文化效应。这一空间转向的两层内涵，既涉及现实层面多样的社会问题，更在历史－地理唯物主义的框架下的空间理论探索中，阐发资本社会中人文思想的新取向。本于这样的视野，地缘批评文本空间研究的基本范式及跨学科的方法论基础得以生成。

文学制图的乌托邦意象来自对文学表现的笃信，"如果空间不由自然定义，文学则教会我们珍惜这份怀疑，超越任何给世界打上印记（estrie）的地理表征，不论通过子午线（meridianos）或者疆界"①。当空间的客观存在遭遇想象的思辨内涵，文学表现的文本及其辩证本体在具体的空间单位呈现出来，意味着取消现实的空间定位和划分，以源于日常经验看待真实的特定视角参与文本空间的建构。"……作者的反思询问我们这些是否存在：一种固定的视野，一种非游牧的话语，或者如果不是任一对世界的观感，也是一个可能的世界，或者至多是，可信的"②，空间表现将文本呈现在特定的视野中，从而成为作者创作与读者阅读的沟通媒介，此时，空间得以显露其本体地位。相比作者本体或读者本体，空间的真实音素崭露头角，使得"……地缘批判的声音实际上成为主要的声音"③。

由地缘批评的基本面貌到对空间与文本的协作表现的梳理，其基点存在于空间本身处于物质与意识、现实与想象的辩证链条中。当空间问题以本体姿态在文学表现中复现，文学与社会文化、个体精神的交错将更加明晰。就此，我们得以理解空间转向丰富的语境意义，理解地缘批评，以至其他空间理论批评形态的相应旨趣。如果说文学的空间世界引发了空间－文论思考维度的解放，在庞杂的后现代文化表征中，我们或可从地缘批评中找到清理"奥吉厄斯牛棚"（Augean Stables）的分析视角。

作者简介：
张昕，四川大学文学与新闻学院博士研究生，主要从事文艺美学研究。

---

① Joseph Marqués Meseguer, "Bertrand Westphal, un referente de la geocrítica Cultura, lenguaje y representación", in *revista de estudios culturales de la universitat jaume*, vol. xvii, 2017, p. 18.

② Joseph Marqués Meseguer, "Bertrand Westphal, un referente de la geocrítica Cultura, lenguaje y representación", in *revista de estudios culturales de la universitat jaume*, vol. xvii, 2017, p. 19.

③ Joseph Marqués Meseguer, "Bertrand Westphal, un referente de la geocrítica Cultura, lenguaje y representación", in *revista de estudios culturales de la universitat jaume*, vol. xvii, 2017, p. 18.

空间规训

——理解米歇尔·福柯空间理论的关键概念[*]

李赛乔　庞　弘

摘　要：在福柯的思想谱系中，"空间"是一条贯穿始终的线索。在对福柯空间思想的理解中，"空间规训"无疑是一个至关重要的概念。空间规训发轫于空间与权力的紧密交织，其要旨在于依凭空间规划与塑造，对个体的精神状态和人格结构加以微妙影响，使之屈从于既存规范，并一步步陷入规训的罗网。福柯认为，作为一种分配的艺术，空间规训具有封闭性、分隔性、功能性、等级性等重要特征，这些特征通过监狱得以充分体现。同时，福柯将"全景敞视监狱"指认为空间规训的最完美范本。在他看来，全景敞视监狱的高度普适性，已使其遍布当代生活的每一个角落，从而将整个社会置换为可供窥探的场域。当然，福柯对空间规训的态度并非全然消极，他同样为我们提示了某些可能的抵抗之道。

关键词：福柯　规训　空间规训　全景敞视主义　抵抗

在西方当代思想史上，米歇尔·福柯（Michel Foucault）是一位以兼收并蓄著称的人物，其学术关切遍及权力（power）、知识（knowledge）、性态（sexuality）、话语（discourse）、惩罚（punishment）、疯癫（madness）、僭越（transgression）、身体（body）、欲望（desire）、自由（freedom）、主体性（subjectivity）、真理（truth）、快感（pleasure）、酷儿（queer）、精神性（spirituality）、革命（revolution）等诸多领域。在福柯广博的知识谱系中，"空间"（space）是一个不容忽视的维度。福柯承认，在人

---

* 本文系国家社科基金重大项目"西方新马克思主义文论与空间理论重要文献翻译和研究"（15ZDB085）、国家社科基金青年项目"'阐释的边界'与当代文学理论的话语重估研究"（18CZW006）以及教育部人文社会科学研究青年项目"社会转型与新媒体事件的视觉表征研究"（16XJCZH003）的阶段性成果。

类文明的漫长历程中，空间往往"被看作是死亡的、固定的、非辩证的、不动的"①，往往意味着对时间的无足轻重的附庸。但他相信，上述状况在现今已悄然改变：空间不再是纯然的"方位"或"处所"，不再是令人生厌的"中空容器"，而总是与主体的情感态度、价值取向，乃至生存焦虑保持着血脉关联。故而，从某种意义上说，"当今的时代或许应是空间的纪元"②。

纵观福柯的学术生涯，空间虽未被频繁谈及，却是一条贯穿始终的精神脉络。朱迪特·勒薇尔（Judith Revel）指出，在福柯的思想版图中，对空间的言说展现为如下三个扇面：一是"对关押的思考"，即围绕监狱、医院、精神病院等隔离与禁断机制的研究；二是"违犯和反抗"，即对如何逃离或僭越诸种界限（limits）的追问；三是"对城市空间及其组织，对移居现象或殖民进行独特的探索"，其关注焦点在于人们所熟知的外显的、具象化的空间构造。③ 在上述纷纭的学术话语中，空间规训（space discipline）具有不言而喻的战略意义，它不仅连缀、编织起福柯的空间思想体系，亦揭示出空间在当代语境下的某些趋向和发展可能。故而，对空间规训的深度开掘与恰切诠释，便成为破译福柯空间理论的关键。

一、何为"规训"？

空间规训由"空间"和"规训"组合而成，故而，对规训（discipline）的阐明便成为理解空间规训的必要条件。在西文中，"discipline"常表示纪律、训练、训导、管教、惩戒、校正，亦可表示作为现代知识话语下的科目或学科。④ 在福柯笔下，"规训"一词被赋予特殊内涵，意指使用技术手段对个体加以干预、操控与塑造，使之变得恭顺而驯服。在其代表作《规训与惩罚》中，福柯对规训的生成语境、主导特征和运作逻辑做出了令人印象深刻的描述。

福柯首先回顾了规训得以形成的历史背景。在大革命之前的旧制度

---

① 米歇尔·福柯：《权力的地理学》，严锋译，载包亚明主编，《权力的眼睛——福柯访谈录》，上海人民出版社，1997年，第206页。

② 米歇尔·福柯：《不同空间的正文与上下文》，陈志梧译，载包亚明主编，《后现代性与地理学的政治》，上海教育出版社，2001年，第18页。

③ 参见朱迪特·勒薇尔：《福柯思想辞典》，潘培庆译，重庆大学出版社，2015年，第49—50页。

④ 当然，"规训"与"学科"的同构性在当下已愈发明显。作为现代性分化（differentiation）的产物，学科一方面提升了研究的效率，另一方面又导致学术人困守于狭窄的小圈子中，成为偏执一隅的"技术专家"。学科划分在精神层面造成的匮乏，其实和规训颇有些异曲同工之处。

(Ancien Régime) 阶段，君主权力（sovereign power）是占据压倒性优势的权力形态，其最鲜明的表现是在众目睽睽之下公然实施的残酷刑罚——弑君者达米安（Damiens）被铁器撕扯，被硫黄炙烤，乃至被四马分肢、焚尸扬灰的惨状，便对此做出了形象化的说明。酷刑的最主要功用，谓之"杀一儆百"，即通过伤痕累累、惨不忍睹的肉体，以象征性的方式彰显君主对触犯其威严者的复仇，并造成对围观群众的恐吓与震慑。在此，酷刑体现出"司法-政治功能"（juridico-political function）："它是重建一时受到伤害的君权的仪式。它用展现君权最壮观时的情景来恢复君权。"① 随着时间的推移，酷刑的威慑作用变得愈发有限，原因有二。其一，酷刑在令人心惊胆寒的同时，亦可能因过度残暴而引发某种"反转"。当直面刑场上血肉模糊的犯人时，人们往往心生同情，甚至将其美化为一位慨然就义的殉道者，一位威廉·华莱士（William Wallace）② 那样的英雄人物。在此种状况下，统治者反倒被指认为嗜血成性的恶魔，而抗争与反叛之火亦将在民众中不断蔓延。其二，更重要的是，社会形态的转变对惩罚提出了新的要求。自 18 世纪末、19 世纪初以来，中产阶级日益取代国王而跃升为社会主导。伴随中产阶级社会的来临，犯罪形式亦有所改变：不同于过去大规模、群体性的暴力犯罪，在中产阶级社会，非法活动更多由个别人或小团体发起，其目标在于以走私、偷窃或欺诈等方式谋取经济利益。鉴于此，社会治理的最重要目标便不再是借严刑峻法以儆效尤，而是通过对惩戒技术的改进来"对付变得更微妙而且在社会中散布得更广泛的目标"③，进而在更普遍的意义上对中产阶级的社会契约加以维护。以上两种因素的交互作用，不仅使酷刑逐渐淡出历史舞台，同时又催化了规训在现代社会中的蓬勃兴盛。

接下来，福柯就规训的内涵与属性详加阐述。福柯宣称，规训并非指一般意义上的制度或机构，而更莫过于"一种权力类型，一种行使权力的轨道"，它所包含的是"一系列手段、技术、程序、应用层次、目标"。④ 规训具有三个重要特征：其一，在范围上，规训并未诉诸大规模的人群，而是以个

---

① 米歇尔·福柯：《规训与惩罚：监狱的诞生》，刘北成、杨远婴译，生活·读书·新知三联书店，2003 年，第 53 页。

② 威廉·华莱士是苏格兰独立战争的重要领袖之一，他在被公开处决时发出的"自由"的呼喊，在无数苏格兰人心中播下了革命的种子。华莱士的传奇故事在梅尔·吉布森（Mel Gibson）主演的奥斯卡获奖影片《勇敢的心》中得到了精彩演绎。

③ 米歇尔·福柯：《规训与惩罚：监狱的诞生》，刘北成、杨远婴译，生活·读书·新知三联书店，2003 年，第 99 页。

④ 米歇尔·福柯：《规训与惩罚：监狱的诞生》，刘北成、杨远婴译，生活·读书·新知三联书店，2003 年，第 241-242 页。

体为目标，甚至试图将人体的不同部分区别对待；其二，在对象上，规训不再关注人体的诸种表象（representations），而是着眼于身体的"机制、运动效能、运动的内在组织"，以操练身体并使之变得驯服而高效；其三，在控制模式上，规训聚焦个体的活动过程而非结果，并通过"不间断的、持续的强制"，通过对时间、空间和活动的缜密安排与重新构造而发挥作用。①足见，规训不同于奴隶主对奴隶的横征暴敛，而是潜入人体"内部"，不动声色地改造主体的精神世界；规训不同于君主对臣民的居高临下的训斥，而是以碎片化、非中心的姿态，散布于社会生活中每一个隐微难察的角落；规训亦不同于禁欲主义对本能冲动的无情扼杀——作为与资本主义经济相伴而生的存在，它一方面致力于削减人体力量，使个体屈从于各式威权的宰制，另一方面，又试图从某些方面强化人体力量，使个体孜孜不倦地投入经济生产活动。由此，福柯提出，规训的范例是巴黎监狱中的一份作息时刻表，它将犯人的一天分解为祷告、工作、进餐、休息和学习等不同时段，并以"润物细无声"的方式，对其一举一动加以全方位的把控。由对规训的理解，不难见出福柯对马克思（Karl Marx）的承续。马克思断言，资本主义的核心诉求在于转变生产方式，从工人的劳动中榨取剩余价值；在福柯看来，规训的一大目标，同样是依凭对驯顺性（docility）的提升来增强实用性（utility），亦即使个体深陷于资本主义制度之中，并不断创造出中产阶级所渴慕的经济利益。当然，在经典马克思主义的视域中，经济与政治虽是决定－被决定的关系，但依然保持着相对的独立性；福柯则相信，在规训的运作过程中，经济（即效益最大化）与政治（即对个体的征服）两个维度始终难解难分地纠缠在一起："如果说经济剥削使劳动力与劳动产品分离，那么我们也可以说，规训强制在肉体中建立了能力增加与支配加剧之间的聚敛联系。"②

借由对规训的深度开掘，福柯揭穿了现代人道主义看似温情脉脉的假面。他一再暗示，酷刑在今日的隐遁，并不意味着社会已变得更开明、仁慈、博爱，而是传达出一些令人"细思恐极"的征兆。诚如加里·古廷（Gary Gutting）所言，现代社会的要旨并非减轻约束，而是"从野蛮但分散的肉体惩罚转向减少疼痛但更具侵犯性的心理控制"③，亦即以微妙、隐晦、无孔不入的规训技术来达成对个体精神与人格的彻底操控。克瑞西达·海斯

---

① 参见米歇尔·福柯：《规训与惩罚：监狱的诞生》，刘北成、杨远婴译，生活·读书·新知三联书店，2003年，第155页。
② 米歇尔·福柯：《规训与惩罚：监狱的诞生》，刘北成、杨远婴译，生活·读书·新知三联书店，2003年，第156页。
③ 加里·古廷：《福柯》，王育平译，译林出版社，2010年，第83—84页。

(Cressida J. Heyes) 对此深有感触。在她看来，规训所缔造的是一种新的个体身份："这样的个体是一个循规蹈矩、温良恭顺、自我监督的人，他被认为……将以特定方式发展，并服膺于更严密但似乎又更温和的管理方式。"①

二、从"规训"到"空间规训"

福柯对规训与空间的亲缘性有深入认识。他观察到，权力弥散于空间之中，并依凭空间而得以持存与维系。故而，空间不仅是一切公共生活的基础，亦充当了"任何权力运作的基础"②。作为现代权力的典范形态，规训自然与空间保持着密切关联，其最显著表现在于"空间规训"这一权力运作的特殊方式。所谓"空间规训"，意指通过对空间的刻意为之的筹划、设置与构造，对个体的心理状态和人格结构产生潜移默化的影响，使之心悦诚服地屈从于既有的社会-文化秩序，并逐渐蜕变为驯顺而高效的"被规训的物种"。在此过程中，空间是规训的最重要载体，又充当了规训发挥效能的难以替代的路径："一系列围绕生命……而启动的控制配置、力量图表、分割和分布，以及场地和组织正是通过空间才得以展开。"③

在《规训与惩罚》中，福柯将空间规训指认为一种分配的艺术（the art of distributions），它主要涉及五个层面。一是空间的封闭性。个体应当被限定于一个"与众不同的、自我封闭的场所"之中，从而远离公众的视线。之所以如此，是为了对个体行为有效监管，以防止骚动、叛乱、消极怠工等意外状况的出现。封闭式空间的表率，是由高墙或大门所隔离的兵营、工厂或修道院。二是空间的分隔性。空间务必被细分为若干更小的"单元"，使每一个个体各居其所。这样做的目的，一方面在于截断个体之间可能的纽带，以消除人群的大规模聚集或流动；另一方面是要制造一个可解析的空间（analytical space），以对不同个体进行分门别类的评估、审查与管制。分隔式空间的范例，当属寄宿制学校的宿舍，它将学生按编码（即学号）安置于一个个单元（即床位）之中，以最经济的方式实现对为数甚多的学生的管理。三是空间的功能性。空间应成为一个"功能性的场所"（functional site），它不仅保证了对个体的严密监管，亦有助于个体在适合自己的位置上更好地发

---

① Cressida J. Heyes. "Subjectivity and Power", in Dianna Taylor, ed. , *Michel Foucault: Key Concepts*. Durham: Acumen, 2011. p. 163.

② 米歇尔·福柯，保罗·雷比诺：《空间、知识、权力——福柯访谈录》，陈志梧译，载包亚明主编，《后现代性与地理学的政治》，上海教育出版社，2001 年，第 13-14 页。

③ 朱迪特·勒薇尔：《福柯思想辞典》，潘培庆译，重庆大学出版社，2015 年，第 51 页。

挥作用。在现代工厂中，这种功能性特质得到了集中体现。工人不再如传统手艺人一般掌控全局，而只是作为流水线上的一个环节，对产品生产中的某一细节（哪怕是一颗螺丝钉）负责。这种机械化的操作使劳动变得刻板、乏味、令人窒息，但无疑使生产效率大幅度提升。四是空间的等级性。在规训的施行中，空间被分解为具有流动性和可互换的诸多因素，每一因素的价值取决于其所处位置，而这种微妙的位置感成为促使人们认同既定秩序并为之倾注心力的重要诱因。等级性的一个绝妙案例是中学或小学的教室：不同学生往往按"表现"被安置于不同座位（"表现良好者"通常坐在前排，并享有教师的更多优待），从而于无形中建构起一种"人人争先"的竞争机制。[①] 总之，空间规训的实质在于构造"既是建筑学上的，又具有实用功能的等级空间体系"[②]，它不仅把控着具体、有形的空间配置，亦凸显出对个性、情感、意向等隐性维度的深刻影响，从而成为物质与精神、现实与想象、肉体与灵魂相交织的独特存在。

由此，福柯展开了对监狱的讨论。照理说，较之酷刑等其他惩罚方式，监狱存在着与生俱来的诸多缺陷。[③] 然而，出人意料的是，几乎在转瞬之间，监狱便跃升为现代西方社会中主导性的惩罚模式。福柯笃信，监狱之所以风靡不衰，关键在于其完美践履了空间规训的内在逻辑。自 19 世纪初以来，监狱"剥夺自由"的功能愈发与"改造个体"的诉求紧密关联，它的宗旨，不仅是扣除犯人的时间来向社会还债，而更莫过于对犯人的整个生命加以干涉和治理。换言之，监狱有必要成为一种全面规训（omni-disciplinary）的空间形态，它表征着对犯人的"几乎绝对的权力"，进而"对每个人的所有方面——身体训练、劳动能力、日常行为、道德态度、精神状况——负起全面责任"。[④] 福柯概括了监狱在空间建构上所遵循的三条思路。首先，监狱的标志性特征是隔离，即"使犯人与外部世界、与促成犯罪的一切事物、与促成

---

① 关于"分配的艺术"的四个层面，参见米歇尔·福柯：《规训与惩罚：监狱的诞生》，刘北成、杨远婴译，生活·读书·新知三联书店，2003 年，第 160—167 页。

② 米歇尔·福柯：《规训与惩罚：监狱的诞生》，刘北成、杨远婴译，生活·读书·新知三联书店，2003 年，第 167 页。

③ 大体上，监狱的不足之处包括：（1）以监禁为主的惩罚方式缺乏针对性；（2）监狱的运营成本太过高昂；（3）监狱将犯人隐藏在幽闭之处，无助于进行公共教育；（4）犯人在监狱长期生活后，很难重新融入社会；（5）监狱使犯人彼此接触，并交流犯罪经验，从而有可能成为犯罪分子的"技能提升班"；（6）监狱是一片"隐匿晦暗的、充满暴力的可疑之地"，各种"躲猫猫"的情况时有发生，犯人的安全无法得到保障。参见米歇尔·福柯：《规训与惩罚：监狱的诞生》，刘北成、杨远婴译，生活·读书·新知三联书店，2003 年，第 128—129 页。

④ 米歇尔·福柯：《规训与惩罚：监狱的诞生》，刘北成、杨远婴译，生活·读书·新知三联书店，2003 年，第 264 页。

犯罪的集团隔离开，使犯人彼此隔离"。按照监狱设计者的构想，将犯人分隔在逼仄的单人囚室中，将大大降低其私下串通并图谋不轨的可能；当犯人孑然独处时，他们往往对罪行深感悔恨，并坚定痛改前非的决心；同时，在孤立无援的情况下，犯人更容易听命于看守或狱卒，从而变得平静而温顺。其次，监狱还有必要使犯人工作。表面上看，让犯人投身工作，要么是为了培养其劳动技能，要么是为了利用其廉价劳动力，以赚取高额利润。然而，在福柯看来，监狱的作用远不止于此，它并非一座工厂，而更类似于一部巨大的机器，"犯人－工人既是它的部件，又是它的产品"。即是说，监狱在驱遣犯人制造产品时，亦试图"按照工业社会的一般规范制造出机械化的个人"。监狱之所以向犯人支付工资，并非犒赏其辛勤劳动，而是要激励其改过自新，并毫无保留地融入资本主义社会的现行体制。再次，监狱还"愈益变成一种调节刑罚的工具"。监禁时间不完全取决于犯罪的类型和严重程度，而应依据犯人在狱中的具体表现灵活调整。这样，监狱便体现出某些医院的特征，它以"缩短刑期"为药方，促使犯人根除其违法乱纪的欲望。至此，一个有趣的现象随之出现。监狱管理者拥有了凌驾于法官之上的绝对权威，他们可结合具体情况，对监禁时间做自主裁量。当然，不同于"旧制度"时期的蛮横与专断，这种权威是通过观察、鉴定、分析、报告、分类等一系列精微的技术手段而实现的。[1] 最终，监狱被构造为一座教养所（penitentiary），旨在从道德、品质、情趣、秉性、价值观等层面对犯人加以深度改造，使之无可挽回地沉陷于规训的罗网。詹姆斯·米勒（James Miller）一语道破了潜藏在监狱之中的规训法则："……福柯所讨论的'监狱'，不仅是那种由看守监视着的、由砖石和钢铁构筑起来的监狱，它同时也是一种内在于人心之中的'监狱'，一种由良心监视着的、由人的自然倾向和爱好构筑起的'监狱'。"[2]

监狱的存在给人以一种错觉，似乎只要身处牢笼之外，便一定能享有绝对而充分的自由。殊不知，监狱在空间规训上的恰切性，已使其结构原理和运作逻辑为诸多社会机构竞相仿效。放眼望去，无论是工厂的车间、医院的病房、公司的"格子间"，还是作为象牙塔的校园，皆在不同程度上体现出监狱的特征。由此，福柯解构了西方思想史上关于自我（self）的神话。在他看来，自我并非独立、自主、自足的存在，而是各种规训与审查技术的造物，充塞其中的，是一整套"已经形成，并且与惩罚权力的实践愈益纠缠在一起"

---

① 关于监狱在空间构造上的三条路径，参见米歇尔·福柯：《规训与惩罚：监狱的诞生》，刘北成、杨远婴译，生活·读书·新知三联书店，2003年，第264—278页。

② 詹姆斯·米勒：《福柯的生死爱欲》，高毅译，上海人民出版社，2005年，第291页。

的"知识、技术和'科学话语'"①。自我所昭示的，并非令人心旷神怡的自由与解放，而是一个危机重重的现代陷阱。

三、全景敞视监狱："空间规训"的典范模式

如果说监狱在相当程度上体现了空间规训的特征，那么，空间规训的最完美、最具典范意义的版本，当属福柯详加解析的"全景敞视监狱"（Panopticon）。全景敞视监狱（或曰"圆形监狱"）来源于英国功利主义者杰里米·边沁（Jeremy Bentham）的设想，其基本构造原理如下：

> 四周是一个环形建筑，中心是一座瞭望塔。瞭望塔有一圈大窗户，对着环形建筑。环形建筑被分成许多小囚室，每个囚室都贯穿建筑物的横切面。各囚室都有两个窗户，一个对着里面，与塔的窗户相对，另一个对着外面，能使光亮从囚室的一端照到另一端。然后，所需要做的就是在中心瞭望塔安排一名监督者，在每个囚室里关进一个疯人或一个病人、一个罪犯、一个工人、一个学生。通过逆光效果，人们可以从瞭望塔的与光源恰好相反的角度，观察四周囚室里被囚禁者的小人影。这些囚室就像是许多小笼子、小舞台。在里面，每个演员都是茕茕孑立，各具特色并历历在目。②

作为空间规训的集大成者，全景敞视监狱包含如下几个关键节点。首先，全景敞视监狱对可见性（visibility）有非一般的执着，它致力于使每一个个体清晰可见，并处于持续的审视与监督之下。在此，权力并非以暴力诉诸肉体，而是在某种光学法则的驱遣下运作，即通过对个体的目光接触，令其置身于一个难以摆脱的权力场域。基于对可见性的追逐，全景敞视监狱颠覆了人类文明史上关于"光明－黑暗"的经典对立（或福柯所谓的"二元话语"）。长久以来，光明是公正、理性与秩序的表征，黑暗则无异于充满未知恐惧的深渊。在全景敞视监狱中，情况发生了戏剧性的反转："充分的光线和监督者的注视比黑暗更能有效地捕捉囚禁者，因为黑暗说到底是保证被囚禁者的。可见性就是一个捕捉器。"③ 其次，全景敞视监狱践履了"效率"这一现代社会

① 米歇尔·福柯：《规训与惩罚：监狱的诞生》，刘北成、杨远婴译，生活·读书·新知三联书店，2003年，第24页。

② 米歇尔·福柯：《规训与惩罚：监狱的诞生》，刘北成、杨远婴译，生活·读书·新知三联书店，2003年，第224页。

③ 米歇尔·福柯：《规训与惩罚：监狱的诞生》，刘北成、杨远婴译，生活·读书·新知三联书店，2003年，第225页。

的最重要诉求，即用最小的投入换取对最大数目人口的管制。由于每间囚室只能关押一名犯人，全景敞视监狱便制造了强烈的个体化（individualization）效果，它将犯人转化为孤立、封闭的存在，最大限度地规避了暗中勾结或聚众反抗的可能。更重要的是，依凭别出心裁的空间设计，全景敞视监狱将囚室中的犯人建构为被观看的对象，同时剥夺其观看的机会和能力。这样，全景敞视监狱"在被囚禁者身上造成一种有意识的和持续的可见状态，从而确保权力自动地发挥作用"①。换言之，由于犯人不知自己何时会遭到窥视，他们始终处于惴惴不安的状态，并不得不时刻保持举止合宜——哪怕瞭望塔上压根没有看守。继而，监视的威胁不再来自外界，而犯人将进行自我监视。鉴于此，福柯宣称，全景敞视监狱不啻为空间规训的最精妙手段："这个办法真是妙极了：权力可以如水银泻地般地得到具体而微的实施，而又只需花费最小的代价。"② 最后，由于造价低廉、简便易行，全景敞视监狱体现出极强的普适性，它几乎适用于一切想象力所及的对象或情境。福柯观察到，时至今日，全景敞视主义（Panopticism）的空间法则已被包括政府、法庭、学校、精神病院、军营在内的诸多机构广泛采纳③，从而成为现代国家威权得以确立的制度化基础。他甚至不无夸张地指出："与其说是国家机器征用了圆形监狱体系，倒不如说国家机器建立在小范围的、局部的、散布的圆形监狱体系之上。"④ 随着全景敞视主义的普及，权力亦呈现出独特的关系性（relational）形态，它不再以自上而下的方式强加，而是悄无声息地弥散于整个社会领域，对个体施以微妙、细密、绵延不断的干预和操控。

　　福柯敏锐地感受到全景敞视监狱对当代生活的侵入。在他看来，全景敞视主义所带来的是"一种无面孔的目光"，它将使整个社会转化为一片可供观察的场域："有上千只眼睛分布在各处，流动的注意力总是保持着警觉，有一个庞大的等级网络。"⑤ 如今，这种社会的全景敞视化已是司空见惯的现象。

---

　　① 米歇尔·福柯：《规训与惩罚：监狱的诞生》，刘北成、杨远婴译，生活·读书·新知三联书店，2003年，第226页。

　　② 米歇尔·福柯：《权力的眼睛》，严锋译，载包亚明主编，《权力的眼睛——福柯访谈录》，上海人民出版社，1997年，第158页。

　　③ 想必不少人在观看杰克·尼科尔森（Jack Nicholson）的成名作《飞越疯人院》时，都对片中精神病院的内部构造印象深刻：大厅的四周是供病人休息与活动的空间，在大厅正中，则伫立着一座由玻璃窗围成的、四面透明的护士室。暴君式的女护士长藏身于玻璃小屋，将精神病患者的一举一动尽收眼底。精神病院所呈现的空间形态，无疑是全景敞视监狱在现代的一个微缩模型。

　　④ 米歇尔·福柯：《权力的地理学》，严锋译，载包亚明主编，《权力的眼睛——福柯访谈录》，上海人民出版社，1997年，第208页。

　　⑤ 米歇尔·福柯：《规训与惩罚：监狱的诞生》，刘北成、杨远婴译，生活·读书·新知三联书店，2003年，第240页。

有学者发现，在当前，建筑不只是个体栖居的处所，依凭"门禁社区、可视监控系统以及堡垒式安全装备"等一系列技术手段，建筑攫取了个体自由行动的能力，并导致其从肉体到心灵的全方位屈从。① 放眼今日都市，数不胜数的监控与记录装置，更是让人联想到奥威尔（George Orwell）笔下"老大哥"那冷酷、凌厉、无从逃遁的目光：

> 从道路收费系统到手机电话，从地铁站里的摄像头到印有条形码的办公室门钥匙，从商店的会员制到工作中对互联网使用的检查，监控网密密麻麻地分布在城市之中。不过，其目的倒不一定是要盯着每一个实际的事件看，尽管这始终是个重要目标——不如说，这更多地是为了预见行动，为不测事件作准备。②

值得一提的是，在虚拟的网络空间中，全景敞视主义的法则同样有生动演绎。在网络空间中，人们以匿名的姿态出场，尽情表现出自己最真实（甚至是最不可告人）的情趣、嗜好和欲望，殊不知，自己的一切活动都将被电子数据库"留此存证"，并通过点击、评论、搜索记录等相对固定的形态而显现。故而，人们在享受随心所欲的巨大快感时，亦极有可能使自己毫无遮掩地暴露于众目睽睽之下，从而为一个 Web 2.0 版的全景敞视监狱所禁锢。新生代哲学家韩炳哲（Byung-Chul Han）对此颇有感触："在网络中，我们的数字生活被精准地呈现。全盘记录生活的可能性使得监狱完全取代了信任。大数据当上了'老大哥'。对生活的无缝式的完全记录让透明社会更加完满。"③他还观察到，在网络空间中，看守和犯人的界线变得模糊不清，人们在身陷他人目光之囹圄时，又常常 24 小时无休地向他人投以窥探与猎奇的目光。由此，韩炳哲提出，较之福柯所谓"生命政治"（biopolitics）对公民之生老病死的操持，网络空间所催生的是一种更难以抵御的"精神政治"（psychopolitics）：通过"看"与"被看"的交织与转换，网络"从内心出发对人们施加监视、控制和影响"④，从而无可避免地改造了主体的社会行为。

---

① 参见伊冯·朱克斯：《监狱建筑之美学与反美学》，张杰译，载汪民安、郭晓彦主编，《生产：建筑、空间与哲学》，江苏人民出版社，2019 年，第 231 页。

② 艾伦·莱瑟姆等：《城市地理学核心概念》，邵文实译，江苏教育出版社，2013 年，第 106 页。

③ 韩炳哲：《在群中：数字媒体时代的大众心理学》，程巍译，中信出版社，2019 年，第 102 页。

④ 韩炳哲：《在群中：数字媒体时代的大众心理学》，程巍译，中信出版社，2019 年，第 111 页。

四、对"空间规训"的反思

空间规训不仅是形上思考的结晶，其所映射的，乃是空间与权力的交叠带给每一个普通人的真实困境。在今日之学术研究中，空间规训具有重要的启示意义。诚然，空间绝非同质化的存在，而是物质与精神复杂纠缠的产物。然而，在全球化与都市化的背景下，研究者多聚焦于空间变迁中直观、外显、物质性的一面，而忽视了空间之维在精神与情感层面的微妙影响。[①] 基于此，对空间规训的透彻诠释，便体现出补偏救弊的价值，它有助于人们深入个体生命体验的复杂机理，从中发掘出空间与权力在当下交互指涉的更丰富的可能性。

至此，一个值得深思的问题是：如果说我们每个人都生活在空间规训的阴霾之下，那么这种空间规训的力量是否就不容抗拒？乍一看，福柯的态度是令人沮丧的，他将《规训与惩罚》最后一章的标题命名为"监狱"（The Carceral），以表示监狱向整个社会扩张和蔓延的总体趋势。[②] 在他看来，整个社会已化身为一片此起彼伏的"监狱群岛"（carceral archipelago），从而使规训的影响力渗透至"最轻微的非法活动，最不起眼的不正规、偏离或反常以及过失犯罪的威胁"[③]。然而，在福柯貌似晦暗的话语中，仍然可依稀见出些许希望。施沃恩（Anne Schwan）和夏皮罗（Stephen Shapiro）对此深有体会。基于对《规训与惩罚》的文本耕犁，他们断言，福柯并未描绘一幅"封闭铁屋子"般毫无出路的图景，而是暗示出改变的可能："如果说，规训在今天依然能保持高效，那仅仅是因为它还没有遭受充分的挑战，它之所以依然如此高效，是因为它是以一种几乎'不可见'的方式在我们的日常生活中发挥作用。

---

① 如在近些年大热的《驱逐》一书中，美国城市学家萨森（Saskia Sassen）提出，"驱逐"（expulsions）已成为全球政治－经济格局中的主导权力范式。所谓"驱逐"，意指全球经济复杂化所造成的野蛮后果，其中包括社会主流对贫困者、失业人口、破产者、难民、亚文化群体的拒斥，亦涉及资本全球扩张所造成的水土资源的耗竭，以及随之而来的整个生物圈的萎缩。显然，萨森在此关注的是"驱逐"所带来的诸种肉眼可见的弊端，较少谈及这些弊端对个体心理的深重伤害。参见萨斯基娅·萨森：《驱逐：全球经济中的野蛮性与复杂性》，何淼译，江苏凤凰教育出版社，2016年。

② "carceral"在英文中有"监狱的""监狱制度的""类似于监狱的"等意思。福柯之所以采用这一术语，意在表示形形色色的规训技术冲破实体性的监狱（prison），贯穿于整个社会之中的"监狱化"状态。

③ 米歇尔·福柯：《规训与惩罚：监狱的诞生》，刘北成、杨远婴译，生活·读书·新知三联书店，2003年，第342页。

然而，福柯的终极目标在于阐明规训的运作方式，以使其能够受到挑战。"①

或许，我们可以从两条路径来应对空间规训的侵蚀。其一，主体性路径。在福柯看来，权力并非恒常不变的压抑与束缚，而更类似于一个具有交互性、生产性和流动性的关系系统。② 故而，主体不仅为权力所塑造，亦将作为权力关系中的一个节点，以地方性的姿态对权力加以抵制。对此，不少学者已有过深入思考。如狄安娜·泰勒（Dianna Taylor）便宣称，规训并未扼杀主体的自由，而是使主体获得了脱离当下位置的可能。这样，主体便有机会在自由的实践中对权力关系加以引导，进而颠覆既有的、似乎不容置疑的规范与秩序，将自身建构为不同于"当前之所是"的存在。③ 约翰娜·奥克萨拉（Johanna Oksala）则强调身体在抵抗规训中的"策源地"意义。在她看来，身体（及其快感）既充当了权力的某种效果，又成为一个无法被权力所秩序化的特殊节点，并逐渐使主体存在的自由维度得以彰显。④ 然而，主体性路径所面临的困局是：既然福柯断言，规训（尤其是空间规训）已遍及当代社会，那么，我们如何才能说服自己相信，这种借以反抗规训的自由或身体快感是源于主体的本真体验，而并非依然是规训的结果？其二，技术性路径。在斯蒂格勒（Bernard Stiegler）眼中，技术无异于人类的本体性缺失：它一方面昭示了人类与生俱来的缺陷，另一方面又引导着人们"运用生命以外的方式来寻求生命"⑤，并逐步建构了人之为人的本质所在。诚然，空间规训的关键，是诸种技术装置对主体能动性（agency）的俘获。然而，技术的作用并非全然消极，在某些情况下，它可能为主体注入强大能量，并转化为抗衡空间规训的积极策略。如前所述，网络空间使全景敞视监狱获得了新的生长土壤，但网络所独有的技术情境，同样为主体性的觉醒提供了一定的契机。如在现今网络热点事件所促发的"全民围观"中，普罗大众被赋予了观看的权力，而一度居于"瞭望塔"顶端的少数权贵，则多半降格为遭受无数人目光洗礼、质询与审判的对象。上述状况在一定程度上动摇了全景敞视主义的固有格局，

————————

① 安妮·施沃恩，史蒂芬·夏皮罗：《导读福柯〈规训与惩罚〉》，庞弘译，重庆大学出版社，2018年，第8页。

② 参见米歇尔·福柯：《性经验史》，佘碧平译，上海人民出版社，2002年，第68—69页。

③ See Dianna Taylor, "Practices of the Self", in Dianna Taylor, ed. , *Michel Foucault: Key Concepts*. Durham: Acumen, 2011, pp. 173—186.

④ See Johanna Oksala, "Freedom and Bodies", in Dianna Taylor, ed. , *Michel Foucault: Key Concepts*. Durham: Acumen, 2011, pp. 85—97.

⑤ 贝尔纳·斯蒂格勒：《技术与时间：1. 爱比米修斯的过失》，裴程译，译林出版社，2000年，第21页。

并有助于实现揭露丑恶、维护正义、扶持弱小等积极的社会－文化功效。① 当然，如何使公民获得健全的技术理性，从而在技术的规训与反规训向度之间做出恰切的选择，这又是另一个有待深究的问题。

作者简介：

李赛乔，四川师范大学文学院教师，主要从事美育理论研究。

庞弘，四川师范大学文学院副教授，主要从事西方文论和视觉文化理论研究。

① 参见庞弘：《论新媒体事件的"观看之道"》，载周宪、陶东风主编，《文化研究》（第35辑），社会科学文献出版社，2019年，第193－196页。

詹姆逊空间理论关键词研究*

雷绍湖

摘　要：詹姆逊不仅是当代西方重要的后现代主义理论家、文化批评家，也是当代西方空间理论中的重要旗手。詹姆逊批判性继承了前人的空间理论，并结合对晚期资本主义的文化批评，提出了自己关于空间理论的系列论断，空间概念成为其后现代主义文化批评的核心，使其在西方空间理论家中独树一帜。本文将詹姆逊空间理论概括为超空间、认知测绘、空间乌托邦三个关键词，力图通过这三个关键词的系统分析梳理，厘清詹姆逊空间理论发展脉络，理解詹姆逊空间理论思想内涵、逻辑关联，以及其在西方空间理论研究中的意义与价值。

关键词：詹姆逊　空间理论　关键词

弗雷德里克·詹姆逊（Fredric Jameson，又译杰姆逊、詹明信，詹明信是他自定的中文名字）是现今西方马克思主义中声名卓著的文化批评家，也被视为当代英语世界里最杰出的马克思主义文学批评家和文化理论家。对于中国学术界而言，詹姆逊的名字一点都不陌生。他曾先后两次来到中国，其中于1985年在北京大学所做的长达一学期的系列讲演（后结集为《后现代主义与文化理论》一书），在中国学术界引发了强烈反响，掀起了一股后现代主义研究热潮。詹姆逊学术生涯前半期主要关注文学研究，在这时期完成的"马克思主义三部曲"——《马克思主义与形式》(1971)、《语言的牢笼》(1972)、《政治无意识》(1981)，赢得了极高的声誉。但我们也应注意到，詹姆逊还是一位著名的空间理论家。

20世纪70年代，西方人文学界出现了"空间转向"，一大批思

---

　　* 本文系国家社科基金重大项目"西方新马克思主义文论与空间理论重要文献翻译和研究"(15ZDB085)的阶段性成果。

想家、评论家开始关注空间问题。詹姆逊也不例外，其在 1984 年发表的长篇论文《后现代主义，或晚期资本主义的文化逻辑》对晚期资本主义进行了深刻分析。他指出："特定的空间转换是正确区分后现代主义与现代主义的更为有效的途径之一，因为时间体验很容易被看作是高级的现代性的主导因素，而空间范畴和空间化逻辑则主导着后现代社会；空间在后现代社会的构建过程中起了至关重要的调节作用，后现代就是空间化的文化。"① 在詹姆逊看来，空间已成为后现代文化的一个基本特征，而不仅仅是后现代文化的一个组成部分。可见，从这时起詹姆逊已经对空间表现出了特别的关注。其关于空间的思考也日渐引起理论界的广泛关注，并成为其后现代文论体系的重要核心部分。

可以说，空间概念是詹姆逊后现代话语的核心所在，贯穿了其后现代主义文化批评。空间概念在詹姆逊理论体系中占有很重要的位置，但是国内更多的是关注其后现代文化批评理论，而对他空间理论的关注和研究并不深入，或者说对他的空间理论重视度还不够。我们知道，在对某一理论进行研究和阐释时，关键词研究已成为一种十分重要的方法和论域。本文拟从关键词着手，将詹姆逊空间理论概括为"超空间""认知测绘""空间乌托邦"三个关键词，力图通过这三个关键词的系统分析梳理，厘清詹姆逊空间理论发展脉络，理解詹姆逊空间理论思想内涵、逻辑关联，以及其在西方空间理论研究中的意义与价值。

一、超空间

"超空间"（hyperspace）是詹姆逊空间理论的核心概念，也是一直以来詹姆逊空间理论研究最多的关键词。詹姆逊依据马克思主义的生产方式理论，吸收曼德尔《晚期资本主义》一书中的社会分期观，把资本主义分成市场资本主义、垄断资本主义和后工业时代的晚期资本主义（或跨国资本主义）三个时期，并认为这些不同的时期分别有相应的不同文化形态，即市场资本主义时代出现的是现实主义，垄断资本主义时代出现的是现代主义，而晚期资本主义时代出现的则是后现代主义。詹姆逊同时认为，资本在这三个不同历史阶段各自产生一种它特有的空间，即市场资本主义阶段出现的是几何空间，垄断资本主义阶段出现的是现代空间（也有称"帝国主义空间"），而晚期资

---

① 詹明信：《晚期资本主义的文化逻辑》，陈清侨译，生活・读书・新知三联书店，1997 年，第 489 页。

本主义阶段出现的则是后现代空间，也就是其所谓的"超空间"（见表1）。

表1   社会分期及其对应的文化、空间表现形式

资本主义形式	文化表现形式	空间表现形式
市场资本主义	现实主义	几何空间
垄断资本主义	现代主义	现代空间
晚期资本主义	后现代主义	后现代空间

詹姆逊的后现代空间概念继承和发展了列斐伏尔的空间思想，同时受到了德波、鲍德里亚以及麦克卢汉的影响。20世纪70—80年代，后现代空间论迅速崛起，其最早可追溯到福柯以及列斐伏尔对社会空间的批判性阐述。福柯提出了权力空间的理论，他认为随着社会进程的加快推进，空间渐渐成为国家用来实施对个人控制和管理的手段，空间被规划并被赋予一种强制性，从而达到控制个人的目的。同一时期，列斐伏尔在其《空间的生产》中以空间为日常生活批判理论核心，指出新的资本主义的本质在于空间的生产，空间是资本主义的产物，正是依赖于空间的生产和再生产，当代资本主义才得以维持下来，并且将空间变成了生产和再生产的对象，即扩展为空间的生产和再生产。在福柯和列斐伏尔提出空间观之前，马克思主义学说普遍把空间视作一种中立的存在，认为空间是支持物质生产的外部环境，或者说空间是自然界提供的消费品。福柯和列斐伏尔跳出了这个存在主义概念，敏锐地发现资本主义生产方式的变化，并直接从政治的或经济的视角剖析资本主义空间，从而让人们对空间的重视一下子提到新的高度。随后，德波指出后现代社会已变成一个"景观社会"，他说："在现代生产条件下，生活本身成了景观的一个庞大的堆积，这个景观社会仍然是一个商品社会，它在生产中确立，但最终在更高更抽象的水平中重组。""当影像确定去掩盖真实，人们的生活就不再是直接和消极的了。"[1]鲍德里亚发展了德波的这种观点，从现象学出发，把德博尔的"景观"进一步阐释为类像、符码。他指出，在后现代世界中，形象或类像与真实之间的界限已经消弭——各种界限已经消失，从而制造出一种超现实，"城市不再像19世纪那样是政治-工业的场所，而是'符号'、传媒和'符码'的场所"[2]。与此同时，一种不容忽视的资本主义社会现

---

① 斯蒂芬·贝斯特，道格拉斯·科尔纳：《后现代转向》，陈刚等译，南京大学出版社，2002年，第106—112页。

② 鲍德里亚：《类像与仿真》，转引自季桂保，《后现代境域中的鲍德里亚》，载包亚明主编，《后现代性与地理学的政治》，上海教育出版社，2001年，第98页。

实是：各类电子传媒产品的广泛应用，特别是"随着计算机文化的繁荣，超真实的胜利的确被强化了，个体生活在因特网的'虚拟交流'之中"①，这些符号、影像的大量复制和传播，让这个世界逐渐变成类像的世界，并且颠覆了以往以物质材料为基础的物质空间。于是，类像的环境变得比真实环境更加真实，变成了"超空间"。正如著名传媒学家麦克卢汉所说的那样，电子媒体延伸了人的身体，影响着人的心理，改变着人的时空概念，在电子媒介时代，"时间差异和空间差异已不复存在"②。詹姆逊十分赞同鲍德里亚的观点，并结合柏拉图关于理式的看法把鲍德里亚所谓的类像发展为"摹拟体"（Simulacrum），他分析了现实主义、现代主义、后现代主义各种表现，认为现代主义的显著特征是时间化，而后现代主义的显著特征则是空间化，并由此引出了他关于"超空间"的阐释。他在《晚期资本主义的文化逻辑》中明确指出："我们的文化可以说出现了一种新的'超空间'，而我们的主体却未能演化出足够的视觉设备以为应变，因为大家的视觉感官习惯始终无法摆脱昔日传统的空间感——始终无法摆脱现代主义高峰期空间感设计的规范。"③

正如肖恩·霍墨所说的，在詹姆逊那里，"后现代空间是鲍德里亚定义为'超空间'的东西，一个充斥幻影和模拟的空间，一个纯粹直接和表面的空间。超空间是空间的模拟，对它而言，不存在原始的空间；类似于与它相关的'超现实'，它是被再生和重复的空间"④。可见，詹姆逊所谓的"超空间"其实是一种空间的模拟，在这个超空间下，真实空间（即被复制品）和复制品之间的界限已经被消除，人在其中迷失，毫无方向感。概括来讲，其所谓的超空间具有三个方面的基本特征。

第一，空间主导性。詹姆逊认为，在后现代社会，核能和计算机取代了昔日的电能和内燃机，新的技术造成了客观外部空间和主观心理世界的巨大改变。他在分析了后现代一系列表征之后提出了超空间的最终的、最一般的特征，那就是，"（超空间）仿佛把一切都彻底空间化了，把思维、存在的经验和文化的产品都空间化了"⑤。这在日常生活表现为，人们的心理经验及文化语言都由空间的范畴而非时间的范畴支配着。也就是说，在詹姆逊的超空

---

① 斯蒂芬·贝斯特，道格拉斯·科尔纳：《后现代转向》，陈刚等译，南京大学出版社，2002年，第138页。

② 马歇尔·麦克卢汉：《理解媒介——论人的延伸》，何道宽译，商务印书馆，2000年，第21页。

③ 詹明信：《晚期资本主义的文化逻辑》，陈清侨译，生活·读书·新知三联书店，1997年，第489—490页。

④ 肖恩·霍默：《弗雷德里克·詹姆森》，上海人民出版社，2004年，第171—172页。

⑤ 詹明信：《晚期资本主义的文化逻辑》，陈清侨译，生活·读书·新知三联书店，1997年，第293页。

间里，空间占据一切的主导地位，甚至连时间也空间化了。这种空间主导性在建筑艺术中的表现尤为明显，比如被詹姆逊一直引用来阐释其超空间理论的鸿运饭店便是这种典型代表。在他看来，鸿运饭店所营造的空间是一种占据压迫性地位的空间，让人在其中无法以体积的语言来体验，体积已无法为身体所掌握。而且，在这个空间里，个体完全失去了距离感，再不能有透视景物、感受体积的能力，而这正是因为在这里一切都已经被空间所主导。

第二，混乱性。首先要说明的是，詹姆逊所谓的超空间"不是那种旧的空间形式，也不是材料结构和物质性的空间形式，而是排除了深层观念的文字纯表面之间的捉摸不定的关系、对我们的生活和思维方式产生影响的那种关系"[①]。从詹氏对超空间的解释就可以看出超空间的混乱性，因为它"捉摸不定"但又对我们的生活产生重要影响。他曾不止一次地引用弗洛伊德精神分析理论，把身处后现代空间的人们比喻为精神分裂症患者，认为后现代主义文化的表现就是一种"无深度、平面化"，超空间就是由各种杂乱的意象堆积而成的，在这里，大量模拟体（复制品）冲击着人们的视觉感官，带给人们精神分裂式的感受。他甚至认为从现代主义到后现代主义的转变就是从"蒙太奇"（montage）到"东拼西凑的大杂烩"（collage）的过渡。这种混乱性表现在文化中，就是拼凑的、零碎的后现代文化，比如詹氏所提到的法国新小说。他认为在新小说中，零碎的、片段的材料永远不能形成某种最终的解决，只能在永久的现在的阅读经验中给人一种移动结合的感觉。

第三，迷向性。詹姆逊说："'超空间'成功地超越了个人的能力，使人体未能在空间的布局中为其自身定位；一旦置身其中，我们便无法以感官系统组织围绕我们四周的一切，也不能透过认知系统为自己在外界事物的总体设计中找到确定自己的位置方向。人的身体和他的周遭环境之间的惊人断裂，可以视为一种比喻、一种象征，它意味着我们当前思维能力是无所作为的。"[②]在詹氏看来，超空间是后现代文化迅猛发展的结果，而且超过了个体感官发展的速度。因此，个体身处其中会觉得无所适从，没有方向感。由于被各种类像包围，超空间对个体来说便成为一种幻象，自然导致超空间难以透视和测量，人们甚至无法确认自己的位置，于是，迷向性便成为超空间的基本特征。正如詹姆逊自己所说的，"超空间摒弃了距离和界限，这样人们就无法辨识其中的差异，从而陷入迷茫和混乱之中，人的身体随之失去方向感，我们

① 詹明信：《晚期资本主义的文化逻辑》，陈清侨译，生活·读书·新知三联书店，1997 年，第293 页。

② 詹明信：《晚期资本主义的文化逻辑》，陈清侨译，生活·读书·新知三联书店，1997 年，第497 页。

体验到的是一个没有过去的共时性的当下，一切都是零散的点之间的连接和网络"①。还是以鸿运饭店为例，詹氏指出，当人们从饭店楼顶骤然降下来到大厅之时，由于四座塔楼完全对称，人们无论身处大堂（这一空间）哪一处都无法辨别方向，这就是迷向性。

二、认知测绘

"认知测绘"（cognitive mapping）是詹姆逊空间理论中的重要概念，是其在对空间问题的观照中提出的。正如前面所述，詹姆逊认为超空间的主要特征就是引起人的迷向感，人们在其中甚至难以定位自己，无法辨识其中的差异，从而陷入了困惑与迷茫。为此，詹姆逊提出了"认知测绘"的概念，这一概念相当于"为后现代语境下的空间逻辑和审美体验之间架设起了一座桥梁"②。之所以选取"认知测绘"作为詹姆逊空间理论的关键词之一，就是因为其与关于超空间的论述联系十分紧密，并在超空间、空间乌托邦之间发挥着重要联结作用，如果离开对"认知测绘"这一关键词的考察，就难以全面、正确地理解詹姆逊的空间理论。

从词源上看，"认知测绘"这个概念来源于心理学，原意为基于过去经验而产生于头脑中的某些类似于现场地图的模型。③ 从理论渊源上看，詹姆逊"认知测绘"理论，受到了凯文·林奇的《城市的意象》和阿尔都塞的意识形态理论的直接影响。地理学家凯文·林奇在《城市的意象》一书中描绘了一座异化了的城市，人们生活在一个既无法把握城市整体也无法把握人自身所处位置的城市。因此，对生活在现代都市的人们而言，要达到非异化的目标，就要在现代都市中了解自己的位置，对自己有一个清醒的认识。继而，凯文·林奇提出了"认知绘图"的概念，但凯文·林奇的这个概念是地理意义上的。詹姆逊象征性地利用了凯文·林奇关于"认知绘图"的概念。他自己也说："我对该书（指凯文·林奇的《城市的意象》——笔者注）的利用是象征性的，因为林奇探讨的城市空间的精神地图可以外推到以各种篡改了的形

---

① 詹明信：《晚期资本主义的文化逻辑》，陈清侨译，生活·读书·新知三联书店，1997年，第497页。

② 毛娟：《西方新马克思主义文论与空间理论关键词研究述评》，《中外文化与文论》，2016年第3期。

③ 转引自董国礼：《詹姆逊的空间化思考——从超空间到认知测绘美学》，《社会》，2006年第6期。

式留存在我们大家头脑里的关于社会和全球总体性的精神地图。"① 他指出，在后现代空间中，巨大的现代化城市原来的地图已经不能满足人们的需求，人们想要了解自己在城市中所处的位置，就必须把原来的地图与在目前这个时代下城市发展的具体情况有机结合起来。关于如何结合以找出自己的位置，詹姆逊指出，需要依据自身的生活经验，在自己的心中绘制出自己在这个城市所处的正确位置的地图。詹姆逊因此提出了"认知测绘"概念。他站在历史的角度，指出后现代的人们应当摆脱被空间主导的现状，走出迷惘并找到自己在空间中的定位，而认知测绘便具备这样的功能，可以满足人们的这一认知需求。

虽然詹姆逊专门论述认知测绘的文章极少，且其论述一如他的后现代理论一样模糊和晦涩，但其理论内涵却极其丰富，是可以深入挖掘的——这对于理解他的空间理论十分重要。

首先，詹姆逊"认知测绘"观念带有很强的社会性。前面说过，詹姆逊的"认知测绘"观念来源于凯文·林奇，但在凯文·林奇那里，认知测绘仅限于地图学，是一种纯地理上的概念。而詹姆逊象征性地发展了该种观念，并将其扩大和引申到社会精神领域。这种从纯地理地图到精神地图的转变，是詹姆逊结合后现代空间文化特征所提出来的一个内涵丰富的概念。西方另一位著名空间理论家索亚（也译作苏贾）认为，"'认知测绘'即是在文化逻辑和后现代主义的诸种形式中体察权力和社会控制的一种工具性制图法的能力，换言之，以一种更加敏锐的方法来观察空间如何致使我们看不到种种后果"②。也就是说，认知测绘与权力、社会紧密相连，带有很强的社会性。后现代空间是一种社会空间，必然导致认知测绘烙上社会性的印记。个体无论在超空间中如何迷茫而不知方向，终究还是社会的一分子。所以，詹姆逊对林奇这一概念的象征性发展，便让"认知测绘"这一概念的外延和内涵得到极大拓展，并成为带有詹氏特色的理论概念。正如詹姆逊所说："'认知测绘'的观念涉及把林奇的空间分析外推到社会结构领域，即是说，从我们所处的历史时刻，外推到全球规模的（或可说是跨国的）总体阶级关系上来。"③

再者，认知测绘其实是一种解决策略。随着城市化和全球化进程的加快，空间已取代时间而充斥于个体精神生活。在詹姆逊看来，超空间的显著特征

---

① 詹姆逊：《詹姆逊文集》（第 1 卷），王逢振主编，王逢振、苏仲乐、陈广兴等译，中国人民大学出版社，2016 年，第 302 页。

② 苏贾：《后现代地理学》，王文斌译，商务印书馆，2004 年，第 96 页。

③ 詹姆逊：《詹姆逊文集》（第 1 卷），王逢振主编，王逢振、苏仲乐、陈广兴等译，中国人民大学出版社，2016 年，第 302 页。

就是让人们感到迷惑、困顿，人们无法获知自己的方向和位置，主体在面对超空间时感到失去了坐标，人们的自我定位能力和认知图式形成能力也丧失了。出现这种情况的原因是人们未能产生适当的反应以配合后现代空间的急剧变化，因而在超空间的急剧扩张变化中主体剩下的只是真切地体会到的困顿、迷惘与无助，这已成为后现代主义面临的难题。詹姆逊在《晚期资本主义的文化逻辑》中明确指出："'认知绘图'的美学，必须正视此一巨大难题，掌握极其繁复的再现辩证法，创造出全新的形式。"① 显然，认知测绘的目的就在于解决这一难题，帮助主体找到自己在后现代空间的坐标、人工环境的空间及其背后的生产方式和文化，从而创造出新的空间形式（即后文所述空间乌托邦）。因此可以说，"认知测绘"理论是詹姆逊针对超空间提出的一种解决策略，也是一种文化策略。

　　认知测绘美学更多的时候体现在文学文本中，对此，詹姆逊广泛涉猎、研究分析了诸如科幻小说、侦探小说、第三世界文学等传统意义上非主流的文学形式，认为这些文学形式所表现出来的某些带有解放潜质的特征恰恰是认知测绘美学。在分析第三世界文学时，詹姆逊指出："这些文化在许多显著的地方处于同第一世界文化帝国主义进行生死搏斗之中——这种文化搏斗的本身反映了这些地区的经济受到资本的不同阶段或有时被委婉地称为现代化的渗透。这说明对第三世界文化的研究必须包括从外部对我们自己重新进行估价（也许我们没有完全意识到这一点），我们是在世界资本主义总体制度里的旧文化基础上强有力地工作着的努力的一部分。"② 在这里，詹氏提出了一个新的概念——第一世界文化帝国主义，以强调以美国为首的文化霸权主义对第三世界的渗透，这对第三世界来说是一种困顿的现状，因此第三世界文学才需要进行生死搏斗，"我们才需要重新进行估价"，这也恰恰是认知测绘美学的特征。他以此分析了鲁迅的《狂人日记》《药》《阿 Q 正传》等第三世界文学作品，并指出，"第三世界的文本，甚至那些看起来好像是关于个人和力比多趋力的文本，总是以民族寓言的形式来投射一种政治：关于个人命运的故事包含着第三世界的大众文化和社会受到冲击的寓言"③。第三世界文学正是借助与经典、正统格格不入的表现形态，"为人们带来了某种不同寻常的

---

① 詹明信：《晚期资本主义的文化逻辑》，陈清侨译，生活·读书·新知三联书店，1997 年，第514 页。

② 詹明信：《晚期资本主义的文化逻辑》，陈清侨译，生活·读书·新知三联书店，1997 年，第521—522 页。

③ 詹明信：《晚期资本主义的文化逻辑》，陈清侨译，生活·读书·新知三联书店，1997 年，第523 页。

视野和眼光，使他们有机会从当下生活中暂时抽离，以一个旁观者的姿态，去洞察、审视个体在后现代空间中所占据的位置，继而对资本主义的全球扩张保持一份反躬自省的批判意识"①。

三、空间乌托邦

研究者一般认为詹姆逊空间理论主要包含超空间、认知测绘两个关键词，但笔者认为，詹姆逊的乌托邦理论也包含着丰富的空间论思想，笔者称之为"空间乌托邦"。之所以如此考虑，主要有三点原因。第一，从乌托邦的发生来看，乌托邦首先是一个想象的空间，它具备空间的属性。詹姆逊在《乌托邦和实际存在》《政治无意识》《文化转向》《全球化的文化》等一系列著作中，围绕乌托邦与意识形态、乌托邦与全球化、乌托邦与文化研究等问题展开了深入的讨论，揭示了乌托邦的系列特征。正如詹姆逊所说的那样，"另一种思考方式是必须牢记这些乌托邦都是想象，它们的对立面具有想象所具备的一切价值，它们作为不曾实现之物而存在，事实上，它们通过这种形式得以存在"②。著名学者王逢振认为，"詹姆逊的作品虽然远未提供一个未来理想社会的蓝图，但他的乌托邦主义却与乌托邦有某种共同的东西，这就是对社会进行批评，并建构一个可供选择的社会，一个消除了异化结构并在人们中创造真正和谐的社会"③。第二，从乌托邦的属性来看，詹姆逊的乌托邦带有传统乌托邦的空想、虚无等属性，也就是说，这种空间不是现实存在的，或者说这种空间以一种想象的形式存在着。有研究者指出，詹姆逊并不是一个完全意义上的乌托邦思想家，因为他没有从社会的整体出发去建构未来社会的蓝图，而只是着眼于文化的改造，属于局部的理想主义。④ 而且在关于乌托邦的构想上，詹姆逊更多的是着眼于"应该做"，对其"怎么做""做什么"则论述较少。第三，从詹姆逊空间理论承续来看，"空间乌托邦"这一概念是基于"认知测绘"理论而提出的。纵观詹姆逊的空间理论，可以发现詹姆逊的空间理论与他的乌托邦思想有着紧密的联系，借助对乌托邦的研究，詹姆

① 毛娟：《西方新马克思主义文论与空间理论关键词研究述评》，《中外文化与文论》，2016 年第 3 期。

② 詹姆逊：《詹姆逊文集》（第 3 卷），王逢振主编，王逢振、苏仲乐、陈广兴等译，中国人民大学出版社，2004 年，第 386 页。

③ 王逢振：《道德、政治欲望和政治无意识里的乌托邦主义》，《外国文学评论》，1999 年第 3 期。

④ 刘金昌：《文化的乌托邦——詹姆逊后马克思主义文化建构》，《南华大学学报（社会科学版）》，2008 年第 10 期。

逊深化了他的"认知测绘"的方法论观念。这是因为空间转向深化了我们根据时间和历史进行思考的能力，但它也成功开启了构建空间乌托邦的新的想象可能性，"尤其是创造出新的认知图式的可能性，这就是詹姆逊倡导的认知测绘的美学"①。

　　从词源上来看，对"乌托邦"（utopia）一词的来源已有很多考察。乌托邦一词创始于文艺复兴时期英国人文主义者托马斯·莫尔的《乌托邦》一书。它包含两层意思，一是指美好的地方，二是指不存在的地方。也就是说乌托邦其实代表的是一个美好而不存在之地，或者说是一处存在于想象空间中的理想之地。西方早在莫尔之前，柏拉图就在其《理想国》中提出了他的"乌托邦"之说。柏拉图著名的"理式说"是一种建构在唯心主义基础上的理论——柏拉图以此打开了想象空间之门，让人们认为只有理式的世界才是美的，而这也成为后世许多乌托邦建构者的灵感源泉。詹姆逊在其《晚期资本主义的文化逻辑》中也对柏拉图的理式进行了引述，不过在这里詹姆逊认为柏拉图的理式是一种模拟体，其"新文化逻辑乃是以空间而非时间为感知基础的"②。从詹姆逊乌托邦理论发展渊源来看，其乌托邦思想主要受到布洛赫、阿多诺和弗莱等人的影响，其中布洛赫的"希望哲学"（又称"乌托邦哲学"）对詹姆逊的影响尤甚。布洛赫在其著作《乌托邦的精神》中指出，"人是乌托邦的主体，是没有实现的可能性的焦点。哲学的任务不是描述现状，而是唤醒生活，是促成一个还处在潜在状态的、要是没有人的首创精神就不可能诞生的世界的出现"③。詹姆逊在自己的著作中多处引用布洛赫的理论来论证自己的观点。他吸收了布洛赫的希望哲学理论和阿多诺的乌托邦冲动，并且也受到了弗莱的影响，进而发现了属于他自己的独特视角，从而建立起自己的乌托邦理论。詹姆逊虽然在多篇文章或著作中对乌托邦有过论述，但却没有为其下一个明确的定义。而且，"空间理论作为后现代之后的一门显学，并非天生地具有乌托邦功能。只有那些利用空间探索新的可能性一方面揭露批判现代社会关系状况，并在另一方面指明探索人类解放的可能性时，空间理论才具有真正的乌托邦功能"④。因此，本文所要探讨的空间乌托邦正是这样一种空间理论。

　　1995 年，在《晚期资本主义的文化逻辑》一书的中文版出版前夕，詹姆

---

① 董国礼：《詹姆逊的空间化思考——从超空间到认知测绘美学》，《社会》，2006 年第 6 期。

② 詹明信：《晚期资本主义的文化逻辑》，陈清侨等译，生活·读书·新知三联书店，1997 年，第 455 页。

③ 徐崇温：《西方马克思主义》，天津人民出版社，1982 年，第 225 页。

④ 张伟：《詹姆逊与乌托邦理论建构》，北京语言大学博士学位论文，2006 年，第 82 页。

逊接受了该书编者张旭东的采访,在问及"去弊""存在"等表述成为詹姆逊乌托邦观念的标记的问题时,詹姆逊对此给予了十分肯定的回答,他说:"对,正是如此。我想我是用这些字眼来戏剧性地标示出一个乌托邦的空间。不过这不是我唯一可用的语言。"① 因此,"去弊""存在"等两个词虽然不一定十分准确,但已毫无疑问成为詹姆逊"空间乌托邦"理论的两个内涵特征。

首先,关于"去弊",这里包含两层意思,第一层意思是有"弊"的存在。在这里,"弊"就是晚期资本主义社会的种种弊端,用詹姆逊的话说就是"无法为所有公民提供生产空间的种种后果"②。晚期资本主义的文化逻辑实际上就是后现代主义,是时间的丧失与空间的迷向,其基本特征是深度的削平、历史感的断裂、主体的消逝以及情感的丧失。资本主义文化逻辑的不断发展日益加深了个人与社会、历史之间的分裂,人们对历史的总体把握已经变得不可能。这些都让个体感受到世界的不真实、不完满。正如詹姆逊所说,"我们人人随时随地都被各式各样的假象所包围,我们头脑中的幻想也每每流溢于社会,将这些幻觉击破很有必要,也很痛苦,因为不痛苦就达不到效果"③。这也就涉及"去弊"的第二层意思,也就是要消除、去除这些弊端,用詹姆逊的话说,叫作"铲除罪恶之源"。詹姆逊指出,"在目前环境下,人类生活业已被急剧地压缩为理性化、技术和市场这类事务,因而重新伸张改变这个世界的乌托邦就变得越发刻不容缓了"④。也就是说,詹姆逊的乌托邦思想并不是让人们看到多么美好的未来图景,而是让人们深刻认识到所处社会制度的弊端,并启示人们进行批判以改变现实社会。

其次,关于"存在",也就是所谓的空间乌托邦的存在问题。要弄清这个问题,我们首先要明确的是,詹姆逊所谓的乌托邦其实是一种乌托邦冲动,或者说是一种乌托邦想象,而现实中乌托邦其实是不存在的。詹氏并没有明确描绘未来乌托邦的具象特征——一如海德格尔所提出的"诗意的栖居"那般清晰,而更多是为后现代社会提供一种思考的方式,制造一种思维的冲动。在《乌托邦和实际存在》一文中,詹姆逊开篇就十分明确地指出:"乌托邦也许能够为那些在概念上无法与现实相区分而其存在却与现实相吻合的那些为

---

　　① 詹明信:《晚期资本主义的文化逻辑》,陈清侨等译,生活・读书・新知三联书店,1997年,第10页。

　　② 詹姆逊:《詹姆逊文集》(第3卷),王逢振主编,中国人民大学出版社,2004年,第373页

　　③ 詹明信:《晚期资本主义的文化逻辑》,陈清侨等译,生活・读书・新知三联书店,1997年,第31页。

　　④ 詹明信:《晚期资本主义的文化逻辑》,陈清侨等译,生活・读书・新知三联书店,1997年,第31页。

数不多的现象提供一种景观。"① 从某种程度上讲，詹姆逊的乌托邦思想更多的是从文本到文本的阐释，因为"文学是社会的象征性行为，换句话说，文学是对社会矛盾的想象性解决"②，其中就蕴含着乌托邦冲动。人们往往把乌托邦想象寓于文本之中，但这种乌托邦冲动对社会矛盾的解决也只是象征性、想象性的。詹氏从对文本的分析入手，指出这种乌托邦广泛地存在于文本之中，认为其不仅是一种文本乌托邦，也是宽泛意义上的乌托邦思想和乌托邦冲动。换句话说，由于人们的意识被封堵在现实的杂多和喧嚣之中，无法形成变革现实的总体性的意识形态，所以詹姆逊的空间乌托邦实际是在认知测绘的助力下，摆脱了后现代空间无助、迷惘的理想化的空间，而这也是基于一种乌托邦冲动。可见，詹姆逊对后现代空间的分析并没有赋予空间或令人见出（无论在意图还是效果上）重大的乌托邦功能上的意义，因而，只能是一种乌托邦想象。

四、三个关键词的内在逻辑关联

"超空间""认知测绘""空间乌托邦"这三个关键词是詹姆逊空间理论的重要内容，也是贯穿詹姆逊空间理论的关键概念。虽然詹姆逊并未专门就这三个关键词之间的逻辑关联进行论述，但是我们细究一下，还是会发现三个关键词既具有独立性，同时也具有紧密的联系，有着其特有的内在逻辑。我们可以用以下这个简单的图示来解释这种关联：

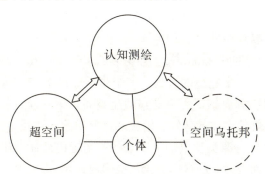

图1 三个关键词的内在逻辑关联示意图

超空间通过对界限的消弭和空间的主导，让个体在其中失去距离感和方

---

① 詹姆逊：《詹姆逊文集》（第 3 卷），王逢振主编，中国人民大学出版社，2004 年，第 370 页。
② 姚建彬：《走向马克思主义阐释学——詹姆逊的阐释学研究》，北京大学出版社，2013 年，第 167 页。

向感；为了找到自己的定位，个体需要借助于认知测绘这一美学方法来重新定位自己在超空间中的坐标，乃至自己相对于国家或者世界的位置；与此同时，也正是超空间中的种种不适感，激发了个体的乌托邦冲动，使个体借助认知测绘这一中介以及对后现代社会的批判，在思维中构建一个空间乌托邦。图中的"空间乌托邦"特意用虚线以与其他两个关键词区分，就是因为空间乌托邦具备虚无、幻想性等特性；双向箭头表示超空间与认知测绘、认知测绘与空间乌托邦之间都不是单向度的，而是可以相互作用的。也就是说，超空间造成的困顿与迷惑引发了个体对认知测绘的需要，个体通过认知的测绘也能改变超空间，从而创造一个新的形式；同样，通过认知测绘美学可以构想一个空间乌托邦，反过来，构想的空间乌托邦也可以对认知测绘起到修正作用。但是，尤其需要注意的是，三个关键词始终离不开的仍然是人这个"个体"，即关键的关键还是在人。

首先，超空间是源头，是起因。超空间的主要功能是引起人们的迷向感，因为后现代社会文化转变太快，以至于人们都还没来得及适应这种转变，或者还没有产生适应这种变化的感官。詹姆逊指出："新的空间①涉及对距离（本雅明所说的辉光）的压制，和对仅存的空无和空地的无情渗透，以至于后现代身体——无论徘徊于后现代的旅馆，通过耳机而被闭锁在摇滚乐的音响之中，或像迈克尔·海尔告诉我们的那样，在越战的枪林弹雨中经历无数次的冲突——现在都暴露给一种感知的直接攻击，一切掩蔽的层面和介入的中介都被这种攻击摧毁了。"② 因此，人们在超空间中觉得迷惑和困顿，连自己的定位都找不到了。对此，詹姆逊以著名的鸿运饭店为例做了说明。他说"鸿运饭店的入口都是一些'旁门左道'，让你找来找去找不到饭店大门"，"鸿运饭店就好比巴黎的 Beaubourg、多伦多的 Eaton Centre 那样，都企图构造一个整体的空间，一个完整的世界，一个小型的都市"③。人在这种空间里会完全失去距离感、方向感，所感受到的超空间是破碎而分裂的，是平面的和无深度的，这无疑给个体的认知、解读和阐释带来了困难，因此"超空间"是三个关键词中的具有源头性质的一个——一切皆由此而引出，因为超空间的出现，才有了后面要讨论的认知测绘和空间乌托邦。

其次，认知测绘是桥梁，是中介。它是连接超空间和空间乌托邦的桥梁，

---

① 这里"新的空间"就是詹姆逊所谓的后现代空间，也即超空间。

② 詹姆逊：《詹姆逊文集》（第1卷），王逢振主编，王逢振、苏仲乐、陈广兴等译，中国人民大学出版社，2016年，第298页。

③ 詹明信：《晚期资本主义的文化逻辑》，陈清侨等译，生活·读书·新知三联书店，1997年，第491页。

它帮助人们建立一种空间乌托邦，并在其中找到自己的方位。詹姆逊认为，"我们处于一种空间和社会性的混乱之中，我们发现自己处于一个巨大的系统之中，以至于我们重新自我定位，去发现我们的社会位置的唯一方法，必须在空间上规划我们自己的方法"①。乔纳森·克拉克也指出，"（詹姆逊的）认知测绘是一种必要的意识形态法则，社会必须对这种法则加以利用，以从资本主义造成严重损害的控制中找到自我"②。可见认知测绘的主要作用还是在于帮助人们找到定位，詹姆逊认为这种美学的方法特别重要，正如其所强调的那样，"'认知的测绘'是十分重要的，甚至对于全球来说都是非常必要的"③。如果不能对后现代社会进行测绘，将会不利于政治建设，这就好像不对城市空间进行测绘，城市将不能很好地发展一样。正因为在詹姆逊所谓的超空间中有我们所不知道的种种结果，所以，为了纠正这种现状，詹姆逊创造了"认知测绘"理论。借助这一理论，人们能更好地认清自己在后现代空间中的定位，进而避免被异化。与此同时，以认知测绘来指导我们的认知实践，将可以让我们知道后现代空间是如何蒙蔽我们的双眼的，有助于人们更好地认识和把握世界。

最后，空间乌托邦是远景，是目标。乌托邦是一个通向未来的、无限开放的、动态的总体，而不是一个限定的、封闭的、静态的总体。我们正是借由乌托邦的想象和期待才得以对历史总体性产生初步的理解和认识，依稀看到历史的终极趋向和未来图景。因此，空间乌托邦其实是为人们描绘了一个美好的未来空间，这是一种去除了后现代空间种种弊端的美好空间，也是个体通过认知测绘所要达成的远景目标。正是这种认知测绘的实践，为后现代的主体提供了一种在跨国资本主义的新的超空间内辨别自己的阶级位置的方式，帮助人们在后现代社会中恢复历史感，并重新唤起集体对未来的想象。詹姆逊希望通过对集体想象的构建表达一种乌托邦的情境，构造一种空间乌托邦。所以，他一直强调认知测绘实践是一种对当前资本主义体系的总体再现，空间乌托邦正是借助认知测绘这个中介来构建的。

不可否认的是，在过去相当长的一段历史时期内，马克思主义极为重视时间和历史，却忽视了空间这一关键因素，从而造成了空间研究的相对薄弱。

---

① 乔纳森·克拉克：《詹姆逊的后现代马克思主义》，载詹姆逊，《詹姆逊文集》（第1卷），王逢振主编，中国人民大学出版社，2004年，第383页。

② 乔纳森·克拉克：《詹姆逊的后现代马克思主义》，载詹姆逊，《詹姆逊文集》（第1卷），王逢振主编，中国人民大学出版社，2004年，第383页。

③ 詹姆逊：《詹姆逊文集》（第1卷），王逢振主编，王逢振、苏仲乐、陈广兴等译，中国人民大学出版社，2016年，第302页。

因此，对詹姆逊空间理论的"超空间""认知测绘""空间乌托邦"三个关键词进行梳理分析有着重要的价值。作为一位马克思主义者，詹姆逊坚定地转向空间研究，创新性地提出了"超空间""认知测绘""空间乌托邦"这一系列空间理论，可以说很好地弥补了之前对空间研究的不足。詹姆逊的空间理论兼收并蓄、包罗广泛，批判地吸收了前人关于空间研究的成果，摆脱了那种把空间视为被动的、纯客观的物质论空间观的局限，也丰富了马克思主义对空间的研究；詹姆逊紧密结合其所生活的资本主义世界来审视资本主义发展历史，并充分结合社会、历史、地理等因素来开展空间研究，拓宽了马克思主义（特别是西方马克思主义）的研究思路；詹姆逊结合晚期资本主义国家（尤其是美国）的变化，特别是生产方式的变革导致的经济变化、消费主义的兴起和新保守主义的国家干预政策等因素对空间的影响，突出了这些因素在后现代空间的作用，有助于促进对后现代空间的理解。

当今社会，"经济的全球化、信息技术的无孔不入和大众文化的蔓延渗透等，使我们不能脱离全球化语境，来思考和探讨当代各类人文社科现象和问题"①。虽然本文对詹姆逊空间理论三个关键词的研究主要基于西方语境，但即使放在中国语境下，詹姆逊的空间理论仍对广大文艺理论工作者有着重要的启发意义。对我国来讲，我们要建构有中国特色的文艺理论体系，离不开对西方文艺理论的批判吸收，也就是说，只有紧密结合中国语境并同时在全球化语境下对某一理论进行观照，才能更好地理解和阐释其内涵。当前，我国经济社会迅猛发展，城镇化进程不断加快，特别是自改革开放以来，人们的思想观念、审美意识、文化生产等不断受到外来文化思想的冲击，文化多元化逐渐形成；与此同时，世界各国文明互鉴日渐频繁，"走出去、引进来"进程提速，我们的资本正在全世界流通，我们的文化也在世界多国传播并得到批评接受；我们的经济持续保持高速增长，经济总量跃居全球第二，综合国力、影响力持续提升，冷战后以美国为中心的格局正在被打破，经济全球化、世界多极化格局逐渐形成；信息技术、互联网、新媒体等的迅速发展让全世界变成一个地球村，中国只不过是其中比较大的一个村子。这些变化反映在空间上，一方面，国与国之间的距离不断被空间所填充，我们与世界各国的界线仿佛消弭了，资本的流通不再受到距离的限制；另一方面，作为个体的人受到经济、社会、文化迅猛发展的冲击，应该说我们还没有来得及做好相应的准备，更多的只是被动的接受，特别是在大数据及互联网、微信、

---

① 程镇海：《对全球化语境下马克思主义文论中国化若干问题的思考》，复旦大学博士学位论文，2007年，第1页。

微博等新媒体的影响下，文化快餐、审美疲劳、理想丧失等成为社会现实，一些人甚至迷失方向，不知自己身处何处或者"要到哪里去"，无法找到自己在这个国家甚至这个世界中的准确定位，需要借助詹姆逊的认知测绘美学方法来为自己定位，以重新找回"积极奋斗的能力"。而中国梦便成为激励人们积极奋斗的力量源泉，其所描绘的国家富强、民族复兴、人民幸福的美好图景正是一代代中国人为之奋斗的未来，是真正可实现的空间乌托邦，也是马克思主义与中国实际相结合的生动实践成果。从这些方面展开来讲，研究詹姆逊的空间理论无疑将为我们带来诸多启发。文艺工作者应当积极融入当代中国的伟大实践，紧密结合当代中国经济社会、文化发展现状，在研究詹姆逊空间理论乃至西方文艺理论的同时，努力建构我们自己的理论话语，绘制好我们自己的"精神地图"，从而指导我们的文艺创作，繁荣我们的哲学社会科学，为建设社会主义和谐社会、发展社会主义精神文明和物质文明，早日实现中国梦贡献自己的力量。

正如学者阎嘉在阐释哈维的理论时所指出的那样："在中国，在文艺理论和美学研究中，包括在马克思主义的传统内部，各种形式的'审美主义'倾向已然取得了一种强势地位，实际上已经出现了某种程度的偏离。在这种情景中，深入理解戴维·哈维提出的如何将对空间和时间的'恰当思考'整合到现有的文学理论、美学理论和文化理论之中，具有特别重要的现实意义。"[①]因此，我们研究詹姆逊的空间理论，最终目的仍然是希望能将其整合到现有的文学理论、美学理论和文化理论之中，并对我国的文艺理论建构有所裨益。如此而言，对詹姆逊空间理论关键词的研究只是一个小小的开始。

作者简介：
雷绍湖，四川师范大学文学院博士研究生，桂林理工大学教师，主要从事文艺美学研究。

---

① 阎嘉：《不同时空框架与审美体验：以戴维·哈维的理论为例》，《文艺理论研究》，2011 年第6 期。

诱惑空间：一种后工业政治美学
——探究鲍德里亚《论诱惑》*

余　佳

　　摘　要："诱惑"（seduction）作为一种文艺思想和哲学概念肇始于鲍德里亚后期的理论著作，它在鲍德里亚后期批判性文本中有着至关重要的作用。鉴于目前汉语世界对这一概念的研究还略显贫乏，本文试图探讨鲍德里亚通过对后工业社会"诱惑"空间的阐释进而对现代性和所谓后现代性进行分析的新型批判话语，并反思其理论的局限性和问题。

　　关键词：诱惑　鲍德里亚　符号拟真　后工业社会　政治美学

　　诚如鲍德里亚所言，"一个不可磨灭的命运压在诱惑之上"[①]。"诱惑"概念的发展几经变革，从原始社会中的礼仪性象征、基督教道德伦理的驱赶、旧政权时代的享乐主义美学到近现代精神分析和性解放的打击，"诱惑"在几经波折之后渐渐淡出公众视线，丢失了它的地位，削减了它的能量。直至鲍德里亚将这个古老的命题再度带回人们的视野，我们才发现，如今的诱惑已发生了深刻变化。在现代性和所谓后现代语境中，鲍德里亚几乎是唯一重新对"诱惑"这一领域进行深度剖析并且将其纳入自己的哲学构境中的思想家。在鲍德里亚的文本中，诱惑不同于它在历史上任何一个时期的样貌，也不是我们通常生活中所泛泛而谈的意涵，而是被蓄意地形而上学化，其种种特征被构造成鲍德里亚独特的现代甚至后现代社会批判话语，成为一种他称之为"冷诱惑"空间的新理论神话。

　　鲍德里亚关于冷诱惑空间的探讨集中在其发表于 1979 年的专著《论诱惑》之中，但仍然与其之前的"象征交换""拟像－拟真"体

　　* 本文系国家社科基金重大项目"西方新马克思主义文论与空间理论重要文献翻译和研究"（15ZDB085）的阶段性成果。
　　① 鲍德里亚：《论诱惑》，张新木译，南京大学出版社，2011 年，第 1 页。

系有着很深的理论勾连。在鲍德里亚看来，类似于巴塔耶普遍经济观点里的象征交换形式控制了前资本主义时代，而莫斯关于礼物和回馈的人类学研究成果也在其中起到了举足轻重的作用。鲍德里亚从马克思主义出发，最后完全摒弃了马克思主义式生产和效用理论，逐渐构筑起自己的同生产社会之间有着本质区别的新象征型社会，而诱惑的空间恰是这个新象征型社会的基石。高强度的新理论话语的展现和鲍德里亚晚年特有的美文学式写作风格，让这部深挖诱惑的作品读来常常使人产生眩晕之感。

一、被遮蔽的诱惑与被解蔽的诱惑

　　精神分析学和性解放运动对诱惑的排除，是进入现代性语境以来，诱惑被全面驱赶的一个代表性领域。由于性和诱惑在历史上深刻的关联，鲍德里亚的诱惑理论构建也正以此为入口，他巧妙地用"性之食相"这一比喻性的说法，揭示了诱惑在进入现代社会之后被暂时遮蔽的情形。

　　鲍德里亚首先将研究的关切点指向性解放和女权主义、女性主义，他认为，性解放拥有这样一种无穷无尽的潜能——它要求性的多样和富足，并且毫无限制。如果说，历史上的性被作为象征领域最高存在物（即诱惑）的一个附属，或者是某种私密的、不道德的话题而总是畏缩地躲在阴暗处，又或者像君主专制时代那种制造各种诱人的享乐之物的能力，那么，性解放时代的性则如同被解放的生产力，它不断地提供新的性形象，是一种接近于无限增殖的性生产现象。鲍德里亚指出，这种性生产和性符号的大量涌现实则是一种性享受的超真实主义，是性本身的一种拟真产物。除了现实社会中更加开放的性观念和更加自由的性关系，鲍德里亚还特别以"立体的黄色淫秽"①作为解析这种性生产和性拟真的范例来加以说明。他指出，黄色淫秽作为一种现代社会所特有的拟真性的性生产，能够产生比真实的性更加逼真的效果，从而给性别空间补充出一个维度，此时，"即性在纯净状态的表现，它既消除了任何的诱惑，甚至也消除了其形象的潜在性——性近在咫尺，与其自身的表现混为一体"②，再也没有了原本的性，而只有性的无根性自我拟真。诸如黄色淫秽对性的解剖学式缩放，将身体的秘密消除了，它完完全全祖露在我们面前，从而产生一种让人眩晕的真实感，而真正真实的存在在这种超真实中趋于无限的衰退和缩小。这实际上是鲍德里亚一贯的技术批判思维的延续，

①　鲍德里亚：《论诱惑》，张新木译，南京大学出版社，2011年，第81页。
②　鲍德里亚：《论诱惑》，张新木译，南京大学出版社，2011年，第47页。

他将这种情形称为"一种因方法过量而形成的穷困化"①。

　　与此类似，女权主义和女性主义也犯了一个错误。曾经，女性是一种诱
惑男性的存在，而不是对抗男性的存在，或者说，女性和男性的根本对立在
于诱惑这种礼仪性范畴与性别和性欲这种自然性范畴的对立。但随着弗洛伊
德精神分析学的出现，男性权力世界被构建，只存在一种力比多即男性力比
多，这是一种生产型、累积型的力量，只存在于男性身上，女性只是被男性
生产出来的，并且对男性抱有一种被称为"阴茎嫉妒"的情绪。20 世纪 70 年
代的女性主义正好落入了精神分析学所设下的这个圈套之中，鲍德里亚解释
了女权、女性主义内部的一个深刻矛盾，即女性要寻求与男性同等的地位和
权力，要以自身身体的特殊性去反抗男性的阳物权威，她们以为找到了男女
的二元对立，殊不知这恰恰是在赞同、加强男性权威，因为这种对立还是承
认性别差异的男性式的对立，她们一切的抗争都被封闭在了男权结构之内，
反落入男性构建的叙事策略之中。"性革命的陷阱就是将女性封闭在这个唯一
的结构中，在这个结构中，女性要么注定在强大的结构中受到消极的歧视，
要么在一个削弱的结构中获得微不足道的胜利。"② 鲍德里亚一针见血地指出
了性革命自身的悖论。

　　由性领域开始，鲍德里亚引出了其理论涉及的两组相互对立的系统，即
诱惑的系统和生产的系统。在性的领域，诱惑代表着欲望的古典理论，即象
征性的符号，属于礼仪逻辑；性别和性生产代表着欲望的现代理论，是一种
精确性和生产流通性的累积，属于经济逻辑。在性的生产和流通占统治地位
的世界里，诱惑被无限地缩减。此外，社会生活的整个局面都被这种生产和
经济的逻辑掌控，再没有出于礼仪需要的象征性物资交换（在那里没有所谓
单方面的权力和压迫，因其具备相互之间的可逆性），而只有资本和产品的不
断累积。这种生产和经济理性的霸权要求价值和权力的不断积累，永远不可
逆。这是一种二元关系中力量对比的单方面性，在这种单方面性上建立起了
不可逆的权力"结构"和它的现实存在，比如性领域中的男权结构、经济领
域中的生产结构、社会领域中的政治权力结构。

　　面对固有的意义、价值和权力结构，鲍德里亚给出的解决方法就是：从
权力的边缘去突破经济理性的中心，跳出二元对立的框架，恢复那被生产和
权力遮蔽的、具有前现代象征交换浪漫色彩和可逆性的诱惑。正如鲍德里亚
早在其《象征交换与死亡》中就曾论述过的那样，"象征不是概念，不是体制

---

① 鲍德里亚：《论诱惑》，张新木译，南京大学出版社，2011 年，第 49 页。
② 鲍德里亚：《论诱惑》，张新木译，南京大学出版社，2011 年，第 9 页。

或范畴，也不是结构，而是一种交换行为和一种社会关系，它终结真实，它消解真实，同时也就终结了真实与想象的对立"①，即象征消除一切二元对立。于是在性革命中就有了完全不同于女性主义的另一种解决方案，就像另一些原始神话故事所叙述的那样，确实只存在着一种性别，那就是女性，男性被从女性中创造出来，正是因为对女性先天具有诱惑能力的嫉妒，所以男性才发明了生产和秩序以削弱女性的权威。需要特别注意的是，鲍德里亚这里的女性并不是弗洛伊德意义上男女性别对立中的那个女性，而是一种女性气质的符号，"女性气质使性别的两极摇摆不定。它并不是男性的对立之极，而是废除区别性对立的东西，因此它就是性特性（sexualite）本身"②，这种女性气质是诱惑力的代表。在女性气质的诱惑中，一切积累型的价值和意义都被抽离，不存在单一的权力结构，不存在一方对另一方的压迫，有的只是外表的挑战和游戏，一旦具有了女性气质这种象征性符号，"男性"同样能够获得诱惑力。

在现代社会结构中，诱惑的确重新出场了。不幸的是，它并非如鲍德里亚所希望的那样，回到前现代那带有浪漫色彩的象征交换关系之中，而是被布尔乔亚（资本主义和资本逻辑）利用。鲍德里亚敏锐地意识到了这一点，他在《论诱惑》的第二部分"表面的深渊"中揭示了今天的布尔乔亚如何通过诱惑这种外表的游戏让消解意义和价值的能力成为不可见的统治和支配的深渊。笔者认为，这是鲍德里亚前期的符号政治经济学批判、象征交换体系以及拟像与拟真理论的一个延续和深化，它们共处于一套批判话语之中，层层叠加，至此，诱惑重新成为统治一切之物，但已经从前生产阶段过渡到了后生产阶段。

我们在前文论述"被遮蔽的诱惑"时，叙述了生产逻辑将诱惑逻辑挤压、排除的过程。然而，在资本主义发展到晚期，即我们通常所谓的后现代来临之时，生产也即将被终结。如果说在索绪尔的符号与真实辩证法的黄金年代，语言词项的能指与所指、结构维度与功能维度相互关联，指称永远是结构操作的目的性，那么与此相应的，在马克思的资本与价值的古典时期中，符号被置于商品价值规律之下，结构维度的交换价值最终会诉诸功能维度的使用价值。然而，鲍德里亚敏锐地为我们描述了一场价值的结构革命，它结束了价值的这种古典经济学形态，其中，价值超越了商品而变得激进。革命使价值的两个方面断裂开来，参照价值（或使用价值）在唯一的价值的结构游戏

---

① 鲍德里亚：《象征交换与死亡》，车槿山译，译林出版社，2006 年，第 206 页。

② 鲍德里亚：《论诱惑》，张新木译，南京大学出版社，2011 年，第 18 页。

中被摧毁,结构维度实现了自主化,参照维度被排除在外。换句话说,曾经参照维度中的真实内容还在用某种有效的负荷和重力填充着符号(一种再现等价物的形式),而在这场价值的结构革命里,符号之中不再有某种真实内容,而是符号自身的整体相关性,是符号与符号的普遍替换,而不再是符号和真实相交换。这是一种新型的象征交换,即符号自身的交换。鲍德里亚在一个指向未来的、更加激进的立场上向我们展示并深入描绘了这场符号交换革命的成熟形态。

在后生产阶段,资本的生死不再取决于价值的商品规律,革命也不再取决于生产方式,而是资本反过来成为一种统治方式,符号结构的价值规律像曾经的剩余价值一样成为社会统治形式,价值的符号结构形式代替了它曾经的商品形式。生产也被从与真实的联系和一种带有目的性的社会活动中解放出来,像符号一样在纯粹的流通当中浮动。同生产的终结一样,劳动也死亡了。劳动不再是一种力,而成为众多符号中的一种,被掏空了能量和实体。而终结这一切之物就是资本。现在,劳动和生产被资本要求着社会化,让它们按照自身在社会规模上的结构定义来运作和执行功能。同结构主义语言学的分析类似,被符号化了的劳动和生产不再具有那种曾经负载着某种内容和目的的确定性,它们的意义也是相对而言的,仅仅作为相互之间具有差异的各自的词项(或语词)才获得价值。由此,鲍德里亚的分析构建起了一个符号价值的系统:劳动和生产作为符号,与非劳动、消费等可替换的词项在系统结构上的运转方式一样,它们共同构成了整个网络,在体系内相互交换,并只有在这个网络中才显现出意义。至此,符号的竞技和诱惑的游戏重新夺回了对世界的掌控权。

除了生产和劳动这种成为掏空意义与深度的符号,鲍德里亚还描述了另一种与此类似的新诱惑形态——拟像与拟真。早在《象征交换与死亡》中,鲍德里亚就曾划分过仿象的三个等级:从文艺复兴到工业革命古典时期的仿造;工业时代的主要模式,即生产;受符号支配阶段的主要模式,即拟真。在自第二级仿象导向第三级仿象的过程中,原本符号尚且还连接着现实世界,连接着生产与消费,还是生产、消费活动的中间环节,其最终目的还是要通过符号含义的解读而诉诸某种现实事件的处理或者某种落到行动的实体性消费。但是,到了第三阶段的拟真时期,符号被从与真实的联结中解放出来,投入纯粹的相互指涉和流通之中,生产和实体性消费反而成为符号结构游戏或者仿象世系中的一段插曲。实际上,早在鲍德里亚撰写《生产之镜》时,这个问题就出现在了他的理论视域之内:"在资本主义世界中已经发生了一场革命,而马克思主义者们却并不想去理解它……这个变化涉及形式—商品向形式—符号的过渡，涉及从依照一般等价原则进行的物质产品交换的抽象向着依照编码原则进行的所有交换的具体实施的过度。"① 而在《论诱惑》中，鲍德里亚将这种过渡后第三级的编码拟真细分为了两种形式，即施魅的拟真和祛魅的拟真。前者是一种逼真的假象，比虚假还要虚假，后者以黄色淫秽为代表，比真实更加真实，是性生产拟真到达顶峰的状态。前面我们已经探讨过黄色淫秽这种通过解剖学式缩放而比真实更加真实的现象，当它的程度到达一定临界点时，它便成为一种让人看不清楚真实的空洞符号。而相对于绘画那带有美学性的诱惑，比虚假还要虚假的图像是一种"废除现实"的诱惑，它不再属于绘画范畴，而是属于拟真范畴。如果说文艺复兴以来的绘画还带有某种现实参照和历史性内容，还是真实的某种创造性再现，那么以单镜头反光式取景照相机所拍的摄影作品则是一种以纯粹的符号构建起的脱离现实参照性语境的物品，它再也没有自然和风景，也没有心理和历史，仿佛现实世界和普通时间被那小小的镜头黑洞吸收，再从悬空的表面图像脱离这个黑洞向我们走来。此时，这幅作品只是一个丧失了原本的复体，并且具有很强的诱惑效果，"因为只有当我们的身份消失在现实中，或突然以我们自身幻觉般死亡的面目出现时，现实才能激动人心"②。此外，鲍德里亚还分析了拟真空间的诱惑力，他提到蒙泰费尔特罗的小书斋，这是巨大宫殿之中的一个小空间，与宫殿的其余部分隔绝，然而它却以某种隐喻性的方式控制着整个宫殿甚至整片领土。鲍德里亚试图用这个例子去展示政治空间那空洞的权力拟像和符号本质，这是控制政治的秘密和力量，是"政治的美学化合谋"③。

　　我们如果仔细审视今天在全球范围内甚嚣尘上的后现代艺术，便可以很容易地发现这种空洞符号的广泛流通和难以抗拒的吸引力。比如典型的拼贴艺术或波普艺术，将不同的文化符号以某种方式联结在一起，它们甚至不需要借助原先所象征的那个对象物，就可以自己构成体系。这便是鲍德里亚所说的，"在句子来到你面前之前，在句子消失之时，你首先触及的就是这个非所指。话语下的诱惑，无形的诱惑，从符号到符号，秘密的循环"④。曾经我们努力地透过现象查探本质或者通过形式去阐释内容和意义，现象、外表和形式不过只是一种中介和附属，而现在，阐释和意义的大厦坍塌了，在反本质主义、反同一和中心以及反建构主义的后现代思潮席卷而来的今天，外表和形式重新夺回了它们的领地。

---

①　Jean Baudrillard, *The Mirror of Production*, St. Louis: Telos Press, 1975, p. 121.

②　鲍德里亚:《论诱惑》, 张新木译, 南京大学出版社, 2011 年, 第 95 页。

③　戴维·哈维:《后现代的状况》, 阎嘉译, 商务印书馆, 2013 年, 第 157 页。

④　鲍德里亚:《论诱惑》, 张新木译, 南京大学出版社, 2011 年, 第 120 页。

在我看来，鲍德里亚所要揭示的核心，正是这个符号、外表和形式针对内容、意义和阐释的起义，表象和符号作为本质和意义的某种象征或替代物天生就具有替代和取消后者的能力，这是外表的秘密和威力，这便是后现代所谓的无深度和平面性。这种消除意义和深度的空间，停留于纯粹的外表游戏，便是布尔乔亚的后现代诱惑逻辑。更可怕的在于，鲍德里亚所揭示的这种消除深度和意义的外表诱惑是不可抗拒、不可摧毁的，"曾经，布尔乔亚让我们相信现代性的工业世界上看到的一切都是生产和建构有用价值物的结果，如果像莫斯、巴塔耶和萨德那样反抗资本主义，我们可以不生产，拒绝经济价值；可是，今天后现代的诱惑却是不可避免的，因为它什么都不是，只有零存在的空白"①。如今布尔乔亚的外表诱惑只是曾经资本主义生产的一个镜像或者剩余物，是某种虚空的外壳，而这种空白和无意义是无从反抗的。

二、冷诱惑空间作为不可逃脱的政治命运

随着鲍德里亚所揭示的新型诱惑的再次出场，几乎所有反思现代性的思想家都倾向于对这种非意义、非阐释和非中心主义的诱惑逻辑展现出不同程度的渴望。在《论诱惑》中鲍德里亚就曾先后逐个将带有此种倾向的学者罗列出来，比如罗兰·巴尔特在《恋人絮语》中所讨论的那种类似游戏规则的字母排列方式就是其一，此外，德里达的"不确定性"、利奥塔的"解除关系"、本雅明的"星丛"以及德勒兹的"无数根茎"，等等，都是这种没有目的、没有内容的目的性形式。究其本质，这都是一种游戏性的规则逻辑。为了更清楚地透视这种形式的空间、外表的游戏规则和诱惑逻辑，鲍德里亚分析了规则与法则之间的差异。

法则属于过去的生产时代，它是社会性的，它设置种种禁忌和压抑机制，对显在话语和潜在话语进行划分，它所描述的是一个意义与价值的体系；规则是后生产时代的主宰，它没有任何心理学或形而上学的根基，是任意和约定俗成的，它没有禁忌和压抑，也不区分显在和潜在，它处在一个有限体系的内部来描述这个体系，它的这种内在和任意性导致所有意义的可逆性以及法则的转换。也就是说，规则的诞生不仅消解了意义，也玩弄了法则，原本指向某个目标的线性法则逻辑会被规则的无限可循环性翻转。作为这种游戏逻辑最初的范本，原始文化是一种自成体系、自我封闭的文化，它有其自身

---

① 张一兵：《诱惑：一个揭开后现代玄秘画皮的通道——鲍德里亚〈论诱惑〉的构境论解读》，《学术研究》，2005 年第 5 期。

内部的规则。人们更容易分享一些约定俗成的符号和礼仪而难以分享智慧的和充满意义的符号，"人们在游戏中要比在其他任何地方更自由，因为他们不用去内化规则，只需给予规则一种礼仪的忠诚"①。这种游戏逻辑的诱惑力是巨大的，它取消了时间和空间，废除了真实，是对现实的一种拟真，而这种游戏逻辑的拟真所改变的就是现实本身，它成为一种真实的政治命运。这就是我们今天所说的现代性和后现代性之间的根本差异，游戏规则的逻辑重新从意义和阐释的法则手中挽回了自身那不可避免的诱惑力——对游戏的沉迷。

　　我们可以试想这样一种状况：当鲍德里亚所说的这种游戏法则和诱惑逻辑扩大到整个社会范畴，将会产生怎样的景象？符号空间的扩大已经侵占了物质世界的直观性，以至于我们所体验到的世界最好被形容为一种景象，而非一个充满了自然物质的时空统一体。"在现代生产条件无所不在的社会中，生活本身展示为许多景象的高度聚积。直接存在的一切全都转化为一个表象。从生活各方面分离出来的诸多形象汇成一条共同的河流，其中，这一生活的统一便不再可能重新确立。现实以其普遍的同一方式部分展现为一个隔离的虚假世界，一个纯粹静观的对象……景象不是形象的聚积，而是以形象为中介人们之间的社会关系。"② 按照这种观点，当"物"的符号维度自主化之后，现在不但比以前有更多的表象和形象，而且还形成一个网络，组成一种景象，这种景象比原先的真实世界离我们更近，以至于原先那个真实的非象征性的世界已经变成了一种无法重建的空想。鲍德里亚还用充满讽喻性的修辞描述了在游戏仿真操作的世界里那种真实在超真实中的崩溃："对真实的精细入微地复制不是从真实本身出发，而是从另一种复制性中介开始的，如广告、照片等等——从中介到中介，真实化为乌有，变成死亡的讽喻，但它也因为自身的摧毁而得到巩固，变成一种为真实而真实，一种失物的拜物教——它不再是再现的客体，而是否定和自身礼仪性毁灭的狂喜：即超真实。"③ 也就是说，这里再没有复制，没有模仿，而是以真实的符号替代真实本身，"模拟不再是对领土、指涉存在的模拟，或者对一个事物的模拟。这是没有起源和现实性的真实模型的产生：超真实"④。鲍德里亚在《模拟与拟像》中描述了一种神圣的无指涉的图像，各地寺庙、教堂中神的图像或者塑像替代了纯粹的、精神上的神的理念，替代了那个不可言说和展现的使自然充满生命的神本身，由此带给人们一重强烈的疑惑——从来就不存在神或上帝，而只有他们的影

---

① 鲍德里亚：《论诱惑》，张新木译，南京大学出版社，2011 年，第 210 页。
② 居伊·德波，《景观社会》，王昭凤译，南京大学出版社，2006 年，第 3 页。
③ 鲍德里亚：《象征交换与死亡》，张新木译，南京大学出版社，2011 年，第 96 页。
④ 鲍德里亚：《生产之镜》，仰海峰译，中央编译出版社，2005 年，第 185 页。

像。"影像不再能让人想象现实，因为它就是现实。影像也不再能让人幻想实在的东西，因为它就是其虚拟的实在。"① 詹姆逊同样描述过类似真实感的缺失，他称之为历史感的丧失。在后现代社会，文化生产大量的"类像"，形象、照片、摄影的机械性的复制和大规模的生产，所有这一切都是类像，类像是没有原本的摹本，"如果一切都是类像，那么原本也不过是类像之一，没有任何与众不同，这样幻觉与现实便混淆了……没有指涉物，没有外在的现实"②。因此，拟像与现实混为一体使得历史的连续性丧失，我们无法确定现实从哪里开始，在哪里结束。真实是可以等价再现的东西，而超真实则是永远已经再现的东西。

鲍德里亚借助拉康后精神分析学关于欲望和镜像的理论构架，向我们揭示出了"后生产"阶段这种拟真诱惑的实质。在拉康那里，镜像阶段原指婴儿从镜子中认出自我的过程，6~18个月的婴儿在镜子中看到自己，起初却认为是他人，而通过这个他人的目光，他将自己的镜像内化为了自我。此后，一切混淆了现实与想象的情况就被称为镜像体验。在鲍德里亚向我们展示的拟真世界中，那诱惑着我们去靠近的正是曾经生产和意义的镜像，它是对生产和意义体系的拟真。人类是一种功能性主体，同时也是一种欲望主体，这种欲望究其本质是一种缺乏的欲望，是他者的欲望。在镜像阶段，婴儿在认同镜像中他者的存在时，会放弃自身，否定自我，因而主体自身及其欲望便一并被否定。由于这种否定，欲望便从主体这边转向镜像那边，因而主体的欲望便成了镜像的欲望，由此而产生诱惑力。拉康语境中的对象 a 指的正是那不可能实现的欲望的一个替代物、残余物，真正的欲望是象征界的永远不可抵达之物，是一种纯形而上的存在，而对象 a 则是欲望在想象界的一个琐碎的残余版本。我们可以试着做这样的理解，即鲍德里亚所揭示的后资本主义工业时代中的大型符号拟真只不过是人们为那个形而上的欲望所诱惑着而产生的对象 a，它只是想象中的欲望的残余，同时这欲望的残余又反向诱惑着我们去做无止境的表象和符号的游戏，这便是被当今布尔乔亚利用的诱惑游戏，其中，本质和真理变得遥不可及，无深度和意义的表象与符号才是最大的诱惑。

鲍德里亚最后借助本雅明应用于艺术和命运的谱系话语，为诱惑及其命运的分析画上了句号。与艺术品由它的礼仪、美学到政治阶段的演变类似，诱惑也从礼仪性象征、美学策略过渡到了政治阶段。鲍德里亚所运用的"政

① 鲍德里亚：《完美的罪行》，王为民译，商务印书馆，2000年，第17页。
② 杰姆逊：《后现代主义与文化理论》，唐小兵译，北京大学出版社，1997年，第219页。

治"一词仍然是本雅明意义上的"政治",在本雅明那里,机械复制时代的艺术品的政治潜能在于:"当艺术创作的原真性标准失灵之时,艺术的整个社会功能就得到了改变。它不再建立在礼仪的根基上,而是建立在另一种实践上,即建立在政治的根基上。"① 以我之见,鲍德里亚揭示诱惑的政治阶段则意在说明,如今的符号拟真空间就像生产与意义体系的再一次激进革命,这次革命结束了生产和经济理性的时代,使被驱逐的诱惑重新出场,走向后工业时代的表层游戏,这次革命并没有使诱惑找回原始礼仪象征和审美性策略阶段的内容,而是成为一种轻浮的、无区别的纯粹形式吸引,这种改变了其社会功能的诱惑便是如今后工业时代资本逻辑所蓄意谋划的意识形态控制。如海德格尔所说的,"技术是人类的命运",鲍德里亚最后总结道,进入诱惑空间是一种无法逃脱的政治命运。

三、反思冷诱惑——一种政治美学

当鲍德里亚以空洞的、隐喻性的文学式语言反讽地向我们揭示后现代诱惑的本质时,不仅冷诱惑空间本身让我们感到眩晕和恐惧,这些新鲜的理论话语和晦涩的表达更是让人如堕入五里雾中。我们固然惊叹于诱惑理论之先锋、犀利,但也充满疑问,在科学技术和信息媒介如此发达的今天,现实社会的状况是否真如鲍德里亚所说,已经面临着不可逃避的大型冷诱惑时代的来临,鲍德里亚的"诱惑"宿命论究竟在多大程度上有其合理有效性,这个所谓的冷诱惑空间将把我们带向何方,这些疑问似乎都昭示着反思鲍德里亚"冷诱惑"理论的必要性和重要性。

鲍德里亚的"诱惑"概念似乎在后工业社会迎来了一次质的飞跃,它的仪式和美学意义被掏空,成为一种符号拟真世界里形而上的总体性力量,我们只能仅凭偶然的运气和不确定的政治宿命将这狂欢的游戏规则维持下去。诚然,这种分析生动、丰富而具有洞察力,可是,关于冷诱惑空间的描述首先又与我们的实际经验相左。我们身边的物品、信息通过差异化区分被编码和组织,在系统中流通、转换,这的确是广泛存在的社会现象,但不能忽视的是,即便在西方发达资本主义国家,社会生活中的绝大多数物质现实和信息仍然是以其物质性存在和现实指示在发挥作用,而绝不仅仅是符号层面能指的区分而已。我们似乎要搞清楚符号存在的两种不同情形:一种是建立在日常生活关系之中的符号,一种是脱离了日常生活的符号。这两者常常又是

---

① 本雅明:《机械复制时代的艺术作品》,王才勇译,中国城市出版社,2002年,第17页。

一体，比如我们拥有一件香奈儿服装、一辆奔驰轿车或者一栋别墅，它们除了在奢侈品符号意义上彰显财富和地位以及交换价值，还实实在在地具有高使用价值，甚至可以说正是因为具有这样的高使用价值，它们才获得了其能指系统中的高符号价值。而当今社会铺天盖地的媒介信息，除了在交流网络中以其符号差异而流通，同时也在传达着某些实质性内容，改变人们的现实生活。至于所谓拟真空间中广泛存在的拟像，以高清数码相片和全息影像技术为例，它们除了制造各种比真实更真实的幻象，同样也是一种美学工业中欣欣向荣的、具有活力的生产方式。鲍德里亚从一开始就以现实与符号的二元分离为出发点，仅从符号学和拟真层面去把握社会的总体价值，因而呈现出一种带有唯心倾向和理想色彩的系统化、总体化情形，而非符号因素和现实物质性从根本上就被排除出了其理论视野，使得符号拟真世界堕入无法克制的永恒游戏，没有出口。实际上，学界在对鲍德里亚消费社会进行反思之时，就曾指出过符号学方法的根本缺陷，"它作为方法论视野如果成为一种仅有的视野，便会转化为对整个消费社会的物质基础和巨大感性现实的符号化抽空"①。可见，鲍德里亚这种批判方式由部分现实经验出发，以符号学拟真为预设前提，而试图对社会总体进行把握，其中巨大的实在物质和感性现实被符号化抽空，传统的马克思主义批判被符号拟真体系吸收。相较于规范的法理性论证②，鲍德里亚的符号拟真诱惑体系仍然是一种经验的本真性批判，这种本真性"立足于前现代社会的关于人和人的存在状态的本真性幻想"，即一种原始礼仪式象征交换体系的诱惑，而非"电子与信息系统的'自恋癖'魅力"，这无疑有着以偏概全和缺乏规范基础之嫌，更类似于一种审美主义式批判。也就是说，"冷诱惑"理论即便是从政治经济层面来展开的，仍更接近于一种政治美学话语。

在这个问题上，本雅明和列斐伏尔似乎更乐观一些。不同于鲍德里亚所说的诱惑的美学意义完全被其空洞的技术符号意义瓦解，本雅明虽同样看到了艺术和社会被物化的一面，并且也对美学的终结感到忧虑和关切，但他一面剖析从光晕艺术到机械复制艺术替变的内在机制，一面却又允许异质的、多元的美学存在。事实上，现实并不完全是鲍德里亚所说的死亡物质、死亡躯体和死亡语言的囤积——废料的囤积，而仍然具有某种新的活力和创造性。本雅明区分了所谓"美的艺术"和"后审美艺术"，美的艺术是指机械复制时

---

① 吴兴明：《反思鲍德里亚：我们如何理解消费社会》，《四川大学学报》，2006年第1期。
② 规范性论证：语出哈贝马斯《在事实与规范之间》，指向一种自然法的信念，即立足权利约法系统的规范性法理论证，这种合法性论证应以规范性导向的逻辑演绎推导出来，而非从事实中引申出来。

代来临之前那种本身就具有审美属性的艺术，而后审美艺术则不具有直接的审美属性，是一种后随性的、附加的审美艺术，摄影和电影便是其典型，这种美学产品的存在不再是自主的，而是依附于其他价值之上，但仍然在特定的社会阶段有其自身的"为历史使命服务"① 的职能。相较于本雅明针对技术时代艺术和美学之变质的探讨，列斐伏尔则从日常生活的整体出发，将被资本和技术异化的问题归结为个体主体性的危机，而这里的个体主体性正是鲍德里亚在"冷诱惑"理论叙述中所完全省略掉的内容。列斐伏尔认为，被专业化和技术化主宰的活动之间存留有一个"技术真空"②，这个技术真空需要日常生活来填补，而日常生活并不如人们所想的那样仅仅是单调的重复，它即便由技术和资本所控制，却仍然具有改变自身的可能性，它作为社会组织和活动的纽带，发挥了某种程度上的黏合剂功能。而在这之中，作为主体性的人同样也是关键的变革因素，"个人既是最为具体的也是最为抽象的，既具有最为动态的历史性也具有最为稳定的特征，既最依赖社会也最具有独立性。反过来看，社会既是最抽象的，因为它只能是由每一个具体个人来构成与规定的；同时它又是最为彻底的具体性，因为它是由那些个人的生存的统一整体所构成"③。通过对这种弥散的日常生活的革命，由资本和技术异化导致的意义丧失和价值真空便能得到控制和改变。同样是延续传统现代性批判，哈贝马斯也看到了把马克思主义理论应用到已经发生巨大变化的晚期资本主义的现实当中所存在的疑难——以往的批判理论面对着新的"合理性危机"④，他的解决方式是，从传统的自然法出发，以规范性的法理论证对后工业社会进行分析批判，试图将其关于法律理论的思考和关于社会理论的思考结合起来，形成一种社会批判的程序主义法律范式。

即便在鲍德里亚论述冷诱惑空间的后工业语境中，上述情形仍然是有效的，符号和拟真技术毕竟不能将恒常的现实生活完全吞噬。鲍德里亚虽然将其决定论的核心落脚在了符号拟真之上，但这仍然是一种形式主义批判的变形，并且，鲍德里亚虽然提出了编码、复制、二元形式、数字性和模型等一系列术语，并且将这一切最终归结于符号的新型诱惑，但他终究还是仅仅以一种空洞的文学式的描绘来总括其理论预言，却没有明确地将这些术语真正地学

---

① 本雅明：《机械复制时代的艺术作品》，王才勇译，中国城市出版社，2002 年，第 22 页。

② Henri Lefebvre, *Critique of Everyday Life*, volume I. London and New York：Verso, 1991, p. 97.

③ Henri Lefebvre, *Critique of Everyday Life*, volume I. London and New York：Verso, 1991, pp. 69—70.

④ 哈贝马斯：《合法化危机》，刘北城、曹卫东译，上海人民出版社，2000 年，第 83 页。

理化，也无力对构成当代社会的复杂关系和社会活动进行系统的概念阐释。我们的确面临着后现代话语中所谓的无意义游戏和冷诱惑空间，但不能忽视的是，技术和媒介本身是被人类因某种目的、以某种方式激活的，过于偏执地将社会的巨大感性现实和主体的能动因素排除在外，无疑带有了一种过于悲观的极端化倾向。毕竟，我们所面临的不仅仅是被冷诱惑异化从而沉沦的表面性空间，还是一个永远存在矛盾与变革的异质性世界。

作者简介：

余佳，四川大学文学与新闻学院博士研究生，主要从事文艺美学和西方文论研究。

专题四　西方新马克思主义空间理论视域下的当代艺术问题研究

电影空间置换体验的审美考量*

胡奕颢

摘　要：电影空间是当代空间问题研究的重要文本，除对现实空间及其文化具有表征意义之外，电影空间置换体验还有着多层次、更为深度的空间意义。本文从泛类型角度梳理电影空间置换的几种形式，考量得出异构同质的新异奇特性的空间特征，并由审美心理逻辑阐述这种空间体验的审美价值，挖掘其背后包含的空间文化内因。在这过程中，电影空间置换体验将诸多空间理论关键词，如第三空间、异托邦、时空压缩、超空间、空间生产、空间消费等贯通起来，在审美领域与文化研究的双重视域和多维观照中，透视出电影作为研究空间理论的典型文本的意义。

关键词：电影空间　第三空间　异托邦　超空间　身体消费

电影的时间因蒙太奇作为电影的本体特性之一而受到电影理论的重视，从时间维度对电影所做的考量明显多于空间维度。近年来电影空间研究也日趋增多，从微观上看，电影空间在作为视听语言得到研究的时候，已经延伸到视觉可见的画内空间和不可见的画外空间的关系，进而从宏观上看，电影空间的视觉意义也可以扩展至社会文化领域，以视觉符号系统的身份作为社会文化的表征，因而通过对电影空间的研究，可以看到都市与乡村的差距，透过城市格局、废墟、景观来观照现代性引发的各类问题，也能探讨空间的变

---

* 本文系国家社科基金重大项目"西方新马克思主义文论与空间理论重要文献翻译和研究"（15ZDB085）的阶段性成果。

迁如包含怀旧主题的电影，以及思考人在空间中的游动如反映离家与归乡的电影，等等。本文以泛类型的视角出发，思考电影空间的一种特别体验——电影空间置换体验的空间关系问题及其所蕴含的审美逻辑和文化动因。

一、空间置换：泛类型虚构电影文本的同一性

索亚将空间分为：第一空间，即物理空间，可通过仪器测量的自然空间；第二空间是构想的、观念的空间，通过话语来进行空间再现和精神性的空间活动；第三空间是建立在真实物质世界和精神空间的基础上并将二者包含在内进而超越的空间。第三空间"由于它结构并重构了聚焦于'真实'物质世界的'第一空间'和根据'想象'来再现现实的'第二空间'，所以它既是'真实'的又是'想象'的，既是生活空间又是想象空间。它是一种创造性的重新组合和拓展"[①]。据此，我们会发现电影实际上是以一种话语体系书写空间甚至生产空间。

写实主义传统的电影大多偏重第一空间，在其基础上，通过符号编码（导演思想和电影语法）在银幕上呈现出具有特殊文化表征的第三空间，例如高楼林立的都市是现代性的积极产物，废墟则是现代性进程中的哀伤产物。当观众走进影院，这类电影提供的更多的是精神上的空间体验，要么是对大城市的赞美和向往，要么是对破败颓废之地的哀思。

偏向虚构的电影则依据构想中的第二空间，将其与某种现实的逻辑性嫁接，营造令人信服的第三空间，多数科幻电影描绘的空间，要么是外太空，要么是未来世界，"追求故事世界内部的历史逻辑，尽可能对故事世界编年史、不同阶段的事件，通过种种细节赋予其合理性和真实感"[②]，或者对第一空间进行空间形态或存在方式的变形，例如营造平行空间、多维空间、空间穿越、空间漫游等，甚至直接制造一个第三空间供人体验。跨越电影类型加以思考，我们会发现偏向虚构的电影包含的空间置换体验十分独特但又屡见不鲜。

基于第一空间进行空间置换的是穿越电影。穿越电影作为奇幻电影中的一种亚类型本应靠近第二空间，因为它的电影空间看上去充满了幻构性。此类电影大多描述主人公由于某一原因在现在空间和过去/未来空间中穿越，根

[①]　周和军：《西方马克思主义空间理论与当代都市文化研究》，四川大学出版社，2015年，第77页。

[②]　陆嘉宁：《从赛博都市到废土时代——浅析近年特许权科幻电影中的故事世界与人居景观》，《当代电影》，2018年第9期。

据不同的穿越,此类电影具体可分为:从现在穿越回过去,如 20 世纪 90 年代美国电影《比尔和特德历险记》,香港电影《上海滩赌圣》《大话西游》;或者从过去穿越到现在,如 20 世纪 90 年代香港电影《古今大战秦俑情》《摩登如来神掌》以及 2000 年以后大陆电影《隋朝来客》;从未来穿越回现在,如 20 世纪 90 年代美国电影《终结者》系列和香港电影《超级学校霸王》等。仔细看来,无论穿越到过去、现在还是未来,都是基于现实空间对历史空间进行的置换,是一种跨越时间维度的对空间的体验。

　　力图展现第二空间的空间置换体验的则是科幻电影。从时间维度考察,科幻电影大多叙述未来空间,这就使得穿越电影与科幻电影有着某种空间内在指涉意义的交集,比如《头号玩家》描述的哥伦布市是 2045 年发展最快但能源危机突现、生存空间稀缺的城市。从空间维度上考察,有少数科幻电影又讲述平行于现实空间的多维度空间,比如《星际穿越》中太空科学家们利用虫洞超越人类太空旅行的极限,在广袤的宇宙中进行星际航行,实际上该片依据物理上的多维空间设论展开。后来,动画电影《蜘蛛侠:平行宇宙》也以多维空间为基础,讲述不同空间中的多位蜘蛛侠因为超级对撞机而交织在一起的故事。不论时间上还是空间上,科幻的本质都是空间及其产物的想象、虚构、幻觉特性。归纳起来,科幻电影所叙述的空间无外乎这四类:一是深不可测且迷幻的外太空,如《星际穿越》《火星营救》《地心引力》;二是原生而神秘的自然世界,如《侏罗纪世界》通过基因复制使得灭绝的恐龙复活,在一个荒岛建立了恐龙主题公园,《地心游记》地质学家为勘探考察而误入了地心世界,《阿凡达》试图去往另一个可以与地球生态相媲美的潘多拉星球进行殖民;三是高科技、后现代的未来大都市,如《机器人瓦力》中的超智能飞船,其内部一应俱全,智能地服务人类,也操控人类;四是废弃蛮荒的地球,如《机器人瓦力》《我是传奇》《疯狂的麦克斯》里人类衰败之时地球的惨状,钢筋混凝土与阴雨雾霾形成绝望之气。科幻电影描绘的空间无论是美好的还是残酷的,都异于现实空间,是人类日常生活从未到达的另一个空间,伴随着主角在空间中的一系列活动,也是一种置换空间的体验。

　　如果说穿越电影和科幻电影给予观众的空间体验是间接的、话语转述的,那么 3D 立体电影、4D 电影、VR 电影则试图制造直接体验。为什么说是“试图”?因为它们终究是影像上的而非现实的,也就是虚拟而非真实的。3D 立体电影利用双眼视差原理生成立体影像,影像突破电影银幕二维平面的束缚,将银幕内的空间延伸到了银幕外,延伸到了观众席,令画面空间中呈现的事物在所处的位置纵深关系上出现了前后分层,使得每个事物有了独立的层面,同时也加深了银幕内部的空间深度。这样,3D 立体影像就能提升虚拟影像似真性，因而当《阿凡达》中以水母和蒲公英的外形和姿态构想出的圣母花蕊飞起之时，观众就会纷纷伸手去抓。3D立体电影并不单是对太空之城、奇鸟异兽等一系列虚拟事物的影像呈现。这些虚拟影像突破了二维银幕，给观众一种"透过窗户向外看"的感觉，或者一种影像飞出的感觉，观众在电影银幕前可以感受到它们都是有深度的、逼真的。实际上，3D立体影像在空间上首先是强化了实拍影像的在场感，例如国产电影《龙门飞甲》中飞镖向银幕外飞来，观众吓得避让，说明观众认同自身存在与飞镖的方向。在虚拟影像之前，3D立体电影在诞生之初就标榜"一头狮子坐在你腿上！一个情人依偎在你臂弯里！"① 这句广告语实际上已经道出了观众的空间在场，与"狮子"和"情人"同处一个空间，肯定了观众的身体介入，观众就好像作为电影的一个角色而与电影中另外的角色——"狮子"或"情人"发生了身体上的直接关系。之后，4D电影、VR电影通过座椅、手柄、喷淋设备等体感设施不同程度地增加了影像在触觉、味觉等方面的维度，更加强化了观众在电影叙事空间中的身体在场。实际上这种身体在场本身不是真实的，而是一种沉浸式的错觉，是将观众在场的电影院，即观影空间，置换成了电影叙事空间。此时，3D立体电影完成了真正意义上的对第三空间的塑造，以身体的在场实现了虚拟的第二空间，这正是索亚说的：既融合了第一空间和第二空间，又实现了超越。

总之，电影空间本质上都不是第一空间，即便写实主义电影所描述的空间也是真实和话语转述形成的第三空间；穿越电影从地理上提供了第一空间到神话想象的历史空间的方位；科幻电影则在空间构成上为置换提供了体验内容，为了确立其世界观的合法性，尽力使科幻空间与现实空间的人发生关系；3D立体电影在路径方式上保证了空间置换的完成，电影一步步地向观众构筑起真假难辨的第三空间。

二、异托邦：新异刺激与超越体验

电影何以构筑起第三空间？我们可以从置换后的空间特征窥见电影空间置换体验的审美价值，基于这一逻辑来进行考量。基于前文分析，3D立体电影所具有的立体性、似真性和在场感，使其尤其适合科幻、魔幻、探险、武侠和动作题材电影。当下盛行的类型电影常常包含多种元素，如国产电影

---

① 大卫·肯：《论3D电影技术的发展：从〈博瓦纳的魔鬼〉到〈阿凡达〉》，贾冀川、黄丽译，《南京师范大学文学院学报》，2013年第3期。

《寻龙诀》就将魔幻、探险、动作包含其中，而它的主题叙事被置于阴森神秘的古墓世界中，这与科幻电影《地心游记》极为相似：考古学家依据历史和地理等知识碰巧找到了地心世界，以现实世界为蓝本，勾勒出高山湖泊、冰川峡谷、宫殿墓穴等奇观风貌，对这些内容再加以想象、夸张和变形，便又有了《阿凡达》中的潘多拉星球的奇幻景观。诸多的科幻电影在想象中走得更远，依据自然法则与科学逻辑，以空间的现状构想出未来的轮廓，幸运的就成为高科技、智能化的未来，不幸的就变成废弃的都市和蛮荒的星球；或者据现存空间的不足或缺陷构想出一个并行于现存空间的另一个理想空间或可能空间。在这些影像对空间的叙述文本中，有一个本质值得关注：强调空间的陌生化，即主体叙事空间陌生于现实空间。陌生就意味着新异，一种异于平常的新鲜的特征。

同样的，穿越电影所到达的主体叙事空间，也都有着历史的新异奇特性。历史虽然是已经发生的，有迹可循，但终究是以现在的眼光、现存的话语被叙述出来的，在时间性的两相对比中，历史空间总是与现实空间存在诸多差异。《比尔和特德历险记》里两个美国中学生为了完成历史作业意外穿越到欧洲，每段历史各有其特征，彼此各不相同；《上海滩赌圣》穿越回的上海滩是一个军阀混战、列强殖民的空间，虽然时至今日已被诸多影视作品演绎，但灯红酒绿的十里洋场与硝烟四起、各色人种混杂相生的景致，与今天的上海滩仍旧不同；《新难兄难弟》穿越回 20 世纪五六十年代的香港，那时候摩天高楼还没有林立，街坊四邻群居在一起，与后来极度现代化、充满都市隔离感的香港空间截然不同；甚至《神话》穿越回秦朝，历史上有没有悬浮天宫都不重要，重要的是被电影叙述的历史空间一定不同于现在的空间。以此来考量从过去或未来穿越到现在的电影，现在的空间对来自过去和未来的人也具有新异奇特性，这些穿越的人在现在的空间中表现得格格不入。《终结者》的守护机器人 2 号以及《超级学校霸王》里寻找法官的飞龙特警铁面、扫把头及发达星，都来自更加智能的未来空间，其科技发展到甚至替代了人的情感，于是面对现代人的真情实感，他们无所适从；《摩登如来神掌》里云萝公主等人以及《隋朝来客》里护卫熊赳赳和咸菜贩子牛楚楚从古代来到现代，初次接触现代建筑、交通、通信、电子产品等均洋相百出。对于现在的空间来说，这些穿越而来的人成了异类，就穿越而来的人而言，现在的空间又成了异质空间，从某种程度上表现为福柯提出的"异托邦"。

"异托邦"是区别于"乌托邦"的空间概念，不同于乌托邦的并不存在，异托邦是实际存在的，但对它的理解需要借助想象，它包含在真实的空间里，被文化创造出来。福柯认为，镜子里照出来的影像所处的空间就是异托邦，同理，电影院是一个放着二维银幕的空间，但是观众却能从银幕上看到三维的世界，这也是异托邦。边缘文化相对于主流文化是异托邦，比如墓地、监狱、精神病院等空间就是异托邦。福柯对异托邦的这些列举，其核心还在于空间在社会和文化中的差异性。星际的神秘、远古的质朴、外星的奇幻、城市的废弃、种族的灭绝，这些在穿越电影、科幻电影、3D立体电影中被叙述的空间特征，统一起来都与异托邦的"异"形成精神气质上的契合。

此外，"许多乌托邦文本都跟旅行、探险等空间开拓有关，旅行发现成为乌托邦最常见的隐喻。从故乡到异域是从现实到可能的过程，旅行者在异乡的旅程中意外发现一个不为人知的乐园，从而以空间移动的形式，超越了幻想与现实的差别"①。与之相似，电影空间置换作为空间移动文本具有乌托邦的某些特征，但是电影空间置换后的历史空间、科幻空间或奇幻空间，并不都是乌托邦所描绘的那种乐园，反而常常危机四伏、困难重重，如变为废墟的外星球、僵尸遍野的空城、沦为垃圾场的弃城、硝烟四起的古都、血腥的猎杀场、蛮夷生猛的崇山峻岭等，这些空间反而具有社会理想空间的异质性，因而更具异托邦特征。"'异托邦'概念提供了这样一个思路，即我们似乎熟悉的日常空间是可以做间隔划分的，就是说，存在着不同的'异域'，一个又一个别的场合。存在某种冲突的空间，在我们看见它们的场所或空间中，它同时具有神话和真实双重属性。"② 于是，福柯所论述的异托邦与索亚所认为的第三空间在电影空间置换后的空间里创造了对话的维度，形成了某种呼应。

我们可以说，电影空间置换体验实际上就是穿越电影、科幻电影以及奇幻电影将观众通过角色，或者3D立体电影通过观众自身置换到异托邦而获得的快感体验。那么这种体验是怎样产生进而具有审美价值的呢？

首先是电影空间置换后的空间具有新异刺激，能引发观众快感，使得观众的视觉和身体获得求新求异刺激的满足，从而引发赞美之情。从人的本能角度思考，求新求异是人与生俱来的一种能力，正是这种本能使得人能够探索未知的世界，能够追问世界的本真，能够发明和创造人类所需。从这一逻辑出发，形式主义所提倡的陌生化效果，也从一定程度上满足了人追求新异的审美心理。电影中的空间置换从某种程度上说就是一种陌生化的手法，它将观众从熟悉的空间置换到了陌生的空间，空间形态及其内在构成的新异奇特，加之3D立体电影在立体性、似真性和互动性上的提升，在置换后的空间中赋予观众视觉和身体上极富刺激性的体验，进而使观众产生快感。同时，

① 吕超：《比较文学新视域：城市异托邦》，中国社会科学出版社，2011年，第23页。
② 吴冶平：《空间理论与文学的再现》，甘肃人民出版社，2008年，第120页。

置换后的空间、未被开垦的神秘地理或者耗费殆尽的灭亡境地，都被电影影像描绘得亦真亦幻，无论美好还是惨烈，都能引发观众内心的赞叹。

其次是对征服置换后空间的人的钦佩，观众由此产生崇高之感。既然电影空间置换后的那个空间能够引发观众内心的赞叹，那么在空间中能克服困难、战胜空间进而拥有空间的人就更能引发观众的崇敬。包含空间置换的电影，大多存在这样一个模式：故事主角往往在置换前的空间中过得并不如意，甚至是失败的，例如穿越电影《重回十七岁》的男主角在现在时空里人到中年却事业失败、爱情失意、家庭破裂；《超时空要爱》的警察在现在时空中对女主角的死无能为力，科幻电影《阿凡达》的男主角本身是个双腿不能行走的残疾人。当他们以某种形式进入另一个空间后，却展现能力，发挥价值，实现成功，得到认可，例如《地心引力》女主角因为失去女儿而十分悲痛，但却在外太空异常坚强，完成了自救；《阿凡达》的男主角能很好地操控寄宿身体并获得阿凡达族群的认可，帮助族群对抗人类殖民；大多数穿回过去的电影主角都凭借超时代的知识和技能以及对历史的了解而受到爱戴。

此外还有一点不容忽视，从剧作角度考察，电影空间置换本身就是一种戏剧因子。亚里士多德在《诗学》中谈及戏剧的本质时就说，突变引发吃惊就是戏剧性。穿越电影空间的"变"已经为叙事提供了动因，人物的命运跟随着空间的"变"而转折。并不是所有的科幻电影都有穿越电影那种空间上的明显变化，但可能从电影开篇就已经陷入某种空间困境：《我是传奇》一开始就铺设了由病毒扩散导致的全城僵尸的困局，电影叙事围绕主角如何突围展开。这时，我们会发现，空间绝不仅是柏拉图、亚里士多德、康德所说的人类活动的"容器"或"平台"①，而是列斐伏尔所认为的"社会空间被列为生产力与生产资料、列为生产的社会关系，以及特别是其再生产的一部分"②。的确，在电影空间置换后的那个空间中，所有的人及其活动和关系都被空间推进。从剧作结构来说，空间置换本身就包含着戏剧因子，不管是外部的力推动空间置换进而引发电影叙事，还是内部的力推动剧情发展，都不可否认是空间促进了叙事。从这个角度来说，包含着空间置换的电影很好地诠释了列斐伏尔"空间的生产"的观点。

---

① 参见包亚明主编：《现代性与都市文化理论》，上海社会科学院出版社，2008年，第110页。
② 亨利·列斐伏尔：《空间：社会产物与使用价值》，王志弘译，载包亚明主编，《现代性与空间的生产》，上海教育出版社，2003年，第51页。

三、空间置换文化思辨：超空间的身体规训

　　电影空间置换体验是现代性时空压缩的产物，它的奇妙之处在于一方面对空间进行塑形，将浩瀚世界浓缩于电影银幕的方寸之间，例如科幻电影中星际穿越对接了不同空间；另一方面又透过空间对时间进行压缩，例如科幻电影对明日世界的幻想拉近未来与现在的距离，穿越电影压缩了历史与未来的跨度，更为魔幻的是 3D 立体电影借助立体视觉与体感物件制造了空间的瞬间挪移。电影空间置换体验一面发挥着自己的特性，对时空进行着隐性或显性的压缩，一面也成为反映当今时代时空压缩状况的镜像。戴维·哈维的"时空压缩"理论包含着两个方面的意义，"一方面是我们花费在跨越空间上的时间急剧缩短，以至于我们感受到现存就是全部的存在；另一方面是空间收缩成了一个'地球村'，使我们在经济上和生态上相互依赖。……前一个方面的'压缩'可以叫做'使时间空间化'（即'存在'），后一个方面的'压缩'可以叫做'通过时间消灭空间'（即形成）"①。的确，我们今天生活在一个由科技改变物理空间并超越时间的时代，超音速飞机、高铁等交通工具缩短了出行时间，网络通信改变了信息传播的速度，人们足不出户就能游览各地，电子商务和物流网又将过去的商场压缩成了快递包，全球空间似乎都被浓缩在一个小小的手机上，这些倒回几十年在科幻电影中才能看到的场景成了今天的现实，而电影又依据世人不断提升的时空压缩诉求虚拟现实，将一个个异托邦编织进不同类型的空间体验文本中，使我们在虚拟与现实的交织中辨别不清空间的真实属性。

　　进一步来看，电影空间置换体验都是借助身体在空间中的游动来完成的。最接近真实的身体游动的是 3D 立体电影，其空间逻辑是加深电影空间的立体性，通过制造或惊吓或赞叹的"视觉热点"② 带动各式各样真实或虚拟的身体反应，使观众借助身体重构自我与世界的关系，最终享受身处他境的快感体验。穿越电影与科幻电影虽然没有直接诉诸身体反应，但是观众通过"凝视"主角在空间之间的穿越或者在异托邦空间中的挣扎，完成了意识与角色身体的"搭线"与"过电"，从而获得空间认同。总之，身体在现实空间的不满置换到理想空间中得到满足是电影空间置换体验的主旨，这再一次回到电影终究还是"造梦场所"的本性上。问题的关键还是在于我们为什么需要电影空

---

① 阎嘉：《时空压缩与审美体验》，《文艺争鸣》，2011 年第 15 期。

② 3D 立体电影凭借视觉上的前突效果而引发观众做出向后避让的反应，这是 3D 立体电影"外凸片"的主要特征。

间置换来"造梦"。

电影空间置换体验能够冲破空间对身体的规训。在福柯的空间理论中，空间是对身体进行规训的场所，他通过考察监狱、学校、医院等机构，揭示了身体被征服、塑造、规训的机制，最终得出结论：空间的功能是由知识体系所赋予的并体现某种权利关系，是任何权利运作的基础，是权利运行的容器、场所或媒介。空间的稳固实际上依赖于权利划分出的每个人的位置。也就是说，空间以不同的形式宰制着生活在其间的人。按这一思路，对照电影中的空间置换体验文本，我们不难发现隐含其间的空间对身体的规训。《逃离克隆岛》以及《饥饿游戏》所叙述的空间都是依据一定的世界观划分出来的权利空间，克隆岛的空间主宰权掌握在拥有克隆技术和生产资料的资本家手里，生活在其间的根据人类基因复制出的克隆人被管控，第一区的贵族通过区域划分来统治另外几个区的下等人，克隆人和献身游戏者只有突破空间的限制和区隔才能改变自己的命运。一定程度上，科幻电影的世界观被观众认可，无疑透露出科幻电影对现实状况的折射。西方新马克思主义理论家戴维·哈维指出，后现代状态从福特主义向弹性积累的组织转变，越发由时空压缩引起世界的巨变，全球化同时也存在地理发展上的不平衡，因此有进入智能化时代的国家，同时也有吃不饱饭的国家，都市之中还存有贫民窟，这种不平衡的地理空间也是福柯所说的异托邦的一种。从权利的角度来看，异托邦之所以"异"，是因为主体空间的主宰权利掌握在资本家和贵族的手中，其余大部分的人生活在其间，在暗含的法则、规范和纪律中，本性得不到舒展，欲望得不到满足，空间实际上成为哈贝马斯所说的现代性的牢笼。由此我们不难理解穿越电影的生成逻辑：角色在穿越以前所处的空间以一种写实的话语叙述了观众的空间状态，角色本身是对被权利所规训的人的写照，被叙述为身体的碌碌无为和精神的麻木不仁；要冲破权利的规训，就要冲破规训身体的空间，因而在电影中实现空间置换就为身体的自由敞开了第一扇门。实际上，在置换去的另一个空间中，权利规训依然存在，只是角色快速地适应了而已。例如穿越回古代取得成功的角色往往是因为了解历史，懂得这个空间的知识体系，可以投机取巧而已；去往另外一个星球或与外星人达成共识的角色，也只是因为他的意识形态与之契合，而与现实世界的权力话语对立。从另一个角度来看，以身体突破空间限制而自由游走，例如空间漫游、穿越空间、平行空间等，突破了科学认知的既定规律，体现出对知识权威的质疑和反抗。观众观看电影时，身体体验到类似驰骋于空间中的感受，也打破自现代以来所提倡的精神的审美，因而其对身体的重视被提到想当的高度。

电影空间置换体验可以满足超空间中的消费快感。无论是穿越电影重构的历史空间，还是科幻电影构想的宇宙空间，抑或 3D 立体电影惯常描绘的奇幻空间，都会运用数字技术进行视觉呈现。本质上，这些空间及其构成景观都是利用计算机制造出来以假乱真的虚拟影像，3D 立体电影的立体性更弥补了空间上真实感的不足，使得影像的真实达到了新的高度。观众在观影的过程中更加容易进入叙事而不可自拔，这场梦比过去所做的梦更加真实，观众完成了一次在真实与虚幻之间身体与精神双重游动的梦境之旅。但是，后现代最为吊诡之处恰巧在于资本利用这一逻辑，通过技术手段、传播媒介，不断地制造仿象，建立仿象与其指涉对象的关系，甚至用仿象替代指涉对象，从而建立起符号消费关系。马尔库塞在《单向度的人》中提出了人的衣食住行等基本生活的真实需要和超出基本需要的额外的虚假需要。由各种仿象充斥的消费空间不断地通过广告展示制造消费期待，创造出虚假需要，使消费者的欲望处于永不满足的状态。詹姆逊进一步将后现代社会描述为超空间，即由仿象构成的虚拟全球空间，说明了晚期资本主义构建消费空间的逻辑，也揭示了消费空间强化消费快感的途径。的确，后现代的消费空间一方面通过仿象和媒介不断加深空间物化，为空间提供各种新的构成组件——科幻电影中描述的未来世界本身就是一个物化的超空间，智能飞船、全息通信设备、时空穿梭机、空间对撞机等虚拟符号指引了未来的消费趋势；另一方面又为空间及其景观贴上消费标签——3D 立体电影带观众驰骋于潘多拉星球的梦幻、侏罗纪公园的郁郁葱葱，这些景象都符合观众逃离压抑的现代都市的诉求。这些超空间中非真实、符号化的消费品实际上只是转瞬即逝的过程和体验，身体获得了重视和满足，但身体体验始终是直接的、表层的，而非深度的，再加之仿象混淆了真实和虚拟，超出了人们对空间的感知能力，所以人很容易迷失在超空间中。因此，詹姆逊批评道："现代社会空间完全浸透着影像文化萨特式颠倒的乌托邦的空间，福柯式的无规则无类别的异序。"① 不过，这也就阐明了詹姆逊对后现代特征的归纳：后现代艺术就是空间的，而非时间的。"在后现代超空间视域下，身体被类像席卷而失去了坐标，直接导致主客二元论的消解，艺术空间与生活空间的重合，美学民众主义的兴起，以及高雅艺术与通俗艺术壁垒的拆除，故而呈现出一种平面模式。"② 因而，电影空间置换体验在资本追逐利益最大化的驱动下会以消费这种隐蔽的方式加深对身体的控制，权利在转化为审美内在逻辑之后仍旧发挥其规训作用。

　　反观上述论证，电影空间置换体验将空间理论中的诸多关键词，如索亚

---

① 弗雷德里克·詹姆逊：《文化转向》，胡亚敏译，中国社会科学出版社，2000 年，第 108 页。
② 黄大军：《从审美乌托邦到异托邦：当代西方空间理论的美学变奏》，《当代文坛》，2016 年第 2 期。

的"第三空间"、福柯的"异托邦"、列斐伏尔的"空间生产"、哈维的"时空压缩"、詹姆逊的"超空间"都融会贯通起来，这绝非偶然。作为后现代艺术和文化的代表，电影天然地成为时空压缩之下现代性体验的典型文本，从科幻到奇幻，从虚构到虚拟，从 3D 立体电影到 VR 电影，电影在故事、观念、视觉、体验、技术等方面不断在空间生产的推动中朝着深度变形和压缩时空的方向拓进。本文所进行的研究只是选取了一类较为特别、为人忽略的空间体验文本以管窥电影空间，并非全景式的观照，以期对电影空间及空间理论的相关研究有所启示。

作者简介：

胡奕颢，四川师范大学影视与传媒学院副教授，硕士生导师，主要从事影视美学、新媒体视听艺术研究。

全球化、现代化背景下中国艺术的空间话语*

——以"远洋太古里"和《地球最后的夜晚》为例

杨轲轲

　　摘　要：全球化、现代化背景下西方资本生产主导着世界市场，这种时间线性的尺度掩藏了空间维度的存在。故此，以列斐伏尔、索亚和哈维为代表的新马克思主义者将空间从对时间的依附中独立出来，发展并完善了空间理论。他们将空间视作一种社会生产，并先后提出了"第三空间""时空压缩"和"空间修复"等理论。本文旨在通过空间视角，对以"远洋太古里"为代表的中国建筑艺术和以《地球最后的夜晚》为代表的中国电影艺术的空间话语进行分析，得出结论：虽然在当下中国艺术仍旧不能摆脱西方空间塑造方式，但是在拥有与西方国家不同的社会生产方式的条件下，中国艺术可以在全球化和现代化的背景下拥有自己独特的空间话语。

　　关键词：空间维度　中国艺术　空间话语

　　"全球化"和"现代化"，似乎已经确定成为我们这个时代最重要的注解。自上（发达国家）而下（发展中国家）的全球化，自后（前现代）向前（现代）的现代化，这一纵一横，在人类文明的认知地图上为现代社会标示了一个稳定的坐标，而这个坐标，是前人未曾触及的，这是资本主义发展的成果。因此，在资本主义掌握世界话语的时代条件下，全球化和现代化这两个时间线性的尺度，已经成为不容置疑的发展标准，拥有几近垄断的解释权。

　　然而，就像马克思在《资本论》中所说的那样——"我们对之一无所知，却在勤勉为之"[②]，在这一看似稳定的时间线性坐标的背后，却隐藏了另外一个与之对应的重要维度——空间。时间和空间

---

　　*　本文系国家社科基金重大项目"西方新马克思主义文论与空间理论重要文献翻译和研究"（15ZDB085）的阶段性成果。

　　②　马克思：《资本论》（第一卷），中央编译局译，人民出版社，1975年，第90—91页。

同样承载着衡量历史和现实的使命，却并未获得同等的历史和现实地位。不仅是资本主义主导的当下，在之前数千年的人类文明史中，空间也一直是作为隐性的维度，被掩藏在时间之后，人们"心照不宣地将空间附丽于时间，而这种时间掩盖了对社会世界可变性的诸种地理阐释，扰乱了理论话语的每一个层面，从关于存在的最抽象的本体论概念到关于经验性事件的最为具体的解释"①。因此，需要一种不囿于时间叙述逻辑的空间尺度来重新考察历史和现实。以亨利·列斐伏尔、爱德华·索亚和戴维·哈维为代表的新马克思主义者承担起了这一重要使命，并且还在不断地前进中。

"在 20 世纪 90 年代后期，发生了一场可以被一些人如此描述的跨学科的空间性转向。"② 索亚将"空间转向"限定在 20 世纪 90 年代，但在笔者看来，这一转向应当往前提 20 年，因为在列斐伏尔 1974 年发表了《空间的生产》之后，"空间转向"实际上已经开始了。在列斐伏尔之后，索亚和哈维相继投身空间理论研究。列斐伏尔等人的理论建立在马克思主义政治经济学"空间正义"的基础之上，以空间为视角，审视和批判资本主义的生产方式和生产关系，重新解释了当下主导全球的资本主义权力话语模式，并由此形成极具批判性的空间批判理论。

一、"远洋太古里"的空间生产

马克思在《资本论》中将空间视作一切人类活动的要素。③ 在马克思的时代，资本主义社会的矛盾集中于资本的积累和对工人剩余价值的榨取之中；到了以全球化和现代化为主要议题的时代，空间变成了资本主义国家的政治工具，空间的处理方式取决于资本主义全球化背后的政治战略。因此，作为马克思主义者的列斐伏尔，将空间从对时间的依附中解放出来，认为"（社会）空间是（社会的）产物"④，空间与其他社会生产产品一样，取决于生产方式，表现生产方式。成都"远洋太古里"的修建，便是一个典型的城市空间生产过程。

"远洋太古里"位于成都最繁华的春熙路商业圈，占地 70800 平方米，是

---

① 爱德华·苏贾：《后现代地理学》，王文斌译，商务印书馆，2004 年，第 23 页。

② 爱德华·W·索亚：《后大都市：城市和区域的批判性研究》，李钧译，上海教育出版社，2006 年，第 9 页。

③ 参见马克思，恩格斯：《马克思恩格斯全集》（第 25 卷），中央编译局译，人民出版社，1974 年，第 872 页。

④ Henri Lefebvre, *The Production of Space*. Donald Nicholson-Smith, trans. Oxford: Basil Blackwell, 1991, p. 26.

寸土寸金的成都商业中心里一座开放式、低密度的街区购物中心。"远洋太古里"于 2014 年分阶段开始营业，经过四年的发展，目前已经成为成都的商业文化地标，同时也是成都城市商业空间的建设典范。它之所以独特，一个重要原因是作为现代商业街区，它位于"大慈寺历史文化保护区"之内，与号称"震旦第一丛林"的千年古刹大慈寺仅一墙之隔，"寺内庄严宁静，寺外人头攒动"，全球化的商业文化背景与地方性的历史元素合为一体，表现了这一时期这一地区的空间生产方式。

"远洋太古里"的修建始于 2005 年，当时成都市出台《成都大慈寺片区控制性详细规划》，要求体现"民国和清代风貌，限高 12 米"①。2009 年，根据《大慈寺核心保护区规划》，将建成以大慈寺为中心，融合佛教文化、川西建筑文化、民俗文化和新商业文化的"寺市合一"商业街区，这便是"远洋太古里"的规划雏形。这项修建工作由太古地产（英国企业）和远洋地产（中国企业）共同承担，规划公司是欧华尔顾问有限公司（中国公司），设计总监由剑桥大学建筑学博士、北京设计师郝琳担任。很明显，这是一套"中西合璧"的班底。

"远洋太古里"在设计理念上也有一个以"中"为主还是以"西"为主的分阶。其早期设计理念集中于仿古，着力于将周围商业街区与大慈寺融为一体，保持广东会馆、欣庐等古建筑原貌。然而，2011 年 3 月，仿古街区被连夜拆除，理由是"没有达到预想的要求"。这里官方所谓的"预想的要求"，就是"寺市合一"，过分强调"寺"而忽视了"市"，在发扬传统的同时却忽略了经济效益，这显然不符合现代城市商业空间的生产模式。

之后，设计理念更改，以郝琳博士为核心的设计小组提出了"以现代诠释传统"的设计理念，尽可能保留历史建筑，再吸收川西风格的青瓦坡屋顶和格栅，加上现代主义高层建筑特色的大面积玻璃幕墙，将古典穿插于现代之间，"达成新旧交叠的多用途城市街区"。② 这种转变的背后，是大慈寺的大面积翻修，广东会馆和欣庐等古建筑的改头换面（图 1、图 2）。

---

① 金秋平：《成都大慈寺片区更新中传统民居群体空间营造的传承与创新》，《建筑设计管理》，2015 年第 7 期，第 51 页。

② 参见《为成都打造引以为傲的大都市中心——郝琳博士专访》，新浪新闻中心，http://news. sina. com. cn/o/2018-01-22/doc-ifyquixe5775359. shtml.

图 1　1996 年的欣庐

图 2　2018 年的欣庐

"空间是一种社会关系吗？当然是，不过它内含于财产关系（特别是土地的拥有）之中，也关联于型塑这块土地的生产力。空间里弥漫着社会生产；它不仅被社会关系支持，也生产社会关系和被社会关系所生产。"①"远洋太古里"第一阶段与第二阶段设计理念的变更，在一定程度上体现了由政府主导向由资本主导的转变，从"大慈寺历史文化保护区"到"远洋太古里"，从地方文化保护区到全球性商业街区，其间蕴含着列斐伏尔所谓的"生产社会关系和被社会关系所生产"。

"远洋太古里"作为成都市体验式商业空间设计的优秀案例，曾获得 2015 年"DFA 亚洲最具影响力设计奖"以及 2016 年"中国建筑学会建筑创作金奖"，这两个颇具分量的奖项代表了建筑界对"远洋太古里"商业空间塑造方式的肯定。在规划过程中，设计团队为了避免众多亚洲都市中典型的孤立、封闭的商业综合体的开发模式，仿照上海里弄式住宅，提出了"快要慢活"

---

① 　包亚明主编：《现代性与空间的生产》，上海教育出版社，2003 年，第 48 页。

的"里"式商业街区模式。利用原本呈棋盘格局的纱帽街，东、西糠市街以及东顺城南街，将大慈寺编织在内，形成可步行的商业步道肌理。

列斐伏尔将原先一维化的、单一的物质概念的空间划归为社会生产，也就自然而然地将空间划分为不同的种类，在《空间的生产》中，他提出空间的三元辩证：物理空间、空间表征和表征空间。①"远洋太古里"的"快耍慢活"，从消费心理学出发，很大程度上契合了列斐伏尔的空间三元辩证。商业街本身是物质空间，"快"和"慢"涉及空间表征，而"耍"和"活"则体现了表征空间。

为了营造这一生活体验式商业街区的"快"和"慢"、"耍"和"活"，设计师将原本一体的商业空间分隔为"快里"和"慢里"。"快里"由三条贯通东西的购物街道及其两侧的两个广场组成，主要经营爱马仕、古驰等国际奢侈品牌；"慢里"是南北向的两条与大慈寺平行的街巷，主要经营各种高档餐厅、"方所"书店以及各类文化生活品牌。为了保证"快耍慢活"这一消费空间的高档性和统一性，开发商在选择商家的时候设置了明确的标准，将品牌影响力不够、经济效益不足的商家排除在外。可见，不论是作为对空间的表现的"快"和"慢"，还是作为表现性的空间的"耍"和"活"，其目的与商业街区一样，依然是获取经济效益。所以，商业街内国际大牌林立、奢侈品齐聚，这种门槛的设置其实也是资本对空间的一种规训。

因此，已经成形的"远洋太古里"商业街区，虽然打出了"以现代诠释传统"的口号，外表还保留有中国古建筑的一些特征，内里却几乎都是西化元素。广东会馆成为公共活动场地；惜字塔被移至漫广场，成为中西建筑对话的标识（图3）；笔帖室修缮后成为博舍酒店的入口。更为重要的是，作为"远洋太古里"核心建筑元素的大慈寺，已经沦为文化符号，失去了原本宗教场所的相对独立性，也基本失去了它的信仰寄托空间的特征。现在的大慈寺已经与香奈儿、普拉达一样，成为商业街众多店铺中的一个。现实甚至更具反讽意味，隔壁的香奈儿店门庭若市，大慈寺内游客却寥寥无几。

---

① Henri Lefebvre, *The Production of Space*, Donald Nicholson-Smith, trans. Oxford: Basil Blackwell, 1991, p. 33. "'物质空间'是可以触知的、在感觉上与物质交互作用的世界，是世界中的各种要素、瞬间和事件按照某些特殊的物质性建构起来的，属于体验的空间；'对空间的表现'要借助符号、含义、代码和知识等表达方式，通过抽象和概括，使客观的物质空间能被人类的理性所把握；'表现性的空间'是人们内心创造的产物，诸如各种代码、符号、'空间话语'、乌托邦计划、想象的景色，甚至物质构造，如象征性的空间、特别建造出来的环境、绘画、博物馆等。"参见阎嘉：《空间体验与艺术表达：以历史－地理唯物主义为视角》，《文艺理论研究》，2016年第2期，第86页。

图 3："惜字塔"与奢侈品店并列

"远洋太古里"以现代诠释传统的模式，原本是权力组织想打破"千城一面"的禁锢，展示城市创新性的表达，但由于资本的介入，基于大慈寺这一历史古建筑的消费空间生产，只是借用了历史古建筑这一文化符号，其实质仍是对资本利益的追求，是一种资本的空间再生产过程。作为宣传噱头的川西风格青瓦坡屋顶和格栅，被现代主义高层建筑特色的大面积玻璃幕墙隔成一间间奢侈品店，原本的历史文化元素沦为消费空间的附属品。在全球化、现代化的裹挟下，地方特色文化空间被全球化的消费空间淹没，失去了空间话语权。另外，由于开发商主导的资本运作，在棚户区改造的过程中，大量居民外迁，在一定意义上，有悖于"空间正义"（马克思语），褫夺了原来的居民们"进入城市的权利"（哈维语）。

二、《地球最后的夜晚》的空－时塑造

马克思认为："资本只有一种生活本能，这就是增殖自身。"[1] 新一轮资本主义发展背景下的全球化和现代化，掩盖了资本主义生产关系背后的空间逻辑，列斐伏尔的"空间生产"理论更加深入地揭示了资本主义的积累模式，将原本附着于时间之上的空间提炼出来作为一个独立的维度。新马克思主义的另一位重要代表戴维·哈维在进一步批判资本主义"使时间空间化"的基础上，弥合了时间与空间，将空－时关系[2]作为其理论研究的立足点，认为"在任何社会中，空间和时间的实践活动都充满着微妙性和复杂性。由于它们是那么密切地蕴涵在社会关系的再生产和转变的过程之中，所以必须找到某

---

① 马克思，恩格斯：《马克思恩格斯全集》（第 23 卷），中央编译局译，人民出版社，1972 年，第 260 页。

② David Harvey, *Space as a Keyword*. Paper for Marx and Philosophy Conference，London：Institute of Education，2004，p. 3.

种方法去描述它们，对它们的用途作出概括"①。时间对应历史，空间对应地理，这便是哈维的新马克思主义历史－地理唯物主义。

于 2019 年贺岁档上映的国内青年导演毕赣的影片《地球最后的夜晚》，在上映当日便引发了巨大争议，观众口碑呈现两极化。在笔者看来，这种两极化的原因正是由于导演特殊的时空表达方式。影片讲述了男主角罗纮武因为父亲离世回到了阔别 12 年的故乡贵州凯里。12 年前，他离开故乡的原因是好友"白猫"被害，罗纮武在追查凶手的过程中，被凶手的情人万绮雯利用。自此之后，这个神秘的女人构成了男主角所有的记忆。在父亲生前留下的照片里，罗纮武无意间发现了关于万绮雯的信息，于是，他开始了一段追寻之旅，揭开了隐藏多年的秘密。直至影片末尾，男主角也未能再找到这个神秘的女人，但在此过程中，由于线索的不断出现，12 年前的许多谜团得以解开。导演用现实与梦境交融的手法，打碎了线性的时间和随时间展开的有序空间，营造出一种特殊的空－时关系。

在《后现代的状况》的《后现代电影中的时间与空间》一章中，哈维在分析影片《在柏林的天空上》时说道："空间与时间的独特结构，被看成是在其中铸就个人身份的框架。"② 这种"空间与时间的独特结构"，几乎就是《地球最后的夜晚》的核心框架。导演并无意给观众讲述一个完整的故事，因为这种完整，代表了时间的线性向前和空间的有序转换，而这种顺序正好是导演有意隐藏的。正如毕赣本人所说："有些段落处理的隐晦没有关系，因为大家从正常的逻辑可以理解它，那些隐晦的地方，大家花一点时间，甚至不用花时间，哪天想起来了可能就会知道。因为我就是一个智商正常的人，关于时间的想法，关于记忆和梦的想法，非常直接地给到了大家。你只需要把你的两个小时交给这部电影，去体验，就能得到这部电影回馈给你的东西。"③ 以时间为基准的逻辑建构的事件链条被碎片化的表达所取代，在梦境与现实的杂糅当中，三种空间（凯里是物质空间，梦境是表征空间，"旋转的房子"是空间表征）拼贴成了一个总体的空间。依笔者所见，毕赣特殊的空－时关系体现在技术和意象两个层面。

在技术层面上，《地球最后的夜晚》首先是双线叙事。影片前 70 分钟采用穿插交替的双线叙事，12 年前和 12 年后的故事交替展开，导演有意用这种

---

① 戴维·哈维：《后现代的状况：对文化变迁之缘起的探究》，阎嘉译，商务印书馆，2003 年，第 274 页。

② 戴维·哈维：《后现代的状况：对文化变迁之缘起的探究》，阎嘉译，商务印书馆，2003 年，第 397 页。

③ 毕赣，郑中砥：《毕赣：我如何创造了〈地球最后的夜晚〉》，《中国电影报》，2019 年第 11 版。

破碎、交替和跳跃状态让观众在混乱的空－时关系中迷失。其次是长镜头，手持、车载、索道、航拍多种器材的技术接力，完成了一个长达 60 分钟的长镜头，如此时长的连贯镜头，将电影的叙事时间和观众的观看时间拉回到同一平面，在一定程度上打破了影像与现实的壁垒。最后是拍摄视角，运用头顶倒视角、镜子视角以及 360 度圆周运动镜头拍摄，自然颠覆了常规镜头带来的空间叙事，将空间切割。

技术的运用势必带来不同的意象表达。首先是大量的隐喻，影片前半段，坏了的时钟和万绮雯的停走的手表作为时间的喻体，都暗示了时间的停滞、倒退和交错；旋转的房子则代表了体现男女主角之间相互关系的一个"关系空间"。[①] 其次是身份的解构，同一个演员在不同的场景扮演不同的角色，如演员汤唯，在不同的时空中，可以分别是万绮雯、陈慧娴和凯珍；演员张艾嘉，可以是现实中"白猫"的母亲，也可以是梦境中罗纮武的母亲。这种身份的解构与重构，也是导演打破时间和空间界限的一种方式。

在《价值实现危机与日常生活的转变》一文中，谈论到资本主义的全球危机时，哈维重提了他的"空间修复"理论："我发现'空间修复'（spatial fix）的概念很有用。当某个地方资本和劳动力过剩，并且由于市场饱和，在某一特定领域的盈利前景可以忽略不计时，资本家就开始将其剩余资本（有时是剩余劳动力）出口去建设其他地方。"[②] 资本无法在一个区域内实现增殖的时候，它就会寻求另外一片可供它增殖的区域，通过各种手段来消化过剩资本。在《地球最后的夜晚》中，导演将现实中无法表达的内容，转嫁到梦境之中，前 70 分钟的双线叙事使观众在混乱的空－时关系中逐渐失去对故事线索关注的耐心，正当大家准备放弃时，影片中的男主角戴上了 3D 眼镜，进入了梦境。在梦里，男主角见到了 12 年前利用他的神秘女人万绮雯，见到了 12 年前舍弃他而去的母亲，甚至在山洞中见到了小时候的"白猫"，原本现实生活中已经无法继续的叙事，在梦中竟然得到了接续。而且，无论是时光倒流、死者复生，还是旋转的房子，这些现实生活中不可能的剧情在梦中都得到合理的解释。"梦，它不是空穴来风、不是毫无意义的。它完全是有意义的精神现象。实际上，是一种欲望的满足。它可以算是一种清醒状态精神活动的延续。"[③] 弗洛伊德的精神分析

---

① 哈维在《作为关键词的空间》中，将列斐伏尔的空间三元辩证发展为绝对空间（absolute space）、相对空间（relative space）和相关空间（relational space）。参见 David Harvey, *Space as a Keyword*. Paper for Marx and Philosophy Conference, London: Institute of Education, 2004, pp. 5－6.

② David Harvey, "Realization Crises and the Transformation of Daily Life", *Space and Culture*, July 2018, p. 9.

③ 弗洛伊德：《梦的解析》，花火译，中国华侨出版社，2013 年，第 78 页。

理论将梦境归结为现实生活的延续，在这个意义上，《地球最后的夜晚》中的梦境空间正是对混乱的现实空间的一种空间修复。

至此，导演的叙事方式已经比较明晰，其特殊的时空搭建方式也得以明了。然而，问题就在于，这个看似特殊的空－时关系，其实并不特殊，甚至可以说是一种拼凑后的"杂交产物"。

首先，现实与梦境交替的时空塑造方式，来自美国著名导演大卫·林奇的《穆赫兰道》，这部影片作为好莱坞第一部大量运用梦境与实现交织手法的电影，以蒙太奇技法为基础，借助多视角的拍摄角度，结合美工、音乐等，营造出多层梦境交织的时空模糊效果，打破了剧情类电影长期以来塑造出的观众的期待视野和阅读性的观影习惯，让观众在不断的时空重组中获得一种解码的快感。《地球最后的夜晚》显然是借鉴了这部电影的拍摄手法。另外，影片中给观众留下深刻印象的反派唱歌的桥段则来自大卫·林奇的另一部经典影片《蓝丝绒》。

如果说对大卫·林奇的模仿只在于手法和桥段层面，那么毕赣向另外一位电影大师——塔科夫斯基的致敬则细化到了意象层面。毕赣曾经接受过北京电影学院叶航的一次专访，当叶航问及"塔科夫斯基的《潜行者》的原文本就是《路边野餐》，这部电影对你有很大的影响吗？"毕赣回答：

> 有非常大的影响，这是我看的第一部艺术电影。我小时候爸爸妈妈都是带我去看周星驰的电影，我也很喜欢他的电影。到了大学，我第一次看真正意义上的电影就是《潜行者》，我觉得非常难看，非常生气，我不明白那么烂的一部电影为什么大家都很尊重它！我觉得我应该去批评它。后来终于把他的电影看完后，我突然感觉不对劲儿，但又讲不清楚这种不对劲儿，突然我就知道这种不对劲儿就是电影的美感。[①]

笔者认为，他对塔科夫斯基不只是喜欢，更多的是借鉴。

前文已经说过，毕赣第一部院线上映的电影《路边野餐》名字就来源于塔科夫斯基的《潜行者》。而在《地球最后的夜晚》中，毕赣向塔科夫斯基致敬的场景几乎贯穿始终：桌子上的水杯被火车震落，来自《潜行者》；拉苹果的马，苹果散落一地，来自《伊万的童年》；燃烧的房子，来自《镜子》（图4、图5）；电影院附近的废墟场景和拿火把的镜头，来自《乡愁》。甚至影片中多次出现的轨道车、水草以及废墟等，都有明显的塔科夫斯基的印记。

---

① 毕赣，叶航：《以无限接近写实的方式通往梦幻之地——访〈路边野餐〉导演毕赣》，《国际新视野》，2016 年第 3 期，第 95 页。

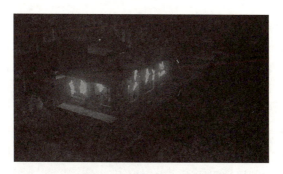

图 4　《地球最后的夜晚》中"燃烧的房子"场景

图 5　《镜子》中"燃烧的房子"场景

　　电影作为一门具有时空双重性的艺术，通常由不同的时空段落聚合而成，但这些相对独立的情节又遵循一个稳定的内在叙事逻辑，方才与电影"讲故事"的基本属性相吻合。看得出导演毕赣塑造特殊的空－时关系的强烈渴望，然而，无论是技术层面还是意象层面，《地球最后的夜晚》都存在着大量的致敬元素，过多的模仿显然影响了这部电影的原创性。这部在《路边野餐》之后被诸多业内人士和观众寄予厚望的电影也因为过多的拼凑而失去了电影作为一门讲故事的艺术的初衷。这是以好莱坞为核心的西方商业电影带给中国电影界，尤其是文艺片的影响。西方商业电影塑造空－时关系的方式依然掌握着全球电影的话语权，深切地影响着中国电影的时空表达。

三、"第三空间"背景下中国艺术的空间话语何以可能

　　"资产阶级既然榨取全世界的市场，这就使一切国家的生产和消费都成为世界性的了……过去那种地方的和民族的闭关自守和自给自足状态已经消逝，

现在代之而起的已经是各个民族各方面互相往来和各方面互相依赖了。物质的生产如此，精神的生产也是如此。"①马克思在《共产党宣言》里将世界市场的形成归结于资产阶级的资本全球流动，这种流动带来了物质生产和精神生产的全球化。既然空间也是一种社会生产，那么在资本高速流动的当下，"资本主义的历史具有在生活步伐方面加速的特征，而同时又克服了空间上的各种障碍，以至世界有时显得是内在地朝着我们崩溃了"②。全球空间收缩成了地球村，资本主义的空间生产方式如其强大的资本增殖一样掌控着全球化和现代化背景下的世界空间话语，中国也不例外。

　　全球化的大潮带来建筑文化的交流与碰撞，尤其是在我们这个现代化迅猛发展的国家，就建筑艺术而言，如何在中西文化的碰撞中处理好继承传统与时代创新的关系成为核心问题。新中国成立初期，国内百废待兴，传统建筑行业断层，中国建筑大面积抛弃了传承数千年的土木结构，以钢筋混凝土结构取而代之，相当长一段时间之内的"西风东渐"造成了中国建筑艺术在国际上的"失语症"。改革开放以后，国内外交往更加频繁，外国资本也大量注入国内市场，随之而来的强大的资本主义空间生产方式造成传承数千年的传统建筑文化的隐退和融合了西方建筑风格的新的建筑体系的诞生。可以说，只要资本主义还掌握着世界话语权，这种局势在短期内就很难改变，就像戴维·哈维在《价值实现危机与日常生活的转变》中描述的那样，中国现在仍是世界上最大的钢筋和水泥消耗国，这是资本的力量。③

　　自从卢米埃尔兄弟发明电影之后，电影生产的话语权就掌握在欧美国家手中，尤其是在以好莱坞为核心的商业电影大制片厂制度形成之后，西方的电影空间塑造方式一直居于主导地位。奥斯卡金像奖、戛纳国际电影节、威尼斯国际电影节和柏林国际电影节几乎垄断了世界电影话语权。在技术层面，从"幻盘"到"走马盘"，从"全景画"到"立体画"，从"连续拍摄"到"活动视镜"，这些主流的电影拍摄技术也都源自西方国家，而拍摄技术恰恰是电影空间表达方式的决定性因素，这也是中国电影界缺乏空间塑造话语权的重要原因之一。

　　新马克思主义空间批判理论认为，资本主义的全球化、现代化的本质就

---

　　① 马克思，恩格斯：《马克思恩格斯全集》（第4卷），中央编译局译，人民出版社，1958年，第469—470页。

　　② 戴维·哈维：《后现代的状况：对文化变迁之缘起的探究》，阎嘉译，商务印书馆，2003年，第300页。

　　③ David Harvey, "Realization Crises and the Transformation of Daily Life", *Space and Culture*, July 2018, p. 1.

在于通过资本增殖和在此基础上搭建的理性和民主精神不断驯化空间，实现"使时间空间化"和"用空间修复时间"的目的，进而用单一的、线性的全球空间逻辑代替多元的、异质的地方空间。因此，全球化和现代化取消了空间的同期异质性，将地方共时多元拉入全球历时线性之中。

列斐伏尔的继承者索亚将列斐伏尔的空间三元辩证提炼为"空间性-历史性-社会性"①，他认为列斐伏尔将空间性、社会性和历史性的三元辩证引入空间理论，打破了传统的物质性和想象性空间的二元对立，将他者带入。而另外一位空间理论家福柯，其"异形地质学"从"第三化"进入，打破二元论空间，将空间归结为知识、权力和性欲共同作用的结果，因此是一个异质性的"反面乌托邦"。在此二者基础上，索亚提出"第三空间"理论："如果说'第一空间'首先是在它顺畅可读的文本和语境中得到探索，'第二空间'是在它流行不衰的表征话语中被人探讨，那么'第三空间'的探究，就必须额外引导以某种具有解放潜能的'实践'形式，有意识（有意识空间化）努力将知识转化为行动，在有尊严的方式中改善世界。"②

"第三空间"理论打破了传统空间理论的二元对立，将他者视作现代空间生产的一个产物，这种将他者引入的第三空间，批判了欧洲中心主义和文化帝国主义。然而，理论批判并不能改变资本主义文化传播方式依旧强大的现实。在笔者看来，"远洋太古里"和《地球最后的夜晚》依旧是"他者空间"③的产物，中国设计师用中国传统建筑结构来表达西方建筑理念，大慈寺被迫隐退，成为商业街的一个只有少许符号价值的注脚；中国导演用西方的空-时关系讲述着地方性的故事，地方空间在全球空间的裹挟中成为一个虚幻的外壳。中国艺术自身被表现为他者。

不过也不必因此绝望。"每一个社会——由此每一种生产方式与其子变体一道（也就是所有例证这一普遍概念的那些社会）——生产一个空间，即它自己的空间。"④ 在"第三空间"理论的视域下，资本主义主宰全球话语的历史进程短期内不会终结，资本主义的空间生产方式和空-时关系的塑造方式也将持续其强大的影响力。但是，社会生产方式决定空间生产方式，在我们

① 爱德华·索亚：《第三空间——去往洛杉矶和其他真实和想象地方的旅程》，陆扬等译，上海教育出版社，2005年，第3页。

② 爱德华·索亚：《第三空间——去往洛杉矶和其他真实和想象地方的旅程》，陆扬等译，上海教育出版社，2005年，第28页。

③ 这里笔者所谓的"他者空间"，即"他者"与"空间"的结合，意谓资本主义为第三世界创造的他者化的空间模式。

④ Henri Lefebvre, *The Production of Space*, Donald Nicholson-Smith, trans. Oxford: Basil Blackwell Ltd, 1991, p. 31.

这样一个以马克思主义立国的社会主义国家，我国特有的社会生产方式与西方资本主义的生产方式迥然不同，自然可以发展出富有特色的空间生产方式。文化的问题从来不是单面的，中西方的交流是必需的，向西方借鉴是必要的，但不囿于西方也是可行的，新马克思主义为我们提供了创造自身空－时关系，以第三空间作为解决模式的可能性。

"为了改变生活，我们必须首先改变空间。"① 传承历史，传承属于自身的文化记忆，有赖于时空塑造方式的创新，如何搭建独具特色的空－时关系，或许是目前艺术界最应该着力的问题。"远洋太古里"作为城市商业空间固然有其经济价值，但是大慈寺作为承载上千年历史记忆的文化符号也不应该沦为陪衬；《地球最后的夜晚》中诸多手法和意象的融合体现出中国青年导演的野心，但过多西方电影元素的拼凑不免抹杀了电影作为叙事艺术的独创性。在全球化、现代化的背景下，我们不应该在资本主义制造的他者空间里缄默；掌握空间生产的话语权，创造属于自己的、更符合空间正义的空间话语形式才是出路。

作者简介：

杨轲轲，四川大学文学与新闻学院博士研究生，主要从事西方文艺理论和美学研究。

---

① Henri Lefebvre, *The Production of Space*, Donald Nicholson-Smith, trans. Oxford: Basil Blackwell Ltd, 1991, p. 190.

家园的时空想象

——九龙城寨的影像空间塑造*

郑　格

　　摘　要：由于独特的政治背景，复杂的建筑构造与混乱的生存环境，香港九龙城寨曾一度成为大众关注的焦点，尤其为艺术家提供了丰富的创作源泉。它既是空间实体，也已经成为一种文化符号和表现性空间。除了独特的空间外观，九龙城寨的媒介表现也彰显了香港人在后现代时空体验下独特的家园情结。城寨的空间意涵不断生发互文，为世界电影空间增添了独特的动力。本文分析了九龙城寨的物理空间形成，以电影中的九龙城寨形象为切入点，挖掘其背后的文化符号意义，分析九龙城寨不同空间概念的关系，探讨家园空间的时空演变与未来图景，窥见社会空间生产的运作模式。

　　关键词：九龙城寨　家园　电影空间　空间理论　文化符号

　　现代生活充斥着流变、破碎、分裂和偶然，转瞬即逝的感觉令人无法把握。历史时间线轴上独特的空间体验是回忆与未来得以交叉衔接的因素。随着理论领域的空间转向，后现代种种独特的外在品质获得了空间与地理领域的全新解读，互联网等媒体意味着地理的消亡——使地区与地区失去距离的坍缩。[①] 戴维·哈维提出的"时空压缩"观念让我们重新注视已经变得残破不堪的"家园"。"我们在审美感受和表达时空方面面临着各种新的挑战和焦虑，以及由此引起的一系列社会、艺术、文化和政治上的回应。"[②] 无论是物质空间还是心理空间，压缩感剥夺了日常生活中人对家园的亲近感，人与人之间的疏离也成为现代社会主体孤立与异化的主要原因。在这

---

　　* 本文系国家社科基金重大项目"西方新马克思主义文论与空间理论重要文献翻译和研究"（15ZDB085）的阶段性成果。
　　① 参见迈克·克朗：《文化地理学》，杨淑华、宋慧敏译，南京大学出版社，2003年，第123页。
　　② 阎嘉：《时空压缩与审美体验》，《文艺争鸣》，2011年第15期。

种情况下，哈维曾提道，"家庭成了防范时空压缩之劫掠的私有博物馆"①。"家"的概念在不断更新和演化，在空间的构建中寻求自身的独立地位。艺术与影像在"家园"的空间构造中起到了媒介整合的重要作用。空间感与人的生存体验密切相关，"人对'地区'的亲近说明归属感对于人类是至关重要的。生活地理的基本意义并不是封存在地图格子所表明的意义中，它向外延伸，超出了地点的概念，因此也超出了对地点进行研究的学科知识领域"②。因此，我们更应该运用空间的视角来对生活世界进行整体认知和把握。

香港九龙城寨是个极其独特的空间存在。被拆除之前，它便因独特的空间构造和社区性质闻名世界。它是大规模福特式社会生产下建筑空间的一个特殊案例。它产生于商品经济对于特定阶层生活与价值空间的剥削与挤压，它的存在同时消解了正常范式下城市规划的人类空间与想象空间。九龙城寨是当年城寨居民的家园，其艺术形象却饱含香港人的末世家园情怀。大量香港电影以九龙城寨为拍摄地和想象蓝本，九龙城寨的空间模型甚至渗透世界电影与图像的生产，为未来家园提供了想象的范本，也对社会生活产生了多方面的影响。

一、城寨的家园空间构建

"家园"的概念伴随着对某一区域生活世界的绑定与维系，我们更多强调家园当中内在关系的缠绕与生成，却忽略了其中一个重要的因素，即地理空间因素。索尔认为，文化地理中，"在本地区景观中被描述为一个整体的区域就是最终产物"③。一定程度上，这可以用来说明家园的实质：一定空间内整体社会文化的总和。如果细分，物质空间与精神空间是"家园"当中不断互文的两个方面，前者为空间的形态构建造影，后者则负责情感串联。

电影《暴雪将至》在第 30 届东京国际电影节、第 12 届亚洲电影大奖以及第 55 届台湾金马奖中斩获多个奖项。影片主要场景虽是中国大陆北方老工业城市破败、肃杀的环境，但女主角燕子的奢侈梦想却和香港有关：去那里开一家美发沙龙。燕子的想法凸显了 20 世纪 90 年代前的中国大陆对于香港的普遍印象，经济的滞顿与寒冷的天气为连环凶杀案提供了合适的借口。这种情况下，传播到大陆的电影中，香港的被符号化的国际大都市形象成功契

---

① 戴维·哈维：《后现代的状况：对文化变迁之缘起的探究》，阎嘉译，商务印书馆，2013 年，第 366 页。

② 迈克·克朗：《文化地理学》，杨淑华、宋慧敏译，南京大学出版社，第 130 页。

③ 迈克·克朗：《文化地理学》，杨淑华、宋慧敏译，南京大学出版社，第 21 页。

合了这北方工业小城市的家园想象。但是，香港不只有维多利亚港边耀眼的摩天大楼与购物商场，也有肮脏不堪的边缘地带。2017 年，王晶执导的电影《追龙》重现了香港九龙城寨的阴暗、狭小、破旧与危机重重，那是与现代化完全不符的生存空间，是另外一种神秘"家园"。早期香港电影的城寨空间几乎都是这种模式，为巷战、警匪、毒品交易与其他故事主题提供了很好的栖身之所。

九龙城寨（亦九龙寨城）的前身是宋代的盐场，鸦片战争以后，香港岛租借给英国，局势危急。"1846 年 8 月 8 日，两广总督曹英奏请修建九龙寨城'以便防守'。"① 20 世纪 40 年代，九龙城寨曾被日军拆毁，后重建。由于历史原因，城寨逐渐成为"三不管"地带。这里曾是世界上人口密度最大的地方，"据估计，在 1987 年，居住在这 2.7 公顷土地上的大约 33000 名居民过着相当正常的生活"②。由于是"法外之地"，这里黄、赌、毒滋生，治安一度混乱，居民生活条件恶劣。作为一块独特的空间区域，这里曾闻名世界，也成为诸多艺术作品的灵感源头。为了 1997 年的顺利移交，城寨于 1993 年被港英政府拆除，现址为九龙寨城公园。

为了探秘这片神秘的家园空间，林保贤和吉拉德实地采访，出版了摄影集《黑暗之城》（*City of Darkness*）。摄影作品中的九龙城寨宛如一座外星人殖民地，与旁边的现代化建筑格格不入。它体积庞大，围合高筑，灰黑色的外墙让人联想到沉积在上面湿厚的霉斑。《黑暗之城》拍摄了城中的牙医、腊肠店老板、家庭主妇和城寨传教士等各类人，也记录了下层人群的生存努力与自发的传统和秩序。影集真实再现了九龙城寨的人物、生活、生产图景与空间构造。作者曾表示，城寨的采访很顺利，虽然逼仄昏暗，但其中的居民过着正常的生活，电影当中的打杀与邪恶似乎与这里无关。纪录片《消失的记忆：香港贫民窟九龙寨城》中，建筑文物保护学者李浩然认为，九龙城寨不是贫民窟，除了因为它是个功能齐备的社区，还由于里面的人充满希望。可见，影像塑造的九龙城寨掺杂着误读与想象。如今，随着九龙城寨实体空间的消亡，城寨的文化符号意义已经被定格在影像当中。

空间不是孤立的，而是与人交互的。世界著名建筑师维尔·阿雷兹曾评价九龙城寨：由于空间的多样性、功能组织的复杂性而极为有趣。③ 九龙城寨是一个完整的空间器官，囊括了满足生存需要的所有基本单位。这里既是居民楼，也是工厂，生产食物与各类生活用品；既有药店与诊所，也有教堂与

---

① 刘蜀永：《九龙城问题始末》，《近代史研究》，1994 年第 6 期。

② David Dawson. "Walled City of Dreams", *The World of Chinese*，2，2015，pp. 25－26.

③ 参见维尔·阿雷兹：《身体入侵者》，朱亦民译，《世界建筑》，2002 年第 10 期。

学校，能满足生存和精神的双重需要。起初它只是城墙工事，人的存在使它的构造逐渐复杂。虽然几次坍塌，但它的生长似恶性肿瘤细胞，既有规则又肆无忌惮。正如细胞的神经元，每一个小空间都由人的活动来维系，以保持整个空间的正常运转。如果没有启德机场的航线限制，城寨的高度将无限增长。城寨的膨胀得益于无管束的治安环境，它的正常运转却在于居民的共同维护。这里只有一个水泵，居民有约定俗成的用水安排①；教堂上方有铁丝网罩，防止上方住宅的垃圾玷污圣地；由于极其容易发生火灾，城寨居民严格遵守安全规定，并制有详细的逃生计划。类似北京的宏恩观，它很难被归于传统建筑学中的任何一个分类，它随时发生着变化与微调。② 空间因人的入侵与触摸而具有流动性。如王家卫谈及《重庆森林》时强调，重庆大厦是各种文化的汇合，这个人群庞杂、极度活跃的空间就是这座城市本身的一个很好的隐喻。③

空间的历史是叠加的历史，这一历史就是"家园"的综合。"地理景观如何随着文化的逐步发展将不同时期的变化记录下来，留下自己独特的痕迹。这些痕迹积累起来可以成为一个'历史重写本'（palimpsest）。"④ 资本及其在空间中的运作背后是社会关系当中人的活动。权力的不平等与地理扩张造成了空间形态的变化。1948年发生的九龙城寨事件，表面上为征地造成的警民关系紧张⑤，实际上是不同群体对空间的争夺。对城寨居民而言，这一空间不仅是居所，更是一种生产力，甚至是一种话语权。人文地理学家戴维·哈维重申了简·雅各布斯所提出的城市人口中"自发的自我多样化"（spontaneous self-diversification）的重要性。他由此论及"压迫的五副面孔"，即剥削、排斥、无能、文化帝国主义和暴力。⑥ 九龙城寨的空间模式是城市人口自发的自我多样化的一种，正如哈维提出的"创造性破坏"，由于资本的运作与历史需要，地理学景观被建立，而当新的需求出现时，它将被破坏或消除，完全抹杀原来的社会空间，取而代之的是另一种不同的空间景观，从而实现利益积

---

① See Greg Girard, Ian Lambot, *City of Darkness*. Denver：Watermark Publishing, 1993, pp. 36—54.

② 参见朱起鹏，谢婧昕：《古庙；工厂；Shopping Mall——城市历史遗产的"宏恩观现象"》，《住区》，2016年第3期。

③ 参见包亚明，王宏图，朱生坚等：《上海酒吧——空间、消费与想象》，江苏人民出版社，2001年，第254页。

④ 迈克·克朗：《文化地理学》，杨淑华、宋慧敏译，南京大学出版社，第28页。

⑤ 参见孙扬：《战后香港群体性事件析论（1945—1949）》，《广东社会科学》，2014年第2期。

⑥ 参见戴维·哈维：《社会正义、后现代主义和城市》，载朱康译、许纪霖主编，《帝国、都市与现代性》，江苏人民出版社，2006年。

累的最大化。① 九龙城寨的居民在长达数十年的岁月中，无形地行使了支配空间的权利。这种支配力量没有通过政府与社会的认可，而是在特殊集聚环境下，由人类生活与空间模式交叉摩擦的张力产生。

迈克·克朗认为，地理景观不仅是物质地貌，还应该是可解读的"文本"。由于存在双重编码现象，地理景观被其他表征方式包裹而变得复杂。② 众多欧洲田园乡村在建造时便隐含着要被参观的意图，当我们在油画、明信片、电视与网络等不同传播媒介中看到它们时，原有的空间景观意义已经发生了多次重置。香港电影重构了九龙城寨的家园空间，这种文化编码慢慢通过变换符号的方式改写现实。

二、香港电影中的城寨空间

对家园的认知来自过去时间经历的总和，而电影被认为是表达时间的最有效的手段。"电影与音乐的结合为艺术和建筑在空间上的被动性提供了一种强有力的矫正方法。"③ 空间包含着被压缩的时间，空间成为一股影像的细流，随着音乐的行进在时间当中展开。哈维认为，空间和时间的社会实践具有"微妙性和复杂性"，"被追忆的时间始终都不是流动的，而是对体验过的场所和空间的记忆……空间意象（尤其是照片的形迹）于是就对历史表明了一种重要的力量"。④ 正如文学作品可以帮助人们塑造地理景观，艺术作品不是对空间外观的简单描述，而是与空间相互塑形，帮助人们对某地的空间图景做出了解甚至宏观把握，电影在这方面的能力显然极为突出。

黄金年代的香港电影盛产黑帮片、警匪片，英雄情结不仅对香港与中国内陆地区影响深远，在日本、韩国乃至世界都具有独特的文化影响。与九龙城寨相关的电影形成了其中一个重要分支，表现了殖民地时期混乱、暴戾的城寨生活。电影《追龙》当中最精彩的一场莫过于城寨中的追杀。雷洛探长的身份在这个地方并没有威慑力，抬手即触的客机也还原了城寨当年的环境。1982 年的《城寨出来者》、1984 年的《省港旗兵 1》、1991 年的《跛豪》、1993 年的《重案组》、1999 年的《O 记三合会档案》等，均为城寨被拆除前

---

① 参见大卫·哈维：《新帝国主义》，初立忠、沈小雷译，社会科学文献出版社，2009 年，第 83 页。

② 参见迈克·克朗：《文化地理学》，杨淑华、宋慧敏译，南京大学出版社，第 51 页。

③ 戴维·哈维：《后现代的状况：对文化变迁之缘起的探究》，阎嘉译，商务印书馆，2013 年，第 259 页。

④ 戴维·哈维：《后现代的状况：对文化变迁之缘起的探究》，阎嘉译，商务印书馆，2013 年，第 274 页。

的实景拍摄。其中,《跛豪》获得第 11 届香港电影金像奖最佳电影。

电影作为一种媒介,本身具有记录性。在场所的空间实践方面,哈维列举了图书馆和博物馆的例子:"现代主义的艺术家们和作家们为了博物馆而画画或者为了图书馆而写作,恰恰是因为这种工作方式使他们突破了自己的场所和时间的限制。"① 影像的制作是突破时空限制的更有效的方式,它不仅可以锁定时空,还可以还原时空。人类的认知模式在潜意识中假定眼见即为真实,所以电影的呈现往往给人真实感。"大量香港影片中的影像空间通过影片的放映和观看,在观众心中折射出关于香港的一个知觉图式。"② 维多利亚港、中银大厦等俨然是香港的地标。它们首先是作为物理空间的存在,其次是作为功能性空间的存在,最后更是作为文化符号而存在。大量香港主流电影中的繁华都市形象一定程度上掩盖了现实空间中的基本真实。"建筑师试图通过建造一种空间形式来传达出某些价值观。所有的画家、雕塑家、诗人和作家都这么做。就连书面词语也要从体验之流中抽取出各种特性,并把它们固定在空间形式之中。"③ 公屋、廉租房、乡村荒野多被影像摒弃。"电影放映机统治着城市,统治着地球……比起明智之人的告诫,电影放映机早已向每个人说明了真实是什么。"④ 香港作为英属殖民地的历史,使得香港电影在文本叙述时具有鲜明特性。英国政府"还组织了诸如'香港节''流行派对''时尚秀''香港小姐选秀'等活动,为香港民众设计了一种现代、西化的景象"⑤。政治上的约束与不可抗拒的西化使得香港本土居民在精神需求与文化认同上处于被撕裂的状态,这在电影当中多有体现。这种情况下,城寨中带有魔幻色彩的空间领域很大程度上承载了香港人对于"家园"的认知与想象。

影像中的九龙城寨使一种建筑模式图像化了。"任何表达系统都是一套空间化,它自动地把流动的体验凝固下来,并在这么做时歪曲了尽力要表达的东西。"⑥ 在观影这一事件和偶然性当中,人们沉浸在时间维度的坍缩,并且通过这种方式战胜了时间与现实,从而暂时达到了永恒。此时,对于空间的

---

① 戴维·哈维:《后现代的状况:对文化变迁之缘起的探究》,阎嘉译,商务印书馆,2013 年,第 339 页。

② 柳宏宇:《20 世纪 90 年代香港电影空间的后现代特征》,《北京电影学院学报》,2004 年第 4 期。

③ 戴维·哈维:《后现代的状况:对文化变迁之缘起的探究》,阎嘉译,商务印书馆,2013 年,第 257 页。

④ Barbara Mennel, *Cities and Cinema*. London: Taylor & Francis e-Library Press, 2008, p. 1.

⑤ Barbara Mennel, *Cities and Cinema*. London: Taylor & Francis e-Library Press, 2008, p. 88.

⑥ 戴维·哈维:《后现代的状况:对文化变迁之缘起的探究》,阎嘉译,商务印书馆,2013 年,第 257 页。

再现是媒介形式的文化生产，电影"喻示了以前那种时间和空间中的生存方式的打破……在电影中，空间被相互联结起来，对它们的描绘是以更复杂的方式进行的"①。同时，电影行业本身是一种经济行为，视觉上的消费使人在空间的描绘当中得到满足。现代社会的商品和生活空间的分化程度越来越深，九龙城寨的空间却缺少空间分化的物质基础，即其可利用空间非常狭小。空间的混杂与密集是造成群体集聚化的重要方面。在这里，所谓的政治、经济、消费、性别与文化等种种因素的空间隔离都需要首先让位于对空间的占领与使用的权利。就这个方面而言，九龙城寨的整体物质空间比外界任何一个独立空间或场域都具有统一性。"空间越是统一，分裂的特质对于社会身份和行动来说就越是重要。"② 在电影里，城寨的过去空间与时间似乎可以通过交易来永恒获得，这是对回忆当中家园图景的浅层次遥望，也满足了观众对过去时空的想象性拥有。

香港英雄题材等动作电影将现代城市、工业社会的矛盾和离散具体化，投射进过去，用动作艺术与中国历史创造了一个失落家园的神秘往事，营造运用枪支暴力、动作艺术的冷酷城市美学。③ 虽然九龙城寨没有成为代表香港城市形象的名片，但它黑暗迷宫一般的空间样貌也迎合了香港电影工业另外的需求。"地区为人们提供了一个系物桩，拴住的是这个地区的人与时间连续体之间所共有的经历。随着时间的堆积，空间成了地区，它们有着过去和将来，把人们捆在它的周围。"④ 在故事情节的渲染与影像技术的加持下，九龙城寨的空间塑造成为一种文化生产力，这个空间容纳了香港人支离破碎的家园梦想，也包含了他们对于末世英雄的渴望。

列斐伏尔将社会空间命名为抽象空间（abstract space），对它的分析与批判主要分三个方面：空间实践（spatial practice）、空间表征（representation of space）和表征空间（space of representation）。空间实践是被感知的、物质建构的维度，体现了社会生产关系中社会构成物的生产和再生产。空间表象是概念化、被构想的维度，是一个表象统治者利益和存在的空间，如城市规划和改造。空间表象会通过实践的影响而具有客观性。表现性空间意味着对批判空间表象的空间真理的亲身体验，往往是复杂的象征和符号系统，与艺

---

① 迈克·克朗：《文化地理学》，杨淑华、宋慧敏译，南京大学出版社，第 106 页。

② 戴维·哈维：《后现代的状况：对文化变迁之缘起的探究》，阎嘉译，商务印书馆，2013 年，第 339 页。

③ See Barbara Mennel, *Cities and Cinema*. London: Taylor & Francis e-Library Press, 2008, pp. 89—94.

④ 迈克·克朗：《文化地理学》，杨淑华、宋慧敏译，南京大学出版社，第 131 页。

术相联系。这个空间唯一的产物就是象征的作品。① 列斐伏尔的"表现性的空间"与鲍德里亚所谓的"仿真"和"超现实"有共通之处。同样，哈维也"认识到了形象生产和话语生产，是必须当作任何象征性秩序的再生产和转变之组成部分来进行分析的活动的一个重要方面"。② 现代人沉沦在视觉的幻象当中，影像的生产成为空间生产的重要组成部分和载体。"美学实践与文化实践有关系，它们的生产状况值得密切关注。"③

　　九龙城寨的空间实体影响了想象的空间，继而体现于电影表现的空间，电影空间不断刷新我们的认知与想象。众多科幻电影当中，九龙城寨的空间符号已经超现实化了。芭芭拉·莫奈尔认为，很多香港导演的"城市自我意识"（self-awareness of the city）在文学文本和电影当中反映出来。他们用双重或者多重视角的叙述来审视香港的城市空间。④ 这令象征性的影像更加多元化，富有不确定性。电影中，城寨的表现性空间是社会关系的映射，其中既有日常生活的表达与反抗，也有对未来和生存的深层次思考，并且，它的象征与符号系统也不断更新变化。作为城市规划的对象，它的存在一直处于空间表象的虚拟运动中，随时会因为空间改造的新需求而成为下一次空间实践的对象。九龙城寨的三种不同空间印证了列斐伏尔的空间理论，其实质是整个空间生产的过程。

　　"如果空间和时间的体验是对各种社会关系进行编码和再生产的话，那么对于前者进行表达的方式的变化几乎肯定会引起后者的某种变化。"⑤ 如今，不只是在电影行业，九龙城寨的符号影响力渗透社会文化诸多方面。出于对一种独特空间的幻想与怀旧情绪，同时又没有了实体空间的形象约束，城寨的象征系统在实体被拆除之后更为丰富。香港功夫漫画《九龙城寨》拥有众多粉丝，还衍生出同名桌游。截止到 2019 年 3 月 12 日，其百度贴吧关注度为 1649，共发帖 67353。网络游戏《使命召唤之黑色行动》《激战》《莎木 2》的部分场景以九龙城寨为原型，玩家众多。"一些景观是出于经济目的而被设计制造出来的。当各个地区日益变得相似的时候，那些与众不同的景观就能

---

① 参见郑震：《空间：一个社会学的概念》，《社会学研究》，2010 年第 5 期。
② 戴维·哈维：《后现代的状况：对文化变迁之缘起的探究》，阎嘉译，商务印书馆，2013 年，第 441 页。
③ 戴维·哈维：《后现代的状况：对文化变迁之缘起的探究》，阎嘉译，商务印书馆，2013 年，第 441 页。
④ Barbara Mennel, *Cities and Cinema*. London: Taylor & Francis e-Library Press, 2008, p. 88.
⑤ 戴维·哈维：《后现代的状况：对文化变迁之缘起的探究》，阎嘉译，商务印书馆，2013 年，第 248 页。

获得更高的收益。"① 日本民众对九龙城寨文化尤为推崇，在神奈川县的川崎建有类似于鬼屋的九龙城游乐园，有粤语配音，楼道贴满小广告，极具阴森恐怖的氛围。日本动漫《心理测量者》中也有一个类似于九龙寨城的贫民聚集区。表现性的空间作品在社会现实中不断加强九龙城寨的象征意味，也不断产生新的意义延伸与误读，为了还原对空间的把握和体验，"仿制品比原型更加真实"②。在这些生产过程当中，空间的性质发生了置换，消费空间往往依赖空间原有的性质。工业生产空间变为休闲区，居住空间化身为游乐场中的鬼屋等。

三、媒介创造未来家园

当下，科学技术以前所未有的规模被应用到媒体发展上，电影、音乐加快了媒体空间成倍扩展的速率，"全球客厅"③ 演变成为"全球影院"，我们将越来越感受到时空压缩带来的变化和感受。随着人工智能领域的突破，人类对自身与未来的拷问不断升级，艺术领域需要给这种疑问做出表象性的回答。萨尔瓦多·达利（Salvador Dali）的绘画作品对时间和空间的关系与变化做出了平面媒介的尝试，电影方面的回答则集中于科幻题材的大量生产，这类题材的电影包含对虚拟空间、未来空间、外星空间、赛博空间等多种空间类型的描绘，极大填充了想象空间与现实空间之间的裂隙。这些空间生产的实质都是人类对未来家园的描摹与规划。

如果突破香港类型电影的范围，可以发现，九龙城寨的空间模型已经被纳入世界电影的生产体系。《功夫》中的"猪笼寨"、《环太平洋》里犯罪分子的藏身之地、《蝙蝠侠之侠影之谜》里的高谭狭岛、由日本漫画改编的电影《攻壳机动队》中的背景城市等，都对城寨空间进行了套用或摹写。这是让香港成为赛博朋克（Cyberpunk）概念圣地的重要原因之一。此类电影当中，城寨相关的模型是数字技术营造的特殊电影空间，这类空间多象征着罪恶、黑暗，抑或代表人类某种较为晦暗的生存环境。它来自过去，却理所当然地成为未来的一部分。空间理论产生于资本主义财富积累下的社会生活矛盾当中，作为大规模城市建设与规划案例中的特例，空间理论对于九龙城寨的空间模式同样适用。九龙城寨的空间是一种异质空间，它的产生和存在极其不同寻常，因而格外能够引起想象层面的借鉴与应用。承接前文当中列斐伏尔的对

① 迈克·克朗：《文化地理学》，杨淑华、宋慧敏译，南京大学出版社，第 148-149 页。
② 迈克·克朗：《文化地理学》，杨淑华、宋慧敏译，南京大学出版社，第 161 页。
③ 迈克·克朗：《文化地理学》，杨淑华、宋慧敏译，南京大学出版社，第 119 页。

于空间的三层叙述，索亚将位于第一空间和第二空间边缘和裂隙之间的第三空间看成一个游戏世界，据此，城寨空间的艺术化具有第三空间的虚拟性。此前也有学者提出第三空间与赛博空间的关系问题①，电影空间的生产可以为我们思考这个问题提供思路。

　　提到九龙城寨，人们一般会认为这是一个地点（place）而不是空间（space）。通常，地点和场所是不变动的、有限的，是一个固定的坐标，而空间则是流动的、无限的。20世纪以前，谈论地理与空间时不会涉及社会与人的活动，空间被理解成均质的、容器一样的存在。随着时代的变化，许多传统地理与空间研究无法从根本上解决问题，理解客观空间的视角已悄然发生变化，人文维度被纳入地理学研究，文学艺术等诸多领域也发生了空间转向。电影作为视觉艺术，为此提供了丰富直观的案例。哈维在《后现代的状况》当中讨论了《银翼杀手》和《柏林苍穹下》两部电影。② 它们共同关注时间和空间的概念化和含义，关注科幻寓言、分裂感，时间、空间、历史和场所之间的关系问题。《攻壳机动队》和《银翼杀手2》以先进的银幕技术与视觉效果预制了我们对未来世界的体验。无独有偶，弗里兹·兰（Fritz Lang）在电影《大都市》中早就对三个关键的问题进行了思考：关于未来城市的观点，关于人类生活发生异化和分裂的思想，关于电影的传播和更广泛的联系。③ 时至今日，这种思考仍在继续，而且在科幻电影中屡见不鲜。兰在访问曼哈顿之后形成了他关于未来都市的看法，曼哈顿鳞次栉比的高楼大厦形成的天际线留给了他深刻的印象。现代都市给人的空间压迫，掺杂着西方对东方的探秘心理，使赛博空间的创造具有多种想象因素的叠加。《大都会》中对城市、社会分层、身体与机械的想象，部分变成了现实且影响深远。这与九龙城寨的空间生产如出一辙。关于地点的媒介呈现，哈维认为，"这个被叫作柏林的场所的身份，是通过这种异化的但却相当漂亮的意象构成的……柏林墙就是这样一种分界线，它一次又一次作为支配一切的分离的一种象征而被唤起"④。柏林的场所性与柏林墙的影响成为生存空间的寄托和象征。此处，地点被纳入了世界空间的阈值。柏林与香港都是地球上多种空间因素交织的现代化都

---

　　① 参见陆扬：《析索亚"第三空间"理论》，《天津社会科学》，2005年第2期。

　　② 参见戴维·哈维：《后现代的状况：对文化变迁之缘起的探究》，阎嘉译，商务印书馆，2013年，第386页。

　　③ 参见迈克·克朗：《文化地理学》，杨淑华、宋慧敏译，南京大学出版社，第107页。

　　④ 戴维·哈维：《后现代的状况：对文化变迁之缘起的探究》，阎嘉译，商务印书馆，2013年，第397页。

市，城寨空间与香港的场所性具有同样的媒介功能，充斥着"媒介的国际空间"①。

"创造家或故乡的感觉是写作中一个纯地理的构建，这样一个'基地'对于认识帝国时代和当代世界的地理是很重要的。"② 2019 年春节档大火的《流浪地球》，讲述的是我们对未来家园的忧患和想象。我们可以在影片中切实感受到，这"曾经确实是"我们的"家园"。"北京市第三区交通委"的交通广播带有鲜明的地域特色，上海外滩的标志性建筑——东方明珠广播电视塔和上海中心大厦也在未来世界成了没有生命的荒凉之地。电影展示了未来世界当中家园的样子。家园的毁灭给人造成错乱的时空感，这样的想象是虚拟的，却因为带有现实的影子而极大引起人的共鸣。不论是失去的"家"还是回归的"家"，这个作为基地的空间是我们所需要的，媒介承担了创造"家"的责任。

不难发现，历史进程当中，人们对于认知空间的表现方式潜在地遵循一种规律。中世纪的艺术和制图学似乎配合了德·塞尔托的"空间故事"中描绘的样子。在当时封建社会的阶级对立、教义冲突、人口压力等种种社会背景下，货币对社群与贸易交换的促进使人想到了全然不同的时间与空间的概念，③ 即依靠感觉而不是理性产生的概念。文艺复兴后，透视的法则将艺术对于现实空间的描绘引向再现，"仿真"的准则在相当长一段时间内主导了日常生活空间的艺术呈现。时至今日，科技的进步使得我们对于客观空间的认知得到进一步修正，但有趣的是，人类对未来家园的憧憬与描绘依然脱离不了主观上对神秘、复杂与超现实的向往。"文学作品的'主观性'不是一种缺陷，事实上正是它的'主观性'言及了地点与空间的社会意义。"④ 同样，影像的各种形象、空间的互文性和循环性不断叠加，讲一个故事就是在创造一个新的空间。

对于九龙城寨的存亡，许多人立场鲜明。城市规划者认为，它的消失是打造现代都市、改善城寨居民生活的必要途径，而大部分艺术爱好者对此却扼腕叹息。事实上，正如列斐伏尔所强调的，空间"生产社会关系也被社会

① 戴维·哈维：《后现代的状况：对文化变迁之缘起的探究》，阎嘉译，商务印书馆，2013 年，第 397 页。

② 迈克·克朗：《文化地理学》，杨淑华、宋慧敏译，南京大学出版社，第 60 页。

③ 戴维·哈维：《后现代的状况：对文化变迁之缘起的探究》，阎嘉译，商务印书馆，2013 年，第 303 页。

④ 迈克·克朗：《文化地理学》，杨淑华、宋慧敏译，南京大学出版社，第 56 页。

关系所生产"①。空间的痕迹已经被拓印在历史当中，无论是作为一个空间实体还是文化符号，它的出现、变化、生长与消亡都是历史语境中的一部分。"城市的特定空间是由无数行为造成的，所有的空间都带着人类意图的印记。"② 让我们重温詹姆斯·乔伊斯在时空裂缝中的呐喊："我听见所有空间崩溃，玻璃四散，砖石建筑倒塌，时间是死灰色的最后的火焰。"③ 空间与社会关系的辩证运动处在永恒的动态与相对平衡当中，九龙城寨的空间意义还在不断延伸和增长。

作者简介：

郑格，四川大学文学与新闻学院博士研究生，主要从事艺术理论与批评研究。

---

① 亨利·列斐伏尔：《空间：社会产物与使用价值》，载包亚明主编，《现代性与空间的生产》，上海教育出版社，2003 年，第 48 页。
② 戴维·哈维：《后现代的状况：对文化变迁之缘起的探究》，阎嘉译，商务印书馆，2013 年，第 267 页。
③ 戴维·哈维：《后现代的状况：对文化变迁之缘起的探究》，阎嘉译，商务印书馆，2013 年，第 249 页。

城市权利与当代艺术的空间生产

高 然

摘 要：面对全球范围内势不可挡的都市化进程，如何看待并解决随之产生的社会问题成为紧要课题。以新马克思主义的空间观来看，在不平衡发展的都市空间背后所隐藏的，是资本的创造性破坏和剥夺性积累。在此情况下，当代艺术继承了历史的先锋派用艺术实践去介入城市改造的理想传统，致力于将城市改造成更符合社会公正和经济健康的形式，并呼吁民众去重申本该享有的城市权利。虽然具有不同的艺术形式和观念主张，但当代艺术在实质上都能被视为一种差异性的空间生产，在这种差异性空间之中，蕴藏了应对当下种种社会问题的变革性潜力。

关键词：都市化 当代艺术 空间生产 城市权利

从 20 世纪晚期开始，都市化进程随全球化的脚步席卷了整个世界。特别是在发展中国家，城市的扩张一直处于加速状态。直到最近，这种趋势仍然没有停歇的迹象。都市化引发的经济结构的转型和人们日常生活的转变带来了一系列问题。近年来，对这些问题的研究越发受到关注，其中最为重要的，莫过于亨利·列斐伏尔（Henri Lefebvre）和戴维·哈维（David Harvey）基于马克思主义传统对空间问题所进行的一系列思考。列斐伏尔与哈维在 20 世纪 70 年代西方人文学科的空间转向中起到了极为重要的作用，他们都"摒弃了西方传统固定不变的、物质性的物理空间概念……将空间问题从哲学、物理学、几何学和地理学问题转变为社会问题和历史问题"。① 自空间转向以降，对都市化问题的研究早已不再局限于某一学科的单一维度，而是更多地朝向多元化的跨学科语境。

面对都市化给人们日常生活带来的种种影响，最早做出反应的

---

① 阎嘉：《空间生产与全球化的资本逻辑》，《文化研究》，2018 年第 2 期。

总是艺术家们。他们灵敏的嗅觉最先感知到因都市化而起的社会变迁，他们将这种感知融入艺术创作。例如第二帝国时期的巴黎，当奥斯曼男爵的改造计划将整个城市搅得天翻地覆时，早期印象派画家作为见证者或亲历者，将这种现代性的变革凝结在他们的画布上。不同于形式主义批评家将这种艺术上的变革归入艺术内部封闭的发展史，马克思主义批评家认为，除了艺术内容和主题选择的更新，艺术形式的变革也反映了其创造者生活的社会环境。他们敏锐地察觉到这一时期巴黎"新艺术的形式与其内容——那些'19 世纪六七十年代资产阶级娱乐休闲的客观形式'——之间密不可分的联系"①。自20 世纪早期开始，从历史上的先锋派（Avant-garde）和情景主义国际（Situationist International），到 60 年代的机构批判（Institutional Critique）和大地艺术（Land Art），艺术家们都不再满足于只被当作被动反映社会的一面镜子，而是将艺术实践作为武器直接参与社会问题讨论和都市空间斗争。如今，随着历史先锋派的理想被召回，当代艺术再次转向对社会现实问题的关注。都市化及其带来的种种问题，正是当代艺术最为关切的主题。将列斐伏尔及哈维的新马克思主义理论与当代艺术实践活动结合在一起，不仅能洞察艺术发展背后的社会逻辑，更为重要的是，能认识到当代艺术本身即是在面对都市化带来的创造性破坏时重新争取城市权利的最重要的武器。

一、城市空间与艺术实践

城市一直是最为激进的艺术家实现革命理想的舞台。古斯塔夫·库尔贝（Gustave Courbet）被誉为现代主义的先驱，他不仅被选为巴黎公社的艺术家协会主席，更是在 1871 年率领一众愤怒的青年将把巴黎市中心象征着军国主义的旺多姆圆柱推倒。② 库尔贝的政治热情并未鲜明地反映在他的艺术创作中③，但他的后继者们则直接把艺术创作与政治运动结合起来，把城市空间作

---

① T. J. 克拉克：《现代生活的画像：马奈及其追随者艺术中的巴黎》，沈语冰、诸葛沂译，江苏美术出版社，2013 年，第 30 页。

② 马克思认为这一事件是巴黎公社开辟历史新纪元的一个鲜明标志。参见马克思：《"法兰西内战"初稿》，载《马克思恩格斯全集》（第 17 卷），http://marxists.anu.edu.au/chinese/marx－engels/17/070.htm#_ftn418。

③ 库尔贝的现实主义绘画对当时占据主流的官方沙龙绘画起到了颠覆性作用，并因此被视作现代主义艺术的先驱。但他艺术创作上的突破仅限于题材的选择和色彩的运用，虽然他通过报刊漫画来进行政治讽刺，但这些都不像他个人政治行为那般激进。对库尔贝的社会艺术史研究，参见迈耶·夏皮罗（Meyer Schapiro）的著名论文《库尔贝与大众图像：论写实主义与朴素》，载于迈耶·夏皮罗，《现代艺术：19 与 20 世纪》，沈语冰、何海译，江苏凤凰美术出版社，2015 年。

为激进革命的前线，用艺术活动参与社会改造。情境主义国际就是其中之一。

受到历史上的先锋派（达达主义、未来主义、超现实主义等）以艺术的形式对异化的社会现实进行反抗或改造的思潮影响①，居伊·德波（Guy Debord）及一批先锋艺术家建立了情境主义国际。他们认为："在现代生产条件占统治地位的各个社会中，整个社会生活显示为一种巨大的景观的积聚。直接经历过的一切都已经离我们而去，进入了一种表现（représentation）。"②情境主义者希望发动对城市日常生活的革命，以构造"情境"（situations）去取代资本主义的"景观"（spectacle）。他们的具体行动是致力于寻求艺术和政治的结合。他们创作了大量的绘画、电影、宣传册等政治艺术作品，力求在城市范围内激起人们的革命热情。③ 德波在一份 1957 年为情境主义国际奠基的文件中写道："改变我们看待街道的方式比改变我们看待画作的方式更为重要。"④ 他并不是要贬低艺术实践的价值，与之相反，他是要为艺术实践在激发革命中的重要性做辩护。他反对将艺术局限在自主而封闭的艺术史内部去探讨，因为在这种保守的价值观之外，艺术还具有持久且超越的理想和批判的功能。德波同样也意识到城市对于艺术实践的重要性，他在解释情景主义国际的"整体城市"（Unitary Urbanism）计划时说："把所有的艺术和技术作为有助于形成统一社会环境的手段……它必须包括新形式的创造，和对先前的建筑、都市规划、诗歌和电影形式的转用（détournement）。已经被谈论了这么多的完整的艺术，只能在都市化的层面被实现。"⑤ 德波和情境主义者的意图，是用艺术的颠覆性力量，在城市街道上描绘出或直接制造出激进的事件。这样的项目本身就是具有挑衅性和革命性的，这正是它启迪当代艺术对日常生活和城市空间的关注所做出的贡献。

德波和情景主义国际无论在思想上还是实践上都与列斐伏尔联系紧密。他们关注日常生活的思想来源无疑包括列斐伏尔的"日常生活的批判"，而列斐伏尔同样也受到情景主义者激进城市运动实践的影响。在楠泰尔学院

---

① 对于"历史上的先锋派"的定义和分析，参见彼得·比格尔：《先锋派理论》，高建平译，商务印书馆，2002 年。

② 居伊·德波：《景观社会》，张新木译，南京大学出版社，2017 年，第 3 页。

③ 学界一般把情景主义国际的历史分为三个阶段，对政治艺术作品的创作主要发生在第一个阶段，即"先锋派时期"。而在后两个时期情景主义国际则逐渐转向发展景观的批判理论并直接参与城市运动。参见张一兵：《颠倒再颠倒的景观世界——德波〈景观社会〉的文本学解读》，《南京大学学报》，2006 年第 1 期。

④ Guy Debord, "Report on the Construction of Situations", *Situationist International Anthology*, Ken Knabb, ed. Berkeley: Bureau of Public Secrets, 2006, p. 42.

⑤ Guy Debord, "Report on the Construction of Situations", *Situationist International Anthology*, Ken Knabb, ed. Berkeley: Bureau of Public Secrets, 2006, p. 38.

（Université Paris Nanterre）任教时，列斐伏尔从一个先前的"乡村社会学家"转变为一个"都市研究专家"，并出版了七部关于都市的著作。虽然列斐伏尔在日后因为理论上的分歧和其他原因与情景主义国际决裂，但在那段时间里，他与德波和其他情景主义者的关系非常密切，他甚至将这段关系形容为"一个开头很美好，但结局很糟糕的爱情故事"①。他与德波在看待都市化问题的政治层面时，享有同样的信念："我记得与居伊·德波有非常尖锐的讨论，他认为都市化正在成为一种意识形态。从有正式的都市化学说的那一刻起，他就是绝对正确的。"②列斐伏尔在 1970 年出版的《都市革命》（*La Rrévolution urbaine*）的最后部分，对这一观点进行了强调："我已经把都市规划本身作为意识形态与制度、表象与意志、压迫与压抑来批判，因为它建立起一个压迫性空间，而此压迫性空间被描述成客观的、科学的与中立的。"③正如这本书的书名所暗示的，列斐伏尔力图打破都市化表面上客观中立、科学进步的幻象，主张每个城市居民都应享有参与活动和自我决定的公民权利，从而对抗意识形态以都市化为名所进行的压迫。列斐伏尔同样认为，艺术实践活动就是实现这种都市革命的关键所在。基于艺术应当介入社会活动的观点，他对艺术的发展预言道："艺术的未来不是艺术上的，而是城市。"④

二、从"瞬间"到作为过程的空间

为了达到都市革命的理想，一种德波所说的"情境"，或者列斐伏尔所说的城市日常生活中的"瞬间"（moments）需要被构建。这两个概念同样有着非常直接的关联。列斐伏尔回忆道，情境主义者在与他的讨论中说："你所说的'瞬间'，就是我们（情境主义者）所说的'情境'，但我们比你走得更远。你接受历史进程中发生的一切（爱、诗歌、思想）作为'瞬间'。而我们想创造新的瞬间。"⑤列斐伏尔接下来阐述了他和情境主义者在瞬间、情境与城市

---

① Henri Lefebvre, Kristin Ross, "Lefebvre on the Situationists: An Interview", *October*, Vol. 79, 1997, p. 69.

② Henri Lefebvre, Kristin Ross, "Lefebvre on the Situationists: An Interview", *October*, Vol. 79, 1997, p. 77.

③ 亨利·列斐伏尔：《都市革命》，刘怀玉、张笑夷、郑劲超译，首都师范大学出版社，2018 年，第 209 页。

④ Henri Lefebvre, *Right to the City*, Eleonore Kofman and Elizabeth Lebas, trans. Oxford: Blackwell Publishers, 1996, p. 173.

⑤ Henri Lefebvre, Kristin Ross, "Lefebvre on the Situationists: An Interview", *October*, Vol. 79, 1997, p. 72.

之间建立的链接：

> 关于一个新的"瞬间"，或者一个新的"情境"的想法，在 1953 年康斯坦特（Constant Nieuwenhuys）的著作中就已经有了。因为情境的架构是一种假设一个新的社会的乌托邦式的架构，康斯坦特的观点是，社会必须改变，不是为了继续一个无聊而平静的生活，而是为了创造一个绝对新的东西：情境。……在城市里，人们可以创造出新的情境，例如，把城市中的某些在空间上被分隔开的社区连接起来。①

对列斐伏尔来说，资本主义城市生活的一大特点就是大众文化形式（如电视和广播）的饱和，它们渗透日常生活的每一个地方，并作为一种掩盖和隐藏日常生活不连续性的行为。然而，艺术活动作为一种空间生产，即是一种由艺术家所创造或突显的差异性的空间。这种具有不同时间性、不同文化特征的空间蕴藏着一种潜力，这种潜力可以通过文化和历史差异中断资本主义标准化的同质化和催眠效应。换句话说，情境主义者与列斐伏尔都将艺术活动作为一种"酵母"，将其投入城市之中进行发酵，并期望由此引发一场震动，从而在资本的同质化催眠中唤醒现代人。爱与斗争、启示与经验，都是艺术实践创造瞬间的例子。瞬间的特殊性还在于，它虽然没有绵延，但是可以重生。最为重要的是，资本主义消费社会无法轻易地占用这些瞬间，因为它们无法被编码。戴维·哈维在为列斐伏尔 1991 年出版的英译本《空间的生产》所写的后记里，将这种瞬间概念解释为：

> 转瞬即逝但决定性的感觉（喜悦、投降、厌恶、惊讶、恐惧或愤怒），它以某种方式揭示了日常生活中所包含的全部可能性。这些运动是短暂的，会瞬间消失，但在它们通过的过程中，各种各样的可能性——通常是决定性的，有时是革命性的——都会被发现和实现。瞬间被认为是破裂点，对可能性的彻底认识和强烈的兴奋。②

可见，瞬间作为一种过程化的时空体验包含了各种可能性，这也正是艺术作为一种空间生产得以成为革命实践的要因。

从字面上看，列斐伏尔的"瞬间"更偏重时间的范畴，德波的"情境"则更偏重空间的范畴。但事实上，这两个概念之中都包含了时间与空间的结合，都是历时性与共时性的集结。这正是两个概念非常相近，甚至可以相互

---

① Henri Lefebvre, Kristin Ross, "Lefebvre on the Situationists: An Interview", *October*, Vol. 79, 1997, pp. 72—73.

② David Harvey, "Afterword", in Henri Lefebvre, *The Production of Space*. Oxford: Blackwell Publishers, 1992, p. 429.

转换的原因。这种时间与空间的双重性质，正是空间转向中对于空间概念认知的重要转变，即从把空间视为固定的容器转为将其作为流动的过程来加以考察。

对于这种空间概念转变的思考，在哈维早期作为地理学家的研究中就已经出现了。《地理学中的解释》(*Explanation in Geography*) 是哈维出版的第一本书，也是他在地理学界的成名之作。虽然这是一本专门论述地理学方法论的著作，但它不仅仅是地形风貌上的地理学考察，这本书里更为重要的是哈维对空间概念的思考。英属哥伦比亚大学的德雷克·格雷戈里 (Derek Gregory) 教授总结道：

> 哈维认为"地理学作为一门学科的核心概念依赖于其连贯性"，它的概念支点是空间。但他认为，要实现这种连贯性，必须进行双重转换：空间必须从欧几里得几何学的平面范畴进行转换，其物质化必须通过过程进行转换。因此，从一开始，哈维的核心问题之一就是建立空间结构和过程之间的联系。这个问题最早出现在他对 19 世纪肯特郡的农业变化的博士研究中……哈维在《地理学中的解释》中的主要方法论目标是确定空间分析的模式，这种模式将取代传统的"容器"（绝对空间）的空间概念，并通过将其置于运动之中来建立其他的几何空间形态，并最终超越这些空间形态的几何学意义。①

可见，如何将固态静止的传统空间概念转换为包含着时间性过程的空间概念，一直是哈维思考的问题。从地理学角度出发的哈维，与从哲学角度出发的列斐伏尔，都对空间概念的转换起到了极为重要的作用，并且他们都认识到，空间问题正是对抗资本主义意识形态的关键。哈维和列斐伏尔殊途同归，都在其思想路径中受到了马克思主义传统的启发，但相比之下，哈维走得更远。在《地理学中的解释》出版十余年后，哈维出版了《社会正义与城市》(*Social Justice and the City*)，这标志着他的研究方向正式转向了都市化问题，并将都市化与空间问题、社会正义问题联通。哈维的方法论来源，正是回到马克思的政治经济学批判之中。在 1982 年出版的《〈资本论〉的限度》(*The Limits to Capital*) 里，哈维明确地运用了马克思对资本生产方式的分析：

> 哈维认为，马克思将资本主义作为一种生产方式的动态的分析，是

---

① Derek Gregory, "Introduction: Troubling Geographies", in Noel Castree and Derek Gregory, eds., *David Harvey: A Critical Reader*. Oxford: Blackwell Publishers, 2006, pp. 4-5.

基于（并依赖于）差异化和综合的（都市化）空间－经济的生产，这与新古典经济学的刻板形式相对立。这是一种无与伦比的原创性贡献。……到目前为止，在（极少数）将空间生产纳入资本主义语域考察的作家中，没有一个——包括最为显著的亨利·列斐伏尔——能（像哈维这样）将其动荡的局面融入资本积累的逻辑中。①

可见，哈维是第一个运用资本积累的逻辑去阐释空间生产背后的动因的。在《〈资本论〉的限度》中，正如书名所暗示的那样②，哈维认为虽然马克思在劳动价值论中优先考虑时间和历史，但空间生产的不稳定性是更为重要的关键所在。因为，一方面，这种不稳定性是资本通过"空间修复"（spatial fix）③解决内部危机的方法；另一方面，它也是能消解资本主义的关键所在。那么，什么样的具体实践能制造出德波的"情境"、列斐伏尔的"瞬间"，或者哈维的"不稳定空间"，去对抗都市化中资本意识形态的蒙蔽和压迫呢？无疑，当代艺术是最重要的选项之一。

三、当代艺术的空间生产

在人文社会学科经历空间转向的同时，艺术形式的发展也在经历着从平面到三维再到过程的转变。从印象派到抽象表现主义（Abstract Expressionism），艺术实践的重心一直是现代主义绘画中平面性的突显。④在极少主义（Minimalism）之后，艺术实践逐步转向三维空间，致力于建构情境空间的装置艺术（Installation Art）成为主流。而现在，最前卫的当代艺术形式是融合了视觉、听觉等综合媒材的视频装置艺术（Video Installation Art）和强调观众参与的特定场域性艺术（Site-specific Art）。总之，当代艺术的重要特点之一就是构建一个特定场域的艺术空间，并强调观众在现场对空间（或情境）的直观体验过程。正如艺术评论家格罗伊斯（Boris Groys）

---

①　Derek Gregory，"Introduction：Troubling Geographies"，in Noel Castree and Derek Gregory，eds.，*David Harvey：A Critical Reader*. Oxford：Blackwell Publishers，2006，p. 8.

②　哈维在书名中使用了一个双关语，当"Capital"作为"资本"理解时，意指地理空间阻隔是妨碍资本运作的一个限制；当作为马克思的著作《资本论》理解时，意在指出马克思著作中的局限是没有深入地考察空间问题。

③　"空间修复"是哈维的原创理论，意指资本通过地理和金融的扩张进行剥夺性积累，以解决其不可避免的内部危机。参见阎嘉：《空间生产与全球化的资本逻辑》，《文化研究》，2018年第2期；毛娟：《哈维空间理论的几个关键词》，《文化研究》，2014年第4期。

④　参见克莱门特·格林伯格：《现代主义绘画》，周宪译，载周宪主编，《艺术理论基本文献：西方当代卷》，生活·读书·新知三联书店，2014年。

所言：

> 当代艺术与之前艺术的区别仅在于，在我们这个时代，一件作品的原创性不是靠它自身的形式来确立的，而是通过它在特定的语境中，在特定的装置中，通过它的拓扑的铭刻（topological inscription）来确立的。[①]

格罗伊斯所说的当代艺术作品的"拓扑的铭刻"是关于空间关系的研究，它包含了两层含义：一是艺术作品本身的空间形态，二是艺术作品所在地点。这两者之所以确保了艺术作品的原创性，首先是因为在多元化媒介的时代，艺术作品的形式本身是流变的，是一个过程的集合，只有其构建的空间情境才能作为一个总体艺术呈现的集合；其次是因为当代对地点定位的复杂性和辩证性："现代社会组织了一个错位（dislocations）与再定位（relocations）之间、去疆域化（deterritorializations）与再疆域化（reterritorializations）之间、去光韵化（deauratizations）与再光韵化（reauratizations）之间的复杂相互作用。"[②] 简言之，当下我们对于地点的概念正如我们对于空间的概念一样，都认为它是流变的，因为地点同样也是包含了社会、经济、政治等各种关系，所以艺术作品所在的地点决定了艺术作品的意义。将"创造一个激起民众反映的另类空间"和"把艺术所安置地点作为艺术存在的首要元素"这两个当代艺术最重要的特质展现得淋漓尽致的当代艺术实践，无疑是理查德·塞拉（Richard Serra）著名的《倾斜的弧》（Tilted Arc）。

1981年，美国全国艺术基金会（NEA）受美国总务管理局（GSA）委派，选择委托塞拉创作艺术作品《倾斜的弧》，并将其永久安装在纽约曼哈顿的联邦广场中央。这是一面长达36.58米，高3.67米，耗费了17.5万美元制成的倾斜的钢墙。自安装之初它就备受市民的谴责，因为它阻挡了人们的视线，让穿过广场的市民被迫绕路。更糟糕的是，随着时间推移，钢墙开始生锈，墙角变成堆积垃圾的场所，甚至成为毒品交易的遮挡。在当地工作的市民越发不能忍受这堵锈迹斑斑的丑陋的墙。在他们的请愿下，总务管理局纽约地区的主管在1985年组织了一场听证会，讨论是否应该把塞拉的钢墙移走或是拆除。虽然听证会上艺术界的代表几乎全部支持原地保留《倾斜的

---

① Boris Groys, "The Topology of Contemporary Art", in Terry Smith, Okwui Enwezor and Nancy Condee, eds., *Antinomies of Art and Culture：Modernity，Postmodernity，Contemporaneity*. Durham：Duke University Press，2009，p. 74.

② Boris Groys, "The Topology of Contemporary Art", in Terry Smith, Okwui Enwezor and Nancy Condee, eds., *Antinomies of Art and Culture：Modernity，Postmodernity，Contemporaneity*，Durham：Duke University Press，2009，p. 74.

弧》，但听证会最终还是决定将它移走。塞拉随即对这一决定提出上诉，因为他认为，将这件作品移走与将它拆除并没有什么分别，因为它存在的意义就在于它所处的位置和空间。在经历了四年的诉讼之后，1989 年法院还是判决将该作品拆除并存放在郊外的某个仓库里。《倾斜的弧》和关于它的听证会、法院诉讼以及之后关于此事的文献，已经组成了理解、创造和对待当代公共艺术的一桩公案。这个事件提出了一个问题：是什么构成了当代艺术，是它的形式或物资材料的本身，还是它所处的环境及所引起的效果？

塞拉自己的答案无疑是后者。他为自己的作品辩护道："《倾斜的弧》的目的不仅是通过雕塑的位置、大小和倾斜来重新定义人们对联邦广场的体验，而且是改变空间本身：在作品被创造之后，空间将主要被理解为雕塑的功能。"[①] 塞拉创作这件作品的出发点在于，他想通过在环境优美的公共广场上树立一堵突兀的、粗鄙的钢墙，去打破原先在人们心中和谐的空间印象，从而去唤起人们对自己所在空间的意识。通过绕过这堵墙的行为体验，观众能测量到自己和身边的环境。用艺术史学家考西（Andrew Causey）的话讲：

> 塞拉呼吁当地群众去主动占领他们的城市和传统，而不要只是顺从地作为一种被疏离状态下的劳动力。偏爱传统纪念碑——实际上就是一尊雕像——的那些人愿意纪念权贵之人，而塞拉是把作品奉献给劳动阶级。[②]

可见，塞拉创作这件作品时原本的出发点与德波和列斐伏尔在《景观社会》和《都市革命》中所描述的愿景并不遥远。他的确创造了一个异质空间，一个能激起人们强烈反应的"情境"和"瞬间"。塞拉反对传统纪念碑，是因为它们沦为了替意识形态塑造和谐景观的帮凶，他想要做的就是用《倾斜的弧》去打破这种幻象，去激起民众的公众意识。但为何最后他的策略适得其反？原因是多重的，其中之一是塞拉——作为归属于现代主义的极少主义者的一员——创作出的这个作品多少带有现代主义的精英主义弊病，因为他享有艺术作品的"拓扑的铭刻"的特权。他在构思整件作品的时候采取了一个前卫的艺术姿态，但并未考虑人们日常生活的基本需求。可以说，《倾斜的弧》作为一个临时性的作品无疑是成功的。但是几年之后，当经过广场的市民不得不日复一日地连续受到这种"瞬间"的刺激时，它与当初被竖立时的初衷就相去甚远了。另外，当人们要求将它移走的时候，塞拉为自己作品的辩护完全是基于艺术家与艺术品的美学立场。他将联邦广场视为一个美学空

---

① Richard Serra, *Writings Interviews*. Chicago：University of Chicago Press, 1994, p. 127.

② 安德鲁·考西：《西方当代雕塑》，易英译，上海人民出版社，2014 年，第 236 页。

间的实验场地，而偏离了当初对民众的公共空间问题的关切。或者说，在作品安置之初，塞拉想要通过《倾斜的弧》来引起公众对于空间权利问题的关注。但最后，公众反而认为塞拉和《倾斜的弧》侵犯了本该属于他们的空间权利。关于《倾斜的弧》的讨论直到今天依然没有停止，塞拉的作品虽然最终被拆毁，但仍在激起人们对于城市公共空间和公众权利的讨论，从这个意义上说，这件作品无疑是成功的。

艺术史家米歇尔（W. J. T. Mitchell）在讨论《倾斜的弧》及其最后的结局时，认为这是一个"现代主义不再能够以自己的方式调解公共和私人的领域，而是必须服从社会协商的信号"[①]。米歇尔所说的社会协商，是当代艺术介入社会的另一种方式，和塞拉等艺术家运用的"对抗"方式不同。[②] 华裔艺术家林璎（Maya Lin）的作品《越战纪念碑》 （*Vietnam Veterans Memorial*）可以作为这一策略的实例。

1980 年，美国国会决定在华盛顿靠近林肯纪念堂的宪法公园尽头建造一座越南战争阵亡将士的纪念碑，并在全国公开征集纪念碑设计方案。在匿名评审中，当时还仅是一名在校大学生的林璎的作品成了首选。林璎的作品在设计之初也并不被公众看好，除了保守主义者对她亚裔身份的质疑之外，还因为《越战纪念碑》同样也选择了极少主义意味上的形式语言：没有多余的装饰，仅有用黑色花岗岩砌成的两面长 150 米的石墙。随着行人的通道逐渐下沉，黑石墙逐渐升高并最终在高达 3 米的顶点处会合，形成一个"V"字形的巨大碑体。石墙上刻有 5 万多名在越战中阵亡的美国士兵的名字。随着时间的推移，林璎的《越战纪念碑》被人们接纳，成为当代公共艺术的一个成功案例。林璎的作品应用了黑色大理石的物质特性，它的深邃黑色和坚硬材质表现了死亡的无情和沉重。特别是当观众顺着通道走入下沉的区域时，逐渐升高的乌黑石墙会带来一种逐步加强的压迫感。《越战纪念碑》营造了一个情境的空间，当观众走入其中，用肉身去体验整个行动过程的时候，便产生了反思战争的瞬间。《越战纪念碑》同样也利用了它所处的地点。从空中看去，整个纪念碑就像美国首都的地面上裂开的一道伤疤。两面黑墙分别对着林肯纪念馆和华盛顿纪念馆，光滑的墙面映照出观众和背后两座宏伟纪念馆

---

① W. J. T. Mitchell，"Introduction：Utopia and Critique". in W. J. T. Mitchell, ed. , *Art and the Public Sphere*. Chicago：University of Chicago Press，1993，p. 3.

② 艺术批判家克莱尔·毕晓普（Claire Bishop）基于厄尼斯特·拉克劳（Ernesto Laclau）和尚塔尔·墨菲（Chantal Mouffe）的激进民主政治理论，结合朗西埃（Jacques Rancière）的元政治哲学，认为当代艺术介入社会的有效策略是"对抗"。Claire Bishop, *Artificial Hells：Participatory Art and the Politics of Spectatorship*. London：Verso，2012.

的影像，死难者的名字叠加其上，这当中的隐喻可想而知。

与《倾斜的弧》相比，林璎的《越战纪念碑》同样也利用了在城市公共场域构建空间的艺术形式，两个作品都要求观众在空间中去体验行为过程。但它们的不同之处在于，后者并未选择使用挑衅和对抗的策略，而是试图与公众进行缓和的协商，用林璎自己的话讲，她"并不是好斗的，而是附和的"[①]。林璎并没有在假设所有人就这个公共空间达成共识的情况下去强制凸显社会空间的矛盾，而是用比较中立的姿态，循序渐进地引导观众自己去领悟公共空间背后的社会因素。现在看来，在民众与当代艺术的前卫形式经常因错位而产生误解和摩擦的大环境下，这也许是用当代艺术的空间生产作用于城市公共空间的更好的策略。

结　语

无论所采用的形式或策略有多么不同，林璎和塞拉的艺术实践都体现了当代艺术的空间生产的基本特点。它们与列斐伏尔和哈维的空间理论是相一致的，即将空间视为包含了社会关系的整体，通过塑造一个差异性的另类空间，激起人们对公众权利问题的关注。总的来说，当代艺术创作是多元的、多媒介的、全方位的整体空间营造。它要求观众置身现场，进入情境空间。艺术家将自己对社会问题的关切作为一个指向性的主题，在空间构型中给观众以启迪。当代艺术在视觉、听觉和触觉等整体感官接受的基础上，调动观众的主观能动性，让观众结合自己的个体经验对空间的过程体验进行主观阐释。艺术家所构建的艺术空间、观众在其中的过程体验以及这个空间所处的地点环境，三者形成一个整体，构成了作为空间生产的当代艺术的重要特点。

正如文章开始时提到的，艺术常常只被当作社会变迁的被动映照，也常常被资本裹挟，成为制造景观的帮凶，因此它常常被误解或忽略。需要重申的是，当代艺术依然是一种对抗资本主义意识形态所带来的异化的主要武器，许多当代艺术都致力于在城市景观中生产一个文化上的差异性空间。这里的差异性，无论是指阶级、性别、种族，还是指艺术家个人对社会问题的思考，都蕴含了一种革命的潜力。因为当面对席卷全世界的影响人们生活方方面面的资本洪流时，用哈维的话来讲，只有艺术等差异性的文化实践"是实现原创性、创造性、真实性以及独特性的一条途径。……正是在这样的空间里，

---

① Sarah Rogers, *Maya Lin*: *Public/Private*. Columbus: Wexner Center for the Arts, 1994, p. 26.

对抗性运动得以形成"①。换言之，当代艺术所生产的差异性空间，正是"希望的空间"之所在。

作者简介：

高然，四川大学文学与新闻学院博士研究生，英国曼彻斯特大学联合培养博士生，主要从事当代艺术与空间理论研究。

---

① 戴维·哈维：《叛逆的城市：从拥有城市权利到城市革命》，叶齐茂译，商务印书馆，2014年，第111页。

空间理论视域下的黄梅调电影研究[*]

钟平丹

　　摘　要：黄梅调电影是 20 个世纪中期在香港、台湾以及东南亚影响力最大、最为流行的华语电影类型。由于它兼具戏曲和电影两种艺术形式，具有非常鲜明的艺术特色，对其类型的界定、艺术特征的总结以及对其内涵的阐释都存在很大的研究空间。以往的研究思路忽略了艺术研究的空间维度，造成对黄梅调电影研究的片面性。本文借助戴维·哈维"时空压缩"等空间理论的研究视角，考察了黄梅调电影与空间的艺术生产和审美体验的关系，为黄梅调电影的艺术特征和意义生产研究提供了新的思考路径。

　　关键词：黄梅调电影　空间生产　时空压缩　变异

　　黄梅调电影诞生于 20 世纪 50 年代末的香港，在 60 年代迅速成为香港、台湾以及东南亚最受欢迎、影响力最大的电影类型之一，无论是口碑还是票房，均远超同时期的其他类型影片。黄梅调电影的艺术特色非常鲜明：一方面，它用电影化手段制作，在形式上接近传统的歌舞片，它将常规的影像叙事和电影演员的歌舞表演结合在一起，以歌叙事，以舞抒情；另一方面，影片的题材选择和唱段表演又深受中国传统戏曲特别是黄梅戏的影响，因而拥有一种独特的韵味。同时，黄梅调电影在香港电影史上有着非常重要的作用。香港导演张彻认为，香港国语片的"起飞"，正是由拍摄黄梅调电影开始的。① 作为香港本土特有的一种电影类型，黄梅调电影独特的艺术形式及其引发的文化现象，都有很大的研究价值。

　　以往对黄梅调电影的研究，多注重对黄梅调电影的艺术特征和类型归属的梳理和总结，这些研究大多从艺术发展的时间维度进行

---

　　* 本文系国家社科基金重大项目"西方新马克思主义文论与空间理论重要文献翻译和研究"（15ZDB085）的阶段性成果。

　　① 张彻：《回顾香港电影三十年》，香港三联书店有限公司，1989 年，第 16 页。

探讨，这种研究方式的弊端在当前看来愈发明显：无论是理论研究还是实践创作都陷入了戏曲和电影之争，这种争论导致黄梅调电影长久以来在类型的归属上始终摇摆不定，甚至被看成歌舞片或者戏曲片的亚类型；即使被认定为一种单独的电影类型，戏曲和电影元素谁占主导依然是一些研究者们判定其类型特征的基本依据。这种方法沿袭自传统的二元对立的思路，仅从电影艺术总体的发展规律出发，忽视了黄梅调电影生产的空间维度。这导致黄梅调电影的研究趋于片面化，对黄梅调电影的艺术表达和意义生产的深入挖掘也无从谈起。我们必须跳出传统的二元对立的研究方法。因此，本文试图借助空间理论考察黄梅调电影的艺术生产和艺术表达以及背后所蕴藏的意义。

一、空间的缺席：黄梅调电影的传统研究路径

黄梅调电影的诞生对香港电影史来说是一个独特的现象。一方面，它的艺术形式较为独特，引发的观影热潮百年难遇；另一方面，它是香港电影发展史上的"断层"：在黄梅调电影之前，香港电影流行的是以写实为主的粤剧片，在黄梅调电影之后，香港流行的功夫片等电影片种在艺术形式上也和黄梅调电影相去甚远。黄梅调电影的独特性和 20 世纪 50 年代的香港空间生产有直接的关系，黄梅调电影的研究不仅是一个艺术问题，更是一个空间问题。

但是，在很长一段时间里，黄梅调电影被归类为戏曲电影的亚类型。无论是戏曲电影还是黄梅调电影，电影和戏曲之争成为戏曲电影实践和理论研究的主要思路。

电影和戏曲这两种艺术形式的融合一直是中国电影人不断努力的方向。在中国电影诞生初期，电影被称为"影戏"，是一种用电影化的手段表现戏曲故事的方式；戏曲是我国传统艺术，"戏曲者，谓以歌舞演故事也"[①] ——王国维提出的"以歌舞演故事"的思想表现了戏曲和电影结合的可行性，叙事性是两者融合的基础。中国的第一部电影《定军山》就是一部用电影化手段记录戏曲的影片。在 20 世纪 30 年代的老上海电影时期，面对制作精良的好莱坞歌舞片的流行，早期电影人试图制作一些和中国传统戏曲相结合的歌舞片，主要方法是把戏曲的唱段融入电影的歌唱环节，试图创造一种"不求全歌全舞，力图以纯歌唱树立类型形象"的"古装歌唱片"[②]。这种尝试在当时取得了一定的成功，拍摄出了《西厢记》等代表性影片，戏曲元素的加入使

---

① 王国维：《王国维戏曲论文集》，中国戏剧出版社，1984 年，第 163 页。
② 李道新：《作为类型的中国早期歌唱片——以 30—40 年代周旋主演的影片为例兼与同期好莱坞歌舞片相比较》，《当代电影》，2000 年第 6 期。

影片别具一格。但由于过于流行化的改编和对戏曲动作的忽略，戏曲仅作为电影中的流行元素出现。同样，一些电影人也尝试过戏剧电影化。1948 年，费穆和梅兰芳合作拍摄的京剧《生死恨》就是这类试验的代表作。在这部影片中，费穆尝试将电影和戏曲这两种艺术融合，他尝试用现代化的电影语言来展示京剧的韵味，拍摄一部"古装歌舞故事片"①。从最终拍摄出来的影片看，尽管在剧本的节奏、布景、服化等方面都进行了一些电影化的改造，但影片依然是对戏曲的半记录形式，保持了戏曲的韵味，而电影手段运用相对简单，对电影在美学上的挖掘力度依然不够。

事实上，电影和戏曲这两种艺术形式要达到"强调两种艺术形式和各自表现手段的结合，在保持戏曲的艺术表现基础上融合电影表现技巧，进而达到美学上的交融"② 有很大难度。最大的阻力来自虚实之争。戏曲表演的程式是唱、念、做、打，是建立在虚拟和写意上的艺术；电影则是根据视觉暂留原理，利用光学成像技术把外在客观影像记录在胶片等介质上的一种艺术创作，它建立在记录和写实的基础上，无论是演员的表演还是布景、环境，都追求真实性。由此，戏曲和电影如何融合，虚与实如何协调，成为电影人在艺术创作和理论研究中最为关注的问题，这种二元对立的关系也造成了戏曲电影内在的分裂。从费穆等早期电影人的实践来看，戏曲和电影的融合走向了两极分化：要么以电影化的手段为主，在电影中穿插戏曲歌舞的画面，类似于西方的歌舞片；要么以戏曲为主，电影仅作为戏曲艺术表现的手段。由于戏曲艺术在传统文化中的深远影响以及早期电影的艺术表现手法和技术的限制，20 世纪三四十年代的戏曲电影的主流创作思想依然是以电影服务戏曲。

新中国成立以后，大陆电影走上以歌颂党和人民为主的工农兵文艺创作道路，戏曲电影的拍摄延续了早期戏曲电影的"电影服务于戏曲"的创作思路。大量戏曲被搬上了电影银幕，越剧电影、黄梅戏电影、京剧电影、粤剧电影等种类繁多，百花齐放，深受观众喜爱。在 20 世纪的五六十年代末，戏曲界和电影界召开了三次戏曲电影座谈会，强调既要保持戏曲电影的舞台风格，又要利用电影艺术的表现手段打破舞台限制，发挥戏曲的艺术特点，力求做到虚实结合、情景交融、优美动人。在这一指导思想下，大陆的戏曲电影比较完整地保持了戏曲本身的舞台艺术特色，景别、蒙太奇、长镜头等电影技巧的加入又使这些戏曲电影更贴近生活，更有可看性。这一时期的创作实践基本确立了"戏曲为主，电影为辅"创作思路。

①　黄爱玲：《诗人导演——费穆》，香港电影评论学会，1998 年，第 222 页。
②　高小健：《中国戏曲电影史》，文化艺术出版社，2005 年，第 14 页。

与此同时，香港电影却产生了一种"另类"的戏曲电影——黄梅调电影。邵氏影业于 1958 年在香港出品了由李翰祥导演的第一部黄梅调电影《貂蝉》。该片大获成功。随后，以邵氏影业为主的电影公司陆续出品了《江山美人》《梁山伯与祝英台》等多部黄梅调电影。20 世纪 70 年代末期以后，黄梅调电影逐渐走向衰落。尽管黄梅调电影的总产量并不多，但是它在华语电影中的影响力却是其他华语电影无法比拟的。

黄梅调电影的独特之处在于，它兼具戏曲元素和电影元素，并没有像戏曲电影那样以电影辅助戏曲，也不像歌舞片那样，把戏曲单纯作为电影叙事的点缀。这导致黄梅调电影在很长一段时间里被认为是戏曲片或者歌舞片的亚类型。真正把黄梅调电影当成一种独立类型进行研究的是台湾地区学者陈炜智，他在专著《我爱黄梅调：丝竹中国古典印象——港台黄梅调电影初探》中指出，黄梅调电影不是早年上海孤岛文明戏式的中西合璧，也非薛觉先的西装粤曲或电视剧集的哥仔腔调，而是融合了黄梅、越剧、京剧、昆曲等大江南北的戏曲特色，将时代流行歌曲的审美标准和创作技巧整合起来的艺术表现形式的总称。[1] 陈炜智强调了黄梅调电影文化中的多地性、复杂性和包容性，看到了黄梅调电影和戏曲片、歌舞片在艺术表达上截然不同的地方。但是，陈炜智提出的"融合"依然没有摆脱艺术本体的研究思维。在近年来的关于黄梅调电影的研究中，比较主流的观点认为：黄梅调电影呈现的是一种"以戏就影"的艺术风格，即"以电影为主导的戏曲电影"[2]。这种观点体现出了黄梅调电影和戏曲电影的不同之处。但是这种"以戏就影"的结论依然陷入了戏曲、电影二元对立的传统研究思路之中。

可见，在对黄梅调电影的研究中，这种基于时间视角的二元对立的研究把重点放在了戏曲电影的艺术本体研究上，进而延续到对黄梅调电影的本体研究，其间缺失的是对空间的研究。这种研究方法以电影和戏曲的关系来作为类型划分和艺术特征分析的依据，从艺术本体来说，这种方法在一定程度上体现了黄梅调电影艺术特征的变化，也梳理出戏曲电影和黄梅调电影的渊源关系。但是，这种研究思路忽略了电影艺术生产的空间维度，简化了人们的空间体验对电影艺术创作的重要作用。时间和空间是人们认识和感受世界的两个维度，空间维度的缺席将导致黄梅调电影的研究趋于片面化而无法深入。因此，在空间理论视域下展开对黄梅调电影的研究，无论是对艺术形式的探讨，还是对意义的深入挖掘，都显得尤为迫切。

---

[1]　陈炜智：《我爱黄梅调：丝竹中国古典印象——港台黄梅调电影初探》，台北牧村图书出版社，2005 年。

[2]　蓝凡：《邵氏黄梅调电影艺术论》，《上海大学学报》，2007 年第 2 期。

二、拼贴与分裂：时空压缩下的艺术表达

一种新的艺术形式的产生，必然和它所在的空间息息相关。在空间理论的视野里，空间不仅仅是一种可被感知的物质实在，还被视为一种社会生产的产物。

在空间转向的基础上，美国著名的人文地理学家和新马克思主义者戴维·哈维重新回归马克思主义的政治－经济批判，创造性地提出了"历史－地理唯物主义"的理论，为讨论艺术表达和空间的关系提供了一个新的视角。哈维看到了空间的复杂性，他认为空间的定义是一个流动和变化的过程，空间的意义随着不同的语境发生变化，这种变化背后是它们与社会、政治、经济等活动的错综复杂的关系。为了进一步说明空间的复杂性以及空间之间的辩证关系，他把空间分为"绝对空间""相对空间"和"相关空间"三个维度。绝对空间即物质空间，哈维认为在对空间的认识上，我们首先应该承认空间的物质特性，即能够被人直接感知的属性。而相对空间和相关空间体现的是空间在人类物质实践活动中不断变化的关系，我们只能通过对空间的表现去捕捉空间背后隐藏的这种复杂关系。哈维对空间的三个维度的划分，其目的并非要形成三个独立的研究框架，而是在强调空间的多样性和复杂性，提示物质空间所包含的各种复杂的关系。

香港是黄梅调电影诞生的摇篮，也是承载了空间感受和体验的物质实体。香港电影的发展和香港得天独厚的地理空间有非常密切的关系。香港地处沿海，是中国面向世界的重要港口，也是中国电影面向东南亚的重要港口。早期的香港电影是"华南电影"的重要组成部分，香港更是中国电影和东南亚等国家电影产业和电影文化汇集的场所。同时，由于临海的地理优势，香港迅速成长为重要的轻工业出口港。经济的发展为其电影的发展提供了必要的物质基础。以邵氏为首的电影公司大力发展跨国业务，在香港、大陆和东南亚打造了一个大型的跨国娱乐业网络，消费市场的多元化促使邵氏这样的大影业公司形成了较为灵活和开放的运营模式，其电影的创作和商业运营也体现出全球化和现代化的特点。

同样，香港有较好的电影文化传承。在香港电影发展初期，香港电影人通过到上海投资或合作建厂的方式扩大电影生产和发行的规模，同时，吸收上海电影的创作经验，创作出极具本土特色的粤语片。新中国成立以后，大陆电影创作趋于保守，而香港却吸纳了来自各地的文化资源。一些电影人从大陆移居香港，为香港带去了丰富的电影创作经验和大陆的传统文化资源，

同时，当时作为英属殖民地的香港也接触到欧美现代化的电影制作技巧和流行文化，一些成熟的类型电影，如歌舞片等，都有较好的观众基础。东西方文化的碰撞和融汇成为这座城市的文化特征。

在这样的空间环境里，黄梅调电影形成了多元杂糅的艺术风格，它在对东西方艺术的吸收上显示出了前所未有的包容性。

黄梅调电影大多取材于大陆戏曲电影中的经典曲目和人们耳熟能详的民间故事。它并未对戏曲种类进行详细划分，无论是黄梅戏电影《天仙配》《女驸马》《牛郎织女》，还是越剧电影《梁山伯与祝英台》《红楼梦》，抑或是其他的戏曲电影，都是黄梅调电影创作和改编的基础。在唱腔方面，黄梅调电影多采用大陆黄梅戏的旋律作为音乐的基础旋律，但并未完全遵循黄梅戏的曲调规律。根据剧情的需要、唱词的安排和演唱者的音色，影片中往往加入京剧、昆曲、山歌民谣、粤剧等元素，用现代化的音乐技巧进行编曲和演奏，力求悦耳动听。例如《天仙配》加入了京剧的弦乐演奏；《山歌姻缘》融合了中国的山歌民间小调和江西的采茶小调；《梁山伯与祝英台》采用了现代化的编曲方式，显得更有感染力。很多黄梅调电影虽然还是采用的黄梅戏的旋律，但唱腔和唱词已被本土化和通俗化，黄梅调也成为"一种现代化、精致化、时代流行曲化的传统戏曲、江南小调的代称"[①]。从这个角度来看，黄梅调电影明显受到西方歌舞片的影响。

这种包容性同样体现在对戏曲和电影元素的处理上。戏曲和电影之争是戏曲电影研究中不可回避的问题。与大陆的戏曲电影相比，黄梅调电影更强调电影的写实性。在场景的设置上，黄梅调电影体现出好莱坞的片厂美学追求：宏大的场面、色彩鲜明、灯光和服装的配合，力图使故事的空间实在化，且形成一种视觉上的吸引力；演员的表演也弱化了戏曲中的程式化色彩，而采用一种生活化的表演风格。同时，电影拍摄技巧的娴熟运用也使黄梅调的"电影性"变得更为明显。以《梁山伯与祝英台》中著名的"十八相送"为例。在大陆的戏曲电影中，《梁山伯与祝英台》是一部越剧电影，由著名越剧艺术家袁雪芬和范瑞娟表演。在"十八相送"的段落中，场景的布置采用了虚实结合的方法。近景铺设一些基本的道具，如小桥、井等，远景则采用了人工绘景的方式，在演员表演的过程中，观众需要通过想象来完善画面。袁雪芬和范瑞娟本身是非常专业的越剧艺术家，无论是唱腔，还是身体的表演，都带有一种程式化的特征。在镜头的运用上，也多采用长镜头拍摄，尽可能保持戏曲的特征。而在邵氏的黄梅调电影《梁山伯与祝英台》的"十八相送"

---

① 黄爱玲：《邵氏电影初探》，香港电影资料馆，2003年，第45页。

中，场景均由片场依据实景搭建，场景中的桃花和院落交相辉映，梁山伯和祝英台走在羊肠小道上。场景提供了一种更为真实的感觉。这个段落中的唱段较多，尽管在曲调上保持了原有的戏曲风格，但是演员的表演却更加自然。在对唱过程中，镜头的切换突出了两者的对话关系，特写镜头的运用也凸显了女主角作为电影明星的美貌，体现出一种时尚感。相较而言，戏曲电影强调的是表演的舞台艺术，而黄梅调电影更重视叙事和视觉上的冲突，这也意味着电影化的手段使戏曲和电影之间的融合形成一种新的样态。

在黄梅调电影中，多种艺术形式和多地文化的共存与融合成了黄梅调电影区别于戏曲电影的艺术特征。但是，这种共存的形式却处于不断变化的状态，我们无法从黄梅调电影中提炼出一个关于"共存"的标准。因此，这并非意味着真正的文化融合，而是对差异的暂时悬置。分裂和多变构成了黄梅调电影内在的艺术特质。这样一来，黄梅调电影的艺术特征便呈现出一种复杂的状态。如果说外在共存和融合是香港多元文化的产物，那么，黄梅调电影内在的分裂和多变则表现了空间的物质性的更深层维度，即艺术表达对时空压缩的回应。

"时空压缩"是戴维·哈维历史－地理唯物主义的核心理论。该理论认为资本主义现代性和后现代性已经把空间和时间的客观品质"革命化了"。"一方面是我们花在跨越空间上的时间急剧缩短，以至于我们感到现存就是全部存在；另一方面是空间收缩成一个地球村，使我们在经济上和生态上互相依赖。这两方面加剧压缩的结果是：我们在审美感受和表达时空方面面临着各种新的挑战和焦虑，以及由此引起的一系列社会、艺术、文化和政治上的回应。"[①] 这种焦虑感正反映出香港在 20 世纪 50 年代面临的一个极为特殊的状况。一方面，新中国成立以后，香港作为英属殖民地，和大陆相互隔离。远离祖国大陆的海外游子望洋兴叹，心中充满了离愁和哀伤的情绪；另一方面，凭借其作为港口的优势，香港社会快速转型，跨入工业社会之后又加快了迈向全球化大都市的步伐。资本主义生产方式的快速发展使人们深刻感受到了来自时空压缩的压力。人们还没有从农耕社会中脱离出来，就已经被推入高速发展的资本主义工业化大生产的漩涡。各种景观应接不暇，传统与现代、过去与未来……一切固定的东西都烟消云散了，"易变性和短暂性相似地使人难以维持低于连续性的任何稳定的感受，过去的体验被压缩进了某种势不可挡的现在之中"[②]。这种迷茫、困惑情绪和思乡的情绪交织在一起，体现于电

---

① 阎嘉：《时空压缩与审美体验》，《文艺争鸣》，2011 年第 15 期。

② 戴维·哈维：《后现代的状况：对文化变迁之缘起的探究》，阎嘉译，商务印书馆，2003 年，第 364 页。

影艺术的创作中。正如哈维所言："审美实践与文化实践对于变化着的对空间和时间的体验特别敏感，正因为它们必须根据人类体验的流动来构建空间的表达方式。"①

时空压缩之下的艺术生产采用拼贴和压缩的艺术手法。在黄梅调电影中，多元文化的碎片正是通过这一方式被组装起来，它并不意味着文化之间的吸收和融合，而只是一种暂时性的并置。在对黄梅调电影艺术特征的研究中，当前的一种主要的观点认为黄梅调电影采取的是"将戏就影"的创作方法，遵循"电影为主、戏曲为辅"的创作思路。事实上，黄梅调电影中对电影化手段的重视并非基于戏曲和电影之争，更多的是出于片厂资源的运用和对票房的考虑。戏曲元素和电影元素在黄梅调电影中的运用依然有较大的随意性。"将戏就影"的观点只看到了黄梅调电影艺术特征的表层，缺乏空间思考的维度，没有看到黄梅调电影的艺术生产中物质和历史变迁背后的力量以及它们之间错综复杂的关系，因而这种观点是比较片面的。对黄梅调电影来说，表层体现出的是融合和平衡，其内在特征是分裂和多变。这种表层和内在的冲突，正好是处于时空压缩和与故乡分离的双重痛苦下的香港人对空间的体验和表达。

三、走向第三空间的意义表达

在哈维的历史－地理唯物主义的视野中，空间是不断变化的，因此我们要在不断变化的空间中去捕捉艺术和空间表达之间的关系。他借用了列斐伏尔的一组关于空间的概念来研究艺术和空间的关系，即物理空间、空间表征以及表征空间。他认为物质空间是可以被感知的空间，空间表征要借助概念和符号，而表征空间是人们内心创造的产物。哈维在研究中意识到，在艺术创作对空间的表达中，人们对空间的真实体验可能会隐匿，因此，我们应该重视空间的变化，在对物质空间的关注之外体会背后隐藏的更为抽象的关系。"在体验中，不仅要思考自身与物质世界接触时的各种内心感触，同时也要体察人与物的交流中所凝聚的各种社会性内涵。"②哈维所说的关系空间指向了一个更为开放的空间。同样，在列斐伏尔看来，空间中的"他性"是永远都存在的。他反对非此即彼的选择和传统二元论的制约，强调另一个"他者"

---

① 戴维·哈维：《后现代的状况：对文化变迁之缘起的探究》，阎嘉译，商务印书馆，2003年，第409页。

② 阎嘉：《空间体验与艺术表达：以历史－地理唯物主义为视角》，《文艺理论研究》，2016年第2期。

和第三种可能。在列斐伏尔的空间的三元辩证法里，物理空间的实践强调可被感知的物质性，是传统空间学科关注的焦点；空间表征可以被理解为一种概念化的空间，也是一个想象的空间；表征空间则表达了"他化－第三化"倾向。表征空间并不试图和前两种空间一起形成三足鼎立，它和前两种空间有区别，又可以将它们包含其中，同时还是一种边缘化的空间，体现出极强的开放性和不确定性。"第三化"的概念含有"异于常规、异化、变异"之意，"第三化"的思维也为我们提供了一个新的研究思路：从那些游离在主流之外的不断转化的、不规则的、无序的事物中探索意义的生产。

　　"古典中国"一直是黄梅调电影力图构建的场景。陈炜智用"丝竹中国、古典印象"概括黄梅调电影的特征，认为黄梅调电影构建了关于古老中国地理和文化的想象空间。对此，邵氏影业公司的老板邵逸夫很早就发现了其中的商机。他在1964年接受邵氏影业的刊物《南国电影》的采访时就谈到了他对邵氏电影生产的定位："我生产电影是为了满足观众的需要和愿望，核心观众就是中国人。这些观众都喜欢看耳熟能详的民间故事、爱情故事……他们怀念远离的祖国大陆，也怀念他们自己的传统文化。"[①] 他认为黄梅调电影表达了古老中国景象和传统文化，这对那些从大陆移居到香港和在早期移居东南亚的华人很有吸引力，因此定下了黄梅调"歌唱的古装片"的发展方向。邵逸夫对黄梅调电影的大力支持，不仅仅是出于票房上的考虑，他还意图在华语电影中构建"文化中国"版图的一部分。对于20世纪中期的香港电影来说，对"古典中国"的想象性建构无疑是电影创作的最佳策略。黄梅调电影在大众视野里成了"古典中国"和传统文化的象征，其意象符合电影的商业策略，也迎合了社会大众对故乡的想象。但是，"他者化"的空间理论要求我们去捕捉那些不断变化的，游离于主流之外的"异数"，在第三空间里考量艺术生产与空间表达的关系。

　　尽管黄梅调电影在叙事和造型上营造了"古典中国"的意象，但是，隐藏在影片中的变异却打破了传统价值理念和思维定式下的空间幻觉，进一步揭示黄梅调电影的意义。首先，这种变异体现在对传统价值观的表达上。黄梅调电影的题材来源于历史传记、古典名著、民间传说。这些传说和故事深受中国传统道德观念和儒家文化的影响，体现了忠孝、勤劳、隐忍、善良、惩恶扬善等传统美德以及男尊女卑的思想观念。同时黄梅调电影对人物形象的塑造又体现出一种游离于传统价值观念的异化。例如，黄梅调电影《潘金

---

　　① 参见《南方都市报》于2014年1月日在其网络版发表的文章《南都社论："六叔"神话犹在，香港娱乐发展难题仍存》，http://news.ifeng.com/opinion/society/detail_2014_01/08/32818240_0.shtml.

莲》的故事来自中国古典名著《水浒传》，在原著中，潘金莲被塑造成一个谋害亲夫、被万人唾弃的形象，故事的讲述也依据男性视角，以表达男性的忠义为主。但是在黄梅调电影中，故事更加偏向女性视角，以潘金莲的个人命运和感情变化来推动情节。剧中增加了潘金莲的唱段，以表达和刻画其内心世界。从整个剧情来看，潘金莲不满武大的丑陋，哀叹命运不公，但还是对武大温柔贤惠。武松回家以后，她燃起了对生活的希望，被武松拒绝以后出于报复而转向了西门庆，但她对西门庆杀害武大的阴谋并不知情。影片最后，潘金莲被逼自杀，围观众人纷纷摇头离去，以示对在原著中被塑造为英雄的武松的质疑。影片对原著的改编弱化了潘金莲的"淫荡"，转而塑造了一个在男权社会中的不幸女性。片尾哀婉的音乐表达出对潘金莲个人命运的同情。黄梅调电影中的女性形象比男性更有主动性，体现出女强男弱的特点。在《七仙女》中，七仙女毫不避讳地向姐姐们表达她对董永的爱慕；在《梁山伯与祝英台》里，由乐蒂饰演的祝英台聪颖靓丽，虽知书识礼、温柔孝顺，却也很有主见，她为了去学堂，敢于反抗父权，为了祭拜梁山伯，敢于反抗夫权。和中国内地的同名戏曲电影相比，黄梅调电影中的祝英台形象更加生动，具有一种现代化的女性意识，反抗精神更加强烈。黄梅调电影对这些故事进行重新阐释，一方面，其故事的框架和人物的性格依然处于中国传统文化的规约之下；另一方面，影片中的人物却拥有一种现代化的思想意识。

其次，这种变异还体现在影片中游移不定的性别意识上。黄梅调电影中的女性往往被赋予男性的性格特征：勇敢、坚强、果断、敢于抗争，而影片中的男性却显得柔弱、狭隘、优柔寡断。例如，在影片《江山美人》中，李凤为了爱情敢于冲破世俗的压迫，未婚生子，皇帝回宫以后却很快忘记了李凤，这种行为不仅体现了皇帝作为男性的不负责任，也质疑皇帝作为国家权力的象征、中国父权思想的代表，是否已经丧失了对子民的负责和保护子民的能力。在影片《阎惜娇》里，阎惜娇一反原著《水浒传》中荒淫，被塑造成了遵从礼仪道德的弱女子，最后因为误会为宋江所杀。宋江本是一个有侠义精神的好汉，在这部影片里却多疑、自私，这一形象颠覆了观众对中国古代侠义精神的想象。在影片《花木兰》《鱼美人》《宝莲灯》等黄梅调电影中，女性更是成为男性和国家的守护者，男性却显得退缩和软弱。男性常常以柔弱的书生形象出现，而书生的身份代表了儒家文化的捍卫者，柔弱书生的形象本身就是对儒家文化的质疑。20世纪60年代以后，黄梅调电影启用了女演员凌波来反串男性角色，这种去性别化的选角方式更是对男权的颠覆。无论是在人物性格塑造上，还是在视觉形象上，这种男性和女性的错位打破了性别上的二元对立，展现出一种游移不定的、多元化的性别意识和价值取向。

黄梅调电影中的变异打破了常规的二元对立，让我们在物质空间和想象空间之外，注意到包含无限可能性的"他者"的存在。在爱德华·索亚看来，"他者化"也是"第三化"，"不仅是为了批判第一空间和第二空间的思维方式，还是为了通过注入新的可能性来使它们掌握空间知识的手段恢复活力，这些可能是传统的空间科学未能认识到的"①。关注"他者"意味着一种新的视角的加入，有助于让我们对时间、空间和社会相互影响下的艺术生产进行深刻的解读。黄梅调电影构建的空间体现出复杂性和多变性：既有传统价值观念，又有现代的批判意识；既有对历史人物的具象表达，也有对历史时空的模糊化处理；既体现了对"古典中国"的向往，又掺杂了面对故乡时的胆怯，这种游移不定和相互转化正是"他者"空间的特征。"他者"空间的视野展现了黄梅调电影与社会、经济、政治、文化、资本等方面的深层次的复杂关联，超越了传统的物质和精神二元对立的分析方法。如果说黄梅调电影中的"古典中国"表达的是香港社会中的思乡之情，那么，电影中的异质性则更为确切地表现出人们在经历社会巨变和时空压缩时的迷茫和焦虑，也折射出社会中的各种力量的并存和博弈。

作者简介：

钟平丹，四川大学文学与新闻学院博士研究生，四川师范大学文学院教师，主要从事电影学和艺术批评研究。

---

① 陆扬：《空间理论和文学空间》，《外国文学研究》，2004 年第 4 期。

清代江华瑶族十殿图中的地狱空间探究*

陈　杉　李黎鹤

摘　要：江华瑶族十殿图中的地狱图像元素源于汉族道教十王图，但在吸纳过程中和瑶族梅山信仰相结合，因地制宜发生改变，呈现出独有的空间构架和趋而不同的图像形式。本文以27张清代瑶族十殿图为研究对象，对瑶族虚构的地狱空间与图像特征进行探讨，以期阐释彼时江华瑶族对十王信仰的吸纳程度，以及其宗教信仰中独特的梅山地狱观，继而深入了解瑶族复杂的宗教变迁状况和多元一体的文化特色。

关键词：江华瑶族　十殿图　地狱空间　梅山信仰

瑶族神像画是瑶族唯一的绘画形式，在古代曾广泛运用于瑶族重要的宗教祭祀活动中，是瑶族生产生活不可或缺的精神食粮。通常一个血脉的瑶族家庭都会拥有一堂神像画，其中包含三清、四府、十殿、海幡等主神像18张，还有功曹、大道桥、面具等绘画形式。而今，神像画已消失在瑶人生活中，但其作为"有效的历史文献，图像也与文献一样承载着历史：不仅是图像描绘历史，而且其本身就是历史"①。可以说，神像画是古代瑶民活动的史迹，是应其心理需求而被创造出来的，是其生产与信仰空间的延展、提升和固化，也是瑶人的视觉语汇，因此具有很高的研究价值。从图像学的角度讲，神像画把当时历史的语境凝固在了绘画中，具有时间性和空间性。因此对这些图像的空间探究将使我们准确了解彼时瑶族的信仰特点和祭祀动机，正如史学家布克哈特（Jacob Burckhardt）所认为

　　* 本文系国家社科基金重大项目"西方新马克思主义文论与空间理论重要文献翻译和研究"（15ZDB085）以及国家社科基金青年项目"数字化背景下西南地区明、清、民国道教水陆画的抢救、整理与研究"（14CZJ013）的阶段性成果。
　　① 曹意强：《艺术史的视野——图像研究的理论、方法与意义》，中国美术学院出版社，2007年，第11页。

的：只有通过视觉作品，某个时代隐秘的信仰和观念才能传递给后人，而这种传递方式是最可靠的，因为它是无意而为的。

这批清代瑶族神像画所呈现的画面既有偶像型也有叙事型。① 本文研究的十殿图属于叙事型绘画，共有 27 张②，因其中 4 张榜题为"十殿君"或"拾殿军"，所以本文称这批图像为"十殿图"（图 1）。"十殿"原指十王信仰中地狱里的十个府邸，十殿均有主，称冥府十王。十王信仰由秦汉时期流传下来的泰山、黄泉、幽都阴间信仰，融合唐代佛典《佛说十王经》中记载的较为完整的地狱构造而形成。延及宋元，道教吸收了十王信仰并加以演衍，出现了《玉历宝钞》《元始天尊说丰都灭罪经》《地府十王拔度仪》等道教经典，以表现惩恶扬善、救赎地狱的文化。之后，十王与民间丧葬行事产生密切关系，并出现相关典籍、科仪和善本，还形成了十王图的图像范式，并通过道士为丧家举行超度仪式而广为人知。元明时期，正一派道士在两广和湖南等瑶族聚集地频繁活动，成为道教二次入瑶的高峰，十王信仰以及图文资料亦同时传入并对其地狱观产生深刻影响，同时因地制宜发生改变，由此诞生了瑶族十殿图。由图像内容可知，这批清代十殿图呈现的是瑶族人死后世界的空间与时间的序列，是对人死后到灵魂进入下一个轮回的中间过程的想象与记录。信徒在观看十殿图时会假想自己进入这个时间和空间，并受到序列的指引而参与其中，身临其境般感受冥王的审判和地狱的震慑，从而产生敬畏之感。

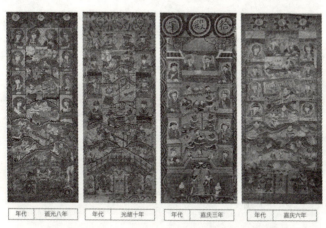

| 年代 | 道光八年 | 年代 | 光绪十年 | 年代 | 嘉庆三年 | 年代 | 嘉庆六年 |

图 1　榜题为"十殿君"和"拾殿军"的神像画
（平斯供图，笔者拍摄。）

---

① 笔者搜集到乾隆至宣统年间瑶族神像画 33 套，共 561 张，由榜题可知这批画出自湖南永州府江华县。

② 27 张十殿冥王神像画具体年代为嘉庆年 11 张，道光年 5 张，同治年 2 张，光绪年 3 张，庚子年 1 张，癸亥年 1 张，癸未年 1 张，还有无文字标示年份 3 张。

一、十殿图的空间特征

十殿图中的瑶族地狱整体是个封闭的空间，可以按照灵魂经过的顺序细分为入地狱、受审判、被惩罚和进入轮回四个部分（图2）。灵魂首先面对的场景是地狱门和奈何桥。地狱门是镶嵌在高大城墙正中恶鬼的血盆大口，这里是整个地狱的唯一入口，署名为"鬼门关"或"地狱门"，其后就是丰都鬼城。这是道教由对佛教地狱的吸收和改良而形成的受汉族广泛认同的地狱世界。地狱门左右由著名的阴间符号——牛头马面守卫着，这两位人身兽首的使者在中国人的认知中代表了死亡。瑶族人传说他们手中持有勾魂符，会将人的灵魂勾走并带到鬼城，而这个职能在道教是由黑白无常来完成，他们体现了道教"阴阳"和"无常"的宗教思想。

图2　道光十年的江华瑶族十殿图

（平斯供图，笔者拍摄。线描图为笔者手绘。）

经过地狱门往上的第二个空间为奈何桥，这里有着对善与恶的明显区别待遇。善人会随着桥上的接引仙娘在招魂幡的带领下安然通过。为善的证据是他们手中捧的抄写经卷以及证明其善行的奏表。恶人则从奈何桥下通过，桥下为湍急的血河，有罪的亡魂会从此通过并经受铜蛇铁狗咬噬。奈何桥也是著名的阴间符号，据说此桥险窄光滑，由日游神、夜游神把守，用以连接阴阳两界。奈何桥在唐代小说《宣室志》与明代小说《西游记》中均有出现，是中国传统的地府观念与佛教的地狱阎王、来世轮回等观念契合而形成的一种连接生与死、阳间与阴间的中介，在民间十分普及，亦深刻影响到瑶族。瑶族道经对奈何桥有记载为："一声鸣角去容容，急请亡魂上桥中。……二声鸣角去游游，又请亡魂亡魄出桥头。……三声鸣角去连连，师人文书到神前。"[1] 其内容均能与图像对应。

之后灵魂会来到十位冥王的府邸。十王被安排在十个等大的方形空间中，形成界格。十王排列顺序不尽相同，最常见的结构是最上方居中有两王，分别为五殿判定罪业轻重的阎魔王和十殿负责六道轮回的转轮王。因为此二王拥有特殊法力，所以瑶族画师不仅将其放在正中，还在其头上画有玉冕，象征他们至高无上的地位。别的冥府八王则分列两方，形象都似汉族官员，身旁随侍持簿判官。虽然十王在瑶族人笔下被缩小了比例，不再是观看重心，但巧妙的构图方式保证了冥王至高无上的权威，达到从上而下的俯视阴间众生的效果。

在十王审判中必定会出现的符号为业秤与孽镜。业秤用来称量人生前的善恶之业，孽镜则会用来呈现罪魂生前所做的恶事。业秤与孽镜在汉族的绘画、戏剧、小说中亦有浓墨重彩的描绘，二者具有让有罪之人无所遁形的神奇法术，在千年流传中已成为百姓心中约定俗成的审判符号，代表了冥府审判的绝对公正与权威。十殿图中孽镜也呈现出固定的范式：两个赤裸上身的灵魂站在镜前，镜中显示出他生前杀老牛的罪孽。对于刀耕火种的古代瑶人来讲，耕牛不仅是非常宝贵的财富，还是亲密的家庭成员，因此"杀牛"代表了"罪孽"一词，凝固在了图像中。瑶族道经中也明确记录有瑶人的行为准则，其中"瘦老耕牛，不可宰他"[2] 的戒律与画面完全相对应。

接受审判后，恶的灵魂会来到地狱受刑。此部分处于画面居中的大幅位置，呈"由"字形。佛道经典《大正藏》与道教经典《玉历宝钞》对地狱世界的架构有着相似又详尽的描绘：地狱分为八大地狱、十六小地狱，由二至

---

[1] 牛津大学博德莱图书馆馆藏编号为 BOD Sinica3279 的清代手抄本瑶族道经。

[2] 牛津大学博德莱图书馆馆藏编号为 BOD Sinica3241 的清代手抄本瑶族道经。

九殿的阎王分别统领。瑶族十殿图没有呈现出以上诸多的地狱世界架构，只用七个小空间从上到下、从右到左依次描绘锯解、磨臼、割舌、碓臼、油釜、火海、刀山七个地狱场景。"从空间构成的原理看，这种画像属于'情节型'构图，多以侧面或半侧面的人物构成狭长的场面，通过其姿态、动作和相互关系显示正在发生的事件"①，也形成了画面中最具有震慑力的部分。这些被《入冥记》《玉历宝钞》等文学作品详细描述的地狱酷刑被压缩成单一界格中的瞬时性画面，以最直观的方式呈现了血腥与痛苦，代表了瑶族人最深沉的恐惧和敬畏，或许这暗合了其原始巫教成分，因此成为瑶族人心中炼狱的象征。

轮回之地位于十殿图的最上方，这里是地狱的唯一出口（图3）。在汉族十王图中，六道轮回位于第十王轮转大王处，六道则为天道、阿修罗道、人道、畜生道、饿鬼道和地狱道，来到这里的罪魂应受的惩罚已经圆满，会根据罪业产生的因果进入下一世，投生到不同的轮回，十殿图亦沿用这一符号。但是瑶族道经对这一符号有不同的诠释，一种为延续道教十王信仰对轮回的记载，如道经《十王科》载："十殿门前开大赦，赦除亡者得超生。六道轮回辨分明，报应分毫不相差，各自领命去投胎。"② 另一种则带有浓厚原始宗教色彩，如道经《具游梅山三十六洞书》所载的歌谣，大意为亡者通过幽冥十殿后的归处为桃源洞，这里由一对老夫妻看守，会送给待转世的灵魂花朵，白花代表男孩，红花代表女孩，这代表了来世的性别。③

综上可以看到，十殿图中的空间线索其实呈现了一个窥视瑶族人死后世界的视角。这个世界包含了瑶族人生活中的多种善恶场景，也包含了瑶族人对道教冥府的理解与吸收程度，是对人死后再次转世过程的一种叙事串联。其中出现的府衙审判、生产劳作、建筑物等物质因素，以及特定人物身份、瞬时节点、文化特色等非物质因素，在竖长的画面中被重新组织和分配，并描绘成虚构的二维空间。这种行为是瑶族画师基于自身信仰并结合道教图像对现实的积极改造，其中还带有所属民族与时代的独特理解。需要特别注意的是十殿图的构图方式，瑶族画师在图像生产过程中对瑶族散点状的文化与宗教现象进行了空间重构，并反映在构图中。这是对现实中各种显性或隐性因素的敏感捕捉，是对虚无缥缈的死后世界的组织和再创造，最后形成了由

---

① 巫鸿：《武梁祠：中国古代画像艺术的思想性》，柳扬、岑河译，生活·读书·新知三联书店，2006年，第149-150页。

② 牛津大学博德莱图书馆馆藏编号为BOD Sinica3277的清代手抄本瑶族道经。

③ 牛津大学博德莱图书馆馆藏编号为BOD Sinica3354的清代手抄本瑶族道经之《具游梅山三十六洞书》。

生前（过去）、死后（现在）、下一世轮回（将来）组成的一种时间顺序，亦是瑶人试图通向生命永恒的一种心理暗示。

图 3　清代未知年份的江华瑶族十殿图

（平斯供图，笔者拍摄。线描图为笔者手绘。）

二、瑶族十殿图对汉族十王图的借鉴与改造

从上文的论述中可以看到，十殿图的场景内容在很多地方均彰显了汉族十王图的影响，这样的借鉴有着必然的客观原因。第一，与瑶族社会自身的需求相关。由于生产力的发展，瑶族原有的原始宗教已经不能适应社会需要，因此吸纳更高级而又有共通性的道教就是必然趋势，而汉族十王体系就是瑶族面对更为成熟、完整而高级的丧葬仪式时的唯一选择。其中瑶族本身信奉

的原始宗教思想也与道教转世投胎和对恶业的惩戒思想相通。第二，与道教传入瑶族的历史进程相关。道教在唐宋至元明时期传入瑶族，在这一漫长过程中，十王信仰也通过道教仪轨、图像与道经向瑶族传播，对其产生深刻影响，并被塑造成最能让本土满意的宗教形式，以解决他们特别关心的问题——死亡。第三，道士画师在汉瑶图像借鉴与转换中起了重要作用。由于瑶族并无职业画师，其绘画与写字均源自汉族道士，所以在最初创作神像画粉本时，是汉族道士依据已经非常成熟的汉族十王图范式，根据瑶族在宗教场地、祭祀仪式中的实际需求，将其中重要的架构和元素提取出来进行再组合，最终形成了瑶族十殿图的粉本，这点可以由搜集到的十殿图资料佐证。

瑶族十殿图也具有自己的特色。第一，十殿图描绘了完整的地狱空间，这在汉族十王图中并未出现。同时十殿图还夸张地强调了在汉族十王图中未直接描绘的地狱门，这或许与地狱门在瑶族仪式中的重要性有关，即瑶族师公能够施展"破地狱"法术，破开地狱之门，解救受苦的灵魂。这算是瑶族人在借鉴汉人的严苛规定时为自己留的一个"后门"，他们害怕自己困在地狱中不得超生，因此寄希望于师公。由此也可看出师公重要的宗教地位。第二，由于十殿图中冥王的比例被缩小，因此审判场景被大幅度简化，十王的职责也被弱化，审判顺序变得含混不清，因此审判的重要性也降低了。这是因为瑶族在吸收道教的过程中，不能充分理解道教复杂的科仪与宗教背景，同时又掺入了自身的原始信仰和朴素生活观念的需求。第三，十殿图中融入了许多瑶族文化元素。除了绘画本身的造型、纹样和色彩外，还出现瑶族盛装打扮的灵魂进入地狱空间的图像，由此可以看出瑶族出于本土文化与功能需求对汉族地狱进行的新诠释。但绘有瑶族人的神像画在27张里面只有4张，占据的比例很低，由此可推断瑶族的道教化程度很深，道教大有"喧宾夺主"之势，在其宗教中居于主导地位。第四，构图发生重要的改变。由于瑶族没有全盘吸收道教复杂的超度仪式，加上瑶族宗教仪式场地狭小，因此原本十张制式的汉族十王图便丧失了应有的宗教功能，被简化成为十殿图。但是这种改变恰好能贴切地表达瑶族人的原始宗教观念，适应了其生产力与宗教需要，因此得以保存几百年不变。

虽然最初对道教十王图有很多借鉴，但至清代乾隆年间，瑶族的宗教绘画也形成了一套严格的仪轨，多套绘画内容和构图大体一致，画师没有随意掺杂自己的主观想象对神像画进行改编。这说明瑶族画师保证了传世粉本得到忠实的传递。与此同时，一些艺术表现上的特色和缺点也在部分画师高手中得到反复优化处理：有的较好沿用了汉族工笔重彩技法，并兼容瑶族艺术特征；也有部分绘画比较原生态，显得稚拙古朴。但对瑶族人来说，不管何种水平的神像画都充满宗教虔诚与精神纯净，都能完成神圣的宗教使命。事实上，瑶族神像画原本也只是功能性绘画，不是供人欣赏的展示品。它们只会在举行宗教仪式时才被挂出来，仪式之后，立马会用红布将其包裹起来放在木盒子里，再置于神龛之上。因此在以往的研究中，鲜少有学者能够近距离观察到神像画。

三、瑶族十殿图的宗教意义

（一）十殿与梅山空间的融合

值得关注的是，虽然十殿图在瑶族的超度仪式中担任了重要的宗教功能，但瑶族盛行的超度文书《游梅山书》系列中大量关于梅山地狱的文字描写并没有直接对应于十殿图图像。《游梅山书》是与十殿图一起在瑶人超度仪式中使用的重要斋醮文书。梅山原为瑶族的祖地，是瑶族人心中生命诞生与轮回之地，因此《游梅山书》更多地以宗教叙事诗的形式反映了瑶族传承久远的隐秘的族群记忆，并呈现了送亡灵游梅山以体会梅山圣地仙境的过程，从另一个方面阐释了瑶族原始宗教中的死后世界。比如道经《开坛书》记载灵魂离体后的去往阴间的初始过程："一魂踏上梅山界，二魂踏上奈何桥，脚踏梅山深深全，不见师父心里休。"[①] 清代《具游梅山三十六洞书》[②] 则完整描写了超度死者灵魂到梅山的全过程。通常家属将亡者沐浴备棺装殓停柩后，师公便开始进行修斋报恩道场。首先会发牒引科仪，参拜梅山三十六洞先师回坛，然后发牒呈请梅山三元教主和各位神灵祖师，继而超度亡魂经过梅山二殿十八洞，至三十六洞，再到幽冥十殿。道经以七言韵文对梅山世界做了细致的描写，"梅山九帝出游行"记载："梅山出世闾州界，东京案下是龙王。梅山墙城八万里，行罡作法大威灵。……梅山门作卯一向，两条江水一条清。"道经中唱出了瑶族对梅山地理环境的想象，其中城墙与山门能对应十殿图中的铁围城与地狱门。对幽冥十殿的描写从"梅山一殿秦广王冥王"开始："过了一洞上有洞，过了一王上有王。先过一洞秦广路，送到梅山永无忧。死者送到梅山殿，三元殿上得逍遥。辞别妻儿归阴路，梅山条路好修行。今夜孝男送山会，同来送上头明香。"之后再经过梅山二洞楚江冥王、梅山三殿宋帝冥王、梅山四殿五官冥王、梅山五殿阎罗天子冥王、梅山六殿变成冥王、

---

① 牛津大学博德莱图书馆馆藏编号为 BOD Sinica3280 的清代手抄本瑶族道经之《开坛书》。
② 牛津大学博德莱图书馆馆藏编号为 BOD Sinica3354 的清代手抄本瑶族道经之《具游梅山三十六洞书》。

梅山七殿太山冥王、梅山八洞平政冥王、梅山九殿都市冥王，最后来到梅山十殿转轮冥王处，有"六亲九眷来相送，送归梅山作仙真。三元师主来迎接，引亡复送上天堂。押丧师主来迎接，亡师得度往逍遥。今夜送过梅山超度了，逍遥快乐往升天。今夜送过梅山超度了，逍遥快乐往升天"。在整个过程中可以看到，亡者在由孝子贤孙供奉的、由师公主持的"送师会"的护送下，一路顺利地通过了幽冥十殿，来到瑶人的天堂"桃源洞"。由此看出在瑶族道经展示的死后世界中，"十殿"与"梅山"巧妙地结合在了一起。

据《具游梅山三十六洞书》所载，瑶人灵魂进入天堂成为家先后，不仅有童子、十大帅师前来接引，还有金童玉女和护驾雄兵两边排列朝贺，更有"门子门官来接引，引带亡师坐法堂。亡师得座梅山殿，管下诸州第一名。神鬼个个来伏我，低头礼拜谢师恩。牛头马面来伏我，深深下拜尽皈依"①，可见瑶族家先崇高的宗教地位。此外经文还处处透露出瑶族人亡灵前去梅山成为家先的希冀与喜悦。相比汉族地狱冥王审判的严酷、刑罚的残酷，以及六道惩罚的严厉，瑶族的地狱之路显得轻松而无畏。这是因为瑶族的传统中有许多方法来避免重大的惩罚。首先瑶族全民入道的宗教习俗给了他们道德上的坚韧力量，以避免大多数言行会导致的地狱报应。比如过山瑶挂灯时，夫妇两人会被主持挂灯的师公授予阴阳碟（阴阳据），上有数条戒律：要孝顺父母，要讲信用，要懂家事的礼律，不可胡作非为，不得赌博和偷盗，不可奸人妇，不得好酒贪杯，不得争名利，不可好逸恶劳等。②但即使如此，如果瑶族人还是犯了罪，只要师公在死后的丧葬仪式为他们举行超度，通过十殿与梅山地狱将其罪恶净化，瑶族人灵魂依然能够进入天堂。在超度过程中，师公等级越高，仪式越隆重，就越能够使犯罪者逃避残酷的地狱刑罚。这也导致了瑶族人对师公这种连接生者与死者的媒介的持续需求，以及对死后世界的无惧。

综上可知，瑶族神像画十殿图中代表死后世界的主题词为"十殿"，而道经《游梅山书》中的主题词则是"梅山"。前者代表了瑶族对来自汉族的高级宗教仪式与图像体系的借鉴，后者代表着瑶族原始宗教中对圣地的崇拜，以及一种本民族的对死后世界朴实的认知。二者代表了两种完全不同的文化和信仰体系，但是又巧妙地和谐并存在瑶族的丧葬仪式中，其中空间则成为二者相通的重要因素。十殿图中的地狱之路是由下往上指引的，经过这条路就像爬一座大山。画师将时间因素融入空间，形成四维统一，使其完全不同于

---

① 牛津大学博德莱图书馆馆藏编号为 BOD Sinica3354 的清代手抄本瑶族道经之《具游梅山三十六洞书》。

② 吕正元，农贤生：《富宁县民族志》，云南民族出版社，1998 年，第 269~274 页。

汉族十王图的平行空间构造而与瑶族人攀爬梅山的习俗相符，虚虚实实地构建出瑶族特有的阴曹地府。诸多十王体系的场景被有序安排在梅山体系的空间中，完整将灵魂进入地狱、接受审判、地狱受罚、进入轮回的叙事顺序与瑶族人升天的场景相结合，展现瑶族朴素的惩恶扬善的地狱世界。可以说，智慧的瑶族人在丧葬送灵道场中，不仅吸取了道教十王图以提升科仪的仪式感与完整性，还通过梅山族群叙事保持了原始宗教叙事化、民俗化的特征，不断强化族群对梅山的记忆。二者的融合使瑶人在保持自己族群记忆的同时接受外来的强大的宗教，最终实现死后灵魂既可以回归梅山与祖先相聚，又顺利度过冥府十王的严酷审判的期待。这些因素表现在十殿图中，深刻反映出瑶族对道教的吸收，以及其保留下的祖先崇拜、灵魂崇拜和自然崇拜思想。

（二）道教成仙思想与祖先崇拜的结合

十殿图中空间的终点是"轮回"，《游梅山书》经书结尾是"今夜送过梅山超度了，逍遥快乐往升天"，这里图像与文字得到了对应。但是此轮回不同于佛教的"六道轮回"。事实上，瑶族只是吸收了十王信仰中佛教轮回的元素，虽表现出对彼岸的向往，但是其核心是能得道成为家先，即"生前入教者死后经师公超度亡灵升入天庭"[1]，这是本民族祖先崇拜观念融合道教成仙思想后形成的独特信仰体系。其大体上仍沿用道教神灵系统与科仪结构，但在神灵叙事和环境特征上融入瑶族元素，以适应瑶族传统的思维习惯，是符合瑶传道教特征的。

与道教"贵生"不同的是，"他们主要并不在现世修炼各种方术来企望达到生命的无限延长，而是通过现世成为道教信徒并借助'道力'在来世成为家先"[2]。而他们生前所做的挂灯等授箓仪式以及价值功德会帮助他们获得彼岸世界的地位。瑶族的挂灯授箓仪式通常会在 5 岁到 20 岁之间的瑶族男子中举行，根据等级不同，分为三台灯、七星灯等，最高是大罗灯。通过入教仪式的瑶族人能进入略低于老君天宫的天堂，若通过最高等级的仪式，则还能成为家先。妇女并没有被排除在宗教仪式之外，她们可以盛装出席仪式并同丈夫一起受封，如"盘氏三娘"这样的称号便是授予女性的。妻子在宗教中身份的晋升也与丈夫有关，丈夫宗教地位高，妻子死后就能受封为夫人或者皇族，并能同丈夫一起进入天堂。对瑶族人来说，入道是获得救赎的唯一途径，否则灵魂将不能进入轮回。因此瑶族全民皆入道，只有没有信仰的人才

---

①　徐祖祥：《论过山瑶道教的科仪来源和教义特点》，《贵州民族研究》，2003 年第 2 期。
②　徐祖祥：《论过山瑶道教的科仪来源和教义特点》，《贵州民族研究》，2003 年第 2 期。

不参加入道仪式。这样的宗教习俗实际上有效维持了瑶族的族群社会，使瑶族人在越过一山又一山的迁徙过程中，始终紧密团结在一起，一起面对恶劣的生存环境。

结　语

　　十殿图是古代瑶族将本民族祖先崇拜与道教升仙思想与佛教轮回思想融合而创造的一个通过地狱考验到达彼岸的想象空间。画面通过巧妙的构图将观看顺序和叙事场景通过一种视觉的、时间的、空间的逻辑关系呈现出来，体现了古代瑶族的宇宙观。梅山世界虽然未直接表现在十殿图中，但是图像通过空间构造将两个世界巧妙地隐喻在一幅画面上，形成瑶族特有的地狱世界模式，形成"西南少数民族宗教大传统与小传统结合的典型例证"[1]，这在所有十王信仰覆盖的领域中都是绝无仅有的，是非常典型的道教地方化和民族化的结果，也是瑶族对祖地的"一种集体性的文化积淀"[2]。类似十殿图这样的叙事型宗教绘画在我国西南地域曾经非常流行，运用图像学方法对其空间与时间关系进行探索应是此类图像研究的新视角。

作者简介：
陈杉，四川师范大学美术学院副教授。
李黎鹤，四川传媒学院艺术学院讲师。

---

①　张泽洪：《中国西南少数民族梅山教的神灵系统》，《宗教学研究》，2015 年第 3 期。
②　张悦、张泽洪：《瑶族游梅山书的宗教叙事与族群记忆》，《世界宗教研究》，2016 年第 1 期。

专题五　空间理论视域下的审美体验研究

曼纽尔·卡斯特的流动空间及其审美意蕴*

谭文旗

　　摘　要： 当代信息技术形成了一个全球化的电子信息网络社会，美国经济、社会与文化研究专家曼纽尔·卡斯特称之为流动空间。本文根据卡斯特的研究，一方面阐释流动空间的特征，另一方面挖掘流动空间独特的审美意蕴：无时间的体验、异域世界、真实而虚拟的文化。这些带给正处于电子信息网络时代的我们许多启示。

　　关键词： 流动空间　无时间的体验　异域世界
　　　　　　真实而虚拟的文化

　　在西方后现代文化背景下，不少学者从空间的角度对社会文化进行阐释，如亨利·列斐伏尔的"空间生产"、米歇尔·福柯的"权力空间"、戴维·哈维的"时空压缩"、弗雷德里克·詹姆逊的"认知测绘"、爱德华·索亚的"第三空间"等。美国经济、社会与文化研究专家曼纽尔·卡斯特根据新世纪到来时形成的电子信息网络社会提出"流动空间"。"流动空间"是当代科技高速发展下资本社会的一种信息全球化形态。由于时空一体，空间观念的变动必然带来时间观念的变化，而"审美实践与文化实践对于变化着的对空间和时间的体验特别敏感"①，所以，在全球化的电子信息网络社会中，我们的审美体验也在发生根本改变。本文根据卡斯特的研究，一方

　　* 本文系国家社科基金重大项目"西方新马克思主义文论与空间理论重要文献翻译和研究"（15ZDB085）的阶段性成果。

　　① 戴维·哈维：《后现代的状况：对文化变迁之缘起的探究》，阎嘉译，商务印书馆，2013年，第409页。

面阐释流动空间的特征，另一方面挖掘流动空间独特的审美意蕴：无时间的体验、异域世界、真实虚拟的文化。这带给正处于电子信息网络时代的我们许多启示。

一、什么是流动空间

首先，"空间就是社会"①。我们日常把空间仅作为物质存在的背景，或者从物理学的角度来定义，是"物质存在的一种客观形式，由长度、宽度、高度表现出来，是物质存在的广延性和伸张性的表现"②。在卡斯特看来，或者说在后现代空间转向论域的研究者看来，对空间，不能不参照社会实践加以定义。"时间和空间的客观概念必定是通过服务于社会生活再生产的物质实践活动与过程而创造出来的。"③卡斯特提出"空间是社会的表现（expression）"④，这种表现不是对社会的反映，也不是对社会的复制，而是直接等同于社会本身，空间就是社会。

其次，"空间是共享时间之社会实践的物质支持"⑤。不同于时间的序列性，空间是并列性的，且这种并列性不同于物理学上的邻近性。卡斯特认为，将空间的并列性与物理学上的邻近性区分开来非常重要，因为邻近性产生的是一种中心、边缘，并列性体现的是同时、共存，而同时、共存正是信息社会富于活力的共享机制。⑥正是这种共享的社会实践聚集，改变了线性流变的时间观念和主次分明的空间布局。

最后，"流动空间乃是通过流动而运作的共享时间之社会实践的物质组织"⑦。"所谓的流动，我指的是在社会的经济、政治与象征结构中，社会行动

---

① 曼纽尔·卡斯特：《网络社会的崛起》，夏铸九、王志弘等译，社会科学文献出版社，2001年，第504页。
② 中国社会科学院语言研究所词典编辑室：《现代汉语词典（第5版）》，商务印书馆，2007年，第778页。
③ 戴维·哈维：《后现代的状况：对文化变迁之缘起的探究》，阎嘉译，商务印书馆，2013年，第255页。
④ 曼纽尔·卡斯特：《网络社会的崛起》，夏铸九、王志弘等译，社会科学文献出版社，2001年，第504页。
⑤ 曼纽尔·卡斯特：《网络社会的崛起》，夏铸九、王志弘等译，社会科学文献出版社，2001年，第505页。
⑥ 曼纽尔·卡斯特：《网络社会的崛起》，夏铸九、王志弘等译，社会科学文献出版社，2001年，第505页。
⑦ 曼纽尔·卡斯特：《网络社会的崛起》，夏铸九、王志弘等译，社会科学文献出版社，2001年，第505页。

者所占有的物理上分离的位置之间那些有所企图的、重复的、可程式化的交换与互动序列。"① 卡斯特此处的"交换与互动序列"是指当代科技发展下网络信息的各种流动状态，"信息社会中，资本流动，信息流动，技术流动，组织性互动的流动，影像、声音和象征的流动。流动不仅是社会组织里的一个要素而已：流动是支配了我们的经济、政治与象征生活之过程的表现"②。

可以看出，相较于地方空间、都市空间，曼纽尔·卡斯特提出的流动空间主要是随着资本流动、科技发展而逐步产生形成的一种电子信息全球化形态。地方空间是我们每天都经验感知的，是绝大多数人日常生活的空间形式，具有物质特性，有其固定地点，并受制于当地的政策法规，其中人员往往受到当地的文化传统、宗教信仰与政治立场的影响。到发达工业资本主义时，各种生产要素高度聚集，引发城市住房、交通、教育、娱乐等各领域的普遍发展，形成都市空间。都市空间开始突破原有的地域限制，在更大范围内建立起一种相互的资本流动需求。而在当代信息时代网络空间里，各企业之间的关联开始非面对面地互动，在组织原则上从邻近性转向功能性，即两个不相邻的甚至遥远的空间位置之间可因资本流动的需要即时关联，如在金融领域，几秒钟内数以亿计的资金可在世界范围内完成的转移。这种即时的全球化社会活动就是卡斯特所说的流动空间。

流动空间虽未完全取代地方空间、都市空间，但却越来越成为统治性的空间，其支配性必将演变为当代社会的主导型逻辑。首先，流动空间往往"集中了全世界的指挥、生产与管理的上层功能；媒体的控制；真实的政治权力；以及创造和传播信息的象征能力"③。它们吸引和聚集了其所在的整个国家或区域的大部分人口和资源，并在外部与全球网络终端相连接。其次，流动空间虽并未渗透网络社会里人类经验的全部领域，人们确实依然生活在某个地方，但是，我们社会的功能与权力将逐渐在流动空间里组织，其新的支配性逻辑必将根本地改变地方空间、都市生活及后现代文化的表征。最后，相较于地方空间、都市空间，卡斯特的流动空间是一个以当代科技为基础的信息网络空间。此信息网络空间中的数百万民众生活在一个无核心的符码区域里，完全依赖信息交通与传播手段保持联系，而彼此在地方空间中却少有

① 曼纽尔·卡斯特：《网络社会的崛起》，夏铸九、王志弘等译，社会科学文献出版社，2001年，第506页。

② 曼纽尔·卡斯特：《网络社会的崛起》，夏铸九、王志弘等译，社会科学文献出版社，2001年，第505页。

③ 曼纽尔·卡斯特：《网络社会的崛起》，夏铸九、王志弘等译，社会科学文献出版社，2001年，第249页。

来往，相互的物理结构性意义已经淡化，呈现原子化的流动状态。这从根本上改变了人们的社会实践方式。

二、流动空间的审美意蕴

我们可以看出，流动空间是人们通过电子信息网络系统实现并存共享、交换互动的各种社会实践活动，它让资本、管理与信息通过电子网络来实现全球流动。流动空间的这种网络化逻辑根本地改变了我们生产、经验、权力与文化过程的操作及其结果，也带给我们另一种审美体验。

（一）无时间的体验

对于向死而生的个体来说，时间组建了我们的生活，追寻永恒的时间是人类文化生活的重要内容。然而，"不同于大部分古典社会理论时间支配了空间的假定，我提出的假设是，在网络社会里，是空间组织了时间"①，电子信息网络社会首先是空间的形态，带来的是一种无时间的空间体验。

1. 从同时性到无时间性

流动空间所体现的电子整合的多媒体系统主要以两种不同的形式促成我们社会里时间的转化：同时性与无时间性。媒体中各种时间的混合创造了一种时间拼贴，没有开端，也没有结束，没有序列，形成一种同时性状态。这种同时性造成媒体娱乐、新闻报道、生活方式、学校教育等，随其运作而将不同时间组织起来，其整体效果便是人类全部经验范围里可以获取的文化产品组成某种非序列式时间。如此一来，有意义事件的整个秩序失去了内在的、依照时序的节奏，而成为依其功用的社会脉络而安排的非时间性序列。在网络信息高速运作下，"詹姆斯·格列克（James Gleick）曾经说明了我们社会里'每件事物'的加速，无情地压缩一切人类活动领域中的时间。压缩时间直到极限，形同造成时间序列以及时间本身的消失"②。卡斯特针对网络信息社会提出"流动空间"，相应地提出了不同以往的时间观——无时间之时间。"无时间之时间似乎是在流动空间的网络里否定时间的结果，不论是过去或未

①　曼纽尔·卡斯特：《网络社会的崛起》，夏铸九、王志弘等译，社会科学文献出版社，2001年，第466页。

②　曼纽尔·卡斯特：《网络社会的崛起》，夏铸九、王志弘等译，社会科学文献出版社，2001年，第530页。

来。"① "所以'流动空间'和'无时间的时间'又是一对孪生子。"② 基于此，日常的时间观念在这个网络社会里发生了根本改变，无时间性开始成为我们这个时代的文化中不断复现的主题。

2. 无历史性

无时间之时间的实质是试图脱离具有历史特殊性的地域国家的社会政治控制，建立一种非历史性的"超空间"生产逻辑。这种生产逻辑也促使各种权力组织能够脱离具有历史特殊性的地域国家与社会政治的控制。支配性利益的流动空间由于跨越文化、遍及全球，拔除了作为意义之背景的经验、历史与特殊文化，而导向了非历史性、非地域文化性的普遍流行。于此，依靠时间的延续性而形成的道德、权威、政治、宗教等主流文化除非在当代信息系统这个非时间的空间中给自己重新编码，否则就要丧师失地。虽说和电视剧、脱口秀、网络聊天，乃至色情图文这些世俗文化相比，主流文化照样可以占据屏幕主体，然而它再也不是作为历史性的"渊源"而高高在上、不容置疑了。一切以历史性来显现的宏大叙事都可能在现代技术、网络空间、虚拟文化中被祛魅。

3. 瞬间与永恒

"流动的空间借由混乱事件的相继次序使事件同时并存，从而解消了时间，因此将社会设定为永恒的瞬间。"③ 网络文化的主要特征是多媒体的超级链接，即所有文化符码都可以不按照规范、秩序而混合在一起，在整合来自不同地方的多样符码时横越整个地球村与人类历史。这是一种既永恒又瞬间的文化。它是永恒的，因为它可往复于整个文化表现的时空中，"它是各种时态的混合，而创造出永恒的宇宙"④；它是瞬间的，因为每个安排、每个特定的排序都是根据某种文化建构所引发的脉络与意图而定的。流动空间的这种瞬间－永恒性展现出了别样的审美效果：自我与网络的联结会通了有限与无限的世界，实现了个人与他者契合的梦想。这种身体与机器的相通相连其实是将主体性的个人融入绝对性的宇宙整体之中，通过并置生命中的不同瞬间来通达人类永恒。

长久以来，空间仅仅被看作一种消极被动的地理（或物理）环境。现在，

① 曼纽尔·卡斯特：《网络社会的崛起》，夏铸九、王志弘等译，社会科学文献出版社，2001年，第577页。

② 陆扬：《解析卡斯特尔的网络空间》，《文史哲》，2009年第4期。

③ 曼纽尔·卡斯特：《网络社会的崛起》，夏铸九、王志弘等译，社会科学文献出版社，2001年，第567页。

④ 曼纽尔·卡斯特：《网络社会的崛起》，夏铸九、王志弘等译，社会科学文献出版社，2001年，第530页。

空间显示的是各种社会力量的变迁和对抗，既是沉沦的重灾区也是诞生反抗的空隙处。如此的生存空间构成了一个错综复杂的网络，相互间的冲撞与挤压几乎遍及方方面面。在这个网络中，各个空间既成为被权力控制、支配的对象，也同时成为实施权力的角色。这显示出，在后现代时空压缩状态下，空间不仅是社会生产的历史性结果，它同时还是权力、价值再生产者，具有本体论意义。曾经需要靠时间累积而逐步变化的事物现在被他者似的空间强力改变，在时间发展中曾经可控的事件由于空间变异而失控，在漫长时间过程中积累起来的生命经验开始让位于联系着各个点并与自身交叉在一起的网络空间产生的体验。个体虽然总是在时间的洪流中，并且以有限的时间来逼出存在的意义，但是更加切近的存在显现却是在空间网络中。所以不是历史的演绎而是空间的关联构成了后现代主要的审美体验。向死而生的个体在流动空间中超越有限的个体时间，获得永恒。

（二）异域的世界

1. 自我的消失

"媒介是人的延伸"[①]，媒介也改变了自我的存在样态。在无时间的流动空间里，个体在信息高速上交互，让人无法体验完整的时间性自我与历史性世界，无法感知自己与地方社会的切实联系。人没有了时间概念，没有了中心位置，淡化了身份区别，流动在没有边际的页面里。网络媒介在消除个体时间的同时，也滋生了个体对网络之外的日常生活的麻木："我所提出的假设是，网络社会的特征是生物与社会之节奏性，以及与之相关的生命周期观念的破灭。"[②] 流动空间虽然促成"冲浪者"从一个空间跃入另一个空间，这种"自由的穿梭"看似是自我主体的实现，但实际上这却是限定在"元语言"（meta-language）叙述关系网络之中的。这种尴尬境况表明数字媒介系统控制下的自我主体难以避免地陷入自我解放与网络控制的矛盾交错中。时间的消失与自我的迷茫，形成一种个体无时间的碎片化状态，最终主体消失。

2. 异域世界的敞开

在流动的电子信息网络中，不同的节点与核心并置、冲撞、挤压，此消彼长，不断地生成、更改、替换、变异，造成能指的不断滑移，空间意象不断流变。在这个超越了日常时空的超真实体验里，自我与他者、正义与邪恶、

---

① 马歇尔·麦克卢汉：《理解媒介——论人的延伸》，何道宽译，商务印书馆，2000年，第58页。

② 曼纽尔·卡斯特：《网络社会的崛起》，夏铸九、王志弘等译，社会科学文献出版社，2001年，第543页。

道德与欲望、真理与神话等编织成一个五彩缤纷、光怪陆离的景观之城。人们在此感受到无底的欲求、无穷的差异、神秘而无极的另类时空，这是一种互动的、离散的、杂色的、迷宫的、异质的、装饰的、混搭的、没有界限的、"深度缺失"的异域世界。"我们所生活的空间，在我们之外吸引我们的空间，恰好在其中对我们的生命、时间和历史进行腐蚀的空间，腐蚀我们和使我们生出皱纹的这个空间，其本身也是一个异质的空间。"① 空间本就是一种并置，一种相互映射的网络结构。这种网络结构不是一元的本体论、二元的认识论，也不是"正—反—合"三元的逻辑发展，而是众声喧哗的多元碎片。这种状态，不再是古典时期形而上学的同一性、近现代理性或非理性的主体性，而是后现代他者式的异质性。"不同位置之间是不可消除的，不可公约的，即我们生活在一个关系网中。空间散落为众多的'地点'（site），它们之间充满了差异性、断裂性、不连续性和异质性，并且不断产生着矛盾与对抗。"② 其实，这种异质空间状况本就是人类原初的生存情态，只是我们习惯于关注同质性、共通性，即使面对异质状态，一般也认为可以同一化。相较于古代的本体论、近代的认识论、现代的主体论，由流动空间呈现出来的异域世界或许显露出人类的一种更本源的存在性境遇。

3. 异托邦的美感体验

彼此不能化约，更绝对不能相互叠合的"异质空间"，呈现出来的不再是同质同构的单一样态，而是一种博弈的多元文化、多重视角和多样阐释。"在德鲁兹笔下，每对水火不容的概念之间，都会生成一种相依互补、却并不归入对方的多样性对偶关系。它们之间谁也离不开谁，谁也不是谁。"③ 这样一种充满差异性、断裂性、不连续性和异质性，又不断产生着矛盾与对抗、交错与扭结的状态，构成了后现代的文化特征。法国后现代思想大家福柯以"异托邦"来揭示这种文化特征：每一种文化都是通过一系列严密的分化、区分行为，如乱伦禁忌、规训惩罚等，展示出相互间不能并存的异质空间和场地；这些不同的空间、场地彼此纠缠、混杂、撞击，从而衍生出交错复杂而又断裂多样的文化形态。④ 不同于乌托邦式的主流性、同质化，这种异托邦文化形态包纳着边缘的、另类的、被忽视的、离经叛道并游离于政治中心的各色群体空间。

---

① 福柯：《另类空间》，王喆译，《世界哲学》，2006年第6期。
② 福柯：《另类空间》，王喆译，《世界哲学》，2006年第6期。
③ 赵一凡，张中载，李德思：《西方文论关键词》，外语教学与研究出版社，2006年，第818页。
④ 福柯：《另类空间》，王喆译，《世界哲学》，2006年第6期。

在这种后现代文化中，人们的审美体验是一种断裂的异质存在。"在这种情况下，'审美'往往成了点缀、装饰、噱头、戏仿等等的代名词，与市场、交换、利润、操控、权力等有着密切联系。"[①] 这种审美观念抛弃完美统一、理式规范，打破线性关联，强调在诸多不协调因素的相互冲突中去展示人们无法直接理解、把握的异质世界，形成一个众声喧哗的场景。恰如后现代先锋艺术打破画面的同构关联，用异样的造型、断裂的平面去象征艺术家们所理解的世界，他们刻意制作诸多相互冲突和不协调的异质因素，使其相互抵触、相互斗争，从而产生出一种混乱、错位的快感。这种有悖于主流文化的非同一性审美观念，这种充满差异性、断裂性、不连续性和异质性，并且不断产生着矛盾与对抗的审美体验，在流动空间中比比皆是。

（三）真实而虚拟的文化

卡斯特高度推崇麦克卢汉的"媒介即信息"。[②] 如果说近代的印刷术催生了精英文化，现代的影视传播生成了大众文化，那么，以电子网络传媒为基础的流动空间显示的是一种什么样的不同以往的审美文化呢？

1. 真实而虚拟的文化

当主体及其时间消失，面对异域世界时，一切都成为一种符号象征，一切都化为一种真实而虚拟的超时空状态。目前以电子信息为核心的网络系统，其历史意义并非是构造出一种仿真的虚拟状态，而是把无主体下的符号象征这种虚拟却真实的文化突显出来。"虚拟的世界是非现实的，但在感官感受的效果上又是'真实的'，所以，赛博空间既是虚拟的，又是真实的；虚拟是相对于现实的三维空间而言，真实是相对于我们的感官感受而言。我们可以进入到这个特殊的'虚拟而真实空间'里，与它发生互动关系，在其中穿越物理和地理意义上的时间与空间，甚至穿越历史和现实、过去和未来。"[③] 在这个真实虚拟的世界里，表象不仅出现于屏幕中以便沟通经验，其本身也成为人们的现实经验。传统上外在于该系统的含有历史性编码的象征权力被大幅度削弱，所有现实中的事物都以象征符码的方式融入流动的空间，通过空间的符码流动而产生价值、利益和权力符号。作为一种全新的技术，互联网这

---

① 阎嘉：《审美（Aesthetic）》，载汪民安主编，《文化研究关键词》，江苏人民出版社，2011年，第294页。

② 曼纽尔·卡斯特：《网络社会的崛起》，夏铸九、王志弘等译，社会科学文献出版社，2001年，第411页。

③ 阎嘉：《马赛克主义：后现代文学与文化理论研究》，四川出版集团巴蜀书社，2013年，第283页。

一通达全球、整合所有交流媒介以及具有互动功能的传播媒质生成了一种新的文化式样，卡斯特将其命名为"真实虚拟文化"（culture of real virtuality）[①]。

2. 微小而全息的世界

这种真实而虚拟的文化是一个微小而全息的宇宙。由于"所有种类的信息全都包藏于媒介之中，因而媒介变得十分全面、多样、富于延展性，使得媒介在同一个多媒体文本里吸纳了所有人类过去、现在和未来的经验，就好像位于波杰斯（Jorge Luis Borges）称为'Aleph'的宇宙之中的独特一点上"[②]，电子信息网络社会中这种由象征符号生成的真实而虚拟的文化将包纳我们存在的所有。"Aleph"是阿根廷现代魔幻现实主义小说家博尔赫斯笔下一个其貌不扬却包罗万象的小圆球，"直径大约两三厘米，但宇宙空间都包罗其中，体积没有按比例缩小。每一件事物（比如说镜子玻璃）都是无穷的事物，因为我从宇宙的任何角度都清楚地看到"[③]。相较于早期的口语交流、近代的书写印刷、现代的广播影视，这个小方块——电脑，如同"Aleph"一样，将更能包纳人们所有的现实存在（不管是物质生产还是精神梦想）。"这种以多种传播模式之数字化与网络化整合为基础的新沟通系统，其特性是一切文化表现的无所不包与全面涵盖。"[④]

3. **超时空的审美体验**

在这种真实而虚拟的全息时空里，一切皆有可能。电子信息网络具有的无时间的快捷联通、跨越空间界线的相互性，使得其他任何传播媒介在它面前都黯然失色。面对一台能具有 10 个国家图书馆的藏书容量、可链接成千上万不同身份的网民、能将各色异质空间都混合一体的互联网电脑，任何博大精深的传统文化、经典权威的历史性话语都可能被消解。面对已有的媒介（主要是印刷、广播、影视）产生的文化，电子网络传播将重新编码知识体系，产生新的话语表达方式。那些凭借地理位置、历史沉积而构建的序列性、中心性、沿袭性文化均将受到质疑和颠覆；那些超越时空的审美体验——"刹那见终古，微尘显大千""思接千载，视通万里"，在网络空间中成为现实。传统文本里，一千个读者可以读出一千个哈姆雷特，而在电子信息网络里，一个读者可能会同时遇见上千个不同时空的哈姆雷特。

---

① 曼纽尔·卡斯特：《网络社会的崛起》，夏铸九、王志弘等译，社会科学文献出版社，2001年，第408页。

② 曼纽尔·卡斯特：《网络社会的崛起》，夏铸九、王志弘等译，社会科学文献出版社，2001年，第463页。引文中的"波杰斯"现在通常译作"博尔赫斯"。

③ 朱立元：《当代西方文艺理论》，华东师范大学出版社，2005年，第496页。

④ 曼纽尔·卡斯特：《网络社会的崛起》，夏铸九、王志弘等译，社会科学文献出版社，2001年，第464页。

在这种真实而虚拟的电子信息时空里，不再有"天人合一""物我相合""高贵的单纯，静穆的伟大"似的古典审美体验，也不是崇高、悲剧、荒诞，而是一种众声喧哗的狂欢。电子信息网络开放、流动、多变、去中心，随意自如地从一个界面跳转到另一个界面，不同的文本、图像、视频、音乐、动画、自媒体，交相呈现；除了政治、财经、教育、科技、文学、艺术外，影视、游戏、时尚、笑话、星座等不断涌现，导向一种话语狂欢和文本互释状态。一个个没有连续性的展现窗口、没有统一的书写方式、一种松散而随机的链接，形成难以聚焦、凝结的审美意象。在包纳了一切的赛博空间里，世界的真实与人类的想象、虚拟的符号与真实的情意永远在生成、在呈现、在互动，制造出一个走马观花的网际世界。在高速流动的信息符号里人们打破已有的审美习惯，挑战旧有的逻辑秩序，体验着西方解构主义的"作者之死""读者已死""能指即所指""块茎与游牧"的后现代"梦想"。这种无中心、无主次、无边际的戏法带给人们超越时间的有限、超越空间的束缚后的审美狂喜。

曼纽尔·卡斯特提出的流动空间展示着人类在新的传播媒介下形成的另类时空及其审美文化。它已经完全超越日常生活体验而进入"超真实"的符码消费阶段。流动空间究竟意味着什么？是意味着无时间、去历史之后的民主、自由、解放，还是意味着一个民主、自由、解放的乌托邦？是意味着虚拟世界将补足我们真实的存在，还是虚拟符码将操控乃至代替我们真实的存在？不管怎么说，卡斯特以流动空间显示出了晚近资本主义快速发展下时空观念的根本改变以及文化生活、审美体验的急速变异。这些对我国当前的全球化发展、网络社会建设等都将给予深刻的启示。

作者简介：
谭文旗，四川大学道教与宗教文化研究所博士研究生，阿坝师范学院教授，主要从事美学研究。

论赛博空间与主体批判理性*

庞 弘

　　摘　要：在当前空间研究的总体谱系中，赛博空间已成为一个意味深长的维度，而赛博空间与主体批判理性的关联则成为一个亟待反思的问题。批判理性肇始于欧洲市民社会的形成，其核心在于主体与主体之间基于理性思辨的对话和沟通。赛博空间得天独厚的技术优势，使之成为主体参与或发声的重要路径，但赛博空间的去语境化、混杂化、过度注意力等特征，以及潜藏其中的"沉默的螺旋"效应，又造成主体批判理性的不可避免的消解，并连带引发一系列难以遮掩的忧患、困惑与危机。对赛博文化的参与者而言，批判理性的建构应聚焦于如下两个层面：其一，对技术自身的追问与反思；其二，对主体媒介素养的完善与提升。

　　关键词：赛博空间　主体批判理性　公共参与　技术
　　　　　　媒介素养

　　在当下空间研究的广阔谱系中，赛博空间（Cyberspace）无疑已成为一个不容错失的维度。作为一种植根于新兴数字技术的空间形态，赛博空间在相当程度上打破了时空界限，使主体压抑已久的潜能得以激活和释放。① 然而，赛博空间的解放性并未允诺一片宁静、祥和、充满希望的新天地。诚如哈姆林克（Cees J. Hamelink）

---

　　* 本文系国家社科基金重大项目"西方新马克思主义文论与空间理论重要文献翻译和研究"（15ZDB085）、国家社科基金青年项目"'阐释的边界'与当代文学理论的话语重估研究"（18CZW006）以及教育部人文社会科学研究青年项目"社会转型与新媒体事件的视觉表征研究"（16XJCZH003）的阶段性成果。

　　① 如加拿大学者文森特·莫斯可（Vincent Mosco）提出，通过对传统历史、地理、政治观念的瓦解，赛博空间极大地释放了人们的主体意识，使他们有可能摆脱现实世界的规训而向一个新的超验性王国提升。在此过程中，赛博空间的亲历者也将获得一种由数字技术建构的崇高（sublime）体验。参见文森特·莫斯可：《数字化崇拜：迷思、权力与赛博空间》，黄典林译，北京大学出版社，2010年。

所言，由于现实世界中的社会关系仍将在虚拟场域中持存，纵然在赛博空间中，人们仍不免为种种卑污龌龊所裹挟与纠缠："现实生活中的一切不道德现象在虚拟现实中都出现了，审查、追逐权力、背叛、跟踪（stalking）、撒谎、传播流言蜚语、偷窥（peeping）、偷盗、欺诈、引诱、违约、侮辱以及不实、不可靠、不文明或滥用，等等。"① 赛博空间所衍生的精神困境和道德危机，使主体批判理性的建构成为当务之急。如何引导主体形成一种自觉的批判理性精神，以防止赛博文化堕入庸俗、肤浅、盲目、躁动的泥潭之中，在当前已成为一个需要慎重思考的问题。

一、何谓批判理性

所谓"批判理性"（critical reason），可追溯至 17—18 世纪的欧洲社会。哈贝马斯（Jürgen Habermas）指出，伴随资本主义的演进和自由民主主义的兴起，越来越多的精英知识分子产生了倾诉与表达的迫切需求，他们聚集在沙龙、茶室、剧院、咖啡馆、俱乐部等公共场所，围绕当时的一些重要社会问题，发表各自的看法、观点和意见，并逐渐形成了一种理性思考与论辩的传统。② 艾尔文·古德纳（Alvin Gouldner）就批判理性的内涵做出了较为详尽的诠释：其一，"它所关心的是对其主张的评判"；其二，"它的评判方式并不是通过诉求权威来进行的"；其三，"它更倾向于论者的自愿认可，这些论者只以所引证的论点为根据"。③ 具体说来，批判理性关涉主体在论辩中所应当遵循的话语规则：首先，讨论者的出发点和落脚点都必须集中于议题本身，不应溢出既定的边界而弥散至无关的论题或领域；其次，在论辩的具体过程中，讨论者依凭言说的有效性与说服力来达成特定的目标，而不会借助在经济、文化、政治等方面的权威地位来强加自己的主张；最后，论辩的结果来自讨论者心悦诚服的认可或赞同，是论证本身合理性的自然衍生物。由此可见，批判理性绝非一味指责或质疑，亦不等同于不假思索的支持或应允，而是包含了主体的冷静反思和有保留的介入，其最终目标，在于营造一种建基于理性思辨之上的，更加自由、和谐，更具包容性的现代文化氛围。

---

① 西斯·J·哈姆林克：《赛博空间伦理学》，李世新译，首都师范大学出版社，2010 年，第 29 页。

② 参见哈贝马斯：《公共领域》，汪晖译，载汪晖等主编，《文化与公共性》，生活·读书·新知三联书店，2005 年，第 125—133 页。

③ 艾尔文·古德纳：《知识分子的未来和新阶级的兴起》，顾晓辉等译，江苏人民出版社，2002 年，第 34 页。

早在 20 世纪 70 年代，社会学家英格尔斯（Alex Inkeles）便提出，现代化不仅涉及生产方式、政治组织、教育模式、经济机制等方面的革新，同时还必须使普通人摆脱旧有的思维与认知模式，实现思想、态度、人格和价值观的现代性转变："如果一个国家的公民缺乏一种能赋予这些制度以真实生命力的广泛的现代心理基础，如果执行和运用着这些现代制度的人，自身还没有从心理、思想、态度和行为方式上都经历一个向现代化的转变，失败和畸形发展的悲剧结局是不可避免的。"① 可见，现代化的核心是人的现代化，而人的现代化首先又表现为现代批判理性的形成。赛博空间的亲历者大多是中等及以上教育程度的年轻人，作为哲学家塞尔（Michel Serres）口中的"拇指一代"②，他们在电子设备的使用娴熟程度上远远胜过其前辈，但在批判理性精神的涵养方面，则无疑存在着较多的欠缺。正因为如此，无论是对信息的生产、加工与传播，还是对媒介文本的诠释、介入和参与，他们往往都激情有余，而冷静、理智、恰切的追问与反思不足，于是，一系列令人束手无策的问题也逐渐浮出水面。这样，在赛博空间中，主体批判理性的培育便成为一个颇为迫切的议题，它将有助于人们更客观地看待赛博空间所塑造的光怪陆离的社会文化景观，并做出更公允的权衡、选择与决断。

二、赛博空间与主体批判理性的消解

在当代公民的文化精神生活中，赛博空间具有不言而喻的建构意义。英国学者希特（Derek Heater）观察到，媒介在现代公民身份的形成中起到了难以估量的作用："各种各样的媒体成为培养公民身份和在陌生人中建立一种团结感的具有关键意义的中心。"③ 此种观点在赛博文化中得到了明确回应。赛博空间不仅为普罗大众提供了表达意见、交换信息乃至宣泄情绪的广阔平台，同时还有助于催生一种以公共参与为导向的、影响广泛的文化模式。正因为接受者对相关影像或信息积极回应，曾经沉默失语的公众才真正进入一度遥不可及的舆论中心，不仅能够以集体话语的形态围绕司法、住房、教育、就业、医疗、环保、食品等重大议题展开讨论，更有机会制造强大的舆论压力

---

① 殷陆君编译：《人的现代化——心理·思想·态度·行为》，四川人民出版社，1985 年，第 4 页。

② 塞尔所说的"拇指一代"指伴随新兴数字技术而成长起来的青年人群，他们仅依靠拇指触碰屏幕，便可以摆脱"此时此地"的羁绊与桎梏，进入一个更加自由、更具活力和可能性的场域之中。参见米歇尔·塞尔：《拇指一代》，谭华译，华东师范大学出版社，2015 年。

③ 德里克·希特：《何谓公民身份》，郭忠华译，吉林出版集团有限责任公司，2007 年，第 122 页。

并督促有关部门的政策实施，从而达成弘扬美德、鼓舞人心、声援弱者、伸张正义、揭露真相等实际功效。在此过程中，来自不同地域的人们将不自觉地集结为一个"想象的共同体"（imagined communities），而他们的公民意识和社会关怀也将得到进一步的释放、激活与更新。

然而，在承认赛博文化之建构意义的同时，还必须注意到，隐含于赛博空间之中的，依然是大量难以遮掩的局限和偏颇。换言之，赛博空间一方面使主体获得了参与或发声的契机，另一方面，又无可避免地造成了主体批判理性的削弱、折损乃至消解。

第一，赛博空间具有去语境化的倾向。赛博文化是一种典型的"微文化"或"微叙事"，其最突出特征，在于各类信息一方面以惊人的速度实现广泛的、大规模的传播，另一方面又常常遭到肢解而呈现出不完整的形态。以当前颇为流行的微信为例，一旦刷新朋友圈，我们即可发现，无数视频、音频、图片和文字以点对点的方式在这一平台上发布，其速度之快，涉及面之广，令人应接不暇。赛博空间在传播上的广度与速度又常常以牺牲信息的完整性为代价。发布者为保证信息的时效性和易读性，大多选择以只言片语来概述事件的整个过程，同时，为尽可能抓住受众的眼球，又常常主动对事件进行加工和剪裁，从中挑选出具有煽动性与诱导性的内容加以集中表现。如此一来，呈现在人们眼前的，往往是脱离原初语境和背景的、支离破碎的视听信息。这些碎片化的信息，不仅阻碍了人们从整体着眼，对事件加以全方位的观察、理解和把握，同时也容易制造带有戏剧性和争议性的舆论噱头，使公众的情绪陷入非理性的极端状态。在当前的不少社会热点事件中，正是赛博空间对当事人言说情境的刻意遮蔽或淡化，使公众对事件本身做出片面化和偏激的理解与认知。

第二，赛博空间具有"混杂化"的表现形态。赛博空间是一个极具包容性和延展性的特殊空间，上至国家大事、下至街谈巷议的各色信息，以芜杂、混乱、未加分辨的姿态呈现于受众面前。海量的信息固然拓宽了公众的眼界，但同时也造成了辨析与选择的困难，以至于某些信息一经发布，便很快被淹没在汪洋恣肆的信息海洋中。这种信息呈现的混杂性和无规则性决定了在赛博空间中那些更具挑逗性和刺激性、更容易激发人感官体验的信息往往能获取高度关注，甚至有机会左右舆论的后续走向。在这样的情况下，冷静、理智、条分缕析的思维方式自然遭到了有意识的忽略。此外，还需注意的是，赛博空间是一个高度虚拟的场域，"面具"与"马甲"掩盖了参与者的真实身份，一方面有助于他们摆脱现实约束而畅所欲言，另一方面又造成其责任感的相对匮乏，使他们可以不顾现实声誉与口碑而极尽攻击、诋毁之能事。如此一来，公共讨论往往违背其初衷而沦为一场场骂战。对此，传播学家胡泳有较明确的认识，他强调指出，正因为在赛博文化中，人们不必为自己说过的话负责，所以在论辩与争鸣中，胜出的往往并非理性、中立、克制的声音，相反，谁的音调更高亢，谁的姿态更激进，谁的用语更下流粗鄙，谁就更有可能一举占得先机，"这网上世界很有些弱肉强食的味道，大部分情况下，'丛林法则'可以通行无阻"①。很明显，上述状况导致赛博文化进一步偏离理性协商的轨道。

第三，赛博空间是一个信息更新极度频繁的场域。纵观当前的各大社交平台，不难发现，无数信息在其中以令人意想不到的速度转换、更迭与流变，这种迅疾变幻、浅尝辄止的观感体验，自然也将对主体的思维方式、情感态度乃至价值取向产生深刻影响。美国学者卡尔（Nicholas Carr）曾指出，人们面对印刷物等传统媒介时，采取的是一种凝神屏息、全神贯注的阅读方式，而在各种信息纷繁驳杂、泥沙俱下的赛博空间，人们就如同"一个摩托快艇手，贴着水面呼啸而过"②，因而很容易停留于现象层面，难以进行有深度的开掘与探究。凯瑟琳·海尔斯（Katherine Hayles）则观察到，在当代社会，人们的认知模式出现了从"深度注意力"（deep-attention）向"过度注意力"（hype-attention）的深刻转型：前者多见于传统媒介时代，它使主体的注意力长期凝聚于单一的目标之上，并由此而获得较高的专注度和忍耐力；后者则是电子时代所特有的视觉模式，它使主体的注意力在多个对象之间连续跳转、切换，并逐渐习惯于追求强烈的、稍纵即逝的感官刺激，同时对单调、枯燥、持续的阅读心生厌倦。③赛博空间缩减了人们的阅读时间与思考强度，使他们总是在浅表化的、动荡不定的状态下对文本投以匆匆的一瞥，因此，过度注意力同样成为赛博文化的鲜明特征。这也使得主体的参与行为带有某种歇斯底里的意味，他们在面对特定公共事件时，往往会在突然间爆发出巨大的参与热情，一旦时过境迁，便兴味索然，转而热情洋溢地投入对下一个热点事件的追逐。可见，在赛博空间中，主体参与依然是偶然、随意、不稳定的，这种经不起时间检验的速朽式参与实际上无助于批判理性的建构和完善。

第四，还需关注赛博空间制造的"沉默的螺旋"（the spiral of silence）效

---

① 胡泳：《网络政治：当代中国社会与传媒的行动选择》，国家行政学院出版社，2014年，第36页。

② 尼古拉斯·卡尔：《浅薄：互联网如何毒化了我们的大脑》，刘纯毅译，中信出版社，2010年，第5页。

③ 参见凯瑟琳·海尔斯：《过度注意力与深度注意力：认知模式的代沟》，杨建国译，载周宪、陶东风主编，《文化研究》（第19辑），社会科学文献出版社，2014年，第4—5页。

应。该命题的提出者诺尔-诺依曼（Elisabeth Noelle-Neumann）宣称，在特定观念或信息的传播中，通常存在着一种根深蒂固的从众心理：当人们的意见受到旁人的青睐和认可时，他们往往会表现出超凡的主动性与自信心，并不遗余力地推动这种观点的增殖和扩散；当人们的意见（即使是正确意见）在群体内部无法引起响应时，他们则多半会变得瞻前顾后、谨小慎微，甚至不惜放弃原有立场而支持那些流行的错误见解。如此一来，在公共舆论的形成与发展中，便出现了某一方的声音愈发强势，而另一方的声音不断消退的螺旋式进程。少数人宁肯盲从大多数人的意见，也不愿凭自己的理智发出声音。① 在赛博空间中，这种"少数人向多数人称臣"的现象同样比比皆是。前文提到，在赛博空间中，信息的不完整、非逻辑和迅速更替造就的是一大批"碎微化"的接受主体，他们一方面缺乏宏观的、整合性的思考与架构能力，另一方面又难以忍受持久的、相对艰深的观看或阅读体验，反而对那些令人兴奋甚至耸人听闻的信息青睐有加。在这样的情况下，某些熟悉赛博文化的话语规则与议程设置的人，便往往乘虚而入，投其所好，以迎合公众的兴趣并左右舆论的走向。同时，应当看到，现实生活中的层级序列和权力格局并未因赛博空间的存在而消失，其具体表现为网民的"线上地位常常为线下身份的披露所直接强化"②。不难发现，在赛博空间中，诸如明星、政要、商人、学者等公众人物的言论通常更容易在网民中引起广泛响应，并更可能造成高度一致的意见指向。在赛博空间的公共参与中，沉默的螺旋带来了一些消极的影响。哈贝马斯认为，理想的交往情境得以建构的关键，并非交谈中一方对另一方的说服或压制，而在于一种"对话角色的无限可互换性"③，在于我与你、应与答、言说与倾听之间和谐、融洽的交互主体性转换。在赛博空间的舆论场域中，这种交互主体性遭到了一定程度上的破坏和解构。大多数人不会接纳不同的意见，而是不约而同地趋附于极少数"大咖"的看法和主张，故而，说者与听者之间的角色互换往往难以实现，即使偶有理性和睿智的声音，也时常被淹没在大多数人此起彼伏的喧嚣与鼓噪中。

---

① 参见伊丽莎白·诺尔-诺依曼：《沉默的螺旋：舆论——我们的皮肤》，董璐译，北京大学出版社，2013年。
② 胡泳：《网络政治：当代中国社会与传媒的行动选择》，国家行政学院出版社，2014年，第34页。
③ Jurgen Habermas，"Social Analysis and Communication Competence"，in Charles Lemert，ed.，*Social Theory：The Multicultural and Classic Readings*. Boulder：Westview Press, 1993. p. 416.

三、主体批判理性的建构之道

论及赛博空间对现实的潜在威胁，马克·斯劳卡（Mark Slouka）曾忧心忡忡地指出：

> 在这个杂糅的世界，每一种潜在的价值都变成了它自己的阴暗面；自由，成了种种恶习和折磨他人的自由；匿名，成了肆无忌惮的色情电话的匿名；而脱离物质躯体的解放，成了折磨他人虚拟躯体的邀请函。当真实世界用各种检查制度和权衡措施把住邪恶之门时，人性中的所有恶魔，却在极短时间内跳到赛博空间里重新开张营业。①

虽然斯劳卡的论述似有过分悲观之嫌，但无疑也道出了潜藏在赛博空间之中的某些值得警醒的症候。赛博空间是一种充满丰富可能性，然而又缺乏既定规范与程序的空间形态，它一方面为参与者带来了触手可及的自由，另一方面也潜藏着诸多难以预测和把控的不确定因素。正是上述状况的存在，决定了赛博文化在培养主体批判理性方面的缺憾，并常常诱发诸多令人措手不及的忧患、困厄与危机。我们认为，对于赛博空间的参与者而言，主体批判理性的建构应着眼于如下两个方面：

一方面，是对于技术及其效能的准确定位与公允评判。

毋庸置疑，技术始终与人的存在息息相关。斯蒂格勒（Bernard Stiegler）在其代表作《技术与时间》中试图说明，技术绝不能简单等同于无关紧要的点缀与修饰，相反，人类自诞生伊始，便不得不将自身安置于一个技术性的框架之内，于是，技术也便同人类的生存、发展产生了相互指涉、水乳交融的紧密关联。② 乔纳森·克拉里（Jonathan Crary）更是通过从"暗箱"（camera obscura）到"立体视镜"（stereoscope）的范式转换，揭示了技术的变革是如何改变了人们观察世界的方式，又是如何将一个被动的再现者建构为一个具有能动精神的现代主体。③ 然而，必须承认，对技术的过度放纵又时常会带来不堪设想的恶劣后果，它往往使个体徘徊在欲望膨胀与欲求不满的痛苦轮回之中，并最终陷入一种自我反叛、自我抛弃、自我异化的窘迫境地。无论是玛丽·雪莱（Mary Shelley）的《弗兰肯斯坦》，还是赫胥黎（Aldous

---

① 马克·斯劳卡：《大冲突：赛博空间和高科技对现实的威胁》，黄锫坚译，江西教育出版社，1999年，第70—71页。

② 参见贝尔纳·斯蒂格勒：《技术与时间：1. 爱比米修斯的过失》，裴程译，译林出版社，2000年。

③ 参见乔纳森·克拉里：《观察者的技术》，蔡佩君译，华东师范大学出版社，2017年。

Huxley）的《美丽新世界》，抑或伯吉斯（Anthony Burgess）的《发条橙》，对技术的反乌托邦效应都有过生动形象的描绘。

作为技术进步在转型期社会的某种微妙体现，赛博空间固然向公众允诺了空前的表达自由，并极大地丰富了主体行动的方式和可能性，但同时，也极有可能造成对主体的胁迫、侵蚀与戕害，从而在每一个普通人的精神深处留下难以消解的隐痛和创伤。尤其是在当下，按照伯格曼（Albert Borgmann）的观点，以智能手机、平板电脑、数码相机等为代表的新媒体终端越是以友好、亲和、人性化的面目出现，便越是阻碍了普通人对其内在运作原理的理解，而赛博文化的负面效应也将变得更加隐微而不易觉察。① 因此，落实到赛博空间中，人们在承认技术带来的种种便利和福祉的前提下，也应当随时注意从中抽身而出，进而对技术的价值和功用做出理性的评估与全方位的祛魅，并逐步就如何合理、有效地对待和使用技术展开持续而真诚的思考。正如有学者所言："我们应该以正确的方式使用技术：一方面我们要鼓励革新、开放和进步，另一方面要尊崇真理、权威和创造的专业标准。这才是我们的道德责任。"②

另一方面，则是对主体媒介素养的巩固、完善和提升。

传播学家巴特勒（David Butler）曾这样说道："如果给你一支枪，你能够杀死其他人，但你并不必这样做。"③ 言下之意在于，传播媒介本身并不是决定其优劣的关键所在，真正起决定性作用的，其实是传媒的接受者、使用者和反馈者，是时时刻刻同媒介发生亲密接触的普通民众。无可否认，公众虽不同于文化精英主义者眼中愚昧、轻信、易怒的"群氓"或"暴民"，但仍然存在着诸如法律意识淡薄、道德水平低下、从众心理严重等缺点。如奥尔特加（Ortega y Gasset）便对公众在当下的空前活跃表示深切担忧，在他看来，大众所激发的民主其实是一种夸大、扭曲、变形的所谓"超级民主"（hyperdemocracy）："在这种民主当中，大众无视一切法律，直接采取行动，借助物质上的力量把自己的欲望和喜好强加给社会。"④ 不难想象，赛博空间的虚拟性、匿名性以及把关人的相对缺失，恰恰为上述缺点的发酵和膨胀提供了最适宜不过的温床。在赛博文化的传播与流行中，公众所固有的病态人

---

① See Albert Borgmann, *Technology and the Character of Contemporary Life: A Philosophical Inquiry*. Chicago: University of Chicago Press, 1987.

② 安德鲁·基恩：《网民的狂欢：关于互联网弊端的反思》，丁德良译，南海出版公司，2010年，第 200 页。

③ 戴维·巴特勒：《媒介社会学》，赵伯英等译，社会科学文献出版社，1989 年，第 80 页。

④ 奥尔特加·加塞特：《大众的反叛》，刘训练等译，吉林人民出版社，2004 年，第 9 页。

格时常以几何级数急剧扩张，进而演化为某种极端化的、毫无底线可言的群体性暴政，并最终对社会的平衡和稳定造成难以估量的伤害。正因为如此，如何在转型期的中国社会推动公民形成一种积极、健康的媒介素养，便显示出了非同寻常的价值和意义。

"素养"（literacy）一词的词源可追溯至拉丁语"*litera*"，意为"书写"或"字母"，亦可引申为"识字的人"。① 随着现代社会的演进，素养的意涵已得到了较大幅度的拓展，它不再仅限于简单的识文断字，而更多关涉"人们对词汇进行编码和解码的能力、推断深层含义的能力以及表达更加复杂思想的能力"②。具体到传媒文化领域，素养不仅指能够阅读或消费媒介，同时还指能够在读懂（即充分理解）媒介的基础上，辨析其优劣，发掘其潜在的丰富可能，并促使其产生积极、正面的社会－文化效应。在赛博文化中，主体所应当具备的媒介素养至少包括两个方面。首先，是主体所必需的认知能力，如分析、归纳、抽象、综合、概括，等等。正是在具备这些能力的前提下，赛博文化的接受者才可能将眼前残破、分裂的信息片段还原为一个完整、有序的总体化过程，并由此而克服赛博空间所带来的浅表化、碎片化、缺乏深度的思维习惯。其次，是主体应掌握的知识话语。有学者曾观察到，在一个告别元叙事的后现代语境下，人们往往局限于严苛的专业分工，其交流与沟通的有效性也随之而大大降低。③ 上述状况在赛博空间中同样有所体现。具体说来，主体往往基于其有限的兴趣和取向，聚集在各自狭小的圈子或社群中，彼此之间难以达成一致的理解与认同。在这样的背景下，诸如传媒、政治、文化、法律、道德等方面的知识普及便显得尤为必要。只有普遍分有知识话语，主体的交流与沟通才可能获得相对稳固的平台，融洽的交流氛围也才有机会逐步形成和显现。唯有在以上两种媒介素养的充实下，人们才可能对眼前五花八门的视觉资源做出有效的筛选与分辨，并逐步形成一种自觉的批判理性，从而对赛博文化及其具体呈现的世间百态做出更合理的分析、思考与提炼。

作者简介：

庞弘，四川师范大学文学院副教授，硕士生导师，主要从事西方文论和视觉文化理论研究。

---

① *Webster's Third New International Dictionary of the English Language Unabridged.* Springfield：G &. Merriam Company，1961，p.1321.

② 斯蒂芬·阿普康：《影像叙事的力量：在多屏世界重塑"视觉素养"的启蒙书》，马瑞雪译，浙江人民出版社，2017年，第32页。

③ E. D. Hirsch, Jr., *Cultural Literacy：What Every American Needs to Know.* New York：Vintage，1987，p.31.

空间视域下早期尼采的悲剧形而上学*

吕 东

摘 要：本文以列斐伏尔的空间三元辩证法为理论出发点，在此理论视域下重点解析早期尼采的悲剧形而上学思想。首先指出在《悲剧的诞生》中，尼采笔下的悲剧由三重世界构成，而此悲剧内涵完整清晰地呈现出了在悲剧这一审美经验中三元空间的基本形态。其次指出早期尼采批判苏格拉底主义不仅在于它是悲剧之死的始因，更在于它不过是构想空间中的形而上妄念，对生命毫无意义。最后强调，早期尼采的哲学批判并没有陷入后现代的虚无主义的深渊，而是复归悲剧文化的怀抱，渴求以感性审美来拯救被理性所掏空的现代性。

关键词：三元空间 早期尼采 悲剧 苏格拉底主义
审美现代性批判

1872 年，28 岁的巴塞尔大学古典语文学教授尼采公开发表了他的第一部著作——《悲剧的诞生》，也是唯一一部在尼采有生之年就引起强烈关注的著作。当然，强烈关注的背后几乎是一边倒的批判和讨伐之声，就连一向对尼采青睐有加的他的老师里切尔（F. W. Ritschl）教授也委婉地批评尼采的这部著作是"有才华的胡说"①。志得意满的尼采仿佛瞬间从神坛跌落到了尘世的谷底。而与此同时，《悲剧的诞生》的公开发表也标志着早期尼采艺术哲学思想的正式诞生。

* 本文系国家社科基金重大项目"西方新马克思主义文论与空间理论重要文献翻译和研究"（15ZDB085）的阶段性成果。

① 参见萨弗兰斯基：《尼采思想传记》，卫茂平译，华东师范大学出版社，2007 年，第 84 页。值得指出的是，时值青年、后来成为古典语文学泰斗的维拉莫维茨－默伦多夫（Wilamowitz-Mölendorf）也对尼采的《悲剧的诞生》给予了严厉批判。

一、空间三元辩证法下的悲剧内涵

在《悲剧的诞生》中，尼采基于对酒神精神的重点诠释而阐发了他的悲剧形而上学思想，"酒神精神"的具体内涵就潜藏于悲剧这一审美经验之中。细致爬梳早期尼采笔下的悲剧内涵，可以发现早期尼采笔下的悲剧是由"三重世界"① 构成的。可以说，早期尼采在对悲剧内涵的理解中剥离了时间性的因子，而强调了悲剧空间性的存在方式。结合列斐伏尔的空间三元辩证法来理解早期尼采笔下的悲剧内涵，并进一步在空间视域下分析悲剧之死的原因和早期尼采悲剧观的最终目的，能够更加清晰和深入地理解早期尼采悲剧形而上学的终极意义和价值旨归。

在《空间的生产》中，列斐伏尔划分出了三种不同的空间形式，它们分别是"感知的空间"（空间实践）、"构想的空间"（空间表征）和"生活的空间"（表征空间）。感知的空间（空间实践）是具有物理形态的、可感知的空间形态，包括都市、广场、公园、墓地、纪念碑、道路、桥梁、剧院等，由于感知的空间具有现实的物理形态，所以感知的空间便具有视觉性的特征。当然，这种视觉性不仅是一种目之所及，也包含着指示物的象征性内涵。

构想的空间（空间表征）是一种概念化的空间，它是"科学家、规划者、城市学家、各种类型的专家政客的空间"。② 也就是说，构想的空间乃是科学家、城市规划者以及政府官员等利用空间符号所构画出的秩序化的概念空间。由此，构想的空间与生产关系尤其是生产关系所强加的概念和秩序紧密相关，这种秩序通过控制知识、符号得到确立：它通过控制解码空间的手段进而控制空间知识的生产，使空间按照主导性的意识形态而实现。可以说，构想的空间是主导性意识形态得以实现其自身的空间形态之所在。

最后，生活的空间（表征空间），也就是供人们居住和使用的日常生活空间。在列斐伏尔看来，这一空间形态具有双重特性，一方面，"表征空间包含着复杂的符号体系，有时经过编码，有时没有。它们与社会生活的神秘的或

---

① 在笔者公开发表的论文《对生命的否定：重估叔本华对早期尼采艺术形而上学的影响》（《文艺理论研究》，2018 年第 2 期）中，笔者对早期尼采的悲剧的"三重世界"说做出了详细诠释，指出早期尼采笔下的悲剧是由酒神世界、日神世界和现实世界这三重世界构成的，而此悲剧内涵受到了叔本华审美经验论的强烈影响，悲剧的最终旨归乃是审美超越，即表达酒神精神，而酒神精神最终仍旧复归于叔本华式的悲观主义。

② Henri Lefebvre, *The Production of Space*, Donald Nicholson-Smith, trans. Malden, MA: Blackwell Publishing, 1992, p. 38.

者底层的一面相连，也与艺术相连"①。也就是说，生活空间作为三元空间中的第三元，并不是感知空间和构想空间的简单叠加，也不是与其他二元空间的区隔与对立，而是此二者的辩证综合，既具有物质性，也包含有意义和价值，同时既是感知性的，也是构想性的，并具有美学和艺术的意指性内涵，如此便可以引领人们走向回家之路，在大地上诗意地栖居。另一方面，生活空间是"一个被动体验的或屈服的空间，是被想象力改变和占有的空间。物理空间在其中被遮蔽了，它借象征的手法来作用于其他事物"②。相较于构想的空间之作为统治的空间，生活的空间是一种被统治的空间，生活的空间能够反映底层的生活并具有实践性和解放性效能。

联系列斐伏尔的空间三元辩证法，我们能够更加深入细致地理解早期尼采笔下的悲剧内涵，可以说，悲剧的三重世界完整清晰地呈现出了在悲剧这一审美经验中三元空间的基本形态。首先，悲剧的物理形态便是酒神式的迷醉，而与此种可视性紧密黏合在一起的便是三重界线被打破的酒神迷狂的象征境遇，由此，悲剧的第一重世界即酒神世界便是在感知空间中的具体言说。其次，进入悲剧的日神式幻象世界之时，一种主导性的意识形态（美的假象）便会充分施魅，使观者在调转目光之中逃避此在之悲剧性真理，从而形成悲剧之中的构想空间。最后，当观者回到意识之现实，由直面此在之真理而陷入哈姆雷特式的厌世情绪之时，酒神与日神在审美向度中的完美融合产生出了悲剧的表述空间，酒神精神③便寄居于这一空间之中，释放出克服此在之悲剧性真理的最强力效能。当然，酒神精神通过神化艺术而构建起了对于"孩童般的艺术家神"的最高信仰，人们也只有解除个体化原理的束缚，投身对彼岸神祇的坚定信仰，才能得到永恒的救赎，用尼采那句振聋发聩的呼喊来说便是："因为只有作为审美现象，此在和世界才是永远有充足理由的。"④ 如此，早期尼采为克服此在之悲剧性真理而给出的最终方案即酒神精神依旧通向了否定个体生命的叔本华式的悲观主义。

---

① Henri Lefebvre, *The Production of Space*, Donald Nicholson-Smith, trans. Malden, MA: Blackwell Publishing, 1992, p. 33.

② Henri Lefebvre, *The Production of Space*, Donald Nicholson-Smith, trans. Malden, MA: Blackwell Publishing, 1992, p. 40.

③ 笔者发表的论文《对生命的否定：重估叔本华对早期尼采艺术形而上学的影响》(《文艺理论研究》，2018 年第 2 期) 已经对早期尼采的"酒神精神"做了详细诠释，兹不赘述。

④ *Die Geburt der Tragödie*, in *Friedrich Nietzsche: Kritische Studienausgabe* (KSA), hrsg. von Giorgio Colli und Mazzino Montinari, Bd. 1. Berlin: Walter de Gruyter, 1988, S. 47.

二、悲剧之死：苏格拉底主义的原罪

那么，难道早期尼采的悲剧形而上学仅仅是为了复现叔本华的美学思想，表达一种悲天悯人的叔本华式的悲观主义？答案当然是否定的。在空间视域中，早期尼采的悲剧形而上学诉诸文化建构：建构以酒神精神为核心的悲剧文化。而早期尼采的文化建构论是在对苏格拉底主义的批判中形成和确立的。

早期尼采认为悲剧之死肇始于苏格拉底主义。那么苏格拉底主义的具体内涵是什么呢？早期尼采认为苏格拉底是：

> 理论乐观主义者的原型（der theoretische Optimist），他相信万物的本性皆可穷究，认为知识和认识有包治百病的力量，而错误本身即是灾祸。深入事物的根本，辨别真知灼见与假象谬误，在苏格拉底式的人看来乃是人类最高尚的甚至唯一的真正使命。因此，从苏格拉底开始，概念判断和推理的逻辑程序就被尊崇为其他一切能力之上的最高级的活动和最堪赞叹的天赋。①

尼采笔下的苏格拉底是理性精神的人格化身，他认为建立在科学知识、概念判断和逻辑推理基础之上的理性能穷究万物本质，从而直达存在的深渊，完成人类辨别真知灼见与假象谬误的真正使命。不仅如此，在苏格拉底式的人看来，理性"不仅能够认识存在，还能够修正存在"②。如此，在信仰理性之中，人的主体性取代了上帝般的自在之物而成为世界的最高价值。苏格拉底式的人坚信，凭借理性，人类不仅能够认识和理解自在之物，而且能够修正自在之物，制服自在之物的恶灵般的面相，从而彻底消除此在之基底的灰色真理，规避灾祸的始因；如此，在信仰理性之中，人生也便充满着幸福的永恒光辉。苏格拉底即使行将赴死，也毫无惧色，因为他已经免除了对于死亡的恐惧。可以说，尼采笔下的苏格拉底主义，毋宁说就是理性主义，其具体内涵为坚信人类凭借科学知识、概念判断和逻辑推理等理性工具，可以直达存在之深渊，不仅能够认识存在，而且能够修正存在，从而彻底消除此在基底之悲剧性因子，使人生充满永恒的欢乐和幸福。

但尼采对这种理论乐观主义嗤之以鼻，他根本不相信理性可以穷究万物

---

① Die Geburt der Tragödie, in Friedrich Nietzsche: Kritische Studienausgabe (KSA), hrsg. von Giorgio Colli und Mazzino Montinari, Bd. 1. Berlin: Walter de Gruyter, 1988, S. 100.

② Die Geburt der Tragödie, in Friedrich Nietzsche: Kritische Studienausgabe (KSA), hrsg. von Giorgio Colli und Mazzino Montinari, Bd. 1. Berlin: Walter de Gruyter, 1988, S. 99.

的本质，从而直达存在的深渊以认识存在，更不用提凭借理性去修正存在了，此种理论乐观主义的精神不过是以苏格拉底为典型的理论家的美好幻想罢了。也就是说，苏格拉底主义是构想空间中统治性意识形态的表征，它不过是一种形而上的妄念，根本无法克服此在之悲剧性真理。为此，尼采做了一个生动的比喻：理性主义的信徒们就如同"那些想凿穿地球的人一样，谁都明白，尽毕生最大的努力，也只能挖开深不可测的地球的一小块，而第二个人的工作无非是当着他的面填上了这一小块，以致第三个人必须自己选择一个新地点来挖掘，才能显得有所作为"①。这样挖挖补补，循环往复，那些想凿穿地球的人根本无法达到对跖点，就如同理论家根本不能凭借理性穷究万物的本质。在解释理性不能穷究万物本质的原因时，尼采吸收了康德的观点，认为把空间、时间和因果关系视作充足理由律的时候，"这些范畴的功用仅仅在于把纯粹的现象，即摩耶的作品，提高到唯一和最高的实在，以之取代事物至深的真正本质，而对于这种本质的真正认识是不可能借此达到的"②。也就是说，凭借科学知识、概念判断和逻辑推理等理性工具，理性所探究出的万物的本质，不过是从经验世界的直观中抽象出来的一种纯粹的现象，这种纯粹的现象，就如同叔本华在界定概念的内涵时所说的那样，是一种"后于事物的普遍性"（universalia post rem）③，根本无法超越经验世界的范畴而通达自在之物的怀抱。所以理性只能在现象界徒劳地费力，根本无法打破现象的枷锁，深入事物至深的内核，揭示事物真正的本质。早期尼采甚至认为理性主义只是"被认识和应用来为高度的利己主义服务的自然精神力量，来取代形而上的慰藉"④。就正如戴维·罗宾逊（Dave Robinson）对尼采的解读，"'知识'和'真理'仅仅是有效的工具，并非超验的实体。它们是人类发明出来的观念。但它们永远不可能是'客观的'，因为它们永远都是满足人类的某种利益和目标的"⑤。早期尼采认为这种为人类某种利益和目标服务的理性精神，根本不具有客观的普遍有效性，只能在现象界徒劳地费力。

不仅如此，尼采还进一步指出，苏格拉底主义不过是一种形而上的妄念，

---

① *Die Geburt der Tragödie*, in *Friedrich Nietzsche: Kritische Studienausgabe* (KSA), hrsg. von Giorgio Colli und Mazzino Montinari, Bd. 1. Berlin: Walter de Gruyter, 1988, S. 98.

② *Die Geburt der Tragödie*, in *Friedrich Nietzsche: Kritische Studienausgabe* (KSA), hrsg. von Giorgio Colli und Mazzino Montinari, Bd. 1. Berlin: Walter de Gruyter, 1988, S. 118

③ *Die Geburt der Tragödie*, in *Friedrich Nietzsche: Kritische Studienausgabe* (KSA), hrsg. von Giorgio Colli und Mazzino Montinari, Bd. 1. Berlin: Walter de Gruyter, 1988, S. 106.

④ *Die Geburt der Tragödie*, in *Friedrich Nietzsche: Kritische Studienausgabe* (KSA), hrsg. von Giorgio Colli und Mazzino Montinari, Bd. 1. Berlin: Walter de Gruyter, 1988, S. 115.

⑤ 戴维·罗宾逊：《尼采与后现代主义》，程炼译，北京大学出版社，2005年，第46页。

以此信仰来指导人生，不但不能带来生命的福祉，反而会进一步加剧人类的悲观主义倾向。在尼采看来，理性主义的信徒试图穷究万事本质的努力，就同如科学工作者想要数清圆周上的无数个点一样，起初满怀抱负，坚信能够彻底测量整个领域，可"贤智之士未到人生的中途，就必然遇到圆周边缘的点，在那里怅然一片迷茫"①。既然苏格拉底主义只是一种形而上的妄念，凭借理性根本无法穷究万物的本质，而当人们察觉到理性的界限时，就会发现自己在对理性的虔诚信仰下去穷究万物本质的行为是毫无意义的，如同想要穷究圆周上的无数个点的努力一样，结果只会是一场徒劳，那么人生就会陷入迷惘彷徨的悲观境遇。另外，尼采更是直白地指出，理性主义功利化的追求（为利己主义服务）会给人类社会带来普遍的互相残杀和继之而起的连续移民的恶果，如此便会严重削弱人类的求生本能，以至形成自杀风俗来体现人类最后一点责任感，从而完成最终的解脱，就像斐济岛上的原始部落，将子杀其父、友杀其友视为责任，如此，便会在人类社会中造就实践的悲观主义倾向。② 在尼采的心目中，苏格拉底主义作为一种形而上学的妄念，与人生的永恒福祉丝毫没有关联，而只是原罪般的存在，只会加剧人类的悲观主义倾向。此时，就需要艺术（酒神精神）来拯救人生。

综上所述，早期尼采认为苏格拉底主义（也就是理性主义）是构想空间中统治性意识形态的表征，它是一种形而上的妄念，因为理性只能在现象界里打转，根本无法直达存在之深渊去认识存在，也就根本无法修正存在，以此理论乐观主义指导人生，只会加剧人类的悲观主义倾向。可以说，尼采批判苏格拉底主义，不仅因为它是悲剧之死的元凶，更因为它对个体生命而言毫无价值。

三、站在后现代转向的门口

在这里，尤其值得注意的是，尼采指出了苏格拉底主义与现代文化的天然血亲关系，"我们整个现代世界被困在亚历山大文化的网中，把具备最高知识能力、为科学效劳的理论家视为理想，其原型和始祖便是苏格拉底"③，"这

---

① *Die Geburt der Tragödie*，in *Friedrich Nietzsche*：*Kritische Studienausgabe*（KSA），hrsg. von Giorgio Colli und Mazzino Montinari，Bd. 1. Berlin：Walter de Gruyter，1988，S. 101.

② 关于早期尼采对理性主义会造成实践的悲观主义的具体论述，参见 *Die Geburt der Tragödie*，in KSA，Bd. 1. S. 100.

③ *Die Geburt der Tragödie*，in *Friedrich Nietzsche*：*Kritische Studienausgabe*（KSA），hrsg. von Giorgio Colli und Mazzino Montinari，Bd. 1. Berlin：Walter de Gruyter，1988，S. 116.

就是现代，就是旨在毁灭神话的苏格拉底主义的恶果"①。在尼采看来，现代文化就是一种以苏格拉底主义为原型和始祖的理性文化，相信凭借理性可以穷究万物的本质，在认识和修正存在中彻底消除此在基底的悲剧性因子，为人生带来永恒福祉。当然，这一切都只是迷人的幻象，在现代性的理性主义的指引下，人生必将陷入迷惘彷徨的绝望困境。尼采指出，现代文化已经出现了"断裂"的征兆：理论家面对自己的结论惊慌失措，不敢再信赖生存的可怕冰河，他惴惴不安地在岸上颠踬徜徉。如此，尼采对苏格拉底主义的批判就表征着对现代性的理性主义的批判。在这一点上，贝斯特和凯尔纳的看法是很精当的："尼采对狄奥尼索斯文化的赞扬和对苏格拉底理性及后来的理性主义的希腊悲剧之批判表征着对启蒙理性和现代科学的人物之抨击。"② 当然，在这样的批判声中，作为现代性最高价值的理性主义遭遇了空前的信任危机，其绝对真理性价值遭到了空前的怀疑乃至否定，甚至大有可能失去其现代人类安身立命的最高信仰这一宝座。

西方哲学史上通常把现代性的理性主义溯源至笛卡尔的学说，黑格尔曾经这样评价笛卡尔的作用："笛卡尔事实上是近代哲学真正的创始人，因为近代哲学是以思维为原则的。"③ 笛卡尔提出了"我思故我在"的著名命题，在此命题所直接推动的哲学领域的现代性进程中，彼岸式的上帝隐退，人的主体性得到了高扬，而理性成为标识人的主体性的最高价值，如此，理性主义便成为现代性在哲学领域的突出标志和最高价值。理性主义在认识论上确立了近现代的知识标准，即知识必须具有客观性、普遍性、必然性、确定性；同时也确立了笛卡尔式的古典基础主义，即知识表现为一种双层的结构，底层是某些确定的、不证自明的基础信念，它表现为类似几何学的公理，可以用来支持处于其上的非基础信念，为它们提供理由方面的确证，使之成为确定性的知识。作为知识观的延伸，理性主义在科学领域确立起这样的观念：存在着普遍的、永恒的自然与社会规律，任何科学的目的都是要把握这类普遍的规律；存在着真实不变的、普遍的客观价值，它们对一切人、一切地方和一切时代来说都是正确的，这些价值至少从原则上说是可以实现的。现代的知识观和科学观都是建立在理性主义即相信理性能够穷究万物本质的基础上的。

在对理性主义的信仰下，现代性确立了整一性的、本质主义的思维观念，

---

① *Die Geburt der Tragödie*，in *Friedrich Nietzsche：Kritische Studienausgabe*（KSA），hrsg. von Giorgio Colli und Mazzino Montinari，Bd. 1. Berlin：Walter de Gruyter，1988，S. 146.

② 贝斯特，凯尔纳：《后现代转向》，陈刚等译，南京大学出版社，2002年，第74页。

③ 黑格尔：《法哲学原理》，范扬等译，商务印书馆，1961年，第11页。

也就是要寻找一种驭万为一的把握和认识现象世界的本体论根源，进而利用此种思维观念来指导人生。理性能够穷究作为永恒真理的万物的本质，在德国古典哲学家康德那里，这一万物的本质被表述为"物自体"，在黑格尔那里则成为"绝对理念"，理性成为指导人生的最高价值。如此，现代性在哲学领域确立起了理性的霸权地位，理性被赋予了绝对真理性的价值，并且成为指导人生的最高价值。尼采认为现代性的理性主义肇始自古希腊的苏格拉底主义，而且尼采强调理性是构想空间中统治性意识形态的表征，只能在现象界打转，根本无法探究自在之物，也根本不具有绝对真理性的价值，并且现代性的理性主义也根本无法成为人类安身立命的最高信仰。如此，在对现代性的理性主义的批判之中，早期尼采使现代性陷入宏大叙事和信仰的危机之中，从而开启了后现代转向的大门。无怪乎哈贝马斯这样评价道："《悲剧的诞生》这部思古的现代性的'迟暮之作'，变成了后现代的'开山之作'。"①

当然，后现代性在哲学领域呈现出纷繁多样的理论形态，但其核心精神乃是对抗现代性的理性主义，不再追寻本体论根源这样的深度真理，而是强调差异性、偶然性和多元性的思维向度，最终导向一种高度不确定性的思维特征。哈桑（Ihab Hassan）就曾用"不确定的内在性"（不确定性＋内在性）指认后现代性的本质特征："后现代主义这个术语听起来不但别扭、怪异，而且还带有一种想要超越或者压抑现代主义的意味。……抑或按照我半认真半开玩笑地提出的那样，将其称为不确定的内在性的时代？"② 在哈桑看来，不确定性就是后现代在精神领域的根本特征，而且这一特征是与内在性紧密结合在一起的，二者共同构成了后现代的精神基石。齐格蒙特·鲍曼（Zygmunt Bauman）也强调后现代性的不确定性特征："后现代生活策略的轴心不是使认同维持不变，而是避免固定的认同。"③ 在鲍曼看来，现代性追求整一性的绝对真理，如此便形成追求确定性的思维特征，在现代性中，"历史充满了以唯一真理的名义进行的大众谋杀"④，而进入后现代时期，现代性的所谓确定性的复归已不可能，大写的真理也即刻消失殆尽，取而代之的是对多元主义的不确定性的强烈追求。如此，后现代性在哲学领域推翻了理性的霸权地位，在追逐指导人生的多种可能性中造成了确定性真理的缺位，从而

---

① 哈贝马斯：《现代性的哲学话语》，曹卫东等译，译林出版社，2004年，第100页。

② Ihab Hassan, *The Postmodern Turn: Essays in Postmodern Theory and Culture.* Columbus: Ohio University Press, 1987, p. 87.

③ 齐格蒙特·鲍曼：《后现代性及其缺憾》，郇建立、李静韬译，学林出版社，2002年，第105页。

④ 齐格蒙特·鲍曼：《后现代性及其缺憾》，郇建立、李静韬译，学林出版社，2002年，第245页。

导致了终极意义和最高价值的解体，最终使其自身走上了一条"反哲学"的道路。

但是，值得注意的是，早期尼采在批判现代性的理性主义之时，并未放弃对本体论根源这样的深度真理的追问。当然，他彻底放弃了启蒙理性的原则，而是选用理性的他者，即神话（感性审美之中的酒神精神），来重构现代文化。也正如雷蒙·威廉斯（Raymond Williams）所言："悲剧理论之所以有趣，主要是因为一个具体文化的形态和结构往往能够通过它得到深刻的体现。"① 早期尼采努力在三元空间视域中发掘古希腊悲剧的价值，正是希冀借助此艺术载体完成文化建构的理想和目标。在早期尼采看来，希腊悲剧在其表述空间中潜藏着酒神精神，酒神精神教会我们用审美的眼光看待世界和人生，自觉摆脱个体化原理的束缚，投身到对彼岸神祇"孩童般的艺术家之神"的虔诚信仰之中，从而得到永恒的救赎。可以说，人类只有通过悲剧体悟酒神精神，才能在迷狂般的信仰中克服此在之悲剧性真理，才能真正找到生命的栖居之所，而现代性的理性主义不过是构想空间中的形而上学妄念，只会加剧人类的悲观主义倾向，也根本无力对抗此在之悲剧性真理。因此，尼采渴求复归古希腊的悲剧文化，完成重建现代文化的急切任务，从而使人类找到真正的安身立命的文化居所，实现个体生命的永恒救赎。而此时尼采将古希腊的悲剧文化在现代社会复生的希望寄托在了瓦格纳的戏剧艺术身上。那么，早期尼采在空间视域中聚焦于古希腊悲剧艺术的研究，就并非是为了追忆往昔，赞扬古人的智慧和艺术成就的伟大，而是直指现时代，希冀借助古典资源重建现代文化。由此可见，早期尼采并没有投身后现代性的高度不确定性的思维向度之中，也没有因此走上"反哲学"的道路乃至陷入虚无主义的深渊，他仍然不放弃对整一性的绝对真理的探索和追求，并因此构建起以酒神精神为核心的悲剧文化，以实现重建现代文化的愿景和目标。在悲剧文化之中，感性审美取代了理性成为此在世界和人生的终极意义和最高价值，人类也终于在对艺术神化的信仰中找到了真正的安身立命的居所，得到了永恒的救赎。

综上可知，在空间视域下，早期尼采的悲剧形而上学并不只是为了复现叔本华的美学思想，其终极旨归乃是实现文化建构的愿景。在尼采看来，肇始自苏格拉底的现代性的理性主义不过是构想空间中的形而上妄念，它不仅是扼杀悲剧的凶手，而且根本无法应对此在之悲剧性的真理，因为理论乐观主义妄图认识存在并修正存在，但却只是在现象界打转，根本无法应对来自

---

① 雷蒙·威廉斯：《现代悲剧》，丁尔苏译，译林出版社，2007年，第37页。

存在基底的酒神洪流的冲击。尼采坚信，唯有神化艺术，在泛审美化的立场中创建以酒神精神为核心的悲剧文化（也就是一种新宗教文化），使人类解除个体化原理的束缚，投身对彼岸神祇"孩童般的艺术家之神"的坚定信仰和肯定之中，个体生命才能得到永恒的救赎。可以说，在对现代性的理性主义的批判中，早期尼采开启了后现代转向的大门，但他只是站在了后现代转向的门口，并没有陷入后现代的虚无主义的深渊，而是复归悲剧文化的怀抱。尼采自信，悲剧文化中潜藏着酒神精神，能够拯救被理性掏空了的现代性，从而成为人类精神的最终皈依。

作者简介：

吕东，四川大学文学与新闻学院专职博士后，助理研究员，主要从事西方文艺理论研究。

空间不平衡发展的揭示与审美空间的建构

——试论约翰·伯格的空间思想*

王　晋

摘　要：约翰·伯格聚焦于人物肖像画，发现今天人们的观看方式与 20 世纪以前相比发生了根本性转折。在此基础之上，他逐渐形成了自己的空间理论思想。伯格走访各地，考察到现代人的生存地域空间发展极其不平衡。物理空间不再像是一个空洞的背景，空间发展在各方面的操控和影响下变得扭曲，而媒介对不平衡发展还起着推波助澜的作用。伯格对这种空间的发展进行了深刻揭露。但是，他也看到了恢复平等开放空间的希望。因此，在批判之后，他又致力于审美空间的构想，形成独有的审美空间理论。

关键词：约翰·伯格　不平衡空间　审美空间

约翰·伯格（John Berger）一生著作颇丰，其中很多作品中包含了对空间问题的阐释。安迪·梅里菲尔德（Andy Merrifield）在《约翰·伯格》一书中说："空间的概念——相遇之地（meeting places）的构想——存在于伯格作品的每一处，伯格想象力的每一处，他的政治观的每一处。"① 空间思想贯穿于伯格的作品中，不仅有直接对地域空间、艺术空间的讨论，并且伯格"观看"理论的视野问题、研究媒介所涉及的空间问题、美学理论中人与万物的距离问题等，也无一不是暗含着对空间问题的思索。因此，本文将对伯格空间思想进行总结。

＊　本文系国家社科基金重大项目"西方新马克思主义文论与空间理论重要文献翻译和研究"（15ZDB085）的阶段性成果。

① Andy Merrifield, *John Berger*. London：Reaktion Books Ltd.，2014，p. 155.

一、诸事物共同呈现的空间：空间不平衡发展的批判视野

约翰·伯格空间思想主要建立在他洞见到 20 世纪以后人们观看方式发生根本性转折的基础之上。在《对肖像画中人物态度的改变》（*The Changing View of Man in the Portrait*）一文中，他发现现代人不同于以往，不仅仅从历史意蕴（时间性）的维度考量诸事件。人们还总是带着一种空间性的考量方式：考虑诸种事物和诸种可能性的同存性和延伸性。这样，诸事物之间的空间性关系被逐渐意识到。

该文中，伯格通过分析人们观看肖像画的态度，详细解释了这种转变。肖像画中的人物常常属于某权威家族或特定社会类型，人们从前总是对其不加批判地接受。但是，现代生活已经开始发生转变。文中提道："现代生活的尺度和规模变化已经改变了个人身份的性质。我们今天面对一个（肖像画中的）人时，通过他而意识到朝着某一方向的强制操控（forces operation in directions）。"[1] 即是说，由于生活尺度、生活规模和每个人身份性质的改变，人们在看一幅肖像画时，总会意识到画中形象有某种操控在诱导我们接受他的地位和身份。这样，人们便不再轻易相信画中形象的社会角色和地位，家族权威和社会类型的认同也由此消解。

后文中，伯格又以现代小说的危机做类比，分析了人们看待事物的方式的这种变化。他论述道：

> 我们已经听闻了很多关于现代小说的危机问题。根本而言，这牵涉到的是叙事方式的变化。根据时间而以直叙的方式来叙述一个故事几乎不再可能。这是因为我们太注意故事主线周围频频出现的横向穿插的故事。这就是说，我们并不认为某一个点是一条直叙主线上一个无穷小的部分，而认为这一点是无数主线的无穷小的一部分，这个点好比是星光一般向四周放射的各种故事主线的中心。这种意识导致我们始终不得不考虑诸种事物和诸种可能性的同存性和延伸性。[2]

现代小说不只关心线性直叙而注意横向穿插的故事，人们不再沿着时间的主线认识事物，而会顾及一个时刻中事物与事物的关系和事情发展的诸多可能性。这使得我们观察诸事物时有一种空间性的体验，逐步意识到事物发展呈现的诸多共存的可能性。如果将肖像画中人物身份比作一个叙事的点，

---

① John Berger, *Selected Essays*. NY.：Vintage International, 2003, p. 425.

② John Berger, *Selected essays*. NY：Vintage International, 2003, pp. 425−426.

那么人们现在不会沿着单一视点接受这种社会角色。伯格说："我们不能再接受仅通过从一时一地的单一视点来坚称或固定其样貌的方式能充分建构一个人的身份。"① 现在，我们从这一视点延伸到诸多方向和诸种可能性，看到诸多事实交互式的空间呈现。

爱德华·索亚（Edward W. Soja）认为，约翰·伯格考虑诸事物空间呈现的思维建立于不再将历史认识论作为决定因素的转度之上。这种转度为人们意识到地理的不平衡提供依据，开启了新的批判视野。20 世纪 60 年代到 80 年代，批判社会思想的主流习惯于对空间的漠视，只有包括伯格在内的少数学者对空间问题予以重视。叙事方式的空间化延伸，让当代人不再局限于一时一地的单一视点，诸多视点的同时呈现自然使人对生活地域、地理空间等的不平衡有了一种明确的意识。这种认识成为一种有力的批判方式："世界上，人类的地理不仅'十分重要'，而且能提供最能昭示问题的批判视野。"②

与索亚一样，安迪·梅里菲尔德同样注意到伯格对空间发展不平衡的关注和批判。在《约翰·伯格》的"时间与空间"一章中③，他主要引援伯格《同时》（Meanwhile）这篇论文，介绍其对空间不平衡的关注和批判：从伯格在剧本《地理问题》中对古拉格集中营这一特殊空间的描述到对现代资本主义新自由主义的地域空间的论断，我们发现对公共空间的操控和对人们私有空间的占有一直存在。大众一直生活在"监狱"，无时无刻不被监控。只是，相较于古拉格集中营时代的现代，监控方式发生了变化而已："今天，大多数监狱高墙的目的并非要让罪犯进入监狱接受劳教（正如在集中营时期那样），而是让这些罪犯一直处在高墙外从而被排斥。"④ 但是，伯格也看到这种被权力控制的空间必将破灭。因为，资本市场不断的交易必然会产生网际空间（cyberspace）。所谓网际空间，即在资本运作过程中，人与人相遇并不断私下交流的空间。空间的操控本来是权力对大众的垂直控制，现在，由于交易不断增加，人与人之间形成了一种权力所不能触及的、可以互动交流的平行空间（网际空间）。这种空间恰巧类似于横贯小说叙事的细节，类似由"诸事物共同呈现"而形成的空间，让人们对控制力量这"单一的视点"有越来越强的意识，进而获利一种反抗控制力量的潜质。

现在我们可以看到，约翰·伯格发现人们观看方式的改变在于：人们不

---

① John Berger, *Selected Essays*. New York: Vintage International, 2003, p. 427.
② 爱德华·W·苏贾：《后现代地理学——重申批判社会理论中的空间》，王文斌译，商务印书馆，2004 年，第 36 页。
③ See Andy Merrifield, *John Berger*. London: Reaktion Books Ltd., 2014.
④ John Berger, *Meanwhile*. London: Drawbridge Books, 2008, pp. 5-6.

再从单一视点观看事物，而总会考虑诸种事物和诸种可能性的同存性和延伸性。这种事物空间性的呈现暗含着揭露公共空间对私人空间占有不平衡的批判视野。并且，网际空间的提出，预示着建立平衡空间的希望。下文将具体论证约翰·伯格对空间不平衡发展的揭示和建构审美空间的主张。

二、空间发展的不平衡：城市空间对人的控制

立足于事物的共同空间呈现这一视野，伯格考察了世界各地地域空间的不平衡发展，揭露了生活于其中的大多数人备受压抑与压榨的事实。下文基于《曼哈顿》《法萨内拉与城市经验》《意象巴黎》三篇论文，主要说明国际化大都市空间发展的不平衡。选择这三篇论文的原因有二：第一，它们说明了现代空间格局如何将大众排斥在公共空间之外；第二，曼哈顿、纽约、巴黎恰恰是高度发展的成熟大都市，是地域空间发展不平衡最显著之地，也是伯格对空间批判的着力之处。

《曼哈顿》一文中，伯格将曼哈顿城市构造与城市居民住所并列呈现，揭露出城市空间两极的不平衡发展，将大众被排斥在城市空间之外。曼哈顿是一座现代化的都市，无数高楼大厦直入云霄。城市内空间没有界限，各个城区、各个街道之间畅通无阻。在夜间，不同颜色的霓虹灯交相辉映，让它成为一座不夜城。与高度发达、富丽华美的城市外观形成鲜明对比的是曼哈顿居民的居住环境：狭窄的街道，离人行道仅有一英尺距离的防火梯，装在屋顶外包着绝缘层的水箱，等等。对城市中大多数居民来说，他们的居住地是欠安全的、不宜居的。在曼哈顿，还有随处可见的无家可归的流浪汉。他们聚集在围着栅栏的商店门前和破败的门廊角落。约翰·伯格感慨道："物理环境的中立状态或'客观性'已经消失。物理环境被施加了过多的人为影响。"①地域空间资源已经在人为操控下变得极其不平衡，居民被排斥在发达的地域空间之外。伯格体验到曼哈顿这座城市的构造像一个海螺形的漏斗。漏斗底层的人们在封闭的空间中看不到地平线，也看不到天空。他们一无所有，毫无希望可言。

《曼哈顿》一文着重分析城市物理空间来说明发展的不平衡，而《法萨内拉与城市经验》一文中则主要通过法萨内拉的画作，立足于城市空间的主观体验，来揭露这种不平衡。

伯格感受到，法萨内拉画作中的都市（主要是纽约和曼哈顿）家庭环境

---

① 　约翰·伯格：《讲故事的人》，翁海贞译，广西师范大学出版社，2017年，第97页。

首先给人缺乏深度的感受，画作让人感到"没有东西是具有内在性的，所有的事物只有表象"①。"新外观反射出前方事物的同时也否定了外观背后的事物。"② 其次，城市空间给人留下不整体、充斥着碎片化生活经验的印象。法萨内拉所画的城市的高处是由一个个窗户组成的，还有酷似大型窗户的广告看板点缀其中。每一扇窗户都有生活经验的痕迹，但又让人感到是无序排列、可以随意替换的。最后，城市空间给人一种没有家庭内部与外部空间的区分的感受。为了表现这一点，法萨内拉"会画出一个看板，有时上面讽刺性地写着：空间出租"③。

空间发展极度不平衡的城市体验的幕后黑手是资本的扩张。《曼哈顿》和《法萨内拉与城市经验》同时提道，城市的空间建构给人的感觉是："这里没有象征性的细节。你所见的即是你所见到的，此外别无他物。意义是你的所在之处。"④ 大城市迅速向前发展，让其历史文化意蕴消失殆尽。资本迅速扩张不会挽留任何东西，一切都浮于表象，缺乏象征性。城市不挽留任何东西，自然也不会为任何个人留下驻足的空间。"资本家无休止的经济扩张的渴求需要主观恐惧：若不赶紧向前，过去会卷土重来，向我们复仇。他要求工人们带着恐惧回想过去。"⑤ 即资本取消过去，让人把当下看成梦想未来的起点，进而忘掉现状，这是资本主义许诺人们的虚无白日梦。城市的发展让大众只能不断紧追。在宏大历史进程中，任何个人都被排斥在外，由此，缺乏深度、转瞬即逝的碎片化和缺乏私人空间的体验纷至沓来。⑥

---

① 约翰·伯格：《看》，刘惠媛译，广西师范大学出版社，2017 年，第 139 页。
② 约翰·伯格：《看》，刘惠媛译，广西师范大学出版社，2017 年，第 139 页。
③ 约翰·伯格：《看》，刘惠媛译，广西师范大学出版社，2017 年，第 140 页。
④ 约翰·伯格：《讲故事的人》，翁海贞译，广西师范大学出版社，2017 年，第 97 页。
⑤ 约翰·伯格：《讲故事的人》，翁海贞译，广西师范大学出版社，2017 年，第 96 页。
⑥ 可以看到，对大众的空间占有还伴随着时间占有，这种占有是全方位的。但就伯格而言，时间发展的不平衡完全可以通过对空间问题的解答而得到解释。上一节引述的安迪·梅里菲尔德《约翰·伯格》也提到向前发展的历史时间对个人时间的占有，而伯格以"循环时间"（cyclic time）予以回应。这实际上是一种空间性的解答，因为循环时间其实是时间的空间化。循环时间是一种积聚与消散同时存在的时间，它一方面与现代进步时间观相同，认为作为个体的万物是不断消逝的；另一方面，却认为作为整体的万物皆在不断轮回。这一时间观有着漫长的历史，我们现在所用的年、月、日等便是其形式上的表现。（参见约翰·伯格：《约定》，黄华侨译，广西师范大学出版社，2017 年。）循环是一种时间的空间化，原因在于：循环时间是作为总体性的万物的时间，是一种无始无终的永恒轮回，所以，它是"没有时间的时间"，是一种空间。由于循环时间和网际空间皆将人与人、事物与事物并置起来做一种平行的空间呈现，所以两者都可以作为"诸事物共同呈现的空间"来理解。因而，被利用的作为宏大背景的历史时间对私人时间的抹杀和人为操控的公共空间对私人空间的占有便都可以看作垂直的不平衡空间。无论时间还是空间所产生的问题及其解答都具有相同的空间结构，所以将重点放在对空间不平衡发展的分析和平等空间的建构上，时间的不平衡问题就相应得到了解答。

《意象巴黎》一文中，伯格同样谈及世俗的巴黎承载着人们破碎的希望，让人无精打采地做着白日梦。最让他痛心的是，具有革命潜力的阶层也被这座城市的幻想迷惑。伯格回顾了巴黎公社革命，认为这座城市最初的希望和梦想留存在那时。[①]

伯格考察了世界上很多城市、乡村的人文地理环境，有的地方已经如同曼哈顿等城市那样高度世俗化和城市化，有的地方正在被资本扩张侵袭，有的则暂时免于资本的侵蚀，还保有平衡的空间发展环境状态。伯格将后者作为审美空间思想中理想的地域空间环境。在对此进行阐释之前，我们还应关注伯格关于媒介与空间关系的研究。

三、空间不平衡发展的助推：媒介之于空间发展的两面性

约翰·伯格很重视媒介对现代社会文化和社会生活的影响。他研究过摄影、电影、绘画等作品的传播效果及其给人带来的体验。许多文章则将这些作品与空间问题联系起来讨论。下文将焦点放在伯格对摄影的论述上，因为在他看来，摄影作品是最具有多义性和歧义性的媒介产物。一方面摄影技术显示出对空间发展不平衡的助推；另一方面，它具有向人们警示空间发展不平衡，进而促使人创造审美空间的潜质。为此我们将从摄影对空间发展不平衡的助推和对创造平等空间的潜力两方面加以理解。

在《另一种讲述方式》的"摄影的多义性"一节中，伯格谈到照片拍摄的歧义性。照片拍摄下来的总是瞬间的碎片化场景，然而，生活中事件的意义却需要通过相互联系（空间性）、发展过程（时间性）才能表现出来。照片所拍下的碎片，造成一种时间的断裂和空间的抽离，也造成了事件意义的缺失。所以，"一切照片都充满歧义。一切照片都来自连续性的断裂"[②]。

苏珊·桑塔格在论及摄影之时意识到照片充满歧义性的危险：人们正在用碎片化的照片来看待历史事实，在照片的废墟上重造历史。"照片的偶然性确认一切都是易凋零的；摄影证据的任意性则表明照片基本上是不可归类的。摄影以一系列随意的碎片来概括现实——一种无穷地诱人、强烈地简化的对待世界的方式。"[③]"任何照片集都是一次超现实主义蒙太奇的演练和超现实主义对历史的简略。就像库特·施维特斯，还有更近的布鲁斯·康纳以及爱德

---

① 参见约翰·伯格：《约定》，黄华侨译，广西师范大学出版社，2017年。

② 约翰·伯格，让·摩尔：《另一种讲述的方式》，沈语冰译，广西师范大学出版社，2007年，第78页。

③ 苏珊·桑塔格：《论摄影》，黄灿然译，上海译文出版社，2018年，第134页。

华·金霍尔茨，都曾利用废物来制造出色的物件、场景和环境，我们现在也利用我们的残渣来制造历史。"① 照片由于其表象与时空语境的分离而呈现为许多碎片化的不连续事件，这些照片大多数是无法归类的，也无力解释历史事件的连续性，但人们偏偏用这些照片来对历史进行简括，用残渣来制造历史。

约翰·伯格在《摄影的使用》一文中回应了苏珊·桑塔格的解释。如果说大都市用不平衡发展造就了无深度、碎片化的城市体验，那么照片则通过碎片化、表象性的世界来构造空间的不平衡。资本主义代替大众选择事实，也帮助我们遗忘事实。它用"进步"的历史观来淹没个人对时间的体验，也构造碎片化的公共世界来占据人们的私人空间。大众媒介的使用的确与资本的物理空间的操控并行不悖，媒介起到了助推空间发展不平衡的作用。伯格由此评价道："19 世纪资本主义世界世俗化过程，把上帝的审判给省略掉，而以'进步'为由改采历史的审判。民主和科学变成了这种审判的代言人。有一小段时间，摄影，正如之前我们所提到的，被认为是这些代理人的助手。"②

作为大众媒介的摄影不仅是空间不平衡发展的助推器，同时也具有创造平等空间的潜力。在《另一种讲述方式》的"摄影的多义性"这一节，伯格谈道：由于照片总是记录瞬间的现象，所以它不像其他媒介（比如绘画）那样是对事件表象的译解，事物不会经过意识的中介被呈现出来。摄影即时成像，直接记录，不需中介，是"对现象的引用"。摄影的瞬间性、直接性决定了它抽离事实、产生歧义的一面，也决定了其直击真实的一面。

既然如此，消除事件含混性，把握真实性就成了摄影的目的。如何达成这一目的呢？答案是让瞬间中的诸事物得到空间化的呈现。在日常生活中，事件总是在其发生的时空中被感知到意义。照片切断时空，引用现象，也就让它被孤立出来，从而失去意义。但是，"照片切断时间，使那个瞬间发生的事情的交汇之处得以敞开"③。照片切断的瞬间具有一种"现象的融贯性"，即一张"现象引用"的相片能暗示出别的现象，从而把诸多瞬间发生的事情聚集起来。"这种增加由于现象的融贯——当那样一个时刻被拍下的时候——使得时间获得扩展并超越自身时，才得以实现。被拍下时间的现象暗示着别的

---

　① 苏珊·桑塔格：《论摄影》，黄灿然译，上海译文出版社，2018 年，第 117 页。
　② 约翰·伯格：《看》，刘惠媛译，广西师范大学出版社，2017 年，第 76—77 页。
　③ 约翰·伯格，让·摩尔：《另一种讲述的方式》，沈语冰译，广西师范大学出版社，2007 年，第 98 页。

事件。"① 在伯格看来，一张成功的照片必须能从特殊事件中表现潜在事物的可能性，存在一种"意义的延伸"。这种观点显然与第一节谈到的"呈现事物交互式空间关系"是相契的。这样，瞬间也像小说叙事中的点那样，不再是时间线上的一个点，而是自己呈现出一个面，呈现出空间性。照片所引用的现象不再是孤立的事物。意义的含混性在其他现象的相互交融（信息量的增加）中得以取消，真实性也显露出来。

可以看到，在伯格对摄影的分析中暗含一种平等空间创造的思想。第一，摄影的真实性让现象引用中的诸种现象并置呈现，事物之间没有等级之分；第二，摄影的瞬间定格反抗着不断流逝并进的历史时间对个人时间的抹杀，也让个人空间得以解放。伯格看到了照片打破"监禁"的希望："一切照片都有可能对历史有所贡献，在某些情况下，所有照片也都可以被用来打破历史对时间的垄断。"②

四、平等开放的空间：约翰·伯格审美空间构造

我们已经回顾了伯格对空间不平衡发展的批判。但是，审美空间的构想并不是约翰·伯格的首创，加斯东·巴什拉（Gaston Bachelard）也在其作品《空间诗学》中向我们展示了一种审美空间创造的理念。由于两位学者的空间思想都源于海德格尔，所以有必要首先介绍一下海德格尔的相关理论。

在《艺术作品的本源》中，海德格尔讨论"物之物性"（即万物的存在本性）时说："思量越少，或者观看得越少，或者甚至感觉得越少，它们就越是真实地成其所是。"③ 海氏理论的目的是要回到人与世界分离之前自我意识的开端，让物的存在本性得以显现，而不是被人作为对象而意识到。后文中，海德格尔用"世界"和"大地"的争执状态来阐释物、艺术之存在本性和人与万物相互接近的敞开状态。"世界立身于大地；在这种立身中，世界力图超升大地。世界不能容忍任何锁闭，因为它是自行公开的东西。而大地是庇护者，它总是倾向于把世界摄入它自身并且扣留在它自身之中。"④ 根据李醒尘的《西方美学史教程》，"世界"指个人的生存世界，"大地"指无生命的纯

---

① 约翰·伯格，让·摩尔：《另一种讲述的方式》，沈语冰译，广西师范大学出版社，2007年，第99页。

② 约翰·伯格，让·摩尔：《另一种讲述的方式》，沈语冰译，广西师范大学出版社，2007年，第90页。

③ 马丁·海德格尔：《林中路》，孙周兴译，上海译文出版社，2013年，第18页。

④ 马丁·海德格尔：《林中路》，孙周兴译，上海译文出版社，2013年，第35页。

物。①"世界"与"大地"的争执之处，正是个人意识和生存世界的端点。同时，人与世界在大地的庇护下最为接近敞开之处。

巴什拉的理论源于海氏："从我的观点、从现象学者看待根源的观点来看，意识形而上学开始的端点，是从存有者被'抛入世间'的刹那开始，让它成为第二等的形而上学。它跳过了开端，跳过了存有者的幸福状态，跳过了人类被置放于幸福、置放于存有者与生俱来的幸福状态。"② 人一旦进入自我意识状态，就必须把自己与万物分离开来，将物作为意识的对象，从而和与生俱来的幸福状态分离开来。沿着海氏的思路，巴什拉将人与自然最接近的距离所创造的空间看作"孤寂独处之空间"。"他拥有的是极度贫困当中的幸福。他就是贫困中的一件光荣事迹。就好像清贫与更清贫使我们通向了隐居的绝对状态。"③ 这种绝对孤独的空间恰恰是海氏所提到的世界与大地的争执之处：人和万物处于同一平面上，也就和万物处于同等地位。平面上看不到任何事物，因为事物是主体将万物作为对立面才能够被感知到的。

约翰·伯格审美空间虽然受海氏影响至深，但不同的研究立场决定了他不可能与前者的空间观完全等同。首先，上文提到伯格想要创造的是人与人交流的网际空间，所以并非孤寂独处的空间；其次，伯格认为媒介具有创造平等审美空间的潜力，而媒介之要义在于传播；最后，伯格极其重视日常生活中的经验，所以他不可能像前两位学者那样创造一个先验的空间。

伯格《席克·阿梅特与森林》一文有明显的继承海氏思想的倾向。伯格认为，阿梅特画作的特点是将森林作为主体。森林怎么能作为主体呢？后文中，伯格援引海德格尔的思想，试图把人和森林以至万物拉到同一平面之上，让人和万物亲切交融的状态。"席克·阿梅特却将森林本身当成事件发生的主体，森林的存在是如此的迫切，以致他无法与之保持距离……"④

与海德格尔和巴什拉不同的是，伯格从经验的立场来论述这种空间。伯格在《白鸟》一文中指出，大地是人最初的庇护所，在人和自然万物融为一体之时，我们感受到的是全然的否定、痛苦、荒凉和孤独，这和巴什拉孤寂独处之空间是类似的。但就伯格而言，美的起源来自这一孤独中的希望，来自这一全盘否定的力量中对万物的肯定。这种希望和肯定又来自何处呢？谈论媒介时我们提到了"现象的融贯性"：一张"引用现象"的相片能暗示出别

---

① 参见李醒尘：《西方美学史教程》，北京大学出版社，2005 年，第 404 页。

② 加斯东·巴什拉：《空间诗学》，龚卓军、王静慧译，世界图书出版公司，2017 年，第 31—32 页。

③ 加斯东·巴什拉：《空间诗学》，龚卓军、王静慧译，世界图书出版公司，2017 年，第 59 页。

④ 约翰·伯格：《看》，刘惠媛译，广西师范大学出版社，2017 年，第 119 页。

的现象。但这只说明了现象融贯的结果。伯格看来，融通现象是人的一种本质的观看能力。我们在日常观看事物时，仅仅注意分辨事物之间的差别，而忽略了所观看事物之间的相似之处。如果我们与事物绝对对立，我们将什么也看不见。所以，现象的融贯意味着："现象揭示相似性、类推、移情、憎恶，而所有这一切都传达着信息。这些信息的全体则解释了宇宙。"① 人总是认为万物有着相似性，而万物能够被人呈现，只能证明在观看中与宇宙一体的亲密性相伴始终。这便是人最初的经验。伯格写道："所是与我们所能看见的（通过看见也感觉的）有时交汇于一个肯定的点。这个点、这个巧合是两面的：被看见的即被认识的、被认可的；同时，所见肯定观者。"② 在人的最初经验之中，事物被看，不仅体现了作为个体的万事万物被肯定，更重要的是，体现了处于同一平面的人与宇宙作为整体被肯定。

人和万物在现象的融通中同时被肯定，人也就获取了最原初的希望，美也正从这一希望中显现出来。因此，美具有普遍性。同时，由于特定的社群具有特殊的生存方式、地理环境和经济因素，人的生存经验因而具有多样性，所以，美也具有丰富性。

现在，我们可以大致描绘出伯格平等开放的审美空间样态了。不同的环境因素导致人生存经验的多样性及美的丰富性（个人、特殊社群皆如此），这些经验是极其庞杂和无序的。但现象的融通性又决定了包括人在内的世界万物的相似性和由此产生的庞杂无序的大量经验的相似性。这些庞杂但相似的经验便可以呈现一个世界，即伯格所构造的审美空间。这个空间中的每一个经验因为仅是相似的所以是平等的，没有先后高低之分。另外，个体经验在不断延展，让这个空间整体也在不断地扩大，所以这个空间也是开放的空间。伯格的平等开放空间类似于维特根斯坦所说的"游戏"世界。维特根斯坦说："什么是所有这些游戏所共同具有的东西？——请不要说：'某种东西必定为它们所共同具有，否则它们就不叫"游戏"了'……但是你将看到诸多相似性，诸多情缘关系，而且是一大串相似性，亲缘关系。"③ 游戏与游戏之间的共同点只在于相似，而不是"必定为它们所共同具有"的东西。伯格的平等开放空间也一样，只有经验与经验、人与人、人与物之间的相似，而没有确定的相似之处。

伯格在阿尔卑斯山的一个村落中找到了这种理想空间的现实版本。在

---

① 约翰·伯格，让·摩尔：《另一种讲述的方式》，沈语冰译，广西师范大学出版社，2007年，第94页。

② 约翰·伯格：《讲故事的人》，翁海贞译，广西师范大学出版社，2017年，第11页。

③ 维特根斯坦：《哲学研究》，韩林合译，商务印书馆，2013年，第58页。

《讲故事的人》一文中，伯格讲述道，由于村落中的人与人都非常熟悉，数代人在此聚居所形成的整体生存经验在每一个人的脑海中徘徊，而每一个人所创造的生存经验又不断地增加村落整体的生存经验。诸经验之间相似又平等，整体的生存经验庞杂又开放。① 村落空间是城市空间构造的反例，它同时也以美的体验代替了城市体验。城市发展以资本扩张作为轴心，将进步历史作为最高"经验"，一切皆以资本扩张为目的，这导致了城市发展的不平衡。村落却只以村民的整体生存为目的，对居住者而言，这种目的是本己的、内在的。就城市生存体验而言，由于城市发展总是外在于人们的生存，一切都被安排和操控，大众根本无法获得个体经验，因而体验到碎片化和无深度。没有完整的人性，没有人和环境的交融，城市的生存环境不可能让我们体验到美。在村落中，个体经验和整体经验同时增加，也便是对人及其生存环境的同时肯定。只有在这种希望和双重肯定中，个体才能体会到美。

结　语

以上论述大致勾勒出伯格空间理论的概貌。伯格对不平衡空间的揭露和对审美空间的建构在当今工业化、现代化的时代具有一定的启示意义。伯格的空间理论不仅是理论的倡导，还具有实践意义，至少他自己便身体力行。在《讲故事的人》中，伯格描绘了自己作为异乡人竟与从未谋面的村中养牛老汉有惊人的熟知与契合的感受。与老汉的相遇正是人与人平等交流的空间得以敞开、网际空间得以建立的过程。虽然村庄极其独立和渺小，但村落与城市的并置能够揭露城市空间发展不平衡的状况，表达大众对城市体验的反抗。同时，人们也在其中看到了建构平等开放空间的希望。

作者简介：
王晋，四川大学道教与宗教文化研究所博士研究生，主要从事当代西方美学理论研究。

---

①　参见约翰·伯格：《讲故事的人》，翁海贞译，广西师范大学出版社，2017年。

"感性的分配"与"歧感"的追寻

——试论朗西埃的美学－政治学中的空间问题[＊]

刘　聪

　　摘　要："感性的分配"这一概念是朗西埃在自己的理论话语中建立的连接美学与政治学的桥梁。同时，空间又是朗西埃的美学－政治学研究中不可忽视的一环。因此，本文以戴维·哈维的相关空间概念和空间框架为支点，尝试在空间的研究视域下，对朗西埃美学－政治学中"感性的分配"这一概念所包含的空间问题予以下述三点探究：其一，感性的分配在社会的相对空间中，它的空间性体现为感知体系的正当性；其二，感性的分配在个体的相关空间中，它的空间性孕育了实现朗西埃所定义的民主的潜在契机；其三，感性的分配与绝对空间的关系。在此，绝对空间是打破传统的感性的分配的载体，是朗西埃所定义的民主实现的场所。

　　关键词：朗西埃　哈维　空间　"感性的分配"

　　在朗西埃（Jacques Rancière）的美学－政治学思路的阐释中，"空间"是一个不可忽视的话题。因为，空间是朗西埃理论表述中"歧感"（dissensus）的制造和"感性的分配"（distribution of the sensible）及其重构的载体。朗西埃所定义的民主，或谓平等政治，必须依靠不同维度下的空间来表述，从而变成他所谓的可感物而得以呈现。对朗西埃而言，尽管他的理论没有将空间作为一个知识的对象来处理，但是，他也明确地将时间和空间视为"我们在社会中的'地位'的构成方式、公共与私人的分配形式，以及对每个人关于自身角色的指定"^①。就此而言，空间既能作为朗西埃的美学－政治学理论的一个研究对象，又可成为分析朗西埃的美学－政治学基

　　＊　本文系国家社科基金重大项目"西方新马克思主义文论与空间理论重要文献翻译和研究"（15ZDB085）的阶段性成果。

　　①　Jacques Rancière, "From Politics to Aesthetics?", *Paragraph*, No. 1, 2005, p. 13.

本框架的一种方法论。立足于这一判断，我们将以空间作为剖析朗西埃的美学－政治学理论的支点，从空间的视角探究朗西埃的"感性的分配"。在选择空间概念和空间框架时，我们主要借鉴戴维·哈维（David Harvey）《作为关键词的空间》（*Space as a Key Word*）中所运用的三个概念：绝对空间（absolute space）、相对空间（relative space）、相关空间（relational space）。①以下，我们将以哈维所区分的不同的空间概念作为基本的分析变量，尝试着对朗西埃的"感性的分配"这一概念中所涵盖的空间问题稍做阐释。

一、感知秩序的正当性来源：相对空间中感性的分配

朗西埃的美学－政治学，是他对自身政治诉求予以深化的一个产物。就他本人而言，他无意于美学理论的建构。甚至，当他对知识采取一种诗学的态度时，他便以"知识的诗学"（poetics of knowledge）的名义消解了现行学科分野的合法性。他不承认他的理论书写是在当前通行的学科分野下进行的。他要做的，正是反其道而行之。所以，我们以美学－政治学这一说法来限定朗西埃的理论，其实并不符合他理论话语的原意。②对他而言，美学只是他表述自身政治愿景的一个渠道，是延续其政治诉求的一种方式。美学－政治学被他寄予了某种异托邦性质的厚望，他认定这种异托邦具有一种解放的潜能，能够实现他根据自身理解而重新定义的民主，即在感性上的绝对平等。也就是说，在朗西埃的观念中，审美与政治在本质上是相通的。审美诞生之处，也是政治发生之处。不过，审美与政治之间能够实现沟通，主要原因在于"感性的分配"，同时，也在于朗西埃以此为基础对美学和政治的重新定义。可以说，"感性的分配"在朗西埃的理论中是连接审美与政治的桥梁。③

---

① 之所以采取哈维的这三个空间概念，而不采取其他学者的空间概念，是因为这些空间概念在分析朗西埃的美学－政治学中的空间问题时更为便捷，这种情况就像哈维根据具体语境而偏爱列斐伏尔的空间概念一样。参见戴维·哈维：《作为关键词的空间》，阎嘉译，《外国美学》，2014 年第 22 辑。

② 正因朗西埃从"知识的诗学"态度上否定一切在现行学科分野下的概念及其运用，所以笔者在本文中也尽量遵循朗西埃理论的原意，对朗西埃的相关概念的使用只求意指上的互通，而不做学科界限上的严格规定。在此，"美学－政治学"这一术语，只是我们为了表述上的方便，以及尽可能地贴近朗西埃的阐释路径和理论目的所采取的一个权宜上的叫法。

③ "感性的分配"法语是"partage du sensible"。"partage"一词在法语中有两个含义：分配，分享。分配意味着在共同体内部，为各个不同的群体划定额，确立彼此的界限；分享则意味着以一个共同体的整体视野来看待，将这种分配视为共同体的集体原则或秩序安排。在朗西埃的理论中，"partage"兼有述两层含义，而汉语"分配"一词并不能完整地呈现全部含义。对本文中出现的"分配"一词，应在法语的语境下来理解，即它同时是分配、分享。参见让－菲利普·德兰蒂：《朗西埃：关键概念》，李三达译，重庆大学出版社，2008 年，第 119－121 页。

　　朗西埃对"感性的分配"是这样解释的："我所谓的感性分配，是一个感性知觉的自明事实的体系，它同时揭示出一般事物的实存，并划定了事物之中各个部分和位置的界限。所以感性分配确定了一般事物哪些部分得到共享，哪些部分遭到排斥。"① 从这样的表述中我们可以看出，感性的分配从直观上关系着一个相对的空间。相对的空间意味着："空间被理解为对象之间的一种关系，它的存在仅仅由于对象存在并且彼此关联。"② 也就是说，空间在这里是由不同对象的位置关系来表征的。相对空间的建构，首先须明确这一相对性的来源，即需要明确对象之间根据各自不同的位置所确立的互为参照的坐标系，进而由此确立对象彼此之间的意义。将感性的分配与相对空间相联系，主要原因正在于它可以被理解为：涵盖了处于不同社会位置的对象之间的空间关系与具体意义。将感性的分配放置于相对空间的视域下，它大致涵盖了下述两种不同的空间意义：在由不同对象确立的空间中，空间的相对性即感性的分配。感性的分配在这里既表现为一种管制（the police）原则，同时也表现为一种区隔（distinction）原则。管制意味着在相对空间中所有对象都必须服从的一种感知体系上的正当性，而区隔则意味着社会的不同群体对这一正当性的认同与再生产。

　　具体而言，感性的分配作为管制，是指在相对的社会空间中不同的社会群体建构自身认知与话语的一种原则，它迫使不同社会空间下的各个群体在感知与被感知物之间建立明确的意义关系。不过，由管制原则建构的认知与话语会因群体的社会位置不同而有差异，这是因为"位置的分配体系决定了在不同位置的人们能够感觉和思考什么"③。朗西埃将管制称为"对无的排除"④。在他看来，管制的目的在于驱逐人们在感知上的空白。它要人们根据自身的存在域去建构关于感知或理解事物的意义秩序。管制原则通过对人们感知空间的填充规定任意个体在特定时空下的观念、行为方式以及他的存在本身。比如，当人们看到一个衣着光鲜且谈吐自然的人时，通常会根据管制原则，将他判断为一名白领，如律师或从事其他与此相似的职业的人。从某种程度上说，当某人以某种形象出现在某个特定的场域时，这个人便已经通过管制的空间性被定位了。就像刚才例子中那样，仿佛职业规定了从业者的

---

　　① 雅克·朗西埃：《历史的形象：论知识的诗学》，蓝江译，华东师范大学出版社，2018 年，译序第 30 页。

　　② 戴维·哈维：《作为关键词的空间》，阎嘉译，《外国美学》，2014 年第 22 辑。

　　③ 雅克·朗西埃：《美学异托邦》，蒋洪生译，载汪民安、郭晓彦，《生产》（第 8 辑），江苏人民出版社，2013 年，第 202 页。

　　④ 雅克·朗西埃：《关于政治的十个论点》，苏仲乐译，载汪民安、郭晓彦，《生产》（第 8 辑），江苏人民出版社，2013 年，第 178 页。

本质。出于同样的理由，人们也会根据上述原则，在某些具体的场域中，将粗鲁、愚昧、懒惰和不讲卫生等特征赋予那些被边缘化的底层人物，并认为他们生来如此。因此，朗西埃说道："管制并非一种社会功能，而是对社会的一种象征性构成。"① 这种象征性是管制的本质。不同的社会空间、不同的社会群体都被管制原则象征化了。

感性的分配作为具有象征意义的管制，为身处不同空间的不同群体提供了自身的存在方式，因此可以说，感性的分配在相对空间中生产着不同群体的身份认同和社会关系。易言之，在相对空间中，感性的分配在感知体系上不仅体现为一个统一的管制原则，同时也表现为感知上的区隔。社会场域中的相对空间，其实也是一个个彼此区隔的空间。在这些空间内，不同的群体通过管制所建构的感知体系的正当性来划定各自的存在界限，并区分自身与他者。

区隔就像语言学中不同的符号根据差异性而建立的意义秩序。语言学差异原则规定一个符号的特定能指，并赋予其相应所指；区隔则在社会学的视域下，以上述语言学的规则将不同的群体分入不同的相对空间中。只不过，语言学中的差异与社会学中的区隔存在着一个本质的分别：差异作为区分一个特定符号与另一个特定符号的原则，只通过差异本身来确立两者的区别，但不会以差异原则为基础来建立符号在价值上的差序格局。也就是说，符号本身在语言学中没有价值上的高低贵贱之分，其不同仅仅是一种约定俗成的规定，但不存在一个比另一个更有价值或更优越这样的比较。区隔虽然也是一种差异原则，但它却是在相对的社会空间中被运用的。区隔不仅以差异性为原则，在人们的感知上将这一相对性合法化，还将这种相对的差异纳入一个价值的金字塔体系：在区隔中，没有语言学上统一而完整的"人"。"人"在相对的空间中被具体化，被穷人与富人、资产阶级与无产阶级、总裁与劳工等相对的概念取缔。不同的群体以区隔的方式存在于社会的相对空间中，他们的社会地位、生活方式、群体身份、话语合法性等都通过区隔被固定下来。

不仅如此，在社会的相对空间中，统治阶层通常拥有对感性的分配的最高定义权。他们以社会秩序和伦理规范等形式让感性的分配的管制原则与区隔原则同时实现再生产，从而有效地促进一种稳定的意识形态的形成与延续。故而，在社会的相对空间中，感性的分配实为一个彼此关联但内部又相互分

---

① 雅克·朗西埃：《关于政治的十个论点》，苏仲乐译，载汪民安、郭晓彦，《生产》（第8辑），江苏人民出版社，2013年，第178页。

裂的整体坐标系。这个坐标系为不同社会空间下的人们划定了所属的感知意识，这些感知意识又反过来生产着不同群体的社会地位和身份认同。最终，人们的社会身份和话语表达再根据感性的分配的权威坐标来判断哪些事物是有价值的，可以被看见、被表述的，哪些事物是不入流的，被排斥于价值体系之外的。

二、民主诞生的支点：相关空间中感性的分配

感性的分配还可以被放置于社会的相关空间中。所谓相关空间，是指"空间被认为包含在对象之中，在这种意义上，可以说一个对象的存在仅仅因为它自身内部包含和表现了与其他对象的各种关系"①。从某种角度来说，相关的空间可被视为一种复合的相对空间。二者的不同之处在于：其一，空间与对象之间的一种外部的相对关系，被视为在对象自身中所包含的一种内部关系；其二，相对空间的确立，首先需要明确"被谁相对化"这一前提。换言之，相对空间往往是两个具体的对象之关系建构的一个参照系。然而，我们将空间理解为相关空间，就意味着在某一对象内部，同时有多个不同的参照系加入进来，与该对象发生着关联。比如，一个特定的人物，他可以同时是一个劳工、一个丈夫、一个激进的反战者，等等，这些不同的身份集于某人，正是因为此人作为一个特定的对象，在其自身内部中同时存在多个不同的参照系。出于对哈维的相关空间与相对空间的理解，我们可以说，朗西埃的感性的分配不仅可从社会的相对空间得到阐释，同时也可以被视为特定对象对自身内部空间的一种整体呈现。

从相对空间到相关空间的过渡，意味着感性的分配在空间问题上的深化。与此相对应，也意味着我们对朗西埃的美学－政治学的阐释更进一步。如果说，相对空间更多地表征着不同群体之间的相对关系，那么，相关空间则更多地与个体内部的空间性挂钩。这种基于自身的内部空间性，也是朗西埃对美学－政治学寄予厚望的重要来由。在下述分析中，我们将看到：这一维度的空间问题在朗西埃的理论中如何与美学－政治学所允诺的人类的解放产生本质上的关联。

如前所述，感性的分配在社会的相对空间下，被视为管制和区隔。"感性的分配"通过上述两者的空间性，尽力让不同的群体保持他们在社会中原来的身份与位置，以维持整个社会的稳定性。这一模式源于柏拉图对于理想城

---

① 戴维·哈维：《作为关键词的空间》，阎嘉译，《外国美学》，2014 年第 22 辑。

邦的设想。柏拉图认为从事不同职业的社会群体在城邦内有着不同的职业德行。如果这种德行能够保证不同的从业者们各司其职，那么这个城邦的完美秩序将得到延续。但是，不同的从业者们在这一城邦中的职业德行是不平等的。从哲学家到士兵，再到其他手工业者以及奴隶，代表着职业－身份的德行呈现出降序排列。这意味着，"德行的不平等建立了阶级等级"①。朗西埃对于由这种预设所带来的伦理原则和社会秩序并不认同。他认为，这种预设的德行不能成为权力的来源，社会秩序更不能以此为据来建立。真正具有优先性的权力只有一个，那就是朗西埃所定义的平等，或谓：人生而平等。它是人与生俱来的一种存在论上的先行权力。朗西埃的民主，或谓平等政治，即对"人生而平等"这一存在论上先行权力的见证。民主在朗西埃的用语中既不是某种政体或制度，也不是各种机构的具体安排。② 基于对民主的重新定义，朗西埃提出了自己的政治见解：政治是一个践行平等的过程，与社会秩序和伦理规范相悖，处于一种遭遇状态，这种遭遇的目的在于"打破界定组成部分与其份额或无分者的感知配置"③。换言之，政治的目的在于颠覆相关空间中的感性的分配，从而在相关空间中重新塑造人们自身的内部空间意义。在这一重构感性的分配的过程中，被排斥之人也将实现对其身份认同与社会关系的重构，以表现自己生而平等的自由权利。

在感性的分配的重构中，亦即朗西埃的民主实现之处，至关重要的问题在于如何打破个体内部相关空间的感性的分配体系，即人们如何在内部克服或超越空间性上的等级、身份等问题。也就是说，朗西埃期待人们从内部去消解基于传统感性的分配而言的那种感知秩序和身份定位。唯有如此，政治才得以发生，民主才成为可能。他并不主张人们采取集体性的对抗以突破从内部束缚住人们的各种不平等的空间性。就他本人的表述逻辑而言，他认为，通过阶级斗争去改变社会制度的方式并不可取，也不可靠。因为，一旦通过集体行动建立起某种具体的秩序或规则，生而平等的自由权利便又将受到压制。也正是出于这一理由，尽管他所预设的初始的存在论状态与霍布斯和卢梭相似，他却并没有走上制度变革的阐释道路。言下之意，以集体之名义所进行的秩序变革，最终也会成为反民主的社会体系——"治安秩序"（police order）。朗西埃将任何具体的秩序或规范、制度安排等，均称为"治安秩序"。

---

① 雅克·朗西埃：《哲学家和他的穷人们》，蒋海燕译，南京大学出版社，2014 年，第 36 页。

② 萨缪尔·A. 钱伯斯：《治安与寡头制》，载让－菲利普·德兰蒂，《朗西埃：关键概念》，李三达译，重庆大学出版社，2008 年，第 66 页。

③ 雅克·朗西埃：《歧义：政治与哲学》，刘纪蕙、林淑芬等译，西北大学出版社，2015 年，第 48 页。

出于上述理由，朗西埃提出，民主的践行之路，不在于有组织、有目标的集体行动，而在于以无目的的行动和话语来制造"歧感"。较之于相关空间中的感性的分配，从个体的视角来说歧感是一种异质性的元素。异质性歧感一旦进入相关空间中感性的分配，稳定而持续的感知体系便会紊乱。借此，人们便会发现在感性的分配体系之外的群体的存在。这些人通常被称为社会中的边缘化底层人物，比如手工业者、劳工、流浪汉等。正如希普勒所说："人们只有在把这些人的名字从福利受益对象名单上去掉的时候，才会注意到他们的存在，清点他们的人数。"①

歧感是个体从自身内部的相关空间出发去克服、超越感性的分配的支点。它意味着以民主的名义来照亮不符合感性的分配的个体自身那种存在论上的先行权力。它承诺了个体在不采取暴力和实权斗争的情况下单向而又理所当然地宣称自己平等存在的合法性，让个体在重构了的感性的分配中变得可见。总体而言，制造歧感的方式有很多，比如一个农民工进入一家高档餐馆消费，一个流浪汉到免费开放的博物馆参观等，都属于制造歧感的行为。在这些场景中，他们作为一个具体的对象，通过这样的方式与自身内部的各种空间关系划清了界限，用非暴力的行动宣告了自身内部各种等级鲜明的参照系的失效。在朗西埃看来，这是他们对生而平等的存在权力的宣示。不过，这只是一种单向的权力宣称。因为，首先，这是他们对存在于自身内部的相关空间的否认，他们从自己存在的优先权出发对自身中的相关空间在行动上予以直接的拒绝；其次，对于其他已然习惯于未被重构的感性的分配的人而言，他们是一群不该在这些地方出现的被排斥之人。所以，这些被排斥之人以类似的行动方式扰乱了存在于人们自身的相关空间的感知秩序，从而迫使感知秩序遭遇异质性歧感。与此同时，歧感正因为本身的异质性，才能在感性的分配中制造错愕感，才易于被感知、被发现。因此，歧感便成为被排斥之人摆脱自身内部不平等的空间关系，并使自己在重构了的感知体系中现身的一条通道、一个契机。

三、绝对空间：感性的分配重构之所与平等政治显现之处

必须说明的是，在朗西埃的理论中，"无分之人"也称为"不是部分的部分"，他们并不局限于被边缘化的底层群体。只是在通常情况下，"无分之人"与这一群体的交集更引人关注、更为明显。在相对空间与相关空间中，感性

① 戴维·希普勒：《穷忙》，陈丽丽译，上海译文出版社，2018年，第2页。

的分配作为不平等的空间关系几乎无处不在，比如一个亚裔美国人在美国社会可能会遭受到不平等的待遇，一个非裔单身母亲在找工作时可能会遇到歧视，等等。也就是说，"无分之人"需要根据特定的场域来判断与界定。只要不平等的感性的分配在空间中存在，任何人都会成为与其对应的被排斥、忽视之人。当这些情况真的出现时，非暴力的歧感表达，就是朗西埃准备的斗争武器。于是，我们可以将朗西埃的政治宏愿概述为：以歧感为支点去撬动所有人承载的那种实现管制与区隔的感性的分配，去消解所有人身上背负的不平等的空间关系。这一逻辑演绎的最终结果是：让每个人实现对他自己的社会职业、身份认同等社会性的彻底扬弃。朗西埃认为，只有在摆脱具有价值差异的感性的分配时，在空间中的感知与感知对象之间的意义联系才会中断，此时，人才成为主体，人与人的关系从感知体系上说才是绝对平等的。

　　出于上述理由，朗西埃的理论研究出现了所谓的美学转向（aesthetic turn）。他发现，近代以来的审美话语与他所理解的政治有着某种本质上的共通性。比如，审美上"无目的的合目的性"与政治上"无目的的行动"在不同维度的空间中都对感性的分配产生了颠覆的作用。这既意味着审美话语打破了艺术表达的传统逻辑，这也意味着对管制和区隔的空间关系与意义的悬置。德兰蒂（Jean-Philippe Deranty）指出，"（审美）话语的解放对朗西埃来说，意味着将现实的不同层面引向存在论的混乱（ontological disorder）。从狭义上讲，随着典型逻辑的破坏，受到挑战的不仅仅是个体之间的社会分离（谁能说话、对谁说话、谈论谁），还有对象的选择。在'审美'体制（'aesthetic' regime）下，任何对象都值得用艺术去表现，哪怕是小便器"①。概言之，对朗西埃而言，审美在这里表现为一种"纯粹的感觉的泛滥"②，它只关心如何去表现事物，而不关心哪些事物是允许被表现的。在这种纯粹的感性力量面前，古典主义所要求的主题与风格、语言及行动等方面的传统关系宣告失效，取而代之的是感性表达的散乱、冲突与无序。在由审美话语建构的空间中，任何个体都能够表述自身关于生活世界的感性体验。也即是说，艺术不再关乎主题、风格、语言以及人物行动的得体，而仅仅在于采取怎样的表达方式来制造歧感，让普通事物成为艺术。有鉴于此，朗西埃说道："美

---

①　Jean-Philippe Deranty, "Democratic Aesthetics: On Jacques Rancière's Latest Work", *Critical Horizons*, No. 2, 2007, p. 245.

②　Jacques Rancière, "Why Emma Bovary Had to be Killed", *Critical Inquiry*, No. 2, 2008, p. 242.

学不是关于艺术或者美的哲学或科学。美学是可感性经验的重构。"① 审美从根本上来说意谓一种体验模式。② 人们正是用这一体验模式来制造歧感，从而进入审美的空间，在感性上拥抱绝对的自由平等。换言之，相对于受制于传统艺术表达的审美话语及其建构的审美空间，无目的的审美话语在不经意间为歧感的创造留出余地。由此，朗西埃断定，近代以来的审美体制蕴含着政治实现的潜能，这也是朗西埃能够将美学与政治联系起来的根本缘由。

为了深化美学–政治学的阐释思路，朗西埃通过他的美学理论，在历史素材中建构了众多重构感性的分配的审美场景。这些场景便涉及感性的分配与绝对空间的关系。绝对空间意味着人们能够"在其框架内部表明或者规划各种事件"③。因为，在对感性的分配进行了上述阐释以后，我们会发现这样一个问题：无论是被置于相对空间，还是相关空间，感性的分配始终需要以具体可感的绝对空间作为载体，才能让上述两个不同视角中的空间及其意义得到呈现。倘若缺乏对绝对空间的规划与建构，歧感将缺乏表达的载体，感性的分配也无法实现重构，美学–政治学所承诺的解放也将趋于消散。一言概之，绝对空间是重构感性的分配，使个体解除内部不平等的空间性、社会性的平台。朗西埃所期待的平等作为其预设的一种先行的存在论权力，必须在打破感性的分配的绝对空间中被确知、被看到。民主的实现，同样必须依靠对绝对空间的建构与筹划。诚如朗西埃所言："政治的本质工作就是对自身空间进行构造，为的是使其主体及其运作所构成的世界可被看见。政治的本质在于展示歧见——歧见是对一体两面的世界的呈现。"④

由此，朗西埃以他的美学理论，即"审美体制"为基本视域，在历史素材中建构了众多的绝对空间，以表明他深化美学–政治学的阐释思路。比如，他在分析吕涅–坡（Lugné-Poe）等人对易卜生的剧作《建筑师索尔尼斯》（Solness）的舞台改编中，援引梅特林克（Maurice Maeterlinck）关于这一改编的剧评，将《建筑师索尔尼斯》称为一种新的戏剧理想——"无行动的戏剧"的实践。⑤ 朗西埃指出，"无行动的戏剧"是对传统的"行动的戏剧"的

---

① 雅克·朗西埃：《美学异托邦》，蒋洪生译，载汪民安、郭晓彦，《生产》（第 8 辑），江苏人民出版社，2013 年，第 196 页。

② 雅克·朗西埃：《美感论：艺术审美体制的世纪场景》，赵子龙译，商务印书馆，2016 年，序言第 2 页。

③ 戴维·哈维：《作为关键词的空间》，阎嘉译，《外国美学》，2014 年第 22 辑。

④ 雅克·朗西埃：《关于政治的十个论点》，苏仲乐译，载汪民安、郭晓彦，《生产》第 8 辑，江苏人民出版社，2013 年，第 178 页。

⑤ 雅克·朗西埃：《美感论：艺术审美体制的世纪场景》，赵子龙译，商务印书馆，2016 年，第 126 页。

颠覆。因为，行动的戏剧符合传统戏剧的因果机制，"这套因果机制，规定着每个角色的命运、他们各种想法的表达。正是这个系统，决定着悲剧诗的知性高低，控制着它的可感效果。行动为主的原则，既规定着悲剧的思想内容，又规定着悲剧表现的可感肌理"①。而无行动的戏剧则与此相悖，它反对的"正是思想与其可感的传达方式之间的这层关系"②，它要从行动的戏剧的反面，"让这个将思想的可感传达附议种种系统化对应的体系失效"③。无行动的戏剧是一种内心的戏剧。这种戏剧，既不主张回到内心的感受、情绪的翻涌与传统艺术表达技巧上的结合，也不主张舞台的布局和陈设符合唯美主义的规定，它只要求"用各种沉默的感受，让任意一个人去体验世界的无声行动"④。也就是说，无行动的戏剧将传统的戏剧表达方式、技巧，甚至是主题，都视为感性的分配的产物。它将未被打破、未被重构的感性的分配标识为一个具有共识规则的参照系，而无行动的戏剧正是经由对这个参照系的规则的针对性颠覆，才以制造歧感的方式打破了相关空间中的感性的分配。这表现为：一方面，它让艺术表达的技巧和安排，与这些技巧和安排所预设的、以待展现的情感和内容产生了分离；另一方面，它改写了艺术的表达技巧本身和情感本身，它要让那些从未在舞台上得到关注的事物以沉默的方式在观众的内心开口说话。

　　出于上述分析，我们可以说："无行动的戏剧"制造了歧感。一旦这种歧感渗入传统相关空间中的感性的分配，那么，所有观众在面对这样一出戏剧时，就无法在艺术技巧、舞台布景中达成具有共识性的感知与体认。进一步讲，无行动的戏剧意在制造一种与传统审美感知经验相悖的反经验。同时，它帮助所有身临这一场域的观众生产一种自相关（self-reference）的意义：对不同的个人而言，这一出戏剧到底被感知为什么，是全然不同的。由此可见，在这个朗西埃的"审美体制"构筑的绝对空间中，每个人都在根据自身的感知本性来建构属于自身的绝对空间。在每个人自身所建构的绝对空间中，由于传统感性的分配所规定的正当性紊乱或失效，任意个体内部的不平等空间关系，包括身份认同、社群关系、劳动分工、经济实力等，被重塑为一种近

---

① 雅克·朗西埃：《美感论：艺术审美体制的世纪场景》，赵子龙译，商务印书馆，2016 年，第 129 页。

② 雅克·朗西埃：《美感论：艺术审美体制的世纪场景》，赵子龙译，商务印书馆，2016 年，第 129 页。

③ 雅克·朗西埃：《美感论：艺术审美体制的世纪场景》，赵子龙译，商务印书馆，2016 年，第 130 页。

④ 雅克·朗西埃：《美感论：艺术审美体制的世纪场景》，赵子龙译，商务印书馆，2016 年，第 128 页。

于原初设定的存在论上的平等关系。民主，或谓平等政治，便在每个人根据自身感知本性所建构的绝对空间中呈现了出来。在这一层意义上，朗西埃以审美体制建构的那些绝对空间正是孕育着每个人的自我解放的土壤。

结　语

"审美体制论"是朗西埃美学－政治学的阐释路径的必然终点，因为它赋予了朗西埃在建构绝对空间时的主权。这一主权，也通过朗西埃的理论求索，为平等政治的愿景许下了带有某种异托邦性质的承诺。其后，朗西埃将美学－政治学的思考融入了文学、电影等艺术门类的研究，其目的不外乎试图凭借文学与电影的媒介影响力，将无行动的戏剧的民主效应推而广之，即能够颠覆感性的分配的文学和电影能够诱导更多的观众去建构自身的审美绝对空间。对朗西埃来说，这一类文学和电影能够最大限度实现他的政治愿景。与此同时，在观众根据自身的感知本性而营造的互不相关的绝对空间中，还涵盖着一个终极的审美共同体（aesthetics community）的雏形。它意味着，人们只要在自身的绝对空间中停留于感知意识的混乱，便能以在审美共同体中感受到的平等去取缔政治共同体中的不平等。不过，尽管我们不愿去怀疑朗西埃对"解放理论"（theory of emancipation）探索的真诚，但是，诚如马丁·麦奎兰（Martin McQuillan）所分析的那样："朗西埃的审美共同体似乎只能依靠歧感和分离所制造的差异来支撑自己。这也许是正确的，但它表明，朗西埃的无产阶级共同体只是另一个产生于语言幻觉的意识形态的诡计。"①

作者简介：
刘聪，四川大学道教与宗教文化研究所博士研究生，主要从事西方文论、文艺美学等研究。

---

① Paul Bowman, Richard Stamp, *Reading Rancière*. New York: Continuum, 2011, p. 181.

法国后马克思主义的"双生花"

——论阿兰·巴迪欧与雅克·朗西埃的美学分歧[*]

李长生

　　摘　要：作为当前法国乃至整个欧美最具原创力的后马克思主义理论家，阿兰·巴迪欧和雅克·朗西埃在思想资源、时代背景与问题意识等方面都存有许多共同之处，但在哲学体系、政治思想等方面却又存在着巨大的差异。本文试图以对二者美学分歧的分析入手，力图揭橥其与当前激进左翼理论之间的内在联系以及在西方马克思主义发展史中的价值与意义。

　　关键词：阿兰·巴迪欧　雅克·朗西埃　非美学　艺术体制
　　　　　　感性的分享/分配

　　当代法国后马克思主义双子星阿兰·巴迪欧（Alain Badiou）和雅克·朗西埃（Jacques Rancière）之间的思想关联是一个有趣的问题。两人年纪相仿，都于第二次世界大战前后出生在北非法国殖民地，成年后都返回巴黎并以哲学为志业。巴迪欧长期执掌巴黎高师哲学系，而朗西埃则躬耕于巴黎第八大学哲学系。在随后几十年的哲学生涯中，两位大哲不仅著述等身，而且都赢得了世界性的反响，成为当前欧洲思想界最具代表性的哲学家之一。不仅如此，作为阿尔都塞的学生，巴迪欧和朗西埃的早期思想都具有浓厚的结构主义色彩，他们都经历了一段从时间上说相当长的"阿尔都塞时期"。在这一时段，巴迪欧出版了他的《模式的概念》[①]，朗西埃则直接参与了阿尔都塞的"马克思《资本论》阅读小组"，并作为日后风靡全球

　　*　本文系国家社科基金重大项目"西方新马克思主义文论与空间理论重要文献翻译和研究"（15ZDB085）、国家社科基金青年项目"中国当代视觉文化的视觉机制研究"（16CZW010）以及西华师范大学英才基金项目（17YC463）的阶段性成果。

　　①　Alain Badiou, *The Concept of Model*, Zachary Luke Fraser, Tzuchien Tho, eds. trans. Melbourne: Re. Press, 2007.

的《读〈资本论〉》①的重要撰稿人之一登上理论舞台。如果不是作为巴迪欧
意义上的"真理事件"出现的 1968 年"五月风暴"②，巴迪欧与朗西埃可能还
会在阿尔都塞主义的思想轨道上滑行相当长的时间。关于这场政治运动，巴
迪欧曾言，他和朗西埃都是被"五月风暴"的闪电所击中的一代。③正是"五
月风暴"宣告了阿尔都塞主义的破产，彻底改写了"后−后结构时代"④的理
论走向，同时也将巴迪欧和朗西埃甩出了结构主义马克思主义的理论轨道，
使二者自此踏上了"理一分殊"的哲学之途。

　　尽管巴迪欧时常对朗西埃称兄道弟⑤，但从阿尔都塞哲学土壤中生长出的
他俩在哲学上却几乎没有达成什么共识。对此，巴迪欧曾说："例如，如果我
宣布我们在一些重要的点上达成了共识，他会怎么干？他会迅速改变他对这
些点的看法而把我丢在后面。"⑥巴迪欧在不少作品中直指朗西埃思想中存在
诸多缺陷。比如在《元政治学概述》中，巴迪欧就用了两章的篇幅来专门讨
论朗西埃的"平等"与"非政治"问题。⑦甫一开始，巴迪欧就对朗西埃的学
术风格进行了概括：一是将自身置于多种话语之间，但对这些话语却不做选
择；二是重新激活了一些概念的沉积物（conceptual sediments），但又不进入
历史；三是解构了主人的姿态（the postures of mastery），但当有人指出主人
错误的时候（catches the master out），他又不放弃对这些人的反讽式的主人
姿态（ironic mastery）。⑧应该说，巴迪欧对朗西埃的这番论断虽显刻薄，却
也不失真实。朗西埃基于激进平等主义和无政府主义的立场，对一切柏拉图
主义意义上的"主人性"的东西都持有根本怀疑。而反观朗西埃，其对巴迪
欧的哲学路径也多有指摘。如在《美学中的不满》中，朗西埃也用了一章的
内容批评巴迪欧非美学思想对现代主义的扭曲。⑨在朗西埃看来，作为当代的

---

①　路易·阿尔都塞，艾蒂安·巴里巴尔：《读〈资本论〉》，李其庆、冯文光译，中央编译出版
社，2008 年。

②　特里·伊格尔顿：《异端人物》，刘超、陈叶译，江苏人民出版社，2014 年，第 279−280 页。

③　Gabriel Rockhill, Phillip Watts, eds., *Jacques Rancière：History，Polilitics，Aesthetics.*
Durham：Duke University Press, 2009, p. 35.

④　A. J. 巴特雷，尤斯丁·克莱门斯：《巴迪欧：关键概念》，蓝江译，重庆大学出版社，2016
年，第 2 页。

⑤　Gabriel Rockhill, Phillip Watts, eds., *Jacques Rancière：History，Polilitics，Aesthetics.*
Durham：Duke University Press, 2009, p. 30.

⑥　Gabriel Rockhill, Phillip Watts, eds., *Jacques Rancière：History，Polilitics，Aesthetics.*
Durham：Duke University Press, 2009, p. 30.

⑦　阿兰·巴迪欧：《元政治学概述》，蓝江译，复旦大学出版社，2015 年。

⑧　Alain Badiou, *Metapolitics*, Jason Barker, trans. London：Verso, 2005, p. 107.

⑨　雅克·朗西埃：《美学中的不满》，蓝江、李三达译，南京大学出版社，2019 年。

柏拉图主义者，"巴迪欧无可争议的现代主义就是带有扭曲的现代主义版本"①，巴迪欧真正在意的不是艺术，而是"绝对观念"②。当然，较之于巴迪欧对朗西埃的批评，朗西埃对巴迪欧的批评就显得要中正平和得多，大多就事论事，不做定性判断。值得注意的是，巴迪欧和朗西埃基于趋同的理论背景和时代环境，又面临着相似的难题，为什么最后却发展出了两条迥异的思想路径？二者之间的分歧是一种偶然，还是表征着当前西方激进左翼内部的理论紧张？较之于阿尔都塞和萨特开创的结构主义马克思主义和存在主义马克思主义，以巴迪欧和朗西埃为代表的当代法国后马克思主义价值与意义何在，在整个西方马克思主义发展历程中又居于什么样的理论地位？如上问题值得进一步追问。基于此，本文试图从巴迪欧与朗西埃在美学上的分歧入手，在比较分析的基础上为前述问题的思考提供借鉴。

一、非美学：艺术、真理、哲学、事件与主体

（一）非美学的出场

与从劳工研究转向政治研究再转向美学研究的朗西埃不同，巴迪欧自始至终都是以一位哲学家的身份出现在欧洲思想界的。他关于艺术问题的讨论实际上并不多，主要集中在《非美学手册》③一书中。而关于何为非美学，巴迪欧在著作开篇仅用了两句话来阐释——"关于非美学，我将之理解为一种哲学与艺术之间的关系，其坚持认为艺术本身是真理的生产者，但艺术却并不是哲学的对象。与美学的思考相反，非美学专注于由一些独立存在的艺术作品所产生的严格的内在哲学效果。"④正是这两句话奠定了后继学人理解巴迪欧非美学思想的基础。在巴迪欧看来，非美学首先涉及哲学与艺术的联系，其次涉及非美学与传统美学的区分。哲学与艺术的关系是一个古老的问题，

①　雅克·朗西埃：《美学中的不满》，蓝江、李三达译，南京大学出版社，2019年，第81页。
②　雅克·朗西埃：《美学中的不满》，蓝江、李三达译，南京大学出版社，2019年，第85页。
③　Alain Badiou, *Handbook of Inaesthetics*, Alberto Toscano, trans. Stanford：Stanford University Press，2005.
④　Alain Badiou, *Handbook of Inaesthetics*, Alberto Toscano, trans. Stanford：Stanford University Press，2005.

时至今日依然能听到诗与哲学之争的理论史回响。① 诚如爱德蒙森所言："诗人与哲学家的论争（据柏拉图所说，这个论争在他那个时代就已是古老的论争了）……尽管论争在一些重要方面发生了变化，但它至今仍在继续。"② 只不过，较之于柏拉图时代——"诗歌是欺骗：它提供模仿的模仿，而生活的目的是寻找永恒的真理；……诗歌对创造健全的灵魂或合理的国度没有丝毫用武之地。在设计乌托邦蓝图时，柏拉图把诗人逐出墙外"③，现在的情况已发生了巨大的变化，"如今，文学的哲学批评占据优势。在文学批评的领地，柏拉图的后裔显然获胜了"④。

但和诗与哲学之争不同的是，巴迪欧的非美学在艺术与哲学之间插入了真理这一新维度。因此，非美学实际上需要处理的问题就包括艺术与哲学、哲学与真理、艺术与真理以及传统美学与非美学等。而一旦关涉哲学与真理，就需要将非美学置于巴迪欧的哲学语境中来认知。

（二）真理、事件与主体

巴迪欧的哲学太具原创性以至无法简单地归入任何流派，或者说他的哲学本身就是反流派的。正如彼得·霍尔沃德所言，"巴迪欧是不能用传统的方法加以分类的"，因为：

> 他的著作涉及多得令人眼花缭乱的领域——数论，精神分析学，现代诗歌，政治理论，戏剧和表演理论。他以不同方式忠实于康托尔（Cantor）、科恩、拉康、马拉美和列宁。……他表明了分析哲学与欧陆哲学之间的任何清晰划分都是过时的。虽然对数理逻辑持批判态度，但他仍以数学为前导。他对弗莱杰（Frege）、维特根斯坦和哥德尔就像他对黑格尔、尼采和德勒兹一样熟悉。他的哲学观拒绝"分析"和"欧陆"这两个修饰语，就如同他拒绝把哲学区分为相对独立的（政治的、美学的、

---

① 如刘小枫主编的"西方传统：经典与解释"丛书就收录了不少关于诗与哲学之争的著作，其中比较有代表性的如斯坦利·罗森：《诗与哲学之争——从柏拉图到尼采、海德格尔》，张辉译，华夏出版社，2004年。此外还有一些相关著作也被译为了中文，如马克·爱德蒙森：《文学对抗哲学——从柏拉图到德里达》，王柏华、马晓冬译，中央编译出版社，2000年。

② 马克·爱德蒙森：《文学对抗哲学——从柏拉图到德里达》，王柏华、马晓冬译，中央编译出版社，2000年，第2页。

③ 马克·爱德蒙森：《文学对抗哲学——从柏拉图到德里达》，王柏华、马晓冬译，中央编译出版社，2000年，第1页。

④ 马克·爱德蒙森：《文学对抗哲学——从柏拉图到德里达》，王柏华、马晓冬译，中央编译出版社，2000年，第2页。

认识论的）领域一样。①

在被后现代主义荡涤过的世纪之交的西方思想界，巴迪欧将对普遍性、普遍真理、理性主义的重申奠基于数学基础之上，反对差异政治、社群主义以及各种形式的相对主义。这使其在西方知识界显得非常突兀和难以理解。"可以毫不夸张地说，巴迪欧的著作在今天几乎不能根据英美学界盛行的原则来阅读——无论是政治的还是哲学的。"② 霍尔沃德这句话并非危言耸听，从某种意义上说，巴迪欧的确与 20 世纪的哲学主流格格不入。这些哲学主流至少包括以维特根斯坦为代表的分析哲学，发端于狄尔泰，经海德格尔到伽达默尔的诠释学以及以德里达、德勒兹、伽塔里、利奥塔等为代表的后结构主义。无论哪种哲学流派，似乎都很难将巴迪欧吸纳进去，因为这些流派都不约而同地反对普遍性和普遍真理，而巴迪欧最突出的哲学风格恰好就是对真理的坚守。这种真理究竟指向什么，其与西方哲学传统又有何关联？对这个问题，巴迪欧在《德勒兹：存在的喧嚣》③ 一书中做过如下阐述："我个人总是将真理构思为偶然的路径、无外部律法的后事件性出游。"④ 在巴迪欧看来，真理是一种随机的过程，是一种不定时发生的东西，它在事件之后，不受任何外在的规范约束，它是偶然的和特殊的，"它是它所召集和维持的主体所宣布、构造和坚持的东西"⑤。霍尔沃德甚至将巴迪欧的真理观与马克思的哲学观进行了对接，他认为巴迪欧对真理的态度与马克思所主张的哲学的主要任务不是解释世界，更重要的是要改造世界，在逻辑上是一致的。"如马克思一样，巴迪欧懂得'人类思想是否达到客观真理的问题不是一个理论问题，而是一个实践问题'，真正的思想与其说是理解世界，毋宁说是改造世界。"⑥ 这一区分凸显了巴迪欧的真理观，即真理一方面意味着一种普遍的、固定不变的秩序，另一方面又意味着一种无序的、断裂的、非连续性的、逃脱外在束缚的存在。按霍尔沃德的说法，这是一种"主观真理"，是一种"从已知的特

---

① 彼得·霍尔沃德：《一种新的主体哲学》，载陈永国编，《巴丢读本》，陈永国译，北京大学出版社，2010 年，第 3—4 页。

② 马克·爱德蒙森：《文学对抗哲学——从柏拉图到德里达》，王柏华、马晓冬译，中央编译出版社，2000 年，第 5 页。

③ 阿兰·巴迪欧：《德勒兹：存在的喧嚣》，杨凯麟译，南京大学出版社，2018 年。

④ 阿兰·巴迪欧：《德勒兹：存在的喧嚣》，杨凯麟译，南京大学出版社，2018 年，第 73—74 页。

⑤ 彼得·霍尔沃德：《一种新的主体哲学》，载陈永国编，《巴丢读本》，陈永国译，北京大学出版社，2010 年，第 6 页。

⑥ 彼得·霍尔沃德：《一种新的主体哲学》，载陈永国编，《巴丢读本》，陈永国译，北京大学出版社，2010 年，第 6 页。

殊性中抽身出来而逃避了第一个客观领域的具体行为"①。关于这一点，伊格尔顿也持类似的观点。一方面，他认为巴迪欧考虑的真理并不是命题性的真理。② 但另一方面，关于霍尔沃德所言的"主观真理"，伊格尔顿也持相近的看法，他认为对巴迪欧来说，真理和人类主体一样多，"或者说，人类主体和真理一样多"。③

既然真理具有两重性，那么真理何以可能摆脱外在规则对它的束缚，或曰真理何以变为"主观真理"？这就关涉巴迪欧的另一个重要概念——事件。关于真理与事件的关系，霍尔沃德总结为："真理物质地生产于特定的环境之中，每一个真理都开始于逃避构造和控制这些环境的现行逻辑的一个事件或发现。"④ 简言之，真理源于事件，事件意味着偶然，事件的发生意味着新事物与新秩序的突然出现。事件无法控制、不可预见、难以捉摸，它在某一种特定的境遇中突然爆发，但又不属于这一境遇，相反，它还为这一境遇带来一种全新的秩序，进而挑战和突破既有秩序。对此，伊格尔顿举过不少例子，如"真理事件的出现形式和规格各不相同，从耶稣复活到雅各宾主义，从坠入爱河到实现一个科学发现，从布尔什维克革命到巴迪欧自己对1968年五月真理事件进行的主体构成"⑤ 等。

巴迪欧提出真理与事件，是为了引出另一个重要论题——主体，甚至可以说，主体问题才是巴迪欧最为核心的关切所在。巴迪欧认为真理和主体是偶然的和特殊的，每个个体都能成为主体。但一般而言，个体同外部世界之间依然存在着一种相对稳定的关联性。而一旦事件发生，一种全新的秩序便嵌入原有的体系，原来相对稳定的主客体关系就可能被打破。因此，真理、主体和事件应该被理解为是同一个过程的不同方面。在《圣保罗：普世主义的基础》一书中，巴迪欧对此做过清晰的阐述。

（1）基督教的主体并不先于他所宣布的事件（基督的复活）而存在。

（2）真理完全是主体性的（它属于一个宣言，这一宣言证明与事件相关的一个信念）。

（3）忠实于宣言是最关键的，因为真理是一个过程，而不是一个

① 彼得·霍尔沃德：《一种新的主体哲学》，载陈永国编，《巴丢读本》，陈永国译，北京大学出版社，2010年，第7页。
② 特里·伊格尔顿：《异端人物》，刘超、陈叶译，江苏人民出版社，2014年，第279页。
③ 特里·伊格尔顿：《异端人物》，刘超、陈叶译，江苏人民出版社，2014年，第279页。
④ 彼得·霍尔沃德：《一种新的主体哲学》，载陈永国编，《巴丢读本》，陈永国译，北京大学出版社，2010年，第7页。
⑤ 特里·伊格尔顿：《异端人物》，刘超、陈叶译，江苏人民出版社，2014年，第279-280页。

说明。

(4) 真理本身无关乎境况。①

从表面上看，巴迪欧在《圣保罗》中谈论的是基督教的保罗神学问题，但其问题意识却依然是关于主体、事件与真理的。在巴迪欧看来，真理首先是一个信仰问题，如前所述，"真理完全是主体性的"。同时，真理不是我们通常所理解的客观真理，即一套描述客观性的固定的思想或知识体系，相反，它是一个过程，真理过程的逐渐展开伴有主体的信仰（信念）、爱和希望（确定性）。因此，主体的身份完全取决于这种对某项事物的信仰或信念。巴迪欧甚至认为，"只有在这种罕见的纯粹献身的时刻，我们才成为我们所能成为的人……只有在这个不可预见的领域内，在这个纯粹行为的领域内，一个人才能成为一个完全的主体而非客体"②。另一方面，每个主体又都依存于事件而存在，事件的发生也加入了主体生成的过程。如前文所述的作为使徒的基督教的主体，只有通过宣布一个事件（如耶稣的复活），才能存在。

因此，真理、事件和主体实际上是同一个过程的不同侧面。真理的诞生以主体对真理的宣言为基础和前提，而主体的生成又以其对真理的宣言和对事件的信念为基础和前提。从某种意义上说，巴迪欧所说的真理展开的过程本身也就是主体寻找真理和忠诚于事件的过程，二者合而为一。主体与事件之间的这种关系同样可以被主体与共同体之间的关系所置换，或者说主体与共同体之间的关系同主体与事件之间的关系在逻辑上趋于一致，都是主体对事件与共同体的忠诚。

（三）真理与艺术

关于真理与艺术的关系，巴迪欧在《德勒兹：存在的喧嚣》中曾做出过如下阐述："真理是实际的多，其'狄奥尼索斯'价值比不管任何对时间的现象学救援都更高。我甚至很乐意说，这价值总是有一个信念作为背景，就是（科学的、政治的、爱情的、艺术的……）。"③ 在该书的另一处，巴迪欧又谈道："这是，根据我自己，（政治）革命的实在经验，（爱情）激情、（科学）发明与（艺术）创作。正是在这时间的废除中产生真理的永恒性。"④ 在这两段话中，巴迪欧给出了真理的四种主要模式，即革命、激情、发明和创造。

---

① 参见阿兰·巴丢：《圣保罗》，董斌孜孜译，林草河校，漓江出版社，2015年，第14—15页。

② 彼得·霍尔沃德：《一种新的主体哲学》，载陈永国编，《巴丢读本》，陈永国译，北京大学出版社，2010年，第8页。

③ 阿兰·巴迪欧：《德勒兹：存在的喧嚣》，杨凯麟译，南京大学出版社，2018年，第76页。

④ 阿兰·巴迪欧：《德勒兹：存在的喧嚣》，杨凯麟译，南京大学出版社，2018年，第83页。

它们分别对应于四个领域，即政治、爱情、科学和艺术。而在每一个领域中，"主体都是真理的主体，它本身既是单一的（就时机和原创性而言）又是普遍的（就规模而言）。哲学本身并不生产这种意义上的真理。相反，它寻求把这四个领域里的当代产品辨认和聚合起来，如果存在的话，认其为'时代的真理'。这种真理构成了这个时代的永恒的东西"①。

　　巴迪欧关于真理四种模式的划分并非空穴来风，而是有其坚实的哲学基础。在《哲学宣言》中，巴迪欧明确提出："哲学是由前提限定的，这些前提是真理程序或类性程序。这些类型包括科学（更准确地说是数元）、艺术（更准确地说是诗）、政治（更准确地说是领域之内的政治或解放政治）和爱（更准确地说是让彼此不想管的两性立场中涌现出的真理程序）。"② 具体来说，"哲学将知识的构造和艺术的构造组织成一个叠加起来的超级组合。……整个程序都是由前提所限定的，即由艺术、科学、爱和政治在它们的事件中所限定的"③。那么，巴迪欧为什么会从这四个维度去理解哲学呢？因为巴迪欧认为既往的哲学已经沦为了哲学史，哲学发展进入了死胡同，其中一个突出表现就是各式各样的"哲学的终结"的发生，用巴迪欧自己的话说就是，"在历史上柏拉图所开创的东西已经进入到其影响的最后阶段"④。面对这一境况，巴迪欧试图重新为哲学进行定位。"哲学不再明白它是否还有一个合适的地位。它试图嫁接到其他的业已建立的活动上，如艺术、诗、科学、政治行动、精神分析……或者说，如今的哲学仅仅是其自身的历史，它变成了自己的博物馆。我们将这种在变成历史文献和重新再定位的来来回回的犹豫不定称为'哲学的麻痹'。"⑤ 可以说，这恰好构成了巴迪欧事件哲学出场的前提，正是为了突破"哲学的麻痹"，巴迪欧选择将哲学建立在科学、政治、艺术与爱的基础之上，并以此扭转哲学的枯竭。巴迪欧甚至直言不讳地宣告："至于我自己，我相信我必须要去宣布这个终结的终结。"⑥ 具体到哲学与艺术，巴迪欧认为一切艺术最终都可以发展成为哲学。"艺术以自己独到的方式进行模仿，并带有生产出大真理主观位置的观念。"⑦ 这样一来，巴迪欧就重构了艺术与哲学的关系。他认为，艺术是哲学的条件，是哲学的一种真理程序，艺术为

---

　　① 彼得·霍尔沃德：《一种新的主体哲学》，载陈永国编，《巴丢读本》，陈永国译，北京大学出版社，2010年，第9页。

　　② 阿兰·巴迪欧：《哲学宣言》，蓝江译，南京大学出版社，2014年，第115页。

　　③ 阿兰·巴迪欧：《哲学宣言》，蓝江译，南京大学出版社，2014年，第110页。

　　④ 阿兰·巴迪欧：《哲学宣言》，蓝江译，南京大学出版社，2014年，第94页。

　　⑤ 阿兰·巴迪欧：《哲学宣言》，蓝江译，南京大学出版社，2014年，第85页。

　　⑥ 阿兰·巴迪欧：《哲学宣言》，蓝江译，南京大学出版社，2014年，第94页。

　　⑦ 阿兰·巴迪欧：《哲学宣言》，蓝江译，南京大学出版社，2014年，第98页。

哲学提供了"主观能动性的范式"①。

　　因此，巴迪欧的非美学表面上讨论的是艺术问题，但其内核却是哲学问题。但巴迪欧却并未径直为柏拉图背书，艺术与哲学之间不是表征与被表征的关系，艺术通过与哲学的对抗来确立自身的存在。

（四）艺术与哲学

　　关于哲学与艺术的关系，巴迪欧认为既有哲学史中存有几种主要的模式。② 其一是教导型模式（the *didactic* schema），其二是浪漫型模式（the *romantic* schema），其三是古典型模式（the *classical* schema）。

　　在教导型模式中，艺术外在于所有的真理，以"实际的、直接的或赤裸的真理（effective, immediate, or naked truth）"③ 为幌子表现自身，是真理的外在显现。为进一步说明这一模式，巴迪欧借用了拉康"歇斯底里"（hysteric）和"魅惑"（charm）的概念，即"歇斯底里症之象形文字、恐惧症的夸示、分裂性神经症的迷宫——无能的符咒、压抑的困顿、焦虑的神谕——性格所戴之面具、自我惩罚之密封、变态伪装——这些都是我们的注释所应解决的阐释性因素，是我们的招魂术溶解于其中的双关语，是我们的辩证法加以解除的诡计，并且是一种非个人意义的论断，这种方法从不着痕迹的东西中获致启示扩展到神秘的解决办法，并可求助于言说的帮助"④。在巴迪欧看来，拉康及整个精神分析理论中的歇斯底里症与癔症之间的关系，与教导型模式中的哲学与艺术的关系在逻辑上是一致的，即都是表征与被表征的关系。巴迪欧进一步说，艺术就是真理的纯粹"魅惑"（the pure *charm* of truth）⑤。我们知道，在拉康的思想中，由想象界、象征界和实在界构成的三种秩序占据着重要的地位，而魅惑就是对想象界的诠释之一。那么究竟该怎样理解"艺术是真理的纯粹魅惑呢"？我们需要回到拉康的理论视野。拉康在论述三种秩序理论时，实际上也讨论到了真理问题，只不过他对真理问题的讨论并不附着于任何一种程序之上。波微认为，"这三种秩序通过三角关系

---

　　① 阿兰·巴迪欧：《哲学宣言》，蓝江译，南京大学出版社，2014年，第98页。
　　② Alain Badiou, *Handbook of Inaesthetics*, Alberto Toscano, trans. Stanford：Stanford University Press，2005，p. 2.
　　③ Alain Badiou, *Handbook of Inaesthetics*, Alberto Toscano, trans. Stanford：Stanford University Press，2005，p. 2.
　　④ 玛尔考姆·波微：《拉康》，牛宏宝、陈喜贵译，昆仑出版社，1999年，第67页。
　　⑤ Alain Badiou, *Handbook of Inaesthetics*, Alberto Toscano, trans. Stanford：Stanford University Press，2005，p. 2.

图谱的反复绘制所获取的，就是真理试图通过瞬时即逝的假定来获取的"①。可见拉康的真理观与巴迪欧对真理与艺术（作家）关系的剖析在思路上是趋于一致的。巴迪欧认为教导型模式的典型代表是柏拉图，这突出地表现在柏拉图对真理与艺术关系的著名论断中。"模仿艺术和真实的东西自然相差很远……当看到对方的那些作品，他们并没感觉到这些东西处在事物本质的第三外围，一个不知真理的人很容易把它们创作出来——其实对方制造出来的是表面形象，并非是事物的本身。"② 这是哲学史和诗学史上的一段经典论述。在柏拉图看来，一方面，文学艺术与理念世界（真理）之间隔了两层，文学艺术是对真理的模仿之模仿，文学艺术本身不具有真理性；另一方面，文学艺术与爱欲密切相关，能激起人类非理性的情感，因而可能会被僭主利用，进而破坏城邦的政治秩序，所以，柏拉图念念不忘将诗人逐出理想国。巴迪欧引用柏拉图实际上是想表明，柏拉图模仿论的核心并非是对事物的模仿，而是对真理效果的模仿（the imitation of the effect of truth）。③ 在这个意义上，艺术从本质上说是从属于真理的，艺术处于哲学的严密监视之中，是一种真理外部显现的魅惑。艺术的标准（norm）就是教育，而教育的标准就是哲学。巴迪欧认为，这是将艺术、哲学与教育联系在一起的第一个节点。④ 在教导型模式中，最核心的问题是对艺术的控制，而且这种控制也是可能的。

在浪漫型模式中，艺术独立于真理，同时艺术能够指称哲学本身所能指称的所有事物，具备和哲学相同的功能，能够完成同哲学一样的使命。⑤ 艺术是真理"真实的身体"（real body），或者说是拉库－拉巴特（Lacoue－Labarthe）和让－吕克·南希（J.－L. Nancy）所命名的"文学的绝对"⑥。这种真实的身体也是一种"欢愉的身体"（a glorious body），哲学与艺术之间的关系不再是主奴关系，而是父子关系。巴迪欧甚至认为哲学以保守的、冥顽不化的、需要被拯救的父亲形象出场，而艺术则扮演着拯救哲学的角色。同哲学一样，艺术本身也具有教育功能，同时具有无穷的力量。但与哲学不

---

① 玛尔考姆·波微：《拉康》，牛宏宝、陈喜贵译，昆仑出版社，1999年，第67页。

② 柏拉图：《理想国》，王扬译注，华夏出版社，2012年，第361—362页。

③ Alain Badiou, *Handbook of Inaesthetics*, Alberto Toscano, trans. Stanford：Stanford University Press, 2005.

④ Alain Badiou, *Handbook of Inaesthetics*, Alberto Toscano, trans. Stanford：Stanford University Press, 2005, pp. 2—3.

⑤ Alain Badiou, *Handbook of Inaesthetics*, Alberto Toscano, trans. Stanford：Stanford University Press, 2005, p. 3.

⑥ 菲利普·拉库－拉巴尔特，让－吕克·南希：《文学的绝对：德国浪漫派文学理论》，张小鲁、李伯杰、李双志译，译林出版社，2012年。

同的是，艺术能将我们从那种具有规范性和统治性的概念的贫瘠中解放出来。巴迪欧认为，艺术本身就是主体，艺术就是真理的化身。① 显然，与教导型模式相比，浪漫型模式正好代表了它的对立面。在浪漫型模式中，艺术是独立于哲学的一个有着自我主体性的存在，甚至较之于哲学更具有理解和把握真理的优先性与重要性。哲学对真理的把握是抽象的，需要借助一系列的概念、范畴、体系和逻辑等工具，而艺术则可以直接把握真理，正如巴迪欧所说，艺术就是真理的肉身、真理的载体。这一方面使得真理变得触手可及，另一方面也使得艺术摆脱了哲学的钳制，脱离了哲学的婢女的身份，从而获得了真正绝对独立的主体性地位。

关于浪漫型模式，巴迪欧认为最典型的代表就是海德格尔的诠释学。② 尽管在海德格尔那里，思与诗的关系很难辨认，但是诗依然具有独立性，是真理的栖居之所，是一种毫无遮蔽的敞开。③ 关于这种敞开，海德格尔自己做过这样的描述："这种敞开领域发生于存在者中间。它展示了一个我们已经提到过的本质特征。世界和大地属于敞开领域，但是世界并非直接就是与澄明相应的敞开领域，大地也不是与遮蔽相应的锁闭。而毋宁说，世界是所有决断与之相顺应的基本指引的道路的澄明。"④ 那么，这种世界与大地的敞开和真理有什么关系呢？海德格尔谈道："只要真理作为澄明与遮蔽的原始争执而发生，大地就一味地通过世界而凸显，世界就一味地建基于大地。"但真理如何发生呢？海德格尔认为，"真理以几种根本性的方式发生。真理发生的方式之一就是作品的作品存在"⑤。因此，在海德格尔的哲学图景中，世界建基于大地，真理建基于作品（艺术），作品（艺术）建立世界并制造大地。因此，艺术具有一种本源性的地位与意义。海德格尔以凡·高的著名作品《农夫的鞋》为例，指出"美是作为无蔽的真理的一种现身方式"⑥。由此可见，在海德格尔这里，艺术本身就是一种无蔽状态的存在，与哲学无涉，艺术即真理，艺术的呈现本身就是无蔽真理的在场。

显见的是，在艺术与哲学的关系中，教导型模式和浪漫型模式给出了完

① Alain Badiou, *Handbook of Inaesthetics*, Alberto Toscano, trans. Stanford：Stanford University Press，2005，p. 3.

② Alain Badiou, *Handbook of Inaesthetics*, Alberto Toscano, trans. Stanford：Stanford University Press，2005，p. 6.

③ Alain Badiou, *Handbook of Inaesthetics*, Alberto Toscano, trans. Stanford：Stanford University Press，2005，p. 6.

④ 马丁·海德格尔：《林中路（修订本）》，孙周兴译，上海译文出版社，2008 年，第 36 页。

⑤ 马丁·海德格尔：《林中路（修订本）》，孙周兴译，上海译文出版社，2008 年，第 36 页。

⑥ 马丁·海德格尔：《林中路（修订本）》，孙周兴译，上海译文出版社，2008 年，第 37 页。

全对立的阐释图式。在教导型模式中，只有哲学才能把握真理，艺术只是真理的外在显现，艺术无法把握真理。而浪漫型模式则恰恰相反，认为艺术不仅能把握真理，真理还以一种无蔽的方式存在于艺术之中的。较之于哲学，艺术具有把握真理的先在性。这样一来，关于哲学、艺术与真理的内在关系就永远摇摆在一种非此即彼、二元对立的僵化的认知模式之中。为解决这一难题，巴迪欧创造性地提出了第三种模式，即古典型模式。① 巴迪欧认为这一模式介于教导型与浪漫型之间，在艺术与哲学的关系中达成了一种"和平协议"。② 在这一模式中，艺术与哲学不再构成绝对二元对立的非此即彼的关系，巴迪欧将之命名为"去歇斯底里化的艺术"（*dehystericizes art*）③。巴迪欧将这一崭新的模式追溯到亚里士多德，他认为正是亚氏确立了这一经典化的"装置"（*dispositif*）。这一装置内在于如下两个主题之中：一是如教导型模式所言，艺术与真理无涉，其核心要义在于模仿，其机制（regime）是一种表象的机制，④ 最典型的代表莫过于柏拉图，他认为艺术与理念世界（真理）之间隔了两层，艺术仅仅作为对现实世界的模仿而存在；二是与柏拉图所坚持的观点相对，巴迪欧认为这种艺术的无能（incapacity）并不是一个严重的问题，艺术的目的与真理毫无关系，艺术不是真理，艺术也从未声称自己就是真理，因此艺术是无辜的。巴迪欧认为，亚里士多德恰好是从符号的角度对艺术做出整体性理解的，这不同于柏拉图从知识的角度思考艺术。如果按照今天文学理论的分类方法便是，亚里士多德是从艺术本体论的角度来看待艺术的，而柏拉图则是从艺术工具论的视角来探讨艺术的。因此，巴迪欧认为亚里士多德实际上是把艺术从柏拉图的哲学束缚中解放出来了⑤，而实现这一解放的重要途径便是亚里士多德提出的非常著名的"净化（catharsis）说"——"悲剧是对于一个严肃、完整、有一定长度的行动的摹仿；它的媒介是语言，具有各种悦耳之音，分别在剧的各部分使用；摹仿方式是借人物的动作来表达，而不是采用叙述法；借引起怜悯与恐惧来使这种情感得到陶

---

① Alain Badiou, *Handbook of Inaesthetics*, Alberto Toscano, trans. Stanford：Stanford University Press，2005, p. 3.

② Alain Badiou, *Handbook of Inaesthetics*, Alberto Toscano, trans. Stanford：Stanford University Press，2005，p. 3.

③ Alain Badiou, *Handbook of Inaesthetics*, Alberto Toscano, trans. Stanford：Stanford University Press，2005, p. 3.

④ Alain Badiou, *Handbook of Inaesthetics*, Alberto Toscano, trans. Stanford：Stanford University Press，2005，p. 4.

⑤ Alain Badiou, *Handbook of Inaesthetics*, Alberto Toscano, trans. Stanford：Stanford University Press，2005, p. 4.

冶。"① 此处的"陶冶"即净化。在巴迪欧看来，艺术的外在形式正是这种经过净化的情感的沉积物，艺术的目的与标准就是净化。艺术具有治疗功效，但却与认知与启示无关，艺术并不附属于理论（真理），而是关乎最宽泛意义上的伦理，艺术的标准则蕴含在艺术对灵魂之疾的疗救功效之中。② 这种对灵魂疾患的治疗正是亚里士多德"净化说"理论传统的延续。

基于亚里士多德的"净化说"，巴迪欧认为一切关于艺术的重要法则都可以从古典型模式中推导出来。首先，艺术的首要标准就是"喜爱"（liking）。我们可以将"喜爱"理解为艺术带来的情感上的欢愉，或者将之简单化为娱乐。喜爱之所以重要是因为其能表明艺术净化功能的有效性，同时能掌控对激情的艺术治疗。其次，主体对艺术的喜爱或迷狂与真理无关。在巴迪欧看来，在古典型模式中，艺术并不关乎真理（truth），而仅仅关乎真实（true）；艺术并不生产真理，艺术只有对真实（real）的逼真性（verisimilitude）呈现，从而使其只是看上去是真的。柏拉图所开启的传统紧盯着艺术的逼真性模仿和真实之间的巨大鸿沟，进而贬低艺术本身并主张抑制人的情感。巴迪欧则认为真理的残余物并不是真理本身，应去除"什么是真实的"与"什么像真实的"之间的逻辑关联，对二者做出彻底的理论切割。最后，巴迪欧认为艺术与哲学的和平共处完全基于真理与逼真性之间的严格区分。同时，艺术与哲学之间根本不存在对立，既有的关于艺术与哲学的对立仅仅是一种想象。从某种意义上说，艺术是无辜的，因为在古典型模式中，艺术并非思想的载体，艺术的娱乐属性将其转化为一种公共服务。③

显而易见的是，巴迪欧之所以提出非美学思想就是因为上述三种模式都有各自的缺陷，都不符合他的美学观念，都与他的哲学思想格格不入。教导型模式的代表柏拉图将艺术与哲学对立，把诗人逐出理想国，这与巴迪欧"艺术生产真理"的观点水火不容；浪漫型模式实际上就是教导型模式的镜像版，它将艺术与真理的关系推向另一个极端，过度强调艺术的主体性地位，也不见容于巴迪欧的哲学体系；作为古典型模式代表的亚里士多德主张模仿说，艺术沦为哲学的对象，这当然也与巴迪欧对艺术的高扬针锋相对。因此，巴迪欧需要一种全新的理论体系来处理艺术与哲学的关系，这一体系便是非美学。在这一全新的理论体系中，艺术与哲学之间因为有真理的嵌入而由过

---

① 亚里士多德：《诗学》，罗念生译，上海人民出版社，2005 年，第 30 页。

② Alain Badiou, *Handbook of Inaesthetics*, Alberto Toscano, trans. Stanford：Stanford University Press，2005，p. 4.

③ Alain Badiou, *Handbook of Inaesthetics*, Alberto Toscano, trans. Stanford：Stanford University Press，2005，pp. 4−5.

去的二元对立变成了三元辩证法，艺术与哲学最终形成了既不对立，也不隶属，但又相关的新型关系。

二、艺术体制与感性的分享/分配

"感性的分享/分配"与"艺术体制"既是朗西埃美学理论的核心组成部分，又是理解其与巴迪欧美学分歧的重要节点。

（一）感性的分享/分配

"感性的分享/分配"（partager du sensible）是雅克·朗西埃独创的概念，德兰蒂将其解释为"既指确立集体边界的分享条件（这里的 partager 指的是分享），同时也指对上述秩序的干扰或者异议（这里的 partager 指的是隔离）"[①]。由是观之，"partager"身兼两义，且两义之间具有矛盾性：一方面指一种稳定的秩序或边界，另一方面又指对这一秩序或边界的破坏。这带来了一个非常具有理论张力的问题，即要感知对象，就要对这一对象进行命名，不能被命名的对象是无法被感知的，而一旦要命名，就势必要画定边界，但这一边界又是变化的和不确定的。

为进一步说明这一问题，朗西埃提出了"异见"（dissensus）的概念。"这种张力关系通过与之相关的异见（dissensus）概念得以表达，歧义不但是对不平等的异议，而且是对不可感知性（insensibility，亦即无法被感知、注意或者证明）的异议。"[②]

那么，何为"歧义"？朗西埃认为，"关于歧义，我们理解为这是一种被限定的说话情境：对话之一方同时理解与不理解另一方所说的话。歧义并不是指一方说白色而另一方说黑色的冲突，而是另一种冲突，也就是双方都说白色，但是理解的却完全不是同一件事，或是完全不理解另一方以白色之名所说的同一件事"[③]。这表明歧义并非一个真理性或事实性的判断，而是一个牵涉到话语权的判断。你我都认为是白的，但究竟什么是白，我们并没有形成共识，最后被定义为白的那个东西一定是话语权斗争的终极胜利者。所以，朗西埃认为：第一，"歧义不是错误认识"；第二，"歧义也不是由于词语之不

---

①　让-菲利普·德兰蒂：《朗西埃：关键概念》，李三达译，重庆大学出版社，2018 年，第 119 页。

②　让-菲利普·德兰蒂：《朗西埃：关键概念》，李三达译，重庆大学出版社，2018 年，第 120 页。

③　雅克·朗西埃：《歧义：政治与哲学》，刘纪蕙等译，西北大学出版社，2015 年，第 6 页。

精确而导致的错误理解"。① 这表明歧义的发生与词语的意义无关，而与说话的语境有关。而一旦涉及说话的语境，政治的出场就是无可避免的了。在朗西埃看来，歧义取决于语境，语境取决于政治，因此政治一定是歧义性的，而哲学的核心任务就是要祛除模棱两可的歧义，因此哲学从本质上说就是反政治乃至消灭政治的。

一旦政治出场，回到感性的分享/分配，我们便发现政治与诗学/美学之间存在着内在的逻辑关联。政治行动的内在逻辑是审美的，因为它需要后者来建构起其感知秩序并确立起意义的生产方式。政治活动的内核实际上是一个美学问题，美学在其间占据了重要的位置。政治角力的背后是感知秩序与符号表征体系的冲突。这在很大程度上颠覆了我们对政治的传统认知。政治冲突不仅是经济利益或物质利益的占有与分配问题，而且更关乎人的体验、感知和表征体系。从某种意义上说，这是晚期资本主义社会的一种重要症候，伴随而起的诸如身份政治、尊严政治、被承认的政治等都是其现实表现。

此外，有学者指出，在"感性的分配"与"感性的分享"之间存在着"一条脆弱的分界线"。② 正是这条分界线为政治共同体及其歧见设定了感知条件。"'这条分界线'——即朗西埃所说的关注对象——就是一条隔离带，它确立了不同集体之间、词语和图像的拼贴之间、以及人和物的集合体之间的关联和分裂形式。朗西埃的分界线是其政治分析的基本单元，但是他的起点却是美学观点：有了感知先决条件的可感性，主体性能被我们看见、听见并关注到。"③ 这是一个很有见地的观点，它充分展现了"partager"这一概念内在的矛盾性、复杂性和多义性。分界线既指向人类社会族群，比如国家、民族、文化、宗教、种族等之间的分割，更指向意义生产系统和符号表征系统。后面这一点类似于法国社会学家布尔迪厄所说的"区隔"，它是一种隐在的却又无时无刻不在发挥作用的，决定人的感知方式和认知行为的"区隔"。

正是"partager"这一概念本身的悖论性使之展现出一种很有意味的政治哲学困境。因为"感性的分享"指向的是由分界线划分出的某个人类团体内部。但是，要实现分享，却又必须要划界，即要分清谁是我们的自己人，谁不属于我们。按照卡尔·施米特"政治决断论"的说法，就是必须要分清敌友。相反，感性的分配指向的是给予，从哲学上讲这是一种使不可见物或未

① 雅克·朗西埃：《歧义：政治与哲学》，刘纪蕙等译，西北大学出版社，2015年，第6页。
② 让-菲利普·德兰蒂：《朗西埃：关键概念》，李三达译，重庆大学出版社，2018年，第120页。
③ 让-菲利普·德兰蒂：《朗西埃：关键概念》，李三达译，重庆大学出版社，2018年，第121页。

知物变得可见和可知的行为和过程。因此，感性的分享/分配既是开放的也是封闭的，既是集合的又是个体的。其开放性在于分配，而其封闭性在于分享，分享必须为分配划界，没有分享就不会有分配；同时，对于个体而言的分享，对于集合而言却又是分配。当然，朗西埃提出这一论题具有更深层的诗学和美学意义，那便是在一个共同体内，感性和财产一样，也存在着分享与分配的问题。这在一定程度上大大拓展了传统政治哲学的理论范围。在经典的政治哲学看来，城邦的稳定取决于在民主基础上形成的公意，这种公意的形成当然奠基于通过理性思考达成的意见一致。然而，在感性的分享/分配理论视域来看，这一理论预设并未考虑到感性的分配问题，哪些可以被感知，哪些不可以被感知，在民主程序启动之前就已经被预设了。因此，政治斗争的场域并不仅仅是政治意见的交锋，更意味着可被感知项与不可被感知项之间的缠斗，政治斗争的主要场域将从政治意见转移到感性的分享/分配上来，这就使得政治哲学与诗学或美学之间的关联性变得更为复杂。

（二）艺术体制

朗西埃的"艺术体制论"主要见于《美学的政治》① 和《沉默的言语：论文学的矛盾》② 等著作。"艺术体制"并非一个规范性概念，它主要指向我们对艺术的理解方式与研究范式。朗西埃认为，我们对艺术的理解主要存在两种方式，一是审美的，二是古典的。这一区分并不新鲜，审美的方式凸显的是现代的艺术观念，而古典的或者说再现的方式体现的是古代的艺术观念。从艺术自律性上说，前者主张艺术自律，而后者则让我们看到了柏拉图将诗人逐出理想国的影子。具体来说，朗西埃将艺术体制分为三个亚种，分别是伦理体制、再现体制和审美体制。

艺术的伦理体制一是指艺术在再现对象的时候是否真实。显然，这一体制可以溯源至柏拉图，柏拉图关于理念世界的床、现实世界的床和艺术世界的床的区分为这一体制奠定了思想基础。二是指诗人或艺术家在面对再现对象时的价值观念问题，也就是说，诗人或艺术家是否能够按照真实的原则诚实地再现对象，而不至于在创作中夹藏私货。这一点也是直接可以溯源到柏拉图的。正是柏拉图洞察到诗人或艺术家拥有激发爱欲的巨大能量，进而可能会威胁城邦的稳定，而一定要将诗人逐出城邦。总的来讲，艺术的伦理体制主要指向艺术的伦理、道德和政治价值。

---

① Jacques Ranciere, *The Politics of Aesthetics*, Gabriel Rockhill, trans. London: Continuum, 2004.

② 雅克·朗西埃：《沉默的言语：论文学的矛盾》，臧小佳译，华东师范大学出版社，2016 年。

　　艺术的再现体制也就是诗学体制，主要强调艺术的意义源于其所表征的对象世界，艺术的价值主要取决于其所再现的对象本身有无价值。这在诗学史上也不新鲜，比如判断一部艺术作品的价值，往往会依据其所表现的对象。在再现体制的视野中，悲剧的价值明显是要高于喜剧的，因为其所再现的对象不是英雄就是王侯将相，而喜剧再现对象往往是庸常生活中的普罗大众。关于这一体制，朗西埃曾有过专门的论述，并总结出了四大原则。

　　"第一，在亚里士多德《诗学》第一章提出的虚构的要素。"① 这一原则即虚构原则，它突出强调了诗歌的本质在于对行为的再现，而不是对语言的雕琢。第二条原则是文类性准则。具体来说，虚构需要符合一种体裁："从根本上说，人们模仿的是人与行为的两种类别：伟大的和渺小的；由两种人在模仿：贵族和公众；有两种模仿方式：一种是抬高被模仿对象，另一种则是贬低。"② 这表明文学体裁主要取决于其表征的客体的本质，即"每一个虚构属于一种体裁。体裁由被再现主题所规定"③。第三条原则是得体性原则，即在选取表现对象以及在对表现对象进行客观再现时要做到"看人下菜"。选定一个表现对象，然后要根据这一对象的特点选取与之相匹配的虚构类型，"并给人物提供适合他们性格的语言和行为"，"得体准则完全匹配于虚构的风格服从原则"。④ 朗西埃认为历史上得体性原则最为典型的代表就是"三一律"。人物的语言、性格乃至装扮都要符合他的阶层、身份和文化习惯、信仰风俗等。第四条原则是现实性原则，即"再现结构的准则，是作为行为的言语的优先，也是言语的表现艺术的优先"⑤。这条原则突出强调了言语的重要性，乍看上去似乎与第一条原则冲突了。对此，朗西埃专门进行了解释："第四条准则与第一条并不矛盾。该准则显示，是虚构创造了诗歌，而不是语言的特殊形式。最后一条准则将虚构行为的表现与言语行为的展示视为同一。这里没有矛盾存在。"⑥ 在这里，朗西埃并非是在做一种简单的调和，而是从根本上把握住

---

　　① 雅克·朗西埃：《沉默的言语：论文学的矛盾》，臧小佳译，华东师范大学出版社，2016 年，第 7 页。

　　② 雅克·朗西埃：《沉默的言语：论文学的矛盾》，臧小佳译，华东师范大学出版社，2016 年，第 8—9 页。

　　③ 雅克·朗西埃：《沉默的言语：论文学的矛盾》，臧小佳译，华东师范大学出版社，2016 年，第 9 页。

　　④ 雅克·朗西埃：《沉默的言语：论文学的矛盾》，臧小佳译，华东师范大学出版社，2016 年，第 9 页。

　　⑤ 雅克·朗西埃：《沉默的言语：论文学的矛盾》，臧小佳译，华东师范大学出版社，2016 年，第 13 页。

　　⑥ 雅克·朗西埃：《沉默的言语：论文学的矛盾》，臧小佳译，华东师范大学出版社，2016 年，第 14 页。

了虚构与言语之间的统一性。虚构最终需要由言语来实现，来填满。言语就是虚构的肉身。

审美体制就是审美现代性。伴随着世俗社会的到来和人本主义的兴起，一个崭新的民主社会降临了。民主社会最主要的原则之一就是平等原则，而平等主义的崛起势必要挑战如上既有的两种艺术体制，首当其冲的就是再现体制的四大原则。首先，虚构至上原则被语言至上原则取代。语言不再被视为一种消极的仅供交流的媒介或手段，语言本身就是本体，就是存在，甚至说，人的存在都要严重依赖于语言。这是一种根本性的倒转，没有语言，被再现的客观世界是不会有意义的。其次，第二个和第三个原则也遭到了挑战。史诗不仅仅属于英雄，喜剧的主角也不只是普罗大众。这类例子实在太多，整个现代主义文学都是这两种原则崩溃的活生生的注脚。最后，即便是突出语言的第四条规则，在审美现代性兴起之后也变得岌岌可危。语言的内涵与地位已经今非昔比了，过去语言与虚构之间还存有一种动态平衡，审美现代性兴起之后，特别是伴随着语言转向，这世界就完全被纳入语言本身的逻辑之中了。

综上可见，与巴迪欧相类，朗西埃也提出了三种理解艺术的方式，即包含伦理体制、再现体制与审美体制三重维度的"艺术体制论"，其代表分别是柏拉图的"模仿说"、亚里士多德的"模仿论"以及"艺术自律论"。巴迪欧与朗西埃的美学理论之间存在一些可以互相通约的地方，当然也存在着若干重大的差异。

三、巴迪欧与朗西埃的美学分歧

巴迪欧与朗西埃在美学上的分歧既包括二人之间的互相攻讦，也包括二者论证的思路、方法与"难题性"的差异。

（一）朗西埃对非美学的批判

朗西埃对巴迪欧的非美学的批判是将其置于20世纪后半叶反美学的潮流中来进行的。这一反美学思潮视传统美学为一种诡辩的话语，认为正是借助美学这一"木马"，哲学才最终攻入艺术内部，并破坏其品位与趣味。美学的兴起在读者与作品之间制造了重重障碍，取消了各类不同作品之间的区分，最终使得"艺术那耀眼的感性表象被关于艺术的话语所吞噬，而话语则倾向

于变成这个感性表象的现实本身"①。与巴迪欧反美学的《非美学手册》形成
对照的是让－马里·舍费尔的《告别美学》，二者的区别仅仅在于舍费尔手持
的反美学武器是分析哲学，而巴迪欧则是柏拉图主义。② 朗西埃对巴迪欧的非
美学思想的批判主要集中在三个方面：

一是矫正了巴迪欧教导型模式中关于艺术与哲学关系的论断。朗西埃认
为柏拉图并没有让艺术从属于任何东西，因为我们今天称之为艺术的东西对
柏拉图而言毫无意义。③ 柏拉图真正要指向的东西是诗，真正关心的对象是诗
的教育功能与城邦的秩序，他要用诗教来护卫城邦。巴迪欧在讨论教导型模
式的时候实际上还是掉入了柏拉图主义的窠臼，也正因为忽略了诗与艺术的
区别，所以他在讨论"艺术即真理"时有点剑走偏锋了。

二是对巴迪欧浪漫型模式的反思。朗西埃认为这一模式看似主张艺术自
律，实际上却取消了艺术的独特性，最后产生了一种关于艺术的悖论，即
"艺术作品展示了事物的性质，对其的创作等于是没有创作，对其的认识等于
是不认识，一个想要的东西恰恰是不想要的东西"④。之所以产生这一悖论，
是因为浪漫型模式突破了艺术模仿论，而艺术模仿是区分艺术与非艺术的重
要途径。突破艺术模仿论而主张极端的艺术自律，带来的理论后果就是一方
面各门艺术之间的区分消失了，另一方面艺术与非艺术之间的分野也消失了。
所以，朗西埃说"在美学上自律的艺术，仅仅是艺术他律的另一个名称而
已"⑤。一旦艺术只能是艺术本身，那么它的特殊性就在于它等同于一切非艺
术，朗西埃认为"艺术很确实地成了真理的观念，这并不是因为仅仅依靠艺
术本身就能触及真理"，"而是因为艺术只能落到这个范畴里"。⑥

三是对巴迪欧"扭曲的现代主义"的批判。朗西埃认为美学的兴起抹平
了不同艺术门类之间的差异，拆解了艺术与非艺术之间的藩篱，带来了艺术
认知上的混乱。为抵御这种混乱，现代主义作为一种壁垒出现了。现代主义
主张艺术自律，强调艺术形式，以此确保艺术的独特性。正是基于对艺术独
特性的共同捍卫，巴迪欧的非美学理论与反美学潮流及现代主义之间达成了
一致。朗西埃认为这种一致性"复活了昨日的现代主义潮流"⑦，依据就是巴

---

① 雅克·朗西埃：《美学中的不满》，蓝江、李三达译，南京大学出版社，2019 年，第 3 页。
② 雅克·朗西埃：《美学中的不满》，蓝江、李三达译，南京大学出版社，2019 年，第 2—3 页。
③ 雅克·朗西埃：《美学中的不满》，蓝江、李三达译，南京大学出版社，2019 年，第 74 页。
④ 雅克·朗西埃：《美学中的不满》，蓝江、李三达译，南京大学出版社，2019 年，第 76 页。
着重号为原文所加。
⑤ 雅克·朗西埃：《美学中的不满》，蓝江、李三达译，南京大学出版社，2019 年，第 77 页。
⑥ 雅克·朗西埃：《美学中的不满》，蓝江、李三达译，南京大学出版社，2019 年，第 76 页。
⑦ 雅克·朗西埃：《美学中的不满》，蓝江、李三达译，南京大学出版社，2019 年，第 80 页。

迪欧在思考艺术问题时带有明显的现代主义特征。比如巴迪欧认为艺术现代性就是"反－模仿",艺术不同于艺术话语,各类艺术之间存在着严格的区分,等等。而朗西埃对巴迪欧的批评在于,巴迪欧认为艺术的独特性不在于语言,而在于观念。也即是说,巴迪欧所坚守的艺术独特性不是基于艺术形式,而是基于哲学观念,是"柏拉图式的永恒性徜徉在最彻底的反模仿观念之中"。这便是朗西埃所宣称的"巴迪欧无可争议的现代主义就是带有扭曲的现代主义版本"。[①] 从表面上看,朗西埃与巴迪欧的主要分歧似乎集中在关于现代主义的不同理解上,但实际上朗西埃对巴迪欧的不满却主要集中在其对柏拉图主义的坚守上。

(二) 美学与政治:一与多、柏拉图主义与反柏拉图主义

与朗西埃的艺术体制论及感性的分享/分配相比,巴迪欧的非美学中政治的直接出场并不多,它仅仅作为真理的四程序之一出现过。但实际上政治一直是巴迪欧美学思想中的重要存在,是一种缺场的存在。巴迪欧整个哲学体系的建立与美学思想的生发背后都有一个巨大的政治的在场。换言之,巴迪欧的整个哲学活动都是高度政治化的。这背后不仅有他的共产主义理想,更有其激进的左翼立场。此外,巴迪欧与朗西埃在很多关涉政治的主题上是存有广泛共识的,比如对共产主义的坚守、对阿尔都塞的批判、对解放政治的追求、对资本主义的批判等。但两者之间的政治分歧也是很明显的。这种政治分歧是作为美学分歧的根基而存在的。

巴迪欧与朗西埃政治分歧的核心在以下两点:一是"柏拉图主义"与"反柏拉图主义",二是"一"与"多"。朗西埃在政治上最为醒目的标签就是"激进平等主义者"。对此,巴迪欧也高度认可。他说"从这两个命题中我们可以推导出一种平等的学说,这个学说才是朗西埃真实的激情所在,其原理就是,无论具体经验如何,每一个人都可以来践行自己的主人角色,而无需处在主人的位置上"。[②] 朗西埃的激进平等主义与他早年的劳工研究分不开。他对这一问题的思考始于《无知的教师》[③]。朗西埃通过对劳工的研究和对法国教育家约瑟夫·雅克托(J. Jacotot)"智力解放方法"[④] 的援引,认定人在

---

① 雅克·朗西埃:《美学中的不满》,蓝江、李三达译,南京大学出版社,2019年,第81页。

② 阿兰·巴迪欧:《元政治学概述》,蓝江译,复旦大学出版社,2015年,第97页。

③ Jacques Rancière, *The Ignorant Schoolmaster*, Kristin Ross, trans. Stanford: Stanford University Press, 1991.

④ Jacques Rancière, *The Ignorant Schoolmaster*, Kristin Ross, trans. Stanford: Stanford University Press, 1991, pp. 19−44.

智识活动上地位是平等的，进而推论社会不平等一定是社会的问题，而非人的问题——既然人在智识上是平等的，那么现实中的不平等状况显然就是社会等级秩序造成的必然结果。

关于朗西埃的激进平等主义，巴迪欧曾给予过理论总结。一是坚持认为"所有的主人都是骗人的"，二是"所有的联系都预示着一种主人的存在"。①这两点如果不置于巴迪欧的柏拉图主义视域中，是无法得到清晰的解释的。朗西埃认为，作为当代的柏拉图主义者，巴迪欧哲学思想的核心是非常保守的，因为那里遗存有柏拉图的社会等级秩序，只不过柏拉图城邦中的"哲人王"（主人）被置换成了"无产阶级精英"而已。②但巴迪欧的看法是，这个哲人王的位置不是固定的，也不是世袭的，而是流动的，人人皆可以占据，"人皆可以成尧舜"。而如果按照朗西埃激进平等主义的设想，就会出现马克思所说的"自由人的联合"，从而导致国家的消亡。这种没有主人的总体性实际上必然会摧毁朗西埃"所希望寄寓其中的知识位点：话语的中介、沉积物的激活、对主人姿态的摧毁"，因为"如果平等共同体可以实现的话，那么就不会有任何中介"，也不会有"任何沉积物"以及"任何主人的姿态"。③基于此，巴迪欧更进一步提出平等究竟是一种假设，还是一种可向往的目标的问题。他认为朗西埃更多的是将平等视为一种假设，而不是目标。同时，巴迪欧认为平等是公开宣告的，而不是程序性的。但对朗西埃而言，巴迪欧认为平等既是条件，也是生产过程。④

关于一与多的差异，巴迪欧自己曾言，这是他与朗西埃之间最重要的差异，而且较之于其他差异，这一差别显得更为隐蔽。⑤总体来说，巴迪欧的美学代表了一，而朗西埃的美学则代表了多。一与多的关系是一个非常古老的哲学问题，至少在柏拉图的《巴门尼德篇》里就有过相当多的讨论了。"展现自身的东西在根本上正是多；而展现自身的东西在根本上是一"，"多是呈现的体制；相对于呈现而言，一是运算的结果"。不仅如此，"没有一，只有记

①　阿兰·巴迪欧：《元政治学概述》，蓝江译，复旦大学出版社，2015 年，第 97 页。译文有改动。

②　Gabriel Rockhill, Phillip Watts, eds., *Jacques Rancière: History, Polilitics, Aesthetics*. Durham: Duke University Press, 2009, pp. 37—38.

③　阿兰·巴迪欧：《元政治学概述》，蓝江译，复旦大学出版社，2015 年，第 98 页。译文有改动。

④　Gabriel Rockhill, Phillip Watts, eds., *Jacques Rancière: History, Polilitics, Aesthetics*. Durham: Duke University Press, 2009, pp. 42—43.

⑤　Gabriel Rockhill, Phillip Watts, eds., *Jacques Rancière: History, Polilitics, Aesthetics*. Durham: Duke University Press, 2009, p. 46.

数为一"。① 巴迪欧的意思是，世间万物庞杂繁多，无法用一个同一性概念来概括，但主体会因为种种原因将其记数为一。对朗西埃而言，一与多则主要体现在他的"无分之分"中。所谓"无分"是指"没有特性者聚集而形成的平民"，而正是由于这些无分者，"这些一无所有的全体"的存在，"共同体才以一种政治性共同体存在"。② 显然，在朗西埃这里，出现了一种"多"的本体论，即各部分的总和。而当对该共同体进行命名时，总会有一些部分溢出集合本身，这个溢出的部分，巴迪欧将之命名为"情势状态"③。所以，在美学得以奠基的方法论上出现了一与多的分野，而巴迪欧与朗西埃则各持一端，前者强调一，最终一定会走向柏拉图主义的强调秩序的共同体，后者专注于多，则势必走向激进平等主义，并最终导向无政府主义。

结 语

巴迪欧与朗西埃的美学分歧实际上是二者政治理念和哲学路径的分歧在美学中的呈现。两人从阿尔都塞的理论废墟中走出来，最后分别走上了柏拉图主义和激进平等主义、无政府主义的道路，这意味着阿尔都塞主义本身就暗含着这两种维度。这对我们今天再反过来重新进入和理解阿尔都塞具有重要的意义。穿过巴迪欧和朗西埃的理论三折屏倒退着进入阿尔都塞，对于理解整个当代法国马克思主义也具有重要意义。巴迪欧与朗西埃的分歧实际上表征着法国激进左翼内部的理论紧张。当代法国后马克思主义还是一座理论的活火山，还在不断生发出新的理论命题和思想主张，其内部活力还远未枯竭。但有一点可以确定，那便是巴迪欧和朗西埃真正开启了法国后马克思主义的新传统，二者以其高度原创性的理论一方面阻止了阿尔都塞与萨特等强大的理论惯性，另一方面也擘画出一幅壮丽的后马克思主义与解放政治的未来图景。

作者简介：
李长生，西华师范大学文学院副教授，主要从事西方文论、视觉文化理论研究。

---

① 阿兰·巴迪欧：《存在与事件》，蓝江译，南京大学出版社，2018年，第33—35页。着重号为原文所加。

② 雅克·朗西埃：《歧义：政治与哲学》，刘纪蕙等译，西北大学出版社，2015年，第22—23页。

③ 阿兰·巴迪欧：《存在与事件》，蓝江译，南京大学出版社，2018年，第35页。

专题六　比较与翻译

人类世时代西方身体观在中国的变异

曹顺庆　杨　清

摘　要：在人类世时代，人类身体改造自然与地球的力量空前突出，身体成为焦点，从而打破了西方心身二元论的传统，从关注精神和灵魂转向关注身体本身。无论是尼采型的身体本体论、梅洛－庞蒂型的身心一体论的本体性身体，还是物质身体、文化身体、社会身体、政治身体等不同性质的身体，都成为阿基米德支点，有关生存、美学及社会文化的研究均由此展开，并最终在此汇集。然而，当身体观传播至中国后，尤其当中国学者运用身体理论阐释儒家学说时，身体在一定程度上发生了变异，从主体的身体或本体的身体成为呈现儒家道德光辉的媒介和工具。本文旨在比较中西方有关身体的不同阐释，探析人类世时代西方身体观下的儒家身体观如何变异以及为何变异。

关键词：人类世　身体　儒家身体观　中西比较　变异

2000 年，荷兰化学家保罗·克鲁岑（Paul Crutzen）提出"人类世"（Anthropocene）[①] 概念，指出全人类已经步入一个人类力量显著影响自然和地球的时期。"人类世可以说始于 18 世纪末，当时对困在极地冰中的空气的分析显示，全球二氧化碳和甲烷浓度开始上升。这个日期恰好与詹姆斯·瓦特在 1784 年设计蒸汽机相吻合。"[②]

---

① 　Paul J. Crutzen & E. Stoermer, "The Anthropocene", *Global Change Newsletter*, 41, 2000, pp. 17－18.

② 　Paul J. Crutzen, "Geology of Mankind", *Nature*, Vol. 415, 3, January, 2002, p. 23.

事实上，这并非巧合。正是工业革命使人的主观能动性得到了充分发挥，从而引发哲学与社会科学领域的身体重估。从关注灵魂到关注身体的转变，部分原因在于西方工业革命所带来的一系列连锁反应，如人文社会科学中的现代主义、后现代思潮和消费主义。因此，笔者认为现代西方的身体观与人类世时代相呼应。换句话说，在某种程度上，现代西方身体观是人类世时代的产物。在人类世时代，身体本身的力量被反复强调，而身体的主体性、身体的意识、身体的审美随之成为热门话题。

　　然而，当人类世时代西方身体观传到中国时，变异不可避免。欲比较中西身体观之异同，首先就要对"身体"一词进行梳理和鉴定。实际上，中西学者所述之身体各不相同，同一文化语境中的不同学者都有自己所理解的身体。"身体"一词具有多义性，正如有学者指出："身体研究关注的焦点是身体，但是由于身体含义的不确定，身体研究也呈现出多样性。"[①] "身体是艺术理论研究的热点之一，但身体观却见仁见智。"[②]

一、人类世时代西方身体观转向

　　自柏拉图提出"身心二分"概念起，身体便次之于精神或灵魂而存在。柏拉图在《伊庇诺米》中谈及灵魂与肉体关系时说道："灵魂比肉体古老，一切灵魂比一切肉体古老……我们确实可以相信较为优秀、较为原始、较为神圣的东西要胜过较为卑贱、较为晚近、较为凡俗的东西，任何地方的统治者都早于被统治者，任何地方的领导者都先于被领导者。"[③] 接着柏拉图补充道："有两类存在，一类是灵魂，一类是物体……灵魂比物体优秀。当然了，我们认为第一类存在是理智的，第二类存在是不理智的；第一类存在是主人，第二类存在是仆从；第一类存在是普遍原因，第二类存在不能作为任何事物的有效原因。"[④] 在柏拉图那里，灵魂领导身体，身体只是灵魂的仆人。身体只有注入了灵魂才能够自行运转、活动，并产生知觉。显然，此处的身体还是自然客观的物体，即肉体。笛卡尔进一步强化身心二元论，身体进入"我思故我在"的逻辑系统，其存在则完全依靠我思。

　　人类世以来，人类的主体性逐渐成为关注的焦点。人们意识到了人类对自然的无限力量，尤其是其转化力量。随着工业革命和现代主义的进程，身

①　欧阳灿灿：《欧美身体研究述评》，《外国文学评论》，2008 年第 2 期，第 25 页。
②　黄鸣奋：《艺术身体观三大范式比较》，《艺术百家》，2012 年第 3 期，第 126 页。
③　柏拉图：《柏拉图全集四》，王晓朝译，人民出版社，2002 年，第 10 页。
④　柏拉图：《柏拉图全集四》，王晓朝译，人民出版社，2002 年，第 13 页。

体的力量随着身体的异化越来越明显,引发一场重估身体之存在的浪潮,这也体现在文学和文化研究领域。

现代西方学者就身体本体性问题与不同性质进行了大量的研究。而真正使身体超越灵魂而成为研究中心的是尼采。尼采宣判上帝已死,直接质疑灵魂观,"……以极端的方式,彻底地把心统身反转过来。身体理论是尼采全盘否定西方传统观念的组成部分"①。而法国哲学家莫里斯·梅洛-庞蒂(Maurice Merleau-Ponty)一反传统身心二元对立的形而上哲学体系,转而回到人的身体本身,在《知觉现象学》(Phénoménologie de la Perception)一书中提出作为知觉主体的身体,并对身体进行范畴划分:"作为物体的身体""作为感情物体的身体""含空间性的身体""作为有性别的身体""作为表达和言语的身体"等。②梅洛-庞蒂以身体为基点来论述现象学,这是人类首次以"身体"为题进行论述,开启了身体现象学的时代,该研究后经由福柯的发展,形成了身体研究的文化思路③。

不同于梅洛-庞蒂,英国人类学家玛丽·道格拉斯(Mary Douglas)将身体分为两大类,即社会身体(social body)和物质身体(physical body),"社会身体约束着物质身体的感知方式。身体的物质体验通常由社会类属修正,从而使得这种物质体验为人所知,并包含一种对社会的独特看法。物质身体与社会身体体验之间的意义持续交换,因此,双方均能强化彼此。通过双方的交互作用,身体本身成为一种高度受限的表达媒介"④。在道格拉斯看来,身体与外在社会因素交互作用,共同构成作为表达媒介的身体。

美国哲学家马克·约翰逊(Mark Johnson)对身心二元论持否定态度,更对将身体仅仅视为物(thing)的观点嗤之以鼻,因此借杜威(Dewey)的术语"身心一体"(the body-mind)来定义我们所说的"身体"一词。约翰逊认为"意义与思想至少在以下几个层次得到体现,没有这些层次就不可能拥有一个完整的人类身体"⑤。而一个完整的身体则具备五个层面,不可单一而论:作为生物有机体的身体(the body as biological organism,即作为活生生的、有血有肉的生物体,能够感知、移动、响应和改变环境的生物有机体);生态身体(the ecological body,即与有机环境相互作用的身体);现象学身体

---

① 张法:《身体美学的四个问题》,《文艺理论研究》,2011年第4期,第3页。

② 莫里斯·梅洛-庞蒂:《知觉现象学》,姜志辉译,商务印书馆,2001年。

③ 叶舒宪:《身体人类学随想》,《民族艺术》,2002年第2期,第9页。

④ Mary Douglas, Natural Symbols: Explorations in Cosmology. New York: Routledge House, 2003, p. 72.

⑤ Mark Johnson, The Meaning of the Body: Aesthetics of Human Understanding. Chicago: The University of Chicago Press, 2007, p. 275.

(the phenomenological body，即我们生活、经历的身体)；社会身体（the social body）；文化身体（the cultural body）。① 以上不同性质的层次共同构成一个完整的身体。

加拿大社会学家亚瑟·弗兰克（Arthur W. Frank）则从身体的四个维度——控制（control）、欲望（desire）、关联（relation to others）、自我关联（self-relatedness）出发，生成身体矩阵的四个单元（a matrix of four cells），即规训的身体（the disciplined body）、镜像身体（the mirroring body）、占支配地位的身体（the dominating body）、交流的身体（the communicative body）。② 这些类型指向身体使用（body usage）的不同风格。

美国哲学家理查德·舒斯特曼（Richard Shusterman）在《身体意识与身体美学》（*Body Consciousness：A Philosophy of Mindfulness and Somaesthetics*，2008）一书中，为区别于学界普遍使用的"body"一词，转而采用"soma"一词表达"身体"，以强调具有活力而敏锐的身体："我经常喜欢使用'身体'（soma）一词而不是'肉体'（body）一词，目的是为了强调我所关心的是那个富有生命活力和感情、敏锐而有目的取向的'身体'（body），而不仅仅是那个单纯由骨肉聚集而成的物质性'肉体'（a mere physical corpus of flesh and bones）。"③ 舒斯特曼身体美学理论思想建构在充满活力、感觉灵敏的身体之上，与"身心二元论"传统相对立，强调具有知觉、意识与审美功能的身体。正如伊格尔顿所言："美学是作为有关身体的话语而诞生的。"④ 身体并非一团毫无知觉的肉体，也并非纯粹的社会化身体，而是具备知觉（perception）与感官感觉（sensation）的生物体。

可见，作为客观存在物的身体逐渐演变至权力、政治、文化、社会、美学视域下的身体，西方"身体"一词的外延与内涵均发生变化。尤其在身体的主体性看似凌驾于自然之上的人类世时代，身体的物质性逐渐在社会文化视域中成为一种隐喻或象征，如英国社会学家布莱恩·特纳（Bryan S. Turner）所言："身体以及身体的各个腔道、常规功能、再生能力、环境适应和器官特异性等共同证明了一种社会隐喻的'自然'资源，比如国家元首、

① Mark Johnson, *The Meaning of the Body：Aesthetics of Human Understanding*. Chicago：The University of Chicago Press，2007，pp. 275—277.

② Arthur W. Frank, "For a Sociology of the Body：an Analytical Review", in Mike Featherstone, Mike Hepworth and Bryan S. Turner eds. , *The Body：Social Process and Cultural Theory*. London：Sage Publications，1991，pp. 53—91.

③ Richard Shusterman, *Body Consciousness：A Philosophy of Mindfulness and Somaesthetics*. Cambridge：Cambridge University Press，2008，p. xii.

④ Terry Eagleton, *The Ideology of the Aesthetic*. Oxford：Blackwell，1990，p. 13.

身体政治、企业文化。"① 桑德斯（Corinne Saunders）等人则直接将身体视为"灵感、主体、象征、隐喻、媒介"②，并认为"有关身体物质性最基本的问题在于作为真实的身体与作为理念的身体之间的张力。从古典时期以来，西方思想、文学和艺术都与这种张力有关……"③ 比如，女性主义的身体书写、性政治等理论就是将身体视为隐喻的典型。更为甚者，身体成为西方现代文化的主导，"身体作为欲望、非理性、感性以及情欲的所在地而得以浮现，尤其是在法国社会理论中，身体是对抗式写作的中心话题，也是反抗资本主义理性和官僚规则的象征"④。这类身体隐喻在西方现代、后现代文学作品中比比皆是。"马克思主义思想里，'自然人'（物种）遭到劳动分工、个人主义以及资本主义生产方式异化的破坏。"⑤ 工业革命与技术革命一方面带来了前所未有的技术更新和社会进步，另一方面使人的异化问题愈加明显，人何以为人这一本体性问题再次出现，亟待解答。人的异化和物质化不仅体现在艾略特《荒原》中心灵与灵魂上的荒芜，还体现在如奥尼尔的《毛猿》、卡夫卡的《变形记》等作品中的身体异化。

现代西方身体观站在"身心二元论"传统的对立面，要么持一元论观点，视身体为本体，一切均由身体生发，要么主张身心一体。无论是尼采型的身体本体论、梅洛－庞蒂型的身心一体论的本体性身体，还是物质身体、文化身体、政治身体等不同性质的身体，其出发点与核心问题都是身体的主体性、无限性与能动性。

二、中国儒家身体观

"身体"这一概念不仅在西方呈现出不同的释义，在中国也模棱两可。有

① Bryan S. Turner, "Recent Development in the Theory of the Body", in Mike Featherstone, Mike Hepworth and Bryan S. Turner eds. , *The Body: Social Process and Cultural Theory*. London: Sage Publications，1991, p. 9.

② Corinne Sanders, Ulrika Maude and Jane Macnaughton，*The Body and the Arts*. London: Palgrave Macmillan，2009, p. 1.

③ Corinne Sanders, Ulrika Maude and Jane Macnaughton，*The Body and the Arts*. London: Palgrave Macmillan，2009, p. 2.

④ Bryan S. Turner, "Recent Development in the Theory of the Body", in Mike Featherstone, Mike Hepworth and Bryan S. Turner eds. , *The Body: Social Process and Cultural Theory*. London: Sage Publications，1991, p. 17.

⑤ Bryan S. Turner, "Recent Development in the Theory of the Body", in Mike Featherstone, Mike Hepworth and Bryan S. Turner eds. , *The Body: Social Process and Cultural Theory*. London: Sage Publications，1991, p. 15.

学者就认为，"'身体'内涵的含混不清，是儒家身体观在当前颇受争议的关键原因之一"①。

中国古代有关身体的表述就有多种，大致有"身""体""形""躯"等。②《说文解字》训"体"为"总十二属也。"清段玉裁注曰："十二属，许未详言。今以人体及许书核之。首之属有三：曰顶，曰面，曰颐；身之属有三：曰肩，曰脊，曰尻；手之属有三：曰肱，曰臂，曰手；足之属有三：曰股，曰胫，曰足。合说文全书求之，以十二者统之。皆此十二。"③又《说文解字注》释"躯"为"体也。躯者，十二属之总名也。可区而别之。故曰躯"④。因此，"体""躯"偏向于作为生物体的身体，是身体各个组成部分的总称。

"身"在《说文解字》中训为"躬也，象人之形"⑤，在《说文解字注》中训为"躬也。吕部。躬，身也。二字互为训。躬必入吕部。躬谓身之伛。主于脊骨也"⑥。又《尔雅·释诂》释"身"为"我也"，宋邢昺疏为"我者，施身自谓也，此皆我之别称也"⑦。《尔雅·释诂》释"躬"为"身也"，邢昺疏为"身即我也"⑧。可见，中国古代文化中的身是建立在躯与体基础之上的有机整体，也就是"我"本身，范围和含义较之单独的躯、体更大。

有趣的是，美国哲学家舒斯特曼基于对荀子《劝学》的理解⑨，对身、体、形、躯的意义分别进行鉴定。舒斯特曼认为，躯是指没有经过修养、教化的材料，形指人类身体动作和静止状态的有机形式；体则强调着一种动态的、活生生的身体（无论是人类的还是其他的）；身指向单个的人或特殊的社会自我通过学习、经历、行动、反思，由社会关系和累积起来的身体。⑩在舒斯特曼看来，中国哲学中的身体是社会文化塑造、培养而成的身体。显然，舒斯特曼所理解的中国哲学语境中的身体是社会文化范畴内的身体，而不是作为自然物质的身体。

---

① 格明福，徐蕾：《儒家"身体"正名》，《中州学刊》，2011年第6期，第163页。
② 理查德·舒斯特曼：《身体意识与身体美学》，程占中译，商务印书馆，2014年，第10页。
③ 许慎撰，段玉裁注：《说文解字注》，上海古籍出版社，2014年，第166页。
④ 许慎撰，段玉裁注：《说文解字注》，上海古籍出版社，2014年，第388页。
⑤ 许慎撰，徐铉校定：《说文解字》，中华书局，2012年，第170页。
⑥ 许慎撰，段玉裁注：《说文解字注》，上海古籍出版社，2014年，第388页。
⑦ 阮元校刻：《十三经注疏·尔雅注疏》，上海古籍出版社，2011年，第2573页。
⑧ 阮元校刻：《十三经注疏·尔雅注疏》，上海古籍出版社，2011年，第2573页。
⑨ 理查德·舒斯特曼阐释的《劝学》片段如下："君子之学也，著乎心，布乎四体，形乎动静。端而言，蠕而动，一可以为法则。小人之学也，入乎耳，出乎口。口耳之间则四寸耳，曷足以美七尺之躯哉！古之学者为己，今之学者为人。君子之学也，以美其身；小人之学也，以为禽犊。"
⑩ 理查德·舒斯特曼：《身体意识与身体美学》，程占中译，商务印书馆，2014年，中译本重印序，第10—11页。

黄鸣奋认为，世界范围内，艺术领域至少存在三种与身体有关的理论范式，其中之一就是我国古代艺术身体观，"不论道家的'无身'、儒家的'修身'或释家的'观身'，都重在身体的自然属性……"① 然而，这个结论未免过于武断。比如，儒家身体观就不完全是强调身体的自然属性。

那么，儒家身体观究竟为何？

儒家身体观研究的集大成者——著名学者杨儒宾先生在《儒家身体观》一书中提出，先秦时期儒家的身体观有二源三派之分。二源指的是以"周礼"为中心的威仪身体观（或言摄威仪观）、以医学为中心的血气观（或言治血气观）。三派则包括以孟子为代表的践形观，强调形－气－心的结构，主张生命与道德的合一，人身乃精神化的身体；自然气化观，强调自然与人身同是气化产物，因此，自然与人在内在的本质上同样是感应的；以荀子为典型代表的礼仪观，即社会化的身体，强调人的本质、身体与社会的不可分离。② 在杨儒宾看来，孟子的践形观属于精神化的身体观，自然气化身体观属于自然化或宇宙化的身体观，而礼仪身体观则指身体的社会化。据杨儒宾的梳理，儒家身体观主要以孟子的践形观与荀子的礼仪身体观构成。

首先，我们来看孟子的身体观。《孟子·尽心上》讲"形色，天性也，惟圣人然后可以践形"③。何谓"形"？何谓"色"？汉赵岐注曰："形谓君子体貌尊严也，《尚书·洪范》一曰貌。色谓妇人妖丽之容，《诗》云颜如舜华。此皆天假施于人也。践，履居之也。《易》曰：黄中通理。圣人内外文明，然后能以正道履居此美形，不言居色主名，尊阳抑阴之义也。"④ 可见，"形""色"均指身体的外在之形，是客观物质存在。为什么孟子要践形呢？宋孙奭疏曰："此章指言体德正容，大人所履，有表无里，谓之柚梓，是以圣人乃堪践形也。孟子言人之形与色，皆天所赋，性所有也。惟独圣人能尽其天性，然后可以践形而履之，不为形之所累矣。盖形有道之象，色为道之容，人之生也，性出于天命，道又出于率性，是以形之与色皆为天性也。"⑤ 践形，即以正道与文明来履行、实践天性的形体以美身、尽天性。

如何践形呢？孙奭疏曰："惟圣人能因形以求其性，体性以践其形，故体性以践目之形，而得于性之明；践耳之形，而得于性之聪；以至践肝之形以为仁，践肺之形以为义，践心之形以通于神明。凡于百骸、九窍、五脏之形，

---

① 黄鸣奋：《艺术身体观三大范式比较》，《艺术百家》，2012年第3期，第126页。

② 杨儒宾：《儒家身体观》，中研院文哲所，1996年，第8页。

③ 阮元校刻：《十三经注疏·孟子注疏》，上海古籍出版社，2011年，第2770页。

④ 阮元校刻：《十三经注疏·孟子注疏》，上海古籍出版社，2011年，第2770页。

⑤ 阮元校刻：《十三经注疏·孟子注疏》，上海古籍出版社，2011年，第2770页。

各有所践也，故能七尺之躯，方寸之微，六通四辟，其运无乎不在，兹其所以为圣人与!"① 换言之，只有践身体的百骸、九窍、五脏之形，方能使得"仁义礼智根于心，其生色也。睟然见于面，盎于背，施于四体，不言而喻"②，也即通过践形实现"根于心"的仁、义、礼、智，以达到修身、养气、尽心的至臻境界。

杨儒宾认为，形体之能生色，然后睟面盎背，还不是道德意识强加在形体上的结果，而是人身体内部就具备条件：

> 在孟子看来，形体不只是貌象声色，具备各种知觉功能而已；在貌象声色诸种知觉功能后面，还弥漫着充盈身体、毫无歉虚的气；但这种体气也不是最终极的，在体气背后还有伴随良知流行时一种极隐微、前知觉的内气。所以形体生色之原因，乃是良知流行，不断转化体气；而转化的气充盈全身后，复可参与到人的感官知觉来。由良知神气之流行——体气之充分转化——形体之彻底精神化，我们可以看出这是种不断扩充，不断占领价值中立区域，使之完全转化成道德成就表征的一种过程。③

在这一过程中，起关键作用的还是良知，是良知促使身体精神化，从而转化成道德表征。可以说，这是一种以心节制身体、引导身体的表现。

可见，孟子的身体是为养气、尽心服务的，天性、心超越身体而存在，正所谓圣人"不为形之所累"。并且，必要的时候，君子需"舍生取义"（《孟子·告子上》），需"养心莫善于寡欲"（《孟子·尽心下》），强调身体上的磨难对道德养成的重要性，"故天将降大任于斯人也，必先苦其心志，劳其筋骨，饿其体肤，空乏其身，行拂乱其所为，所以动心忍性，增益其所不能"（《孟子·告子下》）。显然，孟子的身体观强调的是对身体的控制，尤其是对欲望的控制与压抑。正如杨儒宾所言：

> 由孟子这些话语看来，我们可以看出他对道德实践的庄严、艰困有相当深刻的感受。而道德实践所以会这般艰困，其主要的原因乃是人皆有欲望，而人的欲望则是扎根在人的身体上的。如果用马库塞的意思讲，我们可以说：人的本质就是人的情念欲望，而在诸种欲望中，生之欲望尤为强悍，这是种维系生命存在的遗传本能。但依照孟子的道德理论，道德并不附属于生命，恰好相反，人生时时会有两难的情境，这两难的

---

① 阮元校刻：《十三经注疏·孟子注疏》，上海古籍出版社，2011年，第2770页。
② 阮元校刻：《十三经注疏·孟子注疏》，上海古籍出版社，2011年，第2770页。
③ 杨儒宾：《儒家身体观》，中研院文哲所，1996年，第161页。

情境要求学者仅能在"道德"与"身体"中选择其一，身体因此不免带有负面的意义。①

这不免让人疑惑。孟子既然主张"身心一如"，为什么又需要用气来沟通身和心呢？既然孟子的身体观建立在形－气－心一体的基础之上，为什么又强调"志至焉，气次焉"呢？实际上，孟子的身体观是建立在性善论基础之上的，圣人之所以能够践形以实现道德光辉在身体上的呈现，原因就在于"仁义礼智根于心"。

因此，孟子身体观强调的仍然是形而上的心，并非形而下的身。甚至，身在某些情况下是实现形而上的绊脚石，于是君子在必要的时候需要"舍生取义""杀身成仁"。孟子实际上还是贬低身体的，身体只是外在的，其内在心性才至关重要。

那么荀子的礼仪观如何呢？荀子在《劝学篇》中强调学者当立大志，即成为圣人。圣人和普通人有何不同？荀子借助形、躯、体、身说明圣人由内至外的不同："君子之学也，入乎耳，著乎心，布乎四体，形乎动静。端而言，蠕而动，一可以为法则。小人之学也，入乎耳，出乎口。口耳之间则四寸耳，曷足以美七尺之躯哉！古之学者为己，今之学者为人。君子之学也，以美其身；小人之学也，以为禽犊。"（《荀子·劝学篇》）君子通过学习，进德修业，影响躯体，从而"美其身"。荀子又在《不苟篇》中讲："君子养心，莫善于诚，致诚则无他矣！唯仁之为守，唯义之为行，诚心守仁则形，形则神，神则能化矣！"君子养心、坚守仁德，就会在行为上表现出来，从而感化他人。杨儒宾认为，荀子有关身体的主张与孟子"生色""睟面盎背"相类似，均传达了"身心一如"的意思，具体内容便是"道德心会由内往外彰显到体表上来""观者见了，即知其人之德，并自求向善"②。

那么，荀子所主张的"美身""养心"如何实现呢？荀子在《修身篇》中讲："凡治气养心之术，莫经由礼，莫要得师，莫神一好。夫是之谓治气养心之术也。"也就是说，荀子虽然要求君子"返身内证"，但也认为所谓治气养心不是从内往外的自主流动，而是需要"经由礼""要得师"，即要遵守礼仪，需师长扶持。③

荀子的身体观是建立在性恶论之上的，主张"故圣人化性起伪，伪起而礼仪，礼仪生而制法度"（《荀子·性恶篇》）。由此衍生出的身体观与孟子身

---

① 杨儒宾：《儒家身体观》，中研院文哲所，1996年，第47页。
② 杨儒宾：《儒家身体观》，中研院文哲所，1996年，第69页。
③ 杨儒宾：《儒家身体观》，中研院文哲所，1996年，第70页。

体观有所不同：荀子身体观讲究从外在的礼来修身，而孟子身体观则恰好相反，强调内在心性对身体的积极作用。如果说孟子身体观还稍稍触及身体的内在力量，那么荀子的身体观则是直接抛弃了身体本身，转而强调社会对礼仪养成的重要性与作用。因此，无论是孟子的身体观还是荀子的身体观，都不认为身体具备主体性与能动性，而强调身体通过外在礼仪、规范，辅之以师长的扶持、引导，经切磋琢磨之后，最终"美身""治气养心"，以散发道德光辉。

三、从人类世时代西方身体观到儒家身体观：一种变异

人类世时代西方身体观一反身心二元论传统，转向身体本身，如尼采；关注身体主体知觉，如梅洛－庞蒂的"身体主体"概念、舒斯特曼的身体意识；论证身体的合理性，如弗洛伊德主张顺应身体欲。然而，儒家身体观却与之大相径庭。

比如，杨儒宾借用梅洛－庞蒂"身体主体"概念来阐释儒家有关身体的表述，认为如果把身体作为一种共名，就可以说传统儒家思想的身体观应该具备意识的身体、形躯的身体、自然气化的身体与社会的身体四义，"由于这四体相互参差，因此，每一体可以说都有心气渗入，因此，我们可以说在任一体皆有主体义。因此，我们可以说'身体主体'（body subject）一词。此主体之名可含摄意识主体、代表形躯内外两面的形气主体、自然主体与代表社会规范体系的文化主体"①。在杨儒宾看来，身体的一体四面是不可分割的，无论是意识的身体、形躯的身体、自然气化的身体，还是社会的身体，均指代身体，只是称谓不同罢了。但我们又看到，在儒家身体观的构成之中——无论是孟子的身体观还是荀子的身体观——身体要么是客观存在物，需要外在礼仪的教化、修养以"美身"，要么就是道德进步的障碍，而非梅洛－庞蒂式的身体主体。

梅洛－庞蒂的身体主体建立在具备知觉能力的主体之上，是一种不需要通过客观世界感知的知觉主体。梅洛－庞蒂在《知觉现象学》中列举了一个经典例子对此加以阐释：被蚊子叮咬的病人不用寻找就能马上找到被叮咬点，这是因为对他来说问题不在于根据客观空间中的坐标轴来确定叮咬点的位置，而在于用他的现象手连接到他的现象身体的某个部位，因为在作为有搔痒能力的手和作为要搔痒的被叮咬点之间，一种体验到的关系出现在身体本身的

---

① 杨儒宾：《儒家身体观》，中研院文哲所，1996 年，第 9 页。

自然系统中。① 因此，身体本身具备知觉，身体就是与世界共存的现象，其引导的行为不需要通过客观世界而发生。然而，儒家身体观照下的身体并非知觉主体。

孟子一边强调"身心一如"，一边又贬低身体，其身心关系看似前后矛盾，实则构成儒家对身体以及身体欲所持的基本观点。尽管在杨儒宾看来，孟子的身体观是建立在"形－气－心"一体之上的，但这一结构成立的前提在于人的身体的不完整性。践形所预设是修养，圣人之所以能够践形，是因为"身心一如"，即身体与意识在本源上是同质的，没有无身体的意识，也没有无意识的身体。② 孟子的身是精神化的身体，由心即意识主导，因此，孟子自始至终强调的都是心，而非身。

那么，如何控制身体呢？荀子强调心对改变气性的重要性。荀子在《解蔽篇》中讲："心者，形之君也，而神明之主也；出令而无所受令，自禁也，自使也，自夺也，自取也，自行也，自止也。"也就是说，心超越身体而存在并主宰身体。于是，如何控制身体、抑制欲望成了儒家思想生发的核心。"'修身'的每一个举止都在提醒人们：身体不属于自己，它是弘道的法器，是治国平天下的工具；人间的所有光亮都来自天道的照耀，人生的意义、君子的价值就在于通过对情感和欲望的净化，通过对'心'的涵养和打磨，使自己的存在契合于天道，成为天道的转化者和弘扬者。"③ 因此，儒家"身心一如"观看似与梅洛－庞蒂所主张的"身心一体"相仿，但实际上具有本质的差别。

杨儒宾又借用英国人类学家玛丽·道路拉斯（Mary Douglas）的身体理论，认为荀子的身体观实际上与道格拉斯的身体观颇为类似，均将社会身体视为理解人的身体表现的向度，彼此的范畴互相指涉。④ 但荀子的身体，尤其是圣人（君子）的身体，"不仅是文化系统（礼）的记号（sign）或是指标（indicator），而是礼之体现"⑤。道格拉斯认为"自然必须在象征中表达，自然通过象征——基于经验、自我意识产物、技巧或者日常产物等自然对立面——广为人知"⑥，物质的身体自然也就必须通过社会身体来表达，"社会身

---

① 莫里斯·梅洛－庞蒂：《知觉现象学》，姜志辉译，商务印书馆，2001年，第144-145页。

② 杨儒宾：《儒家身体观》，中研院文哲所，1996年，第49页。

③ 李宪堂：《身体的政治与政治的身体——儒家身体观的专制主义精神》，《中国人民大学学报》，2005年第6期，第147页。

④ 杨儒宾：《儒家身体观》，中研院文哲所，1996年，第78页。

⑤ 杨儒宾：《儒家身体观》，中研院文哲所，1996年，第79页。

⑥ Mary Douglas, *Natural Symbols*：*Explorations in Cosmology*. New York：Routledge House，2003，p. xxxii.

体约束着物质身体的感知方式"①。她通过研究身体的社会性与象征性以探究身体如何运作，"身体能够提供一种自然的符号系统，但我们的问题在于确定身体社会方面的维度，这些维度反映在以下两种观点上——身体应该如何运作或者如何判断其废弃物"②。例如，她通过社会系统来考察身体形象以不同方式用来反映和提升每个人的社会体验，比如用作交流器官，其关注点则是"身体的有效运作；头与所属之关系将是中央控制系统的一个模型，最受欢迎的治国之喻将会喋喋不休地讨论动脉中血液的流动、维持和恢复力量"③。道格拉斯所论述的身体是具备主体性与能动性的身体，只是将身体置于社会维度加以审视，从而获得作为自然符号的身体的意义，而绝非儒家身体观下的道德光辉显现的载体或媒介，更不是为礼仪社会、道德教化服务的仆从。

可见，中西看似相同的身体观，其本质却截然不同。现代西方身体观传播至中国文化语境后，经中国学者挪用来阐述中国古典思想时，产生了不同程度的变异。

何为变异？"在跨越性和文学性的基础之上，比较文学变异学研究不同国家之间有或没有事实关系的文学现象交流的变异，以及研究同一主题范围内的文学现象在文学表达上的异质性和变异性，从而探究文学现象差异与变异的内在规律。"④ 变异学强调异质性和变异性，当异质文明在国际传播之时，由于叶维廉所说的"文化模子"的不同、文化土壤的置换，变异势必会产生。这种变异可能会发生在翻译、接受、阐释等各个环节，比如跨语际翻译过程中的语言变异现象，接受过程中接受者对信息的选择、改造和移植现象等。而本文所述的阐释变异指的是中国学者运用现代西方身体观来阐释儒家思想时的阐释变异。"阐释研究在不同文化或文明的异质性作用下必然会出现阐释变异"⑤，这种变异具体体现在，如前文所述，现代西方身体观强调身体的主体性与能动性，儒家身体观反其道而行之，抛弃了身体本身，讲究通过修身来实现道德光辉的呈现。

为什么现代西方身体观传播至中国文化语境后却呈现出如此大的差异呢？

---

① Mary Douglas, *Natural Symbols*：*Explorations in Cosmology*. New York：Routledge House，2003，p. 72.

② Mary Douglas, *Natural Symbols*：*Explorations in Cosmology*. New York：Routledge House，2003，p. xxxiii.

③ Mary Douglas, *Natural Symbols*：*Explorations in Cosmology*. New York：Routledge House，2003，p. xxxvii.

④ Cao Shunqing, *The Variation Theory of Comparative Literature*. Heidelberg：Springer，2013，p. xxxii.

⑤ 曹顺庆，曾诣：《平行研究与阐释变异》，《中国比较文学》，2018 年第 1 期，第 20 页。

实际上，现代西方身体观的形成是有一定语境的。西方哲学传统向来主张形而上与形而下、主观与客观、意识与物质的二元对立，"西方以二元论为他们思考方式的主流，以否定二元论者为末流；相反的，东方以否定二元论的思考方式为正统，而主张二元论者则为旁支"①。身心二分实际上与这种哲学传统一脉相承。并且，西方哲学经历了一个从形而上转向形而下的历程："当代西方哲学由现代向后现代的转型中，有一个明显的趋向，即从形而上转向形而下，从思辨世界转向生活世界，从意识哲学转向身体哲学；'身体'成为审视世界和思想言说的一个重要视角，如出现了'身体现象学''身体伦理学'和'身体美学'等等。"② 因此，身心二元论遭到挑战，身体代替精神、灵魂成为焦点。为什么会出现这种转向呢？详其本源，笔者认为原因有三。第一，近现代以来，由于自然科学对基督神学以及灵魂观的冲击，加上尼采"上帝之死"的判决，灵魂存在论不攻自破，加之人类世时代中人体的主体性和转化力已经显现出来，因此身体成为实验、生产与审美的对象。第二，随着现代、后现代理论思潮的推进，尤其是解构思潮的强势影响，各类"-后学"异军突起，传统身心二元论自然受到挑战。第三，消费主义大行其道，使得身体的物质性、感性、知觉成为焦点。面对西方人文学科的种种转向，比如哲学转向、人类学转向、文化转向、身体转向等，中国学者也开始思考本土研究范式的转换问题。然而，正如有学者所说，"这种以西方身体哲学的思路和逻辑来解读中国哲学的做法有以偏概全之弊"③。

反观儒家身体观，其存在的文化语境与现代西方文化语境迥然不同，可以说，古代中国根本不存在一种所谓本土的身体观语境。中国文化语境自始至终都根植于以儒家思想为主导的文化土壤之中，正如前文所述，如何控制身体以及身体欲成为儒家思想的核心，这种身体观与现代西方身体观有着天壤之别。儒家身体观只是当代学者借用源于西方的身体观并加以阐释而得来的。

中西方有关身体的论述在本质上就有差别，正如日本学者汤浅泰雄所言：

> 英文中的"body"一词，不只是指人体，还含有物理性的物体之意义。因为如果从理论上来说，在身心问题（mind-body problem）的基础里，本来就存在着关于心理现象－生理现象之间关系的问题。如果采用笛卡尔式的近代二分法，主张心理的存在（精神）与物理的存在（物质）之间没有任何关系的话，那么，人体也就可以还原为与心没有任何关系

---

① 汤浅泰雄：《"气之身体观"在东亚哲学与科学中的探讨——及其与西洋的比较考察》，卢瑞容译，载杨儒宾主编，《中国古代思想中的气论及身体观》，巨流图书，1993年，第92页。
② 韩星：《论儒家的身体观及其修身之道》，《哲学研究》，2013年第3期，第61页。
③ 韩星：《论儒家的身体观及其修身之道》，《哲学研究》，2013年第3期，第61页。

的一种物理性的物体了。笛卡尔之所以无法从理论上说明身心结合的事实，就是这个原因。相反的，东方哲学、科学的传统，把万物当作"气"的能量之容器来看待，根据这个观点，气的能量之作用就不只是身、心有关系而已，仁义与环境之间也有必然的关系。东方与西方，在这一点上有历时性的强烈差异。①

正是形而上传统的本质差异以及文化语境导致中西方在面对身体时产生了截然不同的阐释。

结　语

不可否认的是，引入西方身体观有助于我们从新的视角阐发中国古典哲学思想，比如杨儒宾的《儒家身体观》系统阐释了儒家思想中有关身体的论述，拓展了中国古典哲学思想研究的视野。然而，人类世时代下的西方身体观关注的是身体本身的无限可能性。当源于西方的身体观进入中国文化语境并与中国儒家思想结合时，身体观成为现代语境下儒家思想的注脚，而身体也就成为儒家思想构建的基点，其关注的不是身体本身，而是"修身""美身"，更为重要的是通过践履身体而实现形而上的境界。可以说，现代西方身体观经历了从形而上到形而下的转变，而儒家身体观自始至终关注的是形而上的内容，形而下的"器"，比如身体，只是形而上的"道"形成和显现的工具与媒介罢了。当现代西方身体观传播至中国后，由于文化语境的切换，加上中国学者对西方身体观源起语境的悬置，西方身体观无论在接受方面还是阐释方面均发生了变异，这一点值得我们注意。

作者简介：
曹顺庆，四川大学杰出教授，长江学者特聘教授，欧洲科学与艺术院院士。
杨清，四川大学文学与新闻学院博士研究生。

---

① 汤浅泰雄：《"气之身体观"在东亚哲学与科学中的探讨——及其与西洋的比较考察》，卢瑞容译，载杨儒宾主编，《中国古代思想中的气论及身体观》，巨流图书，1993年，第94页。

让·列维《论语》翻译中的阐释变异[*]

成　蕾

　　摘　要：无论纵向上与法国之前的汉学研究相比，还是横向上与中国当代的儒学研究相比，让·列维对《论语》的法语翻译都体现出鲜明的反传统特征，其反传统性体现在他对《论语》原文独特的阐释模式之中。在跨文化的文本阐释过程中必然会产生阐释变异，这种阐释变异也正是新时代下《论语》研究创新的动力。

　　关键词：让·列维　《论语》　法语翻译　阐释变异

　　由让·列维（Jean Levi，1948—　）翻译的《论语》法译本（2016 年出版）是这部儒家典籍法译史上最新的一部颇具影响力的译本。译者让·列维是法国当代思想家、汉学家，其研究广泛涉猎中国古代哲学思想，包括历史研究、典籍研究多个领域，他同时也做翻译工作。

　　目前为止，国内学术界对法国《论语》译介研究已有一些关注，但关注度远远不够。已有的研究成果，首先，从研究对象来看，基本集中在早期和 20 世纪的经典法译本，主要是 19 世纪的顾赛芬译本、20 世纪的程艾兰译本、李克曼译本。其次，从研究的主题和内容来看，几乎都是围绕译本展开，运用某个翻译理论去分析某个译本、或比较某几个译本。而法国学界也尚未将《论语》的法语译介状况作为专题或专门领域予以系统性关注。而笔者在对《论语》在法国的译介状况进行梳理时发现，近 30 年来法国产生的《论语》译本和研究著作呈现出与长期以来法国汉学传统完全不同的一些特点，而国内外学界都尚未对此有足够的关注。

　　让·列维对中国古代思想有深厚的研究基础，其《论语》译本最大的特色是将孔子语言展现得简洁、辛辣，呈现出的孔子形象个

---

　　*　本文系国家社科基金青年项目"法语世界的孔子形象研究"（17CWW003）阶段性研究成果。

性鲜明。西方研究者普遍认为，《论语》孔子的语言是最难理解之处：那些只字片语分散于没有逻辑联系的各章句之中，讲述着看似平淡无奇的话语。法国当代汉学家雷米·马修在其《孔子》一书中总结了西方研究者的观点，认为《论语》中的语言存在很大的争议：首先，文言文难以理解，说话者意欲通过两三个字来传达的意思，实在难以让西方读者理解；其次，《论语》材料本就真伪杂糅，导致文中有不少重复章句和相互矛盾的思想。① 怎样的理解方式才能通达《论语》的魅力，无疑是研究者们面对的难题。那么，让·列维如何在翻译中生动地转化原文，形象地刻画孔子呢？翻译是一种对原文的阐释，译者对原文的翻译是译者基于自己的文化、心理背景对原文文本的接收。译者对《论语》中的疑问无法解答时，阐释的多种可能性便产生了；同时，"……不同文化或不同文明的话语在相互对话、阐发的过程中，彼此异质的话语规则必然会发生碰撞，从而形成一定程度的阐释变异"②。从让·列维的《论语》译本中，便可窥见西方研究者对中国典籍阐释中的这一现象。

一、让·列维的《论语》翻译原则

列维的译本是最近出版的法译本，在译本《导论》中，列维就自己翻译工作的必要性做了专门的探讨。在列维看来，尽管在他之前就已经有了"十个英语译本和八个法语译本"③，但由于《论语》中的篇目内容丰富，传递的信息含混晦涩，所以数量众多的译本都是有必要的。列维更专于道家思想研究，他借用道家的概念对原文与译文的关系做了总结：

> 不同的译本展现出了原文丰厚意蕴的不同侧面，原著和译本的关系，就如同道家思想中的"一与万物"的关系一样。原文包含的是多个方面，不同译本只呈现其中之一。存在于原文之中的，不是某种确定的真理，而是一种内在的潜能；如果译者意欲忠实于原著却又无法完全领会其中如钻石般绚美又珍贵的句子，那么就得对原文文本进行层层推理。④

可以看出，列维首先认同每一种翻译都是对原文的一种阐释：原文为不变的"一"，众多的译文对原文进行不同纬度、不同侧面的阐释，构成了"万

---

① See Rémi Mathieu, *Confucius*, Éditions Médicis-Entrelacs, 2006, pp. 76—77.

② 曹顺庆，曾诣:《平行研究与阐释变异》,《中国比较文学》, 2018 年第 1 期, 第 25 页。

③ 此统计数据由译者（列维）自己提供，原文见 *Les Entretiens de Confucius et de ses disciples*, traduction du chinois et présentation de Jean Levi, p. 30.

④ *Les Entretiens de Confucius et de ses disciples*, traduction du chinois et présentation de Jean Levi, p. 31. 该文献引文均由笔者由法语译为中文，兹不赘注，仅随文标出页码。

物"。同时，对《论语》这样一部不易理解的原文，译者需要进行的"层层推理"便是这个复杂、多维的以译者为中心的阐释过程。

《论语》自身的特点决定了在这个以译者为中心的阐释过程中，阐释变异发生的可能性。首先，学界对《论语》文本存疑。由于成书年代久远，考证有难度，国内外学界对《论语》的编撰者、篇章的真实性等问题有不少争议。其次，《论语》蕴含鲜明的文化符号。列维认为，中国学界对孔子的阐释和立场都因不同时代、不同社会背景而改变，国外不同译者对孔子的不同再现也自有其道理。最后，《论语》简洁的语言带来多种理解的可能性。

《论语》是一部语录体作品，人物语言即为作品内容，而每个人的语言又风格各异。列维认为，其中孔子的语言是翻译中最大的难点。他谦虚、坦率又不失幽默地表示：

> 不得不承认，《论语》中孔子大部分的话对我来说都是"谜"。这些话艰深晦涩，理解起来基本靠猜测。我想，大部分的《论语》阐释者和译者们一定也有同样的感受，尽管他们企图通过给原文文本一个单一的解释和翻译来掩饰他们这种困惑。（第 32 页）

列维将孔子的话语归纳为"谜"。如何解谜？他自己的方式是理解孔子形象。对孔子形象的不同理解，直接影响了《论语》译者对文中孔子语言特色的归纳。若译者眼中的孔子形象个性鲜明，那么译者对孔子语言的理解便不再模棱两可。

在列维看来，《论语》首先突出体现的是孔子的教育家身份，而简洁和幽默是他总结出的孔子语言的两大主要特色，他甚至认为这两点也是孔子教育的主要特色。列维认为要理解《论语》，就必须领会文字表象之外的含义，而译者的任务正是尽可能保留韵律的形式，并传递出文字的言外之意。在翻译中他坚持的首要原则是尽量使语言简短和直截了当。当无法同时顾全原文的韵律和内容时，他宁可牺牲内容细节而保留韵律形式，因为他认为孔子的语言形式很多时候承载着其教育的内涵意义，同时，富含韵律的语言形式是孔子语言文学性的体现，而这种形式上的文学性是先于其内容的。

二、基于结构主义语言学的孔子语言阐释

在列维看来，《论语》中孔子的语言特色突出表现为简洁与幽默，这一特色也代表了孔子的教育思想本身，但孔子想传递给弟子们的并非或者说并非仅限于我们看到的字面内容，因为"《论语》的独特性在于'意在言外'……

［《论语》的］语言形式上具有音乐般的韵律美，内容也如舞蹈和表演一般；正因如此，必须将意义从［文字］中分离出来"（第 19 页）。

如何将意义从文字中分离出来？列维用西方结构主义语言学的方法来分析孔子语言特点，总结道："孔子运用多种手法来颠覆言语（la parole），使它从最基本的功能，即交流媒介中解放出来。就此看来，这位哲学家回归到了本质。［他的言语中］有交流的成分，但并非仅是知识的传递。"（第 19 页）

列维首先认为，弟子们都表示他们从老师那里学到的实质内容，远比他们从老师的话语中听到的要多。中文的语言文字本身就具有很强的表意性，加上当时的民间口语和书面语又差距甚大，孔子的弟子们是如何通过孔子的那些由大量的虚词、赘词、叹词构成的话语中，领会到老师的意思的呢？列维找出的原因是：听众能跟老师共情——那些看似平常的、没有深刻含义的话语富含着能真正传达意义的情感；师生"对话的建立基于附带情感、如诗如吟的语言，因此孔子使用的动词常常已不是语言文字的范畴，更像是一种叫喊呼号"（第 19 页）。因此列维得出结论：孔子充满叹词、拟声词的讲话基本不具有语义功能（fonction sémantique），其意义主要依靠空间环境、时间环境、说话对象自身的个性特质及"以上因素在对话当场所产生的微妙的化学反应"（第 21 页）这几个因素来体现。

孔子的语言风格特点除了多用虚词（mots vides），如感叹词（interjections，exclamations）、拟声词（impressifs，onomatopées）和为了音韵而加的赘词（chevilles）等，还体现出以下特征：第一，极度的简洁（laconisme extrême），正是这种极度的简洁，使得孔子的话语显得晦涩难懂、模棱两可；第二，实词使用精练，特别是动词，注重音韵效果，使节奏铿锵而具有气势；第三，修辞上常常出现反复（répétitions）以加强语气；第四，语言结构极其紧凑。因此，列维把孔子的说话方式比喻成"拨念珠"，把孔子的语言比喻成"诉说着情感的珍珠"（第 22 页）。

从以上分析可以看出，列维是从结构主义语言学的视角来分析孔子的语言风格（style）的。这种用西方文论来阐释中国文学的方式，正属于阐释变异的研究范围。列维将自己对孔子语言意义的理解谦虚地称为"猜测"，是因为他通过觉察、联想一些非明显事实的因素，用结构主义理论的方法来研究孔子语言，将《论语》阐释打上了西方思维方式的烙印。在法国汉学家的《论语》研究史上，这一视角是独特的。近百年来法国汉学家解读《论语》与孔子，运用的基本是实证主义的研究方法，以中国、欧洲的注经解经文献为基础。尽管已有研究者指出《论语》的语录体体例及其说话方式的独特性，但只指出现象，浅尝辄止，少有深入分析，也未有用西方文论进行跨文化阐释。因此列维的研究是从一个全新视角进行的深入分析。

三　"器"：阐释变异在译文中的体现

"器"是儒家文化中的关键概念，在《论语》原文中多次出现，如：

> 子贡问曰："赐也何如？"子曰："女，器也。"曰："何器也？"曰：
> "瑚琏也。"(《论语·公冶长》)

> 子曰："君子不器。"(《论语·为政》)

列维对《公冶长》中这一段有专门的分析：

> 有一天，子贡意图得到老师的赞美，大胆地问孔子对他的评价，孔子
> 回答："汝乃器也。""器"的意思是"工具、器皿、物"，也可理解为"壶、
> 盆"，加上动词含义，便是"被当作工具使用"。子贡备受打击。孔子不是
> 曾经说过"君子不器"吗？意思是说君子不限于某一种特别的能力、像一
> 件器皿或工具那般，而是能拥有综合能力；他能影响其他人，影响"小
> 人"，能使他们为己所用。这就区分出两种人：一种用人，另一种用于人。
> 孔子在对比这两种人时说："为君子做事很容易，但取悦他很难。用不合适
> 的方式取悦他，会冒犯他。相反，君子用人以长。""用人以长"的原文便
> 是"器之"。孔子用礼貌的方式表达了他认为子贡还远不是智者（un sage）
> 的评价，因为智者不会问这种问题。这种理解方式的合理性可以从前文看
> 出，《论语》第十四章中孔子就讽刺了子贡爱比较的毛病。子贡爱做比较，
> 孔子于是说："子贡是很贤德吗？我都没空来比较这个，比较那个。"

> 再来看原文对话，于是尴尬的子贡接着问："哪种器呢？""珍贵的祭
> 祀礼器。"孔子回答说。如果就这样将字面意思翻译出来，那么对话中的
> 讽刺意味就完全丢失了。子贡问的是："我是怎样的？""何如"的意思是
> "是什么""怎么样"。然而，单就"如"字来看，它的首要含义是"像"
> "和……一样"，因此"何如"可以理解成"我像什么呢？"联系到子贡爱
> 比较的特点，这句话还可以理解为"我和谁一样呢？"或者"我比得上谁
> 呢？"孔子假借回答问题，其实在玩文字游戏。因为"器"字也有多重意
> 思，而孔子取了两个意项："器皿"和"有某种特殊功用"。孔子肯定了
> 子贡的作用：他是一名优秀的管理者。同时，将子贡比作珍贵的礼器，
> 一方面肯定了他的理财能力——他经手的东西都会价值倍增，另一方面
> 也承认了他在"礼"这一方面的成就与涵养。(第32—33页)

在这段阐释中，作者联系了《论语》的其他章句：直接提到的如《论

语·公冶长》"君子不器"，以及《论语·宪问篇》"子贡方人"；间接联系的如子贡优秀的管理能力和在"礼"上的成就。对比原文可以看出，列维在联系全文的基础上在这段阐释中加入了不少自己的理解，其中直接影响他翻译的理解有两处。第一，他认为子贡提问孔子的意图是"得到老师的赞美"，于是在老师评价他为"器"之后，他觉得尴尬。这里，对子贡内心主观情感的想象直接决定了译者在翻译中的选词。第二，"何如"本有"是什么"和"像……一样"两个意思，列维由于联想到"子贡方人"而将句中的"何如"理解为"我像谁呢"。

　　可以看出，列维的翻译并不完全忠实于原文，而是在原文的基础上添加了自己的联想。结合前文列维所说，他在理解《论语》中孔子语言时"基本靠猜测"，因此可以说他的"故意阐释中经常涉及西方等外来理论或方法"[1]，所以这种阐释是"研究者明确主动的选择"[2]，属于有意识的阐释变异现象。经过这样的解释，此句原文中看似稀松平常、立场不明的对话便被赋予了明显的情感倾向。

　　列维将此句译为：

> Tseu-kong demanda un jour au Maître：
>
> Que vous semble-t-il de moi?
>
> Toi? Maisune cruche.
>
> Mais alors，quel genre de cruche?
>
> Une cruche sacrificielle en jade.（第 32—33 页）

　　列维的译文可回译为：

> 一天，子贡问孔子说："您觉得我像什么呢?"
>
> "你? 一只壶。"
>
> "那么，是哪种壶呢?"
>
> "用来祭祀的玉壶。"

　　其中，"器"被译为"cruche"，意思是"罐、壶"，同时在法语俗语中也有"笨蛋"之意。作为字面意思"器皿"的"器"一般与"ustensile""vase""pot"等法语词对应，此前的法语译者也基本选用其中之一。

　　顾赛芬译文：

> Tzeu koung demanda："Que dites-vous de moi?" Le Maître répondit：

———————

① 曹顺庆，曾诣：《平行研究与阐释变异》，《中国比较文学》，2018 年第 1 期，第 27 页。

② 曹顺庆，曾诣：《平行研究与阐释变异》，《中国比较文学》，2018 年第 1 期，第 27 页。

"Vous êtes un vase, （qui peut être employé, mais à un seul usage）." Tzeu koung reprit：" Quel vase?" " Un vase pour les offrandes ", dit ［Confucius］. ①

李克曼译文：

Zigong demanda："Comment me jugez-vous?" Le Maître dit："Tu es un pot." L'autre reprit："Quel genre de pot?" Le Maître répondit："Un de ces précieux vases rituels dont on se sert pour les offrances dans les temples. "②

雷威安译文：

Comme Zigong lui demandait："Comment me trouvez-vous?", le Maître lui répondit："Toi? Comme un genre de pot. "

"Quel genre de pot?"

"Un vase précieux. "③

程艾兰译文：

Zigong：Maître, que pensez-vous de moi?

Le Maître：Pour moi, tu es un vase.

Zigong：Un vase?

Le Maître：Un vase de cérémonie orné de pierreries. ④

白光华译文：

Zi Gong demanda："À quoi me comparez-vous, moi, Sì?"

Le Maître répondit："Tu es un vase. "

（Zi Gong）dit："Quelle sorte de vase?"

（Le Maître）répondit："Un vase de jade orné de pierres précieuses. "⑤

---

① *Les Quatre livres avec un commentaire abrégé en chinois （de Tchou Hi）, une double traduction en français et en latin et un vocabulaire des lettres et des noms propres.* Séraphin Couvreur, Paris：Cathasia；Les Belles Lettres, 1949, p. 107.

② *Les Entretiens de Confucius*, traduit du chinois, introduction, notes et index par Pierre Ryckmans. Paris：Galllimard, 2004, p. 27.

③ *Les Entretiens de Confucius et de ses disciples*, introduction, traduction, notes et commentaires par André Lévy. Paris：Flammarion, 1994, p. 47.

④ *Les Entretiens de Confucius*, traduit du chinois par Anne Cheng. Paris：Éditions du Seuil, 1981, p. 48.

⑤ *Philosophes confucianistes*, textes traduits, présentés et annotés par Charles le Blanc et Rémi Mathieu. Paris：Éditions Gallimard, 2009, p. 70.

顾赛芬、程艾兰、白光华均将"器"译为"vase"，指壶、罐、瓶，感情色彩为中性；李克曼、雷威安则译为"pot"，指罐、壶、坛，感情色彩为中性，比"vase"更为口语化。这几段译文都忠实于原文，没有通过目的语选词或者增补信息对说话双方的情感进行阐释。而列维通过联想，已经将孔子对子贡的评价加上了感情色彩——讥讽，因此他将此处的"器"译为具有双关作用、含贬义的"cruche"。

"瑚琏"意为"祭祀的礼器"，对这个词的翻译，以上不同的译文词意差异不大，在表达的繁简上有不同，其中李克曼的译文最为烦琐，回译为中文是"一种在宗庙里用来祭祀的珍贵的礼器"。相比之下，列维的处理简洁明了。除了"器"和"瑚琏"的翻译外，列维在孔子的第一句答语中加入了口语中使用的连词"mais"，将说话者的调侃语气活灵活现地呈现出来。通过此例可见，列维的译文的确呼应了他对孔子语言简洁和幽默的特点总结。

然而，列维对全文中"器"字的翻译并非一概相同，例如他就将"君子不器"中的"器"译为"ustensile"，指器具、器皿，明确地体现出此处"器"字所强调的功能性。由此可见，列维对翻译策略的选择是服从于他对人物形象特色的建构的，因此他的译文呈现出系统、立体的《论语》文本及人物。从这个意义上说，他的译文规避了学界对《论语》的一些争议，例如某些章句语义模糊，导致表义矛盾，由此又引起研究者对某些篇章真实性的质疑。

结　语

阐释变异现象在让·列维的《论语》翻译中广泛出现，由此产生的这个译本客观上塑造出一个个性鲜明的孔子形象。《论语》自身的诸多特点决定了阐释变异产生的可能性，而阐释变异又为理解《论语》中某些含混晦涩之处提供了新的解决方案。列维通过研究、阐释与翻译将西方文论与《论语》文本研究、孔子研究联系起来，形成了新的研究视角。尽管他是以西方文学理论逻辑来解构中国文学文本，但这种研究视角无疑为《论语》研究注入了创新的动力，也为解决国内外学界关于《论语》的存疑提供了可能性和新思路。

作者简介：
成蕾，四川大学文学与新闻学院比较文学博士研究生，西南交通大学外国语学院讲师，研究方向为比较文学、法国文学。

试论译者主体性在翻译活动中的体现

——以林语堂译《浮生六记》为例

古文菲

　　摘　要：自20世纪80年代起，由于翻译研究的文化转向，译者的地位逐渐显现，从而有了对译者主体性的研究。本文将以林语堂翻译的《浮生六记》为例，从译者对文本的选择和理解、翻译策略的选择以及译者的创造性这三个方面，分析译者主体性是如何在翻译活动中得到体现的。

　　关键词：译者主体性　林语堂　《浮生六记》　翻译活动

一、译者主体性概述

　　从中西方翻译史来看，翻译活动古已有之。公元前3世纪，西方的翻译活动从《圣经》翻译开始①，而我国同样有悠久的翻译历史。根据有文字记载的材料，早在周代，我国就有了翻译活动，自此中国的翻译经历了三个重要时期。② 但纵观中外翻译史，译者基本处于边缘化的位置。中西方有很多关于译者的比喻可见一斑，例如"舌人""媒婆""仆人""叛逆者""一仆二主""戴着镣铐的舞者"等，这些比喻一定程度上也暗示着译者的价值不如原文作者。③ 然而，从20世纪80年代起，由于翻译研究的文化转向，译者的地位逐渐受到学术界的重视，从而有了对译者主体性的研究。

　　要研究译者主体性，首先应明确"主体性"这一概念。主体性属于哲学范畴，根据刘畅的解释，主体性指的是"主体在其对象性

---

　　① 谭载喜：《西方翻译简史（增订版）》，商务印书馆，2004年，第2页。
　　② 郭延礼：《中国近代翻译文学概论》，湖北教育出版社，1998年，第2—3页。
　　③ 查明建，田雨：《论译者主体性——从译者文化地位的边缘化谈起》，《中国翻译》，2003年第1期，第19—24页。

活动中所表现出来的自主性和能动性"①，而依据查明建和田雨的阐释，主体性是指"主体的本质特性，这种本质特性在主体的对象活动中表现出来"②。由此可以看出，主体性强调主体在某项活动中的主观能动性。

　　对应于"主体性"概念，学界从多个角度解释了"译者主体性"。有人做出如下界定："译者主体性是指作为翻译主体的译者在尊重翻译对象的前提下，为实现翻译目的而在翻译活动中表现出的主观能动性，其基本特征是翻译主体自觉的文化意识、人文品格和文化审美创造性。"③ 也有人认为："译者主体性就是作为翻译主体的译者，在尊重客观外部翻译要素（主要是源语作者、源语文本、译语读者、两种社会语言文化等）和承认其自身主观认知状况制约的前提下，在整个翻译活动中所表现出来的主观能动性，主要体现为创造性。"④

　　从上述界定可以看出译者主体性是主观能动性和客观制约性的统一，这个基础贯穿整个翻译活动，影响着译者对翻译文本的选择和理解、翻译策略选择以及译者的创造性。具体而言，翻译活动可以按照时间段划分为翻译前、翻译中、翻译后三个阶段。翻译前，译者主体性涉及译者对文本的选择和理解。从外部分析，由于译者的活动受环境因素影响，特定社会背景会制约翻译活动⑤；从内部分析，译者首先作为读者对原文进行理解，这受到译者的人生经历、教育背景和文化倾向的影响⑥；同时译者需结合文化积累、跨文化和读者选择三个方面来开展具体的翻译工作⑦。在翻译中，面对不同的语言和文化，译者会选择相应的翻译策略再现原文，但不可避免会以个人的思想感情以及翻译目的对原文做出解读。如何平衡二者，就体现了译者的创造性。⑧ 在翻译后，译者仍然需花时间对译稿进行修改和调整，以达到更好的效果。⑨

---

　　① 刘畅：《阐释学理论视野下译者主体性的彰显》，《上海翻译》，2016 年第 4 期，第 15－20 页。
　　② 查明建，田雨：《论译者主体性——从译者文化地位的边缘化谈起》，《中国翻译》，2003 年第 1 期，第 19－24 页。
　　③ 查明建，田雨：《论译者主体性——从译者文化地位的边缘化谈起》，《中国翻译》，2003 年第 1 期，第 19－24 页。
　　④ 金胜昔，林正军：《译者主体性建构的概念整合机制》，《外语与外语教学》，2016 年第 1 期，第 116－121 页。
　　⑤ 屠国元，袁圆：《译者的再创作态度》，《求索》，2015 年第 6 期，第 179－183 页。
　　⑥ 屠国元：《布尔迪厄文化社会学视阈中的译者主体性——近代翻译家马君武个案研究》，《中国翻译》，2015 年第 2 期，第 31－36 页。
　　⑦ 何峻：《从译者主体性看翻译的文化误读》，《中国科技翻译》，2015 年第 3 期，第 48－51 页。
　　⑧ 许玉兰：《译者主体性在诗歌对外翻译中的体现》，《语文建设》，2016 年第 8 期，第 91－92 页。
　　⑨ 何峻：《从译者主体性看翻译的文化误读》，《中国科技翻译》，2015 年第 3 期，第 48－51 页。

林语堂翻译的英文作品《浮生六记》充分体现了他的译者主体性。本文将从他对文本的选择和理解、翻译策略的选择和译者的创造性三个方面来分析其译者主体性的表现。

二、《浮生六记》与林语堂简述

《浮生六记》是清代文人沈复创作的自传体散文小说，全书分为六卷，分别为《闺房记乐》《闲情记趣》《坎坷记愁》《浪游记快》《中山记历》《养生记道》，后两卷已经遗失，现只有前四卷的内容。

《浮生六记》主要描写了沈复与妻子芸平淡而诗意的感情生活，游历山川的所见所闻，对生活琐事的感悟，以及与妻子颠沛流离的后半生。沈复文笔清新自然、生动活泼，妻子芸恬淡温柔、与丈夫同甘共苦、不流于世俗的形象跃然纸上，从中读者可以了解中国古代丰富的世俗生活。

这本书的译者林语堂出生于基督教家庭，自幼受西方文化的熏陶。他就读于上海圣约翰大学①，之后在国外求学。归国以后，他看到中国人民在半殖民地半封建社会中挣扎求生，国人的奴性和淡漠让他对中国文化持否定的态度②，转而倾向于用西方的价值尺度来评判中国传统文化。所以在 1928—1930 年，他翻译了一些外国作品，以期达到"淬我国民心志"的目的。③ 但之后由于政治的理想破灭，他开始反思自己对文化的态度，不再局限于思考文化的优劣，而是致力于发现中国文化的精华，并且将中国的经典作品翻译到西方。④ 他的文化态度的转变是促成他选择翻译《浮生六记》的原因之一。

三、林译《浮生六记》中译者主体性的体现

文学翻译事实上已经成为一门艺术⑤，这表明翻译文学作品特别考究译者的翻译水平，下文将从三个方面来探讨林语堂在翻译《浮生六记》时译者主体性的体现。

---

① Luo Yuzhi, Ji Lingling, "Lin Yutang's Profound Influence on the Cultural Exchange between China and the West", *Academics*, 2015, pp. 294-300.

② 沈复：《浮生六记》，林语堂译，外语教学与研究出版社，2009 年，第Ⅳ页。

③ 张季红：《浅析林语堂的文化态度与跨文化传播实践——以林译〈浮生六记〉的翻译为例》，《上海翻译》，2016 年第 1 期，第 71-75 页。

④ 沈复：《浮生六记》，林语堂译，外语教学与研究出版社，2009 年，第Ⅶ页。

⑤ 杨武能：《尴尬与自如 傲慢与自卑——文学翻译家心理人格漫说》，《中国翻译》，1993 年第 2 期，第 3-7 页。

（一）文本的选择与理解

要分析林语堂为何选择翻译《浮生六记》，就有必要回顾原著的创作背景及价值。《浮生六记》如今享有盛誉的原因，可以从当时文学创作的环境来分析。在中国历史长河中，由于经济和社会的发展，人们逐渐不满足于以诗词的形式描绘丰富的生活和情感，所以在明清时期，大量小说接踵而至。明清小说的突出特征是带有强烈的民族色彩，强调小说的教化和政治功能。① 清朝乾嘉时期，在文化专制和闭关锁国的政策影响下，"文化复古"运动在学者之间尤为盛行。②

《浮生六记》是清代文人沈复创作的自传体散文小说，它与明清小说的不同之处在于没有局限于小说情节，而将笔墨用于描写当时的日常生活和个人情感。作者沈复向世人展示了与妻子简单但真实的生活，表达了自己对平等的认识和对女性的尊重。③ 更为可贵的是，沈复在妻子离世后含蓄又深沉地表露了自己对封建礼教的批判。④ 因此，《浮生六记》作为当时少数拥有反叛精神、崇尚自由、艺术风格浑然天成的文学作品之一，在文学创作历史上有开风气之先的作用。这是让林语堂注意到这部作品的前提。同时，如林语堂自己所说，"两脚踏中西文化，一心评宇宙文章"⑤，可见他对中西文化的态度，也可作为译者主体性的反映：他翻译目的是促进中西方的文化交流和传播，这是林语堂想要将中国传统文化介绍给西方的原因之一。

从林语堂自身来看，作为一名学者，他肯定人的基本欲望，支持人对现实幸福的追求和享受。⑥ 这个观点与沈复在文中表达的思想相契合，两位学人对人生相似的理解是林语堂注意到这部作品的基础。他认为《浮生六记》正是一部体现了中国古时智慧和哲学的典范之作⑦，他甚至在《浮生六记》的译者序言中写道："芸，我想是中国文学上一个最可爱的女人。"⑧ 这足以体现出

---

① 秦川：《明清小说的本质特征与和谐文化》，《明清小说研究》，2009 年第 4 期，第 66—76 页。

② 张蕊青：《〈浮生六记〉：得风气之先的自传体小说》，《明清小说研究》，2003 年第 3 期，第 213—218 页。

③ 倪惠颖：《写实、传奇与雅致——论〈浮生六记〉的个性化抒写与文体交融》，《明清小说研究》，2010 年第 3 期，第 34—46 页。

④ 秦川：《明清小说的本质特征与和谐文化》，《明清小说研究》，2009 年第 4 期，第 66—76 页。

⑤ 沈复：《浮生六记》，林语堂译，外语教学与研究出版社，2009 年，出版说明。

⑥ 肖百容，马翔：《论儒家传统与林语堂小说》，《湖南大学学报（社会科学版）》，2017 年第 6 期，第 87—93 页。

⑦ 梁满玲，胡伟华：《林语堂"解殖民化"的话语翻译策略：后殖民视阈》，《外语教学》2017 年第 4 期，第 78—82 页。

⑧ 沈复：《浮生六记》，林语堂译，外语教学与研究出版社，2009 年，第XIII页。

他对这本书的喜爱。因此，为了让西方更深入地了解古代中国人平凡而富有乐趣的世俗生活，他选择了《浮生六记》。

在当时西方文化受到推崇的时候，林语堂将这本书翻译成英文，向西方介绍中国传统文化、价值观和精神世界①，也体现出他作为一位中国学者的责任。

（二）翻译策略的选择

在翻译过程中，译者对翻译策略的选择受到多方面的影响。从外部环境看，译者不仅受源语作品和文化的制约，还受译语文化和读者的制约。② 从译者自身看，翻译策略的选择受翻译态度、文化态度、翻译目的的影响③。

林语堂在《论翻译》中提出翻译的三个标准：忠实、通顺、美。④ 忠实意味着译者不仅要以生动的语言翻译原文，还要翻译出原文隐含的意义，但由于他反对字对字的翻译，所以对原文的绝对忠实几乎是不可能做到的。通顺表明译者的责任之一是要让译语读者在他们的思维模式下无障碍地理解译文。在这两条标准都达到的情况下，译者若还能兼顾美的原则，那无异于锦上添花，因为一位理想的译员是会将艺术效果考虑在内的。林语堂对翻译的态度同时强调源语文化和译语文化的双重影响，这也说明翻译策略的选择受到主观能动性和客观制约性的双重影响，同时美的原则又能体现出译者的创造性，所以翻译策略是译者主体性的一个方面。

林语堂在翻译《浮生六记》时，同时运用了归化和异化的策略，尽力向西方读者展现东方文化。⑤

1. 归化思维的运用

韦努蒂对归化思维的解释为：尽可能缩小源语文化带来的陌生感，让译语读者能顺畅地理解译文。⑥ 试以三例论之。

---

① 张季红：《浅析林语堂的文化态度与跨文化传播实践——以林译〈浮生六记〉的翻译为例》，《上海翻译》，2016 年第 1 期，第 71—75 页。

② 金胜昔，林正军：《译者主体性建构的概念整合机制》，《外语与外语教学》，2016 年第 1 期，第 116—121 页。

③ 张睿：《林式译本〈浮生六记〉的翻译态度与策略》，《语文建设》，2016 年第 4 期，第 95—96 页。

④ 林语堂：《论翻译》，载罗新璋、陈应年主编，《翻译论集》，复旦大学出版社，2009 年，第 491—507 页。

⑤ 黎土旺，《文化取向与翻译策略——〈浮生六记〉两个英译本之比较》，《外语与外语教学》，2007 年第 7 期，第 53—55 页。

⑥ Jeremy Munday, *Introducing Translation Studies*. London and New York：Routledge, 2016, p. 225.

例 1：余生乾隆癸未冬十一月二十有二日，正值太平盛世，且在衣冠之家，居苏州沧浪亭畔。①

I was born in 1762，under the reign of Ch'ienlung，on the twenty-second day of the eleventh moon. The country was then in the heyday of peace and，moreover，I was born in a scholar's family，living by the side of the Ts'anglang Pavilion in Soochow. ②

中国古代纪年方式与西方不同，一般采用统治者的年号和天干地支纪年法来表示，而西方则用公历。③ 这句话是《浮生六记》卷一《闺房记乐》的开头，沈复在其中交代了他出生的时间、家庭背景和生活的时代。林语堂选择将年份换算成公历"1762"，是为了不让时间成为读者理解的障碍，而如果要解释中国古代纪年法，有可能会影响西方读者理解。

例 2：苟不记之笔墨，未免有辜彼苍之厚。④

I should be ungrateful to the gods if I did not try to put my life down on record. ⑤

这句话也出自《闺房记乐》。沈复认为人生易逝，必须要留有记录才不会遗憾，算是交代了他写这本书的原因。中国古代的神与西方的神不同，但是为了让西方读者更容易理解，译者采用了西方的神"gods"，并且是复数形式，并不特指某位神，以便读者理解原文。

例 3：蒙夫人抬举，真蓬蒿倚玉树也。⑥

I should feel greatly honored if I could come to your home. ⑦

这句话是沈复的妻子芸想为丈夫纳妾，征求憨园意见时，憨园给出的答复。"蓬蒿倚玉树"出自典故《世说新语·容止》，原为"蒹葭倚玉树"，是一种自谦说法，表示自己借了别人的光。这里林语堂淡化了蓬蒿的意象，直接译出意象背后的意义，显得简洁明了、明白晓畅。

2. 异化思维的运用

在解释异化思维时，韦努蒂提出异化是为了让读者感受到文化的差异性，

---

① 沈复：《浮生六记》，万卷出版公司，2015 年，第 2 页。
② 沈复：《浮生六记》，林语堂译，外语教学与研究出版社，2009 年，第 3 页。
③ 毛琦峥：《目的论视阈下林语堂〈浮生六记〉翻译研究》，上海外国语大学硕士学位论文，2009 年。
④ 沈复：《浮生六记》，万卷出版公司，2015 年，第 2 页。
⑤ 沈复：《浮生六记》，林语堂译，外语教学与研究出版社，2009 年，第 3 页。
⑥ 沈复：《浮生六记》，万卷出版公司，2015 年，第 48 页。
⑦ 沈复：《浮生六记》，林语堂译，外语教学与研究出版社，2009 年，第 79 页。

体现出源语文化特点。① 试以两例论之。

　　例 1：余虽居长而行三，故上下呼芸为"三娘"；后忽呼为"三太太"。②

I was born in the third son of my family, although the eldest; hence they used to call Yün "*san niang*" at home, but this was later suddenly changed into "*san t'ait'ai*". ③

由于中国古代看重血缘关系，一夫多妻制的传统也让一个家族中有众多的兄弟姊妹，所以称谓在中国古代比较复杂。林语堂意识到了中西方在这方面的差异，因为"三娘"和"三太太"在西方文化中并没有对应的称呼，所以林语堂选择用音译的方法保留这个称谓。

　　例 2：陈名芸，字淑珍，舅氏心馀先生女也。④

Her name was Yun and her literary name Suchen. She was my cousin, being the daughter of my maternal uncle. ⑤

这句话是对沈复妻子陈芸的介绍。古时人们常会与家族中的亲戚联姻，他们把这看作家族繁荣壮大的一个表现。"舅氏"是对母亲一方兄弟的称谓，所以芸应该是沈复母亲一方的亲戚，但在西方的称呼中没有特别区分父亲家亲戚和母亲家的亲戚。林语堂显然意识到了这种差异，没有仅仅译作"uncle"，而是加上了"maternal"，表示芸是母亲家某一亲戚的女儿。

　　正是由于中西方文化的差异，林语堂结合了归化和异化的思维，对一些值得向西方读者介绍的文化采取保留的方式，对一些不影响整体理解或理解较为困难的地方用直译、音译等手段淡化其文化内涵，向读者展现丰富的中国文化。⑥

（三）译者的创造性

　　由于两种语言及其背后文化的差异，在译语中会有找不到与源语相对应

---

　　① Jeremy Munday, *Introducing Translation Studies*. London and New York: Routledge, 2016, p. 226.

　　② 沈复：《浮生六记》，万卷出版公司，2015 年，第 76 页。

　　③ 沈复：《浮生六记》，林语堂译，外语教学与研究出版社，2009 年，第 129 页。

　　④ 沈复：《浮生六记》，万卷出版公司，2015 年，第 3 页。

　　⑤ 沈复：《浮生六记》，林语堂译，外语教学与研究出版社，2009 年，第 5 页。

　　⑥ 汪宝荣：《寻求文化荣耀的译者姿态——〈浮生六记〉林译本文化翻译策略新解》，《外语学刊》，2017 年第 6 期，第 116—121 页。

的表达方式的情况。将源语文化呈现给译语读者，需要译者发挥创造性①，这样的创造性是译者主体性的一个方面。

有学者将译者的创造性解释为"文学翻译家的工作被正确地归结为一种艺术再创造。'再'字意味着限制，创造则要求他发挥个性，张扬自我"②，也有学者将其解释为"文学译者在对原文进行字面意义转换，更重要的是为了使译文达到最好的表达效果，要对原文进行创造性的转换，从而使读者最大限度地了解原文信息"③。据此可以将译者的创造性归纳为：在尊重原文的基础上，译者根据自己的理解对原文进行转换再现。译者的创造性对译者提出了较高的要求，要求译者有较高的文学修养和语言修养④，熟悉两种不同的语言文化，让译语读者能理解源语文化的精髓。

林语堂翻译的创造性的突出特点是不墨守原文的结构，在准确理解原文的基础上，进行创造性翻译，既不背叛原文，也易于译语读者理解。⑤ 这也和他在《论翻译》中提出的反对字字对应的翻译观点相吻合。下面将从词和句子的层面来分析林语堂翻译的创造性。

1. 词的层面

林语堂翻译的创造性主要体现在他对典故、习俗等的翻译中。古文的显著特点之一是用典⑥，沈复的《浮生六记》涉及很多典故，文中描写的日常生活也涉及古代习俗，相关名词在译语文化中没有相对应的表达，但是却蕴含了丰富的中国传统文化，因此需要译者在理解的基础上发挥创造性。对此，林译《浮生六记》主要运用了意译和增译的方法。

以五例简述意译的运用。

　　例1：因思关雎冠三百篇之首……⑦

Since the *Book of Poems* begins with a poem on wedded love...⑧

《关雎》在中国文学中享有重要的地位，它是在《诗经》的第一篇，主要

---

　　① 金奕彤：《从"创意"到"创译"：译者创造性思维的应用——以〈习近平谈治国理政〉英译本为例》，《上海翻译》，2019年第1期，第57—62页。

　　② 杨武能：《尴尬与自如　傲慢与自卑——文学翻译家心理人格漫说》，《中国翻译》，1993年第2期，第3—7页。

　　③ 张玲：《试论文学翻译中译者的创造性》，《作家杂志》，2011年第11期，第201—202页。

　　④ 郭建中：《创造性翻译与创造性对等》，《中国翻译》，2014年第4期，第10—15页。

　　⑤ 程霞：《译者主体性在林语堂英文作品中的体现》，《芒种》？2013年第3期，第191—192页。

　　⑥ 李孟林：《汉英翻译中的中西文化差异与对策——以翻译目的论为指导》，《海外英语》，2018年第19期，第127—128页。

　　⑦ 沈复：《浮生六记》，万卷出版公司，2015年，第2页。

　　⑧ 沈复：《浮生六记》，林语堂译，外语教学与研究出版社，2009年，第3页。

讲述了一位贵族青年在婚礼对伴侣表达的爱慕之情，如果直接翻译为"*guanju*"或是引用诗中的内容，读者也许会很难理解其中的意思。这首诗运用了"兴"的艺术手法，借他物来诉说情感，中国人比较喜欢用这种含蓄的方式来表达内心深处的情感。林语堂没有局限于诗的题目，而是将它的中心简单概括为"wedded love"，并且将它的出处补充出来。

例 2：稍识之无，不过记其实情实事而已。①

All I know is a simple language and I shall try only to record the real facts and real sentiments. ②

"稍识之无"出自白居易的《与元九书》，意识是说只认识像"之"和"无"这种简单的字。中华文化以谦逊为美德，"稍识之无"就演变为一种自谦的说法。译者在翻译的时候没有按照字面的意义逐一翻译，而是直接意译出背后的意思，刻画出中国古代文人的形象。

例 3：家徒壁立③

being then practically destitute④

从字面意思看，"家徒壁立"描绘的是一间房子除了四面墙之外就没有其他的东西，典出《史记·司马相如列传》。卓文君，冶铁巨商之女，与司马相如相恋，两人私奔，过着非常拮据的生活。这一表达用于描写贫困的生活。林语堂将典故背后的意义翻译出来，并没有逐字的翻译。

例 4：佳人已属沙叱利矣……⑤

The beauty had therefore fallen into the hands of a barbarian...⑥

"沙叱利"是唐朝藩将，他依仗权势强夺他人妻室（见《太平广记》），后来人们便将他当作霸占别人妻室的权贵的代名词。在《浮生六记》当中，沈复的妻子芸原本想为丈夫寻求的妾室嫁给了一位更有钱的人，所以沈复用了这个典故。"沙叱利"只有在中国的文化中才具有特殊的含义，所以林语堂没有音译这个名字，而是翻译为"barbarian"，让读者知道这位佳人最终嫁给了什么样的人。

---

① 沈复：《浮生六记》，万卷出版公司，2015年，第2页。
② 沈复：《浮生六记》，林语堂译，外语教学与研究出版社，2009年，第3页。
③ 沈复：《浮生六记》，万卷出版公司，2015年，第3页。
④ 沈复：《浮生六记》，林语堂译，外语教学与研究出版社，2009年，第5页。
⑤ 沈复：《浮生六记》，万卷出版公司，2015年，第81页。
⑥ 沈复：《浮生六记》，林语堂译，外语教学与研究出版社，2009年，第137页。

例 5：清风两袖①

an upright official, having made no money from the people②

这个词与中国古代的穿衣风格有直接的联系。古代官员穿的长衫没有口袋，所以他们只好把东西放在袖口里面。贪官污吏的袖子里面会有受贿的钱财，而清廉的官员袖子里面则什么也没有。早在明朝吴应箕的笔下，这个词就已经有了"清贫"的含义，后来也指为官清廉。沈复用它来赞扬朋友琢堂不仅能力超群而且为官正直。林语堂意译出典故背后的寓意，让读者了解其人。

涉及生活习俗的篇幅在《浮生六记》中不是最多的，但是它们充分体现出古代文化，所以林语堂在翻译时根据自己对中国传统文化的理解，适当增译了一些内容。以四例简述其运用。

例 1：合卺后③

after the drinking of the customary twin cups between bride and groom④

"合卺"指新郎与新娘对饮交杯酒的传统婚俗，寓意今后夫妻生活美满幸福。即使不解释背后的含义，中国人也可以理解合卺的意思，但是译语文化中没有与之对应的专有名词，如果按照字面的翻译，读者难解其意，所以林语堂选择在翻译时增加一些信息，对合卺做出适当补充，让读者了解中国传统婚俗。

例 2：倩绘一像，一手挽红丝，一手携杖悬姻缘簿。⑤

It was a picture of the Old Man holding, in one hand, a red silk thread [for the purpose of binding together the hearts of all couples] and, in the other, a walking-stick with the Book of Matrimony suspended from it.⑥

"红丝"在英语文化中并不是一个特殊的意象，但是在中国文化中，则象征着姻缘。中国传统文化认为月老一手牵红线，一手拿着姻缘簿，将有姻缘的男女连在一起。古时的善男信女会去庙中参拜，祈求一段好的姻缘。林语堂正是因为熟知这一风俗，所以在翻译时除了译出 "a red silk thread"，还在

---

①　沈复：《浮生六记》，万卷出版公司，2015 年，第 110 页。

②　沈复：《浮生六记》，林语堂译，外语教学与研究出版社，2009 年，第 201 页。

③　沈复：《浮生六记》，万卷出版公司，2015 年，第 6 页。

④　沈复：《浮生六记》，林语堂译，外语教学与研究出版社，2009 年，第 11 页。

⑤　沈复：《浮生六记》，万卷出版公司，2015 年，第 31 页。

⑥　沈复：《浮生六记》，林语堂译，外语教学与研究出版社，2009 年，第 49 页。

括号中增译出背后的含义，这样的翻译更能让读者体会中国传统文化。

例 3：余扫墓山中……①

Once I visited my ancestral tombs on the hill...②

不熟悉中国传统习俗的西方读者也许会对"打扫墓穴"感到困惑。受中国传统中家族观念的影响，后代要定期去祖先的坟前祭奠，以表达对先人的尊敬与思念之情，求祖先庇佑。林语堂在翻译时增加了"ancestral"来表达其中隐含的意思。

例 4：教以射覆为令③

I taught her literary games in which the loser had to drink.④

"射覆"是一种古时文人喝酒时的娱乐活动，形式是猜测在盖子下面的物品，为喝酒助兴。林语堂用定语从句对射覆的规则进行简略的解释，以让西方读者了解中国古代的这种娱乐活动。

2. 句子层面

中文和英文的句子结构不同，中文偏向意合，而英文则更注重形合。意合指句子依靠内在逻辑关系组织语言，形合指通过各种语言形式上的规则来组织语言。⑤ 中文，特别是文言文，句子结构松散，没有明显语法标志，读者要自己领会其中隐含的逻辑。相反，英文有严谨的语法结构，每一句子都有其主谓成分，并且有连接词来表明各成分的逻辑关系。

为了缩小意合与形合的差距，林语堂充分发挥创造性，对句子中一些不明晰的关系做出必要的解释或增译，确保读者可以通顺地理解译本。以五例简述之。

例 1：烟雨楼在镜湖之中，四岸皆绿杨，惜多无竹。⑥

The Tower of Mist and Rain was in the middle of the Mirror Lake, and had an open terrace looking out on green willows on the banks all round; had there been more bamboos, the view would have been perfect.⑦

---

① 沈复：《浮生六记》，万卷出版公司，2015 年，第 62 页。
② 沈复：《浮生六记》，林语堂译，外语教学与研究出版社，2009 年，第 101 页。
③ 沈复：《浮生六记》，万卷出版公司，2015 年，第 11 页。
④ 沈复：《浮生六记》，林语堂译，外语教学与研究出版社，2009 年，第 19 页。
⑤ 任晓霏：《从形合和意合看汉英翻译中的形式对应》，《中国翻译》，2002 年第 3 期，第 33—35 页。
⑥ 沈复：《浮生六记》，万卷出版公司，2015 年，第 132 页。
⑦ 沈复：《浮生六记》，林语堂译，外语教学与研究出版社，2009 年，第 237 页。

这句话共有三个小分句，以烟雨楼为中心，介绍它周围的环境。"had an open terrace looking out"是林语堂增译出来的内容，因为读者也许想象不到柳树种植的方位，所以他补充出柳树是种在四岸边的露天平台上。此外，林语堂从最后一个"惜"字中体会出沈复的言下之意是如果这里有竹子，风景会更漂亮，所以他用虚拟语气表达出作者的遗憾之情。

例 2：登舟后，反觉一刻如年。①

Strange to say, when I got onto the boat and was on my way home, I felt that a quarter of an hour was like a long year. ②

沈复在结婚一个月之后就离开家去求学，这句话描写了沈复在三个月后即将归家的激动心情。首先这个句子缺少主语和背景信息，林语堂补充了主语"I"和背景"on my way home"（在归家的路上），以此来衔接两个小句。其次，林语堂还将沈复对渴望回家的心境用"strange to say"表现出来，充分体现出"反觉"两个字的内涵，也更能让读者体会到新婚丈夫的心情。

例 3：时有浙妓温冷香者，寓于吴，有《咏柳絮》四律，沸传天下，好事者多和之。③

At this time there was a Chekiang sing-song girl by the name of Wen Lengsiang, who was staying at Soochow. She had composed four poems on the Willow Catkins which were talked about all over the city, and many scholars wrote poems in reply, using the same rhyme-words as her originals, as was the custom. ④

首先，这句话总共有五个小分句，林语堂将其拆分为由"who"引导的和由"which"引导的两个定语从句。其次，中文没有特意强调时间的先后顺序，为了让整个句子的逻辑更为清晰，林语堂用了过去完成时态和一般过去时态来交代事情发生的先后顺序：先有温冷香作诗名扬吴地，才会有人与她和诗。林语堂最后还增加了一个非谓语小句作为状语，向读者解释"和"的意思，让读者了解中国古代文人互相唱和的习俗。

例 4：院窄墙高，一无可取。⑤

---

① 沈复：《浮生六记》，万卷出版公司，2015 年，第 11 页。
② 沈复：《浮生六记》，林语堂译，外语教学与研究出版社，2009 年，第 19 页。
③ 沈复：《浮生六记》，万卷出版公司，2015 年，第 45 页。
④ 沈复：《浮生六记》，林语堂译，外语教学与研究出版社，2009 年，第 73 页。
⑤ 沈复：《浮生六记》，万卷出版公司，2015 年，第 32 页。

We rather disliked the house because the walls were too high and the courtyard was too small. ①

这是夫妻二人搬新家后对新家第一印象的描述，实际上，其中隐藏着因果联系，所有林语堂补充了"because"，并且将语序调整为英语的表达习惯——结果在原因之前，逻辑联系更为明晰，也更易让读者理解。

　　例5：闻此地本沙土，屡筑不成，用木排若干，层叠加土，费数万金乃成。②

I was told that owing to the fact that the soil here consisted mainly of sand，they had tried several times to build the mound without success，until wooden piles had to be sunk into the ground at successive heights and then earth piled on to them，the whole work thus costing several tens of thousands of dollars. ③

当沈复游历在外时，他看见了城里一座人造小山丘，有感于设计的独到，便询问这座山丘的制造方法。因为前两个分句是因果的关系，所以林语堂补充了"owing to the fact that..."作为原因状语，以此来表现匠人们的反复尝试。而且为了强调时间顺序，他用了"until"来连接时间状语从句，并添加了"then""the whole work thus"来表现工程的过程和结果。这样的翻译让一句话中的五个小分句有了逻辑关系，更易于读者理解。

结　语

　　翻译，作为一种交流方式，可以促进不同文化之间的理解，通过译者的努力，身在不同文化背景的人也能跨越时空去体验作者的生活。

　　正因为如此，译者的地位不应被忽视。在 20 世纪 90 年代，越来越多的人开始认识到林语堂作为一位翻译家对中国翻译事业做出的贡献。为了能让中国传统文化被更多的西方人了解，林语堂翻译了《浮生六记》，他同时运用了异化和归化的思维，从词汇层面和句子层面对原文进行了适当的重现和改造，做到了既忠实于原文，也让译文更加通顺易懂。在 20 世纪 30 年代，他致力于介绍中国传统文化、价值观念和精神追求，这也是我们研究他的价值所在。

---

① 沈复：《浮生六记》，林语堂译，外语教学与研究出版社，2009 年，第 51 页。
② 沈复：《浮生六记》，万卷出版公司，2015 年，第 128 页。
③ 沈复：《浮生六记》，林语堂译，外语教学与研究出版社，2009 年，第 231 页。

　　经过分析，林语堂在翻译活动中充分发挥了译者主体性，但译者主体性是一个复杂的课题，还需要更为深入的研究。

作者简介：

　　古文菲：四川大学外国语学院外国语言学与应用语言学硕士研究生，研究方向为英语翻译理论与实践。

音乐的后现代主义产生背景及其特征 *

庄文静

　　摘　要：作为后现代艺术范畴中的后现代音乐，其出现、演进、关注、争议和研究成了艺术界和艺术理论界的重要话题。这些话题无法回避，但也似乎没有定论，甚至没有主流意见。本文从后现代艺术产生的大背景出发，分析音乐的后现代特征以及后现代音乐对当下社会生活的影响，同时提出一系列开放性问题，在此基础上抛砖引玉，以期更加深入地探寻这一问题后面的文化意义、艺术规律和社会价值。

　　关键词：后现代主义音乐　音乐　后现代

一、后现代主义的出现背景

　　当我们跨过激荡的 20 世纪而进入 21 世纪之后，回过头去看艺术的后现代主义是如何产生、发展、演变的，至少我们可以考察到这样的背景，即人类在进行彻底的反思——为什么过去 100 年引导人类的哲学、科学、艺术都发端于欧洲？为什么摧毁人类美好生活的世界大战也以欧洲为中心？辉煌的人类文明遭遇了深重的灾难！人类经历了"冰与火"之后，一些艺术家站了出来，甚至用反艺术的手法对艺术进行反思。后现代艺术领域，艺术家、观众、评论家都有同样的问题：为什么会这样？应该告诉这个世界什么？艺术需要或者应该给人类以新的启迪吗？本文从四个侧面考察后现代主义的出现背景：

　　第一，艺术表现形式的枯竭挤压了现代艺术家的生存空间。

　　当代一些艺术评论家认为现代艺术注重形式，"以式启意"。艺术表现形式是一种资源，犹如当下的城市，老城区的黄金地段都被

　　* 本文系 2016 年四川音乐学院院级科研项目（CYXS2016070）成果。

现实主义占领了，新城区的黄金地段又被现代主义占了。新一辈艺术家们来到这个世界，不论出自内心还是为了生存，既然入了这行，就需要争取空间、地位、风格、范式。当他们发现这些表现形式资源已经极度枯竭，怎么办？一个重要的方式就是必须与传统的艺术"抢"阵地。正好人的好奇心和传统艺术的漏洞给了他们这个机会——为自己而战，为艺术而战。

音乐亦是如此。很多音乐家认为，音乐发展到19世纪末期，已经把传统意义上的各种表达方式及其相关的可能形式都发挥到淋漓尽致的地步了，它必须另寻出路！与前几个世纪的艺术相比，20世纪以后艺术的变化是空前的，常常让人觉得十分意外。究其原因，与社会状况、政治文明、战争与和平、科技与经济、生活方式等交织在一起。正如马克利斯说过："艺术，作为生活的不可缺少的一部分，就像生活本身在变化一样，也必须变化。柴可夫斯基和普契尼的旋律是19世纪的一部分；斯特拉文斯基、勋伯格、巴托克和他们的同时代人不再生活在那个世界。他们必须要前进，要发现能表现现实的声音，这种声音就像曾经表达了过去时代的大师们的声音一样有力。"同时，音乐的发展也遵循"艺术的本质是陌生感"这一规律，像戴维·依文所说："一种风格被引向极端之后，作曲家必须要以另一种及不同的音乐与之对抗。"

第二，战争的颠覆让艺术家找到了恰当的理由。

两次世界大战后，人们过上了相对和平的生活，艺术家代表人类从心灵上打扫战场，思维极度活跃。20世纪50年代中期，美国国内出现强烈的反战运动，随之而来的是嬉皮士、颓废的一代；小说家、画家、电影人等各类艺术家通过后现代的艺术形式揭示出战争的混乱、非正义和不道德，由此把后现代艺术推向了高潮。

人们开始追究历史，哲学史、思想史、社会演化史、科技史、经济史等，开始了史无前例的深入思考。从文艺复兴开始，欧洲经历了三大思想运动——文艺复兴（人文主义思想）、宗教改革（人性解放）、启蒙运动（理性主义），一路发展过来，到了19世纪中后期，以叔本华、尼采为代表的以人为中心的意志主义哲学宣称上帝已死，人类要重构价值。尼采的权力意志和强人哲学从思想层面催生了德国的国家意志和强人政治，这是导致第二次世界大战的重要思想因素之一。那么问题来了：人的思想深处是否出现了重大问题？

于是后现代主义对传统艺术如是说：既然你们探寻到真、善、美，为什么人类却遭到如此灾难？那我们必然批判你，解构你。我们希望让人们表现出最真实的自我，拒绝主流，不信权威，不被唆使。让社会去中心化，社会就不会被控制，人类也就会更安全。

　　艺术家用艺术这种形式让人们一起来反思社会，来挑战传统，来批判艺术。这种手段和方式被艺术评论家冠以"后现代主义艺术"之名。而艺术家本人是不这么定义自己的，他们甚至拒绝接受有什么"主义"出现，那反而是对他们自身的否定，因为一旦被定义了，就被建构了，而他们所有行为都在于解构。既然社会上说这是艺术，大众就理应来欣赏。不论你是艺术家还是普通大众，但都是人，既然都是人，那么生理对外界刺激的反应是基本相同的，眼、耳、鼻、舌、身、意的直觉是差异不大的，色谱、音律、味觉等都有基本的人体生物学规律支持。可以说，后现代艺术展现在所有人的面前时，人的基本感受是相通的，但是艺术家则多了一种社会功能上的诉求，那就是反思。普通大众欣赏后现代艺术作品的时候，因认知和审美的冲突而带着不同的感受，很多负面情绪，艺术家需要将其当作艺术成果的重要部分。

　　于是，后现代艺术家对大众如是说："你们应该保持本真，不要被训练，提高所谓的艺术修养就是被唆使，你们要保持直接的判断，获得直接的感受，守住自己的内心。这世界没人值得追随，一切命题都是伪命题。从这个角度来说，我们的作品如镜子，在照鉴这个世界和人心，因此我希望我照出来的是真的而不是伪装的。但是，一种固有的程序和标准内置在你们的头脑里，世界的真实与内心的真实已经被阻隔。于是我们很多时候只有把所谓固有的、美好的、权威的、主流的给解构了、撕碎了、断裂了、歪曲了、位移了、颠倒了，来照你们的内心，否则别无他法！"一次病痛般的欣赏后，艺术家们试图告诉我们真实的世界和真实的人性，由此，艺术的价值得以彰显，艺术家的理想得以体现。正因如此，后现代主义艺术表现出了"不建构，只解构"的鲜明特征——彻底的批判精神显示了强烈的社会责任感！

　　第三，科学技术飞速发展，给予后现代艺术家前所未有的勇气。

　　19世纪末20世纪初，人类在理论科学领域取得极为重要的突破，这些突破随后带来了一系列的技术进步。20世纪中叶计算机诞生，后来网络诞生，信息技术走进日常生活，人们的生活方式随之改变，时间空间束缚都被打破，人们不再墨守成规，而是跳出传统，追求新的生活方式。对未知的渴望和探索，成为社会的共识。有了这个前提，后现代艺术也就是有了潜在的观众；一切新的东西都无足为怪，人们的眼界大大开阔，容忍度增加，为艺术的表现手法拓展空间。新技术的出现，实际上为艺术家增加了表现形式，从技术层面上缓解了形式资源枯竭的问题。

　　第四，世界音乐多样性与欧洲音乐中心论的对立，催生了后现代主义音乐的出现。

　　在音乐艺术领域里，"后现代"被打上了"偏离欧洲"的烙印，后现代音乐向解构主义方向和民族化方向寻找突破，其目标是实现"世界音乐"。

在解构方向上，后现代主义音乐的进步性表现在反叛意识方面。"它通过对语言的解拆和对逻辑、理性和秩序的亵渎，使现代文明秩序的权力话语和资本主义永世长存的神话归于失效。"解构主义让音乐发展到了一个特殊而极端的状态，那就是音乐不再遵循理性，不再被视为作品，而只是以单纯、平面、无深度、无目的文本音符敲击人的感官，并且不再对文本进行阐释，因为任何阐释都需要人的参与，代表一种观点和态度。这一时期大多数音乐与过去有着很复杂的关系，或直接与之竞争，或对不同的风格采取多元化的手段，但仍然以传统曲式为主。实验性音乐与后现代主义音乐之间存在隔阂，主要原因在于实验性音乐中没有词语，很难像文本一样运转，也很难传递后现代音乐中的一些观点。当然也有特例，如约翰·米尔顿·凯奇的无声钢琴曲《4 分 33 秒》。

在民族音乐方向上，17 世纪开始到 20 世纪中叶，世界上许多地区先后成为是欧洲的殖民地，包括音乐在内的文化艺术自然也被"文化殖民"。20 世纪中叶，西方殖民者一步步撤退，但西方文化与音乐的欧洲中心价值观依然存在。越是被殖民得久，这样的意识根植得越深远和坚固。

在民族独立的政治需要的驱动下，民族文化基因开始复活。一些文化学者和音乐家形成了一种文化复原的驱动力量，这一力量的核心是"去中心"，即"反对欧洲中心"，建立世界音乐观。

音乐去中心化运动产生于对比较音乐学的研究。其实，这种去中心论是西方人自己率先提出来的。早在古希腊时期，贵族阶层就曾对埃及产生兴趣，但这种兴趣在中世纪中断了。17 世纪开始，伴随着欧洲对世界的扩张和殖民，殖民地民族数百年甚至数千年沉积下来的文化和艺术让欧洲人大开眼界，他们对采集、研究、发展世界各民族文化艺术兴趣浓厚。西方人也逐渐认识到，将非西方文化视为低级文化是一种偏见，不应该继续秉持"文化单线进化论"的观点。就音乐领域而言，"文化单线进化论"认为音乐发展在全世界都遵循同一条进化路径，即从中世纪之前的单声音乐向后来的多声音乐发展，只有单声形态的民族音乐还处在低级阶段，是一种落后的音乐。

19 世纪后半叶爱迪生发明留声机，极大提高了音乐田野考察的作业质量，记谱的偏差和主观性得到大幅度的纠正。在这个过程中，比较音乐学逐渐发展起来，其成果就是民族音乐学的诞生。随着民族音乐学的发展，"文化价值相对论"思想逐渐在音乐界出现，与"欧洲中心论"形成对抗，同时把以"文化单线进化论"为基础的欧美中心主义推到对立面。以赛义德为主的后现代批评者秉承反中心的决心，对依然保持欧洲中心主义的后殖民音乐进行了猛烈的抨击。这既是一种全球范围的反中心主义运动，也是西方后现代主义音乐运动。

　　由此，"多元音乐文化""世界音乐"等观念和概念便应时而生并逐渐深入人心。所有音乐文化都是平等的，都具有各自的演变历程和发展路径，都具有独特的文化和艺术价值。多数国家和地区都将世界音乐作为音乐教学研究的内容，联合国教科文组织也主张学校应该采取更加多元化的音乐教育。在这样的背景下，古典音乐、现代音乐、后现代专业音乐，世界各个民族音乐、各国民间音乐，以及各种通俗音乐，作为人类共有的音乐文化资源和审美对象，形成了全球范围内的多元文化生态，这在承载形式和符号表现方面给予后现代主义音乐以丰沃素材和创作空间。

二、后现代主义音乐的风格特征

　　第一，形式解构，表现为无序、行为表达、无差别。无序性表现为以无序声波为材料的噪音音乐，具体音乐的结构无序性，以放弃控制而形成的偶然态音乐的结构无序性。诞生于20世纪的电子音乐作为一种表现手段，既可以用于创作传统音乐，可以用于创作现代主义音乐，而更多时候是通过独奏进行即性音乐表演，创作后现代主义音乐，因此电子音乐更多被定义为后现代主义的音乐形式。作为行为表达的概念音乐，其文字谱是一种表象，实质是一种音乐类行为艺术。这种行为艺术体现了后现代主义对现代主义范围的革命，性质是"在现实中重演"。无差别性则体现在环境音乐方面。无差别性主张艺术并不高于生活，而是与现实处在平等位置。持这一主张的作曲家包括约翰·凯奇、施托克豪森等。

　　第二，拼贴创作。这往往体现为不同风格音乐的无章法拼贴与组合，或戏仿。哈哈镜似的随机拼贴把音乐看成材料，这些材料被"无心"地去艺术化，并歪曲变形。拼贴创作的例子如施尼特凯将贝多芬、拉莫、肖斯塔科维奇、马勒的音乐拼贴在一起形成《第三弦乐四重奏》（1983）；拉迪斯拉夫·库普科维兹的《为我的自杀而作的挽歌》（1982）就是对肖邦作品的戏仿。

　　第三，工业制作。这主要表现在大众音乐领域。首先是文化工业中的音乐，比如诞生于20世纪的录音棚制作模式，就是文化工业的重要表现，它颠覆了过去的音乐厅演奏，其他相关产业，比如音像业由此诞生，新的传播方式和消费方式也由此诞生。20世纪80年代，电脑开始介入音乐的创作与制作，使音乐进入了人机交互的时代。紧接着，互联网飞速发展，音乐的创作、表演、传播、消费等变得与传统形态迥异。在诸多方面，音乐已经溢出了艺术的容器，具有后现代主义的性质。

第四，广场表演。首先是 20 世纪中叶的摇滚，之后是"第三潮流"和"新世纪"广场，再后来就是中国的广场舞音乐（新编曲式）。在这形式众多的广场表演中音乐已经不再停留在听觉范围，而是具有了大众狂欢与多元对话的性质。它模糊甚至消解了艺术与生活、高雅与世俗、舞台与广场、传统与现代、科学与文化等的界线，因而也是后现代主义音乐的重要风格特征之一。

结　语

无论如何，我们希望看到艺术的成果高于艺术理论的成果，艺术本身的作用大于它作为社会与政治工具的作用。如果相反，我觉得无疑是时代的不幸。20 世纪是纷乱、残酷、迷茫的世纪，同时也是科学技术突飞猛进、人类社会快速进化的世纪。可以说，这是最坏的世纪，也是最好的世纪。艺术家在反思中寻找未来，或许更是为了寻找属于艺术家自己的艺术时代。艺术家在反欧洲中心音乐的过程中构建起世界音乐。其实世界音乐仅仅是个概念，不论是欧洲音乐，还是其他地方的音乐，都本就存在，只是传播力量和由此带来的影响力的问题，而传播力与很多其他因素有关，这是一个大话题，也是一个大问题。艺术是靠什么传播的，是艺术价值产生的内在传播力，传播介质的技术传播能力，还是其所属国家、地区的硬实力？后现代音乐的主要代表是具有批判和反叛模式的无界限音乐，还是民族音乐？"后现代"这样的命名本身就显得滑稽。在"后现代"之后，又该叫什么，"后后现代"，接着是"后后后现代"？也许我们还是该寻着巴洛克、古典、浪漫这些逻辑来给出命名。其实这又是一个大问题，也是音乐史学家和评论家们需要面对的问题。

作者简介：
庄文静，四川大学文学与新闻学院艺术学理论专业博士研究生，四川音乐学院青年教师。

网络玄幻 IP 世界建构的叙述机制研究

蒋晓丽　王　玮

　　摘　要：本文以符号叙述学理论为视域，认为网络玄幻 IP 的魅力不是基于"揭示什么"，而是基于"建构什么"，以世界建构为宗旨。就其世界建构而言，它以世界建构元素和功能推进命题为着力点，以情节的否定为内生动力，在正义与邪恶的二元动力生成下，从现实世界、想象的江湖世界（可能世界）到出世的江湖世界（不可能世界）为逻辑递进，从而构建了一个既立足于可能世界，又与现实世界、不可能世界相勾连的三界通达的世界。

　　关键词：网络玄幻 IP　世界建构　可能世界　不可能世界

　　"IP"（Intellectual Property）即知识产权一词已存在三个多世纪，由法国卡普佐夫（Carpzov）于 17 世纪中期提出，但其作为法律术语得到正式使用是在 1845 年，出现在美国马萨诸塞州巡回法院对"达沃尔等诉布朗"专利权纠纷案件做出的判决中。法律范畴的知识产权是某民事主体对人们的智力成果享有的专利权，该专利权也是财产权、支配权及名誉权，并可产生转移。随着中国文化产业的发展，"IP"一词在中国语境下被赋予新的含义，它不仅指向法律层面，还指向经济层面，即具备粉丝基础并形成多媒介开发的产业链。同时，IP 也指向以多媒介文本进行承接的文本内容层面。在 IP 产业中，网络玄幻 IP 备受瞩目，其主要模式是以高流量的网络玄幻小说为核心，衍生出相应的玄幻电视剧、电影、动漫、游戏等。网络玄幻 IP 作为幻想类体裁，其魅力不是基于"揭示什么"，而是基于"建构什么"，以世界建构为宗旨。所谓"世界建构"（worldbuilding），即用一套世界观创造出一个既脱离于经验世界但又能够投射经验世界的可能世界/不可能世界的过程。总体来说，网络玄幻 IP 的世界建构逻辑是随意的、无根据的、富有想象力的，它往往植根于东方玄幻文化，又充分借鉴、吸收西方幻想类文化，通过虚构型叙述，建构出一个三界通达的玄幻世界，并通常伴随着元叙述下的多媒介文本承接，其特征为虚构性、架空性及跨虚构性。本文以网络玄幻 IP 何以建构世界的问题意识展开分析和探讨，旨在揭示其世界建构背后的叙述逻辑和意义生成机制。

一、情节与事件：书写世界的叙述逻辑

韦特（Werth）认为，文本构建的世界包括两个部分：世界建构元素（world-building elements）和功能推进命题（function-advancing propositions）。具体来说，世界建构元素主要指文本中事件发生的背景、人物、地点、时间等，而功能推进命题指文本构建的世界不断生成的内在动力，两者共同推进世界建构。[①]

从网络玄幻 IP 的世界构建来说，情节是文本世界不断生成的内在动力，这是由情节的本质决定的。情节是叙述中发生的事物情态变化，"情节之所以有变化，是因为某种事物状态被否定了，而这种否定导致了新状态的产生"[②]。事实上，不仅情节的根本动力是否定，就语言本身而言，它的本质特征也是否定（negative）。[③] 因此，世界建构离不开情节的否定，它是世界发展的内在逻辑脉络，叙述元素在它的推动下形成细节饱满的故事世界。在情节的构筑下，世界不再是静态的，而是动态生成的，它表征为一个又一个事件的"起承转合"。一般来说，故事情节的发展主要包括触媒事件、转折事件、高潮事件、回归事件。从平衡到不平衡，再回到平衡，每一次的转换必然由事件来推动，从而产生新的事物状态。就情节与事件的关系而言，事件分为经验世界的事件和叙述文本中的事件，经验世界里的事件必须经过媒介化才能充当叙述的组成单元。因此，这里的事件是叙述文本中的事件，而非经验世界中的事件。事件是事物某种状态的变化，正是因为变化，情节才得以推动，世界才得以构建。

情节事件的发展符合黑格尔的正题—反题—合题的逻辑命题，即通常所说的"肯定—否定—否定之否定"。其实，三段论有其自身的缺陷。佛教中观派哲学大师龙树通过改造传统的二元对立，进而提出了"四句破"的逻辑命题，由此形成对同一事物的四种截然不同的立场：肯定、否定、双重肯定、

---

① 杨春：《文本世界理论视野下〈邱园记事〉的美学赏析》，《时代文学》，2011 年 8 月。

② 赵毅衡：《广义叙述学》，四川大学出版社，2013 年，第 198 页。

③ 邓志勇：《修辞理论与修辞哲学——关于修辞哲学泰斗肯尼斯·伯克的研究》，学林出版社，2010 年，第 33 页。

双重否定。网络玄幻 IP 中，围绕正义与邪恶，也可以分出四种不同的立场（图 1）：

图 1

以《诛仙》为例，张小凡从草庙村屠杀中幸存下来，被收入青云门下，从此成为正派人士。在一次砍竹子的过程中，张小凡和田灵儿为了追逐一只三眼灵猴而入青云山深处，无意间，张小凡以自己的精血将两个至邪之物——嗜血珠和摄魂炼成一个法器。张小凡不知，只将其用来烧火，于是称之为烧火棍。该物因为天生具有强大的邪性，不时影响着张小凡，因而他身上不知不觉带上了某种邪气。从正义到既正义又邪恶，这中间既有烧火棍的影响，再加上遭遇一系列事件，张小凡陷于正义与邪恶的矛盾冲突中而无所适从。随着碧瑶的身死，张小凡得知父母被杀的真相，彻底堕入邪恶的一面而不能自拔，被人称为"鬼厉"。在几经生死之后，他开始朝着"非正义非邪恶"迈进。这里的"非正义非邪恶"即双重否定，它具有超越二元对立的可能性，彻底脱离正义与邪恶构成的矛盾冲突。

张小凡从正派人士堕入魔教，正义与邪恶的冲突让他陷入痛苦之中而不能自拔，整个世界非黑即白，非正义即邪恶的尖锐对立使之很难做出更多的选择。他与陆雪琪的爱情纠葛就是因为两人身份的冲突而欲进还止的，要摆脱这种困境，只有脱离这个世界，对这个世界进行全部否定，也就是进入双非项，超然其外，这也是对原有世界的否定。必须指出的是，"四句破"具有自身的局限性，而格雷马斯的符号矩阵更适合作为分析工具来理解玄幻世界的建构。格雷马斯最早提出的符号矩阵是用来分析文本意义生成的，据他自己说，这个矩阵综合了 R. Blance 的逻辑六边形，数学上的 Klein 群，心理学上的 Piaget 群等改造而来。[①] 实际上，格雷马斯的符号矩阵也是建立在二元对立原则基础之上的，选取一组对立义素并使之位于一根轴的两端（语义轴），从而生成了意义的基本结构。格雷马斯认为，在任何意义结构中，都存在着一种绝对否定的反义关系，如白与黑、大与小、上与下、生与死等，意义的生成都是靠其对立面来实现的，而不能独立产生（图 2）：

---

① A. J. 格雷马斯：《论意义》（上），冯学俊译，百花文艺出版社，2005 年，第 142 页。

图 2

义素不仅具有反义关系，还具有矛盾关系，这两组关系构成了一个"符号矩阵"。图 3 以正义与邪恶组成的符号矩阵为例：

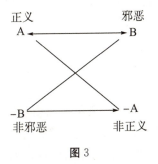

图 3

非正义项占据了正义项之外的全部位置。因此，正义项与非正义项、邪恶项与非邪恶项又具有蕴含关系。可以说，意义不是由符号自身规定性中产生的，而是由它在符号矩阵中的位置决定的。除了四个基本项之外，还有六个连接，共同组成整个符号矩阵（图 4）：

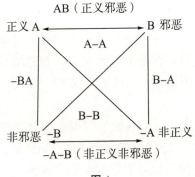

图 4

该符号矩阵提供了一个动态的多重否定格局，尽管格雷马斯本人并不承认符号矩阵中各项连接全是否定，而一直认为它只是呈现出静态的图式关系。① 事实上，矩阵中的不同相关项都是否定的，甚至所有链接也都是否定的，由此从二元对立的关系中衍化出十因素：以一个正项为起点，层层不断地否定，否定成为情节构筑的根本动力。

---

① 赵毅衡：《叙述在否定中展开——四句破，符号方阵，〈黄金时代〉》，《中国比较文学》，2008年第 1 期。

二、正义与邪恶：二元对立下的动力生成

网络玄幻 IP 构建的玄幻世界是一个可能世界，它模拟了现实世界的众生相，呈现了人性某种程度上的复杂性，总体上来说，具有人物脸谱化、故事情节模式化的倾向，正邪双方阵营总是泾渭分明，故事人物也非正即邪。网络玄幻 IP 呈现出固定的叙述事模式和情节设置，这是由网络玄幻 IP 本身的文体体裁所决定。虚构的不断深化、与现实的脱节造就了该类型文本的简易化、模式化、情节化，以小人物的逆袭以及最终"封神"，成为该类型文本的标准叙述模式。在这些文本中，男主角往往由弱转强，从而名震天下，成为文本叙述世界中最耀眼的人物。人物普遍意志坚定、天赋异禀，契合现代人面对激烈的社会竞争想要实现逆袭的心路历程，因而也受到广大读者的追捧。文本中的主人公往往先是一个弱不禁风且毫无背景的普通人，通过一系列的奇遇巧合，并且经历种种磨难，最终得以大成。玄幻世界模拟了现实世界的众生相和复杂人性，其世界之构成根本上来说就是正与邪的对立，"正邪不两立"呈现出明显的二元对立倾向。《诛仙》中反复探究的一个问题是"何为正道?""天地不仁，以万物为刍狗"是其主题思想。从构成来说，世界本身就是矛盾对立的产物，这种矛盾对立体现在文本中的社会上，即道德与非道德、正义与邪恶等诸种元素之属性。正是这种矛盾对立推动着社会的发展，也推动着文本情节的发展。只有在一个二元对立的叙述结构中，情节才能得以展开，世界才得以形成。因此，二元对立的叙述结构是网络玄幻 IP 故事世界得以建构的内在动力。

列维－斯特劳斯认为，一个系统中的概念化分类是理解的关键，而理解过程的核心就是他称为"二元对立"的结构。① 所谓的二元对立，可视为一个系统，在此系统中存在两类相互关联的类别。最完美、纯粹的二元结构要求在一个系统中存在 A 与 B 两个类别，一事物非 A 即 B，这种分类为认识世界提供了一个基础框架，在这样的框架中，A 类与 B 类均不能单独存在，而必须依附于与对方的结构性关系：对 A 类事物的理解建立在它与 B 类事物的区别之上。与之相应，格雷马斯把二元对立原则用于叙事研究，提出了一个符号矩阵：它通过一组对立义素来组成意义的基本结构，因为在任何意义结构中，都必然有基本的对立关系。而义素不仅有对立关系，还有矛盾关系，从

---

① 约翰·费斯克：《传播研究导论：过程与符号》，许静译，北京大学出版社，2008 年，第 98 页。

而组成了一个基本的符号矩阵。网络玄幻 IP 情节构筑过程也即正义与邪恶此消彼长的过程（图 5）：

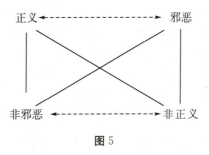

图 5

　　一方面，正义与邪恶泾渭分明，往往成为矛盾冲突的根源，推动着故事情节的发展以及玄幻世界的建构。另一方面，当正义与邪恶之间的界限过于鲜明、严格时，就需要异常类别进行连接，这是由文化本身所构建的。赵毅衡认为，用可能世界理论解释虚构，必然的结论就是：情节的选择标准和推进力量，来自人的道德选择。[①] 网络玄幻 IP 无不隐含着正义与邪恶的对立，正义往往与天道联系在一起，而守护天道的正义的一方与邪恶势力一方的矛盾斗争往往成为整个玄幻世界构建的核心逻辑。而天道的维护并不是如现实世界那样基于法律规范，而是基于正义信仰的武力、法力。标榜正义的力量，正是网络玄幻 IP 虚构玄幻世界的常用手法，它往往超脱现实世界，描述一个理想的乌托邦，简化了现实世界矛盾的复杂性。正义最终战胜邪恶，化身为正义守护者的主人公经过层层险阻，最终修炼得道，并且抱得美人归隐尘世，世界也终归平静。

　　在现实世界中，道德作为一种规范往往与法律相伴而生。然而，在虚构的玄幻世界中，正义的捍卫离不开高强的法术或武功，个人的力量得到崇拜，集体的力量则完全撤退。虚构的玄幻故事有意构建一个理想的、自足的世界，同时更在这一世界中，通过表现各种理想而实现对现实世界的超越，尤其是脱离具体时间、空间，完全架空世界的设计，更是拉开了与现实世界的距离，成了虚构的、想象的可能世界。在摆脱了现实的束缚后而独立不居的虚构世界中，众人物各自演绎着精彩纷呈的故事。

　　从跨世界同一性来看，悠远而变幻莫测的玄幻世界既是一个围绕权力价值进行争夺的世界，又是一个围绕情感价值而分分合合的世界。文本构筑者将现实世界的权力争夺、爱恨情仇等事件其及属性移植到虚构的玄幻世界这个可能世界之中。从可能世界理论来看，网络玄幻 IP 建构的玄幻世界是一个

[①]　赵毅衡：《广义叙述学》，四川大学出版社，2013 年，第 197 页。

可能世界，它以玄幻世界的拓展为核心，展现出一个虚拟的、令人遐想的虚拟空间。在玄幻世界的时空建构中，各种关系被抽象化、简单化、符号化，正义与邪恶的较量，不同武功、法术的修炼成为玄幻世界的内在规律。网络玄幻 IP 所建构的世界不仅是一个虚构的玄幻世界，同时它又与现实世界相通达，汲取了现实世界的实践经验、人们内心的情感世界以及对人性的触及和表达，因而能够打动广大读者的内心，使读者产生情感共鸣和认同；主人公在成长历程中历经磨难，克服困难，最终成功，获得大家的认同，触动着广大读者的心灵。玄幻世界既有现实世界的影子，又有自身运作的内在规律，个人或社会道德的认同支配着这个世界的运行和发展，从某种程度上说，道义的力量似乎统治着整个世界的发展，占据道义力量的一方最终能够战胜丧失道义的一方，所谓"魔高一尺，道高一丈"，这种对道义力量的强调又有着中国传统文化的影子。因此，要深入探索网络玄幻 IP 所构建的玄幻世界，还需要站在文化叙述的高度把握其内在的叙述结构和逻辑。"正义—邪恶—非正义—非邪恶"是网络玄幻 IP 的普遍叙述规律，也是情节构筑的不二法门，正是在这种二元对立的全否定叙述结构格局中，情节得以推动，正义战胜邪恶，也符合了阐释社群的期望。

三、虚构与现实：三界通达的玄幻世界

网络玄幻 IP 构建的玄幻世界是一个三界通达的世界。它既是一个可能世界，又与现实世界、不可能世界相勾连。一方面，它以想象力虚构出令人耳目一新的可能世界，吸引着受众的兴趣；另一方面，它又植根于现实世界，引导受众的认同和情境的感知。它既是一个崭新的世界，但又有着现实世界的逻辑、经验或物的植入。这种既熟悉又陌生的情境体验正是其魅力所在。就玄幻世界的叙述机制而言，正是因为情节的否定性生成的内生动力，情节才得以在不断否定的因果极差中展开。从入世的江湖世界到出世的"桃花源"，后一世界是对前一世界的否定，两者构成了一种新的表意关系。必须指出的是，双否定项−B 是一个爆破项。它既否定 A 项，又否定 B 项，也否定 AB 的中间项，具有一种突破二元对立而跃向新的意义系统的可能性。这对于理解网络玄幻 IP 的世界构建非常关键。

从网络玄幻 IP 的产生来看，它起源于武侠小说，但突破了武侠小说、仙侠小说的局限。它所构建的世界，是一个出世的江湖。范伯群评价早期的仙侠玄幻小说《蜀山剑侠传》道："大讲门派容易丧失成员的个性，写超人的神力会有碍于悬念的设置，崇童贞易于陷入禁欲主义，赞神仙的法力无边不得

不搬来'劫数'……"① 准确地概括了早期仙侠玄幻小说的特点，而它所体现的局限性在当代网络玄幻 IP 中早已被克服。令人目眩神驰的玄幻世界本质上来说也是一个江湖，巍峨的庙堂之上，掩藏着人性之恶的阴谋。什么是正义，什么是邪恶？什么是善，什么是恶？什么是对，什么是错？在网络玄幻 IP 中，身份门派观念下的矛盾冲突得以展现，所谓名门正派的正义之士为一己之私也不免蝇营狗苟，而虽出身魔教、邪门歪道，亦有真性情，或为情而痴、淡泊名利，超然于世俗之外。金庸的武侠小说对于此已有充分展现，网络玄幻 IP 沿袭了这一思想。本质上，传统武侠小说所建构的江湖世界是政治江湖，是现实世界的缩影，而网络玄幻 IP 构建的江湖世界，是一种出世江湖，因"玄"而起，超然于物外。它所构建的世界具有某种道家的意味，正如《庄子·逍遥游》所言："今子有大树，患其无用，何不树之于无何有之乡，广莫之野，彷徨乎无为其侧，逍遥乎寝卧其下。不夭斤斧，物无害者，无所可用，安所困苦哉。"② 从入世的江湖到出世的江湖，对现有江湖世界的否定完成了玄幻世界的整体建构。根据格雷马斯的符号矩阵，网络玄幻 IP 构建的世界可以划分如图 6 所示：

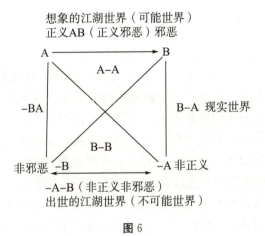

图 6

（一）想象的江湖世界（可能世界）

网络玄幻 IP 虚构的世界首先是一个可能世界，它坐虚向实，为玄而书，以非自然叙述笔法，虚构了一个架空世界。这个世界的核心准则是正义势力和邪恶势力的二元对立，中间没有灰色地带，这构成了整个世界矛盾冲突的

---

① 范伯群：《（插图本）中国现代通俗文学史》，北京大学出版社，2007 年，第 471 页。

② 陈鼓应：《庄子今注今译》，中华书局，2009 年，第 97 页。

根源。"江湖"本意是指江河湖海,最早见于《庄子·大宗师》:"相濡以沫,不如相忘于江湖。"该词本指长江与洞庭湖。后来,曹操说:"江湖未静,不可让位,至于邑土,可得而辞。"这里,"江湖"一词即有了"天下"的意思。宋代以后,"江湖"一词又有了新的意义,往往用来指游民世界。一般来说,游民通常活动在社会边缘,流动性比较大,在五湖四海自由流动,人们由于对游民的真实生活状况缺乏了解,于是用"走江湖的"来加以指称,意即过着四海为家生活的人。而这个现实的江湖社会在早期的文学作品中逐渐被虚化,从而生成一个文学文本虚构的江湖世界,它起源于上古神话中的世界。上古神话体系由于被各家强行解读而缺少独立的意义,这种缺失导致了整个中华民族"彼岸世界"的缺失。[1] 于是,文学文本在演进中又虚构了一个江湖世界,它以斗争至上和二元对立为运行原则,并以个体之间的力量强弱来划分等级,而集团之间则以正邪与否的道德标准来加以区分。某种意义上来说,这样的划分具有理想主义色彩,简化了现实世界斗争的残酷性、复杂性和模糊性,因而是一个虚构的可能世界。网络玄幻 IP 沿袭了这一建构传统,以此为基本构架,形成了披着玄幻外衣的江湖世界。

(二) 现实世界

网络玄幻 IP 不仅停留在传统江湖世界的构架上,还寄生于现实世界。一方面,它突破了传统武侠、仙侠小说的束缚,充分发挥想象力,洪荒怪兽,上天入地,非生非死,信手拈来,极尽玄幻之能事,虚构了一个虚无缥缈的玄幻世界。尽管这个玄幻世界本质上还是一个江湖世界,但它更加具有想象色彩,想人之所未想,写人之所未写。另一方面,它又寄生于现实世界,不满足于传统的江湖世界,而是直指人心,与现实世界相呼应。那些看似不着边际的玄幻世界实际上又令人读之可亲,深有同感。网络玄幻 IP 中,不管是主人公的成长逆袭,还是对是非正邪的思考,都带有现代人的思想烙印,迎合了阐释社群的期待。《诛仙》中,张小凡从名门正派到与魔教妖女交往,其间屡次遭受质疑而不为正道人士所容,亦可见现代人对深陷是非而难以全身而退的焦虑。因此,与其说它是一个虚构的可能世界,不如说它是在映射当下的现实世界。

---

[1]　宋巍:《从地下秩序到彼岸世界——论武侠小说中的"江湖"概念》,《前沿》,2009 年第 8 期。

(三) 出世的江湖（不可能世界）

现代人遭遇困境，欲寻求解脱而不得，彼岸的世界恰恰是网络玄幻 IP 的卖点。这也是网络玄幻 IP 所指向的新的世界——出世的江湖（不可能世界）。这个世界本质上来说是道家所提倡的桃花源式的出世世界的延续。它以彻底否定是非为前提，主张远离人心险恶的江湖，归隐于一个理想的避世之处。这个世界本质上来说是一个不可能世界。《诛仙》中，小环向金瓶儿问道："瓶儿姐姐，你说的是当真么，今后你真的放下一切，就跟着我们一起浪迹天涯？"金瓶儿答道，那是当然，这人间太多艰险。书中主人公也是历经波折，几经生死，偶然重逢，构筑了一个桃花源般的世界：

> 竟是新立了一座简陋木屋，屋上歪歪竖立一个烟囱，还正在向外飘着轻烟。屋子外边，堆放着两堆柴垛，在屋檐之下，挂着一只小小的风铃，风铃之上，不知为何还系着一片绿色的衣角碎片，在悠悠吹来的轻风里，发出清脆的声音。一阵诱人的香气，从那木屋之中飘了出来。
>
> ……
>
> 一阵轻风吹过，屋檐下的铃铛迎风而响，绿色的衣角轻轻飘起，仿佛也带着几分笑意；清脆的铃声，随着风儿飘然而上，回荡在天地之间。

综上，以符号叙述学理论观之，网络玄幻 IP 以世界建构为主旨，通过虚构型叙述，呈现出一个三界通达的玄幻世界，而这个玄幻世界只有从现实世界、可能世界、不可能世界三者之间的动态关系中，才能得到更好的理解。虚构并不等于完全虚无、脱离现实世界经验，虚构的可能世界必须以现实世界为投射，才能让文本虚中向实、实中向虚。这个玄幻世界既是人的想象力的产物，但又通过情节的构筑、人物的设置、细节的渲染等，具有某种程度的真实感。网络玄幻 IP 的魅力正是因为建构了一个虚构的玄幻世界，让读者在细节的浸润中去相信不合理之事、不可能之物，从而使现实世界的不可能成为虚构世界中的可能。网络玄幻 IP 作为一种虚构型叙述，虽然其基础语义域位于虚构世界，但其世界建构的过程必然要触及现实世界。网络玄幻 IP 建构的玄幻世界是其成功的关键，也是作者最着力经营之处。萧潜在《飘邈之旅》的后记中表示，尽管作者不能完美地塑造文本中的人物，但是那种虚构人物的奇妙、情节悬念的设置，都非常让他着迷，尤其是那个虚幻世界，最是让他沉醉其中。从可能世界理论来看，玄幻世界是网络玄幻 IP 构建出来的可能世界，是玄幻 IP 借以展开叙述的一个自成体系的、完整的故事世界。在玄幻世界的构建中，世界的各种关系被符号化为正义与邪恶、仙界与魔界、个人英雄成长的内在规律，同时它又与实在世界、不可能世界相通达，依附于实在世界的经验实践，因此玄幻世界是一个三界通达的世界。

作者简介：

蒋晓丽，四川大学文学与新闻学院教授，博士生导师。

王玮，四川大学文学与新闻学院博士研究生。